HERVÉ RYSSEN

PSYCHOANALYSE DES
JUDENTUMS

ⓞMNIAVERITAS.

Hervé Ryssen

Hervé Ryssen (Frankreich) ist Historiker und ein umfassender Erforscher der jüdischen Geisteswelt. Er ist Autor von zwölf Büchern und mehreren Videodokumentationen über die Judenfrage. Im Jahr 2005 veröffentlichte er *Planetarische Hoffnungen*, ein Buch, in dem er die religiösen Ursprünge des globalistischen Projekts aufzeigt. *Psychoanalysis of Judaism*, veröffentlicht im Jahr 2006, zeigt, wie das intellektuelle Judentum alle Symptome einer hysterischen Pathologie aufweist. Es handelt sich nicht um eine „göttliche Wahl", sondern um die Manifestation einer Störung, die ihren Ursprung in der Praxis des Inzests hat. Freud hatte sich mit dieser Frage geduldig auseinandergesetzt, indem er sich auf die Beobachtungen in seiner eigenen Gemeinschaft stützte.

Frankreich ist die Heimat einer der größten jüdischen Gemeinden in der Diaspora mit einem sehr intensiven kulturellen und intellektuellen Leben. Hervé Ryssen konnte sein umfangreiches Werk auf der Grundlage zahlreicher internationaler und französischer historischer und zeitgenössischer Quellen entwickeln.

Psychoanalyse des Judentums

Psychanalyse du Judaïsme, Levallois-Perret, Baskerville, 2006.

Übersetzt und herausgegeben von
Omnia Veritas Limited

ⒸMNIA VERITAS.

www.omnia-veritas.com

© Omnia Veritas Limited - Hervé Ryssen - 2023

TEIL 1

JÜDISCHER MESSIANISMUS

Das Judentum[1] ist nicht nur eine Religion. Es ist auch ein

---

[1] Der Begriff „Judentum", der die Religion der Hebräer bezeichnet, obwohl er auch ethnische und kulturelle Aspekte umfasst, verdient eine erste Klärung. Rabbiner Adolph Moses sagte: „Von allen Unglücksfällen, die sich ereignet haben, war derjenige, dessen Folgen am bedauerlichsten waren, die Erfindung des Wortes ‚Judentum'. (...) Schlimmer noch, die Juden selbst kamen dazu, ihre eigene Religion mit dem Namen „Judentum" zu bezeichnen, (...) während weder in der Bibel, noch in späteren Schriften, noch im Talmud eine einzige Erwähnung dieses Begriffs zu finden ist (...) Es war Flavius Josephus, der den Begriff „Judentum" prägte, um die Griechen und Römer in dieser Frage zu unterrichten und diese Religion vom Hellenismus zu unterscheiden (...)...) So blieb der von Flavius Josephus geprägte Begriff „Judentum" den Juden völlig unbekannt (...) und wurde von ihnen erst in jüngerer Zeit verwendet, nachdem die Juden begannen, christliche Werke zu lesen. Deshalb begannen sie auch, ihre Religion Judentum zu nennen. „(in Adolph Moses, *Yahvism and Other Discourses*, 1903). In der *Encyclopaedia Universalis* heißt es in einem Artikel über die Pharisäer: „Der Pharisäismus ist eine große Bewegung, die über viele Jahrhunderte und bis in die jüngste Zeit für den Fortbestand eines Judentums ohne Tempel und einer Religion ohne Staat gesorgt hat. Die Pharisäer wurden auf der jüdischen Bühne allein gelassen, und da sie keinen Grund mehr hatten, sich Pharisäer zu nennen, da diese Bezeichnung eine Unterscheidung widerspiegelte, die nicht mehr relevant war (die Vertreter der anderen drei Sekten [Sadduzäer, Essener und Zeloten] waren verschwunden), wurden und blieben sie einfach: „die Juden" (...) So wurden und blieben sie unter dem Namen Pharisäer die Juden (...)... So wurde das Pharisäertum unter dem Namen Judentum zu einer echten Religion: parallel zum Christentum wurde es rabbinisch und dann talmudisch."
Die Lehre der Pharisäer war die orthodoxeste und akzeptierte alle Bücher der Thora als von Gott inspiriert. Die Pharisäer förderten die Religion der Synagoge und legten großen Wert auf die mündliche Überlieferung (die große Mehrheit der Schriftgelehrten waren Pharisäer). Nur die Pharisäer glaubten an das mündliche Gesetz. Dies ist ein sehr wichtiger Punkt, den man im Auge behalten sollte.
Der bedeutende amerikanische Rabbiner Louis Finkelstein schrieb: „Der Pharisäismus wurde zum Talmudismus, der Talmudismus zum mittelalterlichen Rabbinismus und der mittelalterliche Rabbinismus zum modernen Rabbinismus. Aber durch all diese Namensänderungen (...) blieb der Geist der alten Pharisäer derselbe (...) Von Palästina nach Babylon, von Babylon nach Nordafrika, dann nach Italien, Spanien, Frankreich und Deutschland und von dort nach Polen, Russland und ganz Osteuropa setzte der alte Pharisäismus seine Reise fort und (...) bewies seine Bedeutung als eine der großen

politisches Projekt, das auf einer Hauptidee beruht: dem Verschwinden der Grenzen, der Vereinigung der Erde und der Errichtung einer Welt des „Friedens". Die religiösen Juden verwechseln dieses Streben nach einer befriedeten, geeinten und globalisierten Welt mit der fieberhaften Hoffnung auf das Kommen eines Messias, auf den sie seit dreitausend Jahren warten. Er wird kommen, um das „Königreich Davids" wiederherzustellen. Für nicht gläubige Juden hat dieser Messianismus die Form eines säkularisierten politischen Aktivismus zugunsten aller Utopien des Globalismus angenommen.

Das ist der Grund, warum sich so viele Juden im 20. Jahrhundert mit so viel Enthusiasmus und Hingabe auf das kommunistische Abenteuer eingelassen haben. Doch schon vor dem Zusammenbruch des sowjetischen Systems hatten viele erkannt, dass die liberale Demokratie weitaus effektiver darin ist, Grenzen zu beseitigen und nationale Identitäten aufzulösen. Es geht darum, unermüdlich für die Errichtung des Weltreichs zu arbeiten, das auch das Reich des Friedens sein muss. Dies ist die „Mission" des jüdischen Volkes.

Diese Hoffnung hat jahrhundertelang den Geist der Juden in der ganzen Welt genährt und geprägt, die von anderen Völkern isoliert waren und diese Isolation nachdrücklich unterstützten, als gäbe es eine künftige Rache, die sie an der übrigen Menschheit nehmen könnten. Dieser Geist der Rache manifestiert sich in zahlreichen Texten der kosmopolitischen Literatur. Sie ist eines der charakteristischen Merkmale des Judentums. Das Studium der religiösen, philosophischen, literarischen und kinematografischen Produktion ermöglicht es in der Tat, die vorherrschenden Vorstellungen des Judentums im Allgemeinen und der jüdischen Geistespersönlichkeit im Besonderen aufzudecken und zu entlarven. Wir beobachten dann eine auffallende Homogenität des Denkens unter den Juden in den vier Ecken der Welt, ob sie nun gläubig oder atheistisch sind. Sie scheinen alle in derselben Schule ausgebildet worden zu sein, sprechen und drücken sich in verschiedenen Sprachen aus, nur um dieselben Ideen, dieselben Emotionen, dieselben Paradoxien, dieselbe messianische Hoffnung, denselben Glauben an den Endsieg zu verbreiten.

Religionen der Welt. „(in Louis Finkelstein, *The Pharisees: The Sociological Background of Their Faith,* 1962). Es sollte auch betont werden, dass die Rabbiner keine Priester sind, sondern die Führer, die die jüdische Gemeinschaft in den Synagogen versammeln. Die Priester der hebräischen Religion verschwanden mit der Zerstörung des Tempels in Jerusalem im Jahr 70.

1. Planetarische Propaganda

Das jüdische Volk ist das kämpferische Volk schlechthin. Sie sind ein Volk von Propagandisten, ein Volk von „Priestern", die dem Rest der Menschheit eine Botschaft zu vermitteln und eine „Mission" zu erfüllen haben. Aber im Gegensatz zum Christentum oder zum Islam versuchen die Juden nicht, andere zum Judentum zu bekehren, sondern sie dazu zu bringen, ihre Religion, ihre Rasse, ihre Identität, ihre Familie und alle ihre Traditionen im Namen der „Humanität" und der „Menschenrechte" aufzugeben. Das globale Imperium kann nämlich nur auf den Überresten der großen Zivilisationen errichtet werden, mit dem menschlichen Staub, den die demokratischen Gesellschaften und das kapitalistische Handelssystem produzieren.

Endlich eine geeinte Welt

Die Idee einer Welt ohne Grenzen ist eine Aussicht, die die westliche Jugend seit langem begeistert. Jahrhundert vor allem vom militanten Marxismus vertreten wurde, scheint es heute durch den Siegeszug der liberalen Ideologie und der pluralistischen Demokratie seine wahre Verwirklichung gefunden zu haben. Der Zusammenbruch des Sowjetblocks war eine Gelegenheit, die Anstrengungen in dieser Richtung zu verdoppeln. Man hoffte, dass das Ende der bipolaren Welt und der Triumph der Demokratie eine Welt des Friedens und das „Ende der Geschichte" herbeiführen würden, wie einige Philosophen etwas naiv meinten. Die Hauptvertreter dieser kosmopolitischen Denkströmung sind übrigens oft ehemalige Marxisten. Edgar Morin zum Beispiel ist ein französischer Soziologe aus der zweiten Hälfte des 20. Jahrhunderts, der den „planetarischen" Geist perfekt verkörpert. Er ist Autor zahlreicher Werke und Presseartikel, in denen er seit vielen Jahren immer wieder für eine „planetarische Konföderation" und die Welteinigung plädiert. In einem 1991 veröffentlichten Buch mit dem Titel *A New Beginning (Ein neuer Anfang)* erinnerte er daran, dass der Prozess der Einigung der Menschheit noch nicht lange zurückliegt, sondern erst im 16. „In diesem Sinne stellte Morin fest: „Wir befinden uns noch in der eisernen Zeit der planetarischen Ära", in „der Vorgeschichte des menschlichen Geistes... Wir haben uns nicht von den

Primaten getrennt, wir sind zu Superprimaten geworden[2]." Ein Gedanke, den Edgar Morin in all seinen Büchern systematisch aufgreift. So hat er 1993 in *Terre-Patrie* seine kosmopolitischen Überzeugungen bekräftigt. Unsere Aufgabe sei es, „die westliche Zivilisation zu reformieren", „die Erde zu föderieren", um „die Ära der planetarischen Staatsbürgerschaft herbeizuführen[3]." Wir müssen „über eine planetarische Staatsbürgerschaft nachdenken, die allen Menschen irdische Rechte verleiht und garantiert. „Das ist seiner Meinung nach der einzige Weg „aus dem eisernen Zeitalter des Planeten".

Das „planetarische Bewusstsein" muss zunächst anthropologisch sein: Alle Menschen sind Brüder und Schwestern. Aber sie muss auch ökologisch und sogar kosmisch sein, denn schließlich sind wir nur Menschen, die sich im Universum verirrt haben: „Unsere Erde ist bereits nur ein winziger Planet in einem gigantischen Kosmos, in dem Milliarden von Sternen und Galaxien wuchern. Es ist ein winziger, warmer Planet in einem endlosen Raum, auf dem eine eisige Kälte herrscht[4]."

Auf diese Weise werden wir verstehen, dass sich die menschliche Solidarität jenseits aller Differenzen durchsetzt. Es sei darauf hingewiesen, dass diese intergalaktische Vision des Lebens auf der Erde auch in vielen katastrophalen und futuristischen Drehbüchern aus Hollywood vorkommt. Bei dieser Suche nach dem Universellen ist der Kampf für den Umweltschutz heute ein wesentlicher Grund für die Mobilisierung, umso mehr, als die Umweltverschmutzung aller Art unseren Planeten bedroht: „Die ökologische Bedrohung kennt keine nationalen Grenzen", schrieb Morin. Eine Bedrohung planetarischen Ausmaßes lastet auf der Menschheit. Wir müssen daher „alles aus einer planetarischen Perspektive betrachten".

Um die Menschen zu zwingen, sich zu einer gemeinsamen Nation zusammenzuschließen, scheint der kosmopolitische Intellektuelle die Erde unter der Drohung eines apokalyptischen Katastrophismus als Geisel zu nehmen: „Die Erde zu zivilisieren, die menschliche Spezies in eine Menschheit zu verwandeln, wird zum grundlegenden und globalen Ziel jeder Politik, die nicht nur den Fortschritt, sondern auch das Überleben der Menschheit anstrebt[5]." Sie haben verstanden: Unser Leben steht auf dem Spiel, unser Überleben steht auf dem Spiel.

[2]Edgar Morin, *Un nouveau commencement*, Seuil, 1991, S. 192, 23, 186.
[3]Edgar Morin und Anne Brigitte Kern, *Tierra-Patria*, Editorial Kairós, 2005, Barcelona, S. 136, 143.
[4]Edgar Morin, *Un nouveau commencement*, Seuil, 1991, S. 19, 21.
[5]*Le Monde*, 21. April 1993

Die Nationen müssen daher so schnell wie möglich zerstört, die Grenzen abgeschafft, die alten Zivilisationen in Menschenstaub verwandelt werden, aus dem endlich eine einheitliche Welt geformt und die „Weltkonföderation", die Bedingung unserer Erlösung, verwirklicht werden kann: „Die Nationalstaaten sind an sich unkontrollierbare paranoide Ungeheuer... Das Ideal, das der Welt verkündet werden muss, ist nicht mehr die Unabhängigkeit der Nationen, sondern die Konföderation der Nationen. „Und es gibt keinen Grund, diese grandiosen Projekte auf das kleine Europa zu beschränken: „Die konföderative Idee ist eine Idee, die nicht nur für Europa gilt, sondern von universeller Tragweite ist." „Dies ist die neue Zukunft, unsicher und zerbrechlich, die wir fördern müssen. Wir haben nicht das Gelobte Land, aber wir haben eine Sehnsucht, einen Wunsch, einen Mythos, einen Traum: die Verwirklichung des Heimatlandes[6]." Der Philosoph will uns zu einer Welt des Friedens führen, denn diese geeinte und befriedete Welt wird schließlich das Gelobte Land sein.

Auch das Denken von Jacques Attali ist von kosmopolitischen Ideen durchdrungen. In seinem Buch *The Nomadic Man aus* dem Jahr 2003 prophezeite er die Welt von morgen mit einer sehr persönlichen Vision: „Nach vielen Störungen, ja sogar schrecklichen Katastrophen, wird der Planet ein einziges Gebilde werden, ohne Grenzen; die Menschen werden sowohl sesshaft als auch nomadisch sein, Rechte genießen und neue Arten von Pflichten übernehmen: eine universelle Demokratie im Dienste eines „Gemeinwohls" der Menschheit. „In dieser neuen Weltordnung werden die „*Hypernomaden* (Künstler, Inhaber eines nomadischen Vermögens, eines Patents oder eines Knowhows)" eine *Hyperklasse* von mehreren zehn Millionen Menschen bilden. „Sie werden „das Netz bilden, das die Welt auf der Suche nach neuen Eroberungen und Kolonien regiert, um sie im realen und virtuellen Raum zu besiedeln[7]."

Um uns die Vorstellung von der künftigen Herrschaft der Nomaden schmackhaft zu machen, schrieb Jacques Attali die Geschichte der Menschheit aus kosmopolitischer Sicht um: „Die Sesshaftigkeit ist nur eine kurze Klammer in der Menschheitsgeschichte. Die meiste Zeit seines Abenteuers war der Mensch vom Nomadentum geprägt und kehrt nun zum Reisenden zurück. „In dieser neuen Welt, über die Jacques Attali schreibt, haben die traditionellen Identitäten ausgedient. Es gibt keine Bretonen, Flamen oder Franzosen mehr, die zählen:

„Der Transhuman wird das Recht haben, mehreren Stämmen

---

[6]Edgar Morin, *Un nouveau commencement*, Seuil, 1991, p, p. 190, 204-206, 9
[7]Jacques Attali, *L'Homme nomade*, Fayard, 2003, Livre de Poche, S. 451, 32

gleichzeitig anzugehören und je nachdem, wo er sich aufhält, verschiedene Regeln der Zugehörigkeit, mehrere Übergangsriten, verschiedene Formen der Höflichkeit und Kodizes der Gastfreundschaft zu befolgen. Er wird sich ehrlich mit seinen verschiedenen Zugehörigkeiten abfinden müssen...Polyandrie und Polygamie erlauben es Ihnen, mit anderen vorübergehend oder dauerhaft ein Dach, Güter, Projekte oder einen Partner zu teilen, ohne den Wunsch zu haben, Kinder zu bekommen oder aufzuziehen, denselben Namen zu tragen oder sentimentale oder sexuelle Beziehungen zu unterhalten. So entdecken Sie die vielfältigen Praktiken einiger Nomadenvölker wie der Nuer in Afrika wieder, wo kinderlose Frauen einander heiraten und ihre Güter zusammenlegen, während andere Polygamie und Polyandrie mit derselben Toleranz vereinbaren. Er wird in der Lage sein, Kulturen, Glaubensrichtungen, Doktrinen, Religionen zu mischen, nach Belieben Elemente aus der einen oder anderen zu nehmen, ohne verpflichtet zu sein, sich einer Kirche oder Partei anzuschließen, die für ihn denkt[8]."

In der zukünftigen Welt, die der Prophet Attali beschreibt, wird die alte europäische Zivilisation endgültig verschwunden sein und durch das afrikanische Nomadenmodell ersetzt werden, das als eindeutig überlegen gilt. Die demokratische Globalisierung „wird nicht nur Technologie beinhalten, sondern auch die Neuerfindung neuer Lebensformen, die sich an denen der ursprünglichen Völker orientieren. Dies erfordert ein Überdenken der Kulturen und der Organisation der Arbeit in den Städten und in der Politik; die Erfindung einer Regierung des Planeten; eine transhumane Demokratie... Dann wird man jenseits der immensen Störungen eine vielversprechende planetarische Rassenmischung erblicken, eine Erde, die für alle Reisenden des Lebens gastfreundlich ist."

In dieser neuen Organisation wird „die Regierung des Planeten - eine endgültige Utopie - um eine Reihe von Agenten und Netzwerken herum organisiert sein, die von einem planetarischen Parlament abhängen" und „im Dienste des Gemeinwohls stehen". Es wird die gesegnete Zeit „eines heiteren und geeinten Planeten" sein. Jacques Attali schließt sein Buch mit den Worten: „Die Reisenden des Lebens werden dann auftauchen, wie ein Versprechen einer Erde, die endlich alle Menschen willkommen heißt. „Am Anfang seines Buches schreibt er: „Der Nomade wird am Ende nur einen Traum haben: innezuhalten, sich niederzulassen, sich Zeit zu nehmen; die Welt zu einem gelobten

---

[8]Jacques Attali, *L'Homme nomade*, Fayard, 2003, Livre de Poche, S. 451, 32

Land zu machen[9]." Abgesehen von der Poesie, die den Diskurs ihrer Weltanschauung untermauert, können wir bei den beiden Philosophen eine gewisse Ähnlichkeit des Vokabulars feststellen. Zwischen Edgar Morins „Vaterland" und Jacques Attalis „Gelobtes Land" könnte man fast meinen, dass mit diesen profanen Büchern, die sich an ein breites Publikum richten, eine säkulare Interpretation der alten hebräischen Prophezeiungen vorgelegt wird.

Die Missachtung der tief verwurzelten Kulturen

Das Versprechen einer geeinten Welt wird von kosmopolitischen Intellektuellen traditioneller Gesellschaften heftig angeprangert. Die Verachtung für das „tiefe Frankreich" und die lokalen Traditionen hatte der sehr medienfreundliche Philosoph Bernard-Henri Levy bereits 1981 in seinem Buch *L'ideologie française*[10] auf verletzende Weise zum Ausdruck gebracht. François Mitterrand und die Sozialisten kamen damals in Frankreich an die Macht, und man konnte von einer besseren Welt träumen. Inmitten dieser befreienden Hoffnungen erschütterte ein anderer kosmopolitischer Autor, Guy Konopnicki, seinerseits die alten traditionellen Werte und die Vorurteile der Franzosen, die angesichts der Modernität noch zu „zaghaft" waren. In einem Buch mit dem Titel *The Place of the Nation (Der Platz der Nation)* versuchte er 1983, das Land von allem zu befreien, was es noch haben könnte: „Der Kult des Landes, die Ekstase vor den bäuerlichen Tugenden, die spontane Philosophie, der gesunde Menschenverstand des Volkes und alle reaktionären Altertümer." Und um dieses verabscheute tiefe Frankreich noch weiter zu diskreditieren, setzte Konopnicki es mit einem politischen Regime gleich, über das schon seit Kriegsende haufenweise Unrat ausgeschüttet wurde und das von allen deutlich gerügt wurde: „Dieses Bild ist Vichy zuzuschreiben und bleibt sein dominierendes Merkmal[11]. „So symbolisiert Marcel Pagnol[12] für Konopnicki all das, was die verarmte Natur Frankreichs am tiefsten verwurzelt hervorbringen kann: „*La Fille du puisatier* hat die nationale Seele von

---

[9]Jacques Attali, *L'Homme nomade*, Fayard, 2003, Livre de Poche, S. 35, 471, 472, 34

[10]Nachzulesen in Hervé Ryssen, *Planetarische Hoffnungen*, 2022, S. 97.

[11]Guy Konopnicki, *La Place de la nation*, Olivier Orban, 1983, S. 112, 60, 62. Das Vichy-Regime war das kollaborative Regime von Marschall Petain, das nach der Niederlage Frankreichs im Juni 1940 errichtet wurde.

[12]Marcel Pagnol, französischer Romancier und Filmemacher, dessen Werk sich durch eine volkstümliche und realistische Sicht der Welt sowie durch die Beschäftigung mit regionalen Themen auszeichnet. Er gilt als Wegbereiter des italienischen Neorealismus.

den Flecken gereinigt, die ihr der Kosmopolitismus der Pariser Intellektuellen zugefügt hat", schreibt er. Sicherlich würde ein Film von Pagnol, wie zum Beispiel *Regain, die* heutigen Intellektuellen durch seine Schönheit und die künstlerische Richtung, die er gegen die Werte der Wurzellosigkeit und des Nomadentums einschlug, erschaudern lassen. Diese übermäßig französische Kultur kann nur Verachtung hervorrufen: „Das Land hatte eine Schlacht verloren, aber es hatte noch Tino Rossi und Marcel Pagnol. „Und wir müssen anerkennen, dass es nie ein französischeres Kino gegeben hat als das, das während der deutschen Besatzung produziert wurde", so Konopnicki.

Nach der vernichtenden Niederlage von 1940 versuchte Frankreich, seine Wunden zu lecken und sich auf seine Geschichte, seine Kultur und seine nationalen Werte zu besinnen. Gewiss, zwanzig Jahre nach dem Massaker des Ersten Weltkriegs hatten die Franzosen nur widerwillig einen neuen Krieg im Namen der „Demokratie" und der „Menschenrechte" begonnen und nicht den kriegerischen Eifer gezeigt, den die Intellektuellen von ihnen im Kampf gegen das Hitlerregime erwartet hatten. Für Guy Konopnicki war diese Haltung schwer zu verzeihen. Er verstand den mangelnden Kampfgeist der Gallier nicht und kritisierte ihre fehlende Opferbereitschaft: „Wie viele Offiziere haben resigniert? Wie viele Offiziere haben lieber Selbstmord begangen, als sich gefangen nehmen zu lassen? All diese professionellen Franzosen blieben auf ihren Posten[13]. „Wir müssen Guy Konopnickis Abscheu und Empörung über die Feigheit derjenigen verstehen, die sich weigerten, für die „Menschenrechte" zu sterben.

Diese französische Niedertracht hat nie aufgehört, sich in der Realität zu manifestieren. In den 1950er Jahren zog dieses „verkümmerte" Frankreich das Land mit seiner Trägheit weiter nach unten, verkörpert durch die Vaterfigur Antoine Pinay. Pinay, schrieb Konopnicki, ohne seine Verachtung zu verbergen, sei ein Mann, „der in jenem tiefen Frankreich sehr beliebt ist, das beim kleinsten Streik Kartoffeln einlagert und sich rühmt, seit der Suez-Krise und den verspielten russischen Eisenbahnkrediten nicht mehr in die Industrie zu investieren."

Der kleine französische Sparer ist zweifellos ein Ärgernis mit seinem Sparwahn für das Alter und seinem instinktiven Misstrauen gegenüber den Geschäftemachern der Finanzwelt. „Die Tradition des rechten Antikapitalismus, eine sehr französische Tradition", die sich auf antisemitische Autoren wie Edouard Drumont beruft, konnte unseren

---

[13]Guy Konopnicki, *La Place de la nation*, Olivier Orban, 1983, S. 55, 56.

Intellektuellen nicht befriedigen, der darauf hinwies: „Es handelt sich um eine im Grunde heuchlerische Tradition, denn unter dem Vorwand, die edlen Werte von Land und Stein zu bevorzugen, lässt sie das Geld in Wertpapiere und Immobilien flüchten. In Frankreich investiert man nicht, man versteckt sein Geld. Du spielst nicht mit Geld. Sie ist vergraben, versteckt in Stapeln von Laken und Matratzen. Und wenn der Hahn geschlagen ist, bleibt das kleine Eichhörnchen der Sparkassen[14]."

Nach den ständigen Finanzskandalen und zahllosen Betrügereien, die die Geschichte der Dritten Republik geprägt hatten, neigten die betrogenen Kleinsparer dazu, Finanzanlagen mit Misstrauen zu betrachten. Wir können daher den Schmerz von Konopnicki verstehen, der es offensichtlich vorgezogen hätte, die Beute internationalen Spekulanten zu überlassen.

Diese sehr französische Gemeinheit setzte sich natürlich bis zur Fünften Republik fort, deren Verfassung und Praktiken der gleichen Logik folgten: „Institutioneller Schirm einer präsidialen Verfassung, wirtschaftlicher Schirm der Goldreserven der Bank von Frankreich, nicht zu vergessen natürlich unsere kleine nukleare „Gurke"[15]." Diese Art, den Schutzstaat zu stärken, ist konstitutiv für den französischen Geist. „Diese Art der Stärkung des schützenden Staates ist konstitutiv für den französischen Geist: „Der Staat investierte in Gold, die Franzosen in Stein und Land... So befreite sich Frankreich einmal mehr von der Lust am industriellen, kulturellen und politischen Risiko. „Diese Kleinmütigkeit kann nur die höchste Verachtung unserer Intellektuellen hervorrufen: „Unter den Federn des Hahns sah der Gaullismus eine Henne... Das Hexagon[16] war ein französischer Garten geworden: keine Überraschung in unseren Alleen, keine Unordnung auf unseren Rasenflächen. „Gewiss, die Gärten Ludwigs XIV. - Schönheit, Zurückhaltung und Harmonie - sind das genaue Gegenteil dessen, was der kosmopolitische Geist eines Konopnicki hervorbringen kann.

Doch die Verachtung des Intellektuellen galt nicht nur dem „reaktionären" Frankreich, das an seinen alten bäuerlichen und „kleinbürgerlichen" Tugenden festhielt. Er wandte sich auch gegen

---

[14]Guy Konopnicki, *La Place de la nation*, Olivier Orban, 1983, S. 77, 173 [Das Eichhörnchen ist das Abbild einer bekannten französischen Sparkasse (La Caisse d'Epargne)].

[15]Alain Minc verwendet dieselbe Sprache, wenn er von einem „Frankreich, das sich hinter seinen nuklearen Fähigkeiten versteckt" spricht. „(*La Grande illusion*, Grasset, 1989, S. 255).

[16]Die Geographie Frankreichs bildet ein Sechseck. Frankreich wird oft als Sechseck bezeichnet.

einen Teil der von der Kommunistischen Partei vertretenen linken Kultur, die immer noch zu sehr von der Idee des Terroirs geschwängerte Konzepte verbreite: Die PCF, so sagte er, „unterstützt vom Korporatismus", verpacke ihre reaktionären Positionen nur in einen plebejischen Diskurs. Ihm verdanken wir die Vaterschaft des Slogans „Let's make French"." Ein Teil der französischen Linken stimmte also mit der Rechten in ihrer Verehrung der nationalen Werte überein. Für Konopnicki erklärt gerade dieses Festhalten an der eigenen Identität, warum die Franzosen noch immer ein wenig mit dem muffigen Gestank ihrer bäuerlichen Vorfahren imprägniert sind: „Wie kann man sich dann wundern, dass Phantasie und Neuartigkeit in diesem Land so wenig Platz haben? Seit langem haben sich zwei Kräfte zusammengetan, um all jene an den Rand zu drängen, die - von den alten Mendesisten[17] bis zu den deutschen Juden des Mai '68 - versucht haben, über einen von sechs Seiten umschlossenen Horizont hinauszuschauen. Gaullismus und Stalinismus sind die beiden Kiefer, die Frankreich umklammern, die beiden Pfeiler des französischen Konformismus. Die beiden konvergieren, um die Kühnheit zu verbieten; sie stimmen in der Angst überein, die alle Philosophien in ihnen hervorrufen, die das Terroir nicht ausatmen." Aber wenn Konopnicki uns allen die Ehre erweist, trotz allem, was ihn stört, in Frankreich zu leben, dann deshalb, weil er einige Dinge trotzdem mag: „Es wäre sehr ungerecht, die ideologische Landschaft zu überfliegen, ohne zu erwähnen, dass es frische Winde wie den *Libé* oder den *Canard* gibt, die Frankreich noch erträglich machen[18]. „Wir sind froh, dass wir ihm wenigstens diese Genugtuung geben können.

Der Intellektuelle war natürlich erfreut über die Masseneinwanderung, die die französische Bevölkerung in den letzten Jahrzehnten tiefgreifend verändert hat. So feierte er diese „unumkehrbare Mutation": „In den Vororten der Großstädte sind Generationen zusammen aufgewachsen, haben die gleichen Schulen besucht und vibrierten zum Klang der gleichen Rhythmen. Ob es uns gefällt oder nicht, die Rassenmischung ist da, unabänderlich, endgültig... Die alte Republik ist tot." In der Tat entspricht das „französische Volk" seiner Meinung nach nichts mehr: „Der Ausdruck ist entweder lächerlich oder abstoßend. Niemand spricht mehr so, außer

---

[17]Anhänger von Pierre Mendès-France, ehemaliger Premierminister der Vierten Französischen Republik.

[18]Guy Konopnicki, *La Place de la nation*, Olivier Orban, 1983, S. 79, 87, 115 [*Libération*, eine progressive linke Zeitung und *Le Canard enchaîné, eine* satirische und investigative Zeitung].

in den Gerichten, um im Namen von… zu verurteilen; das französische Volk hat keinen inneren Zusammenhalt mehr, wenn es überhaupt jemals einen hatte, es ist nur noch durch geografische Zufälle und administrative und politische Bevormundung geeint. „Es ist also alles vorbei.

„Zum Glück kommen die Reaktionäre zu spät: Das traditionelle Frankreich, von dem sie sprechen, ist nicht bedroht, es ist tot und begraben." Die kosmopolitische Propaganda hat in wenigen Jahrzehnten das Misstrauen und die Ängste dieser verachtenswerten kleinen Ziele überwunden: Mission erfüllt. Sieg!

„Man kann dem Kapitalismus nicht genug dafür danken, dass er die Bauern von ihrem Land entwurzelt hat, um sie in die Stadt zu bringen. Dort findet die Durchmischung der Bevölkerung statt, dort findet der Austausch der wertvollsten Dinge statt, die wichtiger sind als all die alten Hütten auf dem Land: Kinos, Theater, Vergnügungsstätten, die gezwungen sind, sich unter dem Druck der kulturellsten Gesetze, wie denen des Marktes und des Wettbewerbs, ständig zu erneuern[19]." Alle Franzosen können heute die Spektakel genießen, die das kosmopolitische Hollywood-Kino und moderne Kunstausstellungen bieten. Das ist die wahre Kultur. Konopnicki machte jedoch keinen Hehl daraus, dass es überlegene Kulturen gibt und andere, die definitiv unterlegen sind: „Selbst die lausigste Broadway-Revue wird das erbärmliche Spektakel eines Volkstanzes mit Souks immer übertreffen." Man könnte einwenden, dass afrikanische Völker, die Stämme des Maghreb, die Indianer des Amazonas oder asiatische Völker sich durch solche Worte beleidigt fühlen könnten. Doch Guy Konopnicki scheint nur die europäischen Kulturen zu verachten, wie diese Passage zeigt, die er nach dem Besuch eines „Festivals der Sowjetrepubliken" während einer Reise in die UdSSR schrieb: „Ich habe noch nie etwas so Peinliches gesehen wie diese Volkstänze, die alle gleich aussehen, mit diesen Dorfzöpfen, Tüchern und Souks[20]." Wir können davon ausgehen, dass Guy Konopnicki sich nach der Zeit der Bolschewiki sehnte, vor dem Krieg, als zahlreiche Juden die vollständige Kontrolle über den Staatsapparat übernommen hatten, russische Traditionen verhöhnten, Hunderttausende von Menschen verhafteten, Millionen von Christen massakrierten und Kirchen und alles, was an das alte Russland erinnern könnte, zerstörten[21]. Konopnicki räumte ein: „In diesen verrückten Jahren wurde der Folklore der Sowjetrepubliken

[19]Guy Konopnicki, *La Place de la nation*, Olivier Orban, 1983, S. 114, 122, 123, 113
[20]Guy Konopnicki, *La Place de la nation*, Olivier Orban, 1983, S. 175, 176.
[21]Siehe Aleksandr Solzhenitsyn, *Deux Siècles ensemble*, Fayard, 2003.

nicht viel Aufmerksamkeit geschenkt. „Aber wie seine Kollegen zog er es vor, über diese tragische Vorkriegszeit diskret zu bleiben. Für ihn, wie für alle Intellektuellen des Planeten, war der große, der einzige Verantwortliche für diese Abscheulichkeiten kein anderer als Stalin, dem man am liebsten die ganze Last der Schmach aufbürden möchte[22].

Letztlich, so Konopnicki, muss alles, was nicht kosmopolitisch ist, verworfen werden. Nur „die große Kreuzung der Kulturen, die die allgemeine Kreuzung der Menschheit vorwegnimmt und begleitet", kann über den Widerstand triumphieren und den Weg zu jener Welt des Friedens öffnen, die von den Propheten angekündigt wurde. „Etwas taucht auf, etwas, das uns übertrifft und uns entgeht[23]", schrieb er rätselhaft.

Jüdische Intellektuelle und Einwanderung

Die Entschuldigung der Einwanderung ist eine Konstante im weltweiten Diskurs. Der viel beachtete liberale Essayist Alain Minc ist ein gutes Beispiel für dieses unerbittliche Bestreben, die Idee einer pluralistischen Gesellschaft in den Köpfen der Menschen zu verankern. In einem 1990 veröffentlichten Buch mit dem Titel *Die Rache der Nationen* wettert er immer wieder gegen die rückschrittliche Haltung der einheimischen Franzosen, die die Vorteile dieser Entwicklung nicht zu begreifen schienen und sich über das, was sie als Invasion betrachteten, aufregten. Alain Minc hat also die Wahrheit wiederhergestellt:

„Die Einwanderer sind heute kaum zahlreicher als vor fünfzehn Jahren; sie stellen einen geringeren Teil der Bevölkerung als in den 1930er Jahren. Das Problem hat jedoch eine noch nie dagewesene Dimension erreicht, so als würden die Fakten angesichts einer stärkeren Realität verschwimmen: einer kollektiven Angst unter Belagerung." Unter diesen Bedingungen ist der Vormarsch der extremen Rechten in Frankreich am Ende des 20. Jahrhunderts ein alarmierendes und unverständliches Phänomen. Diese Anomalie lässt uns für den Rest der Welt „wie ein verrücktes Volk" aussehen. Frankreich hat nämlich „das Problem der Einwanderung erfunden... Je mehr sich die Franzosen über die Einwanderung aufregen, desto weniger verstehen sie die Realität dieses Phänomens. „Die Ängste und „Befürchtungen der kleinen, mittleren und sogar großen Bourgeoisie" sind in Wirklichkeit völlig

---

[22]Hervé Ryssen, *Die planetarischen Hoffnungen*, 2022, S. 268
[23]Guy Konopnicki, *La Place de la nation*, Olivier Orban, 1983, S. 185, 220, 114.

lächerlich: „Phantasien und Phobien werden immer durch kollektive Unwissenheit genährt: aber in diesem Fall ist es erstaunlich! Fast müsste man die von Le Pen so geliebte Verschwörungstheorie auf den Kopf stellen und behaupten, dass die Unwissenheit absichtlich kultiviert wird, um der Angst Platz zu machen[24]." Die Analysen von Alain Minc können beunruhigend sein, wenn man sich die Entwicklung der französischen Bevölkerung in den letzten zwanzig Jahren ansieht. In Wirklichkeit handelt es sich eher um einen ideologischen Diskurs der „Sensibilisierung" als um eine soziale Analyse. Die Worte von Minc beweisen es: Die Einwandererbevölkerung ist in Wirklichkeit „kleiner als behauptet"; „die Zahlen sind immer noch niedriger, als die politische Agitation glauben machen will. „Die Zahl der illegalen Einwanderer zum Beispiel „darf nicht höher sein als 1981". Für Alain Minc ist die Einwanderung ein Glücksfall für Frankreich, denn in Wirklichkeit stellt sie „weniger ein Problem für die Bevölkerung als eine Entschuldigung für das Unwohlsein der französischen Gesellschaft dar... denn sie wächst nur schwach und trägt, wie schon seit einem Jahrhundert, zur Regeneration der französischen Demografie bei. „Wir können also mit Alain Minc zu dem Schluss kommen, dass es in der Tat die „Unwissenheit" ist, die „die Fremdenfeindlichkeit nährt", und dass es keine „Invasion" gibt, da diese nur in den dummen Hirnen der rechtsextremen Doktrinäre existiert.

Für den kosmopolitischen Intellektuellen „stellt sich die Frage der Einwanderung nicht", denn es gibt nur „das Drama der Ghettos wie in den Vereinigten Staaten". Der radikale Islam mag ein Problem sein, aber Alain Minc schlug eine Lösung vor, die verblüffend sein könnte: „Die intelligenteste Antwort wäre es, die Normalisierung zu beschleunigen und nicht durch eine ablehnende Haltung die Muslime dazu zu bringen, sich gegen sich selbst zu wenden", schrieb er. Daraus ergibt sich eine Politik, die dem Wunsch der aufgeklärten Fremdenfeinde zuwiderläuft: mehr Gebetsstätten, Sondergenehmigungen für Muslime ähnlich denen für jüdische Feste, vereinfachte Organisation des rituellen Schlachtens, Bereitstellung von Plätzen für Muslime auf Friedhöfen[25]." Mit der gleichen Ehrlichkeit und Beobachtungsgabe prangerte Minc den „Mythos der Toleranzschwelle" und die typisch französischen Phantasien über Unsicherheit an. Nach seinen persönlichen Statistiken „sind die Vorfälle im Var, wo der Anteil der Einwanderer gering ist, zahlreich und in Seine-Saint-Denis, wo die Einwanderung massiv ist, selten." Die

---

[24]Alain Minc, *Die Vergeltung der Nationen*, Grasset, 1990, S. 11, 21, 15, 154.
[25]Alain Minc, *Die Vergeltung der Nationen*, Grasset, 1990, S. 155-160, 166, 171-174.

Ansicht, dass „die Einwanderung die Hauptursache für Unsicherheit ist", ist in der Tat ein Irrglaube. Man muss schon sehr schlechtgläubig sein, um so etwas zu sagen. Zwar stellen die Einwanderer „27% der Insassen französischer Gefängnisse, d. h. das Vierfache ihres demografischen Gewichts in Frankreich[26]..., doch bei näherer Betrachtung und unter Berücksichtigung der Art der Straftaten ergibt sich ein differenzierteres Bild: Seit der Beendigung der Einwanderung im Jahr 1974 haben sich die Straftaten gegen den illegalen Aufenthalt vervielfacht... Sie machen 20% der Inhaftierungen von Einwanderern aus... und entsprechen keiner Form der Unsicherheit." Andererseits „mildern soziale Faktoren und das Alter die Besonderheiten der Einwanderer in Bezug auf die Unsicherheit... Es wäre daher besser, der Einwanderung den ihr gebührenden Platz einzuräumen, anstatt fremdenfeindliche Kampagnen mit beleidigenden Gegenargumenten zu nähren." Wie Sie verstehen werden, sind die Einwanderer in der Tat die ersten Opfer der französischen Gesellschaft: Sie sind „Langzeitarbeitslose, Ausgegrenzte, Menschen in prekären Situationen, Opfer einer Reihe von Benachteiligungen, die sie auf der Strecke lassen", und sie sind die „Sündenböcke" der französischen Malaise.

Angesichts des unverständlichen Rassismus der kleinen Weißen stellte sich der kosmopolitische Intellektuelle einige Fragen: „Wie soll man die psychische Krankheit der Franzosen behandeln? „Welche kollektive Psychoanalyse wird uns von dieser Paranoia befreien? Nun, sagen wir es noch einmal: „Es gibt kein Problem mit der Einwanderung, sondern nur die Summe einiger lokaler Schwierigkeiten rund um die Ghettos und eine kollektive Paranoia... Frankreich ist paranoid. Frankreich ist paranoid, es muss sich selbst heilen und seine Eliten müssen ihre Pflicht tun. Sie muss daher „das fremdenfeindliche Delirium bekämpfen", „unermüdliche Aufklärungsarbeit über die Zahlen, die Realität der Einwanderung und die Art der Phänomene der sozialen Ausgrenzung leisten, deren unglückliche Opfer die Einwanderer sind"[27]. Der sehr liberale Alain Minc schlug schließlich eine sehr konkrete Lösung vor, die darin bestand, das amerikanische Modell der „positiven Diskriminierung", auch bekannt als „foreign preference", zu kopieren: „Eine erfolgreiche Integration erfordert, dass wir uns vom französischen Gleichheitsmodell entfernen und die spezifischen Nachteile der Einwanderer anerkennen. „Es geht also darum, „unsere mentale Starrheit zu durchbrechen" und „nicht-egalitäre Methoden anzuwenden", um ein Beispiel aus den Vereinigten Staaten

---

[26]Die Zahlen für 2005 lagen eher bei 70%.

[27]Alain Minc, *Die Vergeltung der Nationen*, Grasset, 1990, S. 176-179, 207, 208.

zu nehmen, wo Quoten angewandt werden, die „eine bestimmte Anzahl von Plätzen für Minderheiten an den Universitäten und in der Verwaltung reservieren[28]." Schließlich warnte uns Alain Minc taktvoll, dass die Einwanderung ohnehin zunehmen werde. Dies sei „eine unvermeidliche Perspektive", sagte er mit einer gewissen unverhohlenen Genugtuung: „Die Einwanderung wird zunehmen: Es ist besser, sich darauf vorzubereiten, als die Franzosen über eine Situation phantasieren zu lassen, die weit weniger kritisch ist, als sie glauben[29]. „Der beste Weg, sich darauf vorzubereiten, ist zweifellos die Lektüre der Bücher von Alain Minc.

Im Gegensatz zu Alain Minc ist Guy Konopnicki ein linker Journalist. Es gibt jedoch eine gewisse Übereinstimmung zwischen diesen beiden kosmopolitischen Intellektuellen, denn auch Konopnicki verteidigt die Idee einer multirassischen Gesellschaft und prangert den Mythos der Einwanderung als Ursache der Unsicherheit an:

Es gibt sicherlich einen beeindruckenden Anstieg der Zahl der Straftaten", schrieb er, „aber die Statistik umfasst auch die Finanzkriminalität, einschließlich der beiden nationalen Sportarten Steuerbetrug und legale Straftaten mit Bankschecks. Der Anstieg der Übergriffe ist zwar spürbar, aber in weitaus geringerem Ausmaß, als man in einem Land, das alle historischen Rekorde bei der Arbeitslosigkeit bricht, hätte befürchten können. Niemand hat bisher mit Zahlen belegt, dass der Anteil der Einwanderer ein entscheidender Faktor für den Anstieg der Kriminalität ist. Der kriminelle Einwanderer, der leicht identifizierbar ist, ist anfälliger für Repressionen; er wird leichter verurteilt und härter bestraft." In Wirklichkeit, so Konopnicki, „ist die wichtigste kriminogene soziale Kategorie nicht diejenige, für die wir sie halten: Die produktivste Kinderstube der Kriminellen ist an der dort getragenen Tarnkleidung zu erkennen. Man nennt sie die französische Armee. Der Anteil der Kriminellen ist unter den ehemaligen algerischen und indochinesischen Freiwilligen am höchsten. Es gibt nur wenige Gauner und Mörder, die nicht in den Reisfeldern und Djebels gekämpft haben. Seit dem Ende der Kolonialkriege ist die Aggressionskurve nach oben gegangen. Man könnte auch andere stark kriminogene Gruppen wie die Polizei, die Gendarmerie oder private Milizen erwähnen. Wie viele ehemalige Polizisten haben wir schon vor Gericht sitzen sehen! Aber darüber wird wenig gesagt[30]." Um das Bild zu vervollständigen, hätte Konopnicki

---

[28]Alain Minc, *Die Vergeltung der Nationen*, Grasset, 1990, S. 206, 194, 195.

[29]Alain Minc, *Die Vergeltung der Nationen*, Grasset, 1990, S. 11, 158.

[30]Guy Konopnicki, *La Place de la nation*, Olivier Orban, 1983, S. 102, 103.

auch von Finanzkriminalität und Betrügereien aller Art sprechen können, in denen sich seine Gesellen seit Jahrhunderten hervortun[31].

Wie wir sehen, entspricht der Diskurs des kosmopolitischen Intellektuellen weniger der Realität als vielmehr einer Weltanschauung, in deren Mittelpunkt die obsessive Idee steht, um jeden Preis eine Welt ohne Grenzen zu erreichen. Er argumentiert nur auf der Grundlage seiner prophetischen Visionen und lehnt alle „Kollateralschäden" ab, die nur vorübergehend sein können. Es ist ein Propagandadiskurs, bei dem der Zweck die Mittel zu heiligen scheint. So wird, wie wir in der kommunistischen Erfahrung gesehen haben, alles im Namen des Ideals gerechtfertigt, selbst die schlimmsten Gräueltaten.

Diese Entschuldigung für die Einwanderung und die Vermischung der europäischen Völker ist kein neues Phänomen. Es gibt alte Präzedenzfälle, wie z. B. Spanien im frühen achten Jahrhundert, das unter der muslimischen Invasion zu leiden hatte. Die Juden dieser Zeit vertraten defätistische Ideen und wurden zu „Kollaborateuren" der Invasoren, wie Jacques Attali selbst schrieb: „Mit ihrer Hilfe besiegten die muslimischen Truppen im Juli 711 König Roderich und eroberten in kurzer Zeit die gesamte Halbinsel, mit Ausnahme einiger Enklaven im Norden, die christlich blieben. Die Beziehungen zwischen Juden und Muslimen intensivierten sich. „So beschuldigte der Erzbischof von Toledo die Juden des Verrats zugunsten der Sarazenen und provozierte damit einen Aufstand; er organisierte auch die Plünderung von Synagogen. In Barcelona, in Tortosa, werden die „Streitigkeiten" zu Prozessen gegen die hebräischen Texte[32]." Spanien unter muslimischer Herrschaft, als die Christen auf Eseln reiten und eine Sondersteuer zahlen mussten, während die Muslime auf Pferden ritten, bleibt ein goldenes Zeitalter, nach dem sich die Juden sehnen. Der große jüdische Historiker Leon Poliakov schrieb: „Im Jahr 711 katapultierte die arabische Invasion sie an die Spitze der sozialen Leiter, als Berater und Verbündete der Eroberer[33]. „Jacques Attali bestätigte dies: „Die Juden haben nie einen schöneren Aufenthaltsort gekannt als diesen europäischen Islam des achten Jahrhunderts.

---

[31]Hervé Ryssen, *Die planetarischen Hoffnungen*, 2022 und *Die jüdische Mafia*, 2022

[32]Jacques Attali, *Los judíos, el mundo y el dinero*, Fondo de cultura económica, 2005, Buenos Aires, S. 134, 204. [„Es ist bekannt, dass die Invasion der Araber ausschließlich von den in Spanien lebenden Juden unterstützt wurde. Sie öffneten ihnen die Tore der wichtigsten Städte. Denn sie waren zahlreich und reich, und schon zu Zeiten von Egica hatten sie sich verschworen und die Sicherheit des Königreichs ernsthaft gefährdet. „Marcelino Menendez Pelayo, *Historia de los Heterodoxos españoles*, Tomo I, Ed. F. Maroto, Madrid, 1880. p. 216].

[33]Léon Poliakov, *Histoires des crises d'identité juives*, Austral, 1994, S. 22.

Vielleicht ist uns auch aufgefallen, dass der kosmopolitische Diskurs sich immer mit einer untrüglichen Souveränität ausdrückt und sich unglaubliche falsche Behauptungen erlaubt. Der Zweck heiligt immer die Mittel.

Der frühere Kulturminister Jack Lang äußerte sich ebenso souverän wie seine Amtskollegen zu diesem Thema: Am 3. September 2005 zum Beispiel antwortete er in einer Talkshow zur besten Sendezeit vor einem Millionenpublikum auf eine plötzliche und unerwartete Frage: „Finden Sie nicht, dass es in Frankreich zu viele Einwanderer gibt? - Nein, antwortete er sofort, Sie wissen, dass Frankreich das Land in Europa mit den wenigsten Einwanderern ist[34]." Dieser unverblümte Reflex ist eigentlich sehr aufschlussreich für eine wahrscheinlich natürliche Tendenz, „andere" für behindert zu halten. Eine solche hemmungslose Unverfrorenheit ist absolut charakteristisch für die kosmopolitische Mentalität. Juden nennen das „*Chuzpe*[35]."

Es ist diese *Chuzpe, die* es auch dem marxistischen Philosophen Jacques Derrida erlaubte, Folgendes zu schreiben: „Ich betonte, dass es viel mehr Platz als behauptet gab, um mehr Ausländer aufzunehmen, und dass die Einwanderung nicht zugenommen hatte, im Gegensatz zu dem, was behauptet wurde[36]." Dieselbe *Chuzpe,* mit der der frühere Anarchist und Studentenführer des Mai '68, Daniel Cohn-Bendit (der heute ganz kohärent zugibt, ein „libertärer Liberaler" zu sein), erklärte: „Man könnte daraus schließen, dass es zur Eindämmung der Fremdenfeindlichkeit besser wäre, die Zahl der Ausländer zu erhöhen und nicht verringern zu wollen[37]." Die gleiche *Chuzpe,* mit der der liberale Essayist Guy Sorman zu schreiben wagte: „Folglich wäre es nicht die Anwesenheit von Ausländern, die Rassismus provozieren würde, sondern ihre Abwesenheit: Es wäre das Gespenst des Einwanderers, nicht der Einwanderer selbst, das Gewalt provozieren würde. „Und Guy Sorman fügt im gleichen Sinne hinzu: „Andererseits war Frankreich, das vor einem Jahrhundert Hunderte von Dialekten, *Patois* und Regionalsprachen zählte, damals multikultureller als heute[38]." Das kosmopolitische Denken zielt auch darauf ab, uns

---

[34]Sendung *Tout le monde en parle*, France 2, Samstag, 3. September 2005.

[35]*Chutzpah*: Jiddisches Wort. *Chuzpe* ist die frechste und schamloseste Unverschämtheit. Es wäre die Qualität eines Mannes, der, nachdem er seine Eltern ermordet hat, sich auf die Milde des Gerichts beruft, weil er ein Waisenkind ist (NdT).

[36]Jacques Derrida, Élisabeth Roudinesco, *Y mañana, qué...* Fondo de Cultura Económica, Buenos Aires, 2002, S. 71.

[37]Daniel Cohn-Bendit, *Xénophobies*, Hamburg, 1992, Grasset, 1998, S. 43-45.

[38]Guy Sorman, *Warten auf die Barbaren*, Seix Barral, 1993, Barcelona, S. 47, 163.

verständlich zu machen, dass das Phänomen der Einwanderung unvermeidlich ist und dass es daher keinen Sinn hat, sich dagegen zu wehren. Jacques Attali prophezeite in Bezug auf die großen Migrationsströme, die wir akzeptieren müssen, Folgendes: „Frankreich, das erste Land, wird seine Haltung in Bezug auf Anstrengung und Bewegung radikal ändern müssen. Es wird sich selbst die Mittel für eine bemerkenswerte Verjüngung geben und den Eintritt einer großen Anzahl von Ausländern akzeptieren müssen[39]." So erklärte der Pressedirektor Jean Daniel (Bensaid) in der Zeitschrift *Le Nouvel Observateur* vom 13. Oktober 2005: „Nichts wird die Bewegungen der unglücklichen Bevölkerungen in Richtung eines alten und reichen Westens aufhalten... Deshalb bestehen Weisheit und Vernunft von nun an darin, sich darauf vorzubereiten, immer mehr Migranten zu empfangen und aufzunehmen... Wir müssen die Vorstellung akzeptieren, dass die Nationen nicht mehr das sein werden, was sie heute sind." Halten wir einfach fest, dass im marxistischen Diskurs die „klassenlose Gesellschaft" als „unausweichlich" galt. Aber Sie haben verstanden, dass es hier nicht um soziale Analysen geht, sondern um propagandistische Diskurse, die versuchen, die Idee, sich zu verteidigen, aus unseren Köpfen zu verbannen. In dieser Tendenz spiegelt sich ein prophetischer Diskurs wider, der für die kosmopolitische Mentalität sehr charakteristisch ist: Man projiziert sich in die Zukunft, lässt sich von „Prophezeiungen" mitreißen und erklärt, dass alles, was „geschrieben" steht, unweigerlich eintreten muss.

Der Prozess der Schuldzuweisung

Damit das Ideal der pluralistischen Gesellschaft und der planetarischen Einigung die „Anderen" besser durchdringen kann, muss das kosmopolitische Denken alle Gefühle der ethnischen, nationalen, rassischen, familiären oder religiösen Zugehörigkeit untergraben. Auf diese Weise wird uns die Geschichte der Europäer als eine Abfolge von Schandtaten und ihre Vorfahren als Verbrecher präsentiert. In einem 2005 erschienenen Buch mit dem expliziten Titel *Europäische Kultur und Barbarei* schrieb Edgar Morin beispielsweise: „Es kann bestätigt werden, dass durch die Erinnerung an die Opfer des Nationalsozialismus, aber auch an die Versklavung der deportierten afrikanischen Bevölkerung und die koloniale Unterdrückung, die Barbarei Westeuropas im Bewusstsein auftaucht... Der

---

[39]Jacques Attali, *L'Homme nomade*, Fayard, 2003, Livre de poche, S. 436.

Nationalsozialismus ist nur die letzte Phase." Dieser Prozess der Schuldzuweisung vergisst nie, dem Katholizismus ins Gesicht zu spucken und neue Perspektiven zu eröffnen, um eine andere konkurrierende Religion zu bekämpfen:

„Eine der Waffen der christlichen Barbarei war der Gebrauch des Satans, schrieb Morin... Mit dieser wahnhaften Argumentationsmaschine hat das Christentum seine Barbarei ausgeübt. Offensichtlich hat sie nicht ausschließlich die satanische Waffe eingesetzt. Wir sehen, wie Satan heute durch den virulenten islamistischen Diskurs[40] zurückkehrt." In die gleiche Richtung ging auch Viviane Forrester in ihrem Buch *Western Crime* (mit Großbuchstaben). Darin wird deutlich, dass die Schmach der Europäer nicht auf die Episode des Zweiten Weltkriegs beschränkt ist. Ihre gesamte Geschichte zeugt von ihrer Grausamkeit und Erbärmlichkeit. Viviane Forrester betonte: „Enteignungen, Massaker und Völkermord an Völkern wurden auf anderen Kontinenten jahrhundertelang von und für Europäer verübt. Und das alles mit gutem Gewissen, mit der Zustimmung und Bewunderung der Öffentlichkeit für solche Leistungen und ihrer Dankbarkeit, sobald ihr Verlangen nach Besitz gestillt ist. All dies dank der Fähigkeit der Menschen im Westen, das, was ihnen Unbehagen bereitet, zu verwalten, zu löschen und zu verbergen, ohne das Bild der Welt, das sie haben, oder die Rolle, die sie vorgeben zu spielen, zu verändern? Im Namen ihrer Vormachtstellung, mit einem angeborenen Sinn für Arroganz und der Gewissheit einer natürlichen Überlegenheit, die ihre universelle Arroganz rechtfertigt, haben sich die Menschen des Westens das Recht gegeben, ohne Skrupel und wie selbstverständlich die Unwichtigkeit zahlreicher als lästig empfundener Lebewesen und die untermenschliche Nichtigkeit ganzer Bevölkerungen zu dekretieren, selbst wenn sie angeblich schädlich sind. Von da an wurde das Ausplündern, Unterdrücken, Verfolgen, grenzenlose Ermorden dieser als unwillkommen und oft als katastrophal empfundenen halogenhaltigen Massen zulässig, ja sogar notwendig, oder besser noch: einforderbar[41]." Der Stil ist ein wenig düster, aber die Idee ist da.

In *Récidives*, einer 2004 veröffentlichten Sammlung von Artikeln, hat Bernard-Henri Levy die Bestie noch weiter zermalmt, indem er erklärte, dass nicht nur die Schande der europäischen Zivilisation angeklagt werden sollte, sondern der weiße Mann selbst, der von Natur aus pervers und durch und durch verdorben ist: „Der westliche Mensch,

---

[40]Edgar Morin, *Culture et barbarie européennes*, Bayard, 2005, S. 89, 90, 16
[41]Viviane Forrester, *Das abendländische Verbrechen*, Fayard, 2004, S. 57, 65.

der seit Hunderten oder Tausenden von Jahren strukturiert und definiert ist", schrieb Bernard-Henri Lévy unter Berufung auf Jean-Claude Milners 2003 erschienenes Buch *Die kriminellen Tendenzen des demokratischen Europas,* ist „potenziell kriminell[42]." Diese Tendenz, die Vergangenheit des europäischen Menschen zu besudeln, ist keine Besonderheit der in Frankreich lebenden kosmopolitischen Intellektuellen. Sie findet sich auch bei ihren Kollegen auf der anderen Seite des Atlantiks, wie z. B. Michael Moore, der 2002 ein Buch mit dem Titel *Stupid White Men (Dumme weiße Männer)* veröffentlichte, über das die Medien in Europa ausführlich berichteten[43]. In der Einleitung erklärt Michael Moore den Ursprung des Übels, das die Vereinigten Staaten derzeit heimsucht:

„Alles ging den Bach runter. Alles begann zu zerfallen. Die schwächelnde Wirtschaft und die Energieaktien, der schwindende Frieden in der Welt, keine Arbeitsplatzsicherheit mehr, keine soziale Sicherheit... Den Amerikanern war klar, dass nichts mehr funktioniert." Und wenn alles schief ging, dann nur wegen dieser rassistischen weißen Kretins an der Macht: „Der Virus der weißen Dummheit ist so stark, dass er sogar Schwarze wie Colin Powel, Innenministerin Gale Norton oder die nationale Sicherheitsberaterin Condoleeza Rice infiziert hat... Diese dummen weißen Männer [Präsident Bushs Team] müssen gestoppt werden. „Natürlich hat Michael Moore vergessen, die zahllosen Juden zu erwähnen, die in den aufeinanderfolgenden US-Administrationen wichtige Positionen innehatten und sich eng an die US-Präsidentschaft anlehnten...

Kapitel IV trug den einfachen Titel: „*Töte Whitney*". Michael erklärte freimütig seinen Hass auf den weißen Mann: „Ich weiß nicht, warum, aber jedes Mal, wenn ich einen weißen Mann auf mich zukommen sehe, werde ich angespannt. Mein Herz rast und ich suche sofort nach einem Ort, an den ich fliehen kann, oder nach einer Möglichkeit, mich zu verteidigen... Weiße Menschen machen mir eine Heidenangst. Es mag schwer zu verstehen sein, da ich weiß bin, aber genau deshalb sage ich es... Sie müssen sich auf mein Wort verlassen: Wenn Sie sich plötzlich von weißen Menschen umgeben sehen, seien Sie sehr vorsichtig. Alles ist möglich... Alle, die mir in meinem Leben Schaden zugefügt haben, waren weiß... Ich glaube nicht, dass ich die einzige weiße Person bin, die solche Behauptungen aufstellen kann. Jedes böse Wort, jede Grausamkeit, jeder Schmerz und jedes Leid, das

---

[42]Bernard-Henri Lévy, *Récidives*, Grasset, 2004, S. 436, 448, 455.

[43]Michael Moore, *Mike contre-attaque !* 2001, La découverte, 2002. *Dumme weiße Männer*, Ediciones B, 2005, Barcelona (http://biblioteca.d2g.com)

ich in meinem Leben erfahren habe, hatte kaukasische Züge. Warum um alles in der Welt sollte ich Schwarze fürchten?"

Wenn Michael Moore mit einer drehbaren Stirnlampe auf dem Kopf und einem fluoreszierenden Overall herumlaufen würde, wären wir natürlich viel misstrauischer. Aber lassen Sie Michael sprechen:

„Ich schaue mir die Welt an, in der wir leben, und, Leute, ich hasse es, ein Klatschmaul zu sein, aber es sind nicht die Afroamerikaner, die diesen Planeten zu dem erbärmlichen, stinkenden Ort gemacht haben, den wir heute bewohnen. Kürzlich titelte die New York Times im Wissenschaftsteil mit der Frage: „Wer hat die H-Bombe gebaut? „Der Artikel befasste sich mit der Debatte über das Gerät, um das sich zwei Männer stritten. Ehrlich gesagt war mir das egal, denn ich kannte bereits die Antwort, die mich interessierte: Es war ein weißer Mann. Kein schwarzer Mann hat jemals eine Bombe gebaut oder eingesetzt, die Tausende von Menschen auslöschen sollte, weder in Oklahoma City noch in Hiroshima. Ja, meine Freunde. Dahinter steckt immer ein weißer Mann.

Glücklicher Michael! Es stimmt, dass Einstein, Hahn und Oppenheimer, die Väter der Atombombe, reine Galizier sind, ebenso wie Cohen, der Erfinder der Neutronenbombe, oder Weizmann und Fritz Haber, die Erfinder der Erstickungsgase während des Ersten Weltkriegs. Diese Manie, die eigene Schlechtigkeit auf andere zu projizieren, ist unbestreitbar ein charakteristisches Merkmal der kosmopolitischen Mentalität, und wir werden später sehen, dass diese Tendenz in den Köpfen einiger Intellektueller tief verwurzelt ist. Andererseits wissen wir auch, dass die Rolle und Verantwortung jüdischer Sklavenhändler im Sklavenhandel einfach überwältigend und unwiderlegbar ist. Aber gehen wir weiter und sehen wir uns genauer an, was unser Freund Michael gesagt hat:

„Wer hat den Schwarzen Tod verbreitet? Wer hat PCB, PVC, BPB und all die anderen Chemikalien erfunden, die uns jeden Tag umbringen? Wer hat all die Kriege begonnen, in die die Vereinigten Staaten verwickelt waren? Wer sind die Leute, die für die Fox-Programme verantwortlich sind? Wer hat den Schmetterlingswahlzettel erfunden? Wessen Idee war es, die Welt mit dem Verbrennungsmotor zu verschmutzen? Ein weißer Mann. Der Holocaust? Dieser Kerl hat uns einen wirklich schlechten Ruf eingebracht. Deshalb nennen wir ihn lieber einen Nazi und seine Helfer Deutsche. Der Völkermord an den amerikanischen Ureinwohnern? Es waren die Weißen. Sklaverei? Dasselbe. Im Jahr 2001 haben die amerikanischen Unternehmen mehr als 700.000 Menschen entlassen. Weiße Führungskräfte, die meine

Internetverbindung ständig stören? Eine weiße Fotze. Wenn ich eines Tages herausfinde, wer es ist, wird es ein weißer Steifer sein[44]." In seinem erbitterten Hass auf den weißen Mann konnte Michael Moore nur mit einem Aufruf zur Rassenmischung enden, um diesen arroganten Gojim ein Ende zu bereiten: „Warum rennen wir nicht weg, wenn wir einen weißen Mann sehen? Warum machen wir uns nicht in die Hose, wenn unsere Töchter uns ihre weißen Freunde vorstellen?... Es gibt eine narrensichere Methode, um eine Welt ohne Farbunterschiede zu schaffen: Heirate einen Schwarzen und bekomme Kinder. Wenn Schwarze und Weiße sich lieben, wird ein Land mit einer einzigen Farbe entstehen. Und wenn wir alle dieselbe Farbe haben, brauchen wir uns nicht zu hassen und nicht zu streiten. „Es wird dann eine perfekte Welt sein; oder fast: nur die Juden werden übrig bleiben, um sich zu vermischen.

Ende 2004 brachte der *Nouvel Observateur* auf seiner Titelseite ein großes Foto von Herrn Moore mit der Schlagzeile: „Das Amerika, das wir lieben, nicht das Amerika von Bush". *Der Nouvel Observateur* bot uns also eine begrenzte Auswahl an, wie es in der Demokratie üblich ist: Wenn einem die „Rechte" nicht gefällt, kann man immer noch die „Linke" wählen. Das Wichtigste ist, wie Sie wissen, innerhalb des Kreises zu bleiben, sonst ist man „verloren".

Diese systematische Schuldzuweisung ist in allen demokratischen Mediensystemen in vollem Gange. In dieser Hinsicht ist der Zweite Weltkrieg ein sehr fruchtbarer Boden für das Wachstum all der giftigen Pflanzen, die die neue transgene Geschichtsschreibung für zukünftige Generationen nähren werden. Elie Wiesel zum Beispiel versuchte, die kollektive Verantwortung der Weißen für den Holocaust anzuprangern; aller Weißen, nicht nur der Deutschen: „Wenn Moskau und Washington wussten, was die Mörder in den Todeslagern taten, warum wurde dann nichts unternommen, um wenigstens die „Produktion" zu verringern? Die Tatsache, dass kein Militärflugzeug versucht hat, die Eisenbahnlinien um Auschwitz zu zerstören, bleibt für mich ein schockierendes Rätsel. Damals wurden in Birkenau täglich zehntausend Juden „behandelt"[45]... Aber ob die Juden leben oder sterben, ob sie heute oder morgen verschwinden, das war der freien Welt egal." Elie Wiesel war daher wirklich empört über die Heuchelei der Alliierten: „Es gab eine Zeit, in der mich alles wütend und entrüstet machte. Gegen die mitschuldige Menschheit. Später empfand ich vor allem Traurigkeit...

---

[44]Es handelt sich wahrscheinlich um eine antisemitische Person.
[45]Unauffällig!

Feige weigerten sich die Männer, zuzuhören[46]." Der Schriftsteller Marek Halter hat das Thema auf die gleiche Weise angegangen: „Was hat die Welt getan, während die Juden abgeschlachtet wurden? Diese zwanghafte Frage verfolgt mich jedes Mal, wenn ich meine Solidarität mit den verfolgten Opfern zum Ausdruck bringe... Ich möchte verstehen: Warum ist der Tod ruandischer Kinder für uns heute unerträglich, während gestern der Tod jüdischer Kinder die Weltöffentlichkeit gleichgültig ließ[47]?"

Für Elie Wiesel und Marek Halter reichten die zig Millionen europäischer Gojim, die während des Krieges starben, offenbar nicht aus, um die Verbrechen ihrer Führer zu sühnen. Wir beschränken uns hier darauf, darauf hinzuweisen, dass weder in den Memoiren von Churchill, noch in denen von General de Gaulle oder Roosevelt die Gaskammern während des Krieges erwähnt werden. Aber das liegt wahrscheinlich daran, dass diese Menschen feige waren.

Das letzte Wort zu diesem schrecklichen Kapitel des Holocaust überlassen wir dem Philosophen Bernard-Henri Levy: „Dieses Verbrechen ohne Spuren, dieses Verbrechen ohne Archive... dieses Verbrechen ohne Spuren, dieses Verbrechen ohne Ruinen, dieses Verbrechen ohne Gräber ist ein perfektes Verbrechen, nicht in dem Sinne, dass es ungestraft bliebe, sondern in dem Sinne, dass es so wäre, als wäre es nie geschehen." Und an diejenigen, die fragten: „Wann wird die Zeit der Trauer kommen, wann wird die Wunde geschlossen werden? „Bernard-Henri Levy antwortete: „Es ist eine Wunde ohne Naht, ohne Narbe, ohne mögliche Trauer, es ist eine jener Wunden, von denen Emmanuel Levinas in den 1960er Jahren sagte, dass sie „bis zum Ende der Zeit bluten müssen"... Diese unendliche Erinnerung, schrieb Levy, diese endlose Arbeit, ich glaube zutiefst, dass sie nicht nur eine Angelegenheit der Opfer und Überlebenden ist, noch weniger der Juden allein. Ich glaube, dass es allen Nationen im Allgemeinen obliegt,[48]."
Sie haben verstanden: Alle Völker auf allen Kontinenten müssen bis zum Ende der Zeit für dieses „Verbrechen ohne Spuren, ohne Ruinen und ohne Archive" büßen. „Sie ist die neue Religion der modernen Zeit. Dieser erstaunliche Egozentrismus ist zweifelsohne ein weiteres Merkmal der planetarischen Mentalität.

---

[46]Elie Wiesel, *Mémoires, Band I*, Seuil, 1994, S. 97, 133, 134.
[47]Marek Halter, *La force du Bien*, Robert Laffont, 1995, S. 154.
[48]Bernard-Henri Levy, *Récidives*, Grasset, 2004, S. 435.

Islam und Kosmopolitismus

Während die meisten Menschen im Westen inzwischen erkannt haben, dass das Judentum zu begrüßen ist, scheinen die Muslime die Dinge anders zu sehen. Der Islam ist heute die wichtigste Kraft im Kampf gegen das Judentum. So sehr, dass die Intellektuellen des Planeten, während sie in den europäischen Ländern seit Jahrzehnten krampfhaft für die Einwanderung werben, uns immer wieder vor der Gefahr des radikalen Islam warnen, der sie direkt bedroht. Seit der zweiten Intifada in Palästina im September 2000 haben viele junge, in Frankreich geborene Muslime begonnen, sich der jüdischen Gemeinschaft zu widersetzen, manchmal auch gewaltsam. Und genau diese neue Bedrohung hat das Medienestablishment dazu veranlasst, den radikalen Islam als eine neue Spielart des Faschismus zu verteufeln.

Nachdem die ethnische Homogenität Europas zerstört und seine traditionelle Religion stark geschwächt wurde, geht es nun darum, die bedrohliche innere Kraft des Islam aufzulösen: „Das Christentum und der Islam, schrieb Pascal Bruckner in *Le Figaro* vom 5. November 2003, haben gemeinsam, dass sie zwei imperialistische Religionen sind, die davon überzeugt sind, im Besitz der Wahrheit zu sein und immer bereit sind, der Menschheit das Heil zu bringen, sei es durch das Schwert, das Auto de fe oder die Bücherverbrennung. „Der Essayist erinnerte daran, dass in Frankreich die Integration der katholischen Kirche in die Republik nicht ohne Auseinandersetzungen vonstatten ging: „Die außerordentliche Heftigkeit des antiklerikalen Kampfes in Frankreich und in Europa grenzte manchmal an Barbarei: Kirchen, Tempel, Klöster wurden niedergebrannt und dem Erdboden gleichgemacht, Kultgegenstände entwürdigt, Priester, Bischöfe, Nonnen guillotiniert, gehängt, massakriert... Ein schrecklicher Preis wurde in einem skrupellosen sektiererischen Kampf gezahlt, der uns aber von der kirchlichen Vormundschaft befreite.'' Mit dem Gesetz über die Trennung von Kirche und Staat von 1905 wurde das Problem des Katholizismus gelöst, und auch nach dem Zweiten Vatikanischen Konzil von 1965[49] entwickelte sich die Kirche in Richtung demokratischer Ideale.

„Dieser lange Prozess der Besserung steht dem Islam noch bevor, denn der Islam ist mit Sicherheit die letzte geoffenbarte Religion und

---

[49]Zu diesen religiösen und politischen Entwicklungen siehe Vicomte Léon de Poncins, *Judaism and Vatican, an attempt at spiritual subversion*, Christian Book Club of America, 1967, Léon de Poncins, *El Judaísmo y la Cristiandad*, Ediciones Acervo, Barcelona, 1966.

daher die authentische... Er wird eine ebenso radikale Reformation durchführen müssen, wie es die Katholiken und Protestanten im letzten Jahrhundert getan haben. „Danach, so vermuten wir, wird es den Juden überlassen sein, ihre eigene Reformation durchzuführen.

Die Frage des Islams steht heute im Mittelpunkt des Interesses der kosmopolitischen Intellektuellen, nicht nur wegen des wachsenden und besorgniserregenden Gewichts der Muslime in Frankreich, sondern auch wegen der Zunahme des islamischen Radikalismus in der Welt. Dies zeigte sich erneut bei der Wahl von Präsident Ahmadinedschad im Iran im Juni 2005 und dem Sieg der Hamas in Palästina im Januar 2006.

In der Wochenzeitung *Le Point* vom 13. Oktober 2005 (Seite 100) äußerte sich der große internationale peruanische Romancier Mario Vargas Llosa zur Palästinafrage. Nach einem Ausflug in einem gepanzerten Range Rover in den Gazastreifen schilderte der Schriftsteller seine Eindrücke und zeigte Mitgefühl für die Situation dieser unglücklichen Menschen: „Grauenhaft... Was ich gesehen habe, ist grauenhaft... Schlimmer als die schlimmsten Barackensiedlungen in Lateinamerika... Und die Zukunft ist nicht rosig für diese armen Menschen, die dort leben. „Wir sind es nicht gewohnt, diese Art von mitfühlendem Diskurs gegenüber den unterdrückten Palästinensern zu hören, aber man muss Mario Vargas Llosa bis zum Ende lesen: „Sharon hatte Recht, den Gazastreifen zu eliminieren." Zur Situation in Frankreich am Vorabend der schweren ethnischen Unruhen im November 2005 machte der progressive Schriftsteller keinen Hehl aus seinen Vorlieben: „Eine kleine Hoffnung für Frankreich. „Islamismus: „Die größte Gefahr unserer Zeit." Wenn Mario Vargas Llosa von der extremen Linken zur „harten", pro-amerikanischen liberalen Rechten wechselte, wie viele seiner Kollegen, dann nicht, weil er die pluralistische Gesellschaft in Frage stellt, sondern weil es ihm um die Wiederherstellung der Ordnung geht, um sie besser zu etablieren.

Jahrhunderts: Daniel Cohn-Bendit, ehemaliger anarchistischer Anführer der Mai 68-Revolte und prominenter Europaabgeordneter, und sein Kollege Bernard Kouchner, ehemaliger sozialistischer Minister und Mitbegründer von Ärzte ohne Grenzen.

Bernard Kouchner: „Jedes Mal, wenn ich den Koran lese, erschrecke ich über den Geist der Überlegenheit, den diese bekehrende und erobernde Religion zum Ausdruck bringt. Sie ordnet den Handel, die Herrschaft des Mannes und die Unterwerfung der Frau so sehr Dogmen und Riten unter, dass sie - wenn sie sich nicht weiterentwickelt - nur provokativ wirken kann... Ich bin nach wie vor davon überzeugt, dass sich Europa eines Tages diesem Obskurantismus stellen muss. Es ist sinnlos, uns mit einer weißen Fahne zu präsentieren: die islamischen Faschisten sind unsere Feinde. „Darauf antwortete Daniel Cohn-Bendit:.".Wie Europa im 19. und frühen 20. Jahrhundert hat der Islam eine große säkulare Reform zu vollziehen. Dies wird durch Kampf und Schmerz geschehen." Für die kosmopolitischen Intellektuellen geht es nicht darum, die massenhaft in Europa eingeführten Muslime zu vertreiben, sondern sie zu neutralisieren, wie es mit der katholischen Religion und den europäischen Völkern geschehen ist. Bernard Kouchner hat dies deutlich zum Ausdruck gebracht, als er sagte, er wolle den Islam begünstigen und dann zähmen: „Dieser Kommunitarismus, das muss man ganz klar sagen, wäre nur die erste Etappe, die für die Integration notwendig ist, die Zeit, die notwendig ist, um die Familien- und Religionskulturen zu harmonisieren. Es liegt an uns, die Moscheen zu bauen, und zwar nicht in Kellern[50]!"

Mit der gleichen Argumentation unterstützt Bernard Kouchner Projekte zur positiven Diskriminierung, die Einwanderer zum Nachteil der einheimischen Franzosen und Europäer begünstigen: „Ich bin sehr dafür", würde er einfach sagen.

Auf der internationalen Bühne hingegen gibt es keinen Grund, den Islam und die arabische Welt nicht mit allen Mitteln zu bekämpfen. Daniel Cohn-Bendit hatte sich 2003 gegen die US-Intervention im Irak ausgesprochen, weil er befürchtete, dass der Krieg „die gesamte Region destabilisieren und die zerstörerischsten Kräfte stärken würde, indem er die gegnerischen Seiten vereinte. „Doch als das Land von Bomben zerschmettert wurde, brachte er seine wahren Gedanken zum Ausdruck: „Die US-Intervention hat die Iraker befreit", räumte er schließlich ein. Der ehemalige Anarchist hatte die erste US-Intervention nachdrücklicher unterstützt. Im Jahr 1991, am Ende des ersten Golfkriegs, erklärte er, dass die Koalition „nach Bagdad gehen und Saddam Hussein stürzen müsse". Koweit wurde befreit, aber nicht die Kurden oder die Schiiten... Es ist legitim zu sagen, dass wir zwanzig Jahre lang das Recht und die Pflicht hatten, Saddam Hussein zu stürzen."

Begeistert von seinen Worten antwortete sein Freund Bernard Kouchner: „Danke Dany, du bist ein wahrer Verfechter der Einmischung! [51] „Er fügte hinzu: „Es ist Wolfowitz, der neokonservative

---

[50]B. Cohn-Bendit, B. Kouchner, *Quand tu seras président*, Robert Laffont, 2004, S. 320, 183, 190

[51]Bernard Kouchner zeichnete sich dadurch aus, dass er vor internationalen Gremien für den Grundsatz der humanitären Einmischung eintrat. Im Jahr 2010 wurde er *von der Jerusalem Post* auf Platz 15 der 50 einflussreichsten Juden der Welt gewählt.

Ideologe im Pentagon, der hinter dieser Entscheidung steht. Er wollte sich sogar gleichzeitig mit Afghanistan und dem Irak befassen[52]. „In der Tat spielen viele Juden eine entscheidende Rolle in der US-Politik.

Kaum war die Irak-Frage gelöst, wurde der Iran 2006 zum Bannerträger des muslimischen Widerstands. Schon vor der Wahl von Präsident Ahmadinedschad beunruhigte das Regime der Mullahs die Intellektuellen und sie träumten bereits von einer bewaffneten Intervention. Das hat Daniel Cohn-Bendit etwas verschleiert angedeutet: „Wenn man mit Studenten im Iran spricht, kann man sehr gut sehen, dass sie zwar behaupten, keine amerikanische Intervention zu wollen, aber nachts davon träumen[53]."

1983, nach der islamischen Revolution, verwechselte Guy Konopnicki seine persönlichen Wünsche mit der Realität und unterstellte, dass auch die Iraner bombardiert werden wollten, um das westliche demokratische System und die amerikanische Kultur zu übernehmen: „In Teheran vermisst man nicht den Schah, sondern amerikanische Filme und die aus dem Westen importierten Ausschweifungen[54]." Der ehemalige israelische Premierminister Ehud Barak, der die USA am Vorabend der US-amerikanischen Anschläge vom 11. September 2001 besuchte, analysierte, wie die Antwort auf den Terrorismus aussehen sollte. In *Le Monde* schrieb er am 14. September: „Das Ausmaß dieser Taten und die Herausforderung, die sie darstellen, sind so groß, dass sie einen globalen Kampf gegen den Terrorismus auslösen sollten... Es ist an der Zeit, einen globalen Krieg gegen den Terrorismus zu führen, so wie Europa einst die Seepiraterie bekämpfte."

Sie haben verstanden: Wenn Israel bedroht ist und wenn New York, die erste jüdische Stadt der Welt und das Herz der internationalen Finanzwelt, das Ziel dieser Anschläge gewesen sein könnte, dann sind es die Menschen des Westens, die zurückschlagen und gegen die muslimische Welt und die „Feinde der Zivilisation" in den Krieg ziehen müssen. Israel scheint in der Tat seine Kriege mit dem Blut anderer führen zu wollen. Islamisten werden verteufelt, so wie einst „Faschisten" und generell alle Feinde der internationalen Finanzwelt und des Kosmopolitismus verteufelt wurden. Ehud Barak schrieb: „Die einzige Ursache für das, was geschehen ist, ist die teuflische Natur des Terrorismus... Sie wollen die westliche Lebensweise zerstören, auch wenn sie es nicht wissen, aus verschiedenen Frustrationen heraus. Sie

---

[52]Cohn-Bendit, Kouchner, *Quand tu seras président*, Robert Laffont, 2004, S. 228, 229, 219, 222.

[53]Cohn-Bendit, Kouchner, *Quand tu seras président*, Robert Laffont, 2004, S. 326.

[54]Guy Konopnicki, *La Place de la nation*, Olivier Orban, 1983, S. 138.

wollen den Westen bedrohen, ihm ihre Entscheidungen aufzwingen und ihn demütigen." Wir erkennen den gleichen Diskurs bei dem Philosophen Bernard-Henri Levy wieder, als er im November 2003 schrieb: „Derselbe Dämon manipuliert die Militanten des heutigen radikalen Islam wie seinerzeit die Maurrasianer[55]. Und dieser Dämon ist der Antisemitismus[56]."

Auch der international bekannte amerikanische Schriftsteller Norman Mailer konnte die Anwesenheit des Teufels erkennen und anprangern: „Deshalb bin ich geneigt zu glauben, dass die beste Erklärung für 9/11 darin besteht, dass der Teufel an diesem Tag eine große Schlacht gewonnen hat. Ja, Satan war der Pilot, der diese Flugzeuge zu diesem grausamen Ergebnis geführt hat.[57]." Weiße Männer, die jahrzehntelang als pervers, heuchlerisch und von Natur aus böse dargestellt worden waren, sollten nun losziehen und die Muslime im Nahen Osten besiegen, während sie gezwungen wurden, sie massenweise in ihre eigenen Länder zu integrieren. Das ist alles ein bisschen dick aufgetragen, aber das mediale Hämmern erlaubt es, diese kognitiven Widersprüche zu verschleiern. In der Wochenzeitung Le Point vom 22. Dezember 2005 titelte Bernard-Henri Levy seinen Artikel: „Ist es noch möglich, Teherans Faschislamisten zu stoppen? „Verglichen mit dem gegenwärtigen iranischen Regime, das damit droht, die Atombombe in die Hände zu bekommen, waren Saddam Husseins „kriegerische Handlungen" in Wirklichkeit „ein guter Witz", schrieb Levy. Es gehe also darum, die „Kleinmütigkeit der freien Welt" zu überwinden: „Wir müssen uns beeilen, schrieb der Philosoph, denn wir haben nur noch wenig Zeit." Nachdem die kosmopolitischen Intellektuellen uns 1990 in den Krieg gegen den Irak, 1999 gegen Serbien, 2002 gegen Afghanistan und 2003 erneut gegen den Irak geführt haben, führen sie uns nun in den Krieg gegen den Iran mit einer übertriebenen Propaganda, die uns vorgaukelt, es sei unsere Pflicht, diese „verängstigten" Völker, die nur „nach den Menschenrechten streben", zu „befreien". Ein wenig mehr und wir könnten denken, dass dies die gleichen Leute sind, die uns 1940 in den Krieg gegen die deutsch-nipponische Achse geführt hätten. Aber geht es nicht letztlich darum, das Reich des „Friedens" aufzubauen?

---

[55]Unterstützer von Charles Maurras (1868-1952). Nationalistischer, monarchistischer, antiparlamentarischer und antisemitischer Ideologe der *Action Française*.

[56]Bernard-Henri Levy, *Récidives*, Grasset, 2004, S. 886.

[57]Norman Mailer, *Warum sind wir im Krieg?* Editorial Anagrama, 2003, Barcelona, S. 121.

Europa und das US-Modell

Die kosmopolitischen Intellektuellen sind von dem amerikanischen Modell genauso begeistert wie einst von der bolschewistischen Revolution und dem Kommunismus. Erst nach dem Zweiten Weltkrieg ließ diese Begeisterung für das sowjetische System aufgrund der neuen antizionistischen Ausrichtung des Regimes nach. Diese Intellektuellen engagierten sich massiv für die verschiedenen Strömungen des Trotzkismus und spielten eine entscheidende Rolle bei den Ereignissen des Mai '68. Seitdem haben viele von ihnen erkannt, dass die Demokratie letztlich viel wirksamer als der Marxismus war, um die Grundlagen der gewünschten Weltgesellschaft zu schaffen. Der berühmte Romancier Mario Vargas Llosa ist ein Beispiel dafür, wie viele dieser Intellektuellen heute die Vereinigten Staaten preisen. In *Le Point* vom 13. Oktober 2005 wurde er folgendermaßen vorgestellt: „In Frankreich könnte Vargas Llosa als Rechter durchgehen - aber mit einem linken Gedächtnis... Einst hielt er sich für einen Marxisten - aber in den 1970er Jahren änderte sich langsam alles." Die Wahrheit ist, dass die politischen Divergenzen heute nicht mehr zwischen der Rechten und der Linken bestehen, sondern zwischen den Anhängern des globalen Imperiums und den Anhängern des nationalen Widerstands. Mario Vargas Llosa ist eindeutig ein Befürworter des Imperiums und des großen Mischmaschs:

„Ich war entsetzt über den Sieg des Neins beim Referendum über die europäische Verfassung", erklärte Vargas Llosas im Mai 2005 und bedauerte dieses reaktionäre und fast unerträgliche Votum der Franzosen zutiefst: „Wie lange wird Frankreich, dieses historisch beispielhafte Land, noch wütend auf die Globalisierung, auf den Liberalismus, ja sogar auf die Gesetze der Schwerkraft sein? Ich wünsche Ihnen von ganzem Herzen, dass Sie den Universalismus wiederbeleben, der die Größe Ihrer Nation immer gegen den Nationalismus verteidigt hat[58]. „Mario Vargas Llosa war ein Globalist, als er noch Kommunist war, und ist auch heute noch ein Globalist, wenn es um seine liberal-kapitalistischen Positionen geht.

Diese Sichtweise wirft ein Licht auf die ideologischen Grundlagen des europäischen Aufbaus, der letztlich nichts anderes ist als eine weitere Version des amerikanischen Modells und ein Schritt hin zur Errichtung einer Weltregierung. Der Soziologe Edgar Morin erkannte die universelle Tragweite des amerikanischen Modells: „So wie der

---

[58]*Le Point*, 13. Oktober 2005, S.100

Traum der Französischen Revolution zum Horizont aller europäischen Völker wurde, so ist der amerikanische Traum von einer Gesellschaft, in der es möglich ist, konkrete und vielfältige Formen der Utopie zu erfinden, zum unveräußerlichen Erbe der Völker der Welt geworden[59]."

Bereits 1991 sprach sich Edgar Morin für eine „europäische Konföderation" aus: „Die konföderale Idee", schrieb er, „ermöglicht es Europa, die Probleme der planetarischen Zivilisation zu bewältigen. „Er sah also die Möglichkeit eines Systems vor, das es erlauben würde, ein Volk zu „befreien", das sich unglücklicherweise durch eine falsche Wahl in die Irre hat führen lassen: „Wenn die bürgerlichen und demokratischen Rechte des Bürgers in einem der Länder der Konföderation bedroht sind, können wir ein Recht auf gemeinsames Eingreifen der Konföderation in Betracht ziehen[60]. „Die Entfesselung von Kriegen ist, wie wir in den letzten Jahren gesehen haben, in der Tat eine große Spezialität der kosmopolitischen Politik.

Bernard-Henri Levy war viel deutlicher. Seine Worte brachten diesen kosmopolitischen Willen zur Zerstörung der Nationen perfekt zum Ausdruck: „Die europäische Maschinerie, so schrieb er, ist gekommen, um sich gegen diese mystischen Nationalismen zu stellen und hat bereits damit begonnen, sie in das Museum der historischen Schrecken zu verbannen. Mit dem Tod dieser messianischen Nationalismen sind die Juden den furchterregendsten ihrer Widersacher los." Dies war sehr aufschlussreich, und Bernard-Henri Levy beeilte sich, das Wesen dieses demokratischen Europas zu präzisieren, das seiner Meinung nach nicht „nur eine weitere Nation" sein sollte, sondern „ein Instrument, dessen Funktion darin besteht, die nationalen Identitäten und Fixierungen zu bearbeiten, zu zerbrechen, zu pulverisieren und schließlich zum Absterben zu bringen[61]." Aus diesem Grund verehrt er die amerikanische kosmopolitische Gesellschaft. Für ihn ist der Antiamerikanismus eine „krankhafte Leidenschaft": „Seit der Zeit von Maurras und Drieu sind alle Rückschritte in ihm begründet. Sie zieht wie ein Magnet das Schlimmste und Widerlichste aus jeder politischen Familie an[62]. „Zwanzig Jahre zuvor hatte Levy bereits in *Die französische Ideologie* geschrieben: „Ich behaupte, dass der brutale und totale Hass auf Amerika als solches definitiv der Hass auf die Freiheit ist[63]." Die Intellektuellen des Planeten, die es sich leisten

[59]Edgar Morin, *Un nouveau commencement*, Seuil, 1991, S. 124.

[60]Edgar Morin, *Un nouveau commencement*, Seuil, 1991, S. 90, 94.

[61]Bernard-Henri Levy, *Récidives*, Grasset, 2004, S. 458.

[62]Bernard-Henri Levy, *Récidives*, Grasset, 2004, S. 830.

[63]Bernard-Henri Levy, *Récidives*, Grasset, 2004, S. 280.

können, ihre Gegner zu beleidigen, ohne rechtliche Schritte gegen sie befürchten zu müssen, üben in der Regel recht heftige Kritik am sakrosankten amerikanischen Modell. Im Gefolge des mächtigen Genies von Bernard-Henri Levy glaubte auch Bernard Cohen, ein weniger bedeutender Schriftsteller, das Recht zu haben, diejenigen zu beleidigen, die nicht so dachten wie er. In *The Return of the Puritans* (kein Wunder, dass es Verlage gibt, die eine solche Nichtigkeit veröffentlichen), ließ er seine Spucke raus und verkündete seinen „Willen, sich vom europäischen Antiamerikanismus abzuwenden, der, anstatt nach gutem Terroir zu riechen, am Ende nach Dung riecht[64]. „Die Intoleranz gegenüber Frustrationen ist ein charakteristisches Merkmal der kosmopolitischen Mentalität.

Das amerikanische Modell verkörpert das Ideal der kosmopolitischen Entwurzelung und der multirassischen Gesellschaft, von der diese Intellektuellen so begeistert sind. Guy Konopnicki hatte nicht unrecht, als er schrieb: „Die Angst vor der Amerikanisierung ist mit der Angst vor der Einwanderung verbunden. Das „amerikanisierte" Frankreich ist das der Banden junger Nordafrikaner, der schwarzen Musiker in der Metro, der Nachtmenschen im Zentrum der Großstädte. Diese Mischung ist unsere Zukunft. Sie ist seit langem der Albtraum aller Ordnungssysteme auf dem Planeten. „Es wäre also logisch, dass die Linke das amerikanische Modell unterstützt, anstatt es zu bekämpfen, und eine politische Wende vollzieht, so wie es alle kosmopolitischen Intellektuellen getan haben, vom alten militanten Marxismus zum demokratischen Liberalismus. Denn nur in dieser multirassischen und multikulturellen Gesellschaft können die Stimmen der „rassistischen" Weißen zum Schweigen gebracht werden. Die Integration von Einwanderern ist schließlich die Möglichkeit, den Widerstand der europäischen Völker, die der globalen Vorherrschaft der internationalen Finanzwelt noch zu sehr widerstreben, aufzulösen. Sicherlich werden diese neuen hybriden und entwurzelten Identitäten für die Botschaften der kosmopolitischen Propaganda am durchlässigsten und handhabbarsten sein: „Die Bevölkerung Frankreichs und Westeuropas ähnelt immer mehr derjenigen der Vereinigten Staaten", freute sich Konopnicki. Diese „Bewegung der kulturellen Universalisierung" ist „global befreiend[65]." Konopnicki schrieb diese Zeilen im Jahr 1983. Zwanzig Jahre später, nach den zahlreichen anti-weißen Aggressionen während der Demonstrationen im März 2005 und den Unruhen im November in fast allen

---

[64]Bernard Cohen, *Le Retour des puritains*, Albin Michel, 1992, S. 16.
[65]Guy Konopnicki, *La Place de la nation*, Olivier Orban, 1983, S. 123, 124, 175, 148.

französischen Städten, kann man diese Intellektuellen zu Recht als die Hauptverantwortlichen für diese Situation bezeichnen[66]. Aber wir alle wissen, dass es illusorisch wäre, sie in einer öffentlichen Debatte zur Rechenschaft zu ziehen. Der Philosoph André Glucksman, ein ehemaliger maoistischer Führer während der Ereignisse im Mai '68, vollzog ebenfalls eine ideologische Mutation, um den Kurs in Richtung Globalisierung besser halten zu können[67]. In seinem Buch „Das 11. Gebot" ging er noch einen Schritt weiter, um die Verteidigung des amerikanischen Modells zu erklären, indem er eine Parallele zwischen Antiamerikanismus und Antisemitismus zog: „Die beiden Säulen des fundamentalistischen Katechismus - Judenhass und Anti-Yankee-Wut - sind komplementär und nähren sich gegenseitig. Wenn das eine durch Überbeanspruchung kurzzeitig unbrauchbar wird, übernimmt das andere[68]. „Wir wissen, dass die jüdische Gemeinschaft großen Einfluss auf die verschiedenen amerikanischen Regierungen ausübt und dass ihre Finanz- und Medienmacht die Vereinigten Staaten zum Zentrum des Weltjudentums macht.

Der Pressedirektor Jean Daniel, der die Vereinigten Staaten und nicht den Staat Israel als „Heimat des Weltjudentums" ansah, erklärte: „Es ist oberflächlich, wenn auch nicht nutzlos, die Macht der amerikanischen Juden in der Presse und damit in der Nachrichtenproduktion des Westens zu betonen. Diese Erklärung muss erwähnt werden, wird dann aber schnell wieder verdrängt. Es ist wahr, dass die Vereinigten Staaten die Heimat des Journalismus sind, ungeachtet seiner Mängel oder der Voreingenommenheit seiner Presse. Es stimmt, dass die Juden in dieser Nachrichtenfabrik, diesem Laboratorium der Information, eine grundlegende Rolle spielen, und sie sind auch eine sehr einflussreiche finanzielle und kulturelle Minderheit. In diesem Sinne kann ich sagen, dass mich die Vitalität, die Kraft und die Pracht des Judentums in New York viel mehr beeindruckt haben als in Tel Aviv... Ich war so beeindruckt von der kulturellen Lebendigkeit des Judentums, dem Genie seiner Schriftsteller, seiner Künstler, seiner

---

[66]Beachten Sie die sehr ernste Verschlechterung der derzeitigen Situation in Westeuropa und den Vereinigten Staaten.

[67]André Glucksmann ist auch dafür bekannt, dass er zusammen mit anderen Intellektuellen die Intervention der NATO in Serbien unterstützt hat. Er setzte sich auch für die Sache Tschetscheniens ein, wo er sich einen Monat lang aufhielt, und prangerte die selbstgefällige Haltung der westlichen Länder gegenüber der Politik von Wladimir Putin an. Sein Sohn Rafael Glucksmann unterstützte den Euromaiden-Putsch und die ukrainische „Revolution" im Jahr 2013 und ist derzeit ein vehementer Verfechter der Sache der uigurischen muslimischen Minderheit in China (NdT).

[68]André Glucksmann, Le XIe commandement, Flammarion, 1991, S. 142.

Akademiker, dem unglaublichen Reichtum seines Humors und natürlich auch von seiner bescheidenen Finanzkraft, dass ich den Eindruck hatte, dass die Heimat des Weltjudentums nicht in der belagerten Festung der Pioniere des hebräischen Staates lag, sondern in den Bastionen, die die Gründer der Neuen Welt zum größeren Ruhm des freien Unternehmertums errichteten[69]." Nach diesen Überlegungen können wir Guy Konopnicki erlauben, frei zu sprechen und seine Liebe zu Amerika zu erklären: „Die Vereinigten Staaten von Amerika sind der Ort auf der Welt, an dem die größte Rassenmischung aller Zeiten stattgefunden hat". Sie ist heute „das Urbild der Weltkultur"." Und für diese Weltkultur gibt es kein besseres Vehikel als Bilder, die dem Betrachter keine große Anstrengung abverlangen, um sie aufzunehmen. Durch das Kino werden sich die Massen des Planeten der Vorteile einer liberalen und kosmopolitischen Zivilisation bewusst: „Ich glaube aufrichtig", schrieb Konopnicki, „dass Metro Goldwyn Mayer, Warner Brothers, Fox und Columbia in unserer Zeit das sind, was die Kathedralen im Mittelalter waren[70]." Konopnicki hat dieser religiösen Verehrung Hollywoods sogar ein eigenes Kapitel gewidmet, das den vielsagenden Titel trägt: „*Yerushalayim - Hollywood, Hallelujah!*"

Hollywood symbolisiert die Macht der Propaganda und die Beherrschung des Geistes. Wie in den Prophezeiungen Israels vorausgesagt, unterwerfen sich schließlich alle Völker dem kosmopolitischen Modell, indem sie ihre eigenen Traditionen aufgeben, um dem jüdischen Volk zu Füßen zu knien: „In der Stadt des Kinos sind alle Flüche vorbei, auch der des Turms von Babel, der durch Synchronisation und Untertitel ausgelöscht wurde. Alle Stämme Israels, alle Völker der Schöpfung sind wieder vereint mit ihren Herden und Pferden... Es wurde gesagt, dass die Geschichte neu beginnen würde, dass es eine große *Neuauflage* geben würde und dass das *Halleluja* mit einem Soundtrack von Leonard Bernstein gesungen werden würde[71]." Für Konopnicki wird die Erlösung letztlich durch das Kino kommen: „Einige Propheten sagten sogar, dass der Messias das Licht sein würde", schrieb er. Der Diskurs des kosmopolitischen Intellektuellen ist auf seltsame Weise von prophetischen Begriffen

---

[69]Jean Daniel, *L'Ère des ruptures*, Grasset, 1979, S. 106, 107.

[70]Guy Konopnicki, *La Place de la nation*, Olivier Orban, 1983, S. 145, 155.

[71]Jacques Attali erklärt in *Die Juden, die Welt und das Geld*, dass Hollywood ein jüdisches Lehen ist: „Die wichtigsten Firmen von heute sind: Universal, Fox, Paramount, Warner Bros, MGM, RCA und CBS sind alle von jüdischen Einwanderern aus Osteuropa gegründet worden... „(*Los judíos, el mundo y el dinero*, Fondo de cultura económica, 2005, Buenos Aires, S. 413).

durchdrungen:

„Es wächst etwas heran, das nichts mit den Revolutionen zu tun hat, die von den bärtigen Männern des letzten Jahrhunderts vorhergesagt wurden, oder mit dem triumphalen Fortschritt, der in den Zeiten der Aufklärung angekündigt wurde. Etwas Ungreifbares, das durch die Konfrontationen und Krisen unserer Zeit geboren wird... Etwas wird aus dieser Krise hervorgehen. Wie in allen vorangegangenen Krisen wird es weder etwas Französisches, noch etwas Amerikanisches, noch etwas Russisches sein[72]." Erinnert dies nicht an die Worte von Edgar Morin: „Der Ausbruch von Rassenhass, Religion, Ideologie zieht immer Kriege, Massaker, Folter, Hass und Verachtung nach sich. Die Welt macht quälende Schmerzen durch, von denen wir nicht wissen, ob es sich um Geburt oder Tod handelt. Der Menschheit ist es noch nicht gelungen, die Humanität[73] zu gebären. „Hinter diesem einzigartigen Vokabular verbergen sich religiöse Überzeugungen, die wir Ihnen gerne vorstellen möchten.

Planetarisches Kino

In *Die planetarischen Hoffnungen* hatten wir bereits rund achtzig kosmopolitische Propagandafilme der progressiven „Matrix" identifiziert und kurz kommentiert. Dieses Kapitel vervollständigt diese Studie, ohne natürlich den Anspruch auf Vollständigkeit zu erheben.

Das planetarische Kino hat immer die Tugenden der multikulturellen Demokratie und der Rassenmischung gepriesen. Bereits in den 1950er Jahren versuchte ein kosmopolitischer Filmemacher, die Öffentlichkeit für den Rassismus in der amerikanischen Gesellschaft zu sensibilisieren. *No way out* (USA, 1950) erzählt die Geschichte des schwarzen Krankenhausassistenten Dr. Brooks. Eines Tages behandelt er zwei Kriminelle, Ray und John Biddle, die bei einem Raubüberfall verletzt wurden. John stirbt und Ray beschuldigt Dr. Brooks, ihn getötet zu haben... „Eine antirassistische Behauptung, die damals für Aufsehen sorgte", berichtet der Historiker Jean Tulard in seinem *Filmführer* (2002). Der Film stammt von Joseph Mankiewicz.

La Frontera (USA, 1982) erzählt die Geschichte eines US-Einwanderungspolizisten, der in El Paso illegale Einwanderer kontrolliert. Eines Tages gerät er in ein moralisches Dilemma, als das

---

[72] Guy Konopnicki, *La Place de la nation*, Olivier Orban, 1983, S. 215, 225-229.
[73] Edgar Morin, *Un nouveau commencement*, Seuil, 1991, S. 206.

Baby einer jungen Mexikanerin entführt wird, um es an ein unfruchtbares Paar zu verkaufen. Daraus lässt sich ableiten, dass der Film von Tony Richardson uns etwas über universelle Brüderlichkeit lehren will.

In Above *All* (USA, 1992) spielt Michelle Pfeiffer die Rolle einer schönen Blondine, die schwarze Menschen liebt. Wir schreiben das Jahr 1963 in den Vereinigten Staaten, und Präsident Kennedy ist gerade ermordet worden. Lurene ist schockiert und beschließt, trotz des Widerstands ihres Mannes, eines Arschlochs der Stunde, zur Beerdigung nach Washington zu fahren. Im Bus begegnet sie einem schwarzen Mann und seiner kleinen Tochter. Aber er ist kalt und distanziert. Sie findet das Verhalten dieses „Farbigen" seltsam, und das Mädchen scheint entführt worden zu sein. An einer Haltestelle beschließt Lurene, die Polizei zu rufen, bevor sie ihren Fehler bemerkt: Das kleine Mädchen ist tatsächlich ihre Tochter, die sie nach dem Tod ihrer Mutter aus einem schrecklichen Waisenhaus befreit hat. Die schöne Blondine, die das kleine Mädchen liebt, beschließt, sie nicht im Stich zu lassen und läuft mit ihnen weg. Die Polizei ist ihnen auf den Fersen, weil sie überzeugt ist, dass dieser „Nigger" das Mädchen und die junge Blondine, die ihn anzeigen wollte, entführt hat. Der Schauplatz der rassistischen Gewalttaten lässt auf sich warten, aber schließlich kommt es wie geplant: Während das gestohlene Auto liegen bleibt, wird der gute Neger von drei weißen Mistkerlen mitten auf einer verlassenen Straße zu Brei geschlagen. Die schöne Blondine versucht, ihn in einem Bauernhaus zu heilen und bietet ihm ihren Körper an. Von da an sind die Würfel gefallen. In einem Motel, wo ihr eifersüchtiger und wütender Ehemann auf sie wartet, kommt es zu einem Streit zwischen den beiden Männern. Der Schwarze, gut und freundlich, wird natürlich über den Weißen, unterdrückt, gemein und „kleinmütig", wie Alain Minc sagen würde, siegen. Die Flucht nach vorn wird natürlich nicht ewig dauern, und nach den Verhaftungen wird sich alles wieder normalisieren. Die schöne Blondine wird sich scheiden lassen, um als Paar mit dem Neger zu leben. Dieser schöne Film stammt von Jonathan Kaplan. Dieser Regisseur, der zwischen einer Karriere als Filmemacher und der eines Rabbiners geschwankt hatte, hat damit ein antirassistisches Meisterwerk geschaffen.

Men in Black (USA, 1997) ist ein Film, der uns lehrt, den Fremden, alle Fremden, sogar Aliens, willkommen zu heißen. Wir wissen es noch nicht, aber es gibt bereits viele von ihnen, die in menschlicher Gestalt unter uns leben. Die Mitglieder einer ultrageheimen Sonderbehörde sind damit beauftragt, diese neue Art von Migrationsströmen zu überwachen und zu regulieren und die Existenz dieser Ausländer geheim zu halten, um die Bevölkerung nicht zu beunruhigen. Die beiden Super-Spezialagenten - ein Schwarzer und ein Weißer - haben den Auftrag, ein feindliches Alien zu jagen, das der Effizienz des rücksichtslosen Duos nicht widerstehen kann. Aber obwohl beide sehr kompetent sind, ist der Weiße ein wenig müde. Schwarz wird derjenige sein, der den Kampf fortsetzt und die Gunst seines neuen Teamkollegen - eines Weißen - genießt. Der Film unter der Regie von Barry Sonnenfeld, basierend auf einem Drehbuch von Ed Solomon und der Musik von Danny Elfmann, wird von Steven Spielberg produziert. Sie alle sind als Menschen verkleidete Außerirdische und Agenten der „Matrix".

In *Tears of the Sun* (USA, 2003) schildert der schwarze Regisseur Antoine Fugua einen Bürgerkrieg zwischen schwarzen Stämmen in Afrika. Eine Einheit der US-Armee wird mit der Rettung einer jungen Amerikanerin beauftragt, die ein Krankenhaus leitet. Sie ist, wie man sich vorstellen kann, eine Idealistin voller humanitärer Prinzipien; so sehr, dass sie sich weigert, Bruce Willis und seinem Schockkommando zu folgen, wenn die verwundeten Afrikaner nicht auch evakuiert werden. Bruce Willis missachtet also Befehle und geht sogar so weit, dass er die Hälfte der Männer in der ihm unterstellten Einheit massakriert, um die Afrikaner zu retten. Ein Dialog im Film gibt dem Zuschauer zu verstehen, dass die Amerikaner auf diese Weise handeln, um sich für alle Verbrechen zu „rehabilitieren", die der weiße Mann im Laufe der Geschichte begangen hat. Dabei wird jedoch schnell übersehen, dass viele der Schwarzen, die während der Sklaverei an die Weißen verkauft wurden, von ihren Rassenbrüdern verkauft wurden. Hätte sich der Regisseur Antoine Fugua an die Rolle und die unbestreitbare Verantwortung der jüdischen Händler im Sklavenhandel mit den Schwarzen erinnert, ganz zu schweigen von den muslimischen Sklavenhändlern im Indischen Ozean während vierzehn Jahrhunderten, hätte er seinen Film sicher nicht drehen können.

The Day After Tomorrow (USA, 2004) ist ein katastrophaler Film. Nach Vulkanen, Tornados und Meteoriten verursacht die globale Erwärmung eine Flutwelle, gefolgt von einem eisigen Kälteeinbruch. Der Film ist langweilig, aber das Ende ist bezeichnend für die Mentalität des Regisseurs. In der Tat sind die Menschen im Norden gezwungen, in den Süden zu ziehen. Der amerikanische Präsident erklärt: „Die Amerikaner und auch viele andere Völker sind jetzt die Gäste dessen, was wir einmal die Dritte Welt genannt haben. Wir waren in Not und sie haben uns in ihr Land gelassen, sie haben uns aufgenommen; ich möchte meine Dankbarkeit für ihre Gastfreundschaft zum Ausdruck bringen. „Die Botschaft des Regisseurs ist klar: Wir müssen Einwanderer in unsere Länder lassen, denn es ist möglich, dass wir in einer - sagen wir mal hypothetischen und ungewissen - Zukunft auch ihre Hilfe brauchen werden. Wir erinnern uns, dass Roland Emmerich auch der Regisseur des Films *Independence Day* ist, in dem die Erde von einem Schwarzen und einem chassidischen Juden vor einer Katastrophe gerettet wird. Ein toller Typ, dieser Roland.

In Frankreich herrscht kein Mangel an antirassistischen und moralisierenden Filmen. In *Sacred Union (L'Union sacrée*, Frankreich, 1989) sind zwei Polizisten gezwungen, gemeinsam gegen ein Netzwerk von Islamisten zu ermitteln, das sich durch alle möglichen Arten von illegalem Handel finanziert. Der Jude Simon Atlan (Patrick Bruel) und der Araber Karim Hamida (Richard Berry) hassen sich gegenseitig. Doch angesichts der Intoleranz und des Fanatismus der bösen Islamisten werden sie nach und nach zu Freunden. In diesem Film ist der Jude ein wenig verrückt und sympathisch, während der Araber ernst und effizient ist. Der Kommissar, gespielt von Bruno Kremer, spricht zu seinen Männern in einer sehr direkten Sprache: „Ihr müsst euch wie Kreuzritter verhalten, die das Abendland verteidigen! Bei diesen Bastarden ist alles erlaubt! „Mit diesen Worten müssen wir verstehen, dass die einheimischen Franzosen gegen die bösen Islamisten, die unsere schöne multikulturelle Demokratie bedrohen, in den Krieg ziehen müssen. Die Islamisten werden offensichtlich als grausame Bestien beschrieben. Sehen wir uns die Worte eines dieser gefährlichen Idioten an, die der Regisseur des Films wahrscheinlich auf der Terrasse einer Bar gehört hat: „Wir werden das Leben in diesem Land in einen Albtraum verwandeln. Heute streiken wir hier, morgen streiken wir dort. Es gibt keine Unschuldigen, die einen Dreck wert sind." Simon ist von seiner Frau Lisa getrennt. Sie ist eine Nichtjüdin, eine sehr hübsche Französin, die Juden liebt, es aber nicht erträgt, mit Simon zusammenzuleben, der zu kindisch ist. Lisa kann ihn nicht mehr ertragen; außerdem, so erzählt sie Karim, hat ihre Schwiegermutter ihren Sohn beschnitten, obwohl sie ihn nie in der Kirche hat taufen lassen. Lisa ist in einer Kunstgalerie für Eröffnungen und Ausstellungen zuständig. Als ein Botschaftsangehöriger, ein gewisser Rafjani, bei der von ihr organisierten Wandteppichausstellung auftaucht, zögert sie nicht, ihn wegen der Stellung der Frauen in seinem Land zurechtzuweisen. So sind die Französinnen: belehrend, besserwisserisch und vor allem sehr offen für die Winde des Ostens. So mögen wir sie. Und tatsächlich wird Lisa, die den Juden verlassen hat, Karims Charme verfallen.

Zufälligerweise ist Rafkhani aber auch der Chef des islamistischen Netzwerks. Die beiden Supercops haben das Hauptquartier dieses Mafianetzwerks ausfindig gemacht. Es handelt sich um ein pseudokulturelles Zentrum, das nach Meinung der beiden Protagonisten „ein echtes Arsenal ist; es sieht aus wie Beyrouth. „Dort foltern die Islamisten, die wirklich sehr böse sind, einen armen Kabylen, indem sie ihm zwei Flaschen Whisky durch einen Trichter in den Mund schütten. Als er Rafjani gegenübersteht, sagt der gute Polizist Karim zu ihm: „Ich schäme mich, derselben Rasse anzugehören wie du! So mögen wir Muslime: gespalten, voller Groll und Scham und bereit, sich gegenseitig zu töten. Doch bevor er aus dem Gebiet vertrieben wird, ruft Rafjani voller Hass: „Ich werde mich rächen, auch wenn ich Paris in Blut und Feuer tauchen muss. *Allah Akbar!*"

Eine weitere peinliche Szene ereignet sich, als Lisa, die hübsche Französin, mit Karim in einem Restaurant zu Abend isst. Simon, der immer noch in sie verliebt ist, taucht plötzlich auf: „Du fickst meine Frau heimlich! „Der stets impulsive Simon beschließt, russisches Roulette zu spielen: „Wenn du gewinnst, bekommst du meine Frau". Beherzt hält er sich die Waffe an die Schläfe und feuert: Klick. Karim weigert sich, bei diesem dummen Spiel mitzumachen und steht auf. Dann drückt der Jude ab, und diesmal geht die Waffe los: „Du bist tot, verschwinde! „Karim will jedoch nicht mit gesenktem Kopf gehen und ohrfeigt Simon sehr würdevoll, bevor er geht. Wir sehen, wie die beiden Semiten in diesem gewaltigen Duell um die Eroberung der weißen Frau galant zu kämpfen wissen.

Aber die bösen Islamisten sind entschlossen, diese beiden allzu aufdringlichen Polizisten zu liquidieren. Hier ist eine anthologische Szene des französischen Kinos. Das *koschere* Restaurant von Simons Mutter[74] wird am helllichten Tag mit einem Maschinengewehr beschossen, genau wie in Chicago! Lisa, die schwer verletzt ist, stirbt im Krankenhaus. Während der Beerdigungszeremonie in der Kirche hält es Simon, der von Hass und Rachegefühlen erfüllt ist, nicht mehr aus und stürmt hinaus, wobei er die katholische Zeremonie unterbricht (ein immer wiederkehrendes Thema im Planetenkino, versteht sich). Die nächste Szene zeigt Simon beim Beten in der Synagoge mit einer Kippa und einem Gebetsschal über dem Kopf. Wir hören auch, wie sein Vater im Restaurant für ihn betet: „Herr, gib ihm Kraft, gib ihm Zorn"!

---

[74] Eine Art rituell zubereitete Speise, die nach jüdischem Recht verzehrt werden darf.

Der islamistische Diplomat wird schließlich ausgewiesen, ohne dass Simon seinen Rachedurst stillen kann. Vor den Fernsehkameras versucht Rafjani immer noch, das Opfer zu spielen, und beklagt sich über die harte Behandlung, die er im „Heimatland von Voltaire und Anatole France, dem Beschützer der Unterdrückten", erfahren hat (die Perfidie dieser Islamisten kennt keine Grenzen). Zum Glück kommt dieser islamistische Bastard nicht davon, und wir sehen, wie sein Auto bei Nacht explodiert, während der Eiffelturm im Hintergrund beleuchtet ist. Der Film endet mit ein paar Zeilen, die auf der Leinwand erscheinen: „Simon und Karim haben wahrscheinlich von dieser Rache geträumt. Das Gesetz von Talion wird niemals eine Antwort auf Gewalt sein. Diese Geschichte ist eine Fiktion. Die Realität ist genauso grausam. „Schön, nicht wahr? Schließlich erscheinen die Gesichter des Juden und des Arabers, die wie Statuen sowjetischer Proletarier auf den fernen Horizont blicken. Das ist Kino in Großbuchstaben. Der Regisseur ist Arcady, der uns noch nie auf die Schippe genommen hat...

Trop de bonheur (Frankreich, 1994) zeigt das Leben von vier Teenagern in Südfrankreich während des Sommers: Valerie, Mathilde, Kamel und ihr Freund Didier. Sie treffen sich eines Abends mit einigen Freunden in Mathildes Villa, während ihre Eltern verreist sind. Kamel liebt Valerie. Musik, Tanz, Alkohol, Emotionen und Gefühle, Verrat und Gewalt. Als sie sich Jahre später wiedersehen, erkennen sie sich kaum wieder. Kamel lebt jetzt mit Mathilde zusammen. Dieser Film mit dem kosmopolitischen Stempel ist von Cedric Kahn.

In *The City is Quiet* (Frankreich, 2000) sehen wir, wie sich die Schicksale mehrerer Personen kreuzen: Michelle, eine Arbeiterin auf dem Fischmarkt im Hafen von Marseille, ist mit einem arbeitslosen Alkoholiker verheiratet. Am Ende ihres harten Arbeitstages muss sie sich noch um das Baby ihrer drogenabhängigen Tochter kümmern, einem Teenager, der sich prostituiert, um das Heroin zu bezahlen. Viviane, eine reife Bürgerin und Gesangslehrerin, hat die Nase voll vom Zynismus ihres Mannes. Sie verliebt sich in einen ihrer ehemaligen Schüler, den jungen Abderaman... Der Regisseur ist derselbe wie bei dem Film *Marius et Jeanette*, einem anderen Werk mit der gleichen Besessenheit von der Rassenmischung der Weißen: Robert Guediguian.

Fatou die Malierin (Frankreich, 2001) ist 18 Jahre alt. Sie wurde in Frankreich als Tochter malischer Eltern geboren und hat gerade ihr Abitur bestanden. Sie arbeitet in einem afrikanischen Friseursalon in Paris. Sie ist schön, fröhlich, voller Leben und Ehrgeiz. Die malische Familie ist perfekt integriert. Der Vater arbeitet in einem Lebensmittelladen. Die Wohnung ist sehr sauber und gut eingerichtet.

Die afrikanischen Kostüme sind prächtig und farbenfroh, genau wie im Theater. Leider beschließen Fatus Eltern, sie mit ihrem Cousin zu verheiraten, den sie nicht liebt, und sie wird buchstäblich ohne jede Chance auf Entkommen in den sechsten Stock entführt, direkt neben die Wohnung ihrer Eltern. Aber Fatou wird von ihrer Freundin Gaelle gerettet, einer jungen Französin, die sich mit ihren maghrebinischen Freunden amüsiert, ein echtes Mädchen! Gaelle will ihre Freundin Fatou befreien und sie in die Bretagne bringen, um dort einen Friseursalon zu eröffnen. Die Bretagne wird so um neue kleine Bretonen bereichert. Der Film von Daniel Vigne, der von Fabienne Servan-Schreiber präsentiert wurde, wurde natürlich 2001 mit einem Preis ausgezeichnet. „Ein Erfolg" laut *L'Express*; „hervorragend" für *France Soir*; „bewegend" laut *Télé 7 Jours*.

Am Freitag, den 19. August 2005, zeigte die Fernsehserie *P.J.* (Police Judiciaire) - eine „sehr französische" Serie - eine Episode über Antisemitismus: ein Molotowcocktail wurde auf eine Synagoge geworfen. Agathe ist mit den Ermittlungen betraut, was es ihr ermöglicht, zu ihrer Religion zurückzukehren. Die Verdächtigen werden auf der Polizeiwache vorgeführt. Ein frecher junger Mohr deutete an - unglaublich! - dass „die Gaskammern nicht existierten". Wütend und überfordert stürzte sich die Polizistin auf ihn, bevor sie von ihren Kollegen weggestoßen wurde. Der zweite Verdächtige betrat den Raum zur Befragung. Er ist ein schwarzer Koloss, der auch kein gutes Bild von der Einwandererjugend zeichnet. Der dritte Mann ist ein rechtsextremer weißer Mann, der im Vergleich zu den beiden anderen menschlicher und sympathischer wirkt. Die einheimischen Franzosen werden in diesen Serien in der Regel nicht besonders gut behandelt, aber es scheint, dass die jüdische Gemeinschaft zu Beginn des 21. Jahrhunderts erkannt hat, dass die extreme Rechte, die vom Medienestablishment immer verteufelt wurde, ein geringeres Risiko darstellt als die Banden fanatischer Einwanderer, die in das Land gelassen werden. Doch nicht einer dieser Verdächtigen ist der Täter, sondern ein junger Jude, der gegen seine Lehrer in der Chabad-Lubawitsch-Gemeinde rebelliert. Einer der Rabbiner wird auf der Polizeiwache verhört. In der Tat sehen wir einen religiösen Mann, der auf einem „anderen Planeten" zu leben scheint und jede Vorstellung von Glück ablehnt, die die westliche liberale Gesellschaft bietet. Der junge Jude, der sich nach „Spaß" und Freiheit sehnte, hat in der Gefangenschaft eines solchen reaktionären Exemplars den Verstand verloren. Dieses Skript entsprach tatsächlich einigen Ereignissen der gleichen Art, die kürzlich in den Nachrichten zu lesen waren.

So wurde im August 2004 in einem jüdischen Sozialzentrum in Paris ein Brand gelegt. Der Fall fand in der Öffentlichkeit große Beachtung, wie immer, wenn ein Vertreter der heiligen Gemeinschaft mit Füßen getreten wird. Es stellte sich jedoch heraus, dass es sich bei dem Täter um einen ausgestoßenen Juden handelte, den die Medien eilig als „geisteskrank" bezeichneten.

Schließlich ist in diesem Kapitel noch nicht alles verloren, denn es endet ganz gut. Die andere Polizistin ist schwanger: „- Ist es Karim? - Nein, nein, Antwort. Das werde ich Ihnen nicht sagen. Aber sie hat etwas mit Karim gemeinsam. „Diese ideologisch aufgeladene Episode ist von Gilles-Yves Caro, das Drehbuch stammt von Brigitte Coscas.

Eine weitere Serie: *Josephine, Schutzengel, Die Farbe der Liebe* (Frankreich, 2005). „Josephine lernt auf dem Bauernhof Revel den Besitzer Tomas kennen, der im Begriff ist, Aminata zu heiraten, eine junge Senegalesin, die er aus dem Internet kennt. Trotz aller Bemühungen gelingt es Aminata nicht, Claudine, ihre Schwiegermutter, dazu zu bringen, sie zu akzeptieren. „Wir können uns leicht vorstellen, dass sie ein bisschen rassistisch, stur und ein Holzkopf ist. Diese Fernsehserie stammt von Laurent Levy. Für *TV Grandes Chaînes* ist es zweifellos „eine Folge voller guter Laune und Großzügigkeit", die es verdient, „Liebling" der Kritiker zu sein.

White Marriage (Frankreich, 2005) ist eine Episode einer anderen „sehr französischen" Serie: Der Lehrer François Etchegaray aus Marseille hilft Menschen, die am Rande der Gesellschaft stehen. René ist einer seiner Schützlinge. Er ist ein großer, stämmiger Mann in den Vierzigern mit einem hübschen nordischen Gesicht, aber er ist ein bisschen einfältig und ein bisschen ein Wüterich. In der Tat, nichts läuft für ihn richtig. Er scheitert bei jeder kleinen Aufgabe, die ihm sein Tutor gibt, und mit vierzig lebt er immer noch zu Hause bei seiner Mutter, die ihm zu sagen scheint, was er zu tun hat. Dieser unmännliche Franzose verliebt sich plötzlich in eine Afrikanerin. Er taucht bei François auf, um ihm stolz das Foto seiner Verlobten Lela zu zeigen, die er natürlich heiraten will, obwohl er sie noch nie persönlich gesehen hat. Der Verein *Amistad Africa* half ihm, die Liebe seines Lebens zu finden - gegen eine beträchtliche Geldsumme. Denn eine afrikanische Frau ist das Nonplusultra für einen französischen Idioten - der Rolls Royce des armen Mannes! Die Höhe der von der Vereinigung geforderten Summe lässt François Etchegaray jedoch an der Ehrlichkeit dieser Vermittler zweifeln. Er merkt schnell, dass René wie ein Narr getäuscht wird und dass die Afrikanerin in Wirklichkeit nur eine Vernunftehe will. Eine schöne Geschichte, nicht wahr?

Zu Beginn der Episode konnte der Zuschauer sehen, dass der großzügige François sich auch liebevoll um ein paar alte Homosexuelle kümmerte, die etwas verbittert waren und sich Sorgen um ihr Erbrecht machten. Entschuldigung für Rassenmischung und Homosexualität: das ist das Markenzeichen von Edouard Molinaros planetarischem Kino. Leider wird man das Ende dieser großartigen Serie nie erfahren.

Das Eintreten für Homosexualität ist in der Tat ein zentrales Thema des kosmopolitischen Kinos. *In and out* (USA, 1997) ist eine „urkomische" Komödie: Professor Howard Brackett lehrt Literatur an der Universität einer Kleinstadt in Indiana, USA. Er wird von all seinen Studenten und der örtlichen Gemeinschaft geliebt, bis eines Tages sein Ruf auf den Kopf gestellt wird, als sich ein ehemaliger Student, der zum Filmstar wurde, in einer Fernsehshow öffentlich bei seinem „schwulen" ehemaligen Professor bedankt. Offensichtlich ist der Lehrer über diese Aussage schockiert. Eltern, Schüler und Freunde beäugen ihn nun mit Misstrauen. Er beschließt daher, seine Freundin schnell zu heiraten, um die Gerüchte im Keim zu ersticken. Aber ohne den Journalisten, der ihn mit seiner Kamera überall hin begleitet und ihn auffordert, „aus dem Schrank zu *kommen*". Am Tag der Hochzeit, mitten in der Zeremonie vor dem Altar, als er seiner Braut gerade das Ja-Wort geben will, gibt er schließlich auf und erklärt halbherzig und resigniert: „Ich bin schwul". Die Anwesenden sind fassungslos und die Braut erleidet einen Nervenzusammenbruch. Die religiöse Zeremonie wird unterbrochen (eine kosmopolitische Obsession) und das Paar streitet sich in der Öffentlichkeit. Der Regisseur gibt uns jedoch zu verstehen, dass es so besser ist. Howards Umfeld, seine Familie und seine Freunde sind ihm schließlich wohlgesonnen. Das Problem liegt darin, dass er seinen Arbeitsplatz an der Universität verloren hat, ein Opfer der Intoleranz dieser prüden Christen. Die Schlussszene ist ein weiterer großer Moment des kosmopolitischen Kinos: An der Universität, während der Abschlussfeier, erfahren Studenten und Eltern, dass der Professor entlassen wurde. Dann stehen sie alle nacheinander auf und erklären, dass auch sie „schwul" sind. Der Film stammt von Frank Oz.

Im gleichen Sinne erzählt *A Taste of Honey* (UK, 1961) die Geschichte der Beziehung zwischen zwei Ausgestoßenen: einem Teenager, der nach einem One-Night-Stand mit einem Schwarzen schwanger ist, und einem Homosexuellen. Der Regisseur ist Tony Richardson. *First Summer* (*Presque rien*, Frankreich, 1999) ist ein weiterer Film, der eine Entschuldigung für weiße männliche Homosexualität darstellt. Es ist „ein Film über die Liebe, der versucht, die männliche Homosexualität zu trivialisieren, indem er sehr grobe

Szenen zeigt", so Jean Tulards *Guide des films.* Der Film stammt von Regisseur Sebastian Lifshitz.

Die kosmopolitische Propaganda, die aus der „Matrix" kommt, ist nicht nur „antirassistisch". Zahlreiche „rassistische" Filme werden regelmäßig von Hollywood-Filmstudios produziert. *In Heat of the Night* (USA, 1967) wird ein Kriminalpolizist aus Philadelphia in eine Kleinstadt im Süden geschickt, um der örtlichen Polizei bei der Aufklärung des Mordfalls an einem Industriellen zu helfen. Das Problem: Er ist schwarz, und die weißen Arschlöcher können ihn nicht ausstehen. Doch Virgile Tibbs, eine spezialisierte Kriminalistin, findet schnell heraus, dass sich die weißen Polizisten irren. Er ist ein ruhiger, strenger und intelligenter Mann, der angesichts des widerlichen Rassismus der arroganten Weißen, die nicht mit ihm mithalten können, immer einen kühlen Kopf bewahrt. Aber so dumm sie auch sind, sie merken schließlich, dass sie nicht auf ihn verzichten können. Mehrmals müssen sie zum Bahnhof gehen und ihn anflehen zu bleiben. Ihre Ermittlungen führen sie schnell zum größten Bauern der Region. Er wird verdächtigt, den Mord an dem Industriellen in Auftrag gegeben zu haben, weil dieser eine Fabrik errichten und Hunderte von Farbigen einstellen wollte. Die jungen Leute dieser „rückständigen" Stadt sehen das gar nicht gern und werden Vigile Tibbs brutal verfolgen und verhaften. Die Angelegenheit wird mit Schlägen in einer verlassenen Fabrik, mit Ketten und Eisenstangen geregelt. Vier gegen einen, denn so sind die Weißen: abscheulich, feige und verachtenswert. Zum Glück kommt der Polizeichef im richtigen Moment und rettet Virgile vor dem sicheren Tod. Dieser zunächst voreingenommene Sheriff besiegelt die Versöhnung zwischen den beiden Gemeinschaften. Der Film wurde natürlich mit fünf Oscars ausgezeichnet. Vielleicht hätte es eine sechste gewonnen, wenn Virgile mit der Witwe des ermordeten Industriellen nach Philadelphia zurückgekehrt wäre. Denn sie war eine sehr hübsche weiße Frau. Aber 1967 wollte der Regisseur Norman Jewison wahrscheinlich nicht zu weit gehen, damit diese unberechenbaren weißen Arschlöcher nicht reagieren.

Barton Fink (USA, 1991): Im Jahr 1941 ist Barton Fink ein junger Schauspieler, der dank eines Theaterstücks zum Star aufsteigt. Die erste Szene des Films versetzt uns direkt in die Atmosphäre. Er steht hinter der Bühne und staunt über den phänomenalen Erfolg seines Stücks: Es ist ein Triumph! Das Publikum spendet ihm tosenden Beifall und erhebt sich von den Füßen, begeistert von der erhabenen Genialität dieses wenig bekannten jüdischen Dramatikers. Aber Barton Fink ist ein schüchterner und selbstverliebter Mensch. Sein neuer Bekanntheitsgrad ermöglicht es ihm, einen Vertrag in Hollywood zu bekommen, den er jedoch zunächst ablehnt: „Das würde mich vom Dorf wegbringen", sagt er. In der Tat ist Barton schnell zum neuen Broadway-Idol geworden. Da er jedoch der Versuchung des größeren Ruhms nicht widerstehen kann, reist er nach Los Angeles, wo er einen intriganten Produzenten trifft. Er ist zügig und sehr auffällig. Er ist ein Jude aus Minsk, der behauptet, „klüger zu sein als die anderen Juden in der Gegend".

Hier steht Barton Fink im Hotel vor seiner Schreibmaschine. Aber sein Nachbar im Nebenzimmer ist zu laut und hindert ihn daran, sich zu konzentrieren. Plötzlich bricht er in sein Leben ein. Er ist fett, rot, ungehobelt und alkoholabhängig: er ist ein Nichtjude! Der schüchterne und zarte Intellektuelle Barton Fink wird diese einfache und authentische Person jedoch zu schätzen wissen. Aber er muss das Drehbuch sehr schnell fertigstellen, damit der Film gedreht werden kann. Das Problem ist, dass Barton große Schwierigkeiten hat, das Drehbuch zu schreiben, das er schreiben soll. Er bleibt für mehrere Wochen gesperrt. Als sein Produzent ihn in seinem Haus am Pool empfängt, bleibt Barton nichts anderes übrig, als traurig zu gestehen, dass ihn die Inspiration noch nicht gepackt hat. Daraufhin wird er vom Assistenten sarkastisch beäugt, der nicht mit der heftigen Reaktion des Produzenten rechnet, der ihn kurzerhand rausschmeißt, bevor er sein Vertrauen in das kleine Genie, das er unter seine Fittiche genommen hat, erneut bekräftigt. Er bewundert Barton so sehr, dass er sogar so weit geht, seine Schuhsohle zu lecken, aus Respekt vor der noblen Funktion eines Schriftstellers!

Barton kann in aller Ruhe ins Hotel zurückkehren. Zum Glück kommt die Inspiration, und Barton schafft es, sein Drehbuch in einer Nacht in einem Rutsch zu schreiben. Das Ergebnis ist einfach genial: Ja, Barton Fink ist ein Genie! Am Morgen ist er voller Freude. Nie zuvor hat er ein solches Maß an Subtilität und Perfektion erreicht: „Ich bin ein Schöpfer! „Am Abend feiert er stilvoll in einem Jazzclub. In den folgenden Tagen lernt er einen großen Schriftsteller kennen, der sich jedoch als ein sehr enttäuschender, alkoholabhängiger, brutaler und unhöflicher Mensch entpuppt, der auch seine Freundin schlecht behandelt. Durch ein Missverständnis verbringt Barton sozusagen die Nacht mit ihr in ihrem Hotel. Doch am nächsten Morgen entdeckt er mit Schrecken und Entsetzen die blutige Leiche der Frau in seinem Bett. Was ist passiert? Er hat offensichtlich nichts damit zu tun und alarmiert sofort seinen Nachbarn. Dieser glaubt ihm und nimmt es auf sich, die Leiche verschwinden zu lassen.

Plötzlich bricht alles um ihn herum zusammen. Darüber hinaus ist sein Produzent sehr enttäuscht von seinem Drehbuch. Als Barton vor ihm erscheint, wird er dieses Mal wie der letzte Abschaum behandelt und schwer beleidigt. Für Barton geht alles schief. Schon bald untersucht die Polizei das Verschwinden der jungen Frau: Es stellt sich jedoch heraus, dass sein pummeliger, errötender, alkoholkranker Nachbar ein gefährlicher Psychopath ist, der seine Opfer zu skalpieren pflegt. Er ist auch ein Nazi: „Heil Hitler!" ruft er, bevor er in dem brennenden Hotel zwei Polizisten mit seiner Schrotflinte erschießt. Der Film endet wie folgt. Am Ende sind in diesem Film der Brüder Ethan und Joel Coen alle Weißen nur noch Müll. Der Film wurde 1991 bei den Filmfestspielen von Cannes mit der Goldenen Palme ausgezeichnet. John Turturo ist wirklich großartig in der Rolle des jüdischen Intellektuellen „nahe am Volk".

Desperately Seeking Susan (USA, 1985): Eine leicht verklemmte junge Frau wird durch Amnesie in einen schamlosen Punk verwandelt. Das Skript für Bedürftige ist völlig unwichtig. Wir beobachten einfach, dass in einer „offenen", „befreiten" und sehr multikulturellen Gesellschaft der schwarze Saxophonist in seiner Wohnung den Platz der demokratischen Ikone einnimmt und dass die Rolle des bösen Buben unweigerlich einem blonden Mann zufällt. Ist das ein Zufall? Der Film stammt von Susan Seidelman.

Music box (USA, 1989) ist ein Film, der an die Gräueltaten des Zweiten Weltkriegs erinnert: Michael Laszlo ist ein ungarischer Flüchtling, der seit 37 Jahren in den Vereinigten Staaten lebt. Von einem Tag auf den anderen wird er der Kriegsverbrechen beschuldigt. Die Zeugenaussagen waren vierzig Jahre lang in den UN-Archiven blockiert. Er ist Witwer, aber seine Tochter, die Anwältin, steht ihm zur Seite. Natürlich glaubt sie diese schmutzigen Geschichten nicht und beschließt, ihren armen Vater zu verteidigen. „Die Kommunisten stecken hinter all dem", sagt er, um sie zu beruhigen. Er muss jedoch gestehen, dass er, bevor er sein Heimatland Ungarn nach dem Krieg verließ, unter dem faschistischen Regime als Polizist tätig war, wenn auch nur als „Büroangestellter", mehr nicht. Seine Tochter beginnt jedoch, an der Rolle ihres Vaters während des Krieges zu zweifeln: „Sie haben ein Foto von deiner Mitgliedskarte der Spezialabteilungen mit deiner Unterschrift darauf. Die ungarische Regierung hat sie geschickt. „Darüber hinaus haben ihn Zeugen identifiziert und beschuldigen ihn schrecklicher Dinge: „Wenn ich an all das denke, schäme ich mich, Ungar zu sein, Papa", sagt die Tochter (so leid wollen wir Ungarn sein).

Eine Gruppe von Überlebenden demonstrierte daraufhin mit Transparenten vor seinem Haus, um dem bekannten antikommunistischen Aktivisten das Leben schwer zu machen. Die Fensterscheiben wurden mit Steinen eingeschlagen. Ein neuer Hinweis alarmiert die Frau, als ihr Sohn ihr gegenüber naiv die Worte seines Großvaters wiederholt: „Er hat gesagt, dass der Holocaust erfunden wurde, dass er übertrieben ist!"

Schließlich beginnt der Prozess, und die Zeugen der Anklage treten nacheinander auf, um die Gräueltaten der ungarischen Faschisten zu schildern, eine schrecklicher als die andere, und von denen wir in Erinnerung behalten, dass „die schöne blaue Donau rot vor Blut war": „Michka war die schlimmste von allen. Er liebte es, Juden zu töten. Er war hinter Gold und Geld her... die schöne blaue Donau war rot. Er war es, ich gebe es zu. „Der Tochter gelingt es jedoch, ihn aus der Reserve zu locken, indem sie die verdächtigen Verbindungen dieser Zeugen zu kommunistischen Regierungen und dem KGB aufzeigt. Glücklicherweise wurde ihr Vater entlastet.

Doch später in Budapest, bei der Vernehmung eines Zeugen, entdeckt er in einer Spieluhr die grausamen Fotos, die seinen eigenen Vater verraten. Diesmal ist der Beweis für seine Schuld unwiderlegbar: „Ich will dich nie wieder sehen, Papa. Ich will nicht, dass du meinen Sohn jemals wiedersiehst", sagt er ihr, sein Herz voller Hass und Verachtung. Und als die Tochter droht, ihrem Sohn alles zu erzählen, antwortet der böse Großvater selbstbewusst und arrogant: „Sie werden dir nicht glauben, sie werden dir nicht glauben. Sie werden dir nicht glauben und sagen, dass du verrückt bist!" So sehen wir ungarische Familien gerne: zerrissen und bereit, sich gegenseitig umzubringen. Der Anwalt schickt die Fotos schließlich an die Presse, und der Film endet damit, dass sie das Foto ihres Vaters in Milizuniform auf der Titelseite einer Zeitung sieht. Man beachte, dass Costa Gavras darauf geachtet hat, Bilder und Musik aus der ungarischen Folklore in den Film zu integrieren. Wahrscheinlich, um es für den Betrachter noch abstoßender zu machen.

Falsche Verführung (USA, 1992) beginnt mit einer überraschenden Szene: In einer Villa in einer netten Vorstadtstadt entdeckt ein junges Paar einen Einbrecher, der nachts versucht, in ihr Haus einzubrechen. Dem Mann gelingt die Flucht, indem er die junge Frau mit einem Küchenmesser bedroht. Der Angreifer ist schwarz und die Opfer sind weiß, was im Planetenkino ungewöhnlich ist. Wir vermuten, dass der Regisseur es nicht dabei belassen würde, und in der nächsten Szene stellen wir fest, dass es auch sympathische Schwarze gibt, denn einer der beiden Polizisten, die erscheinen, um das schöne Paar zu beruhigen, ist ein Schwarzer. Sein Kollege - ein Weißer - ist auch ein sehr netter und professioneller Kerl... aber nur dem Aussehen nach. Denn in Wirklichkeit ist er ein gefährlicher Psychopath, der sich in die junge Frau verliebt hat und ihrem Mann das Leben zur Hölle machen wird. Er geht sogar so weit, seinen schwarzen Kollegen zusammen mit einem jungen Drogendealer zu töten und die Tat wie eine Schießerei zwischen den beiden Männern aussehen zu lassen, was ihn nicht davon abhält, den Tod seines Freundes vor den Fernsehkameras zu betrauern. Am Ende des Films ist der messerschwingende Angriff des Schwarzen vergessen und der blauäugige Psychopath steht im Mittelpunkt. Diesen Film haben wir M. Jonathan Kaplan zu verdanken (er schon wieder!).

Cop Land (USA, 1997) enthüllt die unorthodoxen Polizeimethoden einiger New Yorker Cops. Die meisten von ihnen haben die große kosmopolitische Stadt, die sie verabscheuen, verlassen, um sich in Garrisson niederzulassen, einer ruhigen Kleinstadt auf der anderen Seite des großen Hudson River, wo sie in Frieden leben können - unter Weißen. Schnell wird klar, dass diese weißen Polizisten, die ihre Toten zu den Klängen irischer Musik begraben, gut organisiert sind und nicht zögern, Ermittlungen zu fälschen und Polizisten zu liquidieren, die ihnen in die Quere kommen. Das ist eine echte Mafia-Bande. Doch der kleine Sheriff der Gegend, der bis dahin die Augen vor der Situation verschlossen hatte, fasst schließlich den Mut, etwas zu unternehmen. All diese Mistkerle sind weiße Polizisten, während die multirassischen Polizisten in New York wirklich super nett sind. Dieser „Marken"-Film stammt von dem sehr scharfsinnigen James „Mangold".

In *Conspiracy* (1997) gibt es die Bösen und die Guten. Aber nicht alles ist so einfach, denn unter den Bösewichten gibt es einige, die gar nicht so schlecht sind und sich sogar als gut erweisen. Es gibt nur eine Gewissheit: Alle Bösewichte sind weiß. Auch in dieser Hinsicht werden die obligatorischen Quoten nicht eingehalten. Der Film stammt von Richard Donner.

Der Rassismus des Planetenkinos kann sich auch gegen andere Gemeinschaften richten. In *Lethal Weapon 4* (USA, 1998) geht es um zwei Polizisten aus Los Angeles, einen Schwarzen und einen Weißen, die einen Schmugglerring für chinesische Einwanderer aufgedeckt haben. Die beiden Kollegen entdecken vierhundert mittellose Menschen, die im Laderaum eines Schiffes eingepfercht sind, aber der Schwarze beschließt aus Mitleid und vielleicht in Erinnerung an seine Sklavenvorfahren, das Gesetz zu brechen und eine vergessene Familie auf einem Bergungsschiff aufzunehmen. Die beiden Polizisten kommen bald dem Boss der Mafia auf die Spur, der Tausende von Chinesen in die Vereinigten Staaten schmuggelt. Sie müssen jahrelang arbeiten, um die Kosten für ihre Reise und die gefälschten Dokumente zurückzuzahlen. Es handelt sich um eine gefürchtete kriminelle Organisation, die auch Falschgeld herstellt. Der Film von Richard Donner ist unbestreitbar lustig und spektakulär. Aber er ist auch einer der rassistischsten Filme, die je gedreht wurden. Soweit uns bekannt ist, wurde noch nie eine andere Gemeinschaft als die der Weißen von jüdischen Filmemachern auf so beleidigende und empörende Weise dargestellt. Diese Behandlung ist vielleicht auf die Tatsache zurückzuführen, dass die chinesische Gemeinschaft die einzige ist, die die jüdische Gemeinschaft im Bereich der Wirtschaft und der Gemeindeorganisation zurückdrängt.

In die gleiche Kerbe schlägt der französische Film *XXL* (Frankreich, 1997), der die Chinesen in Paris in ein sehr schlechtes Licht rückt, da ihre kommerziellen Aktivitäten mit den Geschäften der jüdischen Gemeinde im Sentier-Viertel konkurrieren[75]. Ein Kneipenbesitzer aus der Auvergne und ein jüdischer Textilhändler werden sich gegen die unerträgliche asiatische Invasion verbünden. Der Auvergne (Gerard Depardieu) ist ein selbstbewusster, selbstsicherer, erobernder Schausteller, während der Jude (Michel Boujenah) ein verängstigter, schüchterner und ruheloser Mensch ist. Der Betrachter muss jedoch erkennen, dass ihre Differenzen oberflächlich sind und dass sie gemeinsame Interessen haben, die sie gegen diese korrupten Chinesen verteidigen müssen, so dass sie kurzerhand beleidigt werden können, ohne Angst haben zu müssen, vor Gericht gestellt zu werden. Der Regisseur dieses Films ist Ariel Zeitoun.

In *The Panic Room* (USA, 2001) ziehen eine wohlhabende junge Frau (Jodie Foster) und ihre Tochter in eine riesige Villa im Herzen von Manhattan. Das Haus ist mit einem Tresor ausgestattet, der gegen Angriffe von außen geschützt ist. Eines Nachts brechen drei Einbrecher in das Haus ein. Es beginnt ein schreckliches Abenteuer, das ein böses Ende nehmen wird, denn die gesuchte Beute befindet sich ausgerechnet in dem Tresor, in den sich die beiden Frauen geflüchtet haben, die nichts von den Absichten der Angreifer ahnen. Von den drei Dieben ist der schwarze Koloss der einzige, der ein wenig schlau ist: Er war es nämlich, der den Tresor erdacht hat. Er ist auch der technisch versierteste und skrupelloseste der drei Verbrecher, denn er lehnt die Anwendung von Gewalt von Anfang an ab. Der Teamleiter hingegen ist Blanco, ein großer, nervöser und unberechenbarer Typ, der bei einem

---

[75]Traditionelles jüdisches Viertel in Paris mit einem Textilhandel.

Fluchtversuch mit einer Kugel im Kopf enden wird. Der dritte, ein anderer, sehr ruhiger Blanco, entpuppt sich als gefährlicher Psychopath und wahnsinniger Mörder. Am Ende des Films ist dieser Schwachkopf im Begriff, der Frau ins Gesicht zu schlagen. Glücklicherweise greift Black in Extremfällen ein. Dem Neger gelingt es auch, das Mädchen vor dem sicheren Tod zu retten, indem er ihr unter sehr schwierigen Bedingungen eine Spritze gibt. Die Weißen sind böse, die Schwarzen sind gut; der Film ist von David Fincher.

In *O Brother!* (USA, 2000) gelingt drei sympathischen Gaunern die Flucht aus einem Gefängnis in den amerikanischen Südstaaten. Der Beginn des Films scheint eine Hommage an die Kultur des tiefen Südens zu sein, denn die Flucht der drei Flüchtlinge wird von *Country-Musik* begleitet. Aber wie üblich kommt die antirassistische Botschaft nach einer Weile durch: Weiße männliche Politiker sind aggressive, rassistische, skrupellose Geschäftemacher. Der Ku-Klux-Klan wird natürlich ordentlich auf die Schippe genommen, und wir erkennen, dass es nichts Besseres gibt als eine gute, multirassische Gesellschaft. Die politische Botschaft wird von einer Crew aus drei Kumpanen und einem „Neger"-Gitarristen gekonnt verkörpert. Zugegeben, ihre Musik ist wirklich anregend. Nicht unerwähnt bleiben soll, dass das Wahlsystem - *ein Mann, eine Stimme* - als das beschrieben wird, was es ist: ein Betrug, bei dem derjenige gewinnt, der die beste Werbekampagne hat. Ein Pluspunkt also für die Brüder Joel und Ethan Coen.

Das Planetarische Kino wird oft als antichristlich charakterisiert. Im Fernsehen und in Filmen werden Christen, vor allem Katholiken, in der Tat oft als spießige, starrsinnige und intolerante Menschen und sogar als Vergewaltiger und gestörte Mörder dargestellt. Was den katholischen Klerus betrifft, so wird er meist als eine Ansammlung von Sadisten und perversen Polymorphen dargestellt.

In *Planetarische Hoffnungen* haben wir bereits Filme wie *Elmer Gantry* (USA, 1960) von Richard Brooks, *Fanny und Alexander von* Ingmar Bergman, *Der Name der Rose* von Jean-Jacques Annaud, *The Difference* von Robert Mandel, *Life Sentence* von Frank Darabont, *The Virgin Suicides* von Sofia Coppola, *Seven* von David Fincher und *Amen von* Constantin Costa-Gavras analysiert. Wir werden die Liste hier vervollständigen.

In *The Night of the Hunter* (USA, 1955) spielt Robert Mitchum einen protestantischen Pfarrer mit einer guten und großzügigen Seele. Doch all dies ist nur ein falscher Schein, denn in Wirklichkeit entpuppt er sich als ein gefährlich unausgeglichener Mann, der auf der Suche nach einer großen Geldsumme ist, die ein Vater seinen Kindern vor seiner Inhaftierung geschenkt hat. Die beiden Kinder werden von diesem psychopathischen Pfarrer gnadenlos verfolgt und fliehen verzweifelt. Dieser Film von Charles Laughton verkörpert perfekt den kosmopolitischen Willen, die christliche Religion zu besudeln.

Der Kardinal (USA, 1963) ist ein Film, der durch die Schönheit seiner Bilder und den edlen Geist des zukünftigen Kardinals besticht. Obwohl der Vatikan und die Kirche relativ gut behandelt werden, fällt die Last der Schmach auf das einfache, praktizierende Volk. Katholiken, die sich immer noch weigern, ihre Töchter mit einem Juden zu verheiraten, zeigen damit, dass sie hasserfüllte Fanatiker sind. Das Gleiche gilt für die Abtreibung. Und da der Film eine Aneinanderreihung von Klischees ist, versteht man sehr gut, warum der Vatikan bescheiden wegschaut, wenn es darum geht, zur Rassenfrage Stellung zu beziehen, die das Amerika der 1960er Jahre erschütterte. Der Held, ein amerikanischer Bischof, interveniert offiziell in dieser Stadt im Süden, wo eine katholische Kirche niedergebrannt wurde, weil der Priester schwarz war. Die Rassisten der Gegend akzeptieren ihn nicht, und wir werden Zeuge einer anthologischen Szene, als der junge und unerschrockene Bischof von den Aktivisten des Ku-Klux-Klan entführt wird. Er wird ausgepeitscht, bis er blutet, inmitten einer Schar von Kapuzenmännern, die Dixieland-Rhythmen zum Klang der Mundharmonika singen und stampfen, während im Hintergrund ein riesiges Kruzifix in der Nacht brennt. Genies der Inszenierung, diese Klansmen! - oder vielmehr Otto Preminger, wenn Sie so wollen.

Guy Konopnicki schrieb über den Film *Ben-Hur* (USA, 1959): „William Wyler ist der Prototyp des unerträglichen Kosmopoliten: 1901 in Mulhouse geboren, kam er nach Hollywood, als Frankreich gerade das Elsass zurückgewonnen hatte. Deutsch? französisch? schweizerisch? amerikanisch? Wyler war ein internationaler Filmemacher, der mit allen Legenden der Welt spielte. Das Modell des Christentums, das aus Wylers Meisterwerk hervorgeht, nimmt das Zweite Vatikanische Konzil vorweg, und Judas Ben-Hur richtet eine Warnung an Pontius Pilatus, die sowohl an Washington als auch an Rom gerichtet ist[76].'' Wir sind gewarnt worden.

In *Ein Mädchen so anständig wie ich* (Frankreich, 1972) spielt Charles Denner einen Katholiken, der sich für die Ausrottung von Bauernhöfen einsetzt... Der Film stammt von François „Truffaut'', das Drehbuch von Jean-Loup Dabadie. *Die schwarze Witwe* von Arturo Ripstein (Mexiko, 1977) ist ein blasphemischer Film, der die Kirche

---

[76]Guy Konopnicki, *La Place de la nation*, Olivier Orban, 1983, S. 209.

und die „bien pensantes" anprangert. *Der Läufer stolpert* von Stanley Kramer (USA, 1979) ist die Geschichte eines Priesters, der sich in eine junge Frau verliebt und vor Gericht landet.

Monsignore (USA, 1982) ist die Geschichte eines verkommenen Kardinals, dem es gelingt, einen Mann zu verführen, und der ebenfalls vor Gericht landet. Aber der Kardinal ist mächtig: Er verwaltet die Bankkonten und steht in Verbindung mit der Mafia. Der Papst, der über den Fall Bescheid weiß, schweigt diskret darüber. Der Film ist von Frank Perry.

In *Crimes of Passion* (USA, 1984) spielt Anthony Perkins einen gutmütigen und sehr frommen evangelikalen Pastor, der mit Inbrunst die Bibel liest, aber X-Rated-Kinos besucht und sich in eine Kleptomanin verliebt. Am Ende tötet er sie in einer Szene hemmungsloser Verderbtheit, um „seine Seele zu retten"!

Agnes of God (USA, 1985) spielt in einem kanadischen Kloster. In einer Winternacht bringt eine Nonne ein Baby zur Welt, das erdrosselt in einer Mülltonne gefunden wurde. Schwester Agnes wird des Mordes beschuldigt, sagt dem Richter aber, sie könne sich nicht daran erinnern. Dr. Livingstone, ein junger, vom Gericht bestellter Psychiater, kommt ins Kloster und versucht, den Fall zu klären. Die Nonne, die ihr die Tür öffnet, hat offensichtlich ein abscheuliches Aussehen. Der Psychiater befragte die Mutter Oberin, die bestätigte, dass niemand etwas wusste. Für sie ist das Baby ein Wunder, aber der Psychiater ist viel pragmatischer und realistischer: „Sie weigern sich zu sehen, dass Agnes vergewaltigt oder verführt worden ist. „Das Interview mit Schwester Agnes ist viel interessanter: Sie ist völlig unschuldig und hat keine Ahnung von Sexualität und Fortpflanzung. Andererseits gerät sie oft in Ekstase und spricht von ihrer Liebe zur Jungfrau Maria. Wir erfahren schließlich, dass dieses arme Mädchen, das von seiner alkoholkranken Mutter gemartert wurde, in einem Geheimgang vergewaltigt wurde, durch den sie manchmal ging und dessen Existenz der Psychiater beim Stöbern in den Archiven des Ortes entdeckt hat. Dieses bedauernswerte Mädchen ist die einzige einigermaßen sympathische Person im Kloster, denn alle anderen Schwestern sind verdammt unsympathisch. Und anscheinend ist das bei allen Katholiken der Fall, denn selbst Dr. Livingstones Mutter, die allein in ihrem Hospizzimmer liegt, ist eine mürrische, selbstgerechte, fremdenfeindliche Nervensäge. Dieser plumpe, schwerfällige Film stammt von Norman Jewison, der Katholiken offenbar nicht sonderlich zu schätzen scheint.

Silver Bullet (USA, 1985): Eine amerikanische Kleinstadt wird von einer Bestie heimgesucht, die nachts ihre Bewohner tötet und verstümmelt. In Wirklichkeit ist es der Hirte, der sich in einen Werwolf verwandelt. Glücklicherweise wird er mit einer Silberkugel getötet. Der Film stammt von Daniel Attias und das Drehbuch von Stephen King, der offenbar ein „großer" Schriftsteller ist. Kennen Sie einen Film über einen Rabbiner, der sich in der Vollmondnacht in einen Vampir verwandelt?

In Cliff Osmonds *The Penitent* (USA, 1988) spielt Paul Julia einen Farmer aus New Mexico, der sich auf einen primitiven und brutalen katholischen Kult einlässt, dessen Anhänger sich an Menschenopfern erfreuen, bei denen die Opfer gekreuzigt werden... Es heißt, dass in anderen Filmen dieser Art Szenen von christlichen Kinderopfern durch blutrünstige Rabbiner zu sehen sind. Aber all dies ist zum Glück nur Fiktion.

Ebenfalls 1988 zeigte Martin Scorseses *Die letzte Versuchung Christi* einen homosexuellen Christus, der den fleischlichen Genüssen zugetan und vom Teufel besessen ist.

The Handmaid's Tale (USA, 1990) ist eine Dystopie, die ein schreckliches, von christlichen Fundamentalisten regiertes Amerika zeigt. Die theokratische Regierung verbietet Bücher, die nicht die biblische Botschaft verbreiten, versammelt die Massen, um Hinrichtungen und Folterungen beizuwohnen, und wendet Gewalt und Brutalität an, um die Gesetze der Bibel durchzusetzen, selbst die veraltetsten. Außerdem betreibt sie eine völkermörderische Politik gegen ethnische Minderheiten. All dieser Unsinn hält heuchlerische Christen nicht davon ab, Bordelle zu besuchen. Der Film ist von Volker Schlöndorff.

The Favour, the Watch and the Very Big Fish (USA, 1991): Luis ist Kunstfotograf in dem von Norberto geführten Studio, das sich auf religiös inspirierte Kompositionen spezialisiert hat. Sie sind auf der Suche nach einem neuen Fotomodell, das Jesus verkörpern soll, als sie einen leicht verrückten Pianisten mit dem Gesicht Christi (Jeff Goldblum!) finden. Das Geschäft ist abgeschlossen. Das neue Modell verkörpert Christus wunderbar, am Kreuz, beim Abendmahl mit den Aposteln und in allen biblischen Bildern. Aber siehe da, nach und nach beginnt der falsche Christus mit dem echten zu verschmelzen. In einer komischen Szene kommt Jeff mit einem Schwertfisch auf der Schulter nach Hause, den er auf den Küchentisch legt und den seine Frau zum Abendessen zubereiten will. Sie wirft ihn zusammen mit den Entenfüßen in den Fleischwolf! Das Gericht, das sie vor den Augen ihres Mannes auf den Tisch stellt, ist ein schmutziger, ekelerregender schwarzer Eintopf. Dann fragt sie ihn: „Hast du unseren Herrn Jesus

Christus gefunden (Nahaufnahme der ekelhaften Schale)? Es ist also ganz klar, dass dieser „Jesus" für den Regisseur zum Erbrechen ist und dass Ben Lewin seine Verachtung mit dem gesamten Publikum teilen möchte.

Cape Fear (USA, 1991) ist die Geschichte eines zu Unrecht wegen Vergewaltigung verurteilten Häftlings. Nach vierzehn Jahren Haft wird er schließlich entlassen, mit der festen Absicht, sich an seinem korrupten Anwalt zu rächen. Robert de Niro spielt einen gefährlichen, psychopathischen Charakter, und Martin Scorsese hatte die gute Idee, ihm ein riesiges Kruzifix-Tattoo auf den Rücken zu stechen, damit wir genau erkennen können, woher seine Gefährlichkeit kommt. Gelegentlich raucht dieser Pfingstchrist Opium und versucht, junge Mädchen zu verführen, vergewaltigt eine Frau und jagt eine Familie, bevor er schließlich in einem Wildbach ertrinkt. Martin Scorsese ist ein ziemlich seltsamer Italiener, nicht wahr?

Francis Ford Coppolas berühmte *Pate-Trilogie* schildert die Wege der sizilianischen Mafia in den Vereinigten Staaten zu Beginn des 20. Jahrhunderts. Der dritte Teil (1991) zeigt die ganze Macht der katholischen Kirche auf. Tatsächlich besitzt der Vatikan ein riesiges Immobilienimperium in der Welt. Sie ist eine kolossale Finanzmacht, die mit der Mafia Geschäfte macht. Die katholische Mafia ist also furchterregend, und wir können sicher sein, dass die westlichen Regierungen ihr aufs Wort gehorchen. Die jüdische Mafia ist weit davon entfernt, so mächtig zu sein.

In *Alien 3* (USA, 1992) stürzt das Schiff von Lieutenant Ripley auf einem Planeten ab, auf dem die „Firma" nur ein Gefängnis für gefährliche Kriminelle hinterlassen hat: Mörder, Vergewaltiger, Psychopathen. Nicht gerade beruhigend für eine Frau, erst recht nicht, wenn sie erfährt, dass ein Außerirdischer mit ihr auf dem Schiff unterwegs war. Der Kommandant des Gefängnisses ist eine Art sturer Faschist, der nichts von der Anwesenheit des Aliens wissen will. Zum Glück wird er zu Beginn des Films gefressen. Die Gefangenen unterliegen einer sehr strengen religiösen Disziplin, einer Mischung aus „christlichem Fundamentalismus mit einem Hauch von apokalyptischem Millenarismus". Sie sind wie Mönche gekleidet und erheben nach der Rede ihres Anführers die Arme zum römischen Gruß. Aber täuschen Sie sich nicht, das sind gefährliche Geisteskranke, von denen man sich am besten fernhält, vor allem, wenn sie seit Jahren keine Frau mehr gesehen haben. Die Bastarde, die versuchen, sie zu vergewaltigen, sind allesamt böse Weiße, während derjenige, der ihr zu Hilfe kommt, ein großer schwarzer Mann ist, der die Oberhand über die anderen hat: Er ist der Boss! Er wird sich opfern, um Ripleys Leben zu retten und das Alien zu fangen. Der Film ist von David Fincher - auf meinem Fernseher ist ein Alien zu sehen!

In *Priest* (UK, 1994) geht es um einen homosexuellen Priester, der mit seinem Butler zusammenlebt, einen anderen alkoholkranken Priester, einen bedauernswerten Bischof und ein junges Mädchen, das von seinem Vater regelmäßig missbraucht wird. Alle sind Anhänger der katholischen Religion, wenn auch jeder auf seine eigene Art und Weise.

In *Star Trek V: The Final Frontier* (USA, 1989) wird Gott als bösartiges Wesen dargestellt, und alle Religionen wurden von Menschen geschaffen und werden bald keine Bedeutung mehr haben. Gott wird als bösartiges Wesen dargestellt und alle Religionen wurden von Menschen geschaffen und werden bald keine Bedeutung mehr haben. Alle? Nein, denn es handelt sich um eine Nachricht, die hauptsächlich für den Export bestimmt ist.

Johnny Mnemonics (USA, 1995) zeigt die böse Natur eines Predigers, der die Angewohnheit hat, Menschen mit einem Kruzifix zu töten.

Die zwei Gesichter der Wahrheit (*Primal Fear*, USA, 1996): In Chicago wird ein Erzbischof auf grausame Weise ermordet. Ein Verdächtiger wird schnell festgenommen. Er ist ein geistig eingeschränkter Jugendlicher, der benommen und desorientiert aufgefunden wird und Blut an seiner Kleidung hat. Er war einer der vom Erzbistum geschützten Jungen, die im Chor sangen. Am Ende wird sich herausstellen, dass er tatsächlich schuldig war und seine Amnesie nur vorgetäuscht hat. Er wollte sich für all die ekelhaften Schweinereien rächen, zu denen ihn der Kirchenmann bei den Orgien mit seiner Freundin und den anderen Chorsängern im Erzbistum gezwungen hatte, nichts weniger! Bei so viel Fantasie können wir darauf wetten, dass Gregory Hoblits nächster Film in der Krypta einer Synagoge spielen wird. Hier ist das Drehbuch: Fromme Juden tanzen zu einer teuflischen Sarabande und heulen wie Besessene. In der Mitte eines Kreises wird ein bewusstloses christliches Kind missbraucht, bevor es geopfert wird. Glücklicherweise gelingt es Frau Moreira, der portugiesischen Putzfrau, die sich als Jüdin ausgegeben hat, um den Job zu bekommen, mit einer List, das Kind zu befreien und auf die Polizeiwache zu bringen, wo sie alles erzählt, was sie gesehen hat. Damit beginnt ein neuer Dreyfus-Fall. Unglaublich, nicht wahr?

Flight of the Black Angel (USA, 1991) handelt von einem Piloten der US Air Force, der auch ein fundamentalistischer Christ ist. Wie zufällig wird er plötzlich zu einem mörderischen Wahnsinnigen und massakriert seine Familie und einige Kollegen in der Staffel. Danach stellt er sich vor, Las Vegas mit einer taktischen Atombombe zu säubern und begründet dies damit, dass er den Willen Gottes erfüllen muss: „Alles auf der Erde muss zerstört werden... Ich bringe das Licht des Himmels zu den Kranken, den Unreinen, den Korrupten, den Lügnern." Kein Zweifel, er ist ein Marrano!

In *Rivers of Purple 2: Angels of the Apocalypse* (Frankreich, 2003) bleibt der Regisseur dem ersten Teil insofern treu, als die Leichen, die von den beiden Protagonisten geborgen werden, genauso grausam sind. Offensichtlich haben wir es wieder einmal mit einem gefährlichen Netz hoch organisierter Neonazis zu tun, deren Hauptquartier ein Kloster in Lothringen ist, das durch unterirdische Gänge mit der Maginot-Linie verbunden ist. Die Mönche, die „für ein weißes und gläubiges Europa" kämpfen, haben Kontakte zu hohen europäischen Persönlichkeiten, die im Schatten und im Untergrund agieren: Sie sind überall, sie kontrollieren alles, aber man sieht sie nicht! Die Szene, in der das Auto eine Minute lang von mindestens zwei- oder dreitausend Kugeln durchlöchert wird, ist wahrscheinlich die Sternstunde des Films von Olivier Dahan, dessen Drehbuch auf jeden Fall für das Zielpublikum ausreichend ist.

In diesem Sinne wurde kürzlich das Broadway-Stück *Corpus Christi aufgeführt, in* dem ein homosexueller Jesus mit engen Verbindungen zu Juda und anderen Jüngern dargestellt wird...

Um sich nach so vielen Filmen ein wenig zu entspannen, können wir Gore Vidals Buch *Live from Golgotha* lesen, in dem der heilige Paulus und Timotheus offenbar als homosexuelles Paar dargestellt werden. Der Autor versäumt es nicht zu betonen, dass das Christentum „die größte Katastrophe des Westens" war.

Das Planetarische Kino befasst sich manchmal auch mit dem Leben der jüdischen Gemeinschaft. Meistens ist es das Bild einer zu Unrecht verfolgten Gemeinschaft, das im Vordergrund steht. Dieser Trend in der Filmpropaganda ist nicht neu, wenn man Jonathan Weiss Glauben schenkt: „1929 produzierte das Kino Filme wie Jean Kemms *Der polnische Jude*, in dem ein Jude zu Unrecht eines Verbrechens beschuldigt wird[77]." Es ist in der Tat die klassische Haltung des verfolgten Juden, der dem Judentum den Spiegel vorhält.

Die musikalische Komödie *Fiddler on the Roof* (USA, 1971) von Norman Jewison erzählt vom Leben einer kleinen traditionellen jüdischen Gemeinde in einem ukrainischen Dorf am Vorabend der

---

[77]Jonathan Weiss, *Irène Némirovsky*, Éditions du Félin, 2005, S. 58.

bolschewistischen Revolution. Die Atmosphäre ist volkstümlich, die traditionelle Musik und die Lieder bewegen die Herzen: „Dank unserer Traditionen weiß jeder, wer er ist und was Gott von ihm erwartet", ruft der Milchmann. Wir erkennen in diesem Dorf die pittoresken Gestalten der damaligen Zeit wieder, wie den Rabbi, der von seinen Getreuen umgeben ist, den Heiratsvermittler oder den Bücherverkäufer. Tradition" ist das Herzstück des Universums dieses Schtetls (osteuropäisches jüdisches Volk). Im Laufe des Films sehen wir jedoch, wie sie nach und nach zerbröckelt, da die Töchter des Milchmanns tun, was sie wollen, und beschließen, die jungen Männer, in die sie sich verliebt haben, zu heiraten. Für den Milchmann ist es eine neue und unverständliche Situation. Die „Tradition" geht einfach verloren, und wir verstehen sein Leid. Seine Tochter ist nicht in den Metzger verliebt, sondern in den jungen Schnitzer: So ist es nun einmal, das ist eine Tatsache. Nach schmerzhaften Überlegungen willigt sie schließlich ein und stimmt der Vereinigung zu. Leider wählt ihre zweite Tochter einen jungen jüdischen Revolutionär zum Ehemann, der wenig Respekt vor der „Tradition" hat. Wir sehen, wie er die Menge auf einem Kiewer Platz anpöbelt, bevor er von der Zarenpolizei verhaftet wird. Und seine dritte Tochter verliebt sich in keinen Geringeren als... ein Nichtjude! Dieses Mal ist es zu viel. Das jüdische Gesetz kennt keine Witze über solche Dinge, und die Eltern verleugnen sie. Für sie existiert sie von nun an nicht mehr.

Vor dem Hintergrund dieser Geschichte kommen die politischen Umwälzungen der damaligen Zeit hinzu, und schon bald warnen die russischen Polizisten die Juden, dass sie das Schtetl auf Befehl des Zaren verlassen müssen. Die Juden beschließen nach der ihnen gesetzten Frist von drei Tagen, nach einem kurzen Ausbruch der Empörung zu gehen: Was macht es für die Juden schon aus, ob sie hier oder dort leben? Der Geiger, der zu Beginn des Films auf dem Dach spielte, setzt die gleiche Melodie hinter dem jüdischen Konvoi fort, als dieser sich auf eine lange Reise begibt. Diese schöne Chronik des Lebens in einem Schtetl ist vielleicht idealisiert, spiegelt aber sehr gut die Veränderungen wider, die die Juden in Kauf nehmen mussten, um in der modernen Welt Fuß zu fassen, sowie ihre überraschende Fähigkeit, sich an die Situationen und Bedürfnisse der Zeit anzupassen.

Barbara Streisands *Yentl* (USA, 1983) ist ein unterhaltsamer Film nach dem Roman von Isaac Bashevis Singer. In einem jüdischen Dorf in Polen zu Beginn des 20. Jahrhunderts lebt Tentl, ein junges Mädchen, mit ihrem Vater, einem gebildeten Mann. Auf dem Marktplatz erscheint der Hausierer und ruft: „Bilderbücher für Frauen, heilige Bücher für

Männer! Das bringt vieles auf den Punkt, denn in der Tat schenkt die jüdische Tradition den Frauen wenig Beachtung, da es ihnen verboten ist, heilige Dinge zu lehren. Aber Yentl liebt Bücher und hat nur einen Wunsch: den Talmud zu studieren[78] wie die Männer. Als sein Vater stirbt, beschließt er, sich die Haare kurz zu schneiden und so zu tun, als wäre er ein Junge. Er fährt in die Stadt, wo er Avigdor trifft, der seinen neuen „Freund" nach Bechev bringt, wo sich die *Jeschiwa*[79], das Studienzentrum, befindet.

Nachts schlafen die beiden Freunde im Haus von Avigdors Eltern, und Yentl stellt mit Schrecken fest, dass es nur ein Zimmer gibt und er im selben Bett wie er schlafen muss. Die Szene ist urkomisch, denn wie will Yentl verhindern, dass Avigdor merkt, dass seine Begleiterin eigentlich eine Frau ist? Die Spannung erreicht ihren Höhepunkt, als Avigdor, der sich müde hingelegt hat, die Geduld verliert, als er sieht, dass Yentl das Licht nicht ausschaltet und weiterlernt. Yentl erfindet dann eine List und zeigt dabei seine Fähigkeit, heilige Texte zu verdrehen, wenn es sein muss, mit beunruhigender Souveränität. So lernen wir, dass im Judentum „zwei unverheiratete Männer im selben Bett auf dem Rücken liegen müssen". Avigdor ist ein wenig verblüfft, aber wahrscheinlich zu müde, um darüber zu diskutieren.

In der *Jeschiwa* ist Avigdor der Studienpartner von Yentl. Eines Tages stellt er ihn seiner Freundin vor. Auf Yentls Frage nach ihr: „Was denkt sie?", antwortet er schlicht: „Ich brauche sie nicht zum Denken." „Und dieser kurze Dialog bestätigt die Situation der Frauen im Judentum. Unter falscher Identität rächt Yentl dieses Unrecht, das den Frauen angetan wurde, indem sie die beste Schülerin der *Jeschiwa* wird. Enttäuscht darüber, dass ihr Freund, dem sie ihre Liebe erklärt hat und der die Tradition sehr ernst nimmt, sie nicht erwidert, wird Yentl schließlich nach Amerika gehen. Auf dem Schiff, das sie dorthin bringt, singt sie erneut von ihrer Liebe zu Gott und ihrem Vater, den sie in ihrem melodischen Klagelied verwechselt. „Ich schaue dich an, ich schaue dich an im Himmel... Schau Papa, schau wie ich fliege! „

In *Iwan, dein Abraham* (Frankreich, 1993) zeigt uns Yolande Zauberman das Leben der polnischen Juden im Jahr 1933. In diesem Dorf, in dem auch Katholiken leben, werden alle Juden leicht für alle Übel verantwortlich gemacht. Die christlichen Traditionen sind sicherlich von Intoleranz und Wahnsinn durchdrungen. Sehen die

---

[78]Siehe Anmerkung des Übersetzers in Anhang I.
[79]Eine Jeschiwa ist ein Zentrum für Tora- und Talmudstudien, das im orthodoxen Judentum in der Regel Männern vorbehalten ist. Sie werden oft auch als Talmudschulen bezeichnet.

Christen nicht in den Augen des kleinen Abraham die Augen des Teufels?

An einem Schabbatabend bricht ein wütender und misstrauischer Christ in das Haus eines alten jüdischen Mannes ein, um endlich herauszufinden, was hinter den geschlossenen Fensterläden vor sich geht. Er will sich vergewissern und mit eigenen Augen all die Gräueltaten sehen, derer die Juden beschuldigt werden. Er stürmt ins Haus und ist fassungslos! Die Kamera nimmt langsam das Haus auf: einen Tisch, einige Stühle, die Kerzen, die im Dunkeln brennen; kurzum, nichts, was die These der Handlung bestätigen könnte. Alle Verdächtigungen gegen die Juden sind offensichtlich lächerlich, denn die Juden haben nichts zu verbergen: nichts. Diese Vorurteile müssen eines Tages verschwinden. Dies ist das einzig Interessante an dem Film, weshalb die Vorspultaste auf der Fernbedienung unverzichtbar ist. Aber die Kritiker waren begeistert von diesem Werk und drückten die Daumen: „Yolande Zaubermann hat einen unverzichtbaren Film gemacht" (Danièle Heymann, *Le Monde*); „Die Inszenierung ist von außerordentlicher Sensibilität und Emotion" (Jooshka Schidlow, *Télérama*); „Yolande Zaubermann erreicht das Universelle" (Claude Lanzmann, *Le Journal du Dimanche*).

Jüdische Charaktere sind auch in Filmen für das „breite Publikum" zu finden. Ihre herausragende Rolle in der kommunistischen Ideologie spiegelt sich sehr gut in *The Way We Were* (USA, 1973) wider, der die Geschichte eines kommunistischen Aktivisten an einer amerikanischen Universität in den späten 1930er Jahren erzählt. Barbara Streisand spielt die Rolle eines jungen jüdischen Mädchens, das sich für die Sache einsetzt. Sie verkörpert perfekt den unermüdlichen Aktivismus, der für jüdische Intellektuelle so charakteristisch ist. Mit großem Mut wird sie auf dem Universitätscampus das Wort ergreifen, um „Faschismus und Großkapital" anzuprangern, die spanischen „Republikaner" und den „Frieden" zu verteidigen. Offensichtlich gelingt es ihr, alle Schüler zu bewegen. Sein frenetischer Aktivismus ist jedoch lästig für sein Umfeld. Trotzdem gelingt es ihm, Robert Redford zu verführen, den typischen stillen Nichtjuden, dem es immer ein wenig schwer fällt zu verstehen, was mit ihm geschieht. Der Film ist von Sidney Pollack.

The Pianist (Europa, 2001) erzählt die Geschichte eines virtuosen Pianisten aus Warschau, der bei seinen polnischen Fans sehr beliebt ist. „M. Szpilman, du bist wirklich wunderbar", sagt eine schöne Blondine. Aber die internationale Lage ist sehr angespannt, und der Krieg wird das Leben unseres Helden zerstören. Doch im September 1939 könnte es nicht besser laufen, als die Familie Szpilman vor dem Radio erfährt, dass England und Frankreich Deutschland den Krieg erklärt haben. Alle platzen vor Freude und beglückwünschen sich gegenseitig: „Das ist wunderbar! Doch leider wendet sich mit dem Sieg der deutschen Armeen alles schnell zum Schlechten. Dann sehen wir einige abstoßende Szenen, wie den armen alten Mann, der auf der Straße von einem Soldaten geohrfeigt wird, der ihm befiehlt, den Bürgersteig zu verlassen (das ist wirklich ungeheuerlich!).

Um zu überleben, ist unsere jüdische Familie gezwungen, das Klavier an einen polnischen Bastard zu verkaufen, der die Situation ausnutzt. Während des spärlichen Abendessens äußert der alte Vater seine Meinung: „Die jüdischen Bankiers sollten die Vereinigten Staaten überzeugen, Deutschland den Krieg zu erklären" (Nichts Neues unter der Sonne). Dann kommt es zu einer grausamen Szene: Wütende deutsche Soldaten dringen in das Haus gegenüber ein, unterbrechen das Abendessen einer Familie und zwingen sie, aufzustehen. Da der alte Mann im Rollstuhl nicht sofort gehorcht, werfen die Deutschen... ihn und seinen Stuhl grausam... aus dem Fenster. Schließlich werden alle in ein Arbeitslager gebracht. Die Straßen sind mit Leichen übersät. Eine Frau weint, weil sie gezwungen wurde, ihr Baby zu ersticken, damit die Deutschen sie nicht beide entdecken. Auf den Straßen häufen sich die Hinrichtungen... es ist grauenhaft... Roman Polanski... Film... grauenhaft...

Wir werden hier nicht alle Filme über diese Zeit rekapitulieren, die sich systematisch um das Thema der Verfolgung drehen. Das Ziel ist immer dasselbe: die Menschen über diese „dunkle" Periode der Geschichte aufzuklären. Auch Historiker sehen sich diese Materialien nicht sehr genau an, da wir bereits wissen, dass diese Filme nicht für sie bestimmt sind.

Die kosmopolitische Propaganda hat sich in den letzten Jahren außerordentlich stark ausgebreitet. Lange Zeit konnte sie sich nicht im Licht des Tages zeigen, wegen des Gewichts der „Vorurteile" der Nichtjuden, mit denen man immer vorsichtig sein musste. Diese Propaganda drückte sich vor allem in der Entschuldigung der „Zügellosigkeit" aus und zielte darauf ab, das Ideal der Familienzelle, seit jeher Pfeiler und Keimzelle der europäischen Zivilisation, schrittweise zu untergraben. Die kosmopolitischen Filmemacher suchten ihre Inspiration in dieser Richtung und konnten ihrer fieberhaften Phantasie keinen freien Lauf lassen. Es gibt unzählige Werke, die den Ehebruch in einem günstigen Licht darstellen. Später wurde die Homosexualität offener befürwortet. Es dauerte mehrere Jahrzehnte, um die Psyche der „Bestie" zu bearbeiten, bis ihm Bilder gezeigt werden konnten, in denen seine eigenen Leute die Rolle von Homosexuellen spielten, während seine schönsten Frauen mit „farbigen Männern" ausgingen.

Aber wir haben wahrscheinlich noch nicht den Tiefpunkt dieses Sturzes in die Kloake erreicht. Es werden Zeiten kommen, in denen wir auf den Bildschirmen eine bunte, kosmopolitische Menge sehen werden, die den Hohepriestern schmeichelt und sich vor dem König aus dem Hause David niederwirft. Das wäre sicherlich ideal, aber wird der Herr uns einen Vorgeschmack auf diese Ekstase geben?

2. Der Auftrag des jüdischen Volkes

Kosmopolitische Intellektuelle und Künstler scheinen ihre Werke mit dem einzigen Ziel zu schreiben oder zu produzieren, eine Botschaft zu vermitteln und die Öffentlichkeit über die Tugenden des Kosmopolitismus aufzuklären. Diese Militanz zielt auf ein ganz bestimmtes irdisches Ziel ab: das Verschwinden von Grenzen und Religionen, die universelle Anwendung der Grundsätze von Demokratie und Menschenrechten und schließlich die Errichtung des globalen Imperiums. Diese permanente Spannung scheint stets die Ausrichtung seiner intellektuellen Produktion zu bestimmen, so dass man sich fragen kann, ob ein von einem Juden geschriebener Roman ideologisch völlig neutral sein kann. Albert Memmi räumte dies offen ein: „Das Jüdische ist im Verhalten und Denken, ja sogar in den Bekenntnissen der meisten Juden im Allgemeinen viel präsenter, als man denken könnte[80]." Diese Propaganda hört nie auf, denn sie ist von religiösem Eifer und Zweck motiviert. Das jüdische Volk hat in der Tat eine „Mission" zu erfüllen.

Jüdischer Aktivismus

In den literarischen und künstlerischen Produktionen der Vertreter des Kosmopolitismus steckt immer eine Botschaft, auch wenn sie noch so schwach ist. Diese unermüdliche Propaganda, die darauf abzielt, die Menschen von der Legitimität ihrer Doktrin zu überzeugen, ist zweifelsohne eines der ersten Merkmale des jüdischen Volkes. Es ist ein Volk von Propagandisten oder ein „Volk von Priestern[81]", wie es der Philosoph Jacob Leib Talmon ausdrückte, der den Gedanken vertrat, dass das jüdische Volk eine Mission erfüllen muss. Diese ungezügelte Militanz äußert sich auch in einer prosaischeren Form des politischen Kampfes. In der Tat finden wir jüdische Aktivisten in allen linksextremen Strömungen, wo Glaube und revolutionäre Hoffnung die

---

[80]Albert Memmi, in der Endnote zum Buch von David Bakan, *Freud et la tradition mystique juive*, 1963, Payot, 2001, S. 342.
[81]J.-L. Talmon, *Destin d'Israël*, 1965, Calmann-Lévy, 1967, S. 25 [dieselbe Diagnose, die von Friedrich Nietzsche in seiner *Genealogie der Sitten* stellt].

Seelen beseelen, die nach Messianismus und einer endlich von allen Unterdrückungen befreiten Welt dürsten.

Dieses „Priestervolk" ist auch stark in die Werbeindustrie involviert[82], was natürlich eine weitere Form der Propaganda und der Sensibilisierung der Öffentlichkeit ist. Aufsehenerregende Werbung und lobende Presseartikel sind in der Tat sehr nützlich, um die „großen" und „unvergleichlichen" Werke der Auserwählten bekannt zu machen. Deshalb erscheinen uns die „Leute des Buches", wie sie sich selbst definieren, vor allem als „Leute des Megaphons", d.h. des Aktivismus, der Propaganda und der Werbung.

Die ehemalige Redakteurin der Wochenzeitung *L'Express*, Françoise Giroud, hat diesen kämpferischen Geist, der den kosmopolitischen Intellektuellen beseelt, beschrieben. Die Journalistin und Schriftstellerin Françoise Giroud war bei der Gründung der Wochenzeitung im Jahr 1953 an der Seite von Jean-Jacques Servan-Schreiber. Damals ging es darum, die Politik von Pierre Mendès France zu unterstützen. In ihrem 1990 erschienenen Buch *Leçons particulières* unterstreicht sie dieses Engagement:

„Jean-Jacques Servan-Schreiber war ein Kriegsherr, schrieb er... Sein Leben ist ein einziger Kampf: Kampf, um Pierre Mendès France an die Macht zu bringen - *L'Express* wurde nur zu diesem Zweck gegründet -, Kampf gegen den Algerienkrieg, Kampf, um die radikale Partei zu erobern, Kampf, um eine unangreifbare Wählerschaft zu gewinnen, Kampf, um die Reformbewegung zu stärken, Kampf, um die Parlamentswahlen 1978 für Valéry Giscard d'Estaing zu gewinnen. Er ruht nie. Die Schauspielerei ist seine Art, sein Ego zum Ausdruck zu bringen. Er fühlt sich für die Angelegenheiten des Planeten genauso verantwortlich wie jedes Staatsoberhaupt und ist in der Lage, hier und da die Ereignisse zu beeinflussen. In der Tat stand er auf gleicher Augenhöhe mit großen Führungspersönlichkeiten. Viele konsultieren

---

[82]Zu nennen ist hier Edwards Louis Bernays (1891-1995), Publizist, Journalist und Erfinder der Theorie der Propaganda und Public Relations. Der österreichische Jude war der Neffe von Sigmund Freud und nutzte in Nordamerika Ideen, die sich auf das Unbewusste bezogen, für die Überzeugung des *Selbst* in der Massenwerbung. Erwähnenswert ist auch die Rolle von Walter Lippmann (1889-1974), einem prominenten deutsch-jüdischen Intellektuellen und Journalisten, der das Konzept der öffentlichen Meinung theoretisierte und in seinen Werken *Liberty and the News* (1920) und *Public Opinion* (1922) den berühmten Slogan „the manufacture of consent" prägte. Zu diesen Themen kann sich der Leser den interessanten Dokumentarfilm von Adam Curtis, Schriftsteller und BBC-Dokumentarfilmer, mit dem Titel: The *Century of the Self*, 2002 ansehen.

ihn gerne[83]."

In anderen seiner Bücher kann man sehen, dass diese typische Agitation auch andere Personen betrifft, die in demokratischen Gesellschaften die Medienkaste schlechthin bilden, und dass sie sich immer dann manifestiert, wenn es um die „großen internationalen Angelegenheiten" geht:

„Wir hatten uns mit Freunden wie Jacques Attali, Guy Sorman, Patrick Siegler Lathrop, Marek Halter usw. zusammengetan, um die *Action Internationale contre la Faim* zu gründen... Wir wollten die Öffentlichkeit auf uns aufmerksam machen, aktiv werden, den Papst anrufen, in ganz Frankreich Komitees gründen, was weiß ich... Alfred Kastler, Nobelpreisträger, sollte unser erster Präsident werden. Bernard-Henri Levy hatte großartige Statuten geschrieben. Jetzt mussten wir nur noch unsere guten Vorsätze in die Tat umsetzen[84]." An dieser Stelle sei daran erinnert, dass die Menschenrechtsorganisation *Amnesty International* im Jahr 1961 von Sean Mac Bride und Peter Beneson-Salomon[85] gegründet wurde. Letzterer war der Sohn des Gründers des Kaufhauses Mark & Spencer, was ihn nicht daran hinderte, Mitglied der Kommunistischen Internationale zu sein, wie übrigens auch sein Partner. In der Tat ist dies kein Widerspruch, sobald wir verstehen, dass Wirtschaft und Kommunismus bei der Abschaffung der Grenzen und der Errichtung eines globalen Imperiums Hand in Hand arbeiten.

Dieser kämpferische Geist zeigte sich auch bei dem ehemaligen sozialistischen Minister Bernard Kouchner, der uns 2004 seine Berufung zum „Priester" verkündete, seinen „Willen, den Lauf der Dinge zu ändern, die Gesellschaft zu beeinflussen" und uns zu seiner planetarischen Logik zu bekehren. Und zwar so, dass er bereits eine „Weltsozialversicherung" für möglich hielt:

Das Problem des Mindesteinkommens ist ein globales Problem", schrieb er. Es ist nicht hinnehmbar, dass Hunderte von Millionen Menschen angesichts des Hungers mittellos bleiben. „Er schlug daher für Frankreich die „Abschaffung der Zuzahlungen im Gesundheitswesen für die Ärmsten und die Illegalen" vor, so dass Ausländer aus aller Welt kostenlos die von den Franzosen bezahlte Gesundheitsversorgung in Anspruch nehmen könnten. Aber das „Projekt, das ich mir von ganzem Herzen wünsche, ist der nächste und

---

[83]Françoise Giroud, *Leçons particulières*, Fayard, 1990, S. 176, 178.

[84]Françoise Giroud, *Arthur ou le bonheur de vivre*, Poche, 1993, S. 162, 163.

[85]Nicolaï Davidoff, *L'Ours et la chandelle, ou Faut-il détruire Amnesty international?* Éditions Ulysse, 1997

notwendige Kampf", der „für eine weltweite soziale Sicherheit steht: Jeder, unabhängig von seinem Land oder seiner Situation, muss ein Minimum an medizinischer Versorgung erhalten können... Wir werden es „*Kranke ohne Grenzen*" nennen[86]. „Wir werden später in dieser Studie diese besondere Neigung der kosmopolitischen Intellektuellen sehen, ihre persönlichen Fälle auf eine universelle Ebene zu verallgemeinern.

Bernard Kouchner kämpfte in der Tat genauso aggressiv wie Jean-Jacques Servan-Schreiber: „Im Kampf für den Frieden ist es der Kampf, der uns interessiert. „Seine Unterstützung für die US-Armee, die in Afghanistan ein großes demokratisches Projekt verfolgt, war ein weiteres deutliches Beispiel: „In Afghanistan werden wir am Ende triumphieren", verkündete er. Daniel Cohn-Bendit nickte zustimmend und brachte sein eigenes starkes Engagement im „Kampf gegen Intoleranz und den aktuellen islamischen Fundamentalismus in Europa" zum Ausdruck.

In dieser Linie des planetarischen Kampfes ist Bernard Kouchner wie Edgar Morin ein glühender Verfechter der Einmischung: „Wenn ich das Recht zur Einmischung erfunden habe, dann deshalb, weil ich will, dass die Juden und wie sie alle Minderheiten gegen die Unterdrückung kämpfen können. „Und er schloss mit den Worten: „Ich möchte einen gewaltsamen Tod sterben, in einer großen Geste gegen die Unterdrückung. Als ich klein war, wünschte ich mir, ich könnte sterben, indem ich einen Bastard töte[87]. „Das könnte ein wenig problematisch sein, wenn man bedenkt, dass manche Leute einen ziemlich weit gefassten Begriff von einem Bastard haben...

Diese frenetische Aufregung, dieses unaufhörliche Umherschweifen auf dem Planeten ist unbestreitbar ein Merkmal des kosmopolitischen Geistes. Sie reisen rund um den Globus, um eine Botschaft zu vermitteln, und engagieren sich für humanitäre Zwecke in allen Teilen der Welt. Die Fälle von Marek Halter, Bernard-Henri Levy und Elie Wiesel sind sehr symptomatisch für diese Schriftsteller, die unermüdlich durch die Welt reisen und von Flughafen zu Flughafen hüpfen, um das gute Wort zu verbreiten[88].

Die Wochenzeitung *Le Point* vom 13. Oktober 2005 veröffentlichte ein Interview mit dem Schriftsteller Mario Vargas Llosa.

[86]D. Cohm-Bendit, B. Kouchner, *Quand tu seras président*, Robert Laffont, 2004, S. 18, 375

[87]D. Cohm-Bendit, B. Kouchner, *Quand tu seras président*, Robert Laffont, 2004, S. 256, 332, 348, 349

[88]Hervé Ryssen, *Planetarische Hoffnungen*, 2022.

Vargas Llosa wurde in Peru geboren und hat mehr als dreißig Bücher veröffentlicht, die in alle Sprachen übersetzt wurden. Im Jahr 1990 kandidierte er bei den Präsidentschaftswahlen, unterlag aber in der zweiten Runde Alberto Fujimori. Anlässlich der Veröffentlichung seines *Dictionnaire amoureux de l'Amérique latine (Wörterbuch des verliebten Lateinamerikas)* schrieb der Journalist von *Le Point*: „Es ist heutzutage nicht leicht, diesen Reiseschriftsteller zu erreichen. „Ein kurzes Zögern, und die Verabredung wurde abgesagt, denn „Mario" war nach Gaza gefahren. „Wäre es nicht besser, sich in London zu treffen? „Aber Mario ist schon in Madrid. Ich komme, warte auf mich! „Gut, aber um Punkt 17 Uhr, denn ich muss nach Barcelona und dann nach Paris fliegen." Dieses Zeugnis erinnert an das, was Franz Kafka 1923 schrieb: „Ich kann nicht lange an einem Ort bleiben; es gibt Menschen, die sich nur auf Reisen zu Hause fühlen[89]." Auch der sehr wohlhabende sozialistische Geschäftsmann Samuel Pisar brachte diese unaufhörliche Aufregung in seiner Autobiografie zum Ausdruck. Während der Ereignisse von 1968 befand er sich, wie viele seiner Kollegen, in einem Zustand fieberhafter Begeisterung: „Ich war ständig im Gespräch mit diesen jungen Rebellen von Kopenhagen bis zur Sorbonne, von Chicago bis Sao Paulo und Kyoto... Was ist die wichtigste Mission? So sehr, dass einer seiner Freunde ihm eines Tages sagte: „Du bist immer noch zu beschäftigt[90]."

Elie Wiesel war sich bewusst, dass kosmopolitischer Aktivismus für diejenigen lästig sein kann, die ständig den ideologischen Offensiven des auserwählten Volkes ausgesetzt sind. Wir müssen jedoch verstehen, dass ein solches Verhalten, das unangemessen erscheinen mag, in Wirklichkeit nur einem altruistischen und karitativen Engagement entspricht:

„Für mich muss die Literatur eine ethische Dimension und einen ethischen Anspruch haben. Ich möchte über die Literatur hinausgehen. Ich möchte helfen. Ich möchte das Bewusstsein schärfen. Ich habe nicht gelebt oder überlebt, um „Romane zu schreiben". Das Ziel der Literatur - die ich als Zeugnis bezeichnen möchte - ist es nicht, zu gefallen oder zu beruhigen, sondern zu beunruhigen; andere haben es schon gesagt, und ich wiederhole es nur eindringlich. Ich störe den Gläubigen, weil ich es in meinem Glauben wage, Gott, der die Quelle allen Glaubens ist, in Frage zu stellen. Ich störe den Atheisten, weil ich mich trotz meiner Zweifel und Fragen weigere, mit der religiösen und mystischen

---

[89]Laurent Cohen, *Variations autour de K.*, Intertextes, Paris, 1991, S. 119.
[90]Samuel Pisar, *La Sangre de la esperanza*, Editorial Planeta, 1990, Barcelona, S. 236, 241.

Welt zu brechen, die meine eigene aufgebaut hat. Ich störe vor allem diejenigen, die sich in einem System - politisch, psychologisch, theologisch - eingerichtet haben, in dem sie sich sehr wohl fühlen[91]." Stören", „stören", „stören" und „irritieren" sind daher Tugenden des kosmopolitischen Denkens. Auch Guy Konopnicki war sich dessen bewusst, als er schrieb: „Ich weiß genau, dass der Leser bei jeder irritierenden Seite dieses Buches, und es gibt für jeden irritierende Seiten, sagen wird: „Wie bitte? Identität? Du tust so, als hättest du keine, aber deine sieht aus wie die Nase in der Mitte deines Gesichts" - in der Tat wurde ich an dem Tag, an dem die Nasen verteilt wurden, reichlich bedient. Und doch bestehe ich darauf und beharre auf[92]." Diese Art von „Paradoxon", die wir in der planetarischen Literatur regelmäßig finden, ist eigentlich sehr praktisch, denn sie erlaubt es, die Widersprüche der eigenen Argumentation und des eigenen Ansatzes nicht wegzuerklären. Andere kosmopolitische Denker haben dieses krankhafte Bedürfnis, andere zu stören, zum Ausdruck gebracht: „So haben die Juden, schrieb Steiner, dreimal zur individuellen und sozialen Vervollkommnung aufgerufen, sie waren die Nachtwächter, die nicht für Ruhe sorgen, sondern im Gegenteil den Menschen aus dem Schlaf der Selbstachtung und der gewöhnlichen Bequemlichkeit aufwecken (Freud hat uns sogar aus der Unschuld des Schlafes geweckt[93])."

Dies entspricht den Worten von Daniel Cohn-Bendit, der erklärte: „Der Vertrag, den wir mit der multikulturellen Gesellschaft geschlossen haben, muss uns davor bewahren, in unserer vertrauten Umgebung zu gemütlich und bequem, zu traditionalistisch und selbstgefällig zu werden." Und wir hören dasselbe in den Worten des großen rationalistischen Philosophen Emmanuel Levinas: „Die Juden sind notwendig für die Zukunft einer Menschheit, die, da sie weiß, dass sie gerettet ist, nichts mehr zu hoffen hat. Die Anwesenheit der Juden erinnert Konformisten aller Art daran, dass in der besten aller Welten nicht alles gut ist[94]." Es ist recht amüsant zu lesen, wie diese bedeutenden Persönlichkeiten auf naive Weise ihre Bereitschaft bekräftigen, den Rest der Menschheit in Aufruhr zu versetzen. Aber man muss verstehen, dass diese planetarischen Intellektuellen sich bewusst sind, dass sie eine göttliche Mission haben, die sie dazu zwingt, alles zu tun, um die Erde zu vereinen. Genau das sagte Ralph Schor, ein

---

[91]Elie Wiesel, *Mémoires, Band I*, Seuil, 1994, S. 438.

[92]Guy Konopnicki, *La Place de la nation*, Olivier Orban, 1983, S. 214.

[93]George Steiner, *Pasión intacta. A través de ese espejo, en en enigma*, Ediciones Siruela, Madrid, 1997, S. 447.

[94]Emmanuel Levinas, *Difficile liberté*, Albin Michel, 1963, 1995, S. 231, 261.

„antirassistischer" Schriftsteller und Autor mehrerer Bücher über Einwanderung und Antisemitismus, in den 1990er Jahren: „Es muss gelehrt werden, dass Theorien des Hasses zu brudermörderischen Auseinandersetzungen führen und das wesentliche Prinzip der Einheit der Menschheit leugnen[95]. „Wie Sie verstehen werden, sind Hass und Krieg die Sache der anderen, während die Juden die Ideale des Friedens und der Liebe verkörpern. Ein anderer zweitklassiger Schriftsteller, obwohl Mitglied der Académie française, Maurice Rheims, brachte diese Idee ebenfalls zum Ausdruck: „Wir bräuchten eine große Zentralstelle, die für die Verwaltung der Menschheit zuständig wäre[96]. „Der berühmte Elie Wiesel wiederum bestätigte diese permanente Spannung des jüdischen Intellektuellen und sein Streben nach dem Aufbau des globalen Imperiums: „Um unser Volk zu retten, müssen wir die gesamte Menschheit retten[97]. „Der ehemalige Oberrabbiner Frankreichs in den 1980er Jahren, René Samuel Sirat, sagte genau dasselbe: „Die Rolle des jüdischen Volkes besteht darin, allen Völkern den Segen und die Vorstellung von der unendlichen Würde des Menschen zu bringen[98]." Das gesamte jüdische Volk steht in Spannung zum planetarischen Ideal. Das macht sie zu einem bekehrenden Volk, zu einem militanten Volk par excellence. Doch im Gegensatz zu Christen und Muslimen besteht die Aufgabe der Juden nicht darin, andere zu ihrer Religion zu bekehren. Es geht lediglich darum, sie dazu zu bewegen, ihrer Religion abzuschwören, ohne dafür eine Gegenleistung zu erbringen. Es ist manchmal ein wenig „irritierend".

Messianische Hoffnung

Diese ständige Aufregung hat auch eine religiöse Dimension. Es drückt die fieberhafte Erwartung von etwas - „etwas" - aus, das unweigerlich eintreten muss und auf das die Juden scheinbar unaufhörlich hinarbeiten. Dieses „Etwas", das endlich den „Frieden" in der Welt einführen wird, ist in Wirklichkeit der Messias selbst, die zentrale Figur des Judentums. Es ist in der Tat die messianische Erwartung, die das intellektuelle Ferment und die Quelle der Inspiration für moderne Philosophen und planetarische Denker ist. Und die Welt des „Friedens", die sie uns versprechen, ist die, die in den ältesten

[95]Ralph Schor, *L'Antisemitisme en France pendant les années trente*, Éd. Complexe, Brüssel, 1992, S. 325-326.

[96]Maurice Rheims, *Une Mémoire vagabonde*, Gallimard, 1997, S. 133.

[97]Elie Wiesel, *Lebenserinnerungen, Band I*, Seuil, 1994, S. 51.

[98]Serge Moati, *La Haine antisémite*, Flammarion, 1991, S. 59.

Prophezeiungen der Thora angekündigt wird.

Der Philosoph Emmanuel Levinas hat uns in dieser Hinsicht Klarheit verschafft: „Es ist in der Tat möglich, die Verheißungen der Propheten in zwei Kategorien einzuteilen: die politische und die soziale. Die Ungerechtigkeit und Entfremdung, die durch die Willkür der politischen Mächte in alle menschlichen Bestrebungen hineingetragen werden, werden verschwinden; aber die soziale Ungerechtigkeit, die Herrschaft der Reichen über die Armen, wird gleichzeitig mit der politischen Gewalt verschwinden... Was die zukünftige Welt betrifft, so scheint sie auf einer anderen Ebene zu liegen. Unser Text definiert es als „das Privileg desjenigen, der dich erwartet". Es handelt sich im Prinzip um eine persönliche und intime Ordnung, die außerhalb der geschichtlichen Realisierungen liegt, die auf eine Menschheit warten, die auf dem Weg ist, sich in einem kollektiven Schicksal zu vereinen... Samuel bekräftigt: „Zwischen dieser Welt und dem messianischen Zeitalter gibt es keinen anderen Unterschied als das Ende des 'Jochs der Nationen' - der Gewalt und der politischen Unterdrückung[99]." Die hebräischen Prophezeiungen versprechen uns also den Fortschritt der Menschheit hin zu einer grenzenlosen, vereinten Welt und parallel dazu die Beseitigung der sozialen Ungleichheiten. Das wird die perfekte Gesellschaft sein. Im gesamten Universum wird Frieden herrschen, es wird Überfluss herrschen und die Menschen werden frei und glücklich in einer perfekten Welt der Gleichheit leben. Wir erkennen hier natürlich die primitiven Quellen des Marxismus ebenso wieder wie diejenigen, die die heutige kosmopolitische planetarische Ideologie zu Beginn des dritten Jahrtausends inspirieren und von denen viele unserer Mitbürger mit großer Öffentlichkeitsarbeit träumen.

Die Befreiung des Menschen ist nur auf der Ebene der gesamten Menschheit denkbar. „Die Idee einer brüderlichen Menschheit, die im gleichen Schicksal vereint ist, ist eine mosaische Offenbarung[100]", bestätigt Levinas. Durch die Zerstörung der Völker können die göttlichen Verheißungen erfüllt werden und Israel kann die Menschheit endlich zu Glück und Wohlstand führen: „[Unsere] alten Texte lehren einen Universalismus, der von jedem Partikularismus des eigenen Landes, von jeder Erinnerung an das Gepflanzte gereinigt ist. Sie lehren die menschliche Solidarität einer Nation, die durch Ideen vereint ist[101]."

---

[99]Emmanuel Levinas, *Schwierige Freiheit, Aufsätze zum Judentum*. Ediciones Lilmod, Buenos Aires, 2004, S. 283-284.

[100]Emmanuel Levinas, *Difficile liberté*, Albin Michel, 1963, 1995, S. 310.

[101]Emmanuel Levinas, *Schwierige Freiheit, Aufsätze zum Judentum*. Ediciones Lilmod,

Der Philosoph André Glucksmann hat sich in seinem 1991 erschienenen Buch *Das elfte Gebot* auf die Gedanken des großen Gershom Scholem bezogen, um an die Worte der Propheten zu erinnern: „Hosea, Amos und Jesaja kennen nur eine Welt, in der sich alle Ereignisse abspielen, auch die großen Ereignisse des Endes der Zeit. Ihre Eschatologie ist national geprägt; sie spricht von der Wiederherstellung des Hauses David, das damals in Trümmern lag, und von der künftigen Herrlichkeit eines zu Gott zurückgekehrten Israel. Sie spricht von ewigem Frieden, von der Rückkehr aller Völker zu dem einen Gott Israels und von ihrer Ablehnung heidnischer und götzendienerischer Kulte[102]." Es ist dasselbe religiöse Substrat, das in diesem Dialog zwischen Daniel Cohn-Bendit und Bernard Kouchner in einer säkularisierten Form durchscheint. Ihr Engagement für ein föderales Europa erklärt sich aus dem Wunsch, alle nationalen Widerstände zu zerstören und die Identitätsbezüge der europäischen Völker aufzulösen: „Ein föderales Europa ist in Reichweite", erklärte Daniel Cohn-Bendit und bekräftigte darüber hinaus die „Legitimität der Türkei für den Beitritt zur Europäischen Union". Bernard Kouchner stimmte dem zu und sagte: „Man kann Europa nicht wie einen christlichen Verein sein lassen und es dort aufhören lassen, wo die Kreuze enden. „Cohn-Bendit verriet dann, was er wirklich dachte und äußerte einen alten Groll: „Das Europa von morgen wird Christen und Atheisten, Juden und Muslime versöhnen. Damit wird das schreckliche Kapitel, das die katholische Kirche im 16. Jahrhundert in Córdoba mit der Vertreibung der Juden und Muslime aufgeschlagen hat, neu aufgerollt." So wird das föderale Europa nach seinen eigenen Wünschen „ein grundlegender Schritt zur Befriedung der Welt[103] sein." Wir können uns vorstellen, dass zu dieser Zeit alles für das Kommen des Messias bereit sein wird.

Erinnern wir uns daran, wie vor dem Referendum über den Entwurf der europäischen Verfassung im Mai 2005 Daniel Cohn-Bendit, der mit einem Sieg seiner Gegner rechnete, einen Nein-Politiker in einem Fernsehstudio heftig beschimpfte und beleidigte und dabei auf bedauerliche Weise die Beherrschung verlor. Die Wut und der Hass, die in seinem Gesicht zu sehen waren, ließen sich leicht mit religiösen Begriffen erklären. Versetzen Sie sich in seine Lage: Er hat 3000 Jahre lang auf den Messias gewartet. Sie sagen ihm, dass er da ist, gleich um

---

Buenos Aires, 2004, S. 254.

[102]André Glucksmann, *Le XIe commandement*, Flammarion, 1991, S. 208.

[103]D. Cohm-Bendit, B. Kouchner, *Quand tu seras président*, Robert Laffont, 2004, S. 367, 174-177

die Ecke, dass er endlich kommt, dass alles bereit ist, ihn zu empfangen... und plötzlich: Kataplum, alles bricht zusammen, weil ein Haufen reaktionärer Kretins, die überhaupt nichts verstehen, ihre vulgäre nationale Freiheit dem Aufbruch in die messianische Zeit vorgezogen haben. Man muss zugeben, dass es zum Verrücktwerden ist!

Frieden" ist jedoch im kosmopolitischen Diskurs immer ein sehr verführerischer Begriff. Doch dieses Mal zogen es unsere Landsleute offenbar vor, das beharrliche Angebot der Wundermittelverkäufer höflich abzulehnen. Aber die Idee bleibt attraktiv, trotz aller Täuschungen hinter den Kulissen. Das ist es, was beispielsweise einige Künstler wie Clara Halter, die Frau des Aktivisten Marek Halter, motiviert hat, als sie die *Mauer für den Frieden* schuf, die von Jacques Chirac auf dem Champs de Mars zur Feier des Jahres 2000 eingeweiht wurde. Auf eine Art Erdhügel hat die kleine Clara das Wort „Frieden" in zweiunddreißig Sprachen und dreizehn Buchstaben geschrieben, wahrscheinlich um sich über die Studenten der Offiziersschule, die sich direkt davor befindet, lustig zu machen.

Gershom Scholem gehört zu den vier oder fünf großen jüdischen Denkern des 20. Jahrhunderts, zusammen mit Walter Benjamin, Franz Rosenzweig, Emmanuel Levinas und Martin Buber. Ihm verdanken wir die Erklärungen zur Idee des Messianismus, die wir jetzt erörtern werden und die er in einem bahnbrechenden Buch mit dem Titel *Jüdischer Messianismus aus dem* Jahr 1971 zum Ausdruck gebracht hat.

Der Messianismus war für das jüdische Volk eine „Quelle des Trostes und der Hoffnung", die es ihm ermöglicht hat, die schwierigen Zeiten zu überwinden, die es im Laufe der Geschichte durchmachen musste. Doch während das Warten auf den Messias eine Quelle der Hoffnung ist, erzeugt es auch eine permanente Unzufriedenheit, die die Vorstellung schürt, dass immer „etwas" fehlt, das die Erlösung gewährleistet und allen Übeln ein Ende setzt. „Das, was man „jüdische Existenz" nennt, schreibt Scholem, beinhaltet eine Spannung, die sich nie entspannt, die nie aufgelöst wird." Die Bedingungen für das Kommen des Messias sind auf jeden Fall umstritten. „Wir wissen nichts über die Art und Weise, wie der Tag des Herrn eintreten wird, der die Geschichte abschließt und an dem die Welt in ihren Grundfesten erschüttert werden wird. „Das Licht des Messias, das die Welt erhellen soll, wird nicht immer als etwas völlig Unerwartetes betrachtet. Sie kann sich in verschiedenen Graden und Stufen manifestieren[104]." In der talmudischen *Aggada*[105] schreibt Scholem: „Das messianische Licht, das die Welt erleuchten soll, wird nicht plötzlich erscheinen, wie Träumer und Visionäre meinen, sondern nach und nach." Diese Vorstellung von den Stufen der Erlösung war im Mittelalter die Auffassung der meisten Eschatologen, die sich mit der Berechnung des Erlösungsdatums beschäftigten. Jahrhunderts geschriebenen klassischen Hauptwerk der Kabbala: „Denn so wie die Heilung des Kranken nicht plötzlich kommt, sondern langsam, damit er nach und nach stärker wird", so werden die fremden Völker (symbolisiert durch Esau oder Edom) ein umgekehrtes Schicksal erleiden: Nachdem sie das Licht dieser Welt auf einmal empfangen haben, werden sie es langsam verlieren, damit Israel stärker wird und sie besiegen kann. Und wenn der Geist der Unreinheit aus dieser Welt vertrieben ist und das Licht des Allmächtigen ohne Barriere und Hindernis auf Israel scheint, werden alle Dinge in ihren vollkommenen Zustand zurückkehren und wieder makellos werden, wie sie es im Paradies vor Adams Sünde waren[106]. „Sie haben richtig gelesen: Israel muss alle Völker überwinden.

Aber es gibt noch mehr Interpretationen des Kommens des Messias, schrieb Scholem: „Die Überzeugung, dass es unmöglich sei, das Datum des Kommens des Messias vorherzusehen, führte in der messianischen *Aggada* zur Idee des 'verborgenen Messias'. Nach dieser *Aggada* würde der Messias immer und überall anwesend sein. Eine tiefgründige Legende versichert uns sogar, nicht ohne Grund, dass er am Tag der Zerstörung des Tempels geboren wurde[107]... Dieser Art von immerwährendem Erlösungsangebot entspricht die Vorstellung eines wartenden und immerwährend verborgenen Messias. Diese Idee hat im Laufe der Geschichte viele Formen angenommen. Die berühmteste ist diejenige, die den Messias in extravaganter Voraussicht vor den Toren Roms unter die Aussätzigen und Bettler der ewigen Stadt stellt (Talmud, *Sanhedrin, 98a*). Diese wirklich erstaunliche rabbinische Geschichte taucht bereits im zweiten Jahrhundert auf... Dieser symbolische Gegensatz zwischen dem wahren Messias, der vor den Toren Roms sitzt, dem Sitz des Oberhaupts der Christenheit, und dem Ort, an dem

---

[104]Gershom Scholem, *Le Messianisme juif*, 1971, Calmann-Lévy, 1974, S. 66, 31, 32
[105]Die *Aggada*: die erzählende oder allegorische, nicht juristische Auslegung des *Midrasch* [siehe Anmerkung 109]. Die *Aggada ist eine* Mischung aus Erzählungen und Anekdoten über Rabbiner, biblische Figuren, Engel, Dämonen, Zauberei, Wunder, etc...
[106]Gershom Scholem, *Le Messianisme juif*, 1971, Calmann-Lévy, 1974, S. 82, 83.
[107]Zerstörung des Zweiten Tempels durch die römischen Legionen des Titus im Jahr 70 n. Chr.

er seinen Thron hat, war durch die Jahrhunderte hindurch ständig im Geist der Juden präsent, wenn sie über den Messias nachdachten. Wir werden bei mehreren Gelegenheiten sehen, wie Anwärter auf die messianische Würde nach Rom pilgern und sich auf die Brücke vor der Engelsburg setzen, um ein symbolisches Ritual durchzuführen[108]."

Im Judentum lassen sich zwei Strömungen des Messianismus unterscheiden: die Strömung, die das Kommen großer Katastrophen ankündigt, und die utopische Strömung. Die erste Strömung ist ein apokalyptischer Messianismus: „Er betont die Katastrophen und Zerstörungen, die das Kommen der Erlösung begleiten müssen... Der Ursprung und das Wesen des jüdischen Messianismus ist - man kann es nicht genug betonen, schrieb Scholem - die Erwartung historischer Katastrophen. Sie kündigt Umwälzungen und Katastrophen an, die sich im Laufe der Zeit zwischen der gegenwärtigen Geschichte und der zukünftigen messianischen Zeit ereignen müssen. Der „Tag des Herrn" bei Jesaja ist ein Tag des Unheils, der in Visionen beschrieben wird, die diese letzten Katastrophen ankündigen. „Das Kommen des Messias wird also mit Zeiten der großen Verwüstung verwechselt: „Deshalb wird diese Zeit im Judentum als die Zeit der 'Geburtswehen' des Messias angesehen. „Dies ist ein Schlüsselbegriff im Judentum.

Scholem erklärte, dass die Autoren der Apokalypsen immer eine pessimistische Sicht der Welt hatten. „Für sie hat die Geschichte nur eines verdient: unterzugehen. Ihr Optimismus, ihre Hoffnung richtete sich nicht auf das, was die Geschichte bringen kann, sondern auf das, was aus ihren Trümmern hervorgehen wird und sich somit nach der Geschichte, am Ende der Zeit, offenbart." Nach Ansicht dieses Theologen muss die Menschheit also den tiefsten Punkt, die dunkelste Finsternis, erreichen, um schließlich in der messianischen Zeit wiedergeboren zu werden.

„In all diesen Texten, in all diesen Überlieferungen wird die Ankündigung von Katastrophen, ohne die die Apokalypse nicht denkbar ist, mit schillernden Bildern in allen möglichen Formen beschrieben: Weltkriege, Revolutionen, Epidemien, Hungersnöte, wirtschaftliche Katastrophen, aber auch Glaubensabfall, Entweihung des Namens Gottes, Vergessen der Tora und Verwerfung aller moralischen Ordnung und der Naturgesetze.Die Seiten des Traktats Sanhedrin des Talmuds, die sich mit dem messianischen Zeitalter befassen, sind voll von extravaganten Formeln, die verkünden, dass der Messias kommen wird, wenn der Mensch entweder völlig rein oder

---

[108]Gershom Scholem, *Le Messianisme juif*, 1971, Calmann-Lévy, 1974, S. 37.

völlig sündig und verdorben ist." Es ist eine Weltsicht, die in der Tat viele Ereignisse und Verhaltensweisen zu Beginn dieses Jahrtausends erklären könnte, da wir manchmal den Eindruck haben, dass viele einflussreiche Persönlichkeiten uns in Katastrophen und schreckliche Kriege führen zu wollen scheinen.

Aber die messianische Zeit, so Scholem, sei auch in einem utopischen Licht beschrieben worden, mit der Wiederherstellung Israels und des Königreichs Davids, wodurch das Reich Gottes auf Erden und die Rückkehr des paradiesischen Zustands verwirklicht würde. „Darauf deuten mehrere alte *Midraschim*[109] und vor allem die jüdischen

---

[109]*Midrasch* („Erklärung oder Kommentar", Plural *Midraschim*) ist ein hebräischer Begriff für eine Methode der Exegese und Auslegung des biblischen Textes, die auf das Studium und die Forschung ausgerichtet ist und das Verständnis der Tora erleichtert. Sie besteht aus Interpretationen und Ausarbeitungen (Kommentaren) zu geschriebenen biblischen Texten, einschließlich Geschichten, Gleichnissen und rechtlichen Schlussfolgerungen. Ein Midrasch ist ein mündlich vorgetragener Text, der jedoch mit einem schriftlichen Text verbunden ist. Ein Midrasch kann nicht ohne einen schriftlichen Text erstellt werden, aus dem er zitiert.
„Rabbi Joshua ben Levi, ein palästinensischer Lehrer des dritten Jahrhunderts, hat gesagt: „Schrift, Mischna, Talmud [Gemara, ndt] und Aggada, sogar das, was ein frühreifer Schüler eines Tages vor seinem Lehrer vorschlagen wird, alles wurde Moses bereits am Sinai gesagt" (*Midrasch Tankuma, 60a, 58b*) (...)...) Einer der klassischen Autoren der chassidischen Literatur, Ephraim von Sedylkow, sagt: „Bis die Weisen [die Gesetzeslehrer] es erforschen, gibt es nur die Hälfte der Thora, bis durch ihre Untersuchungen die Thora ein vollständiges Buch wird. Denn in jeder Generation wird die Tora nach den Bedürfnissen dieser Generation erforscht [ausgelegt], und Gott erleuchtet die Augen der Weisen der entsprechenden Generation, [so dass sie] in ihrer Tora das erkennen, was [für sie] angemessen ist (*Degel Makneh Ephrayim*, 1808, 3a)."
Gershom Scholem, *Grundbegriffe des Judentums: Gott, Schöpfung, Offenbarung, Tradition, Erlösung*. Editorial Trotta, 1998-2018, Madrid, S. 83-84.
„Die wahre Form, in der es möglich ist, die Wahrheit zu erkennen, ist nicht das systematische Denken, sondern der Kommentar. Diese Beobachtung ist sehr wichtig, um die Art des literarischen Schaffens im Judentum zu verstehen... Der Kommentar ist die charakteristische Form der jüdischen Wahrheitssuche und die Ausdrucksweise, die dem rabbinischen Genie eigen ist... Es können viele verschiedene Arten der Auslegung der Tora vorgeschlagen werden; die Tradition hat gerade die Funktion, sie alle zu sammeln. Sie verteidigt widersprüchliche Ideen mit überraschender Sicherheit und Unerschrockenheit, so dass man sich immer wieder fragen muss, ob eine Position, die einmal abgelehnt wurde, nicht zu einem anderen Zeitpunkt zum Grundstein eines völlig neuen Gebäudes werden könnte". Gershom Scholem, *Le Messianisme juif*, 1971, Les Belles Lettres, 2020, S. 407, 408.
Earl Doherty, Autor des umstrittenen Bestsellers *Das Jesus-Rätsel*, erklärt den *Midrasch* folgendermaßen: „Es war eine alte jüdische Methode, eine Art geistige Wahrheit, eine Einsicht, eine moralische oder lehrreiche Aussage zu präsentieren, indem man sie in einem neuen Kommentar oder sogar einer Erzählung verarbeitete. Die Einzelheiten dieser Geschichte, die Hinweise auf die Einsicht oder Wahrheit, waren in der Heiligen Schrift [der Thora] zu finden... Das Verfahren des *Midraschs* bestand

Mystiker hin, für die die Analogie von Anfang und Ende immer eine lebendige Realität war[110]." In diesem Buch, das für die breite Öffentlichkeit veröffentlicht und vermarktet wird, bleibt Scholem jedoch recht diskret, was die wahre Bedeutung der Erlösung angeht, die in Wirklichkeit nur das Volk Israel betrifft und einen streng nationalen Charakter hat: „Der Inhalt dieser messianischen Hoffnung, die auf einem Zusammenbruch der Geschichte beruht, war immer das Ende des Exils und die Befreiung vom Joch der Reiche. Die Befreiung der unterjochten Nation sollte durch ein erhofftes göttliches Eingreifen und die Errichtung einer neuen Welt erfolgen, die mit der Welt, in der wir leben, nichts zu tun hat... Das Wesentliche, schrieb Scholem, ist die Befreiung der Nation, auch wenn diese gleichzeitig mit der Befreiung der ganzen Welt erfolgen muss. Die Hoffnung auf eine Welt, die im Zustand der Erlösung ihre Vollkommenheit wiedererlangen würde, hatte immer einen sehr ausgeprägten nationalen Aspekt." Die jüdische Literatur, die sich mit dem Messianismus befasst, besteht also auf zwei Ideen, schreibt Scholem: „Die des letzten Krieges, des endgültigen Zusammenbruchs der Geschichte, der die Ankunft der Erlösung herbeiführen muss, und die der nationalen Befreiung. Die Erlösung erscheint hier als Höhepunkt eines nationalen und populären Mythos, der tief im nationalen Bewusstsein verwurzelt ist[111]." Auf diese Weise

---

darin, die Bedeutung einer bestimmten Passage zu entwickeln, vielleicht zwei oder mehr Passagen zu kombinieren und ein zusammengesetztes Bild zu schaffen. Manchmal wurde eine biblische Geschichte neu erzählt, aber in einen neuen, modernen Kontext gestellt, um zu verdeutlichen, dass die Ideen hinter der alten Version nicht nur immer noch gelten, sondern dass Gott ihnen eine neue Bedeutung gegeben hat. *El Puzzle de Jesús*, La Factoría de Ideas, 2006, Madrid, S. 386, 387.

Midrasch ist die Freiheit, die Heilige Schrift zu kommentieren, den Text aus seinem buchstäblichen Sinn herauszunehmen, ihn zu extrapolieren und in die heutige Zeit zu übertragen, auch wenn er absurd ist (NdT).

[110]Gershom Scholem, *Le Messianisme juif*, 1971, Calmann-Lévy, S. 31, 32, 35, 38. Die „jüdischen Mystiker": d.h. die jüdischen Kabbalisten.

[111]Gershom Scholem, *Le Messianisme juif*, 1971, Calmann-Lévy, 1974, S. 78-80. [Das Judentum hat die Erlösung immer und überall als ein öffentliches Ereignis gesehen, das sich auf der Bühne der Geschichte und im Herzen der jüdischen Gemeinschaft abspielen muss, kurz gesagt, als ein Ereignis, das sich sichtbar abspielen muss und das ohne diese äußere Manifestation nicht denkbar wäre. Das Christentum hingegen sieht die Erlösung als ein Ereignis, das sich im geistigen und unsichtbaren Bereich abspielt, als ein Ereignis, das sich in der Seele, letztlich im persönlichen Universum des Einzelnen abspielt und ihn zu einer inneren Wandlung aufruft, ohne notwendigerweise den Lauf der Geschichte zu verändern. „Gershom Scholem, *Le Messianisme juif*, 1971, Les Belles Lettres, 2020, S. 23. Der jüdische Messias (*Maschiach*, im Hebräischen, kommt von dem Verb *Mascha*, was soviel bedeutet wie salben, einen König weihen; der *Maschiach* ist derjenige, der zum König gesalbt wird) ist also eine politische und nationale Figur, die buchstäblich und tatsächlich als Nachkomme des Hauses David

wird verschleiert, dass sich das Volk Israel in einem ständigen Krieg mit den übrigen Völkern befindet und dass der „ewige Friede" sowie die „Befreiung der ganzen Welt" letztlich nur Konzepte sind, die die Vorstellung von der „Befreiung" des auserwählten Volkes vom „Joch der Reiche" beinhalten und die in anderen, expliziteren Texten als absolute und endgültige Herrschaft dargestellt werden.

Seit der Zeit der Aufklärung und der Französischen Revolution hat die messianische Erwartung die Form eines Glaubens an den weiteren Fortschritt der Menschheit angenommen. Dieser „Fortschrittsglaube", der die Ideologie des siegreichen Bürgertums während der gesamten industriellen Revolution untermauerte, nahm in der Doktrin des Sansimonismus[112] Gestalt an. Der Philosoph Jacob Leib Talmon erinnerte in seinem Buch *Schicksal Israels* daran, dass im 19. Jahrhundert die ideologischen Grundlagen des Sansimons weitgehend von utopischem Messianismus geprägt waren.

Der Sansimonismus ist eng und ausdrücklich mit den jüdischen messianischen Hoffnungen verbunden", sagte er. Die Juden waren die Seele der einflussreichen und äußerst interessanten Schule, die im 19. Jahrhundert von dem ersten Apostel der sozialistischen Umgestaltung Europas gegründet wurde. Die Sansimonianer brachten nachdrücklich ihre Überzeugung zum Ausdruck, dass sie die Erben der ewigen messianischen Mission des Judentums seien." Nach Saint-Simons Lehre sollte „die künftige Stadt der universellen Harmonie von Technikern und Bankiers geleitet werden, die zugleich Künstler und Priester sein würden; sie sollte auf einer universellen Religion der

---

herrschen und die Souveränität Israels wiederherstellen muss. Prophetische Erlösung ist mit politischem Königtum und nationaler Unabhängigkeit verbunden. Wir glauben also, dass das Judentum keine Religion ist, sondern in erster Linie ein religiöser Nationalismus, der im Kampf gegen benachbarte Reiche (ägyptische, babylonische, assyrische usw.) und insbesondere gegen das Römische Reich entstanden ist. Im Gegenteil, für die Christen ist die Gestalt Jesu nach seinem Tod und seiner Auferstehung mit dem Begriff *Christos* (griechisches Wort), *dem* Erlöser, verbunden, einer Neuinterpretation des jüdischen Messiasbegriffs in einem diametral entgegengesetzten Sinn, der völlig spirituell, entpolitisiert und universell ist.]

[112]Der Sansimonismus war eine ideologische Bewegung mit politischen Zielen, die von den Anhängern des aristokratischen Sozialisten Henri de Saint-Simon nach dessen Tod im Jahr 1825 gegründet wurde. In Frankreich war es die erste praktische Erfahrung mit dem Sozialismus, auch wenn umstritten ist, ob seine Vorschläge wirklich sozialistisch waren. Ihr Einfluss breitete sich über Frankreich hinaus aus und erreichte praktisch den ganzen Planeten. Sie stellte sich weniger als „sozialistische oder soziale Bewegung denn als technisch-politische Gruppierung mit reformistischen, finanziellen und mystisch-philosophischen Zielen dar, die nicht allzu genau definiert waren". In Gian Mario Bravo, (1976). *Historia del socialismo 1789-1848. Sozialistisches Denken vor Marx*, (NdT).

Menschheit, dem neuen Christentum, beruhen, in der die alte Trennung zwischen Kirche und Staat, Materie und Geist, Theorie und Praxis endgültig aufgehoben sein würde. „Jacob Talmon erklärte weiter: „Es ist sehr bezeichnend, dass jüdische Samsonianer wie Rodriguez, Pereire und d'Eichtal später zu den Architekten der französischen Industrie- und Finanzrevolution wurden und einen Großteil des europäischen Bankwesens und der Industrie gefördert haben." Es stimmt zwar, dass jüdische Finanziers in der Geschichte immer eine wichtige Rolle gespielt haben, aber es wäre sicherlich sehr gewagt, ihnen die Vaterschaft der industriellen Revolution zuzuschreiben. Andererseits war der revolutionäre Sozialismus am anderen Ende des damaligen ideologischen Spektrums von diesem „Fortschrittsglauben" durchdrungen und konnte auch mit der jüdischen Eschatologie in Verbindung gebracht werden, wie Talmon schrieb:

„Es ist der jüdischen messianischen Tradition zu verdanken, dass die soziale Unzufriedenheit der Opfer der industriellen Revolution... die Form eines Vorspiels zum Jüngsten Gericht angenommen hat, das die Herrschaft der Gerechtigkeit und des Friedens einleiten soll: denn wenn alle Konflikte und Widersprüche gelöst sind, wird die Geschichte wirklich beginnen[113]." Wir werden hier nicht auf die vorherrschende Rolle jüdischer Doktrinäre und Führer im Marxismus zurückkommen, noch auf ihre überwältigende Verantwortung für die Gräueltaten, die in der UdSSR und Osteuropa verübt wurden[114]. Halten wir noch einmal fest, dass der Marxismus letztlich nichts anderes ist als eine rationalisierte und säkularisierte Form der jüdischen Eschatologie, und dass die Hoffnungen, die von dieser Lehre genährt werden, der messianischen Erwartung durchaus ähnlich sind.

Die fieberhaften Aktivitäten der Juden zur Vorbereitung auf das Kommen des Messias haben zu verschiedenen Zeiten unterschiedliche Formen angenommen und wurden an die jeweilige politische Situation angepasst. Dieser messianische Aktivismus, diese Tendenz zu glauben, dass jeder Jude persönlich die Pflicht und die Mission hat, die Erlösung vorzubereiten, ist im rabbinischen Judentum jedoch kaum vorhanden. Die Lehrer des Talmuds fragten sich daraufhin, ob es möglich sei, „das Ende zu beschleunigen", um den üblichen jüdischen Ausdruck zu verwenden, d.h. ob es möglich sei, das Kommen des Messias zu erzwingen. Gershom Scholem erinnerte an Folgendes: „In den biblischen Texten, die die Quelle bilden, wird das messianische

---

[113]J-L. Talmon, *Destin d'Israël*, 1965, Calmann-Lévy, 1967, S. 31 (siehe Anmerkung 543 in *Planetarische Hoffnungen*).
[114]Hervé Ryssen, *Planetarische Hoffnungen*, (2022) und *Jüdischer Fanatismus* (2019).

Kommen niemals als das Ergebnis menschlichen Handelns beschrieben. Weder Amos' Tag des Herrn noch Jesajas Visionen der Endzeit werden als Ergebnis menschlicher Initiative dargestellt. Auch die Autoren der antiken Apokalyptiker, die sich daran machten, die Geheimnisse des Endes zu enthüllen, erwähnen nie eine menschliche Initiative[115]. „Dies ist eine grundlegende Frage, denn diese Idee scheint das gegenwärtige Verhalten der jüdischen Intellektuellen zu bestimmen, die gemeinsam mit dem Ziel der Errichtung der universellen Republik denken und handeln. Die säkularisierte und utopische Form der messianischen Hoffnungen, zunächst der Französischen Revolution, dann des Liberalismus, des Marxismus und schließlich des heutigen Globalismus, ist auch heute noch im Judentum vorherrschend:

„Wir leben im Erbe des 19. Jahrhunderts, vor allem, was den Messianismus betrifft. Wir leben im Erbe des Judentums des 19. Jahrhunderts", schrieb Scholem. Für das zeitgenössische Judentum „beinhaltet der Messianismus die Idee des Fortschritts der menschlichen Rasse, der Erlösung des Menschen durch seine immer größeren Errungenschaften, die aufgrund des kontinuierlichen Fortschritts fortbestehen werden". Der apokalyptische Messianismus ist also weitgehend vom utopischen Messianismus verdrängt worden. An dieser Stelle informierte uns Gershom Scholem, dass „die Wurzeln dieser Idee in der Kabbala gesucht werden müssen. In der Tat finden wir in den alten Überlieferungen keine andere Spur davon[116]." Kabbala ist die mystische Strömung des Judentums durch das Studium der hebräischen Sprache der Heiligen Schrift[117]. Der Jude muss dort, in den Tiefen seines Gewissens, das Heil suchen, um in einem direkten Dialog mit Gott die individuelle Erlösung zu finden. Die Kabbala ist also von Anfang an eine Mystik des Individuums. Sie wird manchmal auch als okkulte Weisheit bezeichnet, da die Kabbalisten der Ansicht sind, dass die Schriften Wahrheiten enthalten, die durch einfaches wörtliches Lesen nicht erfasst werden können und daher nur von Eingeweihten verstanden werden, die die Geheimnisse kennen. Wir wissen, dass für fromme Juden jedes Wort, ja sogar jeder Buchstabe der Heiligen Schrift

---

[115]Gershom Scholem, *Le Messianisme juif*, 1971, Calmann-Lévy, 1974, S. 39, 40.

[116]Gershom Scholem, *Le Messianisme juif*, 1971, Calmann-Lévy, 1974, S. 76, 77.

[117]„Die jüdische Mystik ist im Wesentlichen Theosophie: eine Vertiefung der Geheimnisse der Gottheit und ihres Wirkens in Bezug auf die Schöpfung und das Rätsel der Existenz. Ein wichtiges Ergebnis der modernen Kabbala-Forschung ist gerade, dass die früheste jüdische Mystik nicht am Rande, sondern mitten im Zentrum des pharisäischen und rabbinischen Judentums lebte, als es sich formte. In Gershom Scholem."*... Alles ist Kabbala". Dialog mit Jorg Drews, gefolgt von Zehn ahistorische Thesen zur Kabbala*, Editorial Trotta, Madrid, 2001, S. 14.

seine Bedeutung hat. Wir wissen auch, dass jeder hebräische Buchstabe einer Zahl entspricht, und gerade auf die aus den Buchstaben und Wörtern der Heiligen Schrift abgeleiteten Zahlen stützen die Kabbalisten ihre Geheimlehre. Die Heilige Schrift ist für die Kabbalisten eine Art Code, so dass die Kabbala auch eine Art numerische oder mathematische Mystik ist[118].

Die Ursprünge der modernen Kabbala mögen auf das Jahr 1200 zurückgehen, ihre Blütezeit liegt jedoch weiter zurück. Das wichtigste kabbalistische Dokument, der Zohar (*Das Buch des Glanzes)*, ist offiziell das Werk von Schimon Bar Jochai, der es zwischen dem 1. und 2. Jahrhundert geschrieben haben soll. Es besteht zum größten Teil aus einem langen Kommentar zu Tora-Passagen und verschiedenen anderen Schriften. Moses von Leon veröffentlichte es Ende des 13. Jahrhunderts in Spanien[119]. Es blieb zwei Jahrhunderte lang im Verborgenen, bevor sein Einfluss wuchs, bis es zu einer der am weitesten verbreiteten Schriften des jüdischen Denkens wurde. Der Zohar wurde dann zu einem kanonischen Text. Mehrere Jahrhunderte lang hatte es den gleichen Status wie die Thora und der Talmud.

Wie konnte sich die Kabbala, eine mystische Bewegung, eine aristokratische Bewegung, wenn es je eine gab, auf diese Weise durchsetzen", fragte Scholem, „wie konnte sich die Kabbala in eine kollektive Bewegung verwandeln und zu einem außerordentlich mächtigen historischen Faktor werden? „Wie konnte sich die Kabbala „in eine kollektive Bewegung verwandeln und zu einem außerordentlich mächtigen historischen Faktor werden", fragt Scholem und verweist auf die Situation der Juden in Spanien, deren mächtige Gemeinschaft 1492 von den Katholischen Königen vertrieben wurde, denn diese Massenvertreibung, „die die Kabbalisten in Erstaunen versetzte", war der wesentliche und entscheidende Faktor, der eine

---

[118]Dazu befragt, antwortete Gershom Scholem: „Die Zahlenmystik spielt in der Kabbala tatsächlich eine große Rolle. Dies war jedoch der Faktor, der mich am wenigsten anzog. In den Schriften, die unter dem Namen Kabbala bekannt sind, fand ich philosophische Themen, die mich interessierten, und auch religiöse, die mich ebenfalls interessierten. Der Faktor der Zahlenmystik, der für die Kabbalisten nur ein Hilfsmittel bei ihren Spekulationen oder ihren Forschungen war, schien mir nicht wesentlich zu sein. Das hat mir damals nicht gefallen, und es gefällt mir auch heute nicht. Seit vielen Jahren erhalte ich Briefe von Menschen, die sich mit mystischen numerologischen Spekulationen beschäftigen, worauf ich immer kühl antworten muss, dass dies ein Thema ist, das mich nicht sonderlich fasziniert. „In."..*Alles ist Kabbala".* *Dialog mit Jorg Drews, gefolgt von Zehn ahistorische Thesen zur Kabbala.* Gershom Scholem, Editorial Trotta, Madrid, 2001, S. 58.
[119]G. Scholem glaubt, dass der *Zohar* in seiner Gesamtheit von Moses von Leon in Kastilien geschrieben wurde. Siehe Anmerkung des Übersetzers in Anhang II.

große jüdische messianische Bewegung wieder in Gang setzte.

„Es scheint, dass nach der Vertreibung der Juden aus Spanien, schrieb Scholem, eine radikale Metamorphose innerhalb der Kabbala stattfand... Die Kabbala nach 1492 veränderte ihre Physiognomie und eine neue Kabbala wurde gebildet, die richtig spricht... Genau in diesem Kontext vereinigten sich die beiden bis dahin getrennten spirituellen Strömungen des Messianismus und der Kabbala und wurden zu einer[120]." Die Kabbalisten mussten Rechtfertigungen für die Katastrophe finden, die sich über ihrer Gemeinschaft abzeichnete. Für sie war die Vertreibung aus Spanien „der Beginn der Geburtswehen" des Messias, d. h. der Katastrophen und schrecklichen Prüfungen, die die ersten Früchte der Erlösung sein und das Ende der Geschichte markieren sollten. Das Einzige, worauf man sich nun hoffnungsvoll freuen konnte, war die endgültige Erlösung. Die „vierzig Jahre", die auf die Vertreibung aus Spanien folgten, waren eine Zeit des Aufbruchs und des messianischen Erwachens. Doch wie wir wissen, kam die Erlösung nicht, und die Hoffnungen endeten in Enttäuschung. Nachdem alle Hoffnungen erloschen waren, wurde die ganze Angelegenheit neu untersucht, und es entstand eine Bewegung, die ein neues religiöses Universum hervorbrachte und ihm Gestalt verlieh. „Die neue Kabbala setzte sich durch, weil sie eine Antwort auf die vorherrschende Frage der Juden jener Zeit gab: Was ist Exil und was ist Erlösung? „

Es war Isaac Luria Ashkenazi, der der Kabbala ihren messianischen Aspekt gab. Die hebräischen Initialen des Namens des „göttlichen Lehrers Isaak" haben ihm den Spitznamen *Ari*, d.h. der „Löwe", gegeben, und so erhielt sein Werk den Namen „Kabbala des Ari[121]." Er wurde im Jahr 5294 des hebräischen Kalenders in Jerusalem geboren und starb im Jahr 5332 (1534-1572) in Safed, Palästina. Seine Ideen, die den Hoffnungen der eingeweihten Mystiker, aber auch der Volksmassen entsprachen, spielten eine entscheidende Rolle im Judentum.

---

[120]Gershom Scholem, *Le Messianisme juif*, 1971, Calmann-Lévy, 1974, S. 85.

[121]Die lurianische Kabbala oder Kabbala des Ari lieferte eine neue und zukunftsträchtige Darstellung des kabbalistischen Denkens, die von ihren Anhängern synthetisiert und in die frühere Kabbala des Zohar aufgenommen wurde, die in mittelalterlichen Kreisen verbreitet worden war. Der Lurianismus wurde in der frühen Neuzeit sowohl in akademischen Kreisen als auch in der öffentlichen Wahrnehmung zur nahezu universell dominierenden jüdischen Theologie. Das lurianische Schema wurde zur Grundlage für spätere Entwicklungen in der jüdischen Mystik, zum Beispiel im Chassidismus.

In seinem System[122] wird die Erlösung zu einem historischen Prozess. „Wir sehen hier zum ersten Mal, schrieb Scholem, diese Umkehrung der Begriffe, die die katastrophale Vision der Erlösung in einen geschichtlichen Prozess verwandelt. „Von nun an ist es die Aufgabe des gesamten Volkes Israel, „die Welt der Wiedergutmachung vorzubereiten".

Es ist die Pflicht eines jeden Juden, „die [göttlichen] Funken zu sammeln, die in den vier Ecken der Welt verstreut sind[123]", und um dies zu tun, muss er im Exil, in der Diaspora bleiben. Das Exil ist kein Zufall, es ist eine Mission[124]", schrieb Scholem.

Franz Rosenzweig, ein weiterer führender Denker des Judentums, erklärte in *Der Stern der Erlösung*: „Die Herrlichkeit Gottes, die in unzähligen Funken über die Welt verstreut ist, wird er [der Jude] aus ihrer Zerstreuung sammeln und sie eines Tages in das Haus dessen zurückbringen, der sich seiner Herrlichkeit entledigt hat. Jede seiner Taten, jede Erfüllung eines Gesetzes, verwirklicht ein Stück dieser Einigung. Der Jude nennt das Bekenntnis zur Einheit Gottes, um sich mit Gott zu vereinen. Denn diese Einheit ist in ihrem Werden: sie ist werdende Einheit[125]." Überall auf der Erde, in ihrem Exil, „lassen die Kinder Israels Funken sprühen" und tragen zur Einigung Gottes, aber auch zur Einigung der Menschheit bei. Die Erlösung wird so zur logischen Folge eines historischen Prozesses. Es ist nicht mehr der Messias, der die Erlösung einleitet, sondern sein Kommen symbolisiert die Vollendung des Werkes der Wiedergutmachung. „Es sollte daher nicht überraschen, dass die Figur des Messias in Lurias Kabbala letztlich wenig Bedeutung hat... Der Messias wird hier zum Volk Israel. Es ist das Volk Israel als Ganzes, das bereit ist, die ursprüngliche Verschlechterung zu beheben[126]."

Dieser progressive Messianismus hat jedoch den apokalyptischen Messianismus, der Katastrophen, Epidemien, Kriege und Revolutionen vorhersagt, nicht völlig verdrängt. In der Tat hat das jüdische Denken die katastrophale Vision der Geschichte nie aufgegeben. Wir können sogar mit Sicherheit sagen, dass einige der einflussreichen Männer in dieser Gemeinschaft in diese Richtung drängen und regelmäßig den

---

[122]Siehe Anmerkung des Übersetzers in Anhang III. 1.

[123]Siehe Anmerkung des Übersetzers in Anhang III. 2.

[124]Gershom Scholem, *Le Messianisme juif*, 1971, Calmann-Lévy, 1974, S. 97.

[125]Franz Rosenzweig, *La Estrella de la Redención*, Hermenia 43, Ediciones Sígueme, Salamanca, 1997, S. 481.

[126]Gershom Scholem, *Le Messianisme juif*, 1971, Calmann-Lévy, 1974, S. 97, 99-101. Siehe Anmerkung des Übersetzers in Anhang III. 3.

Weltfrieden mit ungezügelter Kriegspropaganda gegen Regime bedrohen, die sie nicht mögen, sei es Deutschland, Irak, Afghanistan, Serbien oder Iran.

Hören Sie sich zum Beispiel diesen Dialog mit einem Rabbiner an, der in einem der Romane eines sehr einflussreichen Mannes, Jacques Attali, geschrieben wurde, der der wichtigste Berater von Präsident Mitterrand (und auch seiner Nachfolger) war:

Die Juden sind mit ihrem Wahnsinn in der Lage, viele Massaker und Katastrophen zu verursachen", murmelt Eliav und dreht sich um.

- Sie sind gewiss nicht die einzigen, denn sie allein können die Apokalypse nicht herbeiführen!

-Lassen Sie uns sagen, dass jüdische Dummheiten leichter als andere universelle Folgen haben können.

- Das ist wahr! Wenn die Verrückten der Wiederaufbaupartei mit dem Wiederaufbau des Tempels beginnen würden, würde dies mit Sicherheit einen planetarischen Krieg auslösen.

- Ich bin einverstanden! Aber es ist unser Recht, vielleicht sogar unsere Pflicht. Wir sind die Entdecker Gottes, das priesterliche Volk der Menschheit. Für uns wäre es normal, unseren Tempel dort zu haben, wo unsere Religion lange vor den anderen gegründet wurde. Niemand kann etwas dagegen tun. Nicht einmal wir[127]." David Banon hat in seinem Buch über den *Messianismus* die Weltanschauung der chabad-lubawitschen chassidischen Juden[128] vorgestellt, die jede Krise „als Geburtswehen des Messias" wahrnehmen. So analysierte ihr Führer Rabbi Yosef Yitzchak Schneerson[129] die Situation seit dem Ende des Zweiten Weltkriegs: „Die Leiden Israels haben jetzt ein erschreckendes Ausmaß erreicht; das Volk Israel ist von den Geburtswehen überwältigt. Die Zeit der bevorstehenden Befreiung ist gekommen. Sie ist die einzig wahre Antwort auf die Zerstörung der Welt und auf die Leiden, die unser Volk heimgesucht haben... Bereitet euch auf die Erlösung vor, die bald kommen wird!... Der Erlöser der Gerechtigkeit ist hinter unseren Mauern, und die Zeit, sich darauf vorzubereiten, ihn zu empfangen, ist

---

[127]Jacques Attali, *Il viendra*, Fayard, 1994, S. 309.

[128]Chabad-Lubawitsch ist eine orthodoxe jüdische chassidische Dynastie, die 1772 von Shneur Zalman von Ladi gegründet wurde. Sie ist eine der größten chassidischen Gruppen und jüdischen religiösen Organisationen der Welt und wahrscheinlich die bekannteste und einflussreichste chassidische Bewegung, vor allem wegen ihrer aufsuchenden Aktivitäten. Der Hauptsitz des Unternehmens befindet sich derzeit in Brooklyn, New York. Der Leser kann in die chassidische Gedankenwelt eintauchen, indem er die Website www.Chabad.org besucht. Siehe Anmerkung des Übersetzers in Anhang IV. 1.

[129]Siehe Anmerkung des Übersetzers in Anhang IV. 2

sehr kurz[130] !"

Ihr habt verstanden, wir stehen am Vorabend schrecklicher Veränderungen: „Es ist unmöglich", fuhr Rabbi Schneerson fort, „dass der Trost nicht kommt, denn die Leiden sind unerträglich." Wie wir sehen können, ist es dem utopischen Messianismus nicht gelungen, sich den „Geburtswehen" des Messias völlig zu entziehen. Das jüdische eschatologische Universum ist sehr ambivalent. In der Tat ist Ambivalenz ein Begriff, der uns in jeder Phase dieser Studie begegnen wird.

Das wahre Gesicht Israels

Gershom Scholem war in Bezug auf den eher irdischen Charakter des Messianismus und die universellen Konsequenzen der jüdischen Eschatologie diskreter. Um besser zu verstehen, was das Reich des „Friedens" und der „Gerechtigkeit" nach den Kindern Israels sein wird, können wir das interessante Buch von Jean-Christophe Attias über das Werk von Isaac Abravanel lesen, das 1992 unter dem Titel *Isaac Abravanel, Erinnerung und Hoffnung* veröffentlicht wurde.

Isaak Abravanel (1437-1508) ist eine der großen mythischen Gestalten des Judentums. Abravanel wurde in Lissabon als Sohn eines einflussreichen jüdischen Höflings in eine Familie hineingeboren, die für ihren finanziellen und politischen Erfolg bekannt war. Im Jahr 1484 stellte er seine Erfahrung als Finanzberater in den Dienst des Königreichs Spanien. Er wurde Steuereintreiber und war der große Schatzmeister von König Ferdinand von Aragon und Königin Isabella von Kastilien. Dank der hohen Gewinne aus seinen zahlreichen Unternehmungen konnte Abravanel der königlichen Schatzkammer beträchtliche Darlehen gewähren.

Als 1492 der Beschluss gefasst wurde, die Juden aus dem Königreich zu vertreiben - aus Gründen, über die jüdische Historiker stets Stillschweigen bewahren -, beschloss Abravanel, seinem Gott treu zu bleiben und das Exil dem Abfall vorzuziehen. Er flüchtete nach Italien, wo er zunächst dem König von Neapel und dann der Republik Venedig diente. Diese Figur, die die jüdische Gemeinde im Exil anführte, ist aufgrund der messianischen Spekulationen und Berechnungen, die er als produktiver Exeget entwickelte, immer noch von einer Aura des Geheimnisvollen umgeben. Seine Schriften ermöglichen es uns, den traumatischen Bruch infolge der Vertreibung

---

[130]David Banon, *Le Messianisme*, Presses Universitaires de France, 1998, S. 120.

der Juden aus Spanien und die daraus resultierenden starken Ressentiments besser zu verstehen, die in den Worten des oben zitierten Daniel Cohn-Bendit noch heute, fünfhundert Jahre nach dem Ereignis, fortbestehen.

Der Gedanke der Vergeltung ist in der jüdischen Eschatologie sehr präsent. In Bezug auf die Visionen des Propheten Sacharja, der „vier Hörner" sah, die Juda, Israel und Jerusalem zerstreuten [*Sacharja 1:18-19*], erklärte Abravanel, dass Sacharja auf die vier Königreiche Babylon, Persien, Griechenland und Rom anspielte, „die Israel beherrschten und so viel Schaden anrichteten... In der Tat waren die Perser und die Meder gemeinsam der Zimmermann, der Babylon zerstörte. Griechenland war der Zimmermann, der Persien und Medien zerstörte. Rom war der Zimmermann, der Griechenland zerstörte. Und das Königreich Israel wird der Zimmermann sein, der Rom zerstören wird[131]. „Die Propheten haben von „einer großen Wolke und einem stürmischen Feuer" [*Hesekiel, 1:4*] gesprochen, die auf Unheil hinweisen, und „Daniel sagte, dass die Rettung unserer Nation mit „himmlischen Wolken" kommen würde, begleitet von Leid und Dunkelheit. „ (Seite 120).

Zu den prophetischen Texten Daniels bemerkt Abravanel: „Er meinte, dass zu der Zeit, wenn der Ewige sich an den Völkern rächen wird, Israel aus der Finsternis ins Licht kommen und aus der Knechtschaft herauskommen wird" (Seite 140). Diese Rache wird konkret „am Tag des Gerichts" erfolgen, der eigentlich „der Tag der Strafe und der Rache, die über die Völker kommen wird" ist. Das geht eindeutig aus den Worten der Weisen und den biblischen Texten hervor", erklärt Jean-Christophe Attias. „Diese Rache wird vor allem gegen Edom und Ismael ausgeübt werden", d.h. gegen das Christentum und den Islam, die das Heilige Land beherrschten (Seite 145).

Die Prophezeiungen von Hesekiel (25,12-14) sind ebenso rächend: „So spricht der Herr, Jahwe: Und ich will meine Hand über Edom ausstrecken und Menschen und Vieh vertilgen und es in Trümmer legen; von Teman bis Dedan sollen sie durchs Schwert fallen... Und ich will Rache an Edom üben durch die Hand meines Volkes Israel, das mit Edom verfahren soll nach der Schärfe meines Zorns, und sie sollen erfahren, dass ich Jahwe bin und dass die Rache mein ist. So spricht der Herr, Jahwe[132]. „" Abravanel bemerkt hier folgendes: „Diese Prophezeiung müssen wir in Bezug auf die Zukunft interpretieren und

---

[131]Jean-Christophe Attias, *Isaac Abravanel, la mémoire et l'espérance*, Les Editions du Cerf, Paris, 1992, S. 86.
[132]*Hesekiel (XXV, 12-14)*, Nacar-Colunga Bibel.

auf Rom und auf alle Christen anwenden" (Seite 252). Abravanel erinnerte auch an den jüdischen Geist der Kontinuität, als er „alle Völker aufforderte, gegen das Land Edom in den Krieg zu ziehen" (Seite 256). Ein wenig mehr, und man könnte meinen, wir hören die gleichen Worte unserer kosmopolitischen Intellektuellen, wenn sie uns versichern, dass die Einwanderung ein unvermeidliches Phänomen ist.

Die Lesung aus dem Propheten Obadja inspirierte Abravanel zu weiteren Überlegungen: „Der Tag ist nahe, an dem der Ewige Vergeltung an allen Völkern üben wird, die den ersten Tempel zerstört und Israel im Exil unterworfen haben. Und auch du, Edom, wie bei der Zerstörung des Zweiten Tempels, wirst das Schwert und die Rache kennenlernen, und die Vergeltung wird auf dein Haupt fallen. „Und es sollte klar sein, dass diese Rache vor allem die Christenheit treffen wird, die „mehr betroffen sein wird als andere Nationen" (Seite 268). Und um die Dinge noch deutlicher zu machen, legte Abravanel auf der Grundlage der Prophezeiungen von Obadja[133] fest, dass „nichts vom Haus Esau überleben wird[134]." „Der göttliche Thron wird erst dann wieder vollständig errichtet sein, wenn er die Nachkommen Esaus ausgerottet hat" [*Psalmen 9, 7*[135]] (Seite 274). „In der Tat ist jede von Israel versprochene Befreiung mit dem Fall Edoms verbunden [*Klagelieder 4, 22*[136]]" (Seite 276).

In Bezug auf die Prophezeiungen Daniels (2, 44[137]) präzisierte Abravanel, dass der Gott des Himmels „ein fünftes Reich... errichten wird, das die vier Reiche zermalmen und vernichten wird. Und das

---

[133]Will ich nicht an jenem Tag die Weisen von Edom, die Weisen vom Gebirge Esau, vernichten", spricht der Herr, „Stadt Teman, deine Krieger werden vor Furcht niederfallen, so dass jeder Mann vom Gebirge Esau durch Schlachten ausgerottet wird. Für die Gewalttat, die du deinem Bruder Jakob angetan hast, sollst du dich schämen, und du sollst für immer vertilgt werden. „ (*Obadja 1: 8-10*, New International Version) „Aber auf dem Berg Zion wird Befreiung sein, und er wird heilig sein. Das Volk Jakobs wird seinen Besitz zurückerhalten. Die Nachkommen Jakobs werden Feuer sein, und die Nachkommen Josephs werden Flammen sein; aber das Königshaus Esaus wird Stoppeln sein; sie werden es anzünden und verzehren, so dass unter den Nachkommen Esaus kein Überlebender übrig bleibt. Der Herr hat gesagt. „ (*Obadja 1: 17-18* NIV).

[134] Siehe Anmerkung des Übersetzers in Anhang V.

[135] „Die Feinde sind vernichtet; sie sind ewige Ruinen; du hast die Städte zerstört; die Erinnerung an sie ist verschwunden." „

[136] „Tochter Edom, er [Jahwe] wird deine Missetat bestrafen und deine Sünden aufdecken."

[137] „Zur Zeit dieser Könige wird der Gott des Himmels ein Königreich errichten, das niemals zerstört werden und nicht in die Macht eines anderen Volkes übergehen wird; er wird alle diese Königreiche zerstören und zerbrechen, aber er wird für immer bleiben." „

fünfte Reich wird sich erheben und für immer bestehen, und das ist das Reich Israel in der Stunde seiner Befreiung" (Seite 111). Israel wird dann seine Macht über alle Nationen errichten, und im Gegensatz zu den vier vorangegangenen Königreichen wird seine Herrschaft „absolut ewig" sein: „ Und es wurde ihm die Herrschaft, die Herrlichkeit und das Königreich gegeben, dass ihm alle Völker, Nationen und Sprachen dienen sollten; seine Herrschaft ist eine ewige Herrschaft, die nicht vergehen wird, und sein Königreich eines, das nicht zerstört werden wird" [*Daniel 7:14*[138]] (Seite 126, 127).

„Samuel dachte, dass im messianischen Zeitalter alle Völker Israel unterworfen sein würden, wie es geschrieben steht: „Seine Herrschaft reicht von Meer zu Meer und vom Strom bis an die Enden der Erde". [*Sacharja 9, 10*[139]] (Seite 181). „Während der kommenden Befreiung wird ein König aus dem Hause Davids herrschen und mit Namen genannt werden" (Seite 228). „Die Völker werden auf den Messias-König schauen und sich seiner Autorität unterwerfen, wie es der Alte [in Anm.: *Jakob*] prophezeit hat (Seite 202).

In diesem „Zeitalter des Messias-Königs" wird dann ein „großer Friede" auf der Erde herrschen. „Es wird eine Zeit sein, in der Gerechtigkeit, Rechtschaffenheit und Frieden zunehmen werden... Kriege werden verschwinden, und die Menschen werden sich nicht mehr gegenseitig schaden. So heißt es: 'Der Wolf wird bei dem Lamm wohnen, und der Tiger wird sich mit dem Zicklein niederlassen'" [*Jesaja, XI, 6-9*[140]] (Seite 198). Im messianischen Zeitalter" werden alle ein Volk und eine Nation bilden, und nichts wird sie mehr trennen. „ (Seite 205). „Nach der kommenden Erlösung wird die Mehrheit der Völker, die überlebt haben, den Glauben des Heiligen annehmen, alle werden Seine Göttlichkeit anerkennen und sich Ihm unterwerfen[141].

---

[138]„Ihm wurde die Herrschaft, die Herrlichkeit und das Reich gegeben, und alle Völker, Nationen und Sprachen dienten ihm, und seine Herrschaft ist eine ewige Herrschaft, die nicht enden wird, und sein Reich, ein Reich, das niemals verschwinden wird." „

[139]„Er wird die Wagen Ephraims und die Rosse in Jerusalem wegschaffen, und der Kriegsbogen wird zerbrochen werden, und er wird den Völkern Frieden verkünden, und seine Herrschaft wird von Meer zu Meer und vom Strom bis an die Enden der Erde reichen." „

[140]„Der Wolf wird bei dem Lamm wohnen und der Leopard bei dem Zicklein; das Kalb, das Raubtier und das Masttier zusammen, und ein kleines Kind wird sie führen. Die Kuh und der Bär weiden, ihre Jungen liegen beieinander, und der Löwe frisst Stroh wie der Ochse. Ein saugendes Kind soll über der Kobra spielen, und ein Kleinkind soll seine Hand über die Vipernhöhle strecken. Auf meinem ganzen heiligen Berg soll nichts Böses und nichts Schlechtes geschehen; denn die Erde wird voll Andacht zu Jahwe sein, wie das Wasser das Meer bedeckt. „(Israelitische Nazarener-Bibel, 2011).

[141]Jean-Christophe Attias, *Isaac Abravanel, la mémoire et l'espérance*, Les Éditions du

„Wir haben hier ein ziemlich klares Bild von der Welt des „Friedens",
die uns von den Propheten Israels vorgeschlagen wurde.

Diese prophetischen Visionen, die hier und da in vielen Reden
heutiger Intellektueller auftauchen, nähren einen tiefen Groll gegen die
anderen Nationen, die sich der Zerstörung des Tempels und der
Demütigung Israels schuldig gemacht haben, und auch einen immensen
Stolz. Denn obwohl es die Aufgabe des jüdischen Volkes ist, die Welt
zu ewigem Frieden zu führen, kann die Erlösung erst kommen,
nachdem es die anderen Nationen besiegt hat. Nach der Zerschlagung
der Feinde ist man in der Tat immer für den „Frieden". Diese Hass- und
Rachegefühle treten nur selten am helllichten Tag zutage, denn das Volk
Israel hat im Laufe der Geschichte zu viele Anschuldigungen von
seinen Feinden hinnehmen müssen. Sie werden fast immer in
verschleierter Form oder in Büchern mit begrenzter Auflage zum
Ausdruck gebracht.

Les Editions des Belles Lettres beispielsweise hat kürzlich einige
interessante Texte in einer Sammlung mit dem Titel *L'Arbre de Judée
(Der Baum von Judäa)* neu aufgelegt, darunter einen Roman einer
gewissen Camille Marbo, dem Pseudonym von Madame Emile Borel,
die 1937-1938 Präsidentin der *Société des Gens de Lettres* war und
Feministin, als es noch ein Skandal war, eine zu sein: „Sie hat mehrere
Romane hinterlassen, die mit Bescheidenheit die schwierigen Anfänge
der Frauenemanzipation erzählen. „In einem Buch mit dem Titel
Flammes juives, das 1936 veröffentlicht und 1999 neu aufgelegt wurde,
erzählte Camille Marbo die Geschichte junger marokkanischer Juden,
die in den 1920er Jahren ihre *Mellah*[142] verließen, um sich im Land von
Jauja, dem republikanischen Frankreich, niederzulassen.

Einige spezifische Merkmale der hebräischen Mentalität der
damaligen Zeit tauchen hier und da auf. Die Verachtung der Araber zum
Beispiel erklärt zum Teil die starken Spannungen zwischen den beiden
Gemeinschaften: „Daniel wusste von dem Moment an, als er die Augen
öffnete, dass er ein Jude war, das heißt, dass er den Arabern überlegen
war, die stärker waren als er und die ihn verfolgten" (Seite 12). Wir
finden auch diese Passage: „Benatar und Mardoche verachteten die
Muslime, die die Armen in ihrer Mitte ließen und die Christen

---

Cerf, Paris, 1992, S. 231.

„(...) Denn wenn der Messias kommt, werden alle Völker dem jüdischen Volk untertan
sein, und sie werden ihm helfen, alles Notwendige für den Schabbat vorzubereiten.
„(Talmud, *Eruvin, 43b*).

[142]Mellah: Die ummauerten jüdischen Viertel, die es in einigen Orten Marokkos gibt;
ein Analogon des europäischen Judentums oder Ghettos.

Krankenhäuser und Dispensarien organisieren ließen" (Seite 14). Andererseits hegte diese jüdische Familie eine übermäßige Liebe für das republikanische Frankreich: „Die Franzosen schützen die Juden sofort" gegen die Araber. Der alte Benatar sagte zu seinem Enkel: „Ich habe die edlen Juden gesehen, die aus Frankreich gekommen sind. Ein neues Zeitalter bricht an. Du wirst nach Paris gehen, Daniel. Sie werden von den Franzosen die Fackel eines Ideals der Zivilisation und der Gerechtigkeit erhalten. Du wirst einer derjenigen sein, die das hebräische Volk zu seiner Bestimmung führen werden[143]." In der Tat scheint das jüdische Volk durch dieses republikanische Frankreich die großen Visionen der von den Propheten versprochenen Welteroberung zu erahnen. Ihr Schicksal scheint sich unweigerlich zu erfüllen. Der Wille zur Macht und das Gefühl des Stolzes charakterisieren die „Rasse" perfekt. Aber schauen Sie sich diese Passagen an: „Sarahs Vater und Daniels Onkel hatten viel Geld für die Sache gesammelt und geschickt... Nathans Halle schien ihnen der Kommandoposten für Israels Eroberung der Welt zu sein" (Seite 10). Großvater Benatar sah für Daniel eine glänzende Zukunft voraus: „Ich werde den Jungen nach Fez bringen. Er wird in die Schule der Franzosen gehen und eine Zierde des Volkes Israel werden" (Seite 14). Von klein auf verstand der Junge sehr gut, was von ihm erwartet wurde, denn Großvater Benatar und Onkel Mardoche erinnerten ihn oft an die Rolle des jüdischen Volkes:

Israel muss die Welt beherrschen", sagte Daniel.

- Wir werden gefürchtet, wiederholte der alte Benatar, weil wir das Volk der Propheten sind. Daniel, wiederhole ein wenig von all den großen Männern, die von unserem Blut sind" (Seite 18)... „Kinder, denkt daran, dass ihr Juden seid, dass ihr auserwählt wurdet, die Macht und den Ruhm Israels in der Welt zu mehren, und dass ihr eure Emanzipation dem edlen französischen Volk verdankt" (Seite 20)... „Dieses Jahr wird gut sein. Kinder, ihr werdet die Welt erobern können" (Seite 44).

„Sara zitterte. Ihr Vater streichelte ihren Kopf. „Unsere Generation kann das Christentum noch nicht erobern. Sie werden den Grundstein legen können, und Ihre Kinder werden auf dem Boden der Tatsachen stehen. Sie werden sich unter die Christen mischen. Israel wird die Welt

---

[143]Camille Marbo, *Flammes juives*, 1936, Les Belles Lettres, 1999, S. 26. Die Begeisterung für das republikanische Frankreich wird auch in Ariel Zeitouns Film *Le Nombril du monde* (Frankreich, 1993) gut dargestellt. Wir sehen tunesische Juden, die von der Idee begeistert sind, 1940 für die französische Republik zu kämpfen, was aus ihrer Sicht logisch war. In einer Szene aus Roman Polanskis Film *Der Pianist* sehen wir eine jüdische Familie, die auf die Kriegserklärung an Deutschland wartet.

anführen, wie es sein sollte, und wir werden das französische Volk dafür loben, was es für unsere Befreiung getan hat" (Seite 126).

Der kleine Daniel würde die Lehren seines verstorbenen Großvaters nicht vergessen: „Hinter dem Leichnam des alten Benatar, der auf den Schultern von vier Männern durch die engen Gassen der *Mellah* getragen wurde, schwor Daniel, dem Ideal seines Großvaters treu und loyal zu sein. Seine Tränen zurückhaltend, wiederholte er in seinem Innersten: 'Um einer der Großen der Erde zu werden, zur Ehre des Volkes Gottes und zum Wohle der Menschheit'" (Seite 26). Zweifellos war Daniel ziemlich ehrgeizig geworden, denn er sagte: „Das Leben ist uninteressant, wenn man keinen Joystick hat" (Seite 39). Hier zeigt sich also die Tiefe der Seele einiger marokkanischer Juden. Ihre Liebe zu Frankreich ist unbestreitbar, denn dieses Land erscheint ihnen als Sprungbrett für die Eroberung des Universums.

Im Jahr 2000 hat *Éditions des Belles Lettres* in derselben Sammlung auch ein Buch von Pierre Paraf aus dem Jahr 1929 mit dem Titel *Als Israel liebte* neu aufgelegt. Es sei daran erinnert, dass dieser Pierre Paraf (1893-1989) auch Mitbegründer der LICA (Liga gegen den Antisemitismus) war, die seinerzeit nicht den Anspruch erhob, auch den Rassismus zu bekämpfen.

Eine Novelle in diesem Sammelband, *The Choir of Three Voices*, deutet das Thema des jüdischen Messianismus durch den Mund einer Figur an. Die Geschichte spielt im Römischen Reich: „Der Rabbi von Alexandria lehrte mich: - Es gibt siebzig Nationen auf der Erde, und von diesen siebzig Nationen stehen neunundfünfzig unter dem Joch des Kaisers. Aber es wird der Tag kommen, an dem die siebzig Nationen vom Licht Israels erleuchtet werden. Denn es heißt, dass unser Volk ein Segen für die Welt sein wird." Leider gab es den Antisemitismus schon damals. Wir können uns vorstellen, wie die Juden aller Übel beschuldigt wurden, der Vergangenheit, der Gegenwart und der Zukunft, und wie sie als Sündenböcke für die Frustrationen der nichtjüdischen Völker dienten: „Werden wir nicht überall als eine intrigante und heimtückische Rasse behandelt[144] ?", schrieb Pierre Paraf.

Die Geschichte mit dem Titel *Marquise von Israel* bestätigt diese messianische Mentalität. Im 18. Jahrhundert, zur Zeit Voltaires und der Philosophen, verkündet eine Romanfigur auf einer weltlichen Versammlung: „Ja, die Revolution wird kommen, und ich wünsche sie mir von ganzem Herzen. In dreißig Jahren, vielleicht in zwanzig Jahren, werden die Throne erschüttert werden. Der Baum der Philosophen wird

---

[144] Pierre Paraf, *Quand Israël aima*, 1929, Les Belles Lettres, 2000, S. 98, 111

seine Früchte getragen haben. Sie werden alles untergraben haben, die Axt der Weisen, Zerstörer einer alten Welt, der sie vielleicht das Beste ihres Lebens und Denkens verdanken." Wir sehen hier das unbestreitbare apokalyptische Gesicht des Messianismus. Dies geht einher mit einem unermüdlichen Aktivismus, der, wie wir gesehen haben, den Kern der jüdischen Seele ausmacht: „Überall leiden törichte Menschen, weil sie unser Gesetz nicht kennen... Der Ewige sendet uns für die ganze Welt, um unsere Mission zu erfüllen." Das Problem ist, dass die „Anderen" die Vorteile, die die Juden mit sich bringen, nicht zu verstehen scheinen, so dass es vorerst besser ist, heimlich voranzukommen: „Selbst wenn wir unsere Kleidung und unseren Namen ändern müssen, um unsere Lehren zu verbreiten, wie es die Menschen in Holland und England tun, werden wir in der Gewissheit fröhlich weitergehen, dass unsere Urenkel in ein paar Jahren oder ein paar Jahrhunderten die Maske - das Gewand ihrer intakten und unverletzten Seele - ablegen und stolz das wahre Gesicht Israels tragen können[145]."

Es ist klar, dass die Juden in einem ständigen Zustand der Spannung leben, erfüllt von der Hoffnung, dass eines Tages der Messias endlich kommen wird. Wie Elie Wiesel es formulierte: „Ich erkenne, dass von allen Eigenschaften, die das jüdische Volk charakterisieren, die Pflicht zur Hoffnung am meisten beeindruckt[146]." Auch der berühmte österreichische Schriftsteller Joseph Roth brachte diesen absoluten Glauben an die Bestimmung Israels und die tiefe Verachtung der Juden für die Nichtjuden, die ihre göttliche Mission nicht verstehen, zum Ausdruck. Jüdische Kinder wissen von frühester Kindheit an, dass sie zum auserwählten Volk gehören; die Demütigungen der kleinen Nichtjuden können sie nicht berühren: „Die scheinbare Feigheit des Juden - der nicht auf den Stein reagiert, den der Junge im Spiel nach ihm wirft, der den beleidigenden Schrei nicht hören will, der an ihn gerichtet ist - ist in Wirklichkeit der Stolz dessen, der weiß, dass er eines Tages triumphieren wird... Was kümmert ihn ein Kieselstein oder der Speichel eines tollwütigen Hundes? Die Verachtung, die ein Ostjude gegenüber den Ungläubigen empfindet, ist tausendmal größer als die, die ihn erreichen könnte[147]. „Wir sind also gewarnt.

Jüdische Intellektuelle, die das auserwählte Volk ständig als ein zu Unrecht verfolgtes Volk darstellen, schreiten in Wirklichkeit mit einer Maske voran, wie sie selbst sagen. So veröffentlichte der amerikanische

---

[145] Pierre Paraf, *Quand Israël aima*, 1929, Les Belles Lettres, 2000, S. 72, 70

[146] Elie Wiesel, *Mémoires II*, Éditions du Seuil, 1996, S. 156.

[147] Joseph Roth, *Judíos errantes*, Acantilado 164, Barcelona, 2008 S. 47.

Cartoonist Will Eisner im Oktober 2005 einen Comic mit dem Titel *The Plot, eine geheime Geschichte der Protokolle der Weisen von Zion*, um den Schwindel, den dieses Dokument darstellt, anzuprangern. Das Vorwort des Comics stammt von dem großen Romancier Umberto Eco (Autor von *Der Name der Rose*), der auch gelegentlich Werken, die sich mit der Kabbala beschäftigen, ein Vorwort voranstellt[148].

Laut der Zeitschrift *Le Nouvel Observateur hat* Will Eisner „zwanzig Jahre lang recherchiert", um die unerträglichen Lügen der antisemitischen Propaganda anzuprangern, die die Juden beschuldigt, die Welt beherrschen zu wollen. Will Eisner leistete damit einen Beitrag zur öffentlichen Gesundheit, indem er die Wahrheit über diese groben Unwahrheiten für alle zugänglich machte: „Im Laufe der Jahre haben Hunderte von Büchern und wissenschaftlichen Artikeln die Infamie der *Protokolle* angeprangert. Meistens werden diese Studien jedoch von Akademikern erstellt und richten sich an Fachleute oder an Leser, die bereits von dem Betrug überzeugt sind... Es bietet sich die Gelegenheit, diese Propaganda in einer zugänglicheren Sprache frontal anzugreifen. Ich hoffe, dass diese Arbeit den Sarg dieses grässlichen, vampirähnlichen Schwindels endgültig vernieten wird. „Wir sehen hier, dass einige muslimische Frauen einen Schleier tragen, während viele jüdische Intellektuelle es vorziehen, eine Maske zu tragen.

Jüdische Identität

Wir wissen heute, dass das jüdische Volk einen Auftrag zu erfüllen hat. Über die ganze Welt verstreut, inmitten anderer Völker lebend, beanspruchen die Juden die Nationalität des Ortes, an dem sie sich niedergelassen haben, und die Rechte, die ihnen das Gastland gewährt, während sie ihr Judentum und oft auch ihre innere Verbundenheit mit dem Staat Israel beibehalten. Dies ist eine weitere Form der Ambivalenz, die wir immer in der Mentalität des Judentums und der jüdischen Persönlichkeit finden, und es ist kein Zufall, dass das Wort „Paradox" so häufig in der Feder dieser Intellektuellen auftaucht.

In *Israels Schicksal* bestätigte der Philosoph Jacob Leib Talmon, dass es eine jüdische Einzigartigkeit gibt, eine jüdische Art, die Welt zu begreifen, eine „Art zu denken, zu fühlen und sich zu verhalten", die dem Judentum sehr eigen ist. Die jüdische Identität hat jedoch unscharfe, verschwommene Konturen. Wir wissen, dass nicht nur die

---

[148] Umberto Eco hat dem Buch von Moshé Idel, *Mystiques messianiques, de la Kabbale au hassidisme, XIIIᵉ - XIXᵉ siècle*, 1998, Calmann-Lévy, 2005, ein Vorwort gewidmet.

Religion die jüdische Identität prägt, denn atheistische Juden bezeichnen sich weiterhin als Mitglieder des auserwählten Volkes. Führende marxistische Doktrinäre und Revolutionäre wie Karl Marx selbst, Lenin (entfernte, aber plausible Herkunft, ndt), Trostki, Rosa Luxemburg, George Lukacs oder Ernest Mandel, um nur einige zu nennen, waren militante Atheisten, deren jüdische Herkunft jedoch durch den messianischen Charakter ihres Kampfes für eine „bessere Welt" klar ersichtlich war.

„Nach dreieinhalbtausend Jahren ist es immer noch nicht möglich zu bestimmen, wer Juden sind und wer nicht", schrieb Talmon. Es gibt jedoch ein ziemlich eindeutiges Kriterium für die Zugehörigkeit, nämlich das der Abstammung von der Mutter. Talmon erklärte: „Ein Mann jüdischer Rasse, der den jüdischen Glauben verloren und jegliche religiöse Praxis abgelehnt hat, hört nicht auf, ein Jude zu sein, da jeder, der von einer Mutter jüdischer Rasse oder Religion geboren wurde, ein Jude ist. Eine Person, deren Vater Jude ist, deren Mutter aber nicht, wird nicht als Jude anerkannt, da man sich der Vaterschaft nicht sicher sein kann." Diese Erklärung führt zu folgendem Schluss: „Ein Jude ist eine Person jüdischer Rasse oder Religion, die sich nicht offiziell zu einer anderen Religion bekannt hat, unabhängig davon, ob sie ihre eigene Religion praktiziert oder nicht. Um als Jude zu gelten, ist der entscheidende Faktor das Blut (die jüdische Mutter) oder die Annahme der hebräischen Religion, eine Entscheidung, die immer gleichbedeutend mit dem Wunsch ist, ein gemeinsames Schicksal zu teilen[149]. „Dies gilt nicht für Juden, die zu einer anderen Religion konvertiert sind, aber das Judentum weiterhin im Geheimen praktizieren.

Elie Wiesel bestätigte diese Vorstellung, dass die Juden ein Volk für sich sind und dass es bequem ist, sie als Fremde zu betrachten, die unter anderen Völkern leben. Im *Testament eines ermordeten jüdischen Dichters* schrieb er ausdrücklich: „Zwischen einem Kaufmann aus Marokko und einem Chemiker aus Chicago, einem Lumpensammler aus Lodz und einem Industriellen aus Lyon, einem Kabbalisten aus Safed und einem Intellektuellen aus Minsk besteht eine tiefere Verwandtschaft, die substantieller ist, weil sie älter ist, als zwischen zwei Bürgern desselben Landes, derselben Stadt und desselben Berufs. Selbst wenn er allein ist, ist ein Jude nie allein[150]." In seinen *Memoiren* schrieb er auch: „Jude zu sein bedeutete meiner Meinung nach, zur jüdischen Gemeinschaft zu gehören, und zwar im weitesten und

---

[149] J.-L. Talmon, *Destin d'Israël*, 1965, Calmann-Lévy, S. 137, 139, 140.
[150] Elie Wiesel, *Le Testament d'un poète juif assasiné*, 1980, Points Seuil, 1995, S.57

direktesten Sinne. Es ging darum, sich jedes Mal beleidigt zu fühlen, wenn ein Jude gedemütigt wurde, unabhängig von seiner Herkunft, seinem sozialen Status oder dem Land, in dem er lebte. Es ging darum, jedes Mal zu reagieren, zu protestieren, wenn ein Jude, selbst ein unbekannter und entfernter, von irgendjemandem geschlagen und angegriffen wurde, aus dem einfachen Grund, dass er Jude war... Das ist richtig: Als jüdischer Schriftsteller fühle ich mich mit meinem Volk solidarisch. Ihre Suche ist meine Suche und ihr Andenken ist mein Land. Alles, was ihm widerfährt, betrifft mich[151]." Im zweiten Band seiner *Memoiren* schrieb er: „Der Jude ist eher vom Anfang als vom Ende besessen. Sein messianischer Traum bezieht sich auf das Königreich Davids. Er fühlt sich dem Propheten Elia näher als seinem Nachbarn auf dem Landeplatz... alles, was seine Vorfahren getroffen hat, betrifft ihn. Ihre Trauer belastet ihn, ihre Triumphe ermutigen ihn[152]." Der Wunsch, diesen Geist der Gemeinschaft um jeden Preis aufrechtzuerhalten, hat Juden in der ganzen Welt jahrhundertelang dazu veranlasst, zurückgezogen zu leben. In *Planetarische Hoffnungen* hatten wir bereits unter der Feder von Jacques Attali festgestellt, dass einige jüdische Gemeinden selbst das Recht auf Ghettoisierung für sich in Anspruch genommen hatten, um die Reinheit des jüdischen Volkes gegenüber Ausländern zu bewahren[153]. Elie Wiesel räumte ein, dass solche weltlichen Bestimmungen zur Zeit des Zweiten Weltkriegs noch üblich waren. Damals lebte er mit seiner Familie in Rumänien, in einer Region im Norden, die später, zu Beginn des Konflikts, von Ungarn annektiert wurde: „Der gelbe Stern? Nun, das stört mich nicht wirklich. Es erlaubt mir sogar, mich enger mit den Juden des Mittelalters verbunden zu fühlen, die das *Rad*[154] in den Ghettos Italiens trugen... Es gibt Sterne für jeden Preis. Die der Reichen sind prächtig, die der Armen sind langweilig. Seltsam, aber ich trage meine mit unerklärlichem Stolz[155]." In seiner Stadt Sighet, die gerade von Ungarn annektiert worden war, erlebte Wiesel, wie die ungarischen Gendarmen - ebenso wie die Rumänen - die Juden nicht im Herzen trugen, und war schließlich froh, dass ein Ghetto geschaffen worden war, um alle Juden

---

[151]Elie Wiesel, *Mémoires, Tome I*, Éditions du Seuil, 1994, S. 212, 513.

[152]Elie Wiesel, *Memoires Tome II*, Editions du Seuil, 1996, S.46.

[153]Hervé Ryssen, *Planetarische Hoffnungen*, (2022).

[154]Das Rad war ein kleines Stück Stoff, dessen ostentative Verwendung den Juden im Mittelalter von der Obrigkeit als Unterscheidungsmerkmal der Kleidung auferlegt wurde. Der in einen Ring geschnittene Stein soll nach traditioneller Lesart die 30 Denare des Judas symbolisieren (NdT).

[155]Elie Wiesel, *Mémoires, Tome I*, Éditions du Seuil, 1994, S. 82.

zusammenzubringen: „Die ungarischen Gendarmen, man kann nie genug Schlechtes über sie sagen... sie führten Eichmanns Plan mit einer Brutalität und einem Eifer aus, der eine Schande für die ungarische Armee und Nation bleiben wird... sie führten Eichmanns Plan mit einer Brutalität und einem Eifer aus, der eine Schande für die ungarische Armee und die ungarische Nation bleiben wird... so dass die Ankündigung des Ghettos fast eine Erleichterung war: So werden wir unter Juden sein. Als Familie habe ich den Eindruck, dass wir eine Seite der mittelalterlichen jüdischen Geschichte wieder aufschlagen. Wir werden so leben, wie unsere Vorfahren zuerst in Italien und Spanien und dann in Deutschland und Polen gelebt haben... Ich konsultiere die jüdische Enzyklopädie... Überraschung: Ich entdecke, dass in der Antike die jüdischen Viertel von den Juden selbst gegründet wurden, die sich vor fremden Einflüssen fürchteten. Dies war bei den Gemeinden in Rom, Antiochia und Alexandria der Fall. Erst später wurde ihnen das Ghetto unter anderen Namen[156] aufgezwungen."
Laurent Cohens Buch über den Schriftsteller Franz Kafka mit dem Titel *Eine jüdische Lektüre von Franz Kafka* gab einige Einblicke in die Bräuche der Juden der österreichisch-ungarischen Monarchie. Auch hier zeigt sich die starke Tendenz zur Isolierung der Gemeinschaft, ja sogar Misstrauen und Feindseligkeit gegenüber den Einheimischen. Kafka, der „nur mit Juden verkehrte", gab selbst eine Vorstellung von der Barriere, die die jüdische und die christliche Gemeinschaft im Habsburgerreich trennte: „Kein christliches Mitglied der Gremien, in denen mein Vater eine aktive Rolle spielte, setzte jemals einen Fuß in das Haus. Und das hat sich gezeigt. Willst du zurück ins Ghetto?", wurde ich in Diskussionen gefragt. Ich habe geantwortet: „Ihr seid es, die im Ghetto leben. Sie wollen es nur nicht wahrhaben - wo sind die Gojim? Sie haben noch nie einen nach Hause eingeladen[157]." Diese exklusivistische Identität wurde von Gershom Scholem definiert und erläutert, der in Laurent Cohens Buch zitiert wird, um Kafkas Identitätsgefühl zu erklären: „In der jüdischen Tradition gibt es ein schwer zu definierendes und doch sehr konkretes Konzept, das wir *Ahavat Israel* nennen, „die Liebe zum jüdischen Volk". Dieses Konzept der Liebe zu seinem eigenen Volk hatte Kafka in den Kern seines Wesens integriert... indem er die „unentgeltliche Liebe" zwischen Juden zur Priorität machte[158]. „Franz Kafka „verband es mit einem anderen grundlegenden Konzept des jüdischen Denkens: *Ahdout Israel*,

---

[156]Elie Wiesel, *Mémoires, Tome I*, Éditions du Seuil, 1994, S. 83.
[157]Laurent Cohen, *Variations autour de K.*, Intertextes éditeur, Paris, 1991, S. 29.
[158]Laurent Cohen, *Variations autour de K.*, Intertextes éditeur, Paris, 1991, S. 121.

wörtlich: „Einheit Israels". „Es sind diese beiden Konzepte, die den Diskursen von Elie Wiesel und Jacob Talmon zugrunde liegen, die Juden als Fremde betrachten, die unter anderen Nationen leben.

Die obsessive Beschäftigung mit der Rassenreinheit taucht in vielen Schriften jüdischer Intellektueller auf und findet ihren Ausdruck in der ständigen Ablehnung von Mischehen. In ihrem Buch *Flammes juives* erzählt die Schriftstellerin Camille Marbo beispielsweise, wie der Sohn einer marokkanisch-jüdischen Familie in den 1920er Jahren nach Frankreich reiste, um dort zu studieren, und wie er seine arme Mutter Rebecca beruhigte, die „Angst hatte, dass ihr Sohn sich in eine Christin verlieben würde" (Seite 26). Glücklicherweise hatte sich sein Gefühl der Zugehörigkeit zum Judentum inmitten der Gojim nicht verändert. Im Gegenteil: „Er wagte es nicht, seiner Mutter zu sagen, dass sein religiöser Glaube tot war, während seine enthusiastische Hingabe an die jüdische Rasse wuchs und er behauptete, dass er niemals „eine Frau heiraten würde, die nicht unserer Rasse angehörte". Rebekka weinte und segnete ihn[159]." Der Roman von Camille Marbo hat die gleiche pädagogische Funktion wie das oben erwähnte Buch von Jacob Talmon und spiegelt in gleicher Weise den tiefen Schmerz des Schriftstellers und des Philosophen darüber wider, dass sich ihre Landsleute mit den Nichtjuden vermischen. Das Anliegen, die Reinheit des Blutes Israels zu bewahren, hat auch Elie Wiesel zum Ausdruck gebracht, als er das Unglück einer jüdischen Familie schilderte, deren Tochter sich in einen Nichtjuden verliebt hatte: „Ein junges Mädchen war konvertiert worden, um einen ungarischen Offizier zu heiraten. Die Tragödie ihrer beschämten Eltern beunruhigte mich[160]." Wenn wir uns den Ernst des Dramas vergegenwärtigen wollen, das jüdische Familien erleben, wenn ein Kind außerhalb der Gemeinschaft heiratet, können wir uns Norman Jewisons wunderschönen Film *Fiddler on the Roof* ansehen, der das Leben der *Schtetl*, jener jüdischen Dörfer in Mittel- und Osteuropa vor dem Krieg, beschreibt und der sich genau auf die fortschreitende Schwächung der jüdischen Tradition und die Versuchung für Kinder, außerhalb der Gemeinschaft zu heiraten, konzentriert. Während jüdische Familien allmählich zu akzeptieren begannen, dass Kinder einen von der Familie und dem Heiratsvermittler ausgewählten Partner ablehnen konnten, gab es immer noch einen Fall, in dem es keinen Kompromiss gab: die exogame Ehe, die von den Eltern als nichts anderes als der Tod des Kindes angesehen wurde.

In einem Buch über das jüdische Gangstertum in den Vereinigten

---

[159]Camille Marbo, *Flammes juives*, 1936, Les Belles Lettres, 1999, S. 26.
[160]Elie Wiesel, *Mémoires, Tome I*, Éditions du Seuil, 1994, S. 47.

Staaten zu Beginn des 20. Jahrhunderts hat der amerikanische Autor Rich Cohen über diese Tradition und einen der führenden Gangster jener Zeit, Arnold Rothstein, berichtet. Er war der Sohn eines wohlhabenden Mannes. Sein Vater Abraham besaß ein Textilkaufhaus und eine Spinnerei. Eines Tages stellte Arnold seinem Vater seine zukünftige Frau vor. Das Problem: Sie war keine Jüdin: „Der ältere Mann schüttelte den Kopf und erklärte: „Nun, ich hoffe, Sie werden glücklich sein". Nach der Hochzeit, als er den Tod seines Sohnes verkündet hatte, als er die Spiegel abdeckte und das *Kaddish* las[161], bedeutete dieser Moment einen großen Fortschritt für die Kriminalität in Amerika... Sie entsprach der Entlassung Arnolds. Für Rothstein war es der entscheidende Durchbruch[162]."

Selbst heute noch, wenn ein Mitglied einer orthodoxen Familie eine Nichtjüdin heiratet, führt die Familie das *Schiwa-Ritual* durch, das normalerweise für Todesfälle reserviert ist. *Shiva* zu machen ist wie eine Erklärung, dass die Person in jeder Hinsicht als tot angesehen wird.

In seiner *Geschichte des Antisemitismus* zeigte Leon Poliakov, wie die alten jüdischen Bräuche unerbittlich gegen Juden waren, die dem Wunsch nachgaben, die Gemeinschaft zu verlassen. Rabbi Ascher ben Yehiel, der aus Deutschland nach Spanien geflohen war und dort Rabbiner der Gemeinde von Toledo wurde, machte über solche Vergehen keine Scherze: „Er tadelte die Sitten streng, und nachdem er mit Entsetzen festgestellt hatte, dass der sexuelle Verkehr zwischen Juden und christlichen Frauen und umgekehrt immer noch häufig vorkam, verlangte er, dass den jüdischen Übeltätern die Nasen abgeschnitten werden sollten[163]." An dieser Stelle sei daran erinnert, dass der Staat Israel, ebenso wie die orthodoxen Juden in der Diaspora, keine Mischehen zulässt. Die progressive englische Zeitung *The Guardian* enthüllte einige Informationen darüber, wie die neuen Einwanderer in Israel behandelt werden, die als Ersatz für die als zu unkooperativ geltenden palästinensischen Arbeitskräfte herangezogen werden. In der Tat hat der hebräische Staat vor einigen Jahren rund 260.000 Ausländer angeworben, um in Fabriken und landwirtschaftlichen Betrieben die Palästinenser aus den Gebieten zu ersetzen, denen der Aufenthalt in Eretz Eretz verboten war. Der Korrespondent der britischen Zeitung schrieb: „Chinesische Vertragsarbeiter in Israel müssen sich schriftlich verpflichten, keinen sexuellen Kontakt mit israelischen Frauen - einschließlich

---

[161]*Kaddisch*: das wichtigste jüdische Gebet, das auch bei Duellen gesprochen wird.
[162]Rich Cohen, *Yiddish Connection*, 1998, Denoël, 2000, Folio, S. 73.
[163]Léon Poliakov, *Histoire de l'antisémitisme, Tome I*, 1981, Points Seuil, 1990, S. 328.

Prostituierten - zu haben und natürlich keine jüdischen Frauen zu heiraten, bei Androhung der sofortigen Entlassung und Ausweisung"... natürlich auf eigene Kosten. Diese obligatorische Klausel wurde von einem israelischen Polizeisprecher bestätigt, der darin „nichts Illegales" sieht.

Westliche kosmopolitische Intellektuelle, die meisten von ihnen Bannerträger des Staates Israel, sehen keinen Widerspruch darin, in den europäischen Ländern, in denen sie sich niedergelassen haben, für Einwanderung und eine pluralistische Gesellschaft einzutreten. Es ist ein weiteres „Paradoxon" des jüdischen Geistes, dass sie einen antirassistischen Diskurs für andere führen, während sie gleichzeitig gegenüber ihrer eigenen Gemeinschaft zutiefst rassistisch sind. Der antirassistische Diskurs ist also ein Produkt, das ausschließlich für den Export bestimmt ist.

Bernard-Henri Levy zum Beispiel erklärt jedem, der es hören will, immer wieder seine unbedingte Verbundenheit mit Israel. So äußerte er sich 2003 in Jerusalem auf einer Konferenz des Instituts für Levine-Studien: „In der Frage Israels habe ich mich nie geändert, seit ich am fünften Tag des Sechstagekriegs im israelischen Konsulat in Paris vorstellig wurde, um mich beim Tsahal zu melden." Bernard-Henri Levy fühlt „eine extreme Verbundenheit mit Israel...Ich habe hundertmal geschrieben, so der Philosoph, dass Israel und die Diaspora wie das Herz und das Gewissen des anderen sind, dass das eine die Stütze, der Pfeiler, die Quelle des anderen ist - und umgekehrt[164]...Ich bin natürlich Jude, weil ich mit Israel verbunden bin. Ich bin Jude, wenn mein Herz, wie das aller Juden in der Welt, im Einklang mit dem aller Israelis schlägt, die bedroht sind... Wenn die ganze Welt glaubt, dass Scud-Raketen auf Tel-Aviv fallen werden, komme ich instinktiv hierher, fast ohne darüber nachzudenken... denn Israel bleibt der Zufluchtsstaat des jüdischen Volkes."

Aber was für Juden gilt, gilt nicht für andere Völker. Bernard-Henri Levy preist zwar das jüdische Volk, die jüdischen Traditionen und den jüdischen Clan, spricht aber Nicht-Juden das Recht ab, sich der Gemeinschaft zugehörig zu fühlen und die Vorzüge ihrer Abstammung zu preisen. In der Tat zögern die kosmopolitischen Intellektuellen nie, die patriotischen Gefühle der Franzosen und der Europäer im Allgemeinen anzuprangern, die über den massiven Zustrom von Einwanderern aus der Dritten Welt beunruhigt sind - und zwar immer auf die heftigste Art und Weise. Die Sorgen der „Weißen" haben für sie

[164]Bernard-Henri Lévy, *Récidives*, Grasset, 2004, S. 405, 408

keinen Wert: Es handelt sich um eine „Paranoia", die es zu heilen gilt, eine „Krankheit" des Geistes, wie Alain Minc schrieb. Es sind „rassistische Meinungen", die in einer Demokratie nicht toleriert werden sollten. So erklärt Bernard-Henri Levy in Frankreich laut und deutlich seinen unnachgiebigen Widerstand gegen jede Form von „Intoleranz" und „Faschismus": „Ich bin Jude wegen meines Antifaschismus, schreibt er im selben Text, wegen meiner Anprangerung aller Ideologien des Terroirs, des Körpers, der Rasse und des Blutes... Ich bin Jude, als ich vor zwanzig Jahren die Organisation SOS Racisme gründete, weil ich mich daran erinnerte, dass wir in Ägypten Ausländer waren." Die an die Juden gerichtete Ansprache ist also das genaue Gegenteil der an die Gojim gerichteten Ansprache. Aber um zu den Franzosen zu sprechen, um die Nationen mit dem kosmopolitischen Diskurs zu überhäufen, ist Bernard-Henri Levy gezwungen, trotz allem ein wenig Franzose zu werden und sein Fähnchen mit der Trikolore zu schwenken: „Ich bin ein Jude in Frankreich. Ich bin ein Jude und ein Franzose, ein Jude, der Frankreich liebt[165]. „Es war also klar, aber der Kern seiner Identität blieb einfarbig: „Ich bin Jude, ich bin Jude mit allen Fasern meines Wesens. Ich bin es mit meinen Verfehlungen, ich bin es wegen der Ernährungsregeln, die ich mir selbst auferlegt habe... ich bin es wegen der Art und Weise, wie ich schreibe... ich bin Jude aufgrund des unsichtbaren Paktes, der Juden auf der ganzen Welt vereint... ich bin Jude wegen meiner messianischen Geduld...Ich bin Jude, weil ich den Nationalismus ablehne, weil ich die Ideologien der Verwurzelung verabscheue... Das ist es, was mich das jüdische Denken lehrt... Von Levinas weiß ich, dass es die Pflanzen sind, die Wurzeln schlagen, und dass die Menschen Diener der Wurzeln sind und dank des Gesetzes frei. Von Rosenzweig, in *Der Stern der Erlösung*, bleibt mir das Bild dieses Volkes... „ewiger Reisender, verwurzelt in der Zeit und im Gesetz". Und vom Maharal von Prag[166]... Ich erinnere mich, dass ein Ort niemals heilig ist, wenn er nicht durch einen bewussten Akt des Menschen geweiht wurde. Und vor allem glaube ich, dass die Örtlichkeit des Ortes für die Verwirklichung der Erlösung nichts oder fast nichts bedeutet... Dort, wo der Mensch ist, dort ist die *Halacha*[167], dort ist das Reich Gottes. Eine Geschichte, ein

---

[165]Bernard-Henri Lévy, *Récidives*, Grasset, 2004, S. 415-421.

[166]„Maharal von Prag (1520-1609) war ein bedeutender Talmudist, jüdischer Mystiker und Philosoph, der als Rabbiner in der böhmischen Stadt Prag tätig war.

[167]*Halacha*, jüdisches Gesetz, wörtlich „*die Art und Weise, sich zu verhalten*" oder „*die Art und Weise, zu gehen*". Sie umfasst die 613 Mitzvot (Gebote) und die nachfolgenden rabbinischen und talmudischen Gesetze. Sie ist die Gesamtheit der jüdischen religiösen

Gesetz, das wir nicht an den Sohlen unserer Schuhe tragen, sondern auf der Zunge[168]." Das Land, der Geburtsort, das Land ihrer Kindheit, an das alle Menschen gefühlsmäßig gebunden sind, sind daher für die Juden, die nur an ihr Gesetz gebunden sind, nicht von Bedeutung, und sie sind daher prädisponiert, leicht das Land zu wechseln, eine andere Sprache zu sprechen, sich den örtlichen Bräuchen anzupassen, während sie ihre jüdische Besonderheit in sich selbst bewahren. Als Fremde inmitten anderer Völker haben die Juden der Diaspora eine Mission zu erfüllen: „Ich bin ein Jude der *Galout*[169], schrieb Levy, ich bin ein universalistischer Jude... Die Entscheidung für das jüdische Volk bedeutet für mich wie für Rosenzweig, für alle Völker die unsichtbaren und heiligen Türen zu öffnen, die den Stern der Erlösung erleuchten[170]."

In *Der Stern der Erlösung* betonte Franz Rosenzweig das rassische Konzept der jüdischen Identität: „Nur die Gemeinschaft des Blutes fühlt die Garantie ihrer Ewigkeit schon heute warm durch ihre Adern fließen. Nur ist für sie allein die Zeit kein Feind, den es zu besänftigen gilt und über den sie - hofft sie, aber vielleicht nicht... - siegen kann. „Das ewige Volk „behält immer die Ungebundenheit eines Menschen, der sich auf eine Reise begibt... Er ist nur ein Fremder, der sich in seinem eigenen Land niedergelassen hat... Die Heiligkeit des Landes [Israels] bewahrt es davor, dass er es in Besitz nimmt, wenn er es hätte tun können... Sie zwingt ihn, den ganzen Elan des Willens, ein Volk zu sein, auf einen einzigen Punkt zu konzentrieren... auf den reinen und authentischen Punkt des Lebens, auf die Gemeinschaft des Blutes[171]." Der amerikanische Romancier Philip Roth räumte ein, dass die „Assimilation" unter Juden sehr oberflächlich sei. Hier die Worte eines seiner Protagonisten, des Schriftstellers Appelfeld: „Ich habe die assimilierten Juden immer gemocht, weil in ihnen der jüdische Charakter und vielleicht auch das Schicksal der Juden am stärksten konzentriert war[172]. „Wenn jüdische Intellektuelle von „Assimilation"

Regeln, die sich aus der schriftlichen und mündlichen Tora ergeben. Orthodoxe Juden sind diejenigen, die die *Halacha* streng befolgen. Die Orthodoxie bezieht sich nicht auf die Lehre oder den Glauben, wie sie im Christentum verstanden werden. Sie bezieht sich auf die spezifischen Verhaltensweisen und Praktiken, die von der *Halacha* vorgeschrieben werden.

[168]Bernard-Henri Lévy, *Récidives*, Grasset, 2004, S. 413-415.

[169]*Galout-Jude*: Jude aus dem Exil, aus der Diaspora. Leben außerhalb des Staates Israel.

[170]Bernard-Henri Lévy, *Récidives*, Grasset, 2004, S. 384, 385

[171]Franz Rosenzweig, *La Estrella de la Redención*, Hermenia 43, Ediciones Sígueme, Salamanca, 1997, S. 356, 357, 358.

[172]Philip Roth, *Operation Shylock*, Debolsillo Penguin Random House, Barcelona,

sprechen, müssen wir „soziale Assimilation" und „sozialen Erfolg" verstehen. Und in der Tat assimilieren sich Juden sehr schnell an die lokale Bevölkerung.

Dieses Gefühl des Jüdischseins geht immer Hand in Hand mit einer gewalttätigen und verächtlichen Ablehnung der Identität von Nicht-Juden. So erlaubte sich Guy Konopnicki, mit unverhohlener Frechheit zu schreiben: „Ich habe das Frankreich, von dem man so viel hört, nie von Franzosen bevölkert gefunden... Es bleiben nur Jean-Marie Lepen und einige ähnliche Fossilien, um den Ausländer in der dritten Generation aufzuspüren und mich zu beschuldigen, nicht von den Galloromanen oder den Franken, unseren Vorfahren, abzustammen. „Und er fügte die empörte Frage hinzu: „Wie viele Generationen braucht man also, um Franzose zu sein[173] ?" Wir können ihm nun die richtige Antwort geben: so viele, wie ein jüdischer Intellektueller braucht, um das Judentum aufzugeben.

2005, S. 129.

[173]Guy Konopnicki, *La Place de la nation*, Olivier Orban, 1983, S. 16, 36

TEIL ZWEI

DIE KOSMOPOLITISCHE MENTALITÄT

1. Die jüdische Persönlichkeit

Die Juden fühlen sich untereinander solidarisch, unabhängig davon, in welchem Land sie leben und welche Sprache sie sprechen. Sie haben auch ganz bestimmte Charaktereigenschaften, die alle Beobachter des Judentums in allen Zeitaltern und in allen Breitengraden festgestellt haben. Das liegt daran, dass ihr Geist von klein auf durch die Lektüre der gleichen Texte geformt wird und dass die von ihren Eltern überlieferten Lehren überall gleich sind: Wichtig ist der Gehorsam gegenüber dem „Gesetz" der Thora, dieser „Taschenheimat", wie der deutsche Dichter Heinrich Heine im 19.

Bernard Lazare hat ein recht vorbildliches Buch zu diesem Thema hinterlassen. Bernard Lazare, ein anarchistischer Sozialist und Unterstützer von Dreyfus[174], veröffentlichte 1894 ein Buch, das als Antwort auf Edouard Drumonts *Das jüdische Frankreich* gedacht war, das ein durchschlagender Erfolg gewesen war. Die folgende Passage gibt einen Einblick in das, was dieses „Gesetz" sein kann und seinen universellen Charakter im Judentum: „Aber der Jude hatte etwas Besseres als seinen Gott: er hatte seine Thora - sein Gesetz - und dieses Gesetz hielt er. Dieses Gesetz hat er nicht nur nicht verloren, als er sein angestammtes Territorium verlor, sondern es hat im Gegenteil seine

---

[174]Die Dreyfus-Affäre hatte ihren Ursprung in einem angeblich antisemitischen Gerichtsurteil vor dem Hintergrund von Spionage und Antisemitismus, in dem der Hauptmann Alfred Dreyfus elsässisch-jüdischer Herkunft angeklagt war und das zwölf Jahre lang, von 1894 bis 1906, die damalige französische Gesellschaft schockierte und einen Meilenstein in der Geschichte des Antisemitismus darstellte (NdT).

Autorität gestärkt: Er hat sie ausgebaut und seine Macht und auch seine Tugend gesteigert. Als Jerusalem zerstört wurde, war es das Gesetz, das Israel zusammenhielt: Es lebte für sein Gesetz und durch sein Gesetz. Dieses Gesetz war akribisch und formalistisch; es war die vollkommenste Manifestation der rituellen Religion, zu der die jüdische Religion unter dem Einfluss der Ärzte geworden war, ein Einfluss, der dem Spiritualismus der Propheten entgegengesetzt werden kann, deren Tradition Jesus fortführte. Diese Riten, die jede Handlung des Volkes vorwegnehmen

Diese Riten, die die Talmudisten bis ins Unendliche verkompliziert haben, haben das Gehirn des Juden geformt, und überall - in jedem Land - haben sie es auf die gleiche Weise geformt. Die Juden, obwohl verstreut, dachten in Sevilla und in New York, in Ancona und in Regensburg, in Troja und in Prag auf dieselbe Weise. Sie hatten dieselben Gefühle und dieselben Vorstellungen von Wesen und Dingen. Sie sahen durch dieselben Brillengläser. Sie urteilten nach ähnlichen Grundsätzen, von denen sie nicht abweichen konnten, denn im Gesetz gab es keine schwerwiegenden und weniger schwerwiegenden Pflichten: Sie waren alle gleichwertig, weil sie alle von Gott stammten. Alle, die die Juden an sich zogen, waren in diesem schrecklichen Getriebe gefangen, das die Gemüter zermalmte und sie auf eine einheitliche Weise formte[175]." Das schrieb auch Mark Zborowski in seiner großen anthropologischen Studie über das osteuropäische Judentum: „Eine Seite des Talmuds sieht genauso aus wie vor hundert Jahren, und sie sieht in Vilna genauso aus wie in Shanghai. Überall auf der Welt meditieren die Schüler über dieselbe Thora, denselben Talmud und denselben Rachi-Kommentar. Die Kinder singen mit ihrer flötenden Stimme denselben Text, mit dem die *Michna* eröffnet wird... Wohin auch immer seine Schritte ihn führen, und sei es noch so wenig in einer traditionellen Gemeinschaft, der Schtetl-Gelehrte wird dieselben Studien, dieselben Debatten vorfinden, die mit Eifer und Leidenschaft geführt werden." Wir finden diese Gleichförmigkeit und diesen Atavismus in den Schriften der jüdischen Intellektuellen von heute wie von früher. In den Lehren des traditionellen Judentums sind die Grenzen der Zeit verschwommen und verworren", schrieb Zborowski. Die Gewohnheit, sich auf antike Texte zu beziehen, um die Gegenwart zu regeln, und auf moderne Texte, um die Vergangenheit zu erhellen, hat zwischen Vergangenheit und Gegenwart eine unzerstörbare Kette geschmiedet, zu der jeder Gelehrte ein Glied

[175]Bernard Lazare, Der *Antisemitismus, seine Geschichte und seine Ursachen, (1894).* Editions La Bastille, Digitale Ausgabe, 2011 S. 120, 121.

hinzufügt... Diese stille Verachtung für die abendländische Trennung von Zeit und Raum bekräftigt, dass die Einheit der Tradition fester ist als die Brüche in der physischen und zeitlichen Kontinuität[176]. „Dies ist genau das, was einige als „der *ewige Jude*" bezeichnet haben.

Die dunkelsten Stunden[177]

Das Medienbild der jüdischen Gemeinschaft in allen Ländern, in denen sie sich niedergelassen hat, ist das einer verfolgten Nation. Es gibt unzählige und immer wiederkehrende Fernsehdokumentationen und -filme zu diesem Thema, so dass dieser Aspekt des Judentums für die breite Öffentlichkeit das sichtbarste und wichtigste spezifische Merkmal dieser Gemeinschaft bleibt. Es ist interessant festzustellen, dass die Schriften jüdischer Intellektueller vor dem Zweiten Weltkrieg bereits die gleiche Tendenz zu „Jeremiaden" widerspiegelten, was auch von verschiedenen Autoren unserer Zeit beobachtet wurde. Shmuel Trigano war sich dieser unglücklichen Situation sehr wohl bewusst, als er schrieb: „Juden werden oft beschuldigt, sich in dieser viktimisierenden Klage zu suhlen, und ich bin der erste, der dies beklagt[178]."

Diese Besonderheit ist also keine Folge des Holocausts, sondern eine dauerhafte Disposition, die für die hebräische Mentalität sehr charakteristisch ist. Diese Feststellung schmälert natürlich in keiner Weise die Schrecken des Krieges. Die Zeugnisse von Elie Wiesel und Samuel Pisar, neben vielen anderen, sind in dieser Hinsicht sehr aufschlussreich. Allerdings neigen sie zu einer rührseligen Sentimentalität und einer gewissen Egozentrik, die sie die vielen Millionen anderen Opfer dieser Zeit vergessen lässt. Die von den Nazis während des Krieges begangenen Gräueltaten sind zweifellos die schlimmsten Momente in der gesamten Geschichte des jüdischen Volkes. Zeugnisse über diese schmerzhaften Ereignisse sind glücklicherweise zahlreich genug, um uns eine Vorstellung davon zu geben, was die Häftlinge in den Todeslagern ertragen mussten. Samuel Pisar ist einer dieser Überlebenden der Gaskammern. Er war polnischer

---

[176]Mark Zborowski, *Olam*, 1952, Plon, 1992, S. 107, 108 [Siehe auch Anmerkung 109 zum *Midrasch*].

[177]*Les heures les plus sombres*: ist ein Ausdruck, der von der französischen Kultur- und Medienwelt geprägt und verwendet wird und sich auf die 1930er Jahre und den Zweiten Weltkrieg bezieht. Es ist eine Art Mahnung, die sich jedes Mal ins Gedächtnis der Öffentlichkeit einprägt, wenn sie ausgesprochen wird.

[178]Shmuel Trigano, *L'Idéal démocratique...*Odile Jacob, 1999, S. 43.

Herkunft und wurde als französischer Staatsbürger eingebürgert, bevor er schließlich ein sehr wohlhabender amerikanischer Geschäftsmann wurde. In seinem berühmten Buch *„Das Blut der Hoffnung"*, *das ein weltweiter Bestseller werden* sollte, schilderte er, wie er diese dramatischen Ereignisse als Jugendlicher erlebte.

In Bialystok, einer Stadt im Osten Polens, in der er mit seiner Familie lebte, gelang es ihm zum ersten Mal, den Deutschen zu entkommen, als diese beschlossen, das Ghetto, in dem die Juden von der übrigen Bevölkerung getrennt waren, zu zerstören: „Schließlich zerstörten die Nazis das Ghetto und deportierten alle seine Bewohner. Einige Männer und einige Jugendliche, die völlig unbewaffnet waren, versuchten, Widerstand zu leisten. Eine heldenhafte und unbedeutende Rebellion, die auf grausame Weise unterdrückt wurde. Sie haben sie alle getötet. „Einer der Kämpfer, Malmed, wurde vor meinen Augen grausam gefoltert und gehängt, weil er einem SS-Offizier eine Flasche Schwefelsäure ins Gesicht geworfen hatte, die ihn blendete[179]. „Wie wir uns vorstellen können, muss ein solcher Anblick das Gewissen des kleinen Samuel für immer geschädigt haben. Die Henker folterten mitten auf der Straße, ohne Rücksicht auf Passanten und Schaulustige, die ihre grausamen Methoden beobachteten. Aber unter diesen Umständen bestand das Heldentum auch darin, diesem unendlichen Schauspiel beizuwohnen, ohne den Blick abzuwenden, bis es tödlich endete.

Samuel Pisar war während der Evakuierung des Ghettos mit weiteren schwierigen Situationen konfrontiert. Hier eine weitere Anekdote: „Im Morgengrauen brach die SS die Türen auf. Sie betraten die Halle und warfen uns mit Gewehren auf die Straße, als wären wir eine Herde. Eine dunkle Silhouette mit dem Totenkopf-Emblem auf dem Helm stand vor uns. - Ich will das! - Was, Sir? - sagte meine Mutter. - Der Ring an ihrem Finger. Es war ihr Verlobungsring. Ein kleiner Diamant, umgeben von winzigen Rubinen, die in Form eines Herzens angeordnet sind. Sie versuchte, ihn sofort abzunehmen, aber ihre Finger waren vor Müdigkeit geschwollen. Die SS zückte ihr Bajonett: - Beeil dich, sonst nehme ich auch meinen Finger! In meinem Schrecken erinnerte ich mich an ein Stück Seife, das ich am Boden meines Koffers deponiert hatte. Nach ein paar Sekunden zog ich sie heraus. Ich spuckte auf den Finger meiner Mutter, als ich ihn einseifte, und der Ring rutschte ab. Ich hielt sie dem Nazi hin. - Bitte sehr, Sir. In diesem Augenblick war ich jemand anderes geworden. Es war meine erste

---

[179]Samuel Pisar, *La Sangre de la esperanza*, Editorial Planeta, 1990, Barcelona, S. 42, 43.

Entscheidung, für das Leben zu kämpfen[180]..." Samuel und seine Mutter entkamen nur knapp. Wir können uns vorstellen, wie der kleine Samuel sich auf seinen Koffer stürzt und ihn fieberhaft öffnet, um seine Mutter zu retten. Glücklicherweise reagierte die SS in diesem Moment nicht mit einem Maschinengewehrfeuer, da sie befürchtete, dass der Teenager eine Waffe ziehen könnte. Aber Samuel hatte wieder einmal Glück.

Nach dieser Episode deportierten die Nazis die Juden in Internierungslager. Eingepfercht in Zugwaggons wie Tiere, erlebten sie auf der langen Reise in den Tod die schlimmsten Schrecken. Wieder einmal wurde der kleine Samuel Zeuge grausamer Szenen:

„Wir blieben zweiundsiebzig Stunden lang in unserem Waggon eingeschlossen, ohne Essen und Wasser... Als der Zug anhielt und die Türen geöffnet wurden, war ein großer Teil der Insassen, etwa zwanzig, tot. Sie waren von ihren Begleitern erdrückt worden oder verdurstet. Die Masse der zerquetschten Leichen breitete sich wie Lava aus. Es war dunkel, und die Überlebenden waren vom Licht der Suchscheinwerfer geblendet. Eine SS-Absperrung wurde von zahlreichen Polizeihunden begleitet. Ein kurzer Befehl und die Molosser stürmen in den Waggon. Im Handumdrehen wurden einige Nachzügler vor unseren entsetzten Augen in Stücke gerissen. Auf dem Bahnsteig herrschte Panik, Gepolter und Geschrei. Meinen kleinen Koffer an die Brust gepresst, erreichte ich den Ausgang und sprang über die Leichen, die überall herumgeschoben wurden. „Versuchen Sie, sich die Szene noch einmal genauer vorzustellen. In der Tat sieht man sehr gut, wie die SS und ihre Hunde in der entgegengesetzten Richtung in den Waggon klettern, während die Deportierten aus dem Waggon steigen, über zahlreiche Leichen hinweggehen oder -treten, um auf den Boden zu gelangen, um nach den Nachzüglern zu suchen, und schließlich ihre wilden Bestien auf diese schwachen Wesen loslassen. Wir können uns die Panik der letzten Deportierten vorstellen, die aus dem Wagen stürzten und einer nach dem anderen zu Boden stürzten, während im Inneren des Wagens, in der Dunkelheit, einige arme Schlucker wahrscheinlich von den Bestien verschlungen wurden.

Das Leben im Lager brachte auch außergewöhnliche Zwischenfälle mit sich, und Samuel Pisar hatte mehr als einmal die Gelegenheit, seine Furchtlosigkeit unter Beweis zu stellen: „Ich näherte mich einem SS-Mann auf der anderen Seite des Stacheldrahts. Er richtete sein Maschinengewehr auf mich. Ich holte aus meinem Koffer ein kleines Päckchen, das mir meine Mutter vor unserer Trennung

---

[180]Samuel Pisar, *La Sangre de la esperanza*, Editorial Planeta, 1990, Barcelona, S. 44, 45.

gegeben hatte. Sie enthielt die Uhr und den Ring meines Vaters. Ich öffnete das Paket und zeigte es dem Nazi... Der SS schaute sich das Paket mit ungläubigen Augen an. -Werfen Sie mir das zu. - Ja, wenn es mir Wasser bringt. - Wirf ihn oder ich schieße. - Nein, zuerst Wasser. Ich hatte meine Antwort mit angemessener Hartnäckigkeit formuliert. Er wusste, dass er mich töten konnte, aber dann würde er seine Beute nicht bekommen, weil ich mich auf der anderen Seite des Zauns befand... Er ging weg und kam nach ein paar Minuten mit einer vollen Flasche zurück. „Der kleine David hatte über Goliath gesiegt! Aber andere durstige Deportierte kamen gefährlich nahe, um die wundersame Wasserquelle zu nutzen: „Ich hob die Flasche an meine Lippen und nahm einen großen Schluck und dann noch einen... Ein Geschrei. Die Männer kamen von allen Seiten auf mich zu, in einer kompakten, lautstarken Masse. Ich reichte die Flasche dem ersten, der kam, und sprang zur Seite. Sie begannen zu kämpfen, der Container fiel zu Boden und zerbrach[181]. Dann, verzweifelt und wie in einer Halluzination, gingen sie auf die Knie und leckten gierig auf, was noch übrig war: die nasse Erde[182]. „Die Umstände waren wirklich schwierig.

Der kleine Samuel war mehrmals dem Tod nahe, und man kann ohne Übertreibung sagen, dass sein Überleben in dieser KZ-Hölle ein Wunder war: „Zwischen meinem ersten Lager, Maidanek, und meiner Ankunft in Auschwitz wurde ich viermal selektiert. Vier Nadelwechsel auf Leben oder Tod": „Die Alten, die Kranken, die Schwachen, die Ungesunden, sogar die Wohlhabenden, alle in der linken Reihe wurden vergast, bevor wir ankamen... Maidanek war, wie wir sofort erfuhren, ein Lager der reinen Vernichtung. Eine furchtbare Verschmutzung erinnerte ständig an den nahenden Tod. Der Rauch und die Flammen der hohen Ziegelschornsteine am anderen Ende des Hofes verbreiteten im ganzen Lager den Geruch der Leichen, die in die Krematoriumsöfen geworfen wurden." Dort, in Maidanek, unter den Zehntausenden von Armen, traf er einen Freund von Bialystock. Was für ein unglaubliches Glück: „Da stand Ben, gekleidet in einen gestreiften Anzug wie ich, mit einem kahlgeschorenen Kopf wie ich. Er hatte sich abgewandt, aber er war es zweifellos. - Benek! Er drehte sich um: - Maultier! Ich hatte nicht in Erinnerung, dass seine Augen so groß waren. In wenigen Monaten war er um mehrere Jahre gealtert. Wir haben uns unter Tränen umarmt...

[181]Samuel Pisar, *La Sangre de la esperanza*, Editorial Planeta, 1990, Barcelona, S. 53, 54.
[182]Samuel Pisar, *Le Sang de l'espoir*, Robert Laffont, 1979, S. 55-57. [*Und dann, désespérés, comme hallucinés, ils s'accroupirent en léchant avidement ce qui restait: la terre humide.* In der französischen Fassung].

„Nach dem Glück ihres Wiedersehens schworen sie sich, gemeinsam weiterzumachen: „Mein Pakt mit Ben war besiegelt: der Wille zu leben[183]." Samuel Pisar, der in den Vernichtungslagern aufwuchs, formte seinen Charakter inmitten dieser harten Realitäten. Eines Tages, im Lager Auschwitz, machte er einen Fehler, der ihn teuer zu stehen kam: „Eines Tages ging ich an einem der Lagerkommandanten vorbei, ohne ihn zu sehen. Am Abend, beim Appell, wurde mir die Strafe verkündet. Wir standen alle still im Lager, vor dem Stacheldraht und den Beobachtungstürmen. - Nummer 1713 erhält fünfundzwanzig Peitschenhiebe wegen Respektlosigkeit. Sie zogen mich nackt aus und fesselten mich vor den Augen meiner Kameraden. Die ersten Schläge fielen; die Lederriemen endeten in Bleikugeln, die meine Leiste trafen. - Eins, zwei, drei, vier, fünf, sechs, sieben... Ob aus einem Reflex kindlichen Stolzes heraus oder weil ich naiverweise dachte, dass es ein Punktestand zu meinen Gunsten sein würde, ich ließ kein einziges Stöhnen hören. Der SS-Offizier, der mich auspeitschte, hielt vor Neugier inne. - Wow, heute Abend haben wir einen Gefangenen, der keinen Schmerz empfindet! Versuchen wir es anders: sieben, sechs, fünf, vier, drei, zwei, eins... Und dann noch einmal; eins, zwei... Die Schläge schneiden wie Messer in meine Haut. Ich habe nicht reagiert. In den Reihen schrien einige der Gefangenen: - Heul doch, Arschloch, sonst platzt du! Ich erhielt mehr als dreißig Peitschenhiebe, bevor ich verblasste. „Wieder einmal hatte der kleine Samuel über Goliath gesiegt. Dann verriet er: „Die Grundregel, die man immer beachten muss, wenn man überleben will, ist, niemals das geringste Anzeichen von Krankheit oder Schwäche zuzulassen oder zu zeigen. Eine Halsentzündung, ein verrenktes Bein, eine Wunde, die sich infiziert? Unmöglich! Das Prinzip ist unerbittlich: Der Schwächste muss vernichtet werden. „Samuel Pisar vergaß die Lektion nicht, denn er erwähnte in seinem Buch nicht mehr die Nachwirkungen, die diese schmerzhafte Tortur an seinem Körper hinterlassen hatte.

Die Ausrottung der europäischen Juden ging unvermindert weiter. Die Gaskammer verschlang jeden Tag Tausende von Deportierten: „Trotz des Einfallsreichtums der Nazis mussten die Konvois, die immer wieder in das Schlachthaus strömten, immer höhere Werte erreichen: sechstausend, siebentausend und dann achttausend Vergasungen pro Tag. Das ist nicht genug! Es müssen immer höhere Quoten erreicht werden, bis hin zu zehntausend oder mehr pro Tag. Die Todesfabrik

---

[183]Samuel Pisar, *La Sangre de la esperanza*, Editorial Planeta, 1990, Barcelona, S. 55, 56, 58, 59, 61

muss ständig ihre eigenen Rekorde brechen[184]. „Die Produktivität der Gaskammer und die Effizienz der Krematorien schienen alle Hoffnungen, alle Prognosen der Nazi-Verbrecher zu übertreffen.

Samuel Pisar erzählte uns später, wie es ihm gelang, der Gaskammer unversehrt zu entkommen. Als er eines Tages „ausgewählt" wurde, gelang es ihm, dank einer List, die ihm das Leben rettete, durchzukommen. Im Warteraum, inmitten der anderen Sträflinge, schnappte er sich einen Holzeimer mit Wasser und eine Bürste, die herumlagen, und begann in der Hocke den Boden zu schrubben, wobei er sich langsam in Richtung Ausgangstür bewegte: „Die Wärter, die regelmäßig durch die offene Tür nach innen schauen, haben mich gesehen. Aber sie werden unfreiwillig zu meinen Komplizen: - Hey, dieses Teil ist noch schmutzig, fang noch mal an! Auf meinen Knien reibe ich mich weiter. Sie geben mir Befehle, ich gehorche... Ich krieche und schrubbe weiter, unter den spöttischen Augen der Wächter, die die Demütigungen gerne vervielfachen. - Mach diese Ecke wieder sauber, du Faulpelz! Mein Gehorsam ist vollkommen. Als ich endlich, nach unendlich langer Zeit, die Stufen zum Ausgang erreiche, reibe ich jede einzelne mit einer Überzeugung, mit einer Überzeugung, die selbst den furchterregendsten Kapos[185] erweichen würde." Dieses verblüffende Zeugnis der Wahrhaftigkeit wird auch in einem anderen Buch von Samuel Pisar, *The Human Resource, aufgegriffen werden*, da es Samuel Pisars Fähigkeit veranschaulicht, unter allen Umständen die „Ausgangstür" zu finden.

Samuel Pisar, der nach diesen schrecklichen Jahren noch einigermaßen gesund war, wurde zusammen mit seinen beiden Freunden Ben und Nico in Arbeitslager gebracht: „Das Hitler-Regime hatte einen wachsenden Mangel an Industriearbeitern. Da wir noch relativ ansehnlich waren, wurden wir zusammen mit einem Kontingent anderer Häftlinge auf einen Güterzug verladen und in das Herz Deutschlands gebracht." Sie erreichten dann das Lager Oranienburg, dann Sachsenhausen und schließlich Leonberg bei Stuttgart. Dort würden sie ihre Befreier sehen. Auf sehr symbolische Weise werden die von Samuel Pisar erwähnten Befreier von einem großen amerikanischen Neger verkörpert, wahrscheinlich um dem Leser die Vorstellung zu vermitteln, dass die Gräueltaten, die er erlitten hat, nur von Weißen begangen werden konnten. Das Bild ist vielleicht ein bisschen weit hergeholt, wie Hollywood-Filme mit ihrem

---

[184]Samuel Pisar, *La Sangre de la esperanza*, Editorial Planeta, 1990, Barcelona, S. 70, 71, 72

[185]Samuel Pisar, *La Sangre de la esperanza*, Editorial Planeta, 1990, Barcelona, S. 73.

unvermeidlichen Happy End:

„...die Deutschen hatten wieder das Feuer eröffnet und ich war mitten in der Schusslinie. Unbewusst rannte ich weiter... Ich erreichte den gepanzerten Wagen. Ein großer schwarzer Mann kam aus dem Turm und sprach mich in einer unverständlichen Sprache an. Ich warf mich zu den Füßen des Soldaten und umarmte seine Beine. Die drei englischen Worte, die mir meine Mutter so oft gesagt hatte, wenn ich an unsere Befreiung dachte, kamen mir wieder in den Sinn, und ich rief aus vollem Halse: - *God Bless America!* Der schwarze Mann zwang mich, auf den Turm zu klettern. Ich war frei[186]."

Auch der polnisch-jüdische Schriftsteller Marek Halter schrieb einige Seiten über die Schrecken des Naziregimes. In seinem Buch *The Force for Good* erzählt er zum Beispiel das Zeugnis von Varian Fry, das ihm seine Freundin Mary Jane Gold übermittelte: Eines Tages im Jahr 1935 stand in Deutschland in einer Cafeteria ein „Typ" neben ihm, der wie ein Jude aussah. Marek Halter erzählte: „Zwei Nazis kamen herein, SS oder SA, ich weiß es nicht mehr. Der Jude, der so genannte Jude, war ein wenig nervös, als er das Glas nehmen wollte. Dann kam einer der Nazis auf ihn zu und rammte ihm ein Messer in die Hand, das seine Hand durchbohrte und am Tisch klebte! Er schrie vor Schmerz. Der Nazi nahm das Messer an sich und verließ mit seinem Begleiter die Bar. Varian hörte sie ausrufen: „Es ist gut, jüdisches Blut an der Klinge eines deutschen Messers zu haben! Heute ist ein Feiertag! Für uns ist es ein schöner Feiertag! Er hat all das gesehen, diese ganze berüchtigte Szene[187]." Diese Art von Zeugenaussagen ist nicht nachprüfbar, spiegelt aber wahrscheinlich sehr gut die Wahrnehmung der damaligen Ereignisse durch die Hauptbeteiligten wider.

In einem Buch mit dem Titel *Antisemitic Hatred (Antisemitischer Hass)* schildert Serge Moati seine bewegenden Eindrücke von den Gräueltaten des Krieges, inspiriert von Claude Lanzmanns Film über die Todeslager. Er schrieb voller Groll gegen die Polen: „In *Shoah*[188] hat Claude Lanzmann diese Gleichgültigkeit, diese abscheuliche Komplizenschaft der Bevölkerung sehr gut beschrieben. Wenn man die glitzernden, reichen Felder in der Umgebung von Auschwitz sieht,

---

[186]Samuel Pisar, *La Sangre de la esperanza*, Editorial Planeta, 1990, Barcelona, S. 82, 94.

[187]Marek Halter, *La force du Bien*, Robert Laffont, 1995, S. 161.

[188]*Shoah* (hebräisch für „Katastrophe") ist ein französischer Dokumentarfilm des Regisseurs Claude Lanzmann aus dem Jahr 1985 mit einer Laufzeit von etwa zehn Stunden. Die Untertitel und gefilmten Zeugenaussagen wurden in einem gleichnamigen Buch veröffentlicht, das 2003 ins Spanische übersetzt wurde. In Frankreich wird der Begriff *Shoah* häufig im Zusammenhang mit dem jüdischen Holocaust verwendet.

wenn man weiß, dass die Einheimischen mit dem Gold aus den Zähnen der Märtyrer des Lagers reich geworden sind... das Gold, das sie in der Erde selbst gefunden haben und mit dem sie ihre schönen Häuser gebaut haben", dann kann man beim Anblick dieser Polen nur würgen. „Noch heute durchwühlen manche die Erde von Auschwitz, um in der Asche Reste von Zähnen oder Schmuck zu finden. Auch eine andere Geschichte wird erzählt. Während des Aufstandes im Warschauer Ghetto gab es in der Nähe einen Jahrmarkt mit einem Karussell aus fliegenden Stühlen, die durch die Luft flogen. Viele gingen hinauf, um die Juden auf der anderen Seite der Ghettomauer verbrennen zu sehen. Die Menschen gingen hin, um Juden auf dem Karussell sterben zu sehen. Und die Tickets wurden zu hohen Preisen auf dem Schwarzmarkt verkauft[189]. „All diese „Geschichten", die „erzählt" werden, sind in der Tat erschreckend und werfen kein gutes Licht auf die Polen.

Der Schriftsteller Elie Wiesel hat die Todeslager persönlich erlebt. Mit großer Ergriffenheit berichtete er von den Gräueltaten, die er mit eigenen Augen sah: „Es ist wie ein Traum, ein böser Traum Gottes, in dem Menschen lebende jüdische Kinder in die Flammen großer Gruben werfen. Ich lese noch einmal, was ich gerade geschrieben habe, und meine Hand zittert, mein ganzes Wesen zittert. Ich weine, und das, obwohl ich fast nie weine. Ich sehe die Flammen und die Kinder wieder, und ich sage mir, dass Weinen nicht ausreicht. Ich brauchte einige Zeit, um mich davon zu überzeugen, dass ich mich nicht getäuscht hatte[190]. „Was er sah, ist einfach unglaublich; aber was er ihn sagen hörte, ist vielleicht noch unglaublicher. In *Worte eines Fremden* berichtete er von den Babi-Yar-Massakern in der Ukraine, wo die Deutschen Sowjets und zahlreiche Juden hingerichtet hatten: „Später hörte ich von einem Zeugen, dass der Boden mehrere Monate lang nicht aufgehört hatte zu beben, und dass von Zeit zu Zeit Geysire von Blut aus ihm hervorkamen[191]." Wir können dieses Zeugnis mit dem des Nobelpreisträgers Isaac Bashevis Singer in einem seiner Romane mit dem Titel *Der Sklave* vergleichen, in dem er von den unsäglichen Gräueltaten der Kosaken im 17:

„Die Kosaken hatten die Stadt praktisch dem Erdboden gleichgemacht, und die meisten Einwohner waren abgeschlachtet, verbrannt oder gehängt worden. Einige konnten jedoch überleben... Die Mörder hatten sogar die Grabsteine zerrissen. Nicht ein einziges Kapitel der Heiligen Schriftrolle, nicht eine Seite der Bücher des Studienhauses

[189]Serge Moati, *La Haine antisémite*, Flammarion, 1991, S. 105, 106.
[190]Elie Wiesel, *Lebenserinnerungen, Band I*, Seuil, 1994, S. 102.
[191]Elie Wiesel, *Paroles d'étranger*, Seuil, 1982, S. 86.

war gerettet worden... Warum musste uns das passieren? -fragte einer der Männer. Josefov war ein Torah-Heim. - Es war Gottes Wille", antwortete ein anderer. -Aber warum? Welche Sünden hatten die Kinder begangen? Sie wurden lebendig begraben... - Welchen Schaden hatten wir ihnen zugefügt?... Brauchte der Schöpfer die Hilfe der Kosaken, um sein Wesen zu offenbaren? War das ein ausreichender Grund, um die Kinder lebendig zu begraben?"

Der Antisemitismus ist definitiv unbegreiflich, sowohl heute als auch in der Vergangenheit. Werden die „Mächte des Bösen" niemals mit ihrem Zerstörungswerk aufhören? Wie immer wetteifern die Henker miteinander, wer grausamer zu den schwachen und unbewaffneten Opfern ist. Liest man den Schriftsteller Isaac Bashevis Singer, so stellt man fest, dass die Kosaken um die Raffinesse der Deutschen nicht zu beneiden waren: „Moishe Bunim wurde aufgespießt. Er hat die ganze Nacht gestöhnt. Zwanzig Kosaken vergewaltigten deine Schwester Lea, und dann schlachteten sie sie ab... An einem solchen Morgen war es schwer zu glauben, dass dies eine Welt war, in der Kinder ermordet oder lebendig begraben wurden und in der die Erde immer noch von Blut genährt wurde wie in den Tagen Kains[192]." Als Ergebnis einer Jugendreise nach Indien erzählte Elie Wiesel eine seiner erstaunlichen Geschichten: „Ein weiser Mann kommt zu mir, als ich das Hotel in Bombay verlasse: 'Für fünf Rupien sage ich dir deine Zukunft voraus. Ich antwortete: „Ich gebe dir zehn, wenn du mir meine Vergangenheit erzählst". Überrascht bittet er mich, mein Geburtsdatum und ein anderes Datum auf einen Zettel zu schreiben. Er nimmt sie und dreht sich um, um seine Berechnungen anzustellen, und ich stehe einen Moment lang da. Als er sich wieder umdreht, schaut er erschrocken: „Ich sehe Leichen. Eine Menge Leichen. Das überrascht mich. Er kann nicht wissen, was der 11. April 1945 für mich bedeutet. Wer hätte das gedacht[193]!"

In seinen *Memoiren* empört sich Elie Wiesel auch über die Ungläubigkeit einiger Mitglieder der jüdischen Gemeinschaft gegenüber den Aussagen der „Überlebenden". Dies war der Fall bei Alfred Kazin, einem Literaturkritiker, der „in Frankreich unbekannt ist, aber in den Vereinigten Staaten ein gewisses Ansehen genießt", und der sich erlaubte, an den Schriften des „großen Schriftstellers" Jerzy Kosinski, dem Autor von *Der gemalte Vogel*, zu zweifeln. Ein bestürzter Elie Wiesel berichtete über die ironischen Worte, die Kazin dem

---

[192]Isaac Bashevis Singer, *Der Sklave*, 1962, Epublibre, digitaler Verlag German25 (2014), S. 294, 342.
[193]Elie Wiesel, *Mémoires, Tome I*, Seuil, 1994, S. 287.

Selbstmord des Schriftstellers gewidmet hatte: „Jerzy Kosinski hat Selbstmord begangen - sensationell, offensichtlich - in seiner Badewanne sitzend, seinen Kopf in eine Plastiktüte steckend", als ob, so fügte Wiesel hinzu, Kosinskis Geste eine „andere Art der Selbstdarstellung" gewesen sei. „Und Alfred Kazin fügte in seinem *New Yorker-Artikel* zum Leidwesen von Elie Wiesel hinzu: „Ich habe ihm nie ein Wort glauben können... Er hat immer in der Öffentlichkeit gehandelt. Wahrscheinlich hing das alles mit der Tatsache zusammen, dass er ein Überlebender des Holocaust war." Im zweiten Band seiner *Memoiren* kehrte Elie Wiesel zum Fall Jerzy Kosinski zurück und beleuchtete die Zweifel, die sein Werk in seiner eigenen Gemeinschaft hervorrief. Elie Wiesels glühende Rezension von *Der gemalte Vogel hatte* ihm eine Reihe von beleidigenden Briefen von einigen Juden eingebracht, die Kosinski in Polen gekannt hatten. „Ich hatte Unrecht, sagten sie, mich für diesen schändlichen Juden zu erwärmen... Offenbar ist sein Buch nichts weiter als ein Sammelsurium phantasievoller Lügen... Ich weigere mich, das zu glauben: Schändlicher Jude, Jerzy? Unmöglich! Lügner, er? unvorstellbar!... Ein langer Artikel in der *Village Voice* hat ihn einen Hochstapler genannt. Eine kürzlich erschienene Biografie versucht, ihn zu entmystifizieren: Da er den Krieg mit seinen Eltern verbracht hatte, konnte er weder die grausamen Erlebnisse, von denen in *Der gemalte Vogel* berichtet wird, durchleben, noch hätte er seine Bücher allein schreiben können. Die Nachricht von seinem Selbstmord hat mich - wie die von Bruno Bettelheim - schockiert[194]." Allerdings konnte Elie Wiesel seine Empörung über die Haltung von Alfred Kazin und über dessen unentschuldbares Misstrauen gegenüber der Aufrichtigkeit der Trauer der Überlebenden nicht unterdrücken:

Anfangs", schrieb Wiesel, „sahen wir uns regelmäßig oder telefonierten miteinander. Er ist Mitglied der von den Überlebenden von Bergen-Belsen gegründeten literarischen Jury, deren Vorsitzender ein gewisser Yossel ist: Kazin begleitet uns nach Belsen, dann nach Jerusalem, und Yossel überhäuft ihn mit Geschenken: mehr als komfortable Hotelzimmer, Taschengeld, Geschenke für ihn und seine Frau. Er lädt ihn sogar zu sich nach Hause ein. Und alles, was dieser New Yorker Intellektuelle in einem pompösen und pedantischen Artikel über diesen Besuch zu sagen vermag, ist, dass Yossels Frau eine luxuriöse Wohnung besitzt und auch eine übermäßig große Zahl auf

---

[194]Elie Wiesel, *Mémoires, Tome II*, Seuil, 1996, S. 475. Der berühmte Kinderpsychiater Bruno Bettelheim beging ebenfalls Selbstmord mit einer Plastiktüte über seinem Kopf.

ihren Arm tätowiert hat: als hätte sie sich das absichtlich bei Cardin[195] machen lassen...Schlimmer noch: in einem Text, in dem er versucht, sich daran zu erinnern, was er Primo Levi und mir „verdankt", schreibt er, dass er nicht überrascht wäre, wenn er herausfände, dass ich die Episode der Erhängung in der *Nacht*[196] erfunden habe." Hundert Seiten zuvor, auf Seite 342 des ersten Bandes seiner *Memoiren,* war Elie Wiesel bereits gezwungen gewesen, eine Notiz von François Mauriac[197] in seinen *Blocs-Notizen aus* dem Jahr 1963 zu korrigieren, in der er „vier Romane" von Elie Wiesel zitierte: *Die Nacht, Die Morgendämmerung, Der Tag, Die Stadt des Glücks: „Die Nacht* ist kein Roman", betonte Elie Wiesel für diejenigen, die daran noch zweifelten. Fünf Seiten weiter zögerte er jedoch nicht, uns über seine Methoden beim Schreiben seiner Bücher zu informieren:

Bei einem Besuch „in Bnei Brak, dem religiösesten Viertel von Tel-Aviv", trifft Elie den alten Rebbe Israel: „Er stellt mir Fragen zu meiner Arbeit. Er möchte wissen, ob die Geschichten, die ich in meinen Büchern erzähle, wahr sind, das heißt, ob sie wirklich passiert sind. Ich antworte: „Rabbi, in der Literatur ist es so: Es gibt Dinge, die wahr sind, die aber trotzdem nicht passiert sind, und Dinge, die nicht wahr sind, obwohl sie passiert sind". Ich hätte so gerne seinen Segen erhalten[198]." Auch Elie Wiesel forderte die Überlebenden von Auschwitz nachdrücklich auf, als Zeugen aufzutreten, damit nichts in Vergessenheit gerät. „In Wahrheit galt meine Hauptsorge immer den Überlebenden. Ich habe versucht, sie schriftlich von der Notwendigkeit und der Möglichkeit des Zeugnisgebens zu überzeugen: „Macht es wie ich", habe ich ihnen gesagt. Erklären, erzählen, auch wenn Sie eine Sprache erfinden müssen[199]." Ähnlich äußerte sich der berühmte amerikanische Schriftsteller Philip Roth in seinem 1993 erschienenen Roman *Operation Shylock*, in dem er sich einen Dialog zwischen „Roth" und einem anderen Schriftsteller, Appelfeld, dem Autor von Badenheim 1939, ausdachte, der ebenfalls Zeuge der tragischen Ereignisse während des Krieges war:

„Ich habe die Dinge nie so geschrieben, wie sie passiert sind... Dinge so zu schreiben, wie sie passiert sind, bedeutet, Sklave des

[195]Pierre Cardin: Haute-Couture-Designer, berühmt seit den 1950er Jahren.
[196]Elie Wiesel, *Mémoires, Tome I*, Seuil, 1994, S. 436.
[197]François Mauriac (1885-1970) war ein französischer Journalist, Kritiker und Schriftsteller. Er wurde 1952 mit dem Nobelpreis für Literatur ausgezeichnet und gilt als einer der größten katholischen Schriftsteller des 20. Jahrhunderts.
[198]Elie Wiesel, *Mémoires, Tome I*, Seuil, 1994, S. 341, 342, 347.
[199]Elie Wiesel, *Lebenserinnerungen, Band I*, Seuil, 1994, S. 443.

Gedächtnisses zu werden, das nur ein sekundäres Element im kreativen Prozess ist... Die authentischsten Dinge sind sehr leicht zu fälschen. Die Realität ist, wie Sie wissen, immer stärker als die menschliche Vorstellungskraft... Die Realität des Holocausts übertraf alle Vorstellungen. Wenn ich mich an die Fakten gehalten hätte, hätte mir niemand geglaubt... Ich entriss „meine Lebensgeschichte" den mächtigen Klauen des Gedächtnisses und legte sie in die Hände des kreativen Labors... Aus „meiner Lebensgeschichte" musste ich die unglaublichen Teile entfernen, um eine plausiblere Version[200] zu erhalten. „Ein bisschen mehr und wir könnten denken, dass Samuel Pisar die gleiche Methode verwendet hat.

Es wird jedoch deutlich, dass Elie Wiesel das nationalsozialistische Deutschland der Roten Armee vorzog: „18. Januar 1945: Die Rote Armee steht wenige Kilometer vor Auschwitz... Berlin beschließt, die Häftlinge nach Deutschland zu evakuieren. In der Kaserne herrscht fieberhafte Unruhe... Mein Vater kommt mich im Krankenhaus besuchen. In der allgemeinen Unordnung ließen sie ihn herein. Ich sagte ihm: „Die Kranken können in der KB bleiben, aber... - Aber was? Und ich füge hinzu: „Aber du kannst bei mir bleiben, weißt du - ist das möglich? Er fragt mich: „Ja, das ist möglich". Es ist noch Platz. Heute wird die Überwachung gelockert. Im allgemeinen Hin und Her ist alles möglich. Die Idee ist verlockend, aber wir lehnen sie ab. Wir haben Angst. Die Deutschen werden keine Zeugen zurücklassen; sie werden sie töten. Alle von ihnen. Jedes einzelne. Das liegt in der ungeheuerlichen Logik ihres Handelns. Sie werden alles in die Luft jagen, damit die freie Welt nicht die Art und das Ausmaß ihrer Verbrechen erfährt." So beschlossen Elie Wiesel und sein Vater, mit den Deutschen zu marschieren, anstatt auf die Rote Armee zu warten. Die Kranken, die geblieben waren, wurden entgegen den Voraussagen von Vater und Sohn Wiesel nicht ausgelöscht: „Was wäre mit uns geschehen, wenn wir uns entschieden hätten zu bleiben? Alle oder fast alle Kranken überlebten und wurden neun Tage später von den Russen befreit. Mit anderen Worten: Wären wir im Krankenrevier geblieben, wäre mein Vater nicht zehn Tage später in Buchenwald an Hunger und Schande gestorben[201]. „Deshalb wurden die Kranken in Auschwitz, auch die armen Juden, gepflegt.

---

[200]Philip Roth, *Operación Shylock*, Debolsillo Penguin Random House, Barcelona, 2005, S. 96, 97
[201]Elie Wiesel, *Mémoires, Tome I*, Seuil, 1994, S. 119.

Jüdische Sensibilität

Natürlich soll hier nicht versucht werden, die Leiden des jüdischen Volkes in dieser tragischen Zeit zu verharmlosen. Die vorliegende Studie konzentriert sich ausschließlich auf die Wahrnehmung der Ereignisse durch jüdische Intellektuelle und nicht auf statistische Daten. Es stimmt, dass die Juden den Völkern, unter denen sie leben, seit Jahrhunderten misstrauen, ein Misstrauen, das durch die jahrhundertelange Erfahrung von Ablehnung, Vertreibung, Pogromen und demütigenden Gesetzen genährt wurde. Diese instinktive, animalische Angst ist nach dem Zweiten Weltkrieg nicht verschwunden, im Gegenteil. Es ist aber auch wichtig zu verstehen, dass diese Manifestationen von Angst und Misstrauen auch einer säkularen Tendenz des jüdischen Volkes entsprechen.

Elie Wiesel brachte die Bosheit seiner Zeitgenossen in den Konzentrationslagern zum Ausdruck, wo sie ihrer Frustration freien Lauf ließen: „Die Ukrainer, die uns schlagen, die Russen, die uns hassen, die Polen, die uns wehtun, die Zigeuner, die uns schlagen[202]." Wir werden später in dieser Studie sehen, dass die Analyse des Antisemitismus jüdischer Intellektueller ein identisches Misstrauen gegenüber Ungarn, Spaniern oder Letten offenbart, die das jüdische Volk zu verschiedenen Zeiten ebenfalls verfolgten.

Der französische Gelehrte Maurice Rheims, der während des Zweiten Weltkriegs Widerstandskämpfer war, hat selbst von der Grausamkeit der Männer gegenüber den verfolgten Juden berichtet: „Das letzte Mal, dass ich Gott persönlich begegnet bin, war in Drancy, mitten in der Nacht. Französische Gendarmen kamen, um uns zu warnen, dass sie im Morgengrauen gezwungen sein würden, auf uns zu zielen und zu schießen[203]. „Glücklicherweise hat Maurice Rheims diese schreckliche Tortur unbeschadet überstanden.

Tatsache ist, dass die Juden zu allen Zeiten und in allen Breitengraden von allen Völkern, in denen sie sich niedergelassen haben, verfolgt worden sind. Das jüdische Volk ist jedoch grundsätzlich unschuldig an allem, was ihm vorgeworfen wird, und von Natur aus unfähig, Böses zu tun.

Im ersten Band seiner *Memoiren* geht Elie Wiesel in mehreren Abschnitten auf diese jüdische Einzigartigkeit ein. In der Tat zeigten die jüdischen Überlebenden nach all den Schrecken des Krieges eine

---

[202]Elie Wiesel, *Lebenserinnerungen, Band I*, Seuil, 1994, S. 111.
[203]Maurice Rheims, *Une Mémoire vagabonde*, Gallimard, 1997, S. 78.

herausragende Erhabenheit und eine edle Seele. Sie verfielen nicht in Niedertracht und Rachsucht gegenüber den Henkern, wie es gewöhnliche Gojim getan hätten, sondern zeigten im Allgemeinen große Zurückhaltung und Selbstbeherrschung. Das hat Elie Wiesel geschrieben:

„Die Deutschen fürchten uns. Und das völlig zu Recht. Der Anblick eines freien Juden muss sie mit Furcht und Schrecken erfüllen... Sie haben sich geirrt. Die jüdischen Rächer waren wenige, und ihr Rachedurst war nur von kurzer Dauer. Die jüdischen Gefangenen hätten allen Grund gehabt, nach Deutschland zurückzukehren, dort einzumarschieren und ihm das Genick zu brechen... Aber die Juden haben aus metaphysischen und ethischen Gründen, die tief in ihrer Geschichte verwurzelt sind, einen anderen Weg gewählt. Wie kann man diese Abwesenheit von Gewalt bei den Überlebenden erklären? Wie kann man diese Abwesenheit von mörderischem Hass der Opfer gegenüber den Henkern, den Folterern von gestern, verstehen? Es gab keine blutigen Repressalien. Wenige summarische Hinrichtungen. Keine öffentliche Lynchjustiz. Keine kollektive Rache. Außer dem Nürnberger Prozess und einigen großen Prozessen (gegen die kriminellen Ärzte und gegen die *Einsatzkommandos*), nichts, fast nichts. Fast nichts. Entnazifizierung? Eigentlich nichts Ernstes[204]." Die Neigung des jüdischen Volkes zur Vergebung ist der übrigen Menschheit wohlbekannt, und wenn einige Älteste dreißig, vierzig oder sechzig Jahre nach der Tat aus ihren Verstecken geholt wurden, um vor Gericht gezerrt zu werden, so waren dies nur einige wenige Ausnahmen, die den Geist der Sanftmut und die große Toleranz der Führer der jüdischen Gemeinschaft noch mehr unterstreichen.

Da die Juden ein schwaches und äußerst verletzliches Volk sind und in ihrer Geschichte zu viel Leid ertragen haben, können sie es nicht ertragen, es anderen aufzuerlegen, ohne schmerzhafte innere Qualen zu erleiden. Man denke nur an die tierischen Ängste von Elie Wiesel, einem jungen Journalisten, der 1961 dem ehemaligen Nazi Eichmann gegenüberstand, der in Israel vor Gericht stand:

„Ich berichte über den Eichmann-Prozess. Ich sehe es mir an. Ich sehe ihn stundenlang an, er macht mir Angst. Doch in seiner Situation, in seinem gepanzerten Glaskäfig, stellt er keine Gefahr dar. Warum flößt er mir solche Angst ein; gibt es ein ontologisches Böses, das von einem Wesen verkörpert wird, das nicht zu handeln oder aus sich

---

[204]Elie Wiesel, *Lebenserinnerungen, Band I*, Seuil, 1994, S. 176.

herauszugehen braucht, um seine böse Macht spürbar zu machen[205]?"

Elie Wiesel verkehrt mit der amerikanischen High Society der Milliardäre, aber zwanzig Jahre nach dem Krieg zittert er immer noch. Dies zeigt, wie tief Angst und Schrecken in den Herzen der Juden auf der ganzen Welt verwurzelt sind. Wenige Seiten später illustriert Elie Wiesel in seinen *Memoiren* erneut die den Juden innewohnende Schwäche, unfähig, Böses zu wollen oder zu tun. In Israel zum Beispiel zeigen die Juden, die 1967 erneut gegen die Araber gesiegt haben, im Gegensatz zu dem, was die falsche Propaganda glauben machen will, diese charakteristische Größe der Seele:

In *Der Bettler von Jerusalem"*, schrieb Wiesel, „spreche ich die Gedanken der Rabbiner nach und spreche von der Traurigkeit des Siegers angesichts der Besiegten. Und erst recht vor den arabischen Kindern, die in ihm einen Sieger sehen, der ihnen Schaden zufügen kann." Sie haben verstanden: Wenn ein Jude etwas Böses tut, dann ist das sehr bedauerlich für ihn. Sie sind nicht verantwortlich, und vielleicht leiden sie mehr als ihr blutiges Opfer. Diese Kinder", fährt Wiesel fort, „ich habe sie in der Altstadt gesehen. Ich bin in Hebron an ihnen vorbeigekommen. Ich habe sie in Ramallah und Nablus getroffen. Ich habe Angst vor ihnen. Zum ersten Mal in meinem Leben hatten die Kinder Angst vor mir. „Elie Wiesels Leiden war damals unmenschlich, unbeschreiblich: „Der Sieg verhindert nicht, dass das Leiden existiert, noch dass der Tod wütet. Wie kann man für die Lebenden kämpfen, ohne die Abwesenden zu verraten? „Für einen Überlebenden der Vernichtungslager ist das Schmerzempfinden am stärksten, und vielleicht noch stärker, wenn es um die eigene Person und das eigene Volk geht: „Der Überlebende in mir ist verletzlich und stark zugleich. Die kleinste Beleidigung schmerzt mich, und die kleinste Geste der Großzügigkeit bewegt mich[206]." Diese Angst eines in die Enge getriebenen Tieres, die den harten Zustand des jüdischen Volkes während vieler Jahrhunderte der Verfolgung darstellte, übersetzte Elie Wiesel mit einer Sensibilität und Poesie, die die Tragödie der jüdischen Existenz zum Ausdruck brachte. Als er beispielsweise einige Jahre später die amerikanische Staatsbürgerschaft beantragte, spürte auch er die Notlage des Menschen unter dem Joch der Nationalität. Er war schockiert, als er erfuhr, dass das FBI ihn verhören wollte:

„Ein paar Tage zuvor erhielt ich eine Nachricht vom Hotel-Concierge: Ich muss einen FBI-Agenten anrufen... Der Flüchtling in mir ist erwacht. Ich zittere vor Angst. Was hätte ich tun können, um die

---

[205]Elie Wiesel, *Lebenserinnerungen, Band I*, Seuil, 1994, S. 456.
[206]Elie Wiesel, *Mémoires, Tome I*, Seuil, 1994, S. 517, 518, 521.

Aufmerksamkeit des allmächtigen und allwissenden Dienstes des schrecklichen Edgar J. Hoover zu erregen?" Natürlich war dies nur eine administrative Formalität, aber dieses Zeugnis zeigt, dass selbst im Herzen New Yorks der Überlebende der Todeslager sich in Gefahr fühlen und vor der Zahl und der Macht dieser stets potenziell feindlichen Nichtjuden zittern kann.

Auch der jiddische Dichter Heschel wollte den Schmerz des jüdischen Volkes zum Ausdruck bringen, als wolle er den Schmerz der gesamten Menschheit im Krieg auf seinen Schultern tragen: „Wie kann ich mein Jüdischsein beanspruchen, wenn ich unempfindlich bleibe gegenüber dem Schmerz und der Trauer der Männer, Frauen und Kinder, die seit Jahren ihre Träume durch die nächtlichen Bombardierungen zerstört sehen[207]?"

Auch der Schriftsteller Marek Halter drückte diese den Juden innewohnende Güte mit der gleichen Emotion aus, manchmal mit einer leicht rührseligen Großsprecherei: „Wenn ich schreibe, dass ein einziger Mensch die ganze Menschheit retten kann, indem er Gutes tut, dann geht es nicht um die Rettung von Körpern, sondern um eine Idee des Menschen und der Menschheit: das, was Hoffnung zulässt. Und die Hoffnung gibt uns etwas, wofür wir leben[208]." Dieses jüdische Mitgefühl gilt nicht nur den Menschen, sondern auch allen lebenden Tieren, allen Geschöpfen Gottes, selbst dem unbedeutendsten Insekt. Wir finden diese besondere jüdische Sensibilität bei dem berühmten jiddischen Schriftsteller Isaac Bashevis Singer. In seinem Roman *Der Sklave* schildert er das Schicksal von Jakob, einem armen Juden im Polen des 17. Jahrhunderts, dessen Familie bei einem Pogrom ermordet wurde und der in einem Bergdorf zur Leibeigenschaft gezwungen wurde, verloren inmitten dummer und gewalttätiger Bauersleute. Jakob war anders als andere Menschen:

„Jakob hatte keine andere Wahl, als gegen die Fliegen und Läuse zu kämpfen, die ihn und die Kühe angriffen. Es war notwendig zu töten. Wenn er von Ort zu Ort ging, konnte er es nicht vermeiden, auf Kröten und Würmer zu treten, und wenn er Gras pflückte, fand er giftige Schlangen, die ihn anfauchten und die er mit seinem Stock oder einem Stein zerquetschen musste. Aber jedes Mal, wenn so etwas passierte, fühlte er sich wie ein Mörder. Tief in seinem Inneren machte er dem Schöpfer Vorwürfe, dass er ein Geschöpf dazu zwingt, andere zu vernichten. Von allen Fragen, die er sich über das Universum stellte,

---

[207]Zitiert in Elie Wiesel, *Mémoires, Tome I*, Seuil, 1994, S. 382, 485.
[208]Marek Halter, *La Force du Bien*, Robert Laffont, 1995, S. 139.

war dies diejenige, die er am schwierigsten zu beantworten fand[209]."
Auch der österreichische Schriftsteller Joseph Roth verfügte über diese
Sensibilität: „Die Handbewegung eines Kellners auf der Terrasse eines
Cafés, um eine Fliege zu töten, ist bedeutender als das Schicksal aller
Kunden auf der Terrasse. Die Fliege ist frei und der Kellner ist
enttäuscht. Warum, oh Kellner, bist du böse auf die Fliege[210]?"

Ein ähnliches Bild findet sich auch in *Oh, du menschlicher Bruder*
des Schriftstellers Albert Cohen:

„Meine Mutter, die Angst vor den Judenhassern hatte, meine
Mutter, die naiv und gütig war und die man leiden musste... Ich erinnere
mich, dass er mir eines Tages, um mir von der Größe des Ewigen zu
erzählen, erklärte, dass er sogar die Fliegen liebte, und zwar jede
einzelne Fliege, und er fügte hinzu: „Ich habe versucht, es den Fliegen
gleichzutun, aber ich konnte es nicht, es gibt zu viele211." Wir sehen
hier, dass die Liebe zur gesamten Schöpfung tief im Herzen eines jeden
Juden verwurzelt ist. Um eine etwas großspurige Formulierung zu
verwenden, die sie selbst zu schätzen scheinen, könnte man sagen, dass
„der Jude die Liebe ist"; er hat die Aufgabe, für Frieden und Liebe zu
arbeiten[212].

Samuel Pisar hat auch ein ganz besonderes Bewusstsein für das
tragische Schicksal des jüdischen Volkes. 1967, nach dem
überwältigenden militärischen Sieg des jüdischen Volkes über seine
arabischen Nachbarn, schilderte er seine Emotionen: „Eines Abends im
Jahr 1967, auf dem Heimweg von Paris, sah ich im Fernsehen ein
unglaubliches, unvorstellbares Schauspiel: die Befreiung der
Klagemauer in Jerusalem. Ich sah die hebräischen Soldaten am Fuße

---

[209]Isaac Bashevis Singer, *Der Sklave*, 1962, Epublibre, digitaler Verlag German25
(2014), S. 182, 183.

[210]Joseph Roth, Artikel vom 24. Mai 1921, *Berliner Börsen-Courier*, Éditions du
Rocher, 2003.

[211]Albert Cohen, *Oh ihr, menschliche Brüder und Schwestern*, Editorial Losada, 2004,
Madrid, S. 36.

[212]„Es gibt ein Ventil für die Aggressionen der Kinder, vor dem die Eltern die Augen
verschließen. Gelegentlich verirrt sich ein Schwein in den Hof eines Hauses. Wenn das
passiert, versammeln sich die Kinder der Nachbarschaft, um es zu misshandeln. Mit
Stöcken bewaffnet stürzen sie sich auf das Schwein, jagen es von einer Ecke in die
andere, martern es, bis es vor Wut und Schrecken quiekt; und das Geschrei des
Schweins erinnert eher an eine Folterkammer als an einen Pferch: „Ein wütendes
Schwein ist so gefährlich wie ein Löwe". Erwachsene mischen sich nicht ein.
Grausamkeit ist verboten, man muss „Mitgefühl für alles Lebendige" haben, laute
Spiele, Lärm und Getue sind verboten. Aber er ist ein Schwein, und solange es ihm
nicht gelingt zu entkommen, wird er dafür bezahlen. „(Mark Zborowski, *Olam*, 1952,
Plon, 1992, S. 331). Es gibt auch viele andere „unreine" Wesen für die Juden.

des Heiligtums beten. Plötzlich brach ich, der ich meine Nerven immer zu beherrschen wusste, zum ersten Mal in Schluchzen aus, zu denen mich meine Kinder nie für fähig gehalten hätten, Schluchzen, die aus der Tiefe meines Wesens und aus den Ursprüngen der Zeit kamen... die Erinnerung an das, was ich erlitten hatte, an das, was ein ganzes Volk seit Jahrtausenden erlitten hatte, hatte gerade meine affektive Barriere vor diesem ewigen Symbol des Leids und der Hoffnung durchbrochen[213]."

An dieser Stelle sei angemerkt, dass dieses zweifellos spektakuläre Ereignis auf die Juden in der ganzen Welt vielleicht einen weitaus größeren Eindruck gemacht hat als jeder Sieg in ihrem Gastland. Es sollte jedoch nicht das einzige Mal sein, dass wir Samuel Pisar weinen sehen. Als er 1969 im Radio den Rücktritt von General de Gaulle hörte und seinen sofortigen Rücktritt nach dem Referendum ankündigte[214], schrieb er: „Ich spüre, dass sich ein Kapitel der Geschichte brutal schließt. Und ein Kapitel in meinem Leben. In diesem Moment stelle ich fest, dass ich weine. Ich bin ein amerikanischer Staatsbürger und ich weine. Mit seinem Weggang läuft der Film meines Lebens wieder vor meinen Augen ab[215]." Diese Sensibilität ist in der Tat Teil der Tradition. Es geht nicht darum, echtes Leid zu leugnen, sondern es in die richtige Perspektive zu rücken, indem wir verstehen, dass viele Juden, bewusst oder unbewusst, diese Angst, diese innere Unruhe am Leben erhalten, die dazu beiträgt, in ihnen ein Gefühl des eigenen Jüdischseins auf Kosten ihrer Integration in den Rest der Bevölkerung zu nähren. Die offensichtliche Schwäche des jüdischen Volkes, des ewigen Sündenbocks der Geschichte, des ewigen Opfers der menschlichen Torheit, spiegelt eine gewisse Neigung zur Klage wider, die zweifellos eines der sichtbarsten - oder hörbarsten - Merkmale der jüdischen Einzigartigkeit ist.

Der große Historiker des Antisemitismus, Leon Poliakov, analysierte das „Leiden" des jüdischen Volkes wie folgt: „Der Kult des Leidens, seine systematische und begründete Aufwertung, seine Wahrnehmung als göttliche Strafe, aber auch als Ausdruck der Liebe Gottes, gab ihm eine tiefe Bedeutung und erleichterte so seine

---

[213]Samuel Pisar, *La Sangre de la esperanza (Das Blut der Hoffnung)*, Editorial Planeta, 1990, Barcelona, S.51

[214]Am 27. April 1969 fand in Frankreich eine Volksabstimmung über den „Gesetzentwurf zur Schaffung von Regionen und zur Erneuerung des Senats" statt. Das negative Ergebnis führte am folgenden Tag zum Rücktritt von Präsident Charles de Gaulle.

[215]Samuel Pisar, *La Resource humaine*, Jean-Claude Lattès, 1983, S. 50.

Überwindung[216]." So erzählte Elie Wiesel zum Beispiel, als seine kleine Schwester geboren wurde: „Ich kam nach Hause. Durch die geschlossene Tür hörte ich, wie meine Großmutter meine Mutter anflehte: „Halt dich nicht zurück, Chilla! Chilla! Du musst quieken, wenn es weh tut - und es tut weh, ich weiß, dass es weh tut[217]."

Mark Zborowskis anthropologische Studie über das aschkenasische jüdische Leben in den Schtetls Osteuropas bestätigt diese Tendenz: „Im Schtetl ist es nicht wichtig, Tränen zurückzuhalten. Weinen ist eine loyale Waffe und eine ganz normale Ausdrucksform, deren Bandbreite von Leid, Trauer, Freude, Wut bis hin zur ohnmächtigen Rebellion des Kindes reicht, das sich nicht traut, seinen Eltern zu widersprechen. Tränen sind keine Schande und werden nicht versteckt; im Gegenteil, sie zeigen manchmal, dass man weiß, wie man der Situation gewachsen ist... Wenn man weinen muss, weint man, ohne sich zu zwingen. „Weinen Sie jetzt", befiehlt die *Ziegelei den* Frauen in der Synagoge. Während der Jom-Kippur-Feierlichkeiten weint jeder; die bewegende Melodie des *Chazan*[218] gleicht einem langen Schluchzen. In bestimmten Momenten weint er um die gesamte Gemeinschaft, die er repräsentiert... Die Tränen sind meist eher mit Emotionen verbunden, die sich nicht unterdrücken lassen, als mit Szenen des Streits. Ein fünfjähriger Junge konnte an der Leiche seines verstorbenen Großvaters nicht weinen: „Ich musste gekniffen werden, um die Tränen herauszubekommen. „Auf dem Rückweg vom Friedhof, wo sein Vater gerade beerdigt worden war, provozierte ein vor Trauer fassungsloser Junge diesen Kommentar: „Schau Berl, er weint nicht, er ist gleichgültig! Ich habe sofort angefangen, ununterbrochen zu weinen". Eheschließungen, Beerdigungen und die Feier von Jom Kippur sind fast obligatorische Anlässe zum Weinen[219]." Der Schriftsteller Joseph Roth hat in seinem Buch „*Wandernde Juden"* an diese Leiden erinnert, als er die „wahre und warme Tradition" beschrieb, die in den Schtetls in Mitteleuropa herrschte. Hier ist ein

---

[216]Léon Poliakov, *Histoire de l'antisémitisme, tome I*, 1981, Points Seuil, 1990, S. 326.

[217]Elie Wiesel, *Mémoires, Band I*, Seuil, 1994, S. 38.

[218] Der Chazan: So wird die Person genannt, die den Gesang in der Synagoge leitet. Er singt nicht nur, sondern leitet auch die Gebetsreihenfolge.

[219]Mark Zborowski, *Olam*, 1952, Plon, 1992, S. 322, 292: „Auf ihrem Boden sind die Frauen auch nach ihrem sozialen Rang angeordnet, von vorne nach hinten. In einem seidenen Gemurmel wiederholen sie, während sie diskret ihre jeweiligen Juwelen vergleichen, die Gebete, die ihnen von der *Ziehterke*, einer der wenigen Frauen, die Hebräisch kann, genannt werden. Hinter ihr wiederholen sie jede Silbe und ahmen jede Intonation nach. Wenn die *Ziehterke* sagt: „Frauen, die Stunde der Tränen ist gekommen", weinen sie. „ (*Olam*, S. 45)

Abschnitt, der diesen sehr pittoresken Aspekt des jüdischen Geisteslebens offenbart und der sich am Tag der Großen Versöhnung voll zu entfalten scheint:

Für Jom Kippur schrieb Roth: „Alle, ohne Unterschied: die Reichen sind so arm wie die Armen, denn niemand hat etwas zu essen. Alle sind Sünder und alle beten. Ein Schwindel überkommt sie, sie taumeln, sie geraten außer sich, sie flüstern, sie tun sich weh, sie singen, sie weinen, sie weinen, schwere Tränen fallen in Strömen über ihre alten Bärte, und der Hunger ist verschwunden durch das Werk und die Gnade des Seelenschmerzes und die Ewigkeit der Melodien..." Juden tragen ihre Trauer bei Beerdigungen auf eine ganz besondere und in den Augen der Europäer zweifellos übertriebene Weise nach außen. Bei dieser Gelegenheit, so beschrieb es Joseph Roth, „liegt der Leichnam des frommen Juden in einer einfachen Holzkiste, bedeckt mit einem schwarzen Tuch... Sie jagen den Leichnam fast durch die Straßen. Die Vorbereitungen haben einen Tag gedauert. Kein Toter darf länger als vierundzwanzig Stunden in der Erde bleiben. Das Wehklagen derer, die ihn überlebt haben, muss in der ganzen Stadt zu hören sein. Frauen marschieren durch die Straßen und rufen jedem Fremden, den sie treffen, ihren Kummer zu. Sie sprechen den Verstorbenen an, sprechen ihn liebevoll an, bitten ihn um Verzeihung und Gnade, überziehen sich mit Vorwürfen, fragen ratlos, was sie nun tun werden, versichern ihm, dass sie nicht mehr leben wollen - und das alles mitten auf der Straße, auf dem Weg, in vollem Tempo - während in den Häusern gleichgültige Gesichter herausschauen, Fremde ihren Geschäften nachgehen, Kutschen vorbeifahren und Ladenbesitzer Kundschaft anlocken[220]." Für andere Juden, die verstehen, dass die Traditionen respektiert werden müssen, scheinen solche lautstarken Demonstrationen ganz selbstverständlich zu sein. Es gibt also keinen Grund zur Beunruhigung, und nur Außenstehende könnten sich in diesem Spiel der übertriebenen Dramatisierung verfangen. Schreien, Weinen und Schmähgesänge gehören zum jüdischen Gemeinschaftsleben.

Unternehmertum

1945, nach vier Jahren in den Konzentrationslagern, war Samuel Pisar 16 Jahre alt. Glücklicherweise waren er und seine beiden Kameraden bei bester Gesundheit und machten sich ohne weitere Verzögerung an die „Arbeit":

---

[220]Joseph Roth, *Judíos errantes*, Acantilado 164, Barcelona, 2008, S. 59, 60

„Die Besetzung Deutschlands, so schrieb er, biete allen attraktive und fruchtbare Möglichkeiten. Die in den Lagern erworbene linke Hand, angeregt durch unsere neuen und ehrgeizigen Energien, suchte nach einem Bereich, in dem sie diese in die Praxis umsetzen konnte. Wir haben es schnell gefunden. Die meisten Deutschen lebten in bitterer Armut, im Gegensatz zu den gutmütigen Amerikanern, die in einem einsamen Überfluss lebten, begleitet von einer enormen Verschwendung... Ich traute meinen Augen nicht. Wir könnten als Vermittler zwischen diesen beiden Welten auftreten. Für eine Stange Lucky Strike-Zigaretten könnten wir einen betrunkenen schwarzen GI und eine selbstgefällige deutsche Frau miteinander in Kontakt bringen. „Indem Samuel Pisar und seine Freunde die bedürftigen und verängstigten deutschen Frauen an schwarze amerikanische Männer verkauften, betrieben sie gewissermaßen Zuhälterei und befriedigten wahrscheinlich auch ein unsägliches Verlangen nach Rache am deutschen Volk. Ihre Schlauheit und Gerissenheit grenzte damals an Erpressung und ging bis hin zu Diebstahl und Betrug, wie dieses Zeugnis illustriert:

„Aber unsere wahre Verhandlungsmacht lag im Kaffee, dem höchsten und unerreichbarsten Rohstoff. Ben fand eine Stelle als Kochgehilfe in einem schwarzen amerikanischen Regiment und füllte jeden Morgen bei der Zubereitung des Frühstücks mehrere hundert Portionen Kaffee nach. Dann kam ich mit meinem Motorrad an und lud den ganzen Abfall in meinen silbernen Beiwagen. Ich nahm sie mit in unsere Wohnung, und dort trockneten wir sie im Ofen des alten Kamins. Dann brachten wir ihn in kleinen Säcken, die wir „echten brasilianischen Bohnenkaffee" nannten, zum Markt und tauschten ihn gegen alles Wertvolle ein. Die deutsche Bevölkerung, die schon lange vor dem Krieg dem Ersatzkaffeeregime unterworfen war, war bereit, alle möglichen Opfer zu bringen, um endlich das Aroma und den Geschmack von „echtem" Kaffee zu genießen. Dann haben wir das System diversifiziert... Innerhalb eines Monats hatten wir in der Stadt Landsberg einen echten Bekanntheitsgrad erreicht." Nach der Energie zu urteilen, die diese ehemaligen Deportierten aufbrachten, um ihren Sieg zu genießen, waren die Folgen, die in den Todeslagern zugefügt wurden, letztlich nicht so tiefgreifend. Zugegeben, das Chaos im Nachkriegsdeutschland bot den Kindern Israels allerlei Freuden. Hätte die Situation länger gedauert, wären die drei Compadres zweifellos die „Paten" der Region geworden, die Köpfe einer mächtigen Mafia, wie es einige ihrer Altersgenossen in den Vereinigten Staaten bereits waren, wo sie eine Karriere im Gangstertum gemacht hatten[221]:

„Im Tausch gegen ein Pfund gebrauchten Kaffee erhielten wir eine Flasche erstklassigen *Schnaps*. Für fünf Flaschen dieses Schnapses und eine gutmütige Blondine erklärten sich die amerikanischen Fahrer der riesigen Tanklastwagen bereit, einen Teil ihrer Benzinladung umzuladen. Die neue Aktivität florierte so spektakulär, dass wir kurz davor waren, die gesamte in der Region stationierte amerikanische Division fast außer Gefecht zu setzen... Nico war zu einem lässigen Mann geworden, der Frauen und Anzüge vom feinsten Schnitt sammelte. In einen blauen Mantel gehüllt und mit einem nachlässig geknoteten weißen Schal um den Hals schlenderte er durch die Stadt, seine Silhouette war träge...Die Jahre in den Todeslagern hatten mich davon überzeugt, dass er unsterblich war." Doch der kleine Samuel und seine Freunde wurden erneut mit Antisemitismus und Barbarei konfrontiert: „Eines Morgens ging Nico auf seine Runde und fand sich im Gefängnis wieder. Er wurde in der Wohnung der Tochter eines ehemaligen Wehrmachtsgenerals von zwei amerikanischen Polizisten mit weißen Helmen verhaftet und in einem Jeep der Militärpolizei abgeführt. Ich war schockiert. Ein Opfer der Nazi-Verfolgung wurde erneut seiner Freiheit beraubt. Und um der Provokation die Krone aufzusetzen, war der gute Nico in demselben deutschen Gefängnis inhaftiert, in dem zwanzig Jahre zuvor ein Aufwiegler namens Adolf Hitler saß, der seine Haft nutzte, um dort *Mein Kampf* zu schreiben, und das fand ich ungeheuerlich. Ich fand das ungeheuerlich. Was hatten wir getan, außer effektiv auf das Gesetz von Angebot und Nachfrage zu reagieren[222]?"

Samuel Pisars Reaktion ist sehr symptomatisch für eine bestimmte Mentalität, die manche Betrüger glauben lässt, dass ihnen aufgrund früherer Verfolgungen alles erlaubt ist und dass sie die Ungerechtigkeiten, deren Opfer sie sich fühlen, durch außergesetzliche Selbstkompensationsmaßnahmen korrigieren können. Auch nach Jahren scheint der erwachsene Samuel Pisar nicht zu begreifen, dass seine Betrügereien und sein Handel gegen die Gesetze des Landes verstoßen. Diese Unschuldsbeteuerungen, die selbst bei erdrückenden Beweisen mit großem Eifer vorgetragen werden, ähneln beispielsweise denen des Mörders Pierre Goldman in den 1970er Jahren oder des Betrügers Jacques Crozemarie, der einen Teil der Gelder, die er für den Kampf gegen den Krebs gesammelt hatte, in seiner Tasche

---

[221]Hervé Ryssen, *Planetarische Hoffnungen,* (2022) und *Die jüdische Mafia* (2022).

[222]Samuel Pisar, *La Sangre de la esperanza*, Editorial Planeta, 1990, Barcelona, S. 98-102.

aufbewahrte[223].

Aber es brauchte mehr als das, um Samuel Pisar zu beeindrucken. Inhaftiert, organisierte er eine Gefängnisrevolte: „Ben und ich wurden auch verhaftet... Ich, der sechzehn Jahre alt war, wurde in eine Zelle für junge deutsche Delinquenten gesperrt. Innerhalb weniger Tage gelang es mir ohne Schwierigkeiten, unter den Gefangenen ein derartiges Klima der Rebellion zu schaffen, dass ich in eine separate Zelle gebracht wurde. „In der empörten Rede von Samuel Pisar zeigt sich erneut das jahrhundertealte Bild des Ghettos, das das jüdische Volk von anderen Nationen trennt. Doch sein Aufenthalt im Gefängnis sollte nicht ewig dauern. Samuel Pisar ging nach Australien, dann in die Vereinigten Staaten und nach Frankreich, wo er seine geschäftlichen Aktivitäten fortsetzte und zu einem Millionär und Philanthropen wurde. „Er war im Herzen ein Amerikaner[224]", schrieb er. Er liebte auch Frankreich, das Heimatland der Menschenrechte, wo er zu den Finanziers der sozialistischen Partei von François Mitterrand gehörte.

Samuel Pisars Aussage deckt sich mit einem Artikel von Arnold Mandel, der im November 1977 in der jüdischen Gemeindezeitschrift *L'Arche* veröffentlicht wurde: In den „Trümmern Berlins" traf man 1945 tatsächlich auf „Gruppen jüdischer Überlebender, die unorthodoxen, um nicht zu sagen *„kascherischen"*, gewinnbringenden Tätigkeiten nachgingen", schrieb Arnold Mandel und führte weiter aus, dass „sie nicht mehr glaubten, moralische Verpflichtungen zu haben." Elie Wiesel berichtete, dass auch andere Überlebende des Holocausts enorm reich geworden sind, um dem Rest der Menschheit zu zeigen, dass das Leben nicht vorbei ist: „Einige haben ihr Leben dem Ziel gewidmet, ein Vermögen zu machen. Normal. Nachdem sie alles verloren hatten, wollten sie sich ein neues Leben aufbauen, möglichst wohlhabend sein und eine Familie gründen. Reich, oft sehr reich, brauchten sie viele Jahre, um sich ihrer Aufgabe bewusst zu werden und sich am Kampf gegen das Vergessen zu beteiligen. Erst jetzt holen sie auf." Wiesel erzählte uns dann vom Erfolg eines Freundes und hinterließ ein malerisches Bild vom Erfolg einiger aufstrebender Juden: „Meine Artikel in der jiddischen Presse und in der *Nacht* brachten mir die Freundschaft eines Mannes namens Yossel und seines Kreises ein. Von kleiner Statur, überquellend vor Vitalität, mit einem funkelnden, schelmischen Auge, voller Phantasie, ein Liebhaber von rasanten Geschichten und ketzerischen Anekdoten, fiel mir Yossel zuerst durch

---

[223]Hervé Ryssen, *Planetarische Hoffnungen* und *die jüdische Mafia*.

[224]Samuel Pisar, *La Sangre de la esperanza*, Editorial Planeta, 1990, Barcelona, S. 102, 168.

die Brillanz seiner primitiven Sprache und seinen fürstlichen Lebensstil auf: Er lebte in einer luxuriösen Wohnung, die mit Gemälden von Meistern gefüllt war. Der gebürtige Pole, ein Veteran von Auschwitz und Belsen, sprach ununterbrochen und ohne die geringste Hemmung darüber. Ich gebe zu, dass es mich zunächst ärgerte... In der Malerei zeigte er guten Geschmack, wie seine Picassos, Chagalls, Renoirs und Manets[225] beweisen. „Der Besitz einer Villa mit Gemälden von Meistern, die ein Vermögen wert sind, ist zweifellos eine schöne Rache an den Gaskammern.

Diese Fähigkeit vieler Juden, schnell reich zu werden, hat schon immer den Neid der übrigen Bevölkerung in allen Ländern geweckt. Das ist nichts Neues, und es betrifft nicht nur „Christen". Leon Poliakov, einer der großen Historiker des Judentums, berichtete beispielsweise über den Fall von Semuel Ibn Nagrella im muslimischen Al-Andalus des 11. Jahrhunderts und den Hass, den sein unverschämtes Vermögen hervorrief. Semuel Ibn Nagrella war ein allmächtiger Minister des Königs Badis ben Habus von der Taifa von Granada, der den muslimischen Dichter Abu Ishaq von Elvira erzürnt hatte:

„Das Oberhaupt dieser Affen hat seine Residenz mit kostbaren Marmorintarsien geschmückt; er hat Brunnen bauen lassen, aus denen das reinste Wasser fließt, und während er uns vor seiner Tür warten lässt, verhöhnt er uns und unsere Religion. Wenn er sagen würde, dass er so reich ist wie du, mein König, dann würde er die Wahrheit sagen; beeil dich, ihm die Kehle durchzuschneiden und ihn als Brandopfer darzubringen, ihn zu opfern, er ist ein fetter Widder! Auch seine Verwandten und Verbündeten wurden nicht verschont; auch sie haben immense Schätze angehäuft..." Für die Familie von Ibn Nagrella nahm die Affäre ein schlechtes Ende. Im Jahr 1066 wurde sein Sohn Joseph Ibn Nagrella, der ihm nachfolgte, während eines kurzen Volksaufstandes vom zügellosen Mob gekreuzigt und „eine große Anzahl von Juden wurde getötet; es scheint, dass die Überlebenden Grenada für einige Zeit verlassen mussten[226]", so Leon Poliakov. Es ist eines der wenigen Beispiele aus der Feder eines jüdischen Autors, in dem der Antisemitismus der Bevölkerung mehr oder weniger erklärt wird.

Diese Gier wurde auch in diesem aktuelleren Beispiel in einem Artikel in der Wochenzeitung *Le Point* vom 9. Februar 2006 mit dem Titel „Steven Cohen, der Wall Street Boss" dargestellt. Steven Cohen, der „Star der Börse", hält sich gerne bedeckt: „Der wahre Chef der Wall

[225]Elie Wiesel, *Mémoires, Band I*, Seuil, 1994, S. 444.
[226]Léon Poliakov, *Histoire de l'antisémitisme, tome I*, 1981, Points Seuil, 1990, S. 104.

Street lebt nicht in Manhattan, sondern in einem Haus in Greenwich (Connecticut), das von einer vier Meter hohen Mauer umgeben ist. Steven Cohen, 49, lässt sich nur selten blicken... Im Jahr 2005 hat er 500 Millionen Dollar in die Tasche gesteckt. Was ist sein Geheimnis? Er weiß alles vor allen anderen. Seine Augen kleben an den Kontrollbildschirmen, er analysiert Tausende von Daten und wird wütend, wenn die Analysten der Wall Street ihm nicht die richtigen Informationen liefern. Die Anleger, die ihm ihr Geld anvertrauen (4 Milliarden Dollar), bezahlen ihn teuer für seine Dienste: Cohen erhält 3% der Summen als Verwaltungsgebühren (gegenüber einem Durchschnitt von 1,44%) und 35% der Gewinne (gegenüber einem Durchschnitt von 19,2%). „Cohen bekennt sich zum totalen Kapitalismus: „Man isst, was man tötet", sagt er zu seinen *Maklern*, die auf der Grundlage ihrer Fähigkeiten und Leistungen entlohnt werden." Juden haben im Allgemeinen sicherlich die Fähigkeit, sich leichter zu bereichern als andere. Das Nachkriegsdeutschland war zweifelsohne ein geschäftsfreundliches Terrain für diejenigen, die im Handel und in der Geldverwaltung begabter waren. Die chaotische Situation in Russland nach dem Zusammenbruch der Sowjetunion war, wie in Deutschland 1945, eine goldene Gelegenheit für viele jüdische Geschäftsleute, die die Situation ausnutzten, indem sie ehemalige Staatsbetriebe zu Schleuderpreisen aufkauften. Innerhalb weniger Jahre erwarben sie den größten Teil des russischen Reichtums und häuften kolossale Vermögen an, bis Wladimir Putin, der zum Präsidenten gewählt wurde, einen Volkswiderstand anführte, den einige als „antisemitisch" beurteilten, und die „russische Mafia" zerschlug, die in Wirklichkeit nichts anderes als eine jüdische Mafia russischen Ursprungs war. Auch dort war der Liberalismus nichts anderes als das Gesetz des Fuchses im Hühnerstall[227].

Die sehr lange Tradition der Juden, Profit und Gewinn zu erwirtschaften, wurde bereits von einigen Analytikern erklärt, die die weltliche Praxis des Wuchers durch die Juden seit der Antike, sogar vor der christlichen Ära, hervorhoben. Zusammen mit dem Geist des Talmuds[228] verschaffte ihnen diese lange Erfahrung einen gewissen

---

[227]Hervé Ryssen, *Planetarische Hoffnungen* und *die jüdische Mafia*.

[228]„Denn der Herr, dein Gott, wird dich segnen, wie er dir gesagt hat, und du sollst vielen Völkern leihen, und du sollst von niemandem borgen müssen; du sollst über viele Völker herrschen, und sie sollen nicht über dich herrschen."(*Deuteronomium 15,6-8*); „Wie wir in einer Mischna gelernt haben: Rabbi Jischmael sagt: Wer weise sein will, sollte sich den Geldgesetzen widmen, denn es gibt keine größere Disziplin in der Tora, denn sie sind wie ein fließender Brunnen, aus dem ständig Neuerungen hervorsprudeln. „(Talmud, *Berakhot 63b*) (NdT).

Vorteil gegenüber anderen, wie Bernard Lazare schrieb:

„Der Jude ist zweifelsohne besser als jeder andere in der Lage, Erfolg zu erzielen... Er ist kühl und berechnend, energisch und flexibel, ausdauernd und geduldig, klar und genau, und all diese Eigenschaften hat er von seinen Vorfahren, den Dukatenhändlern und Händlern, geerbt. Wenn er sich im Handel und im Finanzwesen engagiert, profitiert er von seiner weltlichen und atavistischen Bildung, die ihn nicht intelligenter gemacht hat, wie seine Eitelkeit behauptet, sondern geeigneter für bestimmte Funktionen[229]." Es ist daher nicht verwunderlich, dass unter diesen Bedingungen jüdische Intellektuelle die Verfechter des Liberalismus und der Deregulierung des Marktes sind, da sie besser vorbereitet und gewappnet sind für das Finanzgeschäft, das sie seit Jahrhunderten erfolgreich praktizieren.

Ein unverschämter Erfolg

Die Erfolge jüdischer Finanziers und Geschäftsleute sind allseits bekannt, und es ist allgemein bekannt, dass unter den größten Vermögen der Welt eine völlig unverhältnismäßig hohe Anzahl jüdischer Milliardäre zu finden ist. Tatsächlich stellen Juden die Hälfte aller Milliardäre (in Milliardenhöhe) in den Vereinigten Staaten, während sie nur 2% der Gesamtbevölkerung ausmachen. Bereits im 19. Jahrhundert hatte der rasante Aufstieg der Rothschilds und die gewaltige Macht, die sie in wenigen Jahren angehäuft hatten, in allen europäischen Ländern Misstrauen und Fragen aufgeworfen. Kaum aus dem Ghetto heraus, waren einige jüdische Finanziers an die Spitze aufgestiegen und schienen eine rücksichtslose Herrschaft auszuüben. „Die emanzipierten Juden, die sich schon immer im Wettlauf um den Reichtum hervorgetan hatten, taten dies nun mit doppeltem Eifer, und die politischen und wirtschaftlichen Umwälzungen jener Zeit ermöglichten viele spektakuläre Beförderungen", schrieb Poliakov.[230]

Guy de Rothschild schrieb 1983 über seinen Vorfahren James de Rothschild, den Gründer des französischen Zweigs der Familie und der berühmten Bank in der Rue Lafitte im Jahr 1817: „Er war von Natur aus stolz. Er konnte gelegentlich herrisch, ja sogar verächtlich sein, und es ist bekannt, dass er grausam sprach: „Unsere Minister... sind wie Servietten. Nach einer Weile müssen sie gewaschen werden und ruhen,

---

[229]Bernard Lazare, Der *Antisemitismus, seine Geschichte und seine Ursachen, (1894).* Editions La Bastille, digitale Ausgabe, 2011, S. 159.
[230]Léon Poliakov, *Histoire de l'antisémitisme, tome II*, 1981, Points Seuil, 1990, S. 134.

das macht sie besser." Auch über seinen Vater, einen einflussreichen Mann zwischen den beiden Weltkriegen, schrieb er mit falscher Ironie: „Mein Vater war bekanntlich auch Regent der Bank von Frankreich. Blum und Rothschild: Frankreich gehört zweifelsohne den Juden[231] !"

Der finanzielle Erfolg von Samuel Pisar war ebenso beeindruckend. Seine gesellschaftliche Stellung brachte ihn in Kontakt mit den Größen der Welt und den Filmstars. Pisar beschrieb seinen Lesern mit Genugtuung die Freuden und Vorteile, die es mit sich bringt, ein reicher und einflussreicher Mann zu sein: „Auf meinem Weg von Washington nach Europa machte ich in Lausanne Halt. Ich habe im Haus des Schauspielers Yul Brynner zu Mittag gegessen, in Begleitung meines Freundes, des Regisseurs Anatole Litvak, der göttlichen Audrey Hepburn und des Bankiers Loel Guinness... Es ist aufregend, in Paris mit Catherine Deneuve oder in Madrid mit Ava Gardner zu frühstücken, um den Vertrag für ihre nächsten Filme zu besprechen, und dann nach London zu fliegen und an einem Arbeitsessen in der Rothschild-Bank teilzunehmen. „Tatsächlich schien Samuel Pisar die gleiche Genugtuung zu empfinden, mit seinen eigenen Erfolgen und denen seiner Kollegen zu prahlen. In Bezug auf Louis B. Mayer schrieb er Mayer, schrieb er: „Der Imperator des amerikanischen Kinos, Gründer der legendären Metro Goldwyn Mayer, die Hollywoods größte Stars schuf und wieder absetzte, schlug mir, sobald ich Harvard verlassen hatte, vor, als Anwalt seiner Firma zu arbeiten[232]." Samuel Pisars Leistungen beschränkten sich jedoch nicht auf das Showgeschäft. Er war auch ein einflussreicher Mann, dessen immenses Vermögen für einige politische Ambitionen nützlich sein konnte. Bei den Abendessen, die er zusammen mit seiner Frau bei sich zu Hause gab, kam die Crème de la Crème der damaligen politischen Welt zusammen. Samuel und Judith Pisar, amerikanische Staatsbürger, haben uns gezeigt, dass Juden es verstehen, in ihren Beziehungen offen und vielseitig zu sein:

„Mit Judith, die als Präsidentin des Amerikanischen Kulturzentrums in Paris den Beziehungen zwischen Frankreich und den Vereinigten Staaten und ihrem künstlerischen Austausch neuen Schwung verliehen hat, hatten wir Spaß daran, politische Gegner - mit Ausnahme der Kommunisten - in unsere Einladungen einzubeziehen. Auch sie schienen von diesem Ort begeistert zu sein. Zwischen uns entstand eine subtile Komplizenschaft: Wir waren unschuldige Amerikaner, die, wahrscheinlich aus Unwissenheit, Grenzen und Kreise

---

[231]Guy de Rotschild, *Contre bonne fortune...*, Belfond, 1983, S. 75, 109.

[232]Samuel Pisar, *La Sangre de la esperanza*, Editorial Planeta, 1990, Barcelona, S. 179, 181, 175.

nicht respektierten. Sie waren zu perfekte Vertreter der französischen Höflichkeit, um sich daran zu stören. Was für ein Vergnügen und was für eine schöne Erinnerung, zum Beispiel Pierre Mendès France und Michel Debré zu sehen, die sich in unserem Wohnzimmer herzlich und freundschaftlich unterhielten!...Und Simone Veil im Streit mit Jacques Chirac [Pierre Uri]...An diesem Abend war unser Ehrengast Henry Kissinger. Der ehemalige Außenminister, der die amerikanische Diplomatie der letzten zehn Jahre mit Verve symbolisiert hatte, teilte meine Besorgnis über die politische Verwundbarkeit Westeuropas und insbesondere Frankreichs... (Françoise Giroud im Gespräch mit Jacques Attali) Es war nicht trivial und vor allem nicht entmutigend: Was für ein Land, was für ein Reichtum[233]!"

Er verstand es zwar sehr gut, Sephardim und Aschkenasim zu vermischen, war aber offenbar sehr vorsichtig, Juden nicht mit Gojim zu vermischen. In diesem Fall ging seine Vorliebe für Provokationen nicht so sehr zu Lasten seiner Gäste, die sehr wohl wussten, dass sie nach ihren eigenen weltlichen Bräuchen unter ihnen weilten, als vielmehr zu Lasten seiner nichtjüdischen Leser, die er mit einer gewissen Verachtung zu verspotten schien.

Françoise „Giroud", die sichtlich regelmäßig an den Soireen von Samuel Pisar teilnahm, hat ebenfalls ein interessantes Zeugnis über das weltliche und mediale Leben bestimmter jüdischer Kreise in Frankreich zu dieser Zeit hinterlassen. Gemeinsam mit Jean-Jacques Servan-Schreiber war sie 1953 an der Gründung der großen Wochenzeitung *L'Express* beteiligt und wurde deren Direktorin. Nach ihrem Tod im Jahr 2003 veröffentlichte die Journalistin Christine Ockrent, die Frau des ehemaligen sozialistischen Ministers Bernard Kouchner, eine auf Interviews basierende Biografie, die eine interessante soziologische Chronik dieser liberalen und sozialdemokratischen jüdischen Diaspora darstellt. So schrieb die Wochenzeitung *L'Express* über sie:

„Man muss der Königin gefallen, und jeder versucht, ihr zu gefallen. Wir sind in Versailles. Jean-Jacques regiert als absoluter Monarch und wechselt seine Favoritin nach Belieben aus, aber sie ist die Chefin der Zeitung...". Sie können sich nicht vorstellen, welche Macht *L'Express damals* hatte: Man konnte überall eindringen, in allen Kreisen... Das war vor dem Fernsehen"...Françoise Giroud war die

---

[233]Samuel Pisar, *La Sangre de la esperanza*, Editorial Planeta, 1990, Barcelona, S. 227. *„Simone Veil im Gespräch mit Pierre Uri (anstelle von Jacques Chirac)"* und *„Françoise Giroud im ausführlichen Gespräch mit Jacques Attali"*, in der französischen Fassung *Le Sang de l'espoir*, Robert Laffont, 1979, S. 260, 261.

Chefin dieser Zeitung[234]." Dieser Stolz manifestiert sich auf der materiellen Ebene in einer Weise, die bereits von den großen französischen soziologischen Malern des 19. Jahrhunderts hervorgehoben wurde: „Françoise Giroud bewahrte sich von Kindheit an eine lebenslange Nostalgie und einen Geschmack für Luxus - und stellte ihn sogar auf ostentative Weise zur Schau, wenn sie Zugang dazu hatte. Autos, Schuhe und maßgeschneiderte Kleidung, Fünf-Sterne-Hotels, das Trianon in Versailles oder das Eden Roc in Cap d'Antibes... Daniel Heymann bestätigt: „Sie brauchte kein Geld, sie brauchte Luxus. Ein unstillbares Bedürfnis, mit dem sie sich offen brüstete. Es war die Rache für ihre Kindheit". Jean Daniel erzählte seinerseits: „Françoise hatte eine Leidenschaft für den Erfolg und verschmähte es nicht, damit zu protzen." „

Der durchschlagende Erfolg von Françoise Giroud lässt sich jedoch weder mit ihrem Stil noch mit ihren literarischen Qualitäten erklären, ganz im Gegenteil. Sie hatte vor allem von der Hilfe einer einflussreichen Persönlichkeit profitiert, die sie in den Journalismus eingeführt hatte: Pierre Lazareff. „Die Lazareffs hatten viele Jahre lang Paris regiert", schrieb Giroud selbst, „und sie führten mich in eine gewisse Pariser Gesellschaft ein, die damals brillant und anregend war. „Der allmächtige Besitzer von *Paris-Soir,* der auch Eigentümer von *France-Soir* und *France-Dimanche war,* war offensichtlich ein sehr einflussreicher Mann: „Die Lazareffs waren im Elysée zu Hause[235], sagte Daisy de Galard[236]." Françoise Giroud hat in ihrem Buch *Private Lessons* ein interessantes Detail aus dem Leben dieser Journalistendynastie erzählt: „Die Lazareffs hatten - nach der Pause des Krieges - ihre Vormachtstellung noch nicht gefestigt. Sie haben sich nie wirklich irgendwo niedergelassen. Wo immer sie wohnten, in Villennes, in Louveciennes, wo sie Premierminister und erste Degen aller Ränge empfingen, hatte man das Gefühl, dass nach dem Frühstück der Oberkellner die Garnitur abbauen oder ein Platzanweiser für das Embargo auftauchen würde. Um ihn herum schien alles prekär[237]. „Die „russisch-jüdischen" Lazareffs, die vor dem Krieg nach New York geflohen waren, verfügten noch immer über jene Reflexe, die so tief im

---

[234]Christine Ockrent, *Françoise Giroud, une ambition française,* Fayard, Paris, 2003, S. 20-24.
[235]Elysée-Palast: Die offizielle Residenz des Präsidenten der Französischen Republik.
[236]Christine Ockrent, *Françoise Giroud, une ambition française,* Fayard, Paris, 2003, S. 53, 54, 63-79.
[237]Françoise Giroud, *Leçons particulières,* Fayard, 1990, S. 140. Siehe den Film *Une étrange Affaire (*1981).

Bewusstsein des auserwählten Volkes verwurzelt sind.

Bernard Lazare hat einige sehr deutliche Zeilen über den übermäßigen Stolz einiger seiner Mitmenschen hinterlassen: „Das jüdische Volk, ein energisches, dynamisches und unendlich stolzes Volk, das sich anderen Nationen überlegen fühlte, wollte eine Macht sein. Sie hatten einen instinktiven Hang zur Herrschaft, weil sie sich aufgrund ihrer Herkunft, ihrer Religion[238] und des Charakters einer auserwählten Rasse, den sie sich selbst immer zugeschrieben hatten, über alle anderen zu stellen glaubten. Um diese Art von Autorität auszuüben, konnten sich die Juden die Mittel nicht aussuchen. Das Gold gab ihnen die Macht, die ihnen alle politischen und religiösen Gesetze verwehrten; dies war die einzige Macht, auf die sie hoffen konnten. Als Besitzer von Gold wurden sie die Herren ihrer Herren und beherrschten sie[239]." Jüdische Solidarität

Es ist hinlänglich bekannt, dass Juden untereinander einen hoch entwickelten Sinn für Solidarität haben. Dieses Konzept wird, wie wir bereits gesehen haben, *Ahavat Israel* genannt, d. h. „die Liebe zum jüdischen Volk". Auch wenn Françoise Giroud von dieser Stammessolidarität profitiert hat, ist ihr Fall kein Einzelfall. Die Journalistin Christine Ockrent gab uns ein weiteres Beispiel für diese Solidarität bei der Einstellung von Medienvertretern:

„Jean-Jacques weigerte sich auf Anraten seines Vaters, bei *Les Echos* einzusteigen, wo bereits Schwestern, Cousinen und Partner arbeiteten, und zwar aus Gründen der Rentabilität und des Clangeistes[240]. „Und als er seine eigene Zeitung gründete, handelte Jean-Jacques Servan-Schreiber auf dieselbe Weise: „Bei der Zeitung ist die Familie Servan-Schreiber allgegenwärtig: die Mutter, die Ehefrau, der Schwager, aber auch die Cousine Marie-Claire, die für die Werbung zuständig ist und bald mit Pierre Mendès France[241] zusammenleben

---

[238]Über die Vormachtstellung des jüdischen Volkes kann der Leser in der Heiligen Schrift nachlesen: *Genesis, 27: 29; Exodus, 19: 5, 6; Deuteronomium, 7: 6; Deuteronomium, 14: 2; Deuteronomium, 28: 1, 10; Jesaja, 40: 15; Jesaja, 42: 1-6; Jesaja, 60: 11, 12, 16; Jesaja, 61: 5, 6, 9; Psalmen, 22: 27-28; Haggai, 2: 7-8; Micha, 5: 8; Jeremia, 3: 17; Jeremia, 10: 25; Zephanja, 3: 19-20;* usw., usw., usw.Alle Versionen unter www.Bibliatodo.com. (NdT).

[239]Bernard Lazare, Der *Antisemitismus, seine Geschichte und seine Ursachen, (1894).* Editions La Bastille, digitale Ausgabe, 2011, S. 50.

[240]Christine Ockrent, *Françoise Giroud, une ambition française,* Fayard, Paris, 2003, S. 88, 89.

[241]Premierminister während der 4. französischen Republik.

wird. „Eines Tages erhielt Florence Malraux, die Tochter von André und Freundin von Madeleine Chapsal, der Frau von Jean-Jacques Servan-Schreiber, einen Anruf von JJSS: „Komm und diene Frankreich, dein Platz ist bei uns[242]!"Im Alter von 23 Jahren wird sie Assistentin von Françoise, mit der sie sich ein Büro teilt. Dies ist ein gutes Beispiel dafür, was jüdische Solidarität sein kann.

Simon Nora, Steuerinspektor und Generalsekretär der Kommission für volkswirtschaftliche Gesamtrechnungen, „war einer der vielen jungen Leute in der Verwaltung, die Mendès France für sich gewinnen konnte. Als Freund von Jean-Jacques hatte er viele seiner Kollegen für *L'Express* kooptiert, die bereit waren, ihr Wissen in den Dienst unseres Unternehmens zu stellen - mit anderen Worten, in den Dienst von Mendès France", schrieb Giroud.

„Seit Jahren sehe ich Pierre Mendès France mehrmals pro Woche... Ich habe mit ihm im Umfeld von *L'Express* gearbeitet, ich habe mit ihm alle möglichen Wechselfälle erlebt[243]." In diesem sehr exklusiven Club treffen wir natürlich auch Elie Wiesel: „Mendès France? Ich traf ihn schließlich in New York bei einem Empfang im Weizmann-Institut[244]. „Wir können sehr gut sehen, dass Franz Kafka Recht hatte, als er seine Zeitgenossen an ihren Ethnozentrismus und ihre mangelnde Offenheit gegenüber der Welt der Gojim erinnerte.

Doch die jüdische Solidarität hatte einen weitaus umfassenderen Zweck als bloße berufliche Vetternwirtschaft, denn wir wissen, dass die Wochenzeitung *L'Express* gegründet wurde, „um Mendès Frankreich an die Macht zu bringen", wie Françoise Giroud schrieb. Was den „Dienst an Frankreich" betrifft, so muss klargestellt werden, dass dieser für *L'Express* vor allem darin bestand, die Aktionen der französischen Armee während des Algerienkriegs anzuprangern.

Von außen betrachtet wird diese Solidarität vor allem in der Welt der Kunst, der Unterhaltung und der Kultur sichtbar, wo viele Juden einflussreiche Positionen innehaben. Man braucht nur die Kulturseiten einer beliebigen Zeitung aufzuschlagen, unabhängig von ihrer demokratischen Ausrichtung, um festzustellen, dass die Artikel, in denen dieser oder jener moderne Maler gelobt, dieser oder jener junge Schriftsteller geschmeichelt, diese oder jene junge Schauspielerin oder Filmregisseurin gelobt wird, oft von Juden geschrieben werden, die ihre jüdischen Mitbürger unterstützen. Die Beispiele sind zahlreich, und der

---

[242]Christine Ockrent, *Françoise Giroud, une ambition française*, Fayard, Paris, 2003, S. 118-120, 113.
[243]Françoise Giroud, *Leçons particulières*, Fayard, 1990, S. 187-189, 165
[244]Elie Wiesel, *Mémoires, Band I*, Seuil, 1994, S. 325.

Leser wird sich selbst davon überzeugen können, dass jüdische Künstler und Intellektuelle von einem medialen Resonanzboden profitieren, zu dem nicht jeder Zugang hat. Diese Bevorzugung ließe sich allenfalls dann rechtfertigen, wenn die Begünstigten tatsächlich besser qualifiziert wären als andere und wenn ihre Arbeiten immer besser wären. Wir wollen hier nicht leugnen, dass sich insbesondere in der Musik Komponisten und Interpreten jüdischer Herkunft manchmal als sehr talentiert erweisen. Aber in der Malerei, der Bildhauerei, der Literatur und der Philosophie scheint uns klar zu sein, dass jüdische Autoren und Künstler zu sehr von der systematischen und übereilten Unterstützung ihrer Altersgenossen profitieren, und diese Diskriminierung benachteiligt wahrscheinlich die begabtesten französischen Nichtjuden, die dazu verurteilt sind, im Schatten zu bleiben.

So lesen wir in den Zeitungen, dass Franz Kafka „der größte deutschsprachige Romancier aller Zeiten" ist oder dass Vasili Grossmans Roman *Leben und Schicksal* der „*Krieg und Frieden* des 20. Jahrhunderts" ist. Zum Zeitpunkt dieser Studie erfuhren wir beim Sammeln von Informationen zufällig, dass der Literaturnobelpreis 2005 an den „englischen" Dramatiker Harold Pinter verliehen wurde und damit die Nachfolge der „österreichischen" Elfriede Jelineck[245] angetreten hat. Mit dem Preis wurde somit „einer der großen Namen des zeitgenössischen englischen Theaters" ausgezeichnet. Harold Pinter zeigte sich nach diesem Triumph jedoch bescheiden: „Ich weiß nicht, warum sie mir diesen Preis verliehen haben", gestand der 75-jährige Dramatiker. Die Schwedische Akademie erklärte ihrerseits, sie wolle denjenigen auszeichnen, der „in seinen Dramen den Abgrund unter dem Geschwätz entdeckt und einen Durchgang in die geschlossenen Räume der Unterdrückung erzwingt. „Dieser einzige Satz ist aufschlussreich genug, um die Beweggründe der Jury zu verstehen. Harold Pinter ist in der Tat der Sohn eines jüdischen Schnitzers, der 1930 in East London geboren wurde:

„Von klein auf dem Antisemitismus ausgesetzt, wird er sich auch tief... [blah blah blah]... [bla bla bla]... Aber Harold Pinter hat auch für Film und Fernsehen geschrieben. Er ist Mitarbeiter des Regisseurs Joseph Losey, für den er das Drehbuch zu *The Servant* (1963) schrieb. Seit den 1970er Jahren setzt er sich für die Menschenrechte ein und kritisiert den Liberalismus von Margaret Thatcher und die Politik der USA in Lateinamerika. Ende der 1980er Jahre widmete er sich in seinen

---

[245]Hervé Ryssen, *Planetarische Hoffnungen*, (2022).

Werken zunehmend diesem Kampf..." Nun, wie wir sehen, ist es sinnlos, noch weiter zu gehen: Wir haben es mit einem „engagierten" Autor zu tun, und das ist offensichtlich das Wichtigste, um den Nobelpreis und den damit verbundenen Scheck zu erhalten. Das von Pinter geschriebene Drehbuch von *Der Diener* ist sehr aufschlussreich für die kosmopolitische Mentalität: Ein junger englischer Aristokrat, anmaßend und genügsam, stellt einen Diener für seine Dienste ein. Ersterer wird allmählich in Alkoholismus und Ruin versinken, während letzterer, sehr würdevoll, seinen Herrn immer mehr dominieren wird. Diese systematische Tendenz, Werte umzukehren und zu dominieren, ist sehr symptomatisch für die hebräische Mentalität, wie wir weiter unten sehen werden.

Hier ein weiteres Beispiel jüdischer Solidarität unter Tausenden: Die Wochenzeitung *Le Point* vom 13. Oktober 2005 veröffentlichte in ihren Kulturseiten einen Artikel über eine andere Dramatikerin, Yasmina Reza:

„Yasmina Reza ist die Königin des zeitgenössischen Theaters. Der Erfolg stellte sich am Abend des 28. Oktober 1994 mit ihrem Stück *Art* ein, das von Patrick Kerbrat inszeniert wurde. Ein Stück, das in anderthalb Monaten geschrieben wurde. Eine Welttournee, Begeisterung, volle Häuser, Beifall. Von Tokio bis New York, elegante Premieren, nicht enden wollender Applaus, Agenten in Smokings, gute Übersetzer, neidische Autoren und herzliche Schlagzeilen: Dank ihr erstrahlt das französische Theater wieder in neuem Glanz. Kurzum: die Entourage und die Krone des Erfolgs. Außerdem hat sie eine lange Silhouette wie Yvonne de Galais, einen ägyptischen Hals, ein etruskisches Auge, einen Rock, um über die Bretter von Deauville zu schreiten, die zarte Vibration der Stimme einer Geliebten... Weder der Tod noch die Verzweiflung des Herzens, die wir spüren, beeinträchtigen ihren Stil: keusch und stilvoll, heimlich, rein, neu, weiß, mit Alençon-Stich gestickt... Yasmina, die Redselige... setzt das Werk von Nathalie Sarraute fort". Zunächst ist anzumerken, dass der Journalist von *Le Point* in einem eher zweifelhaften Französisch schreibt und es daher merkwürdig ist, dass er eine Kolumne in einer Wochenzeitung mit hoher nationaler Auflage hat. Er kann seinen Artikel mit „Jacques-Pierre Amette" oder wie auch immer unterschreiben, es ist uns egal. Aber was seine bezaubernde Yasmina betrifft, so können wir ihr wahrscheinliches Talent nicht leugnen, auch wenn sich uns die Anmut ihres Stils nicht erschlossen hat. Wir bezweifeln jedoch, dass sie in anderthalb Monaten ein ewiges Meisterwerk hätte schreiben können. Es stimmt zwar, dass der Erfolg eines Schriftstellers wie Marc Lévy zeigt, dass das, was sich heutzutage am besten verkauft, keine Garantie für Qualität ist. Und um der demokratischen Masse zu gefallen, muss man tiefer zielen. Und schließlich sind wir froh, dass die Sephardim, von Nathalie Sarraute bis Yasmina Reza, die Aschkenasen abgelöst haben. Schließlich ist es nur fair, dass jeder seinen Teil vom Kuchen abbekommt.

Aber es reicht nicht aus, gute Bücher und Theaterstücke zu schreiben, man muss auch wissen, wie man sie verkauft. Der große Elie Wiesel verriet einige seiner Marketingmethoden, die er für eine seiner Veröffentlichungen verwendete. Als er eines Tages eine seiner alten und sehr reichen Freundinnen, eine gewisse Kathleen, traf, bot sie ihm enthusiastisch an, sein Buch an die Spitze der Verkaufscharts zu katapultieren: „Aufgeregt rief sie mich in die Redaktion des *Jewish Daily Forward* (jiddisch: die *Forverts*) zu kommen. Ich war auf der Durchreise nach New York, und sie lud mich ein, sie im luxuriösen Sherry Netherlands Hotel an der Fifth Avenue zu treffen... Wenn ich sie ließe, sagte sie mir, sie sei bereit, sofort tausend Exemplare meines Romans zu kaufen, um ihn auf die Bestsellerliste zu bringen[246]." Jüdische ethnische Solidarität gibt es auch in vielen anderen Bereichen: sei es bei der Wahl des Kabinettssekretärs eines Ministers, bei der Einstellung eines neuen Managers oder bei der großen Großzügigkeit wohlhabender Spender für die Armen in der jüdischen Gemeinschaft. Aber historisch gesehen ist diese Solidarität viel „hörbarer", wenn es zu einem Gerichtsverfahren kommt.

Natürlich ist der Fall Dreyfus bekannt, ein sehr berühmter Fall am Ende des 19. Jahrhunderts, als der Hauptmann beschuldigt wurde, ein Spion im Dienste Deutschlands zu sein. Es sei daran erinnert, dass der Fall Dreyfus auf die berühmte Panama-Affäre folgte, in die zahlreiche politische Mitarbeiter des republikanischen Regimes und einige wichtige jüdische Persönlichkeiten verwickelt waren. Dieser neue Fall war daher eine gute Gelegenheit, seinen Ruf auf Kosten der Katholiken und Nationalisten zu verbessern.

Ein ähnliches Drehbuch sollte sich in den 1950er Jahren in den Vereinigten Staaten mit dem Fall der Rosenbergs wiederholen. Sie wurden der Spionage für die Sowjetunion beschuldigt und auch von der „internationalen Mediengemeinschaft" unterstützt. In seinem Buch *Antisemitic Hatred (Antisemitischer Hass)* erinnert Serge Moati an diese tragische Episode, in der der Antisemitismus an Schrecken grenzte:

---

[246]Elie Wiesel, *Mémoires, Band I*, Seuil, 1994, S. 344.

„Julius und Ethel Rosenberg, so schrieb er, verkörperten die idealen Schuldigen: Juden, Progressive, potenzielle Doppelverräter. Trotz einer internationalen Kampagne wurden sie 1951 ohne Beweise verurteilt und 1953 auf dem elektrischen Stuhl hingerichtet. Von den Ultrakonservativen stark verdächtigt, bolschewistische Agenten in Amerika zu sein, wurden die Juden in Europa von Stalin und seinen Anhängern beschuldigt, Agenten des internationalen Kapitalismus zu sein[247]. „Wieder einmal wurden unschuldige und wehrlose Juden zu Unrecht verurteilt[248].

Wir müssen jedoch feststellen, dass „Anschuldigungen" der Spionage gegen Juden in der Geschichte regelmäßig vorkommen. Jacques Attali erinnerte daran, dass diese „Anschuldigungen" nicht neu und aktuell sind: „Im Jahr 1744 beschloss Kaiserin Maria Theresia, die Juden aus Böhmen zu vertreiben, da sie beschuldigt wurden, für die Preußen spioniert zu haben. „Glücklicherweise konnten die Unglücklichen auch auf die tatkräftige Unterstützung ihrer Gemeinde zählen: „Wolf Wertheimer alarmierte daraufhin die Gerichtsvollzieher und Gemeindevorsteher in Rom, Bordeaux, Bayonne, Frankfurt, Amsterdam, London und Venedig. Die Gemeinde in Rom intervenierte beim Papst; die Gemeinden in Bordeaux und Bayonne organisierten Sammlungen für die Vertriebenen. Auf Bitten der Juden in ihrem Umfeld intervenierten der König von England und die Generalstaaten der Niederlande bei Maria Theresia, die schließlich das Ausweisungsdekret gegen die Zahlung von 240.000 Gulden für Wolf Wertheimer und seine Freunde[249] aufhob." In Frankreich erinnert man sich auch an den Fall Pierre Goldman, der in den 1970er Jahren großes Aufsehen erregte. Dieser zum Gangster gewordene ehemalige kommunistische Aktivist wurde Ende 1969 in Paris mehrerer bewaffneter Raubüberfälle und des Mordes an zwei Apothekern beschuldigt. Goldman gestand drei Raubüberfälle, die er mit seinen Freunden aus Guadeloupe begangen hatte, leugnete jedoch stets den Doppelmord an der Apotheke am Boulevard Richard-Lenoir, obwohl mehrere Zeugen ihn zuverlässig identifiziert hatten.

Seine Überzeugungskraft war so groß, dass es ihm gelang, nicht nur die Unterstützung der jüdischen Gemeinde, sondern auch die des Showbusiness und der politischen Aktivisten zu gewinnen. Seine

---

[247]Serge Moati, *La Haine antisémite*, Flammarion, 1991, S. 149.

[248]Amerikanische und sowjetische Archive bestätigten seine Schuld.

[249]Jacques Attali, *Los Judíos, el mundo y el dinero*, Fondo de cultura económica, 2005, Buenos Aires, S. 283. Wolf Wertheimer, ein Palastjude und Sohn von Samson Wertheimer, war um 1740 der Bankier von Maria Theresia.

ehemaligen Kameraden, die die Mai 68-Revolte angeführt hatten, Alain Geismar und Alain Krivine, sowie sein alter Freund Marc Kravetz, bekundeten ihre Solidarität. Im September 1974 wurde Goldman dennoch vom Pariser Strafgericht zu einer lebenslangen Haftstrafe verurteilt. Das Urteil löste im Gerichtssaal große Emotionen aus. Die Menge der Freunde von Pierre Goldman schrie und beleidigte die Geschworenen. Pierre Goldman sagte daraufhin würdevoll: „Die Absurdität dieses Urteils entspricht, wenn ich so sagen darf, vollkommen meinem Schicksal, meiner grundsätzlichen Eignung, angeklagt zu werden." Pierre Mendès France, Joseph Kessel, Régis Debray, Yves Montand, Simone Signoret, Philippe Sollers, Eugène Ionesco und viele andere äußerten sich in einem Kommuniqué „empört". Aber es gab noch Hoffnung, denn Goldman hatte das Recht auf ein zweites Verfahren.

In der Zwischenzeit schrieb er im Gefängnis seine 1975 veröffentlichten *Memoiren*, in denen er seine Unschuld beteuert und nicht zögert, das gesamte politische und juristische System anzuklagen: „Vergessen wir nicht, dass die Polizei 1970 Jagd auf Linke machte und dass ich für sie der Archetyp des Linken war, ein bewaffneter Linker, ein Linker, der in einer Guerilla gewesen war, ein Linker, der in Verbrechen verwickelt war...Es ist an der Zeit, dass ich hier und jetzt sage, dass ich als Unschuldiger, als Jude und Freund der Schwarzen, als linksradikaler Aktivist oder als Linker rassistischen, ideologischen, polizeilichen Verfahren unterworfen wurde...Dieser Prozess war offensichtlich rassistisch... Ich war Jude. Ein Jude, der auch keinen Wunsch nach Integration oder Assimilation hatte. Die meisten meiner Freunde stammten von den Westindischen Inseln, und das kam in den Diskussionen bei der Verhandlung deutlich zum Ausdruck[250]." Für Goldman veranschaulichte sein persönlicher Fall einmal mehr die Verfolgungen, die gegen unschuldige Juden im Laufe der Jahrhunderte durchgeführt wurden: „Es gab die Solidarität der Juden", schrieb er. Von Juden, die sich als Juden betrachteten, und von Juden, die sich nicht als Juden betrachteten. Von kommunistischen Juden und konservativen Juden. Von zionistischen, antizionistischen und nicht-zionistischen Juden. Alle hatten in diesem Prozess gespürt, dass sie Juden waren, und dass ich dort ganz und gar jüdisch war, für mich, für die Juden, für die anderen... Diese rein jüdische Solidarität bewegte mich; ich hatte für einen Augenblick einen Zugang zur jüdischen Mystik: Ich war ein Verbrecher, ein Dieb, aber zu Unrecht des Mordes beschuldigt, zu

---

[250]Pierre Goldman, *Souvenirs obscurs d'un Juif polonais né en France*, Points Seuil, 1975, S. 227.

Unrecht verurteilt, ich hatte für einen Augenblick die Juden vor der Justiz der Nichtjuden vertreten[251]." Offensichtlich hat das Buch den Goncourt-Preis gestreift". Der zweite Prozess fand im Mai 1976 in Amiens statt. Einige Tage zuvor hatte François Mitterrand erklärt, er glaube nicht an die Schuld von Pierre Goldman. Die Schauspielerin Simone Signoret kam sogar, um ihn bei der Anhörung in Amiens zu unterstützen. Schließlich fiel das Urteil: Pierre Goldman wurde des Doppelmordes in der Apotheke für nicht schuldig befunden, aber für die drei Raubüberfälle zu 12 Jahren Gefängnis verurteilt. Es war ein großer Sieg „für Gerechtigkeit und Demokratie". Goldman wurde schließlich kurz darauf freigelassen und veröffentlichte 1977 einen Roman mit dem Titel *L'ordinaire mésaventure d'Archibald Rapoport (Der gewöhnliche Unfug von Archibald Rapoport)*, in dem er verschleiert zugab, dass er tatsächlich an den Morden schuldig war, für die er angeklagt und schließlich freigesprochen worden war.

Der Held des Romans war ein ausgestoßener Jude, ein wahnsinniger Mörder, der Polizisten und Richter tötete. Arnold Mandel gab in der jüdischen Monatszeitschrift *L'Arche* im November 1977 eine kurze Einführung in den Roman, in der er in Halbworten das Verhalten von Goldman verurteilte, der sich offensichtlich mit seinem Romanhelden und „dem unzulässigen Slogan" identifizierte, den sich seine Figur zu eigen gemacht zu haben schien: „*Tov chebagoyim harog*: der beste der Gojim, töte ihn. „Neben jedes seiner Opfer stellte Archibald einen „*olisbos*", eine Art künstlichen Phallus. Dann erfuhren wir, dass auch Archibald kein Christentum im Herzen trug: „Archibald schaute auf seinen Schwanz. Es hatte die schreckliche Form eines Kruzifixes, an dem er wütend und schmerzlos riss." Alle Freunde von Goldman könnten sich zu Recht durch seine Halbgeständnisse betrogen fühlen. Alle waren getäuscht worden. Diese Gelassenheit von Goldman ist ein weiterer charakteristischer Zug. Fünfunddreißig Jahre später wurden zwei Bücher über die Figur Pierre Goldman veröffentlicht, in denen sich herausstellte, dass der wichtigste Alibizeuge, Joel Cautric, zugab, gelogen zu haben. Pierre Goldman lebte jedoch nicht lange nach seiner Entlassung. Er wurde im September 1979 auf offener Straße von zwei Männern erschossen, die sich für seine Tat verantwortlich erklärten: „Nachdem die Justiz einmal mehr ihre Schwächen und ihre Nachlässigkeit unter Beweis gestellt hat, haben wir getan, was unsere Pflicht war. „Für den Philosophen André Glucksmann war dies zwangsläufig ein „antisemitisches Verbrechen", wie er am 27.

---

[251]Pierre Goldman, *Souvenirs obscurs d'un Juif polonais né en France*, Points Seuil, 1975, S. 268, 278.

September 1979 in der progressiven Tageszeitung *Libération* schrieb: „Pierre Goldman hat aus jedem Menschen einen Juden gemacht". Offensichtlich.

Maurice Rheims, Mitglied der Académie française, schrieb über die jüdische Solidarität: „Seit meiner Kindheit ist das Jüdischsein mit mehr Sorgen als Gewissheiten verbunden. Wenn mein Vater zufällig bei der Lektüre der *Temps* von einer hässlichen Affäre oder einem schlimmen Verbrechen hörte, in das ein Herzog, ein Behr, ein Levy verwickelt waren, und wenn der Fall Dreyfus auf unserem Tisch lag, erinnere ich mich, dass wir uns alle verantwortlich fühlten[252]." Der neokantianische Philosoph Hermann Cohen (1842-1916) geißelte seine Mitmenschen mit den Worten: „Schau in den Spiegel! Das ist der erste Schritt zur Selbstkritik. Daß ihr einander furchtbar ähnlich seid und daß das Fehlverhalten eines von euch daher allen angelastet wird, dagegen ist nichts zu machen[253]..." Jahrhunderts von dem berühmten österreichischen Juden Otto Weininger beschrieben, der in der Analyse der besonderen Mentalität seiner jüdischen Mitbürger in der „Solidarität" der Juden nur die Manifestation eines klaren Gemeinschaftsinteresses sah:

„Der Antisemitismus geht fälschlicherweise davon aus, dass es eine bewusste Übereinkunft unter Juden gibt, und spricht von „jüdischer Solidarität". Dies ist eine leicht verständliche Verwechslung. Wenn gegen einen Fremden, der dem Judentum angehört, eine Anschuldigung erhoben wird, fühlen sich alle Juden innerlich zu seinen Gunsten veranlasst und wünschen, hoffen und suchen, seine Unschuld zu beweisen. Aber man sollte nicht meinen, dass der Betreffende sie deshalb interessiert, weil er ein jüdisches Individuum ist, dass sein individuelles Schicksal wegen dieses Zustandes in ihnen größeres Mitleid erweckt, als wenn er ein zu Unrecht verfolgter Arier wäre. Nein, das ist nicht die Ursache. Die erwähnten Phänomene der unfreiwilligen Parteilichkeit sind einzig und allein auf die Bedrohung zurückzuführen, die über dem Judentum schweben könnte, auf die Furcht, dass ein schädlicher Schatten auf die Juden als Ganzes oder, besser gesagt, auf alles, was mit ihnen zusammenhängt, auf die Idee des Judentums[254]

---

[252]Maurice Rheims, *Une Mémoire vagabonde*, Gallimard, 1997, S. 81.

[253]Léon Poliakov, *Histoire des crises d'identités juives*, Austral 1994, S. 123.

[254]Otto Weininger, *Geschlecht und Charakter*, Ediciones 62 s|a Barcelona, 1985, S.306. „Dieses Leitmotiv kehrt immer wieder: „Alle Juden sind füreinander verantwortlich". Wenn jemand in der Gemeinschaft seinen Pflichten nicht nachkommt oder „über die Stränge schlägt", wird er zum „Sünder in Israel". Sein Fehlverhalten droht auf alle zurückzufallen. " (Mark Zborowski, *Olam*, 1952, Plon, 1992, S. 214). „Das Vergehen an einem selbst betrifft auch andere: „Was mit Israel geschieht, betrifft auch mich."

fallen könnte." Wir verstehen besser, warum sich die „internationale Mediengemeinschaft" systematisch in ihrer Gesamtheit mobilisiert, um einen Mitmenschen zu verteidigen, wenn er oder sie in die Maschen der Justiz der Nichtjuden gerät.

Ethnozentrismus

Jüdische Solidarität zeigt sich auch in ihrem Stolz auf die Arbeit, die frühere Generationen geleistet haben. Jüdische Intellektuelle preisen die historischen Erfolge ihrer jüdischen Mitbürger in Kultur und Wissenschaft an und zögern nicht, deren Genialität selbst in den zweifelhaftesten Fällen zu bewundern. Diese Solidarität zeigt sich hier in Form eines verschärften Ethnozentrismus.

In Österreich-Ungarn zu Beginn des 20. Jahrhunderts und insbesondere in Wien wurde das kulturelle Leben weitgehend von einer umtriebigen jüdischen intellektuellen Elite geprägt. Kaiser Franz-Josef, der sie als die treuesten Untertanen seines Reiches betrachtete, gewährte ihnen 1867 die völlige Gleichstellung mit anderen Nationalitäten. Zehntausende von Juden strömten in die Hauptstadt, um sich zu bereichern oder um ihren Kindern Studium und Karriere zu ermöglichen. Wien war die Heimat von Schriftstellern wie Stefan Zweig, Joseph Roth und Karl Kraus, aber auch von Musikern wie Arnold Schönberg und Gustav Mahler, nicht zu vergessen natürlich der berühmte Sigmund Freud. Stefan Zweig und Joseph Roth haben recht pittoreske Schilderungen darüber hinterlassen, wie diese Berühmtheiten sich gegenseitig unterstützten und den Mitgliedern der Bruderschaft[255] schmeichelten.

Guy Konopnicki unternahm die gleiche apologetische Anstrengung, allerdings um die nachfolgende Generation im Berlin der Weimarer Republik zu loben. Mit großem Stolz und Genugtuung rühmte er diese glanzvolle Ära: „Das Berlin von Döblin, von Berg, von Hindemith, von Piscator, von Fritz Lang, das Berlin, das die vielleicht außergewöhnlichste kulturelle Blüte aller Zeiten beherbergte. „Diese kulturelle Blüte verdanken wir natürlich den wunderbaren Juden", so der Publizist: „Selten waren Malerei, Musik, Film und Literatur so reichhaltig und vielfältig wie im Berlin der Weimarer Republik. Und wie in Amerika oder wie in Paris in seiner Blütezeit gab es in Berlin eine ganze Fauna von internationalen Künstlern." Konopnicki räumte

---

(*Olam*, S. 413).
[255]Hervé Ryssen, *Planetarische Hoffnungen*, (2022).

aber auch ein, dass Berlin nicht das einzige kulturelle Zentrum jener Zeit war, da das kommunistisch beherrschte Moskau damals mit der deutschen Hauptstadt konkurrierte.

Er schwärmt von den großartigen Werken seiner sowjetischen Landsleute: „Die Jahre der Revolution waren wie die der Weimarer Republik von einer außerordentlichen Blüte des literarischen und künstlerischen Schaffens geprägt. Malewitsch, Chagall, Suprematismus, Futurismus, Tinianov, Alexander Bloc, Maiakovski, Mandelstam, Meyerhold und viele andere... Was für eine Ära[256]!"

Das bedeutet, dass die deutsche und die russische Kultur ohne die Juden auf fast nichts reduziert wurden. Auf die gleiche Weise werden wir verstehen, dass Konopnickis Hingabe an die amerikanische Kultur Ausdruck derselben kommunitären Tendenz war.

Es war derselbe ethnozentrische Stolz, den Alfred Grosser 1989 in seinem Buch „Verbrechen und Erinnerung" zum Ausdruck brachte: „Der Beitrag der „deutschen Staatsbürger israelitischen Glaubens" zum kulturellen, wissenschaftlichen, medizinischen und juristischen Leben des Weimarer Deutschlands ist um so umfangreicher und sichtbarer, als die erste deutsche Republik neben ihren vielen Schwächen eine Art kurzes goldenes Zeitalter einer Kultur und Zivilisation darstellte[257]. „Auch hier sehen wir, wie jüdische Künstler und Intellektuelle, und nur sie, die Zivilisation zu schaffen scheinen.

Marek Halter äußerte sich in ähnlicher Weise über die deutschen und österreichischen Juden, die vor dem Nationalsozialismus flohen. Sie sind „die europäische Elite": „In Marseille, das damals etwa 15.000 jüdische Einwohner hatte, wurden die zu Tausenden Ankommenden in kleine, schmutzige Hotels gepfercht. Darunter die europäische Elite: Marc Chagall, Max Ernst, die Kinder von Thomas Mann, Anna Mahler, Franz Werfel, Arthur Koestler, Hannah Arendt, Anna Seghers, Lion Feuchtwanger...Eine ganze verlassene Zivilisation[258]." Diesen Gedanken brachte auch Samuel Pisar zum Ausdruck, als er schrieb: „Die Erfahrung des Dritten Reiches zeigt uns, dass die Wurzel seines Scheiterns darin lag, dass es Männern wie Albert Einstein, Thomas Mann oder Willy Brandt nicht erlaubte, innerhalb seiner Grenzen zu atmen[259]. „Wir möchten jedoch darauf hinweisen, dass das Scheitern des Dritten Reiches vielleicht eher auf die Hunderttausende von Tonnen Brandbomben zurückzuführen ist, die auf seine Städte abgeworfen

---

[256]Guy Konopnicki, *La Place de la nation*, Olivier Orban, 1983, S. 179, 184, 185.

[257]Alfred Grosser, *Le Crime et la mémoire*, Flammarion, 1989, S. 68.

[258]Marek Halter, *La force du Bien*, Robert Laffont, 1995, S. 160.

[259]Samuel Pisar, *La Sangre de la esperanza*, Editorial Planeta, 1990, Barcelona, S. 186.

wurden.

Im Allgemeinen scheinen sich die Juden als anderen Nationen überlegen zu betrachten, und in der Tat taucht dieser übermäßige Stolz in zahlreichen Büchern auf. So brachte Pierre Paraf bereits 1929 diesen Stolz zum Ausdruck: „Er behauptete, das Christentum verdanke dem jüdischen Volk das Beste von sich selbst, er erinnerte daran, dass es ohne unsere heiligen Schriften keine Evangelien gegeben hätte, und dass die Evangelien außerdem manchmal nur ein blasses Abbild von ihnen waren[260]. „Dies war auch die Lehre des Philosophen Jacob Talmon, der die Juden als „Träger einer höheren und älteren Zivilisation"[261] ansah." Sigmund Freud selbst vertrat diese Idee. Er erkannte, dass das Volk Israel „besondere Eigenschaften entwickelte und gleichzeitig die herzliche Antipathie aller anderen Völker erregte. „Für ihn war der „charakteristische Zug der Juden, der ihre Beziehungen zu anderen Völkern beherrscht", vor allem ihr übermäßiger Stolz. Und so hat er es beschrieben:

„Es besteht kein Zweifel, dass die Juden eine besonders hohe Meinung von sich selbst haben, dass sie sich für edler, erhabener und überlegener halten als andere, von denen sie sich auch in vielen ihrer Sitten unterscheiden. „Außerdem erfahren wir dank Freud, dass der Hochmut des jüdischen Volkes auf sehr alte Zeiten zurückgeht, da es schon in der Antike die gleichen Fehler hatte: „Wir kennen die Gründe für diese Haltung und wir wissen, was ihr geheimster Schatz ist. Die Juden halten sich wirklich für Gottes auserwähltes Volk, sie glauben, Gott besonders nahe zu sein, und dieser Glaube gibt ihnen ihren Stolz und ihre selbstbewusste Sicherheit. Nach gesicherten Erkenntnissen haben sie sich schon in hellenistischer Zeit so verhalten, so dass schon damals der jüdische Charakter perfekt ausgeprägt war und die Griechen, unter denen und neben denen sie lebten, auf die jüdische Eigenart genauso reagierten wie ihre heutigen „Gäste"[262]." Nach dem Zweiten Weltkrieg wies der Pressedirektor Jean Daniel auf die Gefahr hin, sich zum „auserwählten Volk Gottes" zu erklären, was von den Gojim als unerträgliche Arroganz empfunden werden könnte, und stellte fest, dass die großen jüdischen Denker der Nachkriegszeit das Bedürfnis hatten, diese „Wahl" neu zu definieren, um sich vor den empörten Reaktionen der Heiden zu schützen: „Was mich am meisten überrascht hat, ist die Schwierigkeit der wichtigsten Juden, die Wahl zu

[260]Pierre Paraf, *Quand Israël aima*, 1929, Les belles lettres, 2000, S. 47.
[261]J.-L. Talmon, *Destin d'Israël*, 1965, Calmann-Lévy, 1967, S. 14.
[262]Sigmund Freud, *Moses und die monotheistische Religion: drei Aufsätze, Gesammelte Werke*, EpubLibre, Trad. Luis López Ballesteros y de Torres, 2001, S. 4417.

definieren. Denken Sie an Martin Buber, Levinas und Leibowitz. Sie alle sagen: Vorsicht, es wäre unsinnig zu glauben, dass wir überlegen sind. Die Wahl ist nicht gegeben, sie ist verdient. Kurz gesagt, sie haben ihre Zeit damit verbracht, den Inhalt von Choice zu zerstören." Martin Buber, Emmanuel Levinas, Franz Rosenzweig und Gershom Scholem „haben ihre ganze Energie darauf verwendet, den Begriff der Erwählung und den des Bundes so neu zu definieren, dass das jüdische Volk nicht die Exklusivität des einen oder des anderen beanspruchen kann... Ihnen zufolge hat Gott für die Juden eine Berufung erdacht, die nur in ihrer Vortrefflichkeit und niemals in ihrer Andersartigkeit oder Überlegenheit spezifisch ist... Jeder kann sich dafür entscheiden, ein Heiliger zu werden, das heißt, ein Jude... Ich bin zu dem Schluss gekommen, dass die Juden von ihrer Wahl nur die Ermahnung behalten sollten, die Besten zu sein, und vom Bund die Verpflichtung, Israel zu einem Leuchtturm für die Völker zu machen[263]. „In der Tat, das ändert alles.

Wir müssen also verstehen, dass die Juden für die Zivilisation einfach „unentbehrlich" sind und dass es unvorstellbar ist, auch nur für einen Moment, dass irgendein Volk der Welt ohne sie auskommen könnte.

Clara Malraux, die Frau des berühmten Ministers von General de Gaulle, schrieb über ihre preußischen Landsleute aus der Zeit der Aufklärung: „Kaum befreit, oft nur vorübergehend, von den schlimmsten Verpflichtungen und Demütigungen, war ihr Beitrag sehr wertvoll, zweifellos unverzichtbar, denn er war von jener besonderen Offenheit des Blicks geprägt, die die Nähe zu verschiedenen Zivilisationen verleiht[264]." Diese Vorstellung von der absoluten Notwendigkeit des Judentums für die Zivilisation wurde wiederum von Martin Buber, einem der großen jüdischen Denker des 20. Jahrhunderts, zum Ausdruck gebracht. In seinem 1982 erschienenen Buch „Judentum" schrieb er: „Die Menschheit braucht das Judentum und wird es bis zum Ende der Zeit brauchen, denn es ist die bedeutendste Verkörperung, die beispielhafteste Darstellung einer der höchsten Bestrebungen des Geistes[265]." Auch der unvermeidliche Jacques Attali äußerte sich zu diesem Thema. Sein Fazit: „Keine der sesshaften Gesellschaften hätte ohne Nomaden überleben können, die Waren, Ideen und Kapital zwischen ihnen transportierten und dafür

[263]Jean Daniel, *La prisión judía. Meditaciones intempestivas de un testigo*, Tusquets, Barcelona, 2007, S. 184, 163, 164, 161.
[264]Clara Malraux, *Rahel, Ma grande soeur...*, Edition Ramsay, Paris, 1980, S. 158.
[265]Martin Buber, *Judaïsme*, Edition Verdier pour la traduction française, 1982, S. 31.

intellektuelle und materielle Risiken eingingen, die kein Sesshafter bereit gewesen wäre einzugehen... Das jüdische Volk spielte die Rolle des Nomaden, der Wohlstand für die Sesshaften schafft. So erfüllten sie ihre Aufgabe, „die Welt zu verbessern"... Das Nomadentum ist keine Überlegenheit, sondern lediglich eine Besonderheit, die sie mit anderen Völkern teilen und die für das Überleben und das Wohlergehen der Sesshaften absolut notwendig ist. „Die Juden" sind der Schlüssel zur Entwicklung der Welt. Es gibt keine sesshafte Entwicklung ohne diese Nomaden. Aber es gibt auch keine Infragestellung der bestehenden Ordnung ohne sie[266]." Das Unglück des jüdischen Volkes ist also ein Unglück für alle Menschen", schrieb Attali und fügte seiner Logik folgend folgende Bemerkung hinzu: „Einem großartigen späteren Kommentar zufolge (*Sukkah 55a*) ist das Verschwinden des Tempels auch eine Tragödie für Nicht-Juden, denn die Hebräer beteten für sie: 'Sie wissen nicht, was sie verloren haben'." Das jüdische Volk steht im Zentrum der Menschheit, und es ist unvorstellbar, dass das Leben auf eine andere Weise konzipiert werden könnte. Die anderen Völker der Erde können ohne die Juden nicht existieren, nicht einmal der letzte Stamm des Amazonas[267]. Die sehr subjektive Sichtweise von Jacques Attali hinderte ihn nicht daran, an die bekannten Regeln des Judentums zu erinnern: „Eine sehr strenge Moral auferlegen, keine Arroganz oder Unmoral dulden, um keine Eifersucht oder Vorwände für Verfolgung zu schaffen[268]. „In der Tat, es war höchste Zeit, es zu sagen.

Eine blühende Fantasie

Elie Wiesels internationaler Ruhm beruht zum großen Teil auf dem Erfolg seiner Berichte über seine schmerzhaften Erfahrungen in den Konzentrationslagern. Sein Talent als Geschichtenerzähler wurde auch von dem Schriftsteller François Mauriac schnell erkannt, der ihn unter seine schützenden Fittiche nahm, wie er in seinen *Memoiren* berichtet: „Was wäre ohne Mauriac aus mir geworden? Er wachte über meine „Karriere". Bei jeder meiner Reisen nach Frankreich habe ich ihn besucht. „Die beiden Männer lernten sich bei einem weltlichen Empfang kennen: „Ich sah Mauriac 1955 bei einer Unabhängigkeitsfeier in der israelischen Botschaft... Überrascht

---

[266]Jacques Attali, *Los Judíos, el mundo y el dinero*, Fondo de cultura económica, 2005, Buenos Aires, S. 485, 486, 489.

[267]Hervé Ryssen, *Planetarische Hoffnungen*, (2022).

[268]Jacques Attali, *Los Judíos, el mundo y el dinero*, Fondo de cultura económica, 2005, Buenos Aires, S. 122, 75, 490.

betonte er: 'Ich bin froh, dass Sie mich eingeladen haben. Ich habe ein großes Interesse an Israel. Ich nehme gerne an Ihrer Party teil[269].'" In seinen frühen Tagen musste Elie Wiesel jedoch hart arbeiten, um seinen Lebensunterhalt zu verdienen. Er ließ sich in Paris nieder und diente als Reiseleiter für seine Mitreisenden in Frankreich. Diese Anekdote ist ein beredtes Beispiel für seine Fähigkeit, die Wahrheit zu verschönern:

„Miriam bittet mich um Erklärungen über Paris, und ich gebe sie gerne. Mühelos. Ich improvisiere mit einer Gelassenheit, die mir heute noch peinlich ist... Damals habe ich die Geschichte von Paris ausgeschmückt, pikante Details erfunden, die man in keinem Buch oder Roman finden konnte. Warum? Aus Müdigkeit. Zu viele israelische Besucher bestehen darauf, dass ich ihnen den Louvre und die Concorde, Montmartre und die russischen Kabaretts zeige. Am Anfang mache ich meine Arbeit als Fremdenführer gewissenhaft: Ich sage nur, was ich weiß. Aber dann stelle ich fest, dass die Touristen, die ich betreue, unersättlich sind, wenn es um die Pariser Kultur geht: Sie wollen mehr wissen. Mehr bunte Geschichten. Die Fassade von Notre-Dame mit ihren Juden mit spitzen Hüten und ihrer blinden, erbärmlichen Synagoge reicht ihnen nicht aus[270]..." All das, so sagen sie, haben wir in der Schule gelernt. Nun, das ist das Ende: Ich fange an, zu jeder Statue eine Anekdote zu erfinden, zu jedem Denkmal eine Geschichte. Die Vergangenheit der Hauptstadt für eine Stunde, für einen Vormittag neu zu erfinden, was würde das für Frankreich bedeuten? Doch eines Tages passiert das Unvermeidliche: Ein Führer, leider ein Profi, steht mit der kleinen französischsprachigen Gruppe auf der Place de la Bastille und hört mir zu, wie ich die Ereignisse von 1789 nachzeichne; ich bin fit, ich kenne den Namen des Offiziers, der als erster die Gefängnistüren öffnete, und den des Gefangenen, der auf den Knien um Gnade flehte. In der nächsten Zelle bereitete sich eine Prinzessin auf den Tod vor; sie wollte sterben, aber beim Anblick des Offiziers änderte sie ihre Meinung, und siehe da, zum Entsetzen ihrer Freunde schrie sie ihre Liebe zum Leben und zu den Lebenden heraus... Ich könnte mich bis zur nächsten Revolution so schmücken, wäre da nicht der verwundete Tierschrei eines uns unbekannten guten Mannes... Er stürzt sich auf mich, bereit, mich in Stücke zu reißen: „Wie... wie kannst du es wagen? Ich, der ich diese Stadt kenne, die Geschichte eines jeden Steins, wie kannst du es wagen, in meiner Gegenwart zu lügen und die Geschichte lügen zu lassen? „Wir haben ihn ziemlich überstürzt verlassen. „Nimm keine Rücksicht", tröstet mich einer meiner Gäste

---

[269]Elie Wiesel, *Mémoires, Band I*, Seuil, 1994, S. 338, 326.
[270]Elie Wiesel verwechselt es mit dem Straßburger Münster.

aus dem Umfeld. Er ist ein wütender Verrückter. „Ein anderer korrigiert ihn: „Auf keinen Fall, er ist eifersüchtig, das ist sonnenklar. „Aber Miriam liebt Geschichten. Und außerdem ist sie wunderschön[271]." Dies ist ein gutes Beispiel für die Flucht nach vorn. Aber ausnahmsweise scheint der Autor zuzugeben, dass der Zorn seines Angreifers gerechtfertigt sein könnte, auch wenn seine Mitmenschen bereit waren, ihn gegen eine solche Ungerechtigkeit hartnäckig zu unterstützen.

Als Journalist lernte Elie Wiesel viele interessante Menschen kennen. Er traf eine außergewöhnliche Persönlichkeit, einen gewissen Joseph Givon, der es gewohnt war, sich in den Kreisen der Macht zu bewegen. Elie Wiesel war beeindruckt von dieser geheimnisvollen und einflussreichen Persönlichkeit. Sein Gesprächspartner war sehr pünktlich am Telefon: „Ich hole Sie morgen um Punkt zwölf Uhr ab". Ohne Zeit zu antworten, hat er bereits aufgelegt. Dov anrufen? Eine kleine Stimme rät mir, vorsichtig zu sein. Bei Givon weiß man nie. Morgen könnte nächste Woche oder nächstes Jahr bedeuten." Der Mann war geheimnisvoll, ein wenig extravagant und ungeheuer manipulativ: „Er hielt mir seine kranke Hand hin (ich wusste nie, warum er manchmal die rechte und manchmal die linke Hand hinhielt), verabschiedete sich und humpelte davon." Sein heimlicher Einfluss auf die Politik war jedoch sehr real, wie der kleine Journalist feststellen konnte: „Er ist es und nicht der Ratspräsident, der über den Ort des Interviews entscheidet. Mendès France muss nur gehorchen! Ich habe mich immer noch nicht von meiner Benommenheit erholt und Givon macht weiter: „Ich habe darum gebeten, dass wir gemeinsam frühstücken. Das ist besser. Und intimer"... Leider musste er Paris verlassen. Das internationale Zeitgeschehen ruft ihn woanders hin, und die Geschichte auch. Das gilt auch für die Geschichte: Ho Chi Minh, Giap, Kruschtschow? Ich überhäufte ihn mit Fragen, worauf er mit den Schultern zuckte: „Tut mir leid, aber...". Schon gut, ich verstehe: Sperrgebiet, absolutes Verbot, dort hineinzugehen. Wahrscheinlich handelt es sich um Spionage. Ob Sie es glauben oder nicht, er hat mich nicht zum Haus von Mendès France gebracht... Wenn er den Präsidenten des Rates kennt, kann er sehr wohl die Großen dieser Welt aufsuchen, oder? Tatsache ist, dass er aus Paris verschwunden ist... Von nun an werden unsere Kontakte ausschließlich auf dem Postweg erfolgen: Briefe aus Warschau, Peking, Prag oder Moskau, wo er Filmproduzent wird... Die *Iswestija*[272] wird einen Artikel veröffentlichen, in dem seine Schmuggelaktivitäten angeprangert

---

[271]Elie Wiesel, *Mémoires, Band I*, Seuil, 1994, S. 271, 272.
[272]Iswestija: das offizielle Presseorgan des Sowjetregimes.

werden: Er wird als Schmuggler verhaftet und zu zehn Jahren Gefängnis verurteilt. „Ich bin unschuldig, würde ich in einem pathetischen Brief gestehen. Die Wahrheit wird am Ende triumphieren. Die Wahrheit? Unter der Feder von Givon wirkt sie zögerlich. Aber er würde trotzdem triumphieren. Nach seiner Freilassung - „dank der Intervention mehrerer westlicher Botschafter" - würde er vom Gericht eine Entschuldigung erhalten. Vom sowjetischen System genervt, kehrte er nach Prag zurück und tauchte dann wieder in Paris auf, bevor er sich endgültig in Israel niederließ. Dort starb er an einem Herzinfarkt. Die Zeitungen und Zeitschriften von Tel-Aviv widmeten ihm zahlreiche Artikel und betonten die pittoreske, bizarre und manipulative Seite seines Charakters... Ungläubig und fasziniert ließ sich die Öffentlichkeit von dem Geheimnis, das ihn umgab, unterhalten. Wie konnte man bei ihm zwischen Wahrheit und Fantasie unterscheiden, da er sich nicht alles ausdenken konnte? Manchmal denke ich mit Zuneigung an ihn. Dank ihm habe ich einige seiner Abenteuer fast miterlebt. Echt oder eingebildet? Das spielt keine Rolle. Abenteurer sagen nicht immer die Wahrheit: Sie erfinden sie zuerst. Außerdem, habe ich nicht mit Mendès France[273] gefrühstückt? „

Geheimagent, Filmproduzent, Schmuggler, internationaler Händler mit einer Fülle von Kontakten - Joseph Givon war offenbar ein ebenso einflussreicher wie diskreter und geheimnisvoller Mann. Internet-Suchmaschinen liefern nur fünf Treffer zu seinem Namen, und alle scheinen Homonyme zu sein. Aber auf Seite 325 seiner *Memoiren*, sechs Seiten weiter, schreibt Elie Wiesel: „Mendès France? Ich traf ihn schließlich in New York bei einem Empfang im Weizmann-Institut.

Aber auch andere interessante und schillernde Figuren, real oder imaginär, haben Elie Wiesels Weg gekreuzt, wie dieser Mané Katz, mit dem er eine gewisse Affinität zu haben schien:

„Klein und aufgeweckt, mit erstaunlicher Beweglichkeit für sein Alter, hüpfte er beim Gehen und Reden. Er liebte es, Anekdoten (wahr oder falsch) über seine entfernte Ähnlichkeit mit Ben Gurion zu erzählen. Eine Frau hätte sich in ihn verliebt, wenn sie ihn mit dem israelischen Premierminister verwechselt hätte. Ein Spion soll ihm arabische Militärgeheimnisse im Tausch gegen ein Führungszeugnis vor Gott angeboten haben, der bekanntlich irgendwo in Jerusalem wohnt. Ein Dieb soll ihm eine große Geldsumme angeboten haben, um an die Schatzkammer des jüdischen Staates zu gelangen. „Sobald ich meine wahre Identität preisgebe, wenden sie sich von mir ab", fügte er

---

[273]Elie Wiesel, *Mémoires, Band I*, Seuil, 1994, S. 313-319.

hinzu und lachte laut." Dass Mané Katz eines Tages Elie Wiesel ein wertvolles Gemälde anbot, das dieser genialerweise ablehnte, weil er in der Thora „einen Ausweg" fand, genau wie Yentl: „Er zitierte alte Quellen und Verweise, die mit nichts zu tun hatten, sowohl aus der Heiligen Schrift als auch aus meiner Phantasie, und redete schnell, ein oder zwei Stunden lang, vielleicht bis zum Morgengrauen...: „Im Falle eines Richters, der Geschenke annimmt, widmet ihm die Bibel alle möglichen Schimpfwörter" Habe ich ihn überzeugt? Ich weiß es nicht. Der wahre Grund für meine Ablehnung ist folgender: Ich war zu arm, um Werke von diesem Wert zu besitzen. Und er hätte ohnehin nicht gewusst, wohin er seine Bilder stellen sollte. Von Beruf und Geschmack her ein Wanderer, wurzellos, besaß er nur eine Schreibmaschine und einen Koffer. Kunstwerke kann man nicht in einem Koffer aufbewahren[274]!"

Auch Elie Wiesel erzählte in seinen *Memoiren*, wie er nur knapp dem Tod entging. 1955 wäre er beinahe einer schrecklichen Flugzeugkatastrophe zum Opfer gefallen: „Um mich zu erholen und einen Tapetenwechsel zu bekommen, ging ich nach Israel. Ich hatte ein Ticket für ein El-Al-Flugzeug gebucht, aber ich bot es einer Freundin von Bea an, die mit ihren beiden Kindern aus Montreal gekommen war und keine drei Plätze auf diesem Flug bekommen konnte. Das Flugzeug wurde über Bulgarien abgeschossen. Ich habe den Seeweg genommen[275]." Der Autor, der keine weiteren Einzelheiten nannte, schien von dieser schrecklichen Tragödie nicht besonders betroffen zu sein. Es muss gesagt werden, dass unsere Suche nach Informationen über diese Flugzeugkatastrophe allesamt erfolglos war. Vielleicht war es ein kleines Flugzeug, ein winziges Flugzeug?

Elie Wiesel hatte die Möglichkeit, in die Sowjetunion zu reisen. Während des kommunistischen Regimes, nachdem Stalin die „zionistische" Führung nach dem Krieg endgültig von der Macht ausgeschlossen hatte, stand es den Juden nicht frei, nach Israel auszuwandern. Die „internationale Mediengemeinschaft" schrie daraufhin entrüstet auf und forderte das Recht für Juden, die Sowjetunion zu verlassen. Elie Wiesel ging dorthin, um weitere Informationen zu sammeln. Kaum war er auf dem Moskauer Flughafen mit seinen beiden Leibwächtern aus dem Flugzeug gestiegen, ereignete sich eine weitere bizarre Episode im Leben des großen Schriftstellers:

„Die Aeroflot-Maschine kommt an. Unterhalb der Gangway finden die letzten beiden Kontrollen statt: Rechts kontrolliert die

---

[274]Elie Wiesel, *Mémoires, Band I*, Seuil, 1994, S. 321, 322.
[275]Elie Wiesel, *Mémoires, Band I*, Seuil, 1994, S. 345.

Stewardess von Intourist meine Bordkarte, links prüft ein Beamter meinen Reisepass. Die junge Frau signalisiert mir, dass ich einsteigen soll, aber der Beamte ruft jemandem etwas zu. Plötzlich überstürzen sich die Ereignisse. Im Handumdrehen tauchen die beiden Israelis an meiner Seite auf. Einer der beiden schnappt sich mein Flugticket, der andere reißt dem Beamten meinen Pass aus der Hand; ich merke, wie er mich hochhebt wie einen kranken Mann, wie ein Bündel; sie rennen, und ich renne mit ihnen, Pfiffe, heisere Befehle und Stöße. Ich weiß nicht, wie wir es geschafft haben, durch alle Tore und Absperrungen zu kommen, wir sprangen in das Botschaftsfahrzeug und rollten ins Freie. Warum hat uns die Polizei nicht aufgehalten? Ich habe keine Ahnung[276]. Ich werde drei Tage und drei Nächte in der Botschaft bleiben, bevor ich grünes Licht bekomme. Wie hat David das geschafft? Er hat es mir nie gesagt, obwohl ich ihn ehrlich gesagt auch nicht danach gefragt habe, obwohl die Journalistin in mir es gerne gewusst hätte. Das Wichtigste war, aus Moskau herauszukommen. Um meine Freiheit wiederzuerlangen. Ich kehre zum Flughafen zurück, immer in Begleitung meiner beiden israelischen Leibwächter, und dieses Mal läuft alles so ab, als wäre ich ein gewöhnlicher Tourist[277]." Zweifellos war Elie Wiesel immer vom Glück begünstigt. Wir haben bereits in *Planetarische Hoffnungen* über das außergewöhnliche Ereignis gesprochen, das ihm während des Golfkriegs 1991 widerfuhr. Der große Schriftsteller reiste nach Israel, um seine Gemeinde in den schwierigen Zeiten zu unterstützen, als der von US-Bombenangriffen verwüstete Irak seine alten Scud-Raketen mit großer Wucht auf den hebräischen Staat abfeuerte:

„Mein Cousin Eli Hollender ist froh, dass ich gekommen bin: „Komm nach Hause, sagt er. Komm zum Abendessen. Wir werden gemeinsam auf die Scuds warten. Seltsame Einladung, seltsame Idee... Ich nehme seine Einladung an und wir vereinbaren ein Treffen. In letzter Minute sage ich ab. Ein unvorhergesehenes Hindernis. Am selben Abend hören wir im Radio, jeder nacheinander, die Informationen über den Raketenangriff, der gerade begonnen hat... Einen Monat später erhalte ich einen Brief von Eli, in dem er Gott für meine Verhinderung dankt: „Wenn du gekommen wärst, wären wir zu Hause geblieben, anstatt die Nacht bei unseren Kindern zu verbringen. Wer weiß, was dann mit uns passiert wäre? Und wer weiß, was dann mit uns passiert wäre. Eine Scud fiel auf unser Haus und zerstörte es

---

[276]Wir auch nicht!
[277]Elie Wiesel, *Mémoires, Band I*, Seuil, 1994, S. 495, 496.

vollständig. Es ist ein Wunder, dass Sie nicht gekommen sind[278]." Elie Wiesel ist zweifelsohne ein Überlebender des Golfkriegs. Sein Abenteuer ist umso bemerkenswerter, als die Scuds nach seinen eigenen Angaben „keine Opfer forderten. Der Mann, der in Bnei Brak starb? Herzstillstand. An anderer Stelle schloss sich eine Frau in einem Schrank ein und betete Psalmen. Der Raum stürzte ein, aber der Schrank blieb unversehrt. „Es ist genau so, wie man euch sagt: Israel ist das Land der Wunder!

In den Schtetls, den jüdischen Dörfern in Mitteleuropa zu Beginn des 20. Jahrhunderts, lebten die Juden früher ein zurückgezogenes Leben, abgeschnitten von der übrigen Bevölkerung. Die bunten Charaktere, die den Charme und die Einzigartigkeit des jüdischen Lebens ausmachen, wurden von Schriftstellern und Filmemachern dargestellt. Der Rabbiner war offensichtlich die zentrale Figur in diesen kleinen Gemeinden. Bei den chassidischen Juden wurde der geistige Führer *Zaddik* genannt. Dieser heilige Mann hatte manchmal übernatürliche Kräfte. In der Tat finden wir in der jiddischen Literatur regelmäßig „wundertätige Rabbiner".

Der Heiratsvermittler (*shadkhn*, der auch ein Heiratsvermittler sein konnte) war eine weitere wichtige Person im Schtetl. Er brachte die Eltern der Jugendlichen miteinander in Kontakt, da sie bei der Partnerwahl vollständig der Autorität des Familienvaters unterworfen waren. In Jewisons wunderschönem Film *Fiddler on the Roof* sehen wir jedoch, wie diese Traditionen zu Beginn des 20. Jahrhunderts zu bröckeln begannen und wie junge Frauen das Recht einforderten, ihre Ehemänner frei zu wählen. Es gab auch den fahrenden Buchhändler, der auf die Nachfrage einer kultivierten und gebildeten Bevölkerung reagierte: „Bildbände für Frauen, heilige Bücher für Männer". Am Freitagabend, vor Sonnenuntergang, hörte man die *Schamanen* - die Synagogendiener - durch die Straßen ziehen und rufen: „Juden, zum rituellen Bad! „

Der *Schlemiel* ist zweifellos eine der beiden berühmtesten Figuren der jiddischen menschlichen Komödie. Er ist ein Einfaltspinsel, ein ungeschickter Außenseiter. Wir sehen auch das *Schlimazl*. Er ist die andere Berühmtheit des Schtetls: ein Verlierer, ein Unglücksrabe, der vom Pech verfolgt wurde. Wenn die Suppe des *Schlemiels* verschüttet wird (was unvermeidlich ist), landet sie immer in der Hose des *Schlimazls*.

In seinem 1927 erschienenen Buch *Errant Jews* informierte Joseph

---

[278]Elie Wiesel, *Mémoires, tome II*, Éditions du Seuil, 1996, S. 148.

Roth über die Existenz einer weiteren interessanten und pittoresken Figur in den mitteleuropäischen Schtetls, in denen ein Teil der jüdischen Bevölkerung konzentriert war: die *Batlen.*

„Das seltsamste Amt von allen hat der ostjüdische Batlen inne, ein Narr, ein Narr, ein Narr, ein Philosoph, ein Geschichtenerzähler. In jeder Kleinstadt gibt es mindestens einen Batlen, der die Gäste bei Hochzeiten und Taufen amüsiert, im Oratorium schläft, sich Geschichten ausdenkt, den Männern beim Streiten zuhört und sich den Kopf über unnütze Dinge zerbricht. Niemand nimmt ihn ernst. Und doch ist er der ernsthafteste aller Männer. Er hätte genauso gut ein Händler von Federn und Korallen sein können, wie der reiche Mann, der ihn zur Hochzeit einlädt, damit die anderen über ihn lachen können, aber er ist es nicht. Es fällt ihm schwer, ein Geschäft zu führen... Manchmal wandert er von Dorf zu Dorf, von Stadt zu Stadt. Er hungert nicht, aber er lebt immer am Rande des Hungers... Seine Geschichten würden wahrscheinlich in Europa für Aufsehen sorgen, wenn sie in gedruckter Form erscheinen würden[279]." Der Beruf hat seit dem Wegzug aus dem Schtetl an Prestige gewonnen. Die „Batlen" leben nicht mehr in Elend und Not. Er reist nicht mehr auf den schlammigen Straßen von Dorf zu Dorf, sondern besucht fleißig Flughäfen und hüpft von Kontinent zu Kontinent, um das gute Wort zu predigen und außergewöhnliche Geschichten zu erzählen. In Band II seiner Memoiren schrieb Elie Wiesel: *„Dreißig Jahre lang bin ich bis zur Erschöpfung durch die Kontinente gereist; durch meine Reden auf Konferenzen bin ich an den Punkt gelangt, an dem ich den Klang meiner Stimme nicht mehr ertragen kann... Ich sah mich auf der Erde umherreisen, von Stadt zu Stadt, von Land zu Land, wie der Verrückte in den Erzählungen von Rabbi Nahman, um die Menschen daran zu erinnern, wozu sie fähig sind, im Guten wie im Bösen, und um ihre Augen auf die unzähligen Geister zu lenken,*

---

[279]Joseph Roth, *Judíos errantes*, Acantilado 164, Barcelona, 2008 S. 63, 64. Mark Zborowski gibt in *Olam* die gleiche Beschreibung der Figur, allerdings mit dem Namen „badkhn" („kh" wird wie das spanische j ausgesprochen, es wäre also *badjn* statt *batlen*): „Der *badkhn* ist zugleich Schauspieler, Dichter, Komponist, Sänger und Reporter. Aber das gilt nur für einen großen *Badkhn*, denn manchmal müssen sie sich mit einem Einheimischen begnügen, der sie bei dieser Gelegenheit amüsiert. Aber der hochfliegende Narr genießt echten Ruhm und ist sehr gefragt, so dass er ständig von einem Ende des Landes zum anderen reist. „ (Mark Zborowski, *Olam*, Plon, 1992, S. 266).

die uns umgeben[280]." Eine überraschende Plastizität

Die Juden übernehmen die Sitten und Gebräuche, manchmal sogar die Religion, der Länder, in denen sie sich niederlassen, mit bemerkenswerter Mimikry, wobei sie jedoch stets ihre jüdische Individualität bewahren. Innerhalb weniger Jahre sprechen sie die Sprache der Einheimischen und integrieren sich in die Bevölkerung. Aber diese Anpassung ist, wie wir gesehen haben, oft nur scheinbar. Seit Jahrhunderten hat das jüdische Volk gelernt, im Verborgenen zu leben, und von klein auf lernt der junge Jude, die Geheimnisse Israels zu respektieren und jeden, der es hören will, davon zu überzeugen, dass Juden „Menschen wie andere Menschen" sind und sich nur integrieren wollen.

Jacques Le Rider argumentiert, dass die Wiener Juden zu Beginn des 20. Jahrhunderts im Kaiserreich entjudet wurden und dass es in gewisser Weise der Antisemitismus der Umgebung war, der sie zur Rückkehr in ihre Herkunftsgemeinschaft zwang: Sie wurden „in die deutsche Kultur assimiliert, und die meisten hätten ihr Judentum als fromme Familienerinnerung, als streng private Angelegenheit betrachtet, wenn eine Gesellschaft in der Krise sie nicht gezwungen hätte, sich selbst zu definieren[281]." Daraus lässt sich ableiten, dass der Antisemitismus für die Führer der jüdischen Gemeinden nützlich sein kann, die vor allem die Vermischung und vollständige Assimilation fürchteten. „Daraus lässt sich ableiten, dass Antisemitismus für die Leiter jüdischer Gemeinden, die vor allem die Mischehen und die vollständige Assimilation fürchten, nützlich sein kann.

Der Schriftsteller Joseph Roth beobachtete die Situation der Juden in der Weimarer Republik in der Zwischenkriegszeit und berichtete dasselbe: „Die deutschen Juden fühlten sich, trotz allerlei bedrohlicher antisemitischer Symptome, als reine Deutsche oder bestenfalls an den großen Festen als jüdische Deutsche. „Für ihn war die Assimilation der Juden an die europäische Welt zweifellos erfolgreich: „Die Juden sind selbst Europäer. Der jüdische Gouverneur von Palästina ist zweifelsohne ein Engländer. Und wahrscheinlich mehr Engländer als Juden[282]." Kürzlich, im Dezember 2005, las man in der Tageszeitung *Actualité juive* Äußerungen, die in die gleiche Richtung gingen, allerdings mit der zusätzlichen Unverschämtheit gewisser jüdischer

---

[280]Elie Wiesel, *Mémoires, tome II*, Éditions du Seuil, 1996, S. 214, 530.
[281]Jacques Le Rider, *Arthur Schnitzler*, Éd. Belin, 2003, S. 201
[282]Joseph Roth, *Judíos errantes*, Acantilado 164, Barcelona, 2008, S. 9, 38

Intellektueller, die dazu neigen, die Autochthonen zu verdrängen. Diese „Chuzpe" erlaubte es Albert Siboni, Folgendes zu behaupten: Die Juden mit „ihrer Zerstreuung, ihrer Vielfalt und ihren zahlreichen Kontakten waren in gewisser Weise die ersten Europäer." Aber das ist wieder einmal ein Diskurs, der dem Export vorbehalten ist, denn ansonsten macht alles, was man lesen kann, deutlich, dass jüdische Intellektuelle nichts mit den Gojim, seien sie Europäer oder Muslime, gemein haben.

Alain Mincs Ansicht dazu war recht merkwürdig und spiegelte die „Hausbesetzer"-Mentalität wider, die darin besteht, in das Haus des Vermieters zu ziehen und es für sich zu beanspruchen. Hören wir diesem liberalen Intellektuellen zu, wie er über die tief verwurzelten, traditionellen, wespenartigen (*weißen, angelsächsischen, protestantischen*) Vereinigten Staaten spricht, die entmachtet und einer Bande von skrupellosen Karrieristen überlassen wurden: „In den Vereinigten Staaten der 1980er Jahre haben die „Wespen" ihr Machtmonopol verloren. Die Georgier von Präsident Carter, die Kalifornier von Präsident Reagan: enge Mitarbeiter, die den Morgenthau und Hopkins der 1940er Jahre zu exotisch erschienen wären. Mit ihrer Exotik haben sie eine andere Weltsicht mitgebracht. War Kissinger der letzte der Söhne Europas, der die amerikanische Politik leitete? „

Für Alain Minc sind die wirklichen „Wespen"-Amerikaner europäischer Herkunft Morgenthau, Hopkins und Kissinger, während die Neuankömmlinge, die „Georgier" und „Kalifornier", die die neuen machthungrigen Eroberer repräsentieren, in diesem tiefen Amerika noch etwas fremd sind. Die wirklichen Wespen, so Minc, sind die Juden. Das ist genau die *Chuzpe*, die für die hebräische Mentalität charakteristisch ist, d. h. diese außergewöhnliche Chuzpe, die es ihnen erlaubt, alles zu sagen, um ihre Propaganda weiter zu verbreiten. Diese Mentalität besteht darin, alle etablierten Wahrheiten in ihr Gegenteil zu verkehren und genau die entgegengesetzten Ansichten zu verteidigen.

Alain Minc gab vor, sich zu fragen: „Wo sind die Harvard- oder MIT-Professoren der europäischen Kultur noch in den einflussreichsten Kreisen anzutreffen? Welche Restpositionen schaffen es die letzten Wespen[283] zu besetzen?" Als Antwort könnte man Alain Minc vorschlagen: „Was immer die „Kalifornier" ihnen hinterlassen wollen! „Denn es ist allgemein bekannt, dass die „Kalifornier", die in der Entourage von George Bush so präsent sind, die Welt beherrschen wollen und, wie es der Schriftsteller Norman Mailer so treffend

---

[283]Alain Minc, *Die große Illusion*, Grasset, 1989, S. 25.

formulierte, „ein Übernahmeangebot für den Planeten[284] „ machen wollen. Wer wird uns vor der Gier der „Kalifornier" schützen?

Juden haben daher eine besondere Veranlagung, sich den Völkern anzupassen und zu assimilieren, in denen sie sich niedergelassen haben. Es geht jedoch darum, den Grad der Assimilation derjenigen zu messen, die sich weiterhin zum Judentum bekennen.

1952 war Elie Wiesel ein vielversprechender junger Journalist, der im Auftrag der israelischen Tageszeitung *Yedioth Ahronoth* über die ersten offiziellen Verhandlungen zwischen Westdeutschland und Israel in den Niederlanden berichtete:

„Nur vier Journalisten wurden von den beiden Delegationen akkreditiert: Sam Jaffe von der Jewish Telegraphic Agency, Marc Rosen, Redakteur des offiziellen Organs der jüdischen Gemeinde in Düsseldorf, Alfred Wolfmann, Vertreter des Berliner Rundfunks, und ich selbst, der einzige Korrespondent einer israelischen Zeitung. „Elie Wiesel empfand instinktiv ein starkes Misstrauen gegenüber dem deutschen Journalisten und weigerte sich, irgendeine Art von Beziehung zu ihm zu haben:

„Die Beziehungen zwischen Wolfmann und mir sind nicht existent. Man verbrüdert sich nicht mit einem Offizier, der Hitler die Treue geschworen hat. Aber ich beobachte ihn manchmal aus dem Augenwinkel: Es mangelt ihm nicht an Intelligenz oder Finesse. Außerdem kennt er sein Handwerk in- und auswendig. Seine Analysen sind aufschlussreich und oft fair... Die Konferenz wird von beiden Seiten als zufriedenstellend beurteilt, und unsere kleine Gruppe trennt sich. Alfred streckt mir seine Hand entgegen, aber ich ziehe sie zurück. Er schmollt: „Ich dachte, der Krieg zwischen unseren beiden Völkern sei vorbei". Ich erlaube mir nicht, ihm zu antworten." Am nächsten Tag erhält Elie Wiesel in seinem Hotel unerwarteten Besuch: „Ein Klopfen an der Tür weckt mich früh am Morgen. Wer ist es? Eine Männerstimme antwortet, aber ich erkenne sie nicht. Ich öffne die Tür: Es ist Alfred Wolfmann: „Aber was wollen Sie... was wollen Sie? Verärgert wiederhole ich meine Frage. Er macht eine Geste, um hereinzukommen, aber ich verbiete ihm den Eintritt: „Gehen Sie weg. Ich will dich nicht sehen. Weder in meinem Zimmer noch irgendwo anders." Er lächelt, und sein hochmütiges Lächeln bringt mich um den Verstand. Er zuckt mit den Schultern und geht verächtlich davon. „Einige Wochen später klingelt jemand an der Tür meiner Pariser Wohnung: „Er ist wieder da, und er will wieder reinkommen. Ich will

---

[284]Hervé Ryssen, *Planetarische Hoffnungen*, (2022).

ihn gerade rausschmeißen, als er anfängt, mit mir zu reden... auf Hebräisch. Verblüfft falle ich aus den Wolken...". Ich habe dich angelogen. Ich war nie ein Offizier der Wehrmacht. Ich bin ein Jude..." Am liebsten würde ich ihn packen und schütteln: „Machst du dich über mich lustig? Ich bin ein Jude, wiederholt er. „Ein Jude hat das Recht zu lügen, nicht wahr? Verstehen Sie mich, in Palästina machen sie sich über mich lustig, weil ich ein „Yékké" war, also ein deutscher Jude... Sie hielten mich für einen gebildeten Idioten, einen gebildeten Schwachkopf, der leicht zu täuschen ist... Ich wollte Ihnen zeigen, dass ich auch Sie täuschen kann, solange ich will".

Kurzum, die vier Journalisten, die für die Berichterstattung über die Verhandlungen zwischen Israel und Deutschland ausgewählt wurden, waren Juden. Aber das ist letztlich egal, denn es waren echte Profis, die ihre Arbeit ehrlich gemacht haben.

Trotz all seiner „Finesse" und „Intelligenz" erlag Alfred Wolfmann den Nachwirkungen der schmerzhaften Erfahrung des Holocausts. Wie viele seiner Altersgenossen verfiel er in eine schwere Depression, die ihm zum Verhängnis wurde: „Durch den Kampf gegen das Wiedererstarken der Nazis in seinem Land", so Elie Wiesel, „begann er sie zu fürchten, bis er krank wurde. Er war paranoid und hielt es für notwendig, ständig bewaffnet zu sein. Er sah überall Nazis. Auf der Straße, vor seinem Haus. Wir haben häufig miteinander telefoniert. Ich versuchte, ihn zu beruhigen, ihn aufzumuntern... Am nächsten Tag schoss er sich in den Kopf[285]." Alfred Wolfmann hatte seine wahre Identität jahrelang verheimlicht, und schließlich konnte er dieses Doppelleben nicht mehr ertragen. Es ist in der Tat sinnvoll, nicht immer sein wahres Wesen zu offenbaren, wenn man inmitten von potenziell feindseligen Menschen leben und gedeihen will. Aber es muss manchmal ermüdend und anstrengend sein, und es muss zugegeben werden, dass Selbstmorde im Bekanntenkreis von Elie Wiesel recht häufig sind.

Hier eine weitere Anekdote aus den *Memoiren* des großen Mannes, die zeigt, wie die Kinder Israels es verstehen, ihr Äußeres zu verändern, um sich unter die Masse zu mischen. Der Journalist Elie Wiesel sollte nun von Marseille aus nach Brasilien aufbrechen, um über die inakzeptablen Aktionen der katholischen Kirche zu berichten:

„Berichten zufolge betreibt die katholische Kirche verdächtige Missionsarbeit in Israel, insbesondere bei Juden, die erst kürzlich aus Osteuropa gekommen sind. Sie sind arm und desillusioniert, und die

---

[285]Elie Wiesel, *Mémoires, Band I*, Seuil, 1994, S. 264-269.

Abgesandten aus Rom bieten ihnen ein Visum für Brasilien, den Preis für die Reise und zweihundert Dollar unter der Bedingung an, dass sie zum Katholizismus übertreten. „Komm und sieh", schlägt Dov mir vor. Ich stimme zu. Für eine gute Geschichte würde ein echter Reporter bis an die Enden unerforschter Planeten gehen. In Sao Paolo angekommen, „wende ich mich an eine Gruppe von Passagieren und erfahre mit Erstaunen, dass etwa dreißig oder vierzig israelische Emigranten die Überfahrt in der dritten oder vierten Klasse gemacht haben... Ich gehe auf sie zu und sehe sie bestürzt, wütend und verzweifelt: Es ist ihnen verboten, auszusteigen... „Es tut uns leid", antworten die Beamten, „Ihre Visa wurden annulliert. Wir befolgen nur Befehle."

Elie Wiesel predigte dann diesen Abtrünnigen: „Aber was für eine Idee, was für eine Idee, nicht nur das Land, sondern auch das Volk Israel für ein bisschen Geld, ein Visum und eine Schiffspassage zu verlassen. Seid ihr so verzweifelt und unglücklich? Wie ist es möglich, dass Juden wie ihr mit eurer Vergangenheit akzeptieren konnten, zu konvertieren? Ihre Vorfahren haben lieber den Tod durch Schwert oder Feuer gewählt, als dem Glauben ihres Volkes, unseres Volkes, abzuschwören, und Sie haben sich auf eine Reise nach Brasilien eingelassen? „Sie protestieren: „Hey, passt auf! Nennt uns nicht Abtrünnige, wir haben unserem Glauben nicht abgeschworen! Der Gott Israels ist immer noch unser Gott. „Aber haben Sie nicht geschworen, zu konvertieren?" „Geschworen"? Wer redet denn von „geschworen"? Wir haben gelobt, ja, wir haben gelobt, na und, könnt ihr nicht mehr geloben?"... „Wir sind keine Verräter unseres Volkes... Wir sind gute Juden[286]."" Dies ist eine weitere amüsante Anekdote. Im Jahr 1957 reiste Elie Wiesel mit zwei Freunden durch die Vereinigten Staaten. Sie beschließen, ein Indianerreservat in Arizona zu besuchen:

„Der Mann, der uns unter seinem mit Federn und anderen

---

[286]Elie Wiesel, *Mémoires*, Band I, Seuil, 1994, S. 300-304. „Juden dürfen falsch schwören, indem sie doppeldeutige Ausdrücke oder irgendwelche Ausflüchte verwenden. „ (Talmud, *Schabbouth Hag.*, 6d). Außerdem beginnt die religiöse Feier am Vorabend von Jom Kippur, dem Fest der Sühne für die Sünden, dem feierlichsten jüdischen Feiertag, mit dem Rezitieren von *Kol Nidré*: „Alle Versprechen, Einschränkungen, Eide, Schwüre, Exkommunikationen, Verzichte und alle Synonyme, mit denen wir versprochen, geschworen oder uns selbst exkommuniziert oder eingeschränkt haben, weisen wir vom jetzigen Jom Kippurim bis zum nächsten Jom Kippurim, der zu unserem Nutzen ist, zurück. Sie sind alle rückgängig gemacht, aufgegeben, annulliert und für ungültig erklärt, ohne Kraft und Wirkung. Unsere Versprechen sind keine Versprechen mehr, unsere Verbote sind keine Verbote mehr und unsere Eide sind keine Eide mehr. „Der Inhalt des *Kol Nidré-Gebetes* erscheint im Talmud im Buch *Nedarim 23a-23b*. Gelübde und Versprechen sind nicht gültig, solange man sich daran erinnert, dass sie sie zum Zeitpunkt der Aussprache abgegeben hat.

Stammesinsignien geschmückten Zelt begrüßt, könnte in Spielfilmen mitwirken. Sein Schritt ist langsam und würdevoll. Er ist groß, geradlinig, leidenschaftslos und majestätisch. Faltenreiches, kantiges Gesicht, buschige Augenbrauen, gemessene Gesten. Er erklärt uns die indische Vorstellung von Leben und Tod, und wir hören aufmerksam jedem seiner Worte zu. Er ist respektvoll und flößt Respekt ein. Am Ende bittet er uns, uns in sein goldenes Buch einzutragen. Touristisches Gebot. Dov gibt mir den Tipp. Ich weiß nicht, warum, aber ich unterschreibe auf Hebräisch. Der Inder ehrt mich mit einem kräftigen Nicken: *„Sholem Alei'hem"* (jiddisch: Guten Morgen oder Friede sei mit dir). Obwohl sie sie nicht berührt haben, brechen Dov und Lea fast zusammen. Erst mit Erstaunen, dann mit Lachen. Es stellte sich heraus, dass unser Gast Jude war. Ursprünglich aus Galizien stammend und Überlebender der Konzentrationslager, wanderte er nach Mexiko aus. Doch die Geschäfte liefen nicht gut für ihn, und so beschloss er, seinen Lebensunterhalt als Indianer zu verdienen. Tagsüber Inder, nachts Jude[287]." In einem Buch über jüdische kommunistische Aktivisten in Mittel- und Osteuropa, *The Revolutionary Yiddishland*, finden wir eine Passage, die der obigen Anekdote sehr ähnlich ist: „Ein galizischer Jude, Mitglied der kommunistischen Partei, Shlomo Strauss, wird 1939 in die polnische Armee eingezogen. Während der deutschen Invasion verwundet, wurde er gefangen genommen und in einem Lager interniert. Als er erfährt, dass die Häftlinge nach ihrer nationalen Herkunft aufgeteilt werden sollen, beschließt er, sich eine neue Identität zuzulegen: Von nun an wird er Timofei Marko heißen, der leibliche Sohn einer ukrainischen Wäscherin. Er lässt sich einen langen Kosakenschnurrbart wachsen[288]." Überqueren wir noch einmal den Ozean und schauen wir uns die Welt der schrecklichen amerikanischen Gangster der 1920er Jahre und der Mafia an, die nicht nur sizilianisch war. Die polizeiliche Repression begann mit der Ernennung eines aufrechten und „unbestechlichen" Richters, Tom Dewey, ihre Positionen ernsthaft zu erschüttern. Er war es, der 1933 den ersten großen Prozess gegen die Mafia führte und Waxey Gordon zu Fall brachte. Dutch Schultz war der nächste auf der Liste. Sein richtiger Name war Arthur Flegenheimer, so Rich Cohen in seinem Buch *Yiddish Connection*, in dem er auch die Taktik des Mörders erläuterte, um mit der Tat davonzukommen:

„Nachdem erneut Beweise gegen ihn gesammelt worden waren,

---

[287]Elie Wiesel, *Mémoires, Band I*, Seuil, 1994, S. 385, 386.
[288]Alain Brossat, Sylvia Klingberg, *Le Yiddishland révolutionnaire*, Balland, 1983, S. 187.

erwirkten Schultz' Anwälte 1935 einen Wechsel des Gerichtsstandes, so dass der Prozess in Malone im Bundesstaat New York stattfand. Eine Kirche. Eine kleine Straße. Eine einzige Ampel... Er richtete sich in einem kleinen Hotel ein, stellte sich bei Einheimischen vor, die er nicht kannte, spendete bei örtlichen Wohltätigkeitsveranstaltungen, trug sehr einfache Anzüge... Man sah ihn bei kleinen Kirchentreffen, bei Nachbarschaftsfesten, bei Bingospielen. Eine Woche vor der Verhandlung ging er in eine örtliche Kirche und konvertierte zum Katholizismus. Er war nicht der erste Jude, der versucht hat, sich als provinzieller Typ auszugeben, indem er seinem Glauben abgeschworen hat. Als die Geschworenen zu beraten hatten, hatte Schultz die ganze Stadt getäuscht und korrumpiert. Es gibt ein Foto von ihm, das kurz nach dem freisprechenden Urteil aufgenommen wurde, mit dem breiten Grinsen eines kleinen Jungen, der gerade seine Wahl zum Klassensprecher manipuliert hat. „In dieser Welt der harten Kerle ist kein Platz für Esel", sagte er gegenüber Reportern[289]." Wir können in diesem Kapitel die Geschichte der Marranos erwähnen, jener spanischen Juden, die zum Katholizismus übergetreten waren, um der allgemeinen Vertreibung zu entgehen[290]. Am 31. März 1492 unterzeichneten Ferdinand und Isabella das Edikt zur Vertreibung der Juden aus Spanien, das sie verpflichtete, das Land bis zum 31. Juli zu

---

[289]Rich Cohen, *Yiddish Connection*, 1998, Denoël, 200, Folio, S. 283

[290]Das Phänomen war bereits alt: „Doch nach 1391, als der Druck auf die Juden immer heftiger wurde, traten ganze Gemeinden zum christlichen Glauben über. Die meisten der Neulinge nutzten ihre neue Position eifrig aus. Sie strömten zu Hunderten und Tausenden an Orte, von denen sie zuvor durch ihren Glauben ausgeschlossen waren. Sie gingen in verbotene Berufe und in die stillen Klöster der Universitäten. Sie eroberten wichtige Positionen im Staat und drangen sogar in das Allerheiligste der Kirche ein. Ihre Macht wuchs mit ihrem Reichtum, und viele konnten danach streben, in die ältesten und aristokratischsten Familien Spaniens aufgenommen zu werden... Ein fast zeitgenössischer Italiener stellte fest, dass jüdische Konvertiten Spanien praktisch beherrschten, während ihr heimliches Festhalten am Judentum den christlichen Glauben ruinierte. Ein Keil des Hasses trieb unweigerlich die Beziehungen zwischen den alten und den neuen Christen auseinander. Die Neophyten wurden als Marranos (wahrscheinlich „die Verwerflichen" oder „die Schweine") bezeichnet. Sie wurden für ihre Triumphe, für ihren Stolz und für ihr zynisches Festhalten an katholischen Praktiken verachtet. Während die Massen die Triumphe der neuen Christen mit grimmiger Bitterkeit betrachteten, prangerte der Klerus ihre Untreue und Unaufrichtigkeit an. Sie ahnten, dass die meisten Konvertiten im Herzen immer noch Juden waren, dass die erzwungene Konversion das Erbe von Jahrhunderten nicht ausgelöscht hatte. Zehntausende der neuen Christen unterwarfen sich nach außen hin, gingen mechanisch in die Kirche, murmelten Gebete, vollzogen Riten und befolgten Bräuche. Aber der Geist hatte sich nicht bekehrt. „In Abram Leon Sachar, *History of the Jews, Ch. XVI (The Marranos and the Inquisition)*, trans. der 2. amerikanischen Auflage, revidiert 1940, Ediciones Ercilla, Santiago de Chile, 1945, S. 276, 277.

verlassen. „Vergeblich boten sie dem Fiskus riesige Geldsummen an", schrieb Leon Poliakov. Die Taufe in extremis war damals das einzige Mittel, das es ihnen erlaubte, zu bleiben. Fünfzigtausend Juden konvertierten zum Katholizismus, aber 150.000 zogen das Exil vor.

Die meisten von ihnen zogen nach Portugal und kamen dort zu Wohlstand. König Manuel I. zwang sie daraufhin, offiziell zu konvertieren, ließ ihnen aber die Möglichkeit, offen zu „judaisieren". Die Taufe reichte für den bürgerlichen Frieden aus. Dieser Waffenstillstand war jedoch nicht von Dauer, und Manuel I., der ein Heiratsbündnis mit Spanien anstrebte, setzte 1497 eine Inquisition nach spanischem Vorbild ein, die die Juden zur Auswanderung zwang. Viele von ihnen ließen sich in der Türkei nieder, vor allem in der Stadt Thessaloniki (heute in Griechenland), wo sie sich bald wieder zum Judentum bekannten. Andere, wie die Familie des berühmten Spinoza, ließen sich im protestantischen Holland nieder.

Die fünfzigtausend spanischen Juden, die zum Katholizismus konvertierten, gingen zwar jeden Sonntag zur Messe und hielten die Feste des christlichen Kalenders ein, praktizierten das Judentum aber im Geheimen weiter. Mit der Ausbreitung der Inquisition wanderten viele nach Portugal aus und flohen von dort aus weiter nach Amerika, Brasilien, Mexiko und Peru, wo einige im Sklavenhandel oder in den berühmten Silberminen von Potosi reich wurden.

Le Monde des livres vom 27. September 2001 veröffentlichte eine Besprechung des Buches *La Foi du souvenir (Der Glaube der Erinnerung)* von Nathan Wachtel, das sich mit den Marranos in Spanisch-Amerika befasst: „Ob reich oder arm, sie gerieten in die Fänge des langen Arms der Inquisition, die auf der anderen Seite des Atlantiks diejenigen verfolgte, die im Verdacht standen, heimlich zu judaisieren. Die Prozesse, die in den Inquisitionsarchiven aufgezeichnet wurden, ermöglichten es Nathan Wachtel, ihre Spuren zu finden: „Sie gestanden, die meisten von ihnen bereuten unter starkem Druck, aber sie blieben hartnäckig, erfanden unzählige Tricks, Codes, Zeichen, Simulationen, obwohl sie nach aufeinanderfolgenden Verhaftungen schließlich als „Rückfall[291] „ zum Tode verurteilt wurden".Aus den überlieferten Porträts gehen gemeinsame Handlungs- und Denkweisen hervor: eine Vorliebe für endogame Bündnisse, ein variabler Hintergrund von Glauben und Bräuchen und diese einheitlich geteilte „Wertschätzung der Geheimhaltung". „Die Juden sind in der Tat ein Volk, das die Geheimhaltung liebt.

---

[291]Rückfall (Adjektiv und Substantiv): in die Ketzerei zurückfallen, nachdem man ihr abgeschworen hat.

Wo auch immer sie sich niederließen, hielten sich die Marranos treu an alle katholischen Riten, gingen zur Messe und zur Beichte und konnten sich zu Recht rühmen, „ein sehr christliches Leben zu führen". Dies schrieb der Historiker Leon Poliakov über die portugiesischen Marranos, die sich in Holland niedergelassen hatten:

„Ihre Tarnung war so perfekt, dass Josephus von Rosheim, der „Regent" der Juden in Deutschland, der 1536 das große marranische Zentrum Anverso besuchte, sogar schreiben konnte: „Es ist ein Land, in dem es keine Juden gibt"." Die Wahrheit sah jedoch ganz anders aus, und sie brach während der religiösen Konflikte aus. Die Juden waren so tief von der katholischen Lebensweise durchdrungen, schrieb Poliakov, dass „sie später, in den protestantischen Niederlanden, ihre Eigenschaft als geheime Juden erst dann preisgaben, als ihnen die Ausweisung drohte, weil sie katholisch waren[292]." Leon Poliakov führte auch das Beispiel eines großen „spanischen" Herrn aus der Mitte des 15. Jahrhunderts an. Pedro de la Caballería, Staatsmann und angesehener Jurist, war in Wirklichkeit ein Marrano:

„Den Inquisitionsarchiven zufolge, so schrieb Poliakov, habe er sich einem jüdischen Anwalt anvertraut, der ihn gefragt haben soll: „Herr, wie konnten Sie Christ werden, Sie, der Sie so gut in unserem Gesetz bewandert sind?" Daraufhin antwortete „Herr Peter": „Du Narr, was hätte ich mit der Thora anderes werden können als ein Rabbiner? Jetzt erhalte ich dank des kleinen Gehängten (Jesus) alle möglichen Ehren, ich führe die ganze Stadt Saragossa und bringe sie zum Beben. Wer hindert mich daran, an Kippur zu fasten und eure Feste zu feiern, wenn ich es will? Als ich Jude war, habe ich es nicht gewagt, die Schranken des Sabbats zu brechen, und jetzt tue ich, was mir gefällt[293]." Während der Fall der spanischen und portugiesischen Marranos gut bekannt ist, ist der Fall der Dunmehs und der Frankisten weniger gut bekannt. Hier müssen wir auf den Ursprung dieser beiden Sekten zurückgehen. Wir haben im ersten Teil dieses Buches gesehen, dass der Messianismus durch die Kabbala eine Reaktion auf die Vertreibung der Juden aus Spanien war, in dem Sinne, dass ihnen grandiose Perspektiven eröffnet wurden, die ihre Hoffnungen nährten und sie angesichts der Widrigkeiten, die sie durchlebten, trösteten. Die Mystik der Kabbala hatte religiöse Kreise, aber auch die gesamte jüdische Gemeinschaft stark beeinflusst und geprägt und trug wesentlich zur Verbreitung messianischer Hoffnungen bei. Es dauerte jedoch einige Zeit, bis der jüdische Messianismus im auserwählten Volk Gestalt

---

[292]Léon Poliakov, *Histoire de l'antisémitisme I*, 1981, Points Seuil, 1990, S. 200.
[293]Léon Poliakov, *Histoire de l'antisémitisme I*, 1981, Points Seuil, 1990, S. 157.

annahm und schließlich in einer menschlichen Gestalt verkörpert wurde. Dies geschah im Jahr 1665, als Schabtai Tzvi einen Ausbruch des Messianismus auslöste, der in Palästina begann und sich in der gesamten Diaspora verbreitete. Dieses sabbatianische Phänomen, schrieb Gershom Scholem, „bleibt eines der erstaunlichsten Rätsel der jüdischen Geschichte[294]. „Wie auch immer man es betrachten mag, der Sabbatanismus stellte eine Krise der Tradition dar.

Shabtai Tzvi war ein Nachkomme spanischer Juden, die 1492 vertrieben worden waren. Er lebte in der jüdischen Gemeinde von Smyrne in der Türkei und muss sehr begabt gewesen sein, denn im Alter von achtzehn Jahren unterrichtete er Gruppen junger Studenten in der Kabbala. Auch bei seinen kabbalistischen Interpretationen bewies er eine außergewöhnliche Fantasie. Von Beginn seiner Karriere an war der charismatische Charakter seiner Persönlichkeit offensichtlich. Schon bald zog er Menschenmassen an, die er davon überzeugte, dass er tatsächlich der Messias sei, was zu zahlreichen Gerüchten Anlass gab. Die Legenden, die sich um ihn rankten, führten zu einer raschen und ansteckenden Verbreitung des Messianismus. Die Nachricht von Schabtai Tzvi und dem Geist, den er geschaffen hatte, verbreitete sich wie ein Lauffeuer in ganz Europa.

Die Kabbala hatte prophezeit, dass das Jahr 1648 den Beginn des messianischen Zeitalters markieren würde. Doch die Juden waren schnell desillusioniert, denn das Jahr 1648 war für die Ostjuden einer der schlimmsten Momente ihrer Geschichte. Statt des Messias war es Bogdan Chmielnicki, der mit seinen Kosaken auftauchte, um einen Aufstand der jüdischen Gemeinden gegen die Polen niederzuschlagen, der schreckliche Verwüstungen anrichtete. Weit davon entfernt, die Gemüter zu beruhigen, löste die Nachricht aus Polen einen messianischen Wahn aus, und da das Jahr 1648 keine Erlösung gebracht hatte, setzte Schabtai Tzvi seine Hoffnungen auf ein anderes Datum: endlich 1666! Dieses Datum wurde paradoxerweise nicht aus der jüdischen Kabbala abgeleitet, sondern beruhte auf christlichen Berechnungen, die sich auf das Buch der Offenbarung stützten. Das Jahr 1666 - dieses Mal ganz sicher! - würde den Beginn des Jahrtausends markieren. Was bis dahin eine Hoffnung und ein Traum war, sollte Wirklichkeit werden: der Beweis, dass die Juden nicht vergeblich so viele Jahrhunderte lang gelitten hatten.

1666 wurde das Jahr der Erlösung. Die Juden in Polen schöpften große Hoffnung, vor allem nach den schrecklichen Verfolgungen, die

---

[294]Gershom Scholem, *Le Messianisme juif*, 1971, Calmann-Lévy, 1974, S. 115, 116.

sie erlitten hatten. Einige verließen ihre Häuser und Besitztümer, weigerten sich zu arbeiten und verkündeten, dass der Messias kommen und sie auf einer Wolke nach Jerusalem bringen würde. Andere fasteten tagelang und verweigerten sogar ihren kleinen Kindern die Nahrung.

Schabtai Tzvi sollte sein Erlösungswerk mit der Entthronung des türkischen Sultans beginnen, der damals über das Heilige Land herrschte. Zwei Tage vor dem Jahr 1666 besaß er die Kühnheit (die berühmte *Chuzpe*), nach Konstantinopel zu reisen, um Sultan Ibrahim zu bitten, ihm den Thron zu überlassen. Und es kam, wie es kommen musste: Er wurde in einer Festung in Gallipoli gefangen gehalten. „Aber er hatte so viele Anhänger, dass das Gefängnis in eine königliche Residenz umgewandelt wurde, zu der Juden aus aller Welt strömten, um ihm Geschenke zu bringen. Er war zum geistigen Führer von Hunderttausenden von Menschen geworden[295]." Die Türken schmiedeten daraufhin einen Plan, um die sabbatianische Bewegung unwirksam zu machen. Interessanterweise wurde sie von einem jüdischen Berater des Sultans vorgeschlagen. Shabtai Tzvi wurde daraufhin vor die Wahl gestellt, entweder zu sterben oder öffentlich zum Islam überzutreten. „Er durfte seine Bekehrung vortäuschen, aber der Akt musste öffentlich sein", schrieb David Bakan. Im November 1666, gegen Ende des Erlösungsjahres, konvertierte Shabtai Tzvi mit großem Pomp und Zeremoniell zum Islam. Er nahm den muslimischen Namen Mehmet Effendi an und wurde mit einem großzügigen Gehalt zum Kaplan des Sultans ernannt, bevor er nach Albanien ins Exil ging.

Wie zu erwarten war, löste dies unter den Juden in aller Welt große Bestürzung aus, auch wenn die Autoren nicht sehr ausführlich darüber berichten. Aber auch wenn die große messianische Aufregung abgeklungen war, erwärmte die Idee weiterhin einige Geister[296]. Ein Litauer namens Zadok prophezeite, dass das Jahr 1695 das wahre Datum für das Kommen des Messias sein würde. Ein Kabbalist, Hayim Malakh, lehrte, dass Schabtai Tzvi tatsächlich der Messias sei, dass man aber wie Moses, der die Juden vierzig Jahre lang am Einzug in das Gelobte Land gehindert habe, vierzig Jahre warten müsse, von 1666 bis 1706, bevor die Erlösung eintrete. 1706 würde es sein! Im Jahr 1700 führte Hayim Malakh eine Karawane von 1300 Menschen in das Heilige Land, um den Messias zu begrüßen. Etwa eintausend von ihnen überlebten die strapaziöse Reise. „Enttäuscht vom vergeblichen Warten wurden einige Christen, andere Muslime, einige kehrten nach Polen

---

[295]David Bakan, *Freud et la tradition mystique juive*, 1963, Payot, 2001, S. 120.
[296]Siehe Anmerkung des Übersetzers in Anhang VI. 1.

zurück, um unrealistische mystische Geschichten zu verbreiten[297]." Die sabbatianische Bewegung setzte sich also trotz der Bemühungen der Rabbiner, sie zu unterdrücken, immer wieder in Form einer jüdischen Sekte fort. Der Zusammenbruch der Bewegung hatte natürlich zu großem Argwohn und Misstrauen gegenüber dem verschärften Messianismus der Kabbala geführt. Gegen die Sabbatianer, die die jüdischen Gemeinden gefährdeten, zögerten die Rabbiner nicht, den *Herem* (Bann) auszusprechen.

In diesem Zusammenhang wurde die Dunmeh-Sekte in Thessaloniki geboren. Nach dem Tod von Shabtai Tzvi im Jahr 1676 konvertierten Hunderte von Familien in Thessaloniki 1683 zum Islam, um dem Beispiel ihres Messias zu folgen. In Adrianopel und Istanbul taten andere, stärker eingeschränkte Gruppen das Gleiche. Die sabbatianische Bewegung nahm dann im Islam mit der Sekte der freiwilligen Marranen, genannt Dunmeh (was auf Türkisch „Abtrünnige" bedeutet), Gestalt an. Doppelt abtrünnig", schrieb Leon Poliakov, da sie sowohl vom Islam als auch vom Judentum abtrünnig waren und folglich von beiden Seiten gleichermaßen verachtet wurden. Die Sekte ersetzte die zehn Gebote des Mose durch die achtzehn Regeln von Schabtai Tzvi. Die zweite Regel verlangte den Glauben an Schabtai Tzvi („der wahre Erlöser; es gibt keine Rettung außer ihm"); die sechzehnte und siebzehnte Regel besagte, dass alle Bräuche des Islam befolgt werden sollten („was von außen gesehen wird, muss beachtet werden"), aber man sollte weder eine Ehe noch ein Bündnis mit den Türken eingehen („denn sie sind ein Gräuel, und ihre Frauen sind Reptilien")[298]." Dies erinnert an einige Äußerungen von Bernard-Henri Levy, der sich selbst als guten Franzosen bezeichnet, der französischer ist als die Franzosen, und der gleichzeitig behauptet, je nach den Umständen auf allen vier Seiten jüdisch zu sein.

Gershom Scholem räumte ein, dass es unter diesen Bedingungen legitim war, dass die Gojim der Aufrichtigkeit der Juden misstrauten: „Obwohl die türkischen Behörden diese kollektiven Konversionen zum Islam begrüßten und große Hoffnungen für die Juden der Türkei hegten, mussten sie schnell erkennen, dass es sich keineswegs um echte Konvertiten handelte. „Scholem führte weiter aus, dass „die meisten der Dunmeh-Familien... die Gewohnheit hatten, ihren Kindern heimlich hebräische und jüdisch-spanische Namen und Nachnamen zusätzlich zu ihren offiziellen türkischen Namen und Nachnamen zu geben." Offenbar war die Sekte bis vor kurzem noch nicht ausgelöscht worden:

---

[297]David Bakan, *Freud et la tradition mystique juive*, 1963, Payot, 2001, S. 124.
[298]Léon Poliakov, *Histoire de l'antisémitisme I*, 1981, Points Seuil, 1990, S. 218, 219.

„Kürzlich, so schrieb Scholem, haben Mitglieder der Dunmeh-Intelligenz ihre Namen in privaten Interviews mit jüdischen Besuchern preisgegeben. Mit einem wissenden Blick haben sie sie in hebräischer Sprache auf ihre türkischen Visitenkarten[299] gekritzelt." Die Journalistin Françoise Giroud, die „Königin des Journalismus", fühlte sich mit der Dunmeh-Sekte verbunden. Geboren als France Gourdji in Genf, war sie die zweite Tochter von Salih Gourdji und Elda Fragi, beide türkische und sephardische Juden. Er wurde in Bagdad geboren und war Journalist, bevor er die Osmanische Telegraphenagentur in Istanbul gründete. Zu Beginn des Ersten Weltkriegs musste er aus der Türkei fliehen, „wegen seiner freiheitlichen Ideen und seiner Ablehnung des Bündnisses mit Deutschland", und er leitete später mehrere Missionen für die alliierten Geheimdienste. Einige würden zu Recht von „Verrat" zugunsten des Feindes sprechen, und wenn der Mann von den türkischen Behörden verhaftet worden wäre, wetten wir darauf, dass die gesamte Gemeinschaft gegen eine solche Ungerechtigkeit aufgesprungen wäre, um ihn zu verteidigen.

„Mein Großvater mütterlicherseits trug den Titel eines Pacha, einen nicht vererbbaren Adelstitel. Mein Vater war ein Bey. „Christine Ockrent nahm Françoises Geständnisse auf, wunderte sich aber über das sichtbare Unbehagen ihrer Gesprächspartnerin bei diesem Thema: „Eines Tages teilte ich ihr meine Verwunderung über ihre Zurückhaltung in Bezug auf den türkischen Teil ihrer Geschichte mit", und schließlich gestand sie die Herkunft ihrer Familie: „Mein Vater stammt wahrscheinlich von einer *Deunmeh-Familie* ab, d.h. von einer der fünfhundert sephardischen Familien, die im 17. Die wohlhabenden und aktiven deumnés [oder deunmeh, donmeh] waren die ersten in der türkischen Welt, die sich für säkulare, liberale und nationale Ideen öffneten[300]." Die Jungtürkenbewegung, die kemalistische Revolution und der westliche Säkularismus in der Türkei haben hier ihren Ursprung. Gershom Scholem wiederum stellte fest: Die Dunmehs „haben zahlreiche Mitglieder zur Intelligenz der Jungtürken beigesteuert...Sie spielten eine wichtige Rolle bei den Anfängen des Komitees für Union und Fortschritt, einer Organisation der jungtürkischen Bewegung, die ihren Ursprung in Thessaloniki hatte...Wir haben Beweise dafür, dass David Bey, einer der drei Minister der ersten jungtürkischen Regierung und ein wichtiger Kopf

---

[299]Gershom Scholem, *Le Messianisme juif*, 1971, Calmann-Lévy, 1974, S. 229, 239, 240.

[300]Christine Ockrent, *Françoise Giroud, une ambition française*, Fayard, Paris, 2003, S. 40-42.

der jungtürkischen Partei, ein Dunmeh war[301]." Dies sagte auch der einflussreiche Pressedirektor und bekannte Intellektuelle Alexandre Adler auf einer Konferenz am 14. März 2005 im Itshak-Rabin-Zentrum: „Es wird Sie nicht überraschen, wenn ich Ihnen sage, dass ich viele Donmeh-Freunde habe, d.h. Schüler von Shabtai Tzvi, und dass ich sie ganz außergewöhnlich finde... Wenn es Ende des 19. und Anfang des 20. Jahrhunderts nicht so viele Donmehs unter den türkischen Eliten gegeben hätte, hätte es keinen Kemalismus gegeben. Die „großen Donmehs" standen „an der Spitze der Schulreform in der Türkei" und haben „die ersten modernen Gymnasien wie das Gymnasium von Mustafa Kemal in Thessaloniki, wo er studierte", gegründet. Natürlich behaupten die türkischen Islamisten, dass Kemal selbst ein Donmeh war, aber das ist falsch. Stattdessen waren seine engen Vertrauten und Freunde weithin Donmeh[302]." Dank des Einflusses dieser fälschlicherweise zum Islam konvertierten Donmeh-Juden lasse sich das Bündnis zwischen der Türkei und Israel erklären, erklärt Adler: „Hätte es in den ersten dreißig Jahren der säkularen Türkei keine Donmeh als Außenminister gegeben - sie stellen immer noch 40 Prozent der türkischen Botschafter in der Welt und alle türkischen Botschafter in den Vereinigten Staaten seit den 1950er Jahren - wäre die Türkei zweifellos kein Verbündeter Israels." Aber im Fall von Françoise Giroud besteht kein Zweifel, dass sie eine echte Französin war, „perfekt integriert": Ihre Mutter Elda wollte sie so erziehen: „Elda wollte aus ihren Töchtern perfekte kleine Französinnen machen. Sie wurden getauft, lernten den Katechismus und besuchten das Internat des Institut Molière... Giroud schrieb später - aber niemand kann dies bestätigen -, dass ihre Mutter im Alter von etwa dreißig Jahren heimlich zum Katholizismus konvertiert war... Während des gesamten Krieges beharrte sie darauf, dass sie sich weder für sich noch für ihre Töchter durch die antisemitischen Gesetze von Vichy beeinträchtigt oder beunruhigt fühlte. Der gelbe Stern hat sie nicht begleitet, er war nicht ihre Geschichte, ihre Gemeinschaft oder Familie[303]." Mit diesen patriotischen Gefühlen und einer bedingungslosen Liebe zu Frankreich und den Franzosen engagieren sich Françoise und ihre Schwester in der Résistance gegen die Nazis. So wie sie, wie wir bereits gesehen haben, bei den von Samuel Pisar organisierten weltlichen Abendessen zusammen mit allen anderen „Widerstandskämpfern" von ihren

---

[301]Gershom Scholem, *Le Messianisme juif*, 1971, Calmann-Lévy, 1974 S. 235. 235

[302]http://www.beit-haverim.com/anoter/ConfAdler0305.htm

[303]Christine Ockrent, *Françoise Giroud, une ambition française*, Fayard, Paris, 2003, S. 50, 51.

Erinnerungen erzählte.

Die sabbatianische Bewegung betraf nicht nur das Osmanische Reich. Zwar kamen im 17. Jahrhundert viele aus Polen, um sich ihnen anzuschließen, doch viele andere blieben in Polen und folgten dem Weg, den ein anderer Messias mit radikaler Tendenz, Jacob Frank, vorgezeichnet hatte.

Jacob Frank wurde 1726 in Korolovka, an der Grenze zu Podolien in der Westukraine und Moldawien, geboren. Sein Vater war ein Sabbatianer, der aus der Gemeinde, in der er Rabbiner war, vertrieben worden war. Er war ein wenig gebildeter Mann, aber mit großer körperlicher Kraft und Phantasie ausgestattet. Er war höchstwahrscheinlich ein „Psychopath, eine Persönlichkeit mit einem unterentwickelten Über-Ich", schrieb David Bakan. Er reiste als Hausierer umher, predigte die Kabbala, gab sich als Heiler aus und verteilte religiöse und medizinische Hilfsmittel. Für die polnischen Rabbiner verkörperte die betreffende Person den Teufel in Person:

„Es wird gesagt, dass er mit seinen Jüngern Räuberei betrieben hat, dass er eine Thorarolle zerschnitten hat, um Schuhe für seine Freunde zu machen, und dass er ein *Schofar*[304] gestohlen und einigen nichtjüdischen Kindern beigebracht hat, darauf zu spielen." Er betrachtete sich selbst als Reinkarnation von Schabtai Tzvi und gab der sabbatianischen Bewegung neuen Auftrieb. 1755 erschien Frank in Podolien, um die zerfallenden sabbatianischen Gruppen wieder zu beleben. In seiner neuen Lehre vertrat er das Prinzip der Heiligen Dreifaltigkeit: Er unterschied zwischen Gott, der sich in Schabtai Tzvi inkarniert hatte, und seiner Replik oder seinem weiblichen Teil, der Schechinah, und schrieb sich selbst die Rolle des Messias zu. Er lehnte die Lehren des Talmuds ab und erklärte, dass nur der Zohar heilig sei. Die Vorstellung von einem Gott, der sowohl männlich als auch weiblich ist, diente als Vorwand für religiöse Praktiken sexueller Natur, wie etwa den Austausch von Frauen. Sie verkündete, dass das Gesetz tot sei, dass das Joch der alten Thora zerbrochen sei; das Joch des Gesetzes gelte nur für eine unerlöste Welt, in der der Messias noch nicht erschienen sei. Die neue Erlösung und die Offenbarung, die sie mit sich brachte, bewirkte, dass alle Dinge, auch das Böse, nun geheiligt waren. Diese Überlegungen bildeten die Grundlage für die Lehre vom Bösen.

Die Lehre vom Bösen", schrieb David Bakan, „beruhte auf der These, dass die göttlichen Funken verstreut worden waren und dass die

---

[304]Ein Widderhorn, das bei großen religiösen Zeremonien als Trompete dient. Der Klang des Schofars soll den Zuhörer bis ins Mark erschüttern, ein Erwachen, einen Alarm auslösen (NdT).

Menschen sich von der Sünde hinreißen lassen mussten, um sie wieder zu vereinen. Die Idee der geheiligten Sünde wurde vorherrschend, das Heil würde durch die Sünde kommen; aus dem Übermaß an Sünde würde eine Welt entstehen, in der es keine gibt. Frank hatte erklärt: „Ich bin gekommen, um alle Gesetze und Verordnungen, die bisher in Kraft waren, aus der Welt zu schaffen[305]."

Die Frankisten „verherrlichten die Sünde als einen Weg zur Erlösung", schrieb David Bakan und fügte mit dieser Präzision hinzu: „Die Vorstellung vom Bösen als göttliche Manifestation wurde nie vollständig abgelehnt[306]." Gershom Scholem schrieb, dass die Bewegung eine „Revolte gegen die stagnierende Orthodoxie und den fanatischen Obskurantismus der Rabbiner[307] darstellte. „Dieser revolutionäre Charakter der Lehre Jacob Franks wurde auch von Martin Buber bestätigt: „Die heilige Sünde wird zum System, der Mensch muss sich in die Sünde stürzen, um ihr den göttlichen Funken zu entreißen...Das Joch der alten Thora ist zerbrochen, es galt nur für die unerlöste Welt[308]." Die Frankisten, häretische Juden, wurden von den Rabbinern exkommuniziert (zum *Ketzer* erklärt), und die Rabbiner reagierten, indem sie den Talmud angriffen, „indem sie sagten, er sei falsch und böse". „David Bakan verwies auf die schwerwiegenden Anschuldigungen der Frankisten gegen die Rabbiner: „Sie beschuldigten sogar den Talmud, die Verwendung von christlichem Blut zu erzwingen und bezeugten, dass Juden rituelle Verbrechen begingen[309]." Franks Karriere erreichte im November 1759 ihren Höhepunkt, als er und alle seine Schüler nach dem Vorbild von Shabtai Tzvi[310] mit großem Pomp und Zeremoniell bekehrt wurden. Die Polen waren anfangs nicht anspruchsvoller als die Türken, und die Sabbatianer wurden von Mitgliedern des polnischen Adels unterstützt, von denen die Täuflinge ihren Namen oder Nachnamen erhielten.

Viele von ihnen wurden auf diese Weise zu Adeligen. Jacob Frank hielt bis zu seinem Tod im Jahr 1791 in Offenbach bei Frankfurt Hof. Die von ihm gegründete Sekte hatte sich zu einem besonders radikalen

---

[305]David Bakan, *Freud et la tradition mystique juive*, 1963, Payot, 2001, S. 130, 131; siehe Anmerkung des Übersetzers in Anhang VI. 2.

[306]David Bakan, *Freud et la tradition mystique juive*, 1963, Payot, 2001, S. 209.

[307]Gershom Scholem, *Le Messianisme juif*, 1971, Calmann-Lévy, 1974, S. 256.

[308]Siehe Anmerkung des Übersetzers in Anhang VI. 3.

[309]David Bakan, *Freud et la tradition mystique juive*, 1963, Payot, 2001, S. 132.

[310]„Abraham Cardoso sagte über Schabtai Tzvi, dass er sich verkleiden musste, wie ein Spion, der in das feindliche Lager eindringt, um seinen Auftrag zu erfüllen. „In Gershom Scholem, *Le Messianisme juif*, 1971, Les Belles Lettres, 2020 S. 296.

Zweig der Sabbatianer entwickelt, diesmal jedoch mit einer katholischen Fassade.

Jahrhunderts die fortschrittliche Bewegung der Jungtürken begünstigten, spielten die Sabbatianer und andere Frankisten auch eine wichtige Rolle bei der Verbreitung liberaler Ideen in Europa am Ende des 18. Jahrhunderts[311]. „Nach der Französischen Revolution, so erklärt David Bakan, förderten und unterstützten die noch im Judentum existierenden sabbatianischen Gruppen Bewegungen zugunsten von Reformen, Liberalismus und Aufklärung[312]." So hat Gershom Scholem das Leben eines Moses Dobruska (1751-1793) in einem Buch mit dem Titel *Vom Frankismus zum Jakobinismus* nachgezeichnet. Moses Dobruska war eine geheimnisvolle Persönlichkeit. Er wurde in einem mährischen Ghetto geboren. Als orthodoxer Jude aufgewachsen, wurde er später Anhänger der häretischen kabbalistischen Sekte der Frankisten, in der er eine aktive Rolle spielte. Der hebräisch sprechende Schriftsteller konvertierte zum Katholizismus, wurde vom Kaiser von Österreich geadelt und nahm den Namen Franz Thomas von Schönfeld an. In Wien verkehrte er in aufgeklärten nationalistischen Kreisen und war insgeheim Mitglied der esoterischen Freimaurerei. 1792 verließ er die österreichische Hauptstadt und ließ sich unter dem Namen Junius Fey in Straßburg und später in Paris nieder, wo er aktives Mitglied des Jakobinerclubs wurde. Im Jahr 1793 veröffentlichte er eine *Sozialphilosophie*, die natürlich eine lebhafte Apologie der jakobinischen Ideen war. Schließlich kam es zum tödlichen Ende: „In finanzielle Intrigen verwickelt und - natürlich ohne Beweise - beschuldigt, ein österreichischer Agent zu sein, wurde er am 4. April 1791 im Alter von 40 Jahren in Begleitung der Führer der dantonistischen Fraktion guillotiniert[313]", heißt es auf der Titelseite des

---

[311]„Die Beziehungen zwischen den beiden Sekten in Thessaloniki und Warschau mussten bis zum Ende des 19. Jahrhunderts aufrechterhalten werden. Ich war persönlich mit einem Fall vertraut, der sogar bis nach 1920 zurückreicht. Ein Dunmeh, der Wien besuchte, erzählte einem jüdischen Freund, dass seine Gruppe eng mit einigen offenbar sehr katholischen Familien in Warschau verbunden war (Gershom Scholem, *Le Messianisme juif*, 1971, Calmann-Lévy, 1974, S. 241).

[312]David Bakan, *Freud et la tradition mystique juive*, 1963, Payot, 2001, S. 125; siehe Anmerkung des Übersetzers in Anhang VI. 4.

[313]Georges-Jacques Danton war ein Jurist und Politiker, der während der Französischen Revolution eine entscheidende Rolle spielte. Zusammen mit Mirabeau wird er von einigen Historikern als Hauptverantwortlicher für den Sturz des Ancien Régime und die Gründung der Ersten Französischen Republik angesehen. Er war ein früher Führer des Jakobinerclubs an der Seite von Robespierre und eines der ersten Mitglieder des Komitees zur Rettung der Öffentlichkeit. Auf dessen Befehl hin wurde er schließlich verhaftet und wegen Korruption und Barmherzigkeit gegenüber den Feinden der

Buches. Kurzum: Dieser Junius Frey war ein Revolutionär, der im Verborgenen agierte, ohne seine wahre Zugehörigkeit zu verraten, und der mit den Großen dieser Welt verkehrte, aber auch ein Finanzbetrüger, der ohne Beweise als Spion beschuldigt wurde. Wir können sagen, dass Gershom Scholem tatsächlich einen repräsentativen Fall gewählt hat.

Diese Plastizität scheint einige Juden zur Spionage zu prädisponieren, und es muss eingeräumt werden, dass „Anschuldigungen" dieser Art häufig in den Zeitungen erscheinen. Der Historiker Leon Poliakov protestierte gegen solche schändlichen Anschuldigungen und verteidigte die übliche Sündenbockthese: „Zu Beginn des 20. Jahrhunderts wurden die Spannungen zwischen den Nationen immer dramatischer, und die Juden waren die ersten Opfer, die von den Bevölkerungen als 'Spione' des Feindes angesehen wurden. Diese Art von Glauben war auf beiden Seiten des Rheins verbreitet... „Auf derselben Seite, ein paar Zeilen weiter, zitiert Poliakov jedoch den Fall des englischen Staatsbürgers Ignace Trebitsch: „Er begann seine abenteuerliche Karriere, indem er sich unter dem Namen Lincoln in das britische Unterhaus wählen ließ, während er gleichzeitig für Deutschland spionierte. Er wurde schließlich entdeckt und suchte dort Zuflucht, bevor er schließlich nach China weiterzog, wo er ein buddhistischer Mönch wurde und diesmal für Japan spionierte[314]..." Zu Beginn seines Werks über die bolschewistische Revolution (*Two Hundred Years Together*, 2003) zitiert der berühmte sowjetische Dissident Solschenizyn den recht ähnlichen Fall eines gewissen Gruzenberg. Der Mann hatte in England und in den Vereinigten Staaten gelebt. Im Jahr 1919 war er Generalkonsul der Sowjetunion in Mexiko (ein Land, auf das die Revolutionäre ein Auge geworfen hatten); im selben Jahr sah man ihn in den zentralen Organen der Komintern tagen. Danach diente er in Schweden und anschließend in Schottland, wo er verhaftet wurde. Wenig später, 1923, tauchte er unter dem Namen Borodine mit einer ganzen Bande von Spionen in China wieder auf, wo er „politischer Chefberater des Exekutivkomitees der Kuomintang" wurde, ein Posten, der es ihm ermöglichte, die Karrieren von Mao-Tse-Tung und Zhou-Enlai zu fördern. Chiang-Kai-Shek verdächtigte ihn jedoch subversiver Aktivitäten und verwies ihn 1927 aus China. Anschließend kehrte er in die Sowjetunion zurück, wo er Chefredakteur des sowjetischen Informationsbüros wurde. 1951 wurde er schließlich

---

Revolution zur Guillotine verurteilt. (NdT).
[314]Léon Poliakov, *Histoire des crises d'identité juives*, Austral, 1994, S. 141. Poliakov zitiert auch Puchkine, der „von den untrennbaren Begriffen Jude und Spion" spricht. „(*Histoire de l'antisémitisme, tome II*, Points Seuil, 1990, S. 312, 313).

erschossen.

Wir sehen also, mit welch überraschender Plastizität manche Juden ihre Identität ändern und die unerwartetsten Verkleidungen annehmen können. Reiner Deutscher, frisch gelandeter katholischer Brasilianer, alter Indianerhäuptling, schnauzbärtiger Kosak, Gangster, der sich in eine Wohltätigkeitsschwester verwandelt hat, spanischer oder niederländischer Katholik, türkischer muslimischer Pacha, polnischer Aristokrat, jakobinischer Revolutionär, buddhistischer Mönch oder chinesischer Verschwörer - die Verkleidungen dieser Juden sind immer provisorisch und sind nicht mehr als eine Maske, die sie ablegen werden, wenn die Zeit reif ist[315].

Solschenizyn erinnerte hier an die Überlegungen des Zionistenführers Jabotinsky, der zu Beginn des 20. Jahrhunderts sagte: „Wenn der Jude sich an eine fremde Kultur anpasst, sollte man nicht auf die Tiefe und Beständigkeit der Transformation vertrauen. Ein assimilierter Jude gibt auf den ersten Drücker nach, gibt die geliehene Kultur ohne den geringsten Widerstand auf, sobald er überzeugt ist, dass seine Herrschaft vorbei ist[316]." Das veranlasste den englischen „brillanten antikonformistischen Kritiker" Henry Mencken 1920 zu der Aussage: „Sie denken auf Jiddisch und schreiben auf Englisch. „Und Poliakov zitierte sogar Joseph Goebbels, der erkannt hatte: „Wenn ein Jude deutsch spricht, lügt er! [317]"

Wenn man die vorherrschenden Merkmale der jüdischen Identität verstanden hat, kann man die wahre Natur der Reden einiger kosmopolitischer Intellektueller besser verstehen, die uns versichern, dass sie „perfekt assimiliert" sind, um ihre universelle Botschaft an die Gojim zu verbreiten. Nach der Veröffentlichung von Bernard-Henri Lévys Buch *Die französische Ideologie* im Jahr 1981 zeigte sich der Intellektuelle und Akademiker Raymond Aron beunruhigt darüber, wie beleidigend das Buch für die Franzosen sein könnte, und forderte den Philosophen auf, seine Verachtung zu zügeln, um den Antisemitismus nicht zu schüren[318]. Der Philosoph Levy antwortete mit diesen Worten:

„Sie haben mich sicher zu gut gelesen, um zu ignorieren, dass ich als Franzose und als Franzose, wie jeder andere französische Philosoph,

---

[315]Die Juden verkleiden sich während des Purimfestes. Die schöne Esther hatte ihre Identität verschleiert, bis sie am Krankenbett des Königs ankam, um ihn davon zu überzeugen, die Feinde der Juden zu beseitigen. Das Massaker an 75 000 Persern wird von den Juden seither jedes Jahr gefeiert.

[316] Alexandre Solschenizyn, *Deux siècles ensemble, tome II*, Fayard, S. 550.

[317] Léon Poliakov, *Histoire de l'antisémitisme II*, 1981, Points Seuil, 1990, S. 425, 244.

[318] Siehe Hervé Ryssen, *Planetarische Hoffnungen*, (2022).

diese Forschung über das schwarze Frankreich[319] riskiert habe. „Es ist in der Tat einfacher und vor allem weniger riskant, die Baskenmütze und das *Baguette*[320] unter dem Arm zu tragen, um auf das tiefe Frankreich und sein Terroir zu spucken und zu kotzen. Das ist eine sehr praktische Position, denn sie erlaubt es, all diejenigen, die es wagen, eine antisemitische Antwort zu geben, im Voraus zurückzuweisen.

Joseph Roth hat in seinem Buch *Wandering Jews* ein weiteres wertvolles Zeugnis für diese charakteristische Plastizität geliefert, das sich auch auf jüdische Vatersnamen bezieht:

„Der Mangel an Frömmigkeit der Juden gegenüber ihren Namen ist nicht überraschend. Mit einer erstaunlichen Leichtigkeit ändern die Juden ihren Namen, den Namen ihrer Eltern, dessen Klang für einen europäischen Geist immer zumindest einen sentimentalen Wert hat. Für die Juden hat der Name keinen Wert, weil es einfach nicht ihr Name ist. Die Juden, die orientalischen Juden, haben keinen Namen. Sie tragen Zwangspseudonyme. Ihr richtiger Name ist der, mit dem sie am Sabbat und an Feiertagen in der Thora genannt werden: ihr richtiger jüdischer Name und der ihres Vaters. Die Nachnamen jedoch, von Goldenberg bis Hescheles, sind aufgezwungene Namen. Die Regierungen haben den Juden befohlen, Namen zu akzeptieren. Sind es ihre eigenen? Wenn jemand Nachman heißt und seinen Vornamen in den europäischen Norbert verwandelt, ist dann nicht Norbert die Verkleidung, das Pseudonym? Ist es mehr als Mimikry? Hat das Chamäleon Mitleid mit den Farben, in die es sich ständig verwandeln muss? In den Vereinigten Staaten schreibt der Jude Greenboom statt Grünbaum. Die veränderten Vokale stören ihn nicht[321]." Guy Konopnicki bestätigte diese häufigen

---

[319] Bernard-Henri Lévy, *Questions de principe, deux*, Grasset, 1986, S. 306.

[320] Typischer französischer Laib Brot (NdT).

[321] Joseph Roth, *Judíos errantes*, Acantilado 164, Barcelona, 2008, S. 109. [„Die Verpflichtung, einen väterlichen Familiennamen zu tragen, entstand mit dem Toleranzedikt, das Joseph II. 1787 nach der Teilung Polens in den Gebieten der habsburgischen Obrigkeit erließ. Im Laufe des 19. Jahrhunderts wurde sie nach und nach auch in allen anderen Regionen eingeführt. „(Marc Zborowski, *Olam*, 1952, Plon, S. 422). Joseph Roth führte weiter aus, dass Juden, die die Grenze überschreiten wollten, oft falsche Angaben machten, um ihre Ausweispapiere zu erhalten, da diese Angaben für die Zollbeamten und die Polizei glaubwürdiger waren. Joseph Roth formulierte die Angelegenheit etwas verworren und falsch: „Solche Namen verursachen Schwierigkeiten für die Polizei. Die Polizei mag keine Schwierigkeiten - und wenn es doch nur die Namen wären! Aber die Geburtsdaten stimmen nicht überein entweder... Wie ist er über die Grenze gekommen, ohne oder mit einem falschen Pass? Außerdem stellt sich heraus, dass er nicht so genannt wird, wie er genannt wird, und obwohl er sich unter so vielen Namen präsentiert, was an sich schon bedeutet, dass sie falsch sind, sind sie aller Wahrscheinlichkeit nach objektiv gesehen falsch. Der Mann, der auf den

Fälschungen: „Obwohl ich einige Jahre nach dem Krieg geboren wurde, wurde meine Identität in einem Familienbuch festgehalten, das 1940 notorisch gefälscht wurde und bis heute gültig ist. Auf der Grundlage dieses Dokuments erhielt ich meinen Personalausweis. Die modische Gleichsetzung von Identität und Authentizität macht mich also sprachlos[322]."

Der Schriftsteller Marek Halter zum Beispiel hatte ebenfalls eine falsche Identität, wie ein Bericht in der Zeitung *Le Point* vom 28. April 2005 zeigte. Alles an dieser Figur war falsch. Seine Identität ist falsch, sein Geburtsdatum ist falsch, seine Genealogie ist falsch, und seine gesamte Biographie ist weitgehend falsch[323].

Jüdischer Humor

Die Plastizität der jüdischen Persönlichkeit ist zweifelsohne einer der Hauptbestandteile des jüdischen Humors. Kombiniert mit einer Furchtlosigkeit, die in jeder Situation zu erkennen ist, ist dies eine explosive Mischung, die für Heiterkeit sorgen kann, wenn sie frei von Böswilligkeit und politischen Absichten ist. Im umgekehrten Fall sehen wir dann jene berühmte „Unverschämtheit", die von allen Beobachtern des Judentums immer angeprangert wurde.

Diese Form des jüdischen Humors wurde in Roberto Benignis Film *Das Leben ist schön* gut veranschaulicht: Wir befinden uns im faschistischen Italien der Vorkriegszeit. Unser Held ist ein amüsanter und brillanter Theatermann, der in eine junge Frau verliebt ist, die er um jeden Preis verführen will. Als er eines Tages die Schule besucht, in

---

Papieren, auf der Meldekarte steht, hat nicht dieselbe Identität wie der Mann, der gerade angekommen ist. Was kann man tun? Sollte er eingesperrt werden? In diesem Fall ist derjenige, der eingesperrt ist, nicht der Richtige. Sollte er ausgewiesen werden? In diesem Fall ist der Ausgeschlossene ein Hochstapler. Wenn er aber an seinen Herkunftsort zurückgeschickt wird, um neue Dokumente mit unbestreitbaren Namen mitzubringen, ist das zurückgeschickte Dokument in jedem Fall nicht nur das echte, sondern der Betrüger wird schließlich zu einem echten. Sie wird also einmal, zweimal, dreimal zurückgeschickt, bis der Jude merkt, dass ihm nichts anderes übrig bleibt, als falsche Angaben zu machen, um als der Echte durchzugehen... Die Polizei hat den orientalischen Juden auf die hervorragende Idee gebracht, seine wirklichen und wahren - wenn auch verworrenen - persönlichen Verhältnisse zu verbergen... Jeder ist erstaunt über die Fähigkeit der Juden, falsche Angaben zu machen, aber niemand ist erstaunt über die plumpen Forderungen der Polizei. „In Joseph Roth, *Judíos errantes*, Acantilado 164, Barcelona, 2008, S. 74, 75. Man beachte den talmudisch inspirierten *Pilpul* in diesem Argument (siehe Anmerkung 416). (NdT)].

[322] Guy Konopnicki, *La Place de la nation*, Olivier Orban, 1983, S. 14.

[323] Hervé Ryssen, *Planetarische Hoffnungen*, (2022).

der sie Erzieherin ist, erfährt er zufällig, dass zur gleichen Zeit ein Inspektor der Akademie eintreffen wird. Sie beschließt, die Situation auszunutzen und sich für ihn auszugeben. Sie verwandelt sich sofort, betritt das Klassenzimmer, in dem das gesamte Schulpersonal auf sie wartet, begrüßt alle mit einem Händedruck wie ein Inspektor und improvisiert vor den Schülern und Lehrern eine völlig aus dem Häuschen geratene Rede, die die erwartete Wirkung auf die junge Erzieherin hat, die sie mit Bewunderung und großen Augen anschaut.

Eine andere Szene des Films ist sehr aufschlussreich für diese ungezügelte Dreistigkeit: Die schöne Gouvernante muss leider einen Faschisten heiraten, der offensichtlich ein rüder Charakter ist. Während des Hochzeitsdinners, bei dem alle Würdenträger der Region in einem prächtigen Herrenhaus versammelt sind, hat unser Roberto, der den Plan gefasst hat, die Schönheit zu entführen, keine andere Idee, als auf einem weißen Pferd in den großen Empfangssaal zu reiten und die junge Braut zu überreden, ihm bei seinem verrückten Abenteuer vor einem verblüfften Publikum zu folgen.

Eine dritte Szene ist noch extravaganter: Als Gefangener der Deutschen kommt er mit seinem kleinen Sohn in ein Konzentrationslager, den er um jeden Preis beruhigen will und den er glauben macht, dass alles nur ein großes Spiel ist. Kaum hat man sich in der Baracke mit den Etagenbetten eingerichtet, kommt der Kommandant in Begleitung von Soldaten herein, um die Anweisungen und die sehr strengen Regeln des Lagers zu verkünden: Kein Vergehen wird geduldet! Aber er braucht einen Übersetzer. „Wer spricht Deutsch?" Unser Roberto ergriff die Gelegenheit. Offensichtlich spricht er kein Wort Deutsch, und nach jedem Satz des Kommandanten übersetzt er den italienischen Gefangenen die Regeln eines völlig bescheuerten Spiels, eines Versteckspiels, bei dem man Punkte sammeln und sich nicht erwischen lassen muss, wenn man den Hauptpreis gewinnen will: einen echten Kampfpanzer! Am Ende ist die Mission erfüllt, denn sein Sohn wird bis zum Schluss an den Betrug glauben und seinem Vater gewissenhaft gehorchen, um die Punkte zu sammeln und den großen Preis zu gewinnen.

Diese wirklich amüsante Szene zeigt sehr gut die Plastizität der jüdischen Persönlichkeit. Sie veranschaulicht auch die Tendenz, vor nichts zurückzuschrecken, sich zu verwandeln, sich als irgendetwas zu verkleiden, um seine Ziele zu erreichen. Hartnäckigkeit, Kühnheit und Plastizität sind die Grundlagen des berühmten jüdischen Humors.

Der Skandal

Aber diese Kühnheit, die Juden in vielen Situationen zu nutzen wissen, löst nicht immer Heiterkeit aus. Leider kann diese Charaktereigenschaft Feindseligkeit bei denjenigen hervorrufen, die sich durch das, was sie als Ironie und Verhöhnung ihrer Werte ansehen, verletzt fühlen.

Wir haben bereits einige Veranlagungen des kosmopolitischen Geistes gesehen, Dinge zu sagen, zu schreiben oder zu tun, die oft als grob unverschämt angesehen werden können und ebenso weit von der Realität wie von unseren gesellschaftlichen Normen entfernt sind. Dieses Thema taucht bei allen Beobachtern auf, bei allen, die das Judentum beschreiben. Und es sind genau diese „Provokationen", ob bewusst oder unbewusst, die den latenten Antisemitismus stets verschärft haben.

Otto Weininger bemerkte 1902 in Bezug auf seine ehemaligen Mitstreiter: „Der Jude glaubt nicht, dass es etwas Wahres und Unveränderliches, Heiliges und Unverwundbares gibt. Deshalb ist er äußerst leichtsinnig und macht sich über alles lustig; er glaubt nicht an das Christentum eines Christen und noch weniger an die Ehrlichkeit der Taufe eines Juden[324]." Das ist nichts Neues, denn diese Ironie und diese Tendenz, den Glauben der Christen ins Lächerliche zu ziehen, wurde bereits von den Autoren des Mittelalters als eine Art Anmaßung empfunden. So hatte der Erzbischof von Lyon Agobard zur Zeit Karls des Großen diese jüdische Besonderheit zum Titel seines Traktats gemacht: *De Insolentia judaeorum*: „Über die Anmaßung der Juden". Es ist schade, dass Leon Poliakov dieses Buch in seiner monumentalen *Geschichte des Antisemitismus* nicht erwähnt hat, denn es ist einer der Faktoren, die das Problem erklären. Es ist jedoch zu betonen, dass es in der Geschichte Konstanten gibt, die weit in die Vergangenheit zurückreichen. Es ist in der Tat bemerkenswert, dass die Merkmale, die wir heute bei unseren Zeitgenossen beobachten, auch von den Analytikern aus sehr fernen Zeiten festgestellt wurden.

Aber die Frechheit ist nur ein Aspekt dieser Kühnheit, die eines der charakteristischen Merkmale des Judentums ist. In philosophischen oder politischen Fragen ist der Jude jemand, der „kühn" ist. Sie sind sich dieser Fähigkeit, die sie als „*Chuzpe*" bezeichnen und die sie dazu bringt, die ausgefallensten Theorien zu formulieren, völlig neue Gedankensysteme zu entwerfen, um eine Audienz beim Papst zu bitten, den Sultan zu entthronen oder Hunderte von Millionen Dollar in ein gigantisches Projekt zu investieren, sehr wohl bewusst.

---

[324] Otto Weininger, *Geschlecht und Charakter*, Ediciones Península, Edicions 62 s|a, Barcelona, 1985, S. 317.

Wir haben bereits gesehen, wie der „Messias" Shabtai Tzvi nach Istanbul reiste und sich einbildete, er könne den Sultan entthronen. Etwas Ähnliches finden wir bei dem Schriftsteller Philip Roth, wenn er sich vorstellt, mit dem Papst zu verhandeln: „Wenn Philip Roth und der Papst sich treffen und alle unsere Probleme lösen[325]?"

Der Vater der zionistischen Idee, Theodore Herzl, war auch wahnsinnig kühn, als er die Grundlagen für die Ideologie des späteren Staates Israel schuf. Seine Zeitgenossen standen seinen Plänen zur Gründung eines jüdischen Staates in Palästina oft skeptisch gegenüber. Aber es wird oft übersehen, dass der Mann, der die Integration der Juden in die europäischen Gesellschaften für unmöglich hielt, bevor er zum Verfechter des Zionismus wurde, die Möglichkeit in Betracht zog, alle Juden massenhaft zu konvertieren, damit sie verschwinden: „Er wollte sich an Papst Leo XIII. wenden, um ihn um seinen Schutz zu bitten.1893 wollte er eine feierliche Bekehrung aller Wiener Juden im Stephansdom organisieren, und noch 1895 schrieb er in sein Tagebuch: „Wenn ich sonst etwas sein wollte, wäre ich ein preußischer Adeliger mit alten Wurzeln[326]." „Wir werden später auf diese Art von innerem Konflikt der Persönlichkeit und Identität zurückkommen, der eine weitere der vielen Erscheinungsformen der Ambivalenz des Judentums ist.

In seiner *Geschichte der jüdischen Identitätskrisen* zitiert Leon Poliakov den Fall von Benjamin Disraeli, der im 19. Jahrhundert eine Zeit lang Premierminister von England war. In drei Romanen, *Coningsby*, *Sybil* und *Tancred*, hatte er sein politisches Aktionsprogramm dargelegt, das von manchen als Provokation gegenüber dem englischen Empire empfunden wurde: „Er behauptete, zum auserwählten Volk zu gehören", schrieb Poliakov, „und forderte daher eine bevorzugte Behandlung und politische Förderung für seine Glaubensgenossen. Er begründete diese Behauptung auf eine Art und Weise, die einen Skandal auslöste. Disraeli erhob die „Semiten" in den Rang einer „Aristokratie der Natur"." Diese unverschämten Äußerungen brachten ihm viele Angriffe und Schläge ein: „Thomas Carlyle, der berühmte Kritiker, war empört über diese „jüdische Quacksalberei" und fragte sich, „wie lange John Bull diesem absurden Affen noch erlauben wird, auf seinem Bauch zu tanzen". Aber diese verbalen Angriffe hinderten ihn nicht daran, ins Unterhaus gewählt zu werden: Im Gegenteil, 1847 hielt er im selben Haus eine Rede, in der

---

[325] Philip Roth, *Operation Shylock*, Debolsillo Penguin Random House, Barcelona, 2005, S. 186.
[326] Léon Poliakov, *Histoire des crises d'identité juives*, Austral, 1994, S. 145.

er die Zulassung von Juden forderte[327]." Leon Poliakov brachte uns ein weiteres interessantes Zeugnis des Philosophen Solomon Maimon. Er wurde 1754 in Polen geboren und wurde von dem deutschen Philosophen Moses Mendelssohn und der Philosophie der Aufklärung beeinflusst[328]. Provokant und skeptisch spottete er über seinesgleichen, die noch immer in Gemeinden lebten, die jahrhundertelang von rabbinischen Gesetzen regiert wurden. Salomon Maimon machte sich auf amüsante Weise über den Talmud und einige seiner Begründungen lustig: „Wie viele weiße Haare kann zum Beispiel eine rothaarige Kuh haben, bevor sie immer noch als rothaarig gilt?" oder „Ist es erlaubt, am Sabbat eine Laus oder einen Floh zu töten?"

Aber es ist wahr, dass Solomon Maimon mit seiner eigenen Gemeinschaft nicht ganz einverstanden war. Als rationalistischer Jude hegte er ein instinktives Misstrauen gegenüber den „Mystikern" des Chassidismus. Leon Poliakov erzählte folgende Anekdote: „Nachdem er an einem Fest im Haus von Dov Baer, dem Führer der chassidischen Sekte, teilgenommen hatte, war er sofort verärgert: Als dieser 'Meister' erfuhr, dass die Frau eines der Gläubigen ein Mädchen zur Welt gebracht hatte, ordnete er die Auspeitschung des unglücklichen Mannes an, die sofort ausgeführt wurde. Solomon Maimon urteilte streng über diese Sekte und hob ihre karikierendsten Züge hervor: „Eifrig bemüht, sich als wahre Zyniker auszugeben, sündigten einige von ihnen gegen die Regeln des Anstands, liefen mit ihren einfachen Attributen herum und befriedigten ihre natürlichen Bedürfnisse in der Öffentlichkeit usw.[329]."..." Kosmopolitische Geister haben eine unergründliche Verachtung für alles, was mit „sesshaft" und „verwurzelt" zu tun hat. Und diese Verachtung führt sie zu der Überzeugung, dass sie diejenigen, die sie zu täuschen versuchen, auf ihre Seite ziehen können. So hörten wir den Intellektuellen und Essayisten Alain Minc sagen, dass

---

[327] Léon Poliakov, *Histoire des crises d'identité juives*, Austral, 1994, S. 97.

[328] Moses Mendelssohn war der Begründer der jüdischen Intellektuellenbewegung *Haskalah*, was auf Hebräisch Aufklärung oder Erleuchtung bedeutet, und die die Integration der Juden in die europäische Gesellschaft durch eine gewisse Öffnung und politische Reform des Judentums anstrebte. Mirabeau, ein Freimaurer und berühmter Führer der Französischen Revolution, schrieb 1787 ein Werk mit dem Titel: *Über Moses Mendelssohn, über die politische Reform der Juden*. Mehrere Autoren bestätigen, dass Mirabeau die wichtigste Verbindung zwischen dem deutschen Illuminismus und der französischen Freimaurerei war. Tatsächlich schrieb Mirabeau in seinem Werk *Über die preußische Monarchie* mehrere Seiten über die Illuminaten und hielt sein großes Wissen über dieses Land in seiner *Geheimen Geschichte des Berliner Hofes* fest. Zu diesen Themen und der Freimaurerei siehe Alberto León Cebrián, *Las Revoluciones masónicas*, Bubok, 2015. (NdT).

[329] Léon Poliakov, *Histoire des crises d'identité juives*, Austral, 1994, S. 55.

die Einwanderer „heute etwas zahlreicher sind als vor fünfzehn Jahren" und dass sie „einen kleineren Teil der Bevölkerung ausmachen als in den 1930er Jahren[330]. „Um die Fremdenfeindlichkeit einzudämmen, wäre es am besten, die Zahl der Ausländer zu erhöhen, anstatt sie zu verringern", hatte Daniel Cohn-Bendit erklärt[331]. „In Deutschland wie in Frankreich gibt es nichts Besseres als eine geschlossene Grenze, um die Zahl der Ausländer zu erhöhen und die vorübergehende Auswanderung in eine dauerhafte Ansiedlung umzuwandeln", sagte er mit der gleichen Unverschämtheit[332]. „An solchen geschlossenen Grenzen mangelt es in Europa in der Tat nicht.

Chuzpe hat hier einen politischen Zweck: Es geht darum, die eigenen Ziele um jeden Preis zu erreichen, und alles ist erlaubt, um die Menschen zu täuschen, die davon überzeugt werden sollen, die grenzenlose Gesellschaft zu akzeptieren. Jeder halbwegs gebildete und aufmerksame Leser kann sich zu Recht denken, dass diese Intellektuellen ein Talent dafür haben, die Leute für dumm zu verkaufen und Wut zu schüren. Aber in einer Demokratie ist der Druck des Mediensystems so groß, dass er die Uninformierten daran hindert, die Absurdität solcher Argumente zu erkennen, die von Intellektuellen vorgebracht werden, die auf jedem Fernsehgerät ihr Unwesen treiben.

Obwohl der kosmopolitische Geist die Idee der Grenze ablehnt und unermüdlich für ihr Verschwinden kämpft, wissen wir, dass es sich in erster Linie um einen politisch-religiösen Plan handelt, der kein anderes Ziel hat, als auf die Errichtung des Weltreichs hinzuarbeiten und die Ankunft des Messias zu beschleunigen. Wir haben die Doppelzüngigkeit der jüdischen Intellektuellen bemerkt, die darin besteht, andere zur Verleugnung ihrer Traditionen anzustiften, während sie die traditionellen Werte des Judentums bewahren und pflegen.

Es wäre jedoch zweifellos oberflächlich, sich mit diesem Punkt des Phänomens zu befassen. Wir müssen verstehen, dass diese Mentalität genau ihrem eigenen Wertesystem entspricht. Denn die jüdische Identität ist in Wirklichkeit grundsätzlich schwankend, mehrdeutig und ambivalent, trotz aller Glaubensbekenntnisse jüdischer Denker, die sich auf diese Weise zu vergewissern und ihre „Mission" zu rechtfertigen suchen. Obwohl das Judentum ein auserwähltes Volk verkörpert, dessen ethnische Grenzen eher vage sind, ist es daher vor allem eine Idee, die sich über irdische, geistige oder soziale Grenzen hinwegsetzt[333]. Die

---

[330] Alain Minc, *Die Vergeltung der Nationen*, Grasset, 1990, S. 11.

[331] Daniel Cohn-Bendit, *Xénophobies*, Hamburg, 1992, Grasset, 1998, S. 43-45.

[332] Guy Sorman, *Waiting for the Barbarians*, Seix Barral, 1993, Barcelona, S. 31.

[333] „Sie sind besessen von der Abstraktion", erklärte Danny Balint, ein junger Skinhead,

jüdische Persönlichkeit ist immer am Rande, immer an der Grenze, immer mit einem Fuß auf jeder Seite, aber nie auf dem Boden.

„Der Jude ist der Auslöscher von Grenzen. Er ist das genaue Gegenteil des Aristokraten, denn das Grundprinzip der Aristokratie ist die strikte Einhaltung aller Grenzen zwischen den Menschen... Darauf ist der Mangel an Manieren im Umgang mit anderen und das Fehlen von sozialem Takt zurückzuführen." Otto Weininger bemerkte einen weiteren Aspekt dieser grundlegenden Ambivalenz der jüdischen Persönlichkeit: „Die Unterwürfigkeit ist verschwunden und hat ihrem stets begleitenden Gegenteil, der Frechheit, Platz gemacht - beides sind alternative Funktionen des Willens in ein und demselben Individuum[334]." Jüdische Kühnheit ist auch ein Grund für den Erfolg einiger Mitglieder der jüdischen Gemeinschaft, vor allem im Geschäftsleben, aber auch eine Ursache für Spannungen und Konflikte aufgrund der Missverständnisse, die entstehen können, wenn Frechheit offen mit Verachtung für die Gojim verbunden ist. Der Mörder Pierre Goldman z.B. zögerte nicht, die Leichtgläubigkeit der Gojim auszunutzen, um einer Verurteilung zu entgehen, indem er den „Sündenbock" einer „rassistischen" Justiz und eines „rassistischen" Staates spielte,[335].

Der Betrüger Jacques Crozemarie, Präsident der Liga gegen den Krebs, der nur 26% der von den Franzosen gespendeten Gelder übergab, zeigte diese phänomenale Unverfrorenheit auch 1996, als er vor den Fernsehkameras erklärte: „Ich wäre ein Verbrecher, wenn ich etwas in die Tasche gesteckt hätte, aber sehen Sie sich meine Repräsentationskosten an, sie sind gleich null! Ich bekomme nicht einmal die Restaurantrechnungen erstattet! („Secrets d'actualité", Fernsehsendung vom 26. März 2006). Er ging sogar so weit, die Kompetenz der Richter des Rechnungshofs in Frage zu stellen. „Sie können nicht zählen! „Vor Gericht beschimpfte er die Präsidentin und warf ihr vor, nichts gegen den Krebs zu unternehmen[336]."

Der beste Weg, sich aus der Klemme zu befreien, ist natürlich, die Realität zu leugnen und mit unbestreitbarer Souveränität nach Strich und Faden zu lügen. Der Philosoph André Glucksmann erklärte am 1. April 2006 in einer populären Fernsehsendung (*Tout le monde en*

---

der in Wirklichkeit ein Jude war, der zu einem heftigen Antisemiten geworden war. Siehe den Film *Danny Balint von* Henry Bean (USA, 2001).

[334] Otto Weininger, *Geschlecht und Charakter*, Ediciones Península, Ediciones 62 s|a, Barcelona, 1985, S. 307, 308, 310.

[335] Der „Sündenbock" ist eine sehr wichtige biblische Figur im Judentum.

[336] Zu Crozemarie lesen Sie *Planetarische Hoffnungen und Die jüdische Mafia*.

parle), dass er während des Krieges erlebt habe, wie seine Mutter die Behörden mit Bravour belogen habe. Diese „Unverschämtheit", erklärte er - ein Begriff, den er selbst verwendete - war eine Lektion, die er nie vergaß.

Diese monumentale Unverfrorenheit erreichte ihren Höhepunkt in einem außergewöhnlichen Betrugsfall im Jahr 2005, über den die Tageszeitung *Libération am* 7. Oktober berichtete. Am 25. Juli, kurz nach den tödlichen Anschlägen in London, erhielt die Leiterin einer Bankfiliale einen Anruf von einem Mann, der sich als der Präsident der Bank, Jean-Paul Bailly, ausgab: „Die DGSE[337] hat uns um Hilfe gebeten", sagte er ihr. Terroristen bereiten einen Anschlag in Paris vor und wollen in Ihrer Filiale Geld abheben. Ein DGSE-Mitarbeiter wird Sie anrufen. Tun Sie alles, was er von Ihnen verlangt." Eine Stunde später ruft „Jean-Paul von den französischen Diensten" die Leiterin der Bankfiliale an, gibt ihr einen Codenamen, „Martine", verlangt Vertraulichkeit und schickt die arme Martine auf ihre erste Mission: „Ihre Telefonleitung ist nicht sicher. Sie müssen sich ein Mobiltelefon besorgen, das nur für unsere Kommunikation verwendet wird. Dies ist eine Nummer, die Sie anrufen werden, um Ihren Namen anzugeben. „Martine rennt los, um ein Handy zu kaufen, und hinterlässt ihre Nummer auf dem Anrufbeantworter von Jean-Paul. Er ruft sie zurück: „Was auch immer passiert, du musst dieses Handy Tag und Nacht eingeschaltet lassen".

Einem der Ermittler zufolge bombardiert Gilbert C. Martine mit ständigen Anrufen, etwa vierzig in zwei Tagen. Er überhäuft sie mit Informationen über die Arbeit der DGSE, um einen drohenden Anschlag zu vereiteln. Er ruft sie rund um die Uhr an, sogar nachts, so sehr, dass Martine nicht mehr schlafen kann. „Wenn sie nicht schnell genug antwortet, schimpft er mit ihr. Wenn sie zögert, schlägt er sie. Er sagt ihr immer wieder: „Vor allem darfst du mit niemandem darüber sprechen. Er treibt sie bis an ihre Grenzen. Martine ist ein Wrack." Sobald sie gut konditioniert ist, wird Martine alles befolgen, weil sie überzeugt ist, dass sie „für die Nation" arbeitet. Jean-Paul befiehlt ihr dann: „Schalten Sie den Computer ein. Nennen Sie mir die Namen der fünf größten Kunden Ihrer Branche. „Martine gehorcht. Den Ermittlungen zufolge nennt der Betrüger dann willkürlich einen der fünf Namen als Finanzier eines bevorstehenden Anschlags und warnt, dass an diesem Abend jemand 500.000 Euro von diesem Konto abheben wird. Doch der Filialleiter teilt mit, dass sich auf dem Konto nur

---

[337] Französischer Nachrichtendienst (NdT).

350.000 Euro befinden. Jean-Paul war wütend: „Du bist wirklich überhaupt nicht einsatzfähig! „Martine weint, räumt alle Schubladen aus und bekommt schließlich 8.000 Euro mehr. Jean-Paul gibt schließlich nach und nimmt die 358.000 Euro an: „Jetzt geh und kauf einen Koffer. Ich rufe Sie zurück. „Nach dem Kauf des Koffers erhält Martine einen Anruf von Jean-Paul: „Bevor wir das Geld an den Kunden übergeben, müssen wir die Banknoten magnetisieren, um den gesamten Kreislauf der Terrorismusfinanzierung aufzuspüren und das gesamte Netzwerk zu unterbrechen. Nehmen Sie ein Taxi... „Dann befiehlt er ihr, in einem Café auf der Place de la Nation auszusteigen: „Sehen Sie meine Agenten? - Nein." Martine sieht nichts. „OK, sie sind gut versteckt, sie funktionieren gut. Setzen Sie sich auf die Terrasse." Ein paar Minuten später ruft sie zurück: „Geh runter auf die Toilette und schließ dich ein. „Martine geht auf die Toilette. Er ruft sie zurück: „Ein Beamter wird dreimal an die Badezimmertür klopfen, ihm den Koffer geben, zurück auf die Terrasse gehen und zehn Minuten warten, bis wir ihn zurückbringen. „Klopf, klopf, klopf. „Martine, gib mir den Koffer", sagt Shirley, eine Komplizin von Gilbert C., die schließlich die Beute an sich nimmt.

Martine kehrte dann auf die Terrasse des Cafés zurück und wartete... Sie wartete mehrere Stunden, bevor sie die Tatsachen erkannte und zugab, wie sie waren. Erschöpft stellte sie sich am 28. Juli nach drei Tagen „schrecklicher psychologischer Manipulation" bei der Kriminalpolizei. Die ersten Ermittlungen der Kriminalpolizei, die die Telefonnummer zurückverfolgte, führten zu „einer in Israel ansässigen Nummer in England" und ermöglichten es, im August 2005 etwa zwanzig ähnliche Betrugsversuche zu verhindern, indem die Banker rechtzeitig gewarnt wurden.

Im September erfand Gilbert C. dann eine Variante, die ihm noch mehr einbrachte, indem er Banker dazu brachte, „internationale Überweisungen" auf Konten vorzunehmen, die angeblich von Terroristen genutzt wurden. Mit seiner phänomenalen Redegewandtheit und seiner Art, die Banker davon zu überzeugen, dass sie ihrem Land im Kampf gegen Al-Qaida dienen, gelang es dem „Superhirn" Gilbert, Millionen auf die Konten von Briefkastenfirmen zu überweisen, die von seinen Strohleuten in Hongkong gegründet worden waren", schrieb der Journalist. Am 28. September zahlte eine Bank 2,5 Millionen Dollar in der Schweiz und 2,72 Millionen Dollar in Hongkong aus. Die Kriminalpolizei, die von einem verdächtigen Bankangestellten alarmiert wurde, blockierte die Gelder. Im Gegensatz dazu wurden am 29. September zwei Überweisungen in Höhe von insgesamt 7,25

Millionen Euro auf Konten in Estland überwiesen und von der „Gilbert-Bande" sofort eingezahlt." Gilbert C., 40 Jahre alt, und sein Bruder Simon, 38 Jahre alt, beide in Paris geboren, leben heute als Flüchtlinge in Israel. Von seinem Versteck aus hatte Gilbert C. die Frechheit, die Kriminalpolizei am Telefon zu verhöhnen: „Ich gehe nicht zurück, ich gebe nicht auf, ich werde von Israel beschützt". Nach der Lektüre des Berichts über diesen Betrug wird jeder zustimmen, dass das allgemein verwendete Wort „Frechheit" ein wenig zu milde ist, um diese Aktionen zu beschreiben. Es sei denn, es handelt sich um eine andere Form des berühmten jüdischen Humors[338].

Die beste Erklärung für dieses Phänomen scheint religiöser und moralischer Natur zu sein. Es ist bekannt, dass in bestimmten mystischen christlichen Sekten des Mittelalters die Anhänger, die „Auserwählten", sich einbildeten, über dem Gesetz zu stehen, und glaubten, dass auch sie „alles tun dürften". Diese anarchistischen Manifestationen können als „antinomisch" bezeichnet werden, wenn „Antinomismus" als eine Bewegung der Befreiung vom Gesetz (nomos) verstanden wird. Im Allgemeinen können alle Überzeugungen oder Lehren, die die Bedeutung moralischer Regeln für diejenigen, die „Vollkommenheit" erreicht haben, verringern oder leugnen, unter dieser Bezeichnung zusammengefasst werden.

In der Geschichte des Christentums gab es auch antinomische Strömungen. Zur Zeit der protestantischen Reformation entstanden zum Beispiel regelrechte antinomische Sekten, wie die Wiedertäufer von Münster im 16. Dieses Phänomen, das sich im Christentum ausbreitete, war in Wirklichkeit, so Gershom Scholem, eine Kopie des jüdischen Messianismus:

Der politische Messianismus und Millenarismus, der wichtige religiöse Strömungen innerhalb des Christentums entwickelt hat, ist eine Replik des jüdischen Messianismus", schrieb Scholem. Wir wissen, wie entschieden diese Bewegungen von der Orthodoxie sowohl des Katholizismus als auch des Protestantismus verurteilt wurden. Unter dem Gesichtspunkt der Tatsachen war der Vorwurf zweifelsohne völlig berechtigt. Diese Situation erkläre sich, so Scholem weiter, weil „der revolutionäre Messianismus und Millenarismus, wie er zum Beispiel bei den Taboriten, den Wiedertäufern oder dem radikalen Flügel der Puritaner immer wieder auftauchte", „seine Inspiration hauptsächlich aus dem Alten Testament und nicht aus christlichen Quellen bezog"." Im Christentum hat die Erlösung, die bereits

---

[338] Eigentlich war es Gilbert Chiki (lesen Sie *Die jüdische Mafia*, Hervé Ryssen).

stattgefunden hat, die Gemüter irgendwie beruhigt, während im Judentum im utopischen Messianismus[339] „ immer Anti-Noma-Tendenzen latent vorhanden sind. Und dies ist vielleicht ein wichtiger Punkt, um die Mentalität mancher Juden heute zu verstehen, die sich in manchen Fällen politisch, finanziell oder intellektuell so verhalten, als ob sie sich über die Gesetze dieser Welt stellen würden[340].

Verachtung für die Nichtjuden

Der jiddische Schriftsteller Isaac Bashevis Singer wurde 1904 in der Nähe von Warschau in eine chassidische Familie geboren. Er emigrierte 1935 in die Vereinigten Staaten und erhielt 1978 den Nobelpreis für Literatur in Anerkennung seines Gesamtwerks, in dem er das Leben der mitteleuropäischen Juden beschreibt. In seinem 1962 erschienenen Roman *Der Sklave* gab er uns einen Einblick in die Art und Weise, wie Juden die Welt der Gojim sehen könnten. Diese Geschichte erzählte das Leben von Jakob, einem armen Juden im Polen des 17. Jahrhunderts, der in die Sklaverei an einen Bauern in den Bergen verkauft wurde, nachdem Pogrome seine Gemeinde zerstört hatten.

Inmitten dieser Bauern hat Jakob sein Judentum nie verleugnet: „Die Hochlandbewohner wollten ihn mit einer ihrer Töchter verheiraten, ihm eine Hütte bauen und ihn zum Mitglied des Dorfes machen, aber Jakob hatte sich geweigert, der jüdischen Religion abzuschwören. „So beschrieb Isaac Bashevis Singer die polnischen Bäuerinnen der damaligen Zeit:

„Sie haben ihn Tag und Nacht gejagt. Angezogen von seiner großen Gestalt, provozierten sie ihn, plauderten, lachten und benahmen sich fast wie Tiere. Sie erleichterten sich in seiner Gegenwart ohne die geringste Zurückhaltung und krempelten immer wieder ihre Röcke hoch, um ihm Insektenstiche an ihren Schenkeln und Hüften zu zeigen. Jakob verhielt sich, als wäre er taub und blind, und das nicht nur, weil Unzucht eine Todsünde war, sondern weil diese Frauen unrein waren, Läuse in ihren Kleidern hatten und immer zerzaust waren; viele hatten Pickel und Stiche im Gesicht, aßen Nagetiere und Vogelkot. Einige von ihnen konnten kaum sprechen, grunzten wie Tiere, gestikulierten mit den Händen, kreischten und lachten wie die Narren[341]." Aber die

---

[339] Gershom Scholem, *Le Messianisme juif*, 1971, Calmann-Lévy, 1974, S. 42, 48, 49; siehe auch Anhang VI. 2

[340] Über Betrug: Hervé Ryssen, *Die planetarischen Hoffnungen*, (2022) und *Die jüdische Mafia*, (2022)

[341] Im Judentum ist der jüdische Mann *homo locuens*, derjenige, der spricht. Bernard-

Tochter des Meisters, Wanda, war dennoch ein Bauernmädchen, anders als die anderen. „Verglichen mit diesen Wilden sah Wanda, die verwitwete Tochter von Jan Bzik, wie eine Stadtfrau aus... Mit fünfundzwanzig Jahren war sie größer als die meisten Frauen. Sie war blond und blauäugig, hatte einen hellen Teint und harmonische Gesichtszüge. „Alle Bauern waren eifrig dabei, sie zu verfolgen.

Offensichtlich verliebte sich Wanda in den Sklaven, der gebildeter und feiner war als diese ungehobelten und rohen Bauern: „Sie verliebte sich in den Sklaven, sobald sie ihn sah..., die Anziehungskraft, die er auf die junge Frau ausübte, ließ nicht nach, und sie wartete ungeduldig auf die kommende Nacht. Die Bewohner des Dorfes murrten. Die Frauen lachten und machten hämische Bemerkungen. Es hieß, die Sklavin habe sie verhext." Das einzige Lebewesen, das unter diesen Polen Respekt verdient, wird also mit dem Juden verlobt, trotz der Abneigung, die dieser gegen die Nichtjuden des Dorfes haben könnte: „Im Dorf gab es viele Krüppel, Jungen und Mädchen mit Kröpfen, mit deformierten Köpfen oder durch Muttermale entstellt. Es gab auch Stumme, Epileptiker und seltsame Typen mit sechs Fingern an jeder Hand oder an jedem Fuß. „Es muss gesagt werden, dass die Mitglieder von Wandas Familie nicht viel mehr wert waren als der Rest der Bauern: „Die Hütte stank, ihre Familie benahm sich, als wären sie Tiere. Keiner von ihnen hatte daran gedacht, dass sie in dem Bach baden könnten, der vor dem Haus floss[342]." Jakob konnte jedoch nicht ohne großes inneres Leid eine Gojim-Frau heiraten. Er kannte „das talmudische Gesetz, nach dem jedes Mitglied der Gemeinschaft befugt ist, einen Mann zu töten, der mit einer Nichtjüdin zusammenlebt, [obwohl] dies nur nach einer Warnung und unter der Bedingung geschehen kann, dass es Zeugen für den Ehebruch gibt[343]. „Aber er hat genug gesündigt, indem er das Brot der Heiden gegessen hat". Seine Seele duldete keine Unreinheit mehr." Darüber hinaus wurde die Situation dadurch erschwert, dass „das jüdische Gesetz es Nichtjuden verbot, aus Gründen außerhalb des Glaubens zu konvertieren. „Trotz all dieser Schwierigkeiten musste er die Dinge so sehen, wie sie waren: „Satan war arrogant geworden..., forderte ihn auf, ein Heide unter Heiden zu werden und befahl ihm, Wanda zu heiraten oder zumindest mit ihr zu

---

Henri Lévy zeigt in seinem Buch über *Daniel Pearl*, dass die Islamisten wie Schlangen „zischen" (JMB).

[342] Isaac Bashevis Singer, *Der Sklave*, 1962, Epublibre, digitaler Verlag German25 (2014), S. 35, 45, 46, 64, 97, 98

[343] Der Talmud sagt auch: „Ketzer, Denunzianten und Abtrünnige sollen in eine Grube hinabgelassen und dort vergessen werden. „ (*Avodah Zarah, 26b*)

schlafen." Diese polnische Gesellschaft war wirklich abstoßend. Beobachten Sie, wie der Priester die Dorfschänke betritt: „Die Schänke war fast eine Ruine. Das Dach war kaputt und die Wände waren mit Schimmel bedeckt... Es gab keinen Bürgersteig. Einer der Kunden stand auf und urinierte in eine Ecke, auf einen Haufen Müll. Zagayeks Tochter lachte und zeigte ihr zahnloses Zahnfleisch... Es gab laute Schritte, Grunzen und Schnauben. Dziobak, der Priester, betrat die Taverne. Er war ein kleiner, breitschultriger Mann... Seine Augen waren grün wie krause Weintrauben, seine Augenbrauen wie Pinsel, seine Nase dick und schwarz gesprenkelt und sein Kinn eingefallen. Dziobak trug seine Soutane, die mit Flecken übersät war. Er ging gebückt und humpelnd und stützte sich auf zwei dicke Stöcke. Die Priester sind rasiert, dieser hatte schwarze Haare im Gesicht, dick und grob wie Borsten... Dziobak hatte eine hohle Stimme, die aus seiner Brust zu kommen schien, wie aus dem Boden eines Fasses - Ja, man braucht einen Drink, um den Teufel zu verbrennen. „Hören Sie, wie der Priester Dziobak Hass gegen die armen Juden verbreitete: „Er eröffnete

sein Froschmaul und entblößte einen langen schwarzen Zahn. „Der Wirt erzählte ihm von dem Gespräch vor seiner Ankunft: „Wir haben über den Juden gesprochen, den Jan Bzik in den Bergen hat. Dziobak war wütend. -Ich würde gerne wissen, warum so viel geredet wird. Geh nach oben und schick ihn sofort weg, im Namen Gottes[344]." Wenn man Isaac Bashevis liest, hat man den Eindruck, dass alle Polen gleich ekelhaft waren. Die Adligen schienen nicht mehr wert zu sein als die Bauern oder die Priester: „Sie waren immer betrunken. Die Bauern küssten ihnen die Füße und erhielten im Gegenzug einige Peitschenhiebe. Die Mädchen kamen mit blutigen Hemden nach Hause, und nach neun Monaten brachten sie Bastarde zur Welt." Jakob hatte mit diesem menschlichen Pöbel nichts gemein. Er war ein Jude, und wie alle Juden war er gebildet, intelligent und voller Finesse. „Um sich die Zeit zu vertreiben, zählte er die zweihundertachtundvierzig Gebote und die dreihundertfünfundsechzig Verbote aus der Thora auf. Er kannte sie zwar nicht auswendig, aber die Jahre des Exils hatten ihn gelehrt, dass das menschliche Gedächtnis sehr dürftig ist. „Da ging er auf den Berg und begann, die sechshundertdreizehn Vorschriften des Gesetzes in den Felsen zu ritzen: Es war eine langsame Arbeit. In den Felsen ritzte er Sätze, Satzfragmente und einzelne Wörter. Die Thora war nicht verschwunden. Sie blieb in den Vertiefungen seines Geistes verborgen." Seine Gedanken waren tiefgründig, weit entfernt von den

---

[344] Isaac Bashevis Singer, *Der Sklave*, 1962, Epublibre, digitaler Verlag German25 (2014), S. 117, 131, 147, 147, 163, 108, 112

Sorgen jener vulgären Polen: „Er bemerkte nun Dinge, die ihm zuvor entgangen waren, und dass ein Gesetz der Tora ein Dutzend Gesetze der Mischna und fünf Dutzend der Gemara hervorbrachte; in den neueren Kommentaren waren die Gesetze so zahlreich wie der Sand der Wüste[345]." Leider war Jakob, seit er mit Jan Bziks Herde auf den Berg gegangen war, gezwungen, die anderen Hirten zu treffen. Eines Tages kamen sie zu ihm und luden ihn ein, mit ihnen zu trinken und zu tanzen: „Der Mann sabberte, stammelte und sprach undeutlich. Seine Kameraden waren betrunken und lachten und schrien unzusammenhängend, hielten ihre Bäuche in den Händen und wälzten sich auf dem Boden... Diese Menschen stanken; ihr Geruch war eine Mischung aus Schweiß und Urin mit dem Gestank von etwas Unbekanntem, als würden ihre Körper bei lebendigem Leib verrotten. Jakob musste sich die Nase zuhalten, während die Mädchen lachten, bis ihnen die Tränen in die Augen traten. Die Männer lehnten sich gegeneinander und stießen bellende Schreie aus. „Auf einer Lichtung, auf die Jakob gebracht wurde, spielten betrunkene Musiker Trommeln, Flöten und ein Widderhorn... Die Zuhörer waren jedoch zu betrunken, um etwas anderes zu tun als sich auf dem Boden zu wälzen, wie Schweine zu grunzen, die Erde zu lecken und die Steine zu beschimpfen. Viele lagen wie Leichen... „Nun", sagte er zu sich selbst, „jetzt habe ich es gesehen. Dies sind die Gräuel, die Gott dazu veranlassten, die Vernichtung ganzer Völker zu fordern."... Doch als er den Pöbel betrachtete, wurde ihm plötzlich klar, dass es Formen der Korruption gab, die nur durch Feuer gereinigt werden konnten. Tausende von Jahren des Götzendienstes haben sich in diesen Wilden manifestiert. In ihren geweiteten und geröteten Augen blickten Baal, Aschtoreth und Moloch hervor." Natürlich benahmen sich diese frühen Christen wie Tiere: „Der Hirte, der ihm den Trank gegeben hatte, schrie. -Geben Sie ihm mehr. Lass den Juden trinken. Füllen Sie sein Glas. - Lasst ihn Schweinefleisch essen", rief ein anderer. Er hatte Schaum vor dem Mund und fluchte... Seine Kameraden fluchten vor Lachen und sprachen Drohungen aus. - Gottesmörder! Jude! Zärtlich! „

„Ein paar Schritte weiter stürzte sich ein Hirte auf ein Mädchen, aber er war zu betrunken, um etwas zu tun. Die beiden zappelten und kämpften wie Hund und Hündin. Die Umstehenden lachten, spuckten, pusteten und peitschten nach dem Paar." Jakob war diesen Untermenschen weit überlegen: „Er führte mit dem Allmächtigen eine ständige Debatte: Wie lange werden die Heiden noch die Welt

---

[345] Isaac Bashevis Singer, *Der Sklave*, 1962, Epublibre, digitaler Verlag German25 (2014), S. 119, 325.

beherrschen, während der Skandal und die Dunkelheit Ägyptens vorherrschen?"

Dennoch verfolgte ihn das Bild von Wanda Tag und Nacht. „Obwohl er wusste, dass es nur eine List des Satans war, dachte Jakob den ganzen Tag an sie und konnte sein Verlangen nicht kontrollieren. Er schämte sich, eine Nichtjüdin auf diese Weise zu begehren, aber je mehr er versuchte, sein Verlangen zu unterdrücken, desto mehr wuchs es. „Isaac Singer wollte die schöne Blume von dem Misthaufen pflücken, auf dem sie wuchs, denn das Schöne muss man den dreckigen Gojim wegnehmen: „Jakob erwachte zitternd, öffnete die Augen und fand Wanda neben sich auf dem Stroh liegen. Obwohl die Luft im Stall kalt war, spürte er die Wärme ihres Körpers. Wanda drückte sich an ihn und strich mit ihren Lippen über seine Wange. „Und Wanda sagte schließlich zu ihm: „Bring mich zu deinen Juden. Ich möchte deine Frau sein und dir ein Kind schenken... Wo du hingehst, werde ich hingehen. Dein Volk soll mein Volk sein. Dein Gott wird mein Gott sein." Es ist gut und sinnvoll, dass Nichtjuden sich von ihren Familien und Traditionen lossagen. Der Eintritt ins Judentum ist jedoch nur für fügsame und gehorsame nichtjüdische Frauen möglich: „Aber du sollst nicht einer von uns werden, weil du mich liebst, sondern weil du an Gott glaubst. „Darauf antwortete Wanda: „Ja, Jacob, das tue ich. Aber du musst mich unterrichten. Ohne dich bin ich blind[346]." Am ersten Weihnachtstag fehlte ein Mann, aber Jakob weigerte sich hartnäckig: „Jakob war unnachgiebig. Es war kein koscheres Essen, es war alles Götzendienst, und es war besser zu sterben, als an solchen Zeremonien teilzunehmen[347]. Er blieb in der Scheune und aß trockenes Brot, wie immer[348]. Wanda war verletzt, dass er sich isolierte und vor den anderen versteckte. Die Mädchen machten sich über ihn lustig, und auch über sie, da Jakob ihr Liebhaber war. Die Mutter sprach klar und deutlich von der Notwendigkeit, den verfluchten Juden loszuwerden, der Schande über die Familie gebracht hatte. Wanda traf besondere Vorsichtsmaßnahmen, um ihn nachts zu besuchen, denn sie wusste, dass die Männer ihm schaden wollten[349]. Sie wollten ihn aus der Scheune

---

[346] Isaac Bashevis Singer, *Der Sklave*, 1962, Epublibre, digitaler Verlag German25 (2014), S. 167, 50, 183, 200, 204, 237

[347] Talmud, *Iore Dea (112, 1)*: „Vermeide es, mit Christen zu essen, es schafft Vertrautheit." „

[348]Talmud, *Gittin (62a)*: „Ein Jude darf das Haus eines Nichtjuden an einem Feiertag nicht betreten und ihn grüßen, denn es sieht so aus, als würde er ihn zu Ehren seines Feiertages segnen." „

[349]Achtung! Einen Juden zu schlagen ist wie eine Ohrfeige für Gott selbst" (*Sanhedrin*, *58b*). „Es war wieder der Wahnsinn von Kafka, der sagte: „Wer einen Juden schlägt,

holen und ihn zwingen, Schweinefleisch zu essen..." Allerdings endete die Geschichte ziemlich schlecht. Jakob gelang es, Wanda aus seiner Gemeinde zu vertreiben; die beiden ließen sich in einer kleinen Stadt in Pilitz nieder, wo Sara - „schon ihr Name zeigte, dass sie zum Judentum übergetreten war" - sich als taubstumm ausgab, um nicht in Verdacht zu geraten. „Wenn er die Wahrheit sagen würde, würden Sara und er auf dem Scheiterhaufen verbrannt werden." Aber die Schmerzen der Geburt würden es Sara unmöglich machen, ihre Schreie zu unterdrücken. Die anderen Frauen waren verblüfft über das, was sie für eine taubstumme Frau hielten: „Schreien die Stummen, schreien sie vor Schmerz? Sara weinte und schrie, aber sie sprach nicht. „Tatsächlich weinte Sara, schrie und tobte sogar... auf Polnisch: „Der Sprecher ist ein Dybbuk. -Ein Dibbuk hat Sara betreten, rief eine Stimme in der dunklen Straße... Wer sind Sie, wie sind Sie in Saras Körper gekommen? -fragte eine Frau, die sich an den Dybbuk wandte... Bringt den Rabbi mit! rief eine Frau. Er wird den Dybbuk aus ihr herausnehmen[350]."

Die arme Sarah würde bei der Geburt sterben[351]. Jakob gelang die Flucht und er ging mit dem Kind ins Exil nach Palästina. Zwanzig Jahre später kehrte er nach Pilitz zurück, um neben Sarah begraben zu werden. Sein Sohn wurde Lehrer an einer Jeschiwa in Jerusalem.

Der berühmte Romancier Philip Roth hat die Verachtung und den Rachegeist, die aus der Feder amerikanisch-jüdischer Intellektueller wie Appelfeld, Bernard Malamud, Norman Mailer und Saul Below sprudeln, in wenigen Zeilen zusammengefasst: „Das Wort *Goj* kam auf... Es war das Wort, das sein Vater von Zeit zu Zeit benutzte, um unumkehrbare Dummheit zu definieren". Der Nichtjude, mit dem die Juden in Ihren Büchern die Welt teilen, so Roth an Appelfeld gewandt, ist oft die Verkörperung nicht nur dieser irreversiblen Dummheit, sondern auch eines bedrohlichen und primitiven Sozialverhaltens; der *Goi* ist ein Säufer, der seine Frau schlägt; der *Goi ist* ein halbwilder, ungehobelter und brutaler Kerl, der sich nicht beherrschen kann... In anderen Fällen, so Roth, wird der *Goi als* ein vor Gesundheit strotzender Geist beschrieben... *Eine beneidenswerte* Gesundheit. Die Mutter von Cattails sagt über ihren halbwegs sanften Sohn: „Er ist nicht

---

schlägt die Menschheit". „Bernard-Henri Lévy, *Le Testament de Dieu*, Grasset, 1979, S. 181.

[350] Isaac Bashevis Singer, *Der Sklave*, 1962, Epublibre, digitaler Verlag German25 (2014), S. 634, 491, 602, 609, 612, 615.

[351] Talmud, *Orach Cahiim (330, 2)*: „Wir helfen einer nichtjüdischen Frau nicht, am Schabbat zu gebären, auch nicht, indem wir etwas tun, das keine Entweihung des Schabbats bedeutet." „

wie ich, er hat keine Angst. Durch seine Adern fließt ein anderes, ruhigeres Blut." „

Aber „das einseitigste Porträt des *Nichtjuden* in der amerikanischen Erzählung findet sich in Bernard Malamuds *The Clerk*. Bei dem *Nichtjuden handelt es sich um den* Vagabunden Frank Alpine, der den Lebensmittelladen des Juden Bober ausplündert und anschließend versucht, Bobers treue Tochter zu vergewaltigen. Letztendlich würden diese „der *nichtjüdischen* Bestialität abschwören".

„In *Das Opfer*, dem zweiten Roman von Saul Below, wird der Held, ein New Yorker Jude, von Allbee verfolgt. Er ist „ein sanfter Außenseiter und Alkoholiker, nicht weniger ein Schurke und Gauner als Alpine", schrieb Philip Roth über Norman Mailer:

„Wir alle wissen, dass bei Mailer der sexuelle Sadist Sergius O'Shaugnessny heißt, und der, der seine Frau tötet, Stephen Rojack, und der reuelose Mörder heißt nicht Lepke Buchalter, sondern Gary Gilmore[352]." Erinnern wir uns an die Aussage von Albert Memmi: „Die jüdische Identität ist im Allgemeinen im Verhalten und Denken, ja sogar in den Bekenntnissen der meisten Juden viel präsenter als wir denken[353]. „Wenn also ein Jude einen Roman schreibt, müssen wir verstehen, dass er uns damit auch eine Botschaft übermittelt.

Der Geist der Rache

Wir haben bereits anhand von Filmproduktionen gesehen, dass die kosmopolitischen Geister nicht nur von großzügigen Ideen des Friedens und der Liebe bewegt werden, sondern dass ihre universelle Unternehmung die Form einer unermüdlichen planetarischen Propaganda annimmt, die einen ziemlich charakteristischen Geist der Rache offenbart. Die Rache ist in der Tat ein vorherrschendes Merkmal des kosmopolitischen Geistes, und zwar aus Gründen, die wir symbolisch bis zur Zerstörung des salomonischen Tempels in Jerusalem zurückverfolgen können. Natürlich taucht dieses Gefühl der Rache in der Literatur häufig auf.

Im Jahr 2000 hat *Les Éditions des Belles lettres* in der Sammlung *L'Arbre de Judée* ein Buch von Pierre Paraf neu aufgelegt, einem Autor, den wir bereits oben erwähnt haben. In dieser Romansammlung mit dem Titel *Als Israel liebte* erzählte Paraf die Geschichte des Generals

---

[352] Philip Roth, *Operation Shylock*, Debolsillo Penguin Random House, Barcelona, 2005, S. 243, 244.

[353] Albert Memmi, in der Endnote des Buches von David Bakan, *Freud et la tradition mystique juive*, 1963, Payot, 2001, S. 342.

von Morderburg, die diese von Stolz und Rache geprägte Mentalität sehr gut illustriert.

General von Morderburg hat seit 1918 ein ruhiges und diskretes Leben geführt. Im Alter von fünfundsiebzig Jahren wird er aus der preußischen Armee entlassen. Als junger Offizier hatte er einst Gräfin Josepha von Neuendorff geheiratet: „Um die Wahrheit zu sagen, hatte diese Heirat in dem jungen Hauptmann gewisse Zweifel und Unbehagen geweckt. Josephas Mutter war eine geborene Goldschroeder und stammte somit nicht von einer jüdischen Familie aus Polen ab...? „

Sein Sohn, Leutnant Fritz von Morderburg, war „ein großer junger Mann mit schwarzen Augenbrauen". „Er „hatte immer einen anderen Charakter als seine Mitschüler gezeigt. Eine seltsame Sehnsucht beseelte ihn, obwohl er selbst nicht wusste, woher sie kam... Woher kamen diese blutigeren Lippen, diese größeren Pupillen und diese Augen, in deren Tiefe sich Meere spiegelten, die wollüstiger waren als die von Pommern?Woher hatte er diese Allüren eines enteigneten Königs, die er unwillkürlich durch den alten Schlosspark, in die strenge Geradlinigkeit der Kaserne und sogar in die disziplinierte Pracht Potsdams und Berlins schleppte; woher hatte er jene beunruhigende Neigung, sich zu sehr in die Leiden und Sehnsüchte seiner Soldaten einzufühlen, die seine Vorgesetzten sagen ließ: „Der junge Baron ist ein Ideologe? Seine Eltern hatten weder das Interesse noch die Möglichkeit, diesem Geheimnis auf den Grund zu gehen. Fritz war stark, sanftmütig und treu: was kümmerte sie das!

Der Leser hat es bereits erraten: Fritz wusste nichts von seiner fernen Herkunft, die ihm insgeheim jene instinktive Überlegenheit gegenüber den preußischen Militärs um ihn herum verlieh. Das Leben in dieser aristokratischen Familie verlief ohne Drama, bis zu dem Tag, an dem der Sohn seinen Eltern mitteilte, dass er eine Ausländerin, eine russische Jüdin, heiraten wolle: Rachel Davidova. Sein Vater, schroff und autoritär, akzeptierte diese unglückliche Ehe nicht und beurteilte seinen Sohn als „unwürdig, die Uniform zu tragen und unwürdig, ein Deutscher zu sein". „Der General verkündete brutal sein Urteil: „Unser Sohn ist tot... niemand im Schloss darf seinen Namen aussprechen. Soll er doch Tänzer oder Prostituierter werden, wenn er will! Fritz von Morderburg ist von dieser Welt verschwunden". In der Schlosskapelle betete die Baronin lange Zeit. Der General hörte in der Nacht das Geräusch ihres unterdrückten Schluchzens." Wie wir sehen können, waren die preußischen Traditionen nicht tolerant. Diese Starrheit war offensichtlich von einem abscheulichen Antisemitismus begleitet, wie ihn sich Pierre Paraf vorstellte: Der General „konnte sich keinen größeren Stolz vorstellen, als vielleicht von allen Generälen des Reiches, die eine Armee befehligten, der einzige zu sein, der niemals einen Juden über die Zäune der Burg gelassen hat." Fritz starb schließlich während des Krieges. Ein Brief seiner Geliebten Rachel aus dem Jahr 1916 enthüllte seine unbewaffnete Natur: „Ein Dichter, dachte der General entrüstet; das fehlte unserem armen Sohn! Ein Pazifist, ein Menschenfreund, knurrte der General traurig. Ein echter Soldat mag Angst haben, aber er vermeidet es, sie zuzugeben[354]!"

Es scheint, dass die Erinnerung an seinen Sohn das steinerne Herz des preußischen Barons nicht erweicht hat. Erst als Rachel Dawidowa mit einem Brief, den Fritz vor seinem Tod geschrieben hatte, im Schloss auftauchte, bekam der General Gewissensbisse und erkannte, wie tragisch die Situation war. Als er den Brief las, stellte er fest, dass Fritz sich vom Deutschen Reich losgesagt hatte und unter falschem Namen in die österreichische Armee eingetreten war. Das Drama bestand darin, dass er unter diesem Namen unter seinem eigenen Vater diente und dass sein Vater, der ihn nicht erkannte, ihn zum Sterben an die Front schickte. General Morderburg war daraufhin deprimiert über die Nachricht: „Unser Fritz ist tot. Er ist meinetwegen tot... Ich bin sein Mörder. Ich habe ihn zweimal getötet. Zunächst, indem er ihn aus dem Schloss vertrieb, und später, an jenem Märzmorgen vor acht Jahren, indem er ihn, ohne ihn anzuerkennen, in einen Schützengraben in Verdun beordertе." Fritz' wahre humanistische Natur kam in ihm zum Vorschein, bevor er starb. So schrieb er an Rahel, die Geliebte seines Sohnes: Israel, dessen Stimme ich so lange nicht hören konnte, Israel, du, der du in meiner Seele erwacht bist, an jenem Tag wird dein Sieg nahe sein. Und du, liebe Rachel, deine Eltern im Ghetto werden nicht umsonst gelitten haben[355]!"In Wirklichkeit war es offensichtlich der Autor, der sich auf diese Weise ausgedrückt hat.

Die Strafe, die der Romanautor diesem reaktionären General auferlegte, war ziemlich hart, denn er ließ ihn seinen eigenen Sohn töten. Die Tage vergingen für das alte, vom Schicksal gebeutelte Paar langsam. Die Strafe war hart genug, sogar grausam. Doch Pierre Parafs fruchtbare Fantasie hatte noch andere Qualen auf Lager.

General von Morderburg endete als einsamer Witwer. Eines Tages bat ihn die Gemeinde, die Enthüllung eines Denkmals zu Ehren der

[354] Pierre Paraf, *Quand Israël aima*, 1929, Les Belles Lettres, 2000, S. 138-149, 169.
[355] Pierre Paraf, *Quand Israël aima*, 1929, Les Belles Lettres, 2000, S. 196.

Kriegstoten zu leiten. Aber von Zweifeln und Skrupeln überwältigt, so lange in seiner Einsamkeit und seinem Leiden gefangen, hielt er sich einer solchen Ehre nicht für würdig und lehnte höflich ab. Eine solche Haltung würde die Empörung der Bevölkerung hervorrufen und einen Skandal auslösen. Der Fall wurde in der Militärhierarchie diskutiert, und die Reichsregierung beschloss, seine pazifistische Generalspension zu streichen. „Die Natur nutzt das aus, um sich auf perfide Weise zu rächen", fügte Pierre Paraf freundlich hinzu, der die Geschichte seiner persönlichen Rache so fortzusetzen schien: „Wenn der General einsam und düster die Straßen von Pommernberg durchquert, vermeidet es der Bürgermeister, ihn zu grüßen"; die Kinder verspotten ihn, „seine Armut rührt niemanden." Allein und verzweifelt schrieb er schließlich an Rachel Dawidowa: „Gnädige Frau, obwohl Sie Jüdin sind und Juden uns nicht sehr mögen, bitte ich Sie, im Gedenken an den Leutnant, mit dem Zug nach Pommernberg zu fahren, um einen armen Vater zu trösten und ihm zu sagen, dass sein Fritz ihn trotz allem geliebt hat... Und vielleicht hinterlässt Ihnen der Herr Baron das Schloss, um Sie zu belohnen, wenn er stirbt. In seinen brennenden Wangen spürte General von Morderburg die Tränen fließen. Das unendlich lange elfte Kapitel dieses Buches trägt den einfachen Titel: „Der Sieg Israels": Der Sieg Israels. Der alte General starb in seinem Bett. „Israel hatte geliebt. Israel hatte gewonnen[356]*." Diese „antirassistische" Geschichte hätte mit diesen Worten enden können, aber nein, es war noch ein letztes Kapitel nötig, um den Rachedurst zu stillen, der in Pierre Parafs Fantasie aufkeimte. Fritz war in der Tat nicht tot! Obwohl er schwer verwundet und verstümmelt war, lebte er noch. Bei der Beerdigung des alten Generals saß er im Wagen neben Rachel. Während des Trauerzuges durch die Straßen des Dorfes wurde der General mit Buhrufen zu Grabe getragen. Junge Leute riefen: „Nieder mit Morderburg! Es lebe Deutschland! Und sie spuckten dreimal mit Verachtung." In seinem letzten Leidensweg hatte der General nur einen armseligen Leichenwagen. Darüber hinaus wurde ihm der patriotische Hass der Bevölkerung gnadenlos entgegengebracht. Doch dann ereignete sich eine außergewöhnliche Szene, wie eine Erscheinung, die die Vorstellungskraft der Menschen beeindruckte: „Der verstümmelte, mürrische und schwer fassbare Mann, der bis dahin regungslos geblieben war, stieg aus dem kleinen Wagen und riss das Wolltuch ab, das sein Gesicht bedeckte. Die Anwesenden*

---

[356] Pierre Paraf, *Quand Israël aima*, 1929, Les Belles Lettres, 2000, S. 204, 217, 229.

waren wie versteinert, weil sie glaubten, dass er sprechen würde. Aber Fritz begnügte sich damit, seinen Blick zu ihnen zu erheben, und der Ausdruck in seinen Augen war so, dass die zitternden Frauen sich bekreuzigten, die jungen Männer verstummten und ihre Köpfe senkten, und die Männer kehrten erschrocken in ihre Häuser zurück[357]." Sie verstehen schon: Die dummen, stummen, verblödeten Nichtjuden hatten gerade erkannt, wer der neue Herr war. Der Stil ist ein wenig großspurig, aber die Geschichte hat das Verdienst, den Hintergrund des kosmopolitischen Geistes zu enthüllen. Im Hebräischen lassen sich diese Beweggründe mit der folgenden Formel zusammenfassen: „Laassoth nekama bagoïm"; „Rache an den Heiden nehmen[358]." Wut und die Leidenschaft zu zerstören

Der florentinische Schriftsteller Giovani Papini (1881-1956) war „einer der brillantesten Schriftsteller seiner Zeit". In seiner Jugend vom Futurismus Marinettis verführt, folgte er schließlich dem Beispiel vieler Juden und konvertierte aufrichtig zum Katholizismus. In dem 1932 bei

---

[357]„Die Sprache der Augen ist im Alltag von großer Bedeutung - sie bedeuten immer etwas... Mit den Augen kann man verschlingen oder morden... Mein Bruder hat zu Recht gesagt, dass er sich lieber hundertmal von unserer Mutter die Augen aushämmern lassen würde, als einen einzigen Blick von unserem Vater zu erhalten... Das Gewicht des Blicks ist in einer Kultur, in der der böse Blick eine ständige Bedrohung darstellt, immens. „(Mark Zborowski, *Olam*, 1952, Plon, 1992, S. 324).

[358]Auch wenn es sich bei dieser Darstellung nur um eine entlarvende Fiktion handelt, lassen sich diese Beweggründe im Gefolge realer und tragischer historischer Ereignisse manchmal deutlicher erkennen. Man höre nur Joseph Roth in seinem 1937 erschienenen Buch „Wandering Jews" als Warnung an: „Ein Anathema der Rabbiner hängt über Spanien, seit die Juden dieses Land verlassen mussten...Vielleicht darf ich an dieser Stelle auf das schrecklichste Ereignis der letzten Jahre hinweisen, und zwar im Zusammenhang mit meinen Berichten über das Anathema, das nach der Vertreibung der Juden aus Spanien von den Rabbinern ausgesprochen wurde: den spanischen Bürgerkrieg. Nur wenige Leser werden wahrscheinlich die Version kennen, nach der *Jerem, das* große Anathema, dieses Jahr auslaufen sollte. Es versteht sich von selbst, dass ich nicht das Recht habe, eine klare Beziehung zwischen der metaphysischen und der sehr grausamen Realität herzustellen. Aber ich habe das Recht, auf diese, gelinde gesagt, schockierenden Fakten hinzuweisen. Ich möchte die Formulierung nicht für bare Münze nehmen, dass genau dann, wenn das Anathema ausläuft, die größte Katastrophe beginnt, die Spanien je erlebt hat. Ich möchte nur auf diese - sicherlich mehr als merkwürdige - Gleichzeitigkeit hinweisen; und auf jenen Vers der Kirchenväter, der so lautet: „Das Gericht des Herrn bricht jede Stunde an, hier unten und dort oben". Manchmal vergehen Jahrhunderte, aber das Urteil ist unfehlbar. „Auf diese Weise werden wir mit feinem Takt gewarnt, dass Rache ein Gericht ist, das man am besten kalt serviert. In Joseph Roth, *Judíos errantes*, Acantilado 164, Barcelona, 2008, S. 99, 123, 124. Zum Spanischen Bürgerkrieg und der Rolle der Juden siehe *El Fanatismo judío* (NdT).

Flammarion erschienenen Roman *Gog* fasst Papini das antisemitische Gedankengut seiner Zeit durch den Monolog einer seltsamen Figur, eines gewissen Ben Roubi, der zu einem Vorstellungsgespräch erscheint, in komprimierter Form zusammen. Dieser von einem jüdischen Intellektuellen verfasste Text ist ein Schlüsseldokument für das Verständnis jüdischer Identitätskrisen:

„Was könnte der Jude, der mit Füßen getreten und mit Würgen besudelt wurde, tun, um sich an seinen Feinden zu rächen? Es geht darum, die Ideale der *Gojim* zu demütigen, zu entwürdigen, zu demaskieren, aufzulösen, die Werte zu zerstören, die das Christentum für sich in Anspruch nimmt. Und in der Tat hat die jüdische Intelligenz in einem Jahrhundert nichts anderes getan, als Ihre Überzeugungen zu besudeln und zu untergraben, die Pfeiler, die das Gebäude Ihres Denkens stützen. Von dem Moment an, in dem die Juden frei schreiben konnten, droht Ihr ganzes geistiges Gerüst einzustürzen.

„Die deutsche Romantik hatte den Idealismus geschaffen und den Katholizismus rehabilitiert: Plötzlich platzt ein kleiner Jude aus Düsseldorf, Heine, herein und nutzt seine joviale und bösartige Inspiration, um die Romantiker, die Idealisten und die Katholiken zu verspotten.

„Die Menschen haben immer geglaubt, dass Politik, Moral, Religion und Kunst höhere Manifestationen des Geistes sind, dass sie nichts mit dem Geldbeutel und dem Magen zu tun haben; da kommt ein Jude aus Trier, Marx, und zeigt, dass all diese sehr idealistischen Dinge im Dreck und Mist der niedrigen Ökonomie wachsen.

„Jeder stellt sich vor, dass der geniale Mensch ein göttliches Wesen ist und der Verbrecher ein Ungeheuer; dann kommt ein Jude aus Verona, Lombroso, und zeigt uns deutlich, dass das Genie ein halbverrückter Epileptiker ist und dass der Verbrecher nichts anderes ist als die Manifestation der Atavismen unserer Vorfahren, und dass er daher unser naher Verwandter ist.

„Jahrhunderts, das Europa Tolstois, Ibsens, Dostojewskis, Nietzsches und Verlaines, das sich rühmt, eine der großen Epochen der Menschheit zu sein, erscheint ein Jude aus Budapest, Max Nordau, der sich über sie lustig macht und erklärt, dass eure berühmten Dichter und Schriftsteller degeneriert sind und eure Zivilisation auf Lügen beruht.

„Jeder von uns ist davon überzeugt, dass er in der Regel ein normaler und moralischer Mensch ist: Da kommt ein Jude aus Freiberg in Mähren, Sigmund Freud, und entdeckt, dass im Inneren des tugendhaftesten und vornehmsten Herrn ein Invertierter, ein Inzestler und ein Mörder lauert.

„Seit den Zeiten der höfischen Liebe und der platonischen Troubadoure sind wir daran gewöhnt, die Frau als Idol, als Gefäß der Vollkommenheit zu betrachten; ein Jude aus Wien, Weininger, greift ein und zeigt wissenschaftlich und dialektisch, dass die Frau ein unedles und widerwärtiges Wesen ist, ein Abgrund von Schmutz und Niedertracht.

„Die Intellektuellen, die Philosophen usw., haben immer die Intelligenz für das einzige Mittel gehalten, um die Wahrheit zu erlangen, deren Suche der größte Ruhm des Menschen ist; dann kommt ein Jude aus Paris, Bergson, und stürzt mit seinen subtilen und brillanten Analysen das Primat des Intellekts, demontiert das uralte Gebäude des Platonismus und kommt zu dem Schluss, dass das begriffliche Denken unfähig ist, die Wirklichkeit zu erfassen.

„Die Religionen werden fast allgemein als das Ergebnis einer bewundernswerten Zusammenarbeit zwischen Gott und dem höchsten Vermögen des Menschen angesehen; aber ein Jude aus Saint-Germain-en-Laye, Salomon Reinach, versucht zu zeigen, dass die Religionen lediglich ein Bollwerk primitiver wilder Tabus sind, von Verbotssystemen mit variablem ideologischen Überbau.

„Wir dachten, wir lebten friedlich in einem soliden und geordneten Universum, das auf Zeit und Raum beruht, die als verschieden und absolut angesehen werden; da kommt ein Jude aus Ulm, Einstein, und stellt fest, dass Zeit und Raum ein und dasselbe sind, dass der absolute Raum nicht existiert und dass, wie die Zeit, alles auf einer immerwährenden Relativität beruht und dass das Gebäude der alten Physik, der Stolz der modernen Wissenschaft, zerstört ist.

„Der wissenschaftliche Rationalismus war sich sicher, dass er das Denken besiegt und den Schlüssel zur Wirklichkeit gefunden hatte; ein Jude aus Lublin, Meyerson, schien auch diese Illusion zu zerstreuen: Rationale Gesetze sind nie vollständig an die Wirklichkeit angepasst, denn es gibt immer einen irreduziblen und rebellischen Rest, der sich dem vermeintlichen Triumph der Vernunft widersetzt. Und so könnte man weitermachen.

„Und ich spreche nicht von der Politik, wo der Diktator Bismark den Juden Lassalle als Gegenspieler hat, wo Gladstone den Juden Disraeli immer wieder schlagen sieht, wo Cavour den Juden Artom als seine rechte Hand hat, Clemenceau den Juden Mandel und Lenin den Juden Trotzki. Beachten Sie, dass ich keine obskuren Namen aus der zweiten Reihe hervorgehoben habe. Das intellektuelle Europa steht heute zu einem großen Teil unter der Herrschaft oder, wenn Sie so wollen, unter dem Bann der großen Juden, die ich zitiert habe.

„Ob Deutsche oder Franzosen, Italiener oder Polen, Dichter oder Mathematiker, Anthropologen oder Philosophen, sie alle haben ein gemeinsames Merkmal, ein gemeinsames Ziel: die akzeptierte Wahrheit in Frage zu stellen, das, was oben ist, herabzusetzen, das, was rein zu sein scheint, zu besudeln, das, was fest zu sein scheint, zu erschüttern und zu erschüttern, das, was respektiert wird, zu steinigen. Diese auflösende Wirkung der Gifte, die wir seit Jahrhunderten destilliert haben, ist die große jüdische Rache an der griechischen, lateinischen und christlichen Welt. Die Griechen haben uns verhöhnt, die Römer haben uns dezimiert und zerstreut, die Christen haben uns gequält und geplündert, aber wir, zu schwach, um uns mit Gewalt zu rächen, haben eine zähe und zersetzende Offensive gegen die Säulen geführt, auf denen die Zivilisation ruht, die in Platons Athen und dem Rom der Kaiser und Päpste geboren wurde. Unsere Rache ist nah.

„Als Kapitalisten beherrschen wir die Finanzmärkte in einer Zeit, in der der wirtschaftliche Bereich fast alles ist. Als Denker beherrschen wir die intellektuellen Märkte und untergraben allmählich alte Überzeugungen, ob heilig oder profan, ob Offenbarungsreligionen oder weltliche Religionen.

„Der Jude vereinigt in sich die beiden furchtbarsten Extreme: Despot im Reich der Materie, Anarchist im Reich des Geistes. In der wirtschaftlichen Ordnung sind Sie unsere Diener, in der geistigen Ordnung unsere Opfer. Die Leute, die beschuldigt wurden, einen Gott zu opfern, wollten im Gegenzug die Götzen der Intelligenz und des Gefühls opfern und Sie zwingen, vor dem mächtigsten Götzen niederzuknien, dem einzigen, der noch übrig ist: Geld. Unsere Erniedrigung, von der Sklaverei Babylons bis zur Niederlage von Bar-Kojba, die sich in den Ghettos des Mittelalters bis zur Französischen Revolution fortsetzte, unsere Erniedrigung ist endlich gut bezahlt, und die Ausgestoßenen unter den Völkern können nun das Lied eines doppelten Sieges singen!

„...Während er so sprach, war der kleine Ben Roubi ein wenig aufgeregt: seine Augen funkelten in ihren Höhlen; seine dünnen Hände spalteten die Luft; seine Stimme, die anfangs schwach war, wurde immer lauter. Er merkte, dass er zu viel gesagt hatte und verstummte plötzlich. Es herrschte eine lange Stille. Am Ende fragte mich Dr. Ben Roubi mit schüchterner, sanfter Stimme: „Könnten Sie mir tausend Franken auf mein Honorar vorschießen? Ich muss einen Anzug anfertigen lassen und möchte einige kleine Schulden begleichen.“...Als er seinen Scheck erhielt, sah er mich mit einem Lächeln an, das gut gemeint war: „Nehmen Sie die Paradoxa, die ich heute Nachmittag geäußert habe, nicht für bare Münze. Juden sind so: Wir reden gerne zu viel; und wenn wir weiterreden, reden, reden, reden... und am Ende verletzen wir immer jemanden. Sollte ich Sie in irgendeiner Weise beleidigt haben, bitten wir Sie, mir zu verzeihen[359]."" Dieser Text, der zweifellos antisemitisch ist, lässt sich vielleicht mit Giovanni Papinis Ressentiments gegenüber seiner früheren Gemeinschaft erklären. Er muss sicherlich in die lange Liste der Juden aufgenommen werden, die unter dem berühmten „Selbsthass" litten und sich zum Antisemitismus bekannten, um sich von ihrer schweren Last zu befreien. Seltsamerweise ging Papini sogar so weit, den armen Otto Weininger zu beschimpfen, dessen Herz schon verwundet und gebrochen genug war. Doch abgesehen von diesen Überlegungen scheinen wir in diesem außerordentlich expliziten Text die gleichen Aussagen wie bei Alain Minc, Viviane Forrester, Camille Marbo oder Pierre Paraf zu finden, in denen die Demütigung des Feindes immer dem „Endsieg" vorausgeht.

Böse

Das Bild des Juden war in der europäischen Welt bis vor kurzem immer negativ besetzt. Wenn sie sich im 20. Jahrhundert in eine viel positivere Richtung entwickeln konnte, so scheint dies nur dank der Macht der Medien möglich gewesen zu sein, die das Bild des verfolgten Juden in den Köpfen der Menschen im Westen verankert haben. In seiner großen *Geschichte des Antisemitismus* erinnert Leon Poliakov daran, dass die Christen zu Beginn der Renaissance von den Juden entsetzt waren. Poliakov gab zum Beispiel das Zeugnis eines Bürgers vom Ende des 15. Jahrhunderts wieder, der die Judenverfolgung auf seine Weise erklärte:

„Die Juden werden von Zeit zu Zeit hart bestraft. Aber sie leiden nicht unschuldig, sie leiden wegen ihrer Bosheit: weil sie das Volk betrügen und die Landschaft mit ihrem Wucher und ihren heimlichen Morden ruinieren, wie jeder weiß. Das ist der Grund, warum sie so verfolgt werden, und nicht, weil sie unschuldig sind. Es gibt kein bösartigeres, listigeres, geizigeres, schamloseres, ungestümeres, giftigeres, cholerisches, hinterlistigeres und schändlicheres Volk[360]."
Im folgenden Jahrhundert verbreitete William Shakespeare in seinen Stücken ein besonders negatives Bild des Juden, das in seiner ganzen Härte von der Figur des Shylock verkörpert wurde. Der amerikanische

---

[359] Giovanni Papini, *Gog*, Flammarion, 1932, S. 75-79
[360] Léon Poliakov, *Histoire de l'antisémitisme, Tome I*, Points Seuil, 1990, S. 360, 361.

Schriftsteller Philip Roth verzweifelte kürzlich an der „echten Abscheu vor den Juden, die Shakespeare bewegte", und daran, dass er Shylock zu einem räuberischen, skrupellosen und gefühllosen Wucherer gemacht hatte, der so weit ging, seinem Schuldner Menschenfleisch zu entnehmen, um die geliehenen Summen einzutreiben. In Shakespeares Stück sehen wir ihn, wie er sein Messer schärft, um das Pfund Fleisch aus Antonios Brust zu entfernen.

„Für das Publikum auf der ganzen Welt ist Shylock die Inkarnation des Juden... Jener brutale, abstoßende, schurkische, von Hass und Rache zerfressene Jude, der in den Augen des aufgeklärten Gewissens des Westens zu unserem Doppelgänger geworden ist... Erinnern Sie sich an das erste, was Shylock sagt? Erinnern Sie sich an diese drei Worte? Welcher Jude könnte sie vergessen? Welcher Christ könnte sie vergeben? „Dreitausend Dukaten"... Jene abstoßenden und hasserfüllten Juden..., die sowohl in der Geschichte als auch im Theater als Bösewichte unübertroffen sind; der hakennasige Geldverleiher, der selbstsüchtige, elende, geldsüchtige Degenerierte, der Jude, der sich mit seinesgleichen in der *Synagoge* trifft, um den Tod der tugendhaften Christen zu planen...Das ist der Jude Europas, derjenige, den die Engländer 1290 verjagten, derjenige, den die Spanier 1492 vertrieben, derjenige, den die Polen terrorisierten, derjenige, den die Russen dezimierten, derjenige, den die Deutschen verbrannten, derjenige, den die Briten und Amerikaner ablehnten, als die Krematoriumsöfen in Treblinka dröhnten[361]." Philip Roth wusste sicherlich, dass Shakespeares Shylock im Jahr 1600 inszeniert wurde und daher die Herrscher der vorangegangenen Jahrhunderte in keiner Weise beeinflussen konnte, um die Ausweisung der Unerwünschten zu motivieren.

Ein anderer berühmter amerikanischer Romancier des 20. Jahrhunderts hat ein interessantes persönliches Zeugnis hinterlassen. In seiner Biografie „*Turns of Time*" beschreibt Arthur Miller seinen Großvater mütterlicherseits, Louis Barnett, folgendermaßen: „In den 1920er Jahren hatte er ein florierendes Geschäft besessen, doch hatte er sich allmählich einen Ruf für direkte Aktionen erworben. Er forderte die Gewerkschaftsführer seines Arbeitskontingents auf, eine Treppe hinaufzusteigen, und während er mit ihnen auf die vernünftigste Art und Weise sprach, gab er ihnen einen kräftigen Stoß, so dass ihre Köpfe zusammenstießen und er die verblüfften Personen die Treppe hinunterwarf. „So beschrieb er die Juden, die er in seinem Umfeld

---

[361] Philip Roth, *Operación Shylock*, Debolsillo Penguin Random House, Barcelona, 2005, S. 316, 317, 318

antraf: „die gemeinen, geldgierigen *Tarnkappenjuden*, die Juden, die nur am Geschäft interessiert waren[362]." Der Philosoph Jacob Talmon bestätigte diese Charakterhärte einiger ihrer Mitmenschen: „Es steht außer Zweifel, dass die übermäßige Vehemenz der Juden, die typisch für das ständige Bedürfnis marginaler Minderheiten ist, ihre Unabhängigkeit durch eine Selbstbehauptung zu rechtfertigen, eine ambivalente Polarität aufweist: neben einer idealistischen Berufung für Dinge des Geistes sehen wir bei den Juden eine besonders harte, scharfe und skrupellose Art von Egoismus[363]." Es wäre jedoch falsch zu glauben, dass sich diese Härte nur gegenüber den *Nichtjuden* manifestiert. Philip Roth hat in *Operation Shylock* diese kommunale Besonderheit bitterlich beklagt:

Warum behandeln wir Juden uns gegenseitig mit so wenig Achtung? Warum verlieren wir Juden, wenn wir unter uns sind, die Höflichkeit, die in jedem Zusammenleben normal ist? Warum müssen wir jede Beleidigung vergrößern? Warum muss es bei jeder Provokation zu Kämpfen kommen?...Der Mangel an Liebe der Juden zu ihren jüdischen Kameraden", sagte Smilesburger, „ist die Ursache für viel Leid in unserem Volk. Die Feindseligkeit, der Spott, der pure und einfache Hass eines Juden auf einen anderen... Warum? Warum, wo ist unsere Toleranz und Vergebung, wenn es um unsere Nachbarn geht, warum gibt es so viel Spaltung unter den Juden?...Wegen des schwelenden Hasses, den Juden füreinander hegen... Heftiger Streit, verbale Beleidigungen, böswillige Verleumdungen, verächtlicher Klatsch, Hohn und Spott, zerstörerische Kritik, ständige Beschwerden, Verurteilung, Verachtung... Wer hat den Juden in den Kopf gesetzt, dass man immer reden muss, wenn nicht schreien oder Witze auf Kosten anderer machen, oder einen ganzen Nachmittag lang am Telefon die Fehler des besten Freundes zerpflücken?"

Diese Verleumdung hat einen Namen: *loshon hora*. Philip Roth wies hier auf die pathologische Dimension der Sache hin. Die Juden, die nicht aufhören konnten, schlecht zu reden, wandten sich an Freud, schrieb Philip Roth:

„Zu Freud strömten die verbal inkontinenten Juden wie Schafe, und zu Freud spuckten sie *Loshon Hora* aus, das seit der Zerstörung des Zweiten Tempels nicht mehr den Mund der Juden verlassen hatte[364]...

---

[362] Arthur Miller, *Vueltas al tiempo*, Tusquets, Barcelona, 1999, S. 15, 27

[363] J.-L. Talmon, *Destin d'Israël*, 1965, Calmann-Lévy, 1967, S. 32.

[364] *Loshon hora*: wörtlich „Zunge des Bösen": böses Reden, Natternzunge, Verleumdung, böse Zunge. Der zweite Tempel wurde von den römischen Legionen des Titus zerstört.

Nun könnte man mit einigem Zynismus argumentieren, dass das Aussprechen von *Loshon Hora* das ist, was Juden jüdisch macht, und dass nichts jüdischer ist als das, was Freud in seiner Praxis seinen jüdischen Patienten verschrieb." „Wenn ein Heiliger der Toleranz... so weit ging, sich zu seiner eigenen Taubheit zu beglückwünschen, weil er sich nicht mehr die *Thehon Hora* anhören musste, dann stellen Sie sich vor, welchen Schaden er dem verängstigten Geist des Durchschnittsjuden zufügen könnte", bemerkte Philip Roth. Der Romancier, der davon träumte, „die Juden nicht mehr frei von den Turbulenzen ihrer eigenen Unordnung" zu sehen und die „ihre jüdischen Kameraden nicht verleumden und verachten" würden, verzweifelte daran, dass sein Volk sich bessern würde: „Wenn nur einen Augenblick lang kein einziges Wort von *loshon hora aus* dem Mund eines Juden käme...Wenn die Juden der ganzen Welt auf einmal beschließen würden, für eine Sekunde den Mund zu halten...Aber angesichts der Unmöglichkeit, auch nur eine Sekunde jüdischen Schweigens zu erreichen, welche Hoffnung bleibt da für unser Volk?"

Aber in Israel ist die Situation nicht viel anders als in der Diaspora. „Die *Loshon Hora* ist hundertmal schlimmer in Eretz Jisroel, tausendmal schlimmer in Eretz Jisroel als in Polen... In Polen gab es Antisemitismus, der uns zumindest dazu zwang, die Fehler der jüdischen Kameraden in Gegenwart der Nichtjuden zum Schweigen zu bringen. Aber hier, ohne sich um die *Gojim* kümmern zu müssen, setzen Sie Tore auf das Lager... Sie denken an etwas, das Hass erzeugen kann: Sie sagen es. Sie denken an etwas, das Unmut hervorrufen könnte: Sie sagen es. Ein Witz auf Kosten von jemandem? Sie erzählen es, sie schreiben es auf, sie bringen es in der nächsten Nachrichtensendung[365]."
Auch Isaac Bashevis Singer legte seiner Figur in seinem Roman *Der Sklave* diese Worte in den Mund: „Nein", sagte er schließlich, „über seinen Nächsten schlecht zu reden, kann keine so schwere Sünde sein wie Schweinefleisch zu essen, sonst würde es niemand wagen... Es ist leichter, kein Schweinefleisch zu essen, als seine Zunge zu beherrschen[366]." In einem anderen seiner Romane, *Die Zerstörung von Kreshev,* legte Isaac Bashevis Singer ein weiteres Zeugnis für die Härte der Juden in den Schtetln Mitteleuropas ab. Lisa, die Frau von Shloimele, die sich des Ehebruchs mit dem Kutscher schuldig gemacht hatte, sollte für ihren Fehltritt und den ihres Liebhabers teuer bezahlen:

---

[365] Philip Roth, *Operation Shylock,* Debolsillo Penguin Random House, Barcelona, 2005, S. 383-390.
[366] Isaac Bashevis Singer, *Der Sklave,* 1962, Epublibre, digitaler Verlag German25 (2014), S. 440, 441.

„Nach dem Urteil sollten die Sünder durch alle Straßen des Dorfes gehen und vor jedem Haus stehen bleiben, damit jeder Mann und jede Frau sie anspucken und mit Dreck bewerfen würde. Die Prozession begann am Haus des Rabbiners und setzte ihren Weg fort, bis sie die Häuser der ärmsten Mitglieder der Gemeinde erreichte. „Alle rannten zu den Tätern. Die Frauen wüteten gegen Lisa: „Es war offensichtlich, dass die Damen der Bestattungsgesellschaft sich große Mühe gegeben hatten, die Tochter einer edlen und wohlhabenden Familie in den höchsten Grad der Schande und Erniedrigung zu bringen... Die Frauen... kamen aus ihren Häusern, um die Sünderin mit Geschrei, Wehklagen, Flüchen und erhobenen Fäusten zu verletzen... Obwohl sie gewarnt worden waren, keine Gewalt anzuwenden, zwickten mehrere Frauen sie und beschimpften sie. Eine Frau schüttete einen Eimer Urin auf sie, eine andere steinigte sie mit Hühnerinnereien, und dazwischen bedeckten sie sie mit allerlei Unrat[367]."

Wir können also verstehen, dass Gastfreundschaft gegenüber Ausländern auch nicht ihre Stärke ist; wie sie sagen: „nach all dieser Zeit wüsstest du es...". „Dies waren die Meinungen von drei jüdischen Persönlichkeiten über den hypothetischen Empfang von Außerirdischen in ihrer Gemeinde. Ihre Antworten auf diese recht weit hergeholte Frage sind dennoch interessant und zeugen von einer Mentalität, die *Nichtjuden* und Ausländern gegenüber hoffnungslos verschlossen ist. Die *internationale* Zeitung The *Courier* vom Juli 1997 übersetzte den Artikel aus der israelischen Tageszeitung *Jerusalem Report*: „Was wäre, wenn es Marsmenschen gäbe? Würden die Gesetze in der Thora, die für Nicht-Juden gelten, auch für intelligente Nicht-Menschen gelten? „Hier sind die Antworten dieser „großen jüdischen Denker" zu diesem Thema:

Harold Schuweis ist ein Rabbiner in Kalifornien. Auf die Frage: „Wie würde das Judentum auf den ersten Kontakt reagieren?", antwortete er:."..Nehmen wir zum Beispiel die tobende Debatte über die wahre Bedeutung von Levitikus XIX, 18: „Liebe deinen Nächsten wie dich selbst". In unserer Gemeinschaft bekräftigen zahlreiche Autoritäten, dass „dein Nachbar" „dein jüdischer Mitbürger" bedeutet, andere wollen die Bedeutung von „dein jüdischer Mitbürger" auf Juden beschränken, die „Brüder im Glauben" sind. Das ist der Punkt, an dem einige von uns heute angekommen sind; was können grünblütige Außerirdische also erwarten?"

Moshe David Tendler ist Rabbiner und Professor für

---

[367] Isaac Bashevis Singer, *Die Zerstörung von Kreshev*, 1958, Folio, 1997 S. 84, 85. Übersetzung kostenlose PDF-Version, Die Zerstörung *von Kreshev* S. 28, 29.

Mikrobiologie an der Yeshiva University in New York. Auf die Frage: „Könnten Außerirdische zum Judentum konvertieren", antwortete er: „Jemand fragte mich eines Tages, was passieren würde, wenn wir einen Computer so programmieren könnten, dass er wählen könnte, und er wollte zum Judentum konvertieren. Ich entgegnete, dass wir es zuerst in die *Mikwe* (rituelles Bad) bringen sollten, was einen Kurzschluss verursachen würde. „In der Tat ist es für einen Nichtjuden äußerst schwierig, ja fast unmöglich, in die jüdische Gemeinschaft aufgenommen zu werden. Das ist eher für eine *Shiksa*[368] denkbar.

Robert Sheckley, ein mehrfach preisgekrönter Science-Fiction-Autor, antwortete: „Was würde die Entdeckung außerirdischen Lebens für das Judentum bedeuten? Es würde mich nicht überraschen, antwortete er, wenn Außerirdische, die eines Tages auf der Erde landen, zu Antisemitismus neigen würden. Meine erste Reaktion wäre zu sagen: Ich wusste es! Ich hatte immer das Gefühl, dass etwas in uns in der Schöpfung stecken geblieben ist. Für einen Juden wäre das eine wunderbare Sache, für die es sich lohnt, geächtet zu werden. Wenn wir erkennen würden, dass das ganze Universum uns hasst, würde uns das zu einem noch außergewöhnlicheren Volk machen."
Hass auf die „Anderen

Sicherlich haben Juden Freude daran, ihre Einzigartigkeit zu kultivieren. Aber für sie ist der Kult der „Erinnerung" mit einem starken Gefühl der Rache verbunden, wie wir in literarischen und filmischen Produktionen gesehen haben. Wir sehen auch, dass die Juden seit der Zerstörung Deutschlands im Jahr 1945 nicht bereit sind, zu vergeben: mehr als fünfzig Jahre nach den Ereignissen verfolgen sie weiterhin die Verantwortlichen und bringen alte Menschen vor Gericht. Wir wissen, dass Elie Wiesel kontinuierlich daran gearbeitet hat, die Erinnerung an den Holocaust in den Überlebenden der Gaskammern zu verewigen. In einem Stil, der immer ein wenig großspurig und bombastisch war, schrieb er: „Die Erinnerung an das Schweigen, sagte er zu ihnen, ich feiere sie; aber die Stille der Erinnerung, ich fordere sie heraus[369]. „Die Erinnerung, das Gedenken an vergangene Leiden und Widrigkeiten sind in der Tat ein mächtiger gemeinschaftlicher Mörtel, der es ermöglicht, die Bande des Blutes aufrecht zu erhalten: „Zakhor", „Erinnere dich! „sagt die Bibel.

---

[368] *Shiksa*: abwertende Bezeichnung für eine nichtjüdische Frau.
[369] Elie Wiesel, *Mémoires, Band I*, Seuil, 1994, S. 443.

Der Fall reicht weit zurück. Wir haben bei Abravanel gesehen, wie die Juden die Zerstörung des Tempels nie wirklich verdaut haben und wie sie sich an jedem Gegner rächen wollen, der das Gesetz Israels ablehnt, in der Bibel personifiziert durch den Namen Amalek. So schrieb Marek Halter: „Erinnere dich daran, was Amalek dir angetan hat... Vergiss es nicht...", wiederholte mir die Bibel einhundertneunundsechzig Mal. Selbst wenn ich es wollte, wie könnte ich vergessen, wenn die Geschichte mich nie vergessen lässt?" „Vergeben? Aber „warum sollten wir denen vergeben, die so wenig und so selten ihre ungeheuerlichen Verbrechen bereuen?", fragte sich Wladimir Jankelewitsch[370]." Der Akademiker Maurice Rheims bestätigt diese Mentalität: „Natürlich gibt es eine Zeit für Vergebung. Aber dann erinnere ich mich an das Zeichen des Ghettos, an die Scheiterhaufen, an die Pogrome. Hassen ist nicht sehr christlich. Aber ich bin auch kein Christ. Es wäre gut, wenn ich mich mit dem Kardinal, meinem Kardinal, dem Akademiker, beraten würde. Heiliger Mann, er musste hart trainieren, um die Absolution zu erhalten. Was mich betrifft, so vergebe ich in dieser Welt nicht[371]." Ein unbedeutender Schriftsteller wie Boris Schreiber hat dies noch vehementer zum Ausdruck gebracht. Er wurde 1924 in Berlin als Sohn einer jüdischen Emigrantenfamilie geboren und lebte als Nomade zwischen Frankreich und den Vereinigten Staaten. In *The Torn Torn Sun (Die zerrissene Sonne)* drückte er seine Gefühle gegenüber den lettischen Kriminellen aus, die während des bolschewistischen Regimes im revolutionären Russland agierten. Über den berühmten Polen Dzerjinski, der sich während der Repressionen auszeichnete, schrieb Boris Schreiber:

„Sein Personal bestand hauptsächlich aus Polen. Für schmutzige Arbeit, Ermittlungen, Verhaftungen und Hinrichtungen im Schnellverfahren rekrutierte er Letten. Hauptsächlich Letten. In Moskau zitterten wir in jenen Jahren vor den Letten. Sie trugen eine Mütze, waren mit einer kurzen Lederjacke bekleidet und hatten einen Revolver im Gürtel. Diese Scharen von Letten, die nachts in Autos ankamen und von einem Mann kommandiert wurden, der so sensibel war wie Robespierre... - Wenn ich daran denke, was wir überlebt haben! Lettland spielt jetzt das Opfer? Lasst sie sterben! Lasst sie jetzt sterben! Die Letten, Mörder mit den Bolschewiken, Mörder mit den Nazis, und der schwachsinnige Westen, der sie bemitleidet, der sie verwöhnt! Sie müssen sie in die Luft jagen, das ist ihre Aufgabe! „

Boris Schreibers Wutausbrüche gegen die Letten haben natürlich

---

[370]Marek Halter, *La force du Bien*, Robert Laffont, 1995, S. 215, 110
[371]Maurice Rheims, *Une Mémoire vagabonde*, Gallimard, 1997, S. 69.

den Vorteil, dass sie die überwältigende Verantwortung der jüdischen Revolutionäre für die in dieser Zeit begangenen Gräueltaten zum Schweigen bringen, wie Solschenizyn gezeigt hat. Boris Schreibers Hass war jedoch nicht nur auf die Letten beschränkt. In der Tat schien auch er „dieses unwürdige Polen" nicht zu schätzen:

„In diesen Ländern, schrieb er, gibt es nur einen Konsens: den Hass auf die Juden. „Es stimmt, dass die Juden in Frankreich besser gesehen werden als in Polen: „In Frankreich sind wir wenigstens ruhig: das ist der Westen, das ist die Zivilisation... Hier sind wir anonym. Wer kennt hier unsere Religion? Aber in Polen, wie in allen Ländern des Ostens, ist es unmöglich, anonym zu sein. Jeder erkennt die Juden an[372]. „Das Ideal ist in der Tat, unerkannt und unerkannt handeln zu können.

Guy Konopnicki stammte ebenfalls aus Polen, und auch er schien die Einwohner dieses Landes nicht besonders zu schätzen: „Man hatte mir erzählt, dass meine Familie aus einer Stadt im Osten stammte, in der die Juden Bärte trugen und Jiddisch sprachen... dass sie dieses Land Polen nannten und dass es mehr Abscheu als Nostalgie hervorrief[373]." Man sollte aber auch nicht denken, dass Guy Konopnicki die Franzosen für besser hält als die Polen. Obwohl Frankreich ihn und seine Familie aufnahm, verdient es nicht mehr Dankbarkeit als andere europäische Völker, wenn man die Dankesworte betrachtet, die er im Vorwort seines Buches *Der Platz der Nation* schrieb, *in dem* er diejenigen nannte, die seine Wertschätzung verdienten und denen er sein Buch widmete:

An die Senegalesen von der Straße der Damen[374], an die Araber von Monte Cassino, an Michel Manouchian und Max Rayman, an die deutschen, italienischen und spanischen Antifaschisten, an die von der französischen Polizei verhafteten ausländischen Juden" und auch an „Stendhal, der es vorzog, in Italien zu leben, und natürlich an meine deutschstämmige österreichisch-polnische jüdische Mutter, eine echte französische Baskenmützenverkäuferin: „An Stendhal, der es vorzog, in Italien zu leben, und natürlich an meine österreichisch-polnische jüdische Mutter, die in Deutschland geboren wurde und eine echte französische Baskenmützenverkäuferin ist, und schließlich an meinen Vater, der diesem Land neunundvierzig Jahre Arbeit und vier Jahre Widerstand gegeben hat, ohne die gleiche Rente zu erhalten wie Maurice Papon[375]. „Für ihn verdiente Frankreich, das ihn aufgenommen

---

[372]Boris Schreiber, *Le Tournesol déchiré*, Éd. François Bourin, 1991, S. 185, 293.

[373]Guy Konopnicki, *La Place de la nation*, Olivier Orban, 1983, S. 13.

[374]Straße zur Front in Verdun während des Ersten Weltkriegs. (NdT)

[375]Maurice Papon: war ein französischer Politiker und hoher Beamter, der zwischen 1931 und 1981 in verschiedenen Positionen in der Verwaltung tätig war. 1981 prangerte

hatte, keine Beachtung.

Pierre Paraf hat dieses instinktive Misstrauen gegenüber den Juden und ihre Abneigung gegenüber Ausländern auch durch den Mund einiger seiner Romanfiguren zum Ausdruck gebracht:

„Der *Chazan*[376] drückte mir ernsthaft seine sentimentalen Gebote ins Gesicht: „Vergiss nie, sagte er zu mir, dass du ein guter Jude bist, und misstraue dem *Nichtjuden*, selbst wenn er im Sarg liegt... und vor allem vergiss nicht, in jedem Zimmer, in dem du leben wirst, *Mezuzot*[377] anzubringen, Tefillin an deinen Armen und auf deiner Stirn[378] zu tragen und dich davor zu hüten, unter irgendeinem Vorwand ein Kruzifix zu berühren[379]."" Kruzifixe und die katholische Religion sind in der Tat Gegenstand großer Abneigung. Wir konnten sehen, wie kosmopolitische Filmemacher zahlreiche Propagandafilme zu diesem Thema gedreht hatten, deren einziges Ziel es war, den Katholizismus lächerlich zu machen und zu verunglimpfen sowie Verachtung und Abscheu für diese Religion zu wecken. Der Philosoph Jacob Talmon bestätigte, dass sich die einflussreichsten Juden für die Säkularisierung der europäischen Gesellschaften eingesetzt hatten. Die Gründung der Republik in Frankreich im Jahr 1870 bedeutete natürlich einen großen Fortschritt: „Die Juden der Neuzeit haben überall, wenn nicht die Trennung von Kirche und Staat, so doch zumindest das Recht auf Gewissensfreiheit vertreten und die Säkularisierung der Politik und des politischen Lebens gefordert[380]."" In jüngster Zeit haben wir gesehen, dass in anderen europäischen Ländern, die weniger entchristlicht sind als Frankreich, das Vorgehen einflussreicher Juden das gleiche geblieben ist. So forderte Amos Luzzatto, Präsident der Union der jüdischen Gemeinden in Italien, Ende August 2005 die Entfernung aller Kruzifixe und katholischen Gegenstände von öffentlichen Plätzen, da diese Symbole andere Religionen beleidigen würden[381].

---

die Zeitung *Le canard enchaîné* Papons dokumentierte Kollaboration mit den Nazis während seiner Zeit als Beamter des Vichy-Regimes und seine Beteiligung an der Verfolgung von Juden während des Zweiten Weltkriegs an, wofür er 1998 als Kriegsverbrecher angeklagt und zu einer Gefängnisstrafe verurteilt wurde. (NdT)

[376] Chazan: jemand, der in der Synagoge rezitiert.

[377] Mezuzot sind kleine Beutel mit zwei Versen des Pentateuch, die senkrecht an den Türrahmen der Häuser befestigt werden (NdT).

[378] Tefillin, von tefila, Gebet. Phylakterien: kleine Lederhüllen, die Pergamentstreifen mit Bibelstellen enthalten und die Juden während bestimmter Gebete am linken Arm und an der Stirn tragen (NdT).

[379] Pierre Paraf, *Quand Israël aima*, 1929, Les Belles lettres, 2000, S. 26.

[380] J.-L. Talmon, *Destin d'Israël*, 1965, Calmann-Lévy, S. 152.

[381] Nachzulesen im Brief von Emmanuel Ratier, *Faits et Documents* (1. September

Pierre Paraf, Mitbegründer der Liga gegen den Antisemitismus (heute Lycra), und Jacob Talmon äußerten sich noch deutlicher und brachten ihren Hass auf die katholische Religion und die geplante weltliche Rache an der christlichen Zivilisation klar zum Ausdruck: „So viele unserer Brüder mit dem Zeichen des Ghettos stöhnen unter der christlichen Peitsche. Gott sei Dank wird Jerusalem sie eines Tages wieder vereinen; sie werden ihre Rache bekommen wie alle Enterbten[382]!"Genau das schrieb Jacob Talmon: „Die Juden haben mit dem christlichen Abendland noch eine lange blutige Rechnung zu begleichen[383]. „Dies ist auch das „wahre Gesicht Israels".

In seiner *Geschichte des Antisemitismus* erwähnt Leon Poliakov den berühmten Fall des Philosophen Baruch Spinoza, der gegen seine eigene Gemeinschaft Vorwürfe erhob. In seiner *theologisch-politischen Abhandlung* schrieb Spinoza: „Dass die Juden so viele Jahre lang zerstreut und staatenlos geblieben sind, ist nicht verwunderlich, da sie sich von allen Völkern so weit abgesondert haben, dass sie den Hass aller Völker gegen sie erregt haben. „ (Kapitel III)

Spinoza schrieb weiter: „Die Liebe der Hebräer zum Vaterland war also nicht bloße Liebe, sondern Frömmigkeit, die, zusammen mit dem Hass auf andere Völker, durch den täglichen Gottesdienst gepflegt und genährt wurde, bis sie zu einer zweiten Natur wurde. In der Tat war der tägliche Gottesdienst nicht nur völlig anders (woraus folgte, dass die Hebräer absolut einzigartig und völlig isoliert von den anderen waren), sondern auch völlig konträr... ein ständiger Hass, der mehr als jeder andere in ihnen Wurzeln schlug, da es ein Hass war, der aus einer großen Frömmigkeit oder Hingabe geboren wurde[384] „ (Kapitel XVII). Spinoza wurde offensichtlich exkommuniziert und 1656 von seiner Gemeinschaft verstoßen.

Zweihundert Jahre später würde ein anderer großer Denker jüdischer Herkunft, Karl Marx, in seinen Schriften von 1843 etwas Ähnliches sagen: „Die Menschheit muss sich vom Judentum emanzipieren... Nicht die Juden müssen getötet werden, sondern Jahwe, ihr Gott. Es gibt keine Religion, die den Hass so sehr zelebriert wie das Judentum."

2005).

[382]Pierre Paraf, *Quand Israël aima*, 1929, Les Belles lettres, 2000, S. 19.

[383]J-L. Talmon, *Destin d'Israël*, 1965, Calmann-Lévy, S. 18.

[384]Léon Poliakov, *Histoire de l'antisémitisme*, Tome I, Points Seuil, 1990, S. 226.
Baruch Spinoza, *Tratado teológico-político*, Altaya, 1997, Barcelona, S. 132, 371.

2. Antisemitismus

Auf den ersten Seiten seines Buches über die Ursachen des Antisemitismus benennt Bernard Lazare das Problem, das durch die Anwesenheit von Juden in einer fremden Gesellschaft entsteht: „Der Antisemitismus hat überall und zu allen Zeiten geblüht", stellt er fest. Die Juden „sind nacheinander und gleichermaßen von den Alexandrinern und den Römern, den Persern und den Arabern, den Türken und den christlichen Nationen misshandelt und gehasst worden... die jüdische Rasse ist das Objekt des Hasses aller Völker gewesen, unter denen sie sich niedergelassen hat. Da die Feinde der Juden den verschiedensten Rassen angehörten, in weit voneinander entfernten Ländern lebten, verschiedenen Gesetzen und entgegengesetzten Grundsätzen unterworfen waren, weder dieselbe Lebensweise noch dieselben Sitten hatten und von verschiedenen Geistern beseelt waren, die sie nicht befähigten, über alle Dinge gleich zu urteilen, ist es daher notwendig, dass die allgemeinen Ursachen des Antisemitismus immer in Israel selbst lagen und nicht in denen, die ihn bekämpften[385]." Aber nicht alle jüdischen Intellektuellen sind so ehrlich wie Bernard Lazare. Letzterer ist zusammen mit einigen anderen eine Ausnahme am Rande des Judentums, wenn er nicht sogar von seiner Gemeinschaft abgelehnt und des „Selbsthasses" bezichtigt wird.

Unerklärlicher Antisemitismus

Die Juden sind sich sehr wohl bewusst, dass sie ein Volk für sich sind und schon immer von anderen abgelehnt wurden. Zu jeder Zeit und in allen Breitengraden. Aber Antisemitismus ist für sie ein Phänomen, das schwer zu erklären ist, nach dem zu urteilen, was wir gelesen haben.

Elie Wiesel sprach zu Beginn seiner *Memoiren* über die Verfolgung der Juden in Rumänien, dem Land seiner Kindheit, in der Zwischenkriegszeit: „Jedes Mal, wenn die antisemitische Eiserne Garde" ihren Kopf erhob, schrieb sie, „senkten wir den unseren". An den Wänden prangten Graffiti: „Zsidans (Juden) in Palästina", und auf

---

[385]Bernard Lazare, Der *Antisemitismus, seine Geschichte und seine Ursachen*, (1894). Editions La Bastille, Digitale Ausgabe, 2011, S. 5, 6, 7

den Straßen stürzten sich hasserfüllte Gesichter auf Juden, rissen ihnen Bärte und Haare aus. Die „*Kuzisten*", wie sie sich selbst nannten, waren rumänische Nazis. Die nach jüdischem Blut dürstenden Wilden könnten ein regelrechtes Pogrom improvisieren, wenn sie nichts weiter wollten." In Elie Wiesels Text gibt es keine Erklärung für diesen Hass, abgesehen von grotesken Erklärungen: „Wir lebten in Terror, schrieb er. Wir konnten nie wissen: Die Feinde waren zu allem fähig. Sogar Ritualmorde werden uns angelastet. Ich erinnere mich an ein trauriges Lied, das meine Mutter immer gesungen hat: das Lied über Tiszaeszlár. Ein Jude erzählte von seinem Leid: Er wurde beschuldigt, einem christlichen Kind aus rituellen Gründen die Kehle durchgeschnitten zu haben, und rief: „Verflucht seien unsere Feinde, die behaupten, dass Juden Blut brauchen, um ihre Religion auszuüben! Er durchlebte diese Widrigkeiten ohne Überraschung, fast ohne Leiden, schrieb Elie Wiesel. Ich war nicht weit davon entfernt, mir zu denken: Es ist ihr Problem, nicht unseres." Offensichtlich konnten diese permanenten Spannungen jedoch schmerzhafte Fragen aufwerfen: „In den dunkelsten Zeiten, als die Bedrohung schon zu lange über der Gemeinschaft schwebte, stellte ich mir einfache, wenn nicht gar simplifizierende, naive, kindliche Fragen: Warum hassen sie uns? Warum verfolgen sie uns? Warum foltern und quälen sie uns? Warum so viel Verfolgung, so viel Unterdrückung? Was haben wir den Menschen angetan, dass sie uns so sehr schaden wollen? Ich habe mich meinen Lehrern anvertraut, auch meinen Freunden. Wir haben versucht zu verstehen. Die einzige Antwort meines Magisters bestand darin, uns die Bibel, die Propheten und die Märtyrerliteratur lesen und wieder lesen zu lassen. Die jüdische Geschichte, die im Leiden verwurzelt, aber im Trotz verankert ist, beschreibt einen ständigen Konflikt zwischen uns und anderen. Seit Abraham stehen wir auf der einen Seite und die ganze Welt auf der anderen. Daher die Feindseligkeit, die wir auf uns ziehen." Doch diese Antworten, die sicherlich nicht ausreichten, konnten Elie Wiesels Geist nicht besänftigen: „Das Überleben meines Volkes machte mich weiterhin stutzig", schrieb er, „ebenso wie der immerwährende Hass gegen sie mich weiterhin faszinierte[386]."

Wenn man Elie Wiesel liest, hat man den Eindruck, dass die Verfolgungen, denen die Juden Mitteleuropas ausgesetzt waren, je nach Laune des Besatzers unvorhersehbar und völlig inkohärent erklärt wurden:

Während des Ersten Weltkriegs", schrieb er, „kam die deutsche

---

[386]Elie Wiesel, *Mémoires*, Band I, Seuil, 1994, S. 30-32.

Armee den Juden zu Hilfe, die unter der russischen Besatzung von den wilden Kosaken, deren Mentalität und religiöse Traditionen vom Antisemitismus genährt wurden, geschlagen, verhöhnt und unterdrückt wurden. Nach ihrer Abreise kehrte in unserer Region eine gewisse Ruhe ein. Die deutschen Offiziere waren höflich, hilfsbereit und kultiviert[387]. „Dies war jedoch nur eine kurze Zeit der Ruhe, denn schon bald begannen die Deutschen, auch die Juden zu verfolgen, aus noch völlig unbekannten Gründen: wahrscheinlich, weil sie einen „Sündenbock" brauchten.

In seinem 1991 erschienenen Buch *Antisemitischer Hass* hat Serge Moati Zeugnisse vorgelegt, die mit den oben genannten Aussagen übereinstimmen. Auf die Frage des Journalisten antwortete der Rechtsanwalt Hajdenberg, der in den 1970er Jahren in Frankreich für die jüdische Renaissance zuständig war, mit denselben Worten: „Wenn mich ein Kind fragen würde: 'Warum gibt es so viele Ressentiments gegen die Juden?', könnte ich ihm keine vernünftige und objektive Erklärung geben. „Die Gründe für Antisemitismus „sind so komplex, so irrational, dass keine objektiven Daten sie bekämpfen können[388]." Auch der Schriftsteller Maurice Rheims von der Académie française sah keinen rationalen Grund für Antisemitismus. In *A Vagabond Memory* erwähnt er die Verfolgungen im Sinne der Sündenbocktheorie, die für ihn letztlich die einzig mögliche Erklärung war. So bräuchte die Menschheit „die Juden, Männer und Frauen, auf die sie ihre schlechte Laune prügeln kann, die sich leicht verfolgen, foltern, massakrieren und der sieben Todsünden bezichtigen lassen. Vielleicht ist das der Grund, warum der Herr die Juden zu[389] gemacht hat. „Die Erklärung ist vielleicht etwas kurz, aber wir haben keinen Zweifel, dass sie die wenigen Leser von Maurice Rheims zufrieden stellen wird.

Auch Kardinal Jean-Marie Lustiger (Aaron Lustiger) suchte nach den Ursachen des Phänomens, konnte aber keine stichhaltige Erklärung finden: „Ich habe in der Vergangenheit mit Antisemiten gesprochen, sagte er; ich habe es versucht. Ich habe versucht, sie zu verstehen. Ich glaube, ich habe gesehen, durch welche mentalen Mechanismen sie zu diesen extremen, schrecklichen Schlussfolgerungen gekommen sind, denen sie sich hingegeben haben - aber ich habe nie verstanden, warum... Das eigentliche Geheimnis ist der Informant, der Verräter, der Folterer, der Henker, der Ausrottungsagent des Systems[390]." Auch der

[387]Elie Wiesel, *Mémoires*, Band I, Seuil, 1994, S. 42.
[388]Serge Moati, *La Haine antisémite*, Flammarion, 1991, S. 195.
[389]Maurice Rheims, *Une Mémoire vagabonde*, Gallimard, 1997, S. 66.
[390]Marek Halter, *La force du Bien*, Robert Laffont, 1995, S. 214.

Pressedirektor Jean Daniel konnte dieses „Geheimnis" nicht lüften. In seinem Werk mit dem Titel *Das Zeitalter der Brüche* räumte er ein, dass das „auserwählte Volk" oft den Preis für diese Entscheidung zahlen musste: „Ich weiß sehr wohl, dass der Preis der Entscheidung Verfolgung ist und dass dieser Preis erschreckend ist. Diese Kombination aus Wahl und Verfolgung ist für mich unerträglich. Dieses Paar enthält meiner Meinung nach das ganze jüdische Geheimnis. Ich meine, dass dieses Geheimnis, wenn es mich bedrängt, meine Gedanken vernebelt, anstatt sie zu bereichern... Wo sind diese Menschen, wenn nicht in der Verfolgung? Niemandem ist es je gelungen, sie zu definieren[391]." So schreibt der französische Philosoph André Glucksmann in seinem 2004 erschienenen Buch *Der Diskurs des Hasses*: „Der Judenhass ist das Rätsel aller Rätsel. Diese zerstörerische Leidenschaft zieht sich durch die Jahrtausende, nimmt verschiedene Formen an und wird immer wieder aus der Asche der verschiedenen Fanatismen, die sie motivieren, neu geboren... Für den Antisemiten bleibt das Objekt seiner Abneigung ein UFO. Er weiß nicht, von wem oder wovon er spricht...Der Jude ist keineswegs die Ursache des Antisemitismus; man muss diese Leidenschaft für sich selbst analysieren, als ob der Jude, den er verfolgt, ohne ihn zu kennen, nicht existieren würde...Zwei Jahrtausende lang war der Jude eine Quelle des Unbehagens. Zwei Jahrtausende lang war sie eine lebendige Frage für die ganze Welt. Zwei Jahrtausende der Unschuld, die nichts mit[392] zu tun haben." Der große jüdische Philosoph Emmanuel Levinas, Bernard-Henri Levys geistiger Meister, lieferte eine leuchtende Erklärung für das seltsame Phänomen des Antisemitismus. Nach Levinas ist der Antisemitismus „die Abneigung gegen das Unbekannte der Psyche des Anderen, gegen das Geheimnis seiner Innerlichkeit oder, jenseits aller Agglomeration und aller Organisation zu einem Organismus, gegen die reine Nähe des anderen Menschen, d.h. gegen die Soziabilität selbst[393]. „Das ist für uns etwas kompliziert zu verstehen, um die Wahrheit zu sagen.

Aber lassen Sie Jean-Michel Salanskis die Gedanken des großen Philosophen interpretieren:

„Emmanuel Levinas sagte, dass die Juden durch den Hitlerismus

---

[391]Jean Daniel, *L'Ère des ruptures*, Grasset, 1979, S. 113.

[392]André Glucksmann, *Le Discours de la haine*, Plon, 2004, S. 73, 86, 88: „Vergessen Sie nie, dass der Antisemit per Definition nicht weiß, wovon er spricht. „ (Stéphnae Zagdanski, *De l'Antisémitisme*, Climats, 1995, 2006, S. 35).

[393]Emmanuel Levinas, *L'au-delà du verset*, Minuit, 1982, S. 223, zitiert von Jean-Michel Salanskis, *Extermination, loi, Israël*, Les Belles Lettres, 2003, S. 140.

als „ununterscheidbare Andere" ausgerottet wurden, als Menschen, die dafür bekannt waren, einen Unterschied zu machen, deren Unterschied sich aber gerade nicht mehr durch irgendeinen Charakter manifestierte, was es unmöglich machte, sie zu lokalisieren. Er interpretierte Hitlers Hass auf die Juden als den geheimen Hass auf den anderen Menschen im Allgemeinen, den die Nazis unter dem Deckmantel der Zivilisation an die Oberfläche gebracht hatten[394]." Hier ist endlich die fehlende Erklärung für unser intellektuelles Rätsel. Es ist in der Tat die einzig gültige Erklärung, denn es besteht kein Zweifel, dass man nicht nur Juden, sondern Menschen im Allgemeinen rational hassen kann.

Das sagte uns auch der Nobelpreisträger Elie Wiesel, für den Antisemiten die Feinde der gesamten Menschheit sind. Es ist einfach unmöglich, dass Menschen aus rationalen Gründen feindselig gegenüber Juden und nur gegenüber Juden sein können, denn es gibt keinen Grund dafür:

Es ist so, und man kann nichts dagegen tun", schrieb er: „Der Feind der Juden ist der Feind der Menschheit. Und andersherum. Indem er Juden tötet, tötet der Mörder mehr als nur Juden. Er fängt mit den Juden an, aber dann wird er sich unweigerlich an anderen Ethnien, Religionen oder sozialen Gruppen abreagieren... Mit der Ermordung der Juden haben die Mörder den Mord an der gesamten Menschheit auf sich genommen[395]." Die Analyse von Clara Malraux stimmte in diesem Punkt völlig überein: „Die Verfolgung ist weniger schwer zu ertragen, wenn man weiß, dass sie völlig und absolut ungerechtfertigt ist und dass der Feind dadurch zum Feind der Menschheit wird[396]." Wir müssen also von der eigentlichen Unschuld der Juden ausgehen, wenn wir ihre Art, die Ereignisse wahrzunehmen, verstehen wollen. Das bedeutet, dass die Tötung eines Juden, der von Natur aus unschuldig ist, ein Angriff auf eine unschuldige Person oder eine andere Gemeinschaft ist, und dass man sich damit als Feind der Menschheit definiert. Es gibt aber auch eine andere, klassischere Interpretation, die von dem Postulat ausgeht, dass die Juden sich selbst als die einzig wahre Menschheit definieren; die anderen Nationen wären, einer bekannten talmudischen Formel zufolge, nichts weiter als „der Same des Viehs".

Clara Malraux (geb. Goldschmidt) war die Frau des berühmten Schriftstellers André Malraux, der auch Kulturminister von General de Gaulle war. In ihrer Analyse der deutschen Gesellschaft nach dem Sturz

---

[394] Jean-Michel Salanskis, *Extermination, loi, Israël*, Les Belles Lettres, 2003, S. 72.

[395] Elie Wiesel, *Mémoires, tome II*, Éditions du Seuil, 1996, S. 72, 319.

[396] Clara Malraux, *Rahel, Ma grande soeur...Un salon littéraire à Berlin au temps du Romantisme*, Editions Ramsay, Paris, 1980, S. 15.

Napoleons wies sie darauf hin, dass die Juden immer noch viele Härten und manchmal sogar Pogrome erdulden mussten: „Sie wanderten hierhin und dorthin, wurden aus Österreich vertrieben, um in Polen massakriert zu werden, und wurden in einem nachtragenden Deutschland auf jede erdenkliche Weise misshandelt.Im Preußen Friedrichs II. standen den Juden nur zwei Tore offen; um diese zu durchqueren, mussten sie eine Gebühr entrichten, deren Betrag freiwillig dem eines Stück Viehs entsprach... All dies, obwohl Friedrich II. einige wohltätige Maßnahmen zugunsten dieser Unglücklichen ergriffen hatte." Clara Malraux stellte auch mit Bedauern fest, dass die Feindseligkeit gegenüber den Juden nach dem Einmarsch der napoleonischen Truppen in Deutschland nicht aufgehört hatte. „Bereits 1816 kam es zu antisemitischen Demonstrationen. Im Jahr 1819 kam es zu einem schrecklichen Pogrom mit Schlägen, Verletzungen und Plünderungen von Geschäften." Es gibt eindeutig keine stichhaltige Erklärung für die Verfolgung dieser „Unschuldigen". Doch nicht alle Juden in Berlin wurden so hart behandelt, denn die berühmte Rahel Levin empfing in ihrem Salon die angesehenste Gesellschaft ihrer Zeit: Goethe, Hegel, Beethoven und der Dichter Heinrich Heine waren Gäste, die sie mit Vertrautheit behandelte und die sie „beeinflusste[397]." Rahels Vater, schrieb Clara Malraux, „gehörte zu den geduldeten Juden. Er hatte die Doppelfunktion eines Goldschmieds und Bankiers. „Die Dinge waren also gar nicht so schlecht, zumindest für einige Juden, die reich wurden und es sich bequem machen konnten.

Aber es stimmt, dass das gemeine Volk das auserwählte Volk nicht so sehr zu schätzen schien wie die Berliner Aristokratie. Clara Malraux berichtet in ihrem Buch über einige der Vorwürfe, die gegen sie erhoben wurden. Juden galten als „Schuldige, Verbrecher, Mörder, Ehebrecher und Sünder, die nicht in die Zünfte der guten und treuen Kaufleute aufgenommen werden sollten." Vielleicht haben wir hier den Anfang einer Erklärung für dieses seltsame Phänomen, das sich durch die Geschichte der gesamten Menschheit zieht... die Menschheit! Auf Seite 136 lesen wir, dass die Ermordung eines Schriftstellers, der dem israelischen Volk nicht zu gefallen schien, eine Reihe von repressiven Maßnahmen zur Folge hatte: Der „Mord... an Kotzbue, einem mittelmäßigen Schriftsteller, einem Spion im Dienste Russlands... ermöglichte es der Führung, die schändlichsten Maßnahmen gegen die Juden zu ergreifen, unter anderem[398]. „Wir begannen, die

---

[397]Clara Malraux, *Rahel, Ma grande soeur...Un salon littéraire à Berlin au temps du Romantisme*, Editions Ramsay, Paris, 1980, S. 13-17.
[398]„Die Gojim, die versuchen, die Geheimnisse des Gesetzes Israels zu entdecken,

Angelegenheit genauer zu betrachten. Wir mussten nur noch die Ereignisse in eine Reihenfolge bringen.

Auch der Schriftsteller Alfred Grosser hat sich in seinem 1989 erschienenen Buch „Verbrechen und Erinnerung" über das antisemitische Phänomen gewundert: „Dass in Deutschland und dann auch außerhalb Deutschlands Angehörige und Träger einer aus Jahrhunderten des kulturellen Fortschritts geborenen Zivilisation vernichtet werden, dass Philosophen, Komponisten, Architekten und Nobelpreisträger aller Art als Untermenschen betrachtet werden können - das ist etwas, was für den Geist einen solchen Skandal darstellt, dass sich gerade aus diesem Skandal eine Singularität ergibt[399]." Für Alfred Grosser sind die Juden völlig unschuldig an den Vorwürfen: „Es ist falsch, von einer jüdisch-christlichen Versöhnung zu sprechen, wie es die Kirchen noch zu oft behaupten. Ich sehe wirklich nicht ein, warum den Juden von den Christen vergeben werden sollte", schreibt er auf S. 236.

Einige Seiten weiter hat Alfred Grosset selbst einige Erklärungen geliefert, indem er sich auf die antisemitischen Worte eines gewissen „Pater Bailly" bezog, der 1890 schrieb: „Ein Mann mit Herz hat uns geschrieben: 'Wäre es nicht notwendig, eine Petition zu verfassen, die von allen Franzosen unterschrieben werden müsste, die das Joch, das sie unterdrückt, abwerfen wollen, und das Parlament aufzufordern: 1- Dass den Juden nicht erlaubt wird, zwei Nationalitäten zu haben und in Frankreich in den Status eines Ausländers zurückzukehren? 2 - Dass die Ausländer, die den Frieden des Landes stören und Zwietracht unter den verschiedenen Klassen der Bürger säen, indem sie Hass und Spaltung schüren, aus Frankreich ausgewiesen werden" (Seite 59).

Der damalige Antisemitismus war in den „reaktionären" Zeitungen deutlich spürbar. So veröffentlichte die Katholische Soziologie in ihrer Ausgabe März-Mai 1898 einen Artikel mit dem Titel: „Die Judenfrage unter dem Gesichtspunkt der Rasse und der Sitten betrachtet", in dem zu lesen war: „Dummköpfe, Narren und an die Juden verkaufte Schriftsteller versuchen, uns mit dem Schicksal der Juden zu bewegen. Ihr Unglück war die gerechte Strafe für ihr abscheuliches Verhalten..." (Seite 60). „ (Seite 60).

M. Grosser verschweigt dem Leser in seinen Ellipsen die Ursachen für die Feindseligkeit, die seine Mitmenschen offenbar erregt haben. Dies hätte ein Ansatzpunkt für eine Erklärung sein können. Aber vielleicht zog es M. Grosser vor, dem Beispiel von Elie Wiesel zu

---

begehen ein Verbrechen, das mit dem Tod bestraft wird. „ (Sanhedrin, 59a)

[399]Alfred Grosser, Le Crime et la mémoire, Flammarion, 1989, S. 75.

folgen, der zu Beginn seiner *Memoiren* ganz offen schrieb:

„Ich möchte Sie darauf hinweisen, dass ich beabsichtige, bestimmte Ereignisse auszulassen: solche, die mein Privatleben und das anderer betreffen, und solche, die Freunde oder Bekannte in Verlegenheit zu bringen drohen, und ganz allgemein solche, deren Enthüllung dem jüdischen Volk schaden könnte[400]. „Alles in allem ist das eine gute Antwort.

Juden und Kommunismus

In seinem Buch „*Antisemitischer Hass*" lässt der Journalist Serge Moati eine Reihe von antisemitischen Persönlichkeiten aus verschiedenen Bereichen zu Wort kommen, um die Natur ihres Wahns besser zu verstehen. In Russland befragte er Valery Liemelianov. Der historische Gründer der Pamiat-Bewegung („Erinnerung"), die „eng mit den antizionistischen Bewegungen in den arabischen Ländern verbunden ist", lebt heute in Moskau. Er erklärte[401]:

„Seit 1917 war der KGB mit Juden besetzt. Der von Solschenizyn beschriebene Gulag wurde von Juden geschaffen, nämlich von dem Juden Trotzki und dem Juden Smirnow. Solschenizyn klagt Stalin an, anstatt die Juden anzugreifen. Der syphilitische Lenin war nichts als eine Marionette in ihren Händen... In dreiundsiebzig Jahren Kommunismus haben die Juden hier hundert Millionen Menschen liquidiert, davon siebenunddreißig Millionen zu Zeiten des syphilitischen Lenin... Die Juden verdrängen die anderen Nationalitäten, sie genießen erhebliche Privilegien. Obwohl ihr Anteil an der Bevölkerung nur 0,69% beträgt, besetzen sie alle Schlüsselpositionen in der Gesellschaft: Verwaltung, Kultur, Wirtschaft, Politik, Religion... Die Juden übernahmen 1917 die Macht. Die gesamte Elite der Revolution bestand aus Juden[402]." Anfang der 1990er Jahre wurde die Pamiat-Bewegung von Dmitri Vassiliev angeführt, dem bekanntesten und populärsten nationalistischen Führer Russlands. Er sagte dazu Folgendes:

„Wer hat die Revolution gemacht? Niemand außer den Juden. Trotzki, Sinowjew, Kamenew, Lenin - alles Juden! Sie haben den Zaren getötet. Sie haben die Kirche zerstört. Der Sozialismus ist kein russisches Konzept, sondern ein ausländisches Konzept. Marx war

---

[400]Elie Wiesel, *Mémoires, tome I*, Éditions du Seuil, 1994, S. 28.
[401]Serge Moati hat hier das Verb „rülpsen" verwendet, was aber nichts an den Tatsachen ändert.
[402]Serge Moati, *La Haine antisémite*, Flammarion, 1991, S. 127.

getauft, aber er war Jude. „Er fügte hinzu: „Ich kämpfe seit mehr als fünfzehn Jahren gegen den Zionismus. Seit ich angefangen habe, habe ich meinen Job verloren. Seitdem sind die Geheimdienste hinter mir her. Die Presse hat mich mit Schimpf und Schande überzogen." Diese beiden Zeugnisse, die eine allzu schreckliche Wahrheit enthüllten, konnten nicht ohne ein Gegengewicht auskommen. Serge Moati beeilte sich daher, diese Aussagen zu entkräften und die Aufmerksamkeit des Lesers auf die Verbrechen der stalinistischen Periode zu lenken:

„Der rote Zar Stalin wäre ein glühender Antisemit. Er würde einen großen Teil der jüdischen intellektuellen Elite auslöschen. Er würde jiddischsprachige Schriftsteller erschießen lassen und die gesamte jüdische Kultur auslöschen. Ein Genozid des Geistes unter den unwahrscheinlichsten Vorwänden. Im Januar 1949 startete er die erste einer langen Reihe von antijüdischen Kampagnen. Am 12. August 1953 sollten 24 jüdische Schriftsteller und Künstler erschossen werden. Im Laufe eines Fünfjahresplans, von 1948 bis 1953, ließ Stalin 238 Schriftsteller, 106 Schauspieler, 19 Musiker, 87 Maler und Bildhauer verschwinden. Alle Juden...Glücklicherweise setzte Stalins Tod am 5. März 1953 dieser grausamen Operation ein Ende[403]."

Stalins plötzlicher Antisemitismus, der sich nach dem Zweiten Weltkrieg manifestierte, sollte jedoch nicht die überwältigende Verantwortung sehr vieler fanatischer Juden für die entsetzlichen Gräueltaten verdecken, die in den ersten dreißig Jahren des Regimes begangen wurden. Wenn wir nachrechnen, ist Stalins plötzlicher Antisemitismus nach dem Krieg ziemlich lächerlich, verglichen mit dem endlosen Martyrium des russischen Volkes. Auch Stalins eigener Tod bleibt ungeklärt.

Anschließend befasste sich Serge Moati mit dem Antisemitismus in Polen in den 1980er Jahren, nach vierzig Jahren Kommunismus. Er war jedoch nicht beunruhigt, als er mit denselben Anschuldigungen konfrontiert wurde, die von russischen Antisemiten erhoben wurden. So gestand ihm beispielsweise einer seiner journalistischen Korrespondenten: „Heute ist die allgemeine Atmosphäre des wütenden Antikommunismus von starkem Antisemitismus geprägt. Juden werden beschuldigt, den stalinistischen Apparat geleitet zu haben. Das ist leicht zu erklären: Viele der jüdischen Intellektuellen, die vor dem Nationalsozialismus in die Sowjetunion geflohen waren, kehrten nach der Befreiung in Transportern der Roten Armee zurück, um die Führung ihres Landes zu übernehmen. Es stimmt, dass eine große Zahl

---

[403]Serge Moati, *La Haine antisémite*, Flammarion, 1991, S. 135-137, 131.

aufrichtiger kommunistischer Juden versucht hat, den Sozialismus aufzubauen." An diesem Vorhaben sei nichts Verwerfliches, denn schließlich „hat der Kommunismus den großen Traum der Moderne verkörpert. Der proletarische Internationalismus war „als Apotheose der Moderne gedacht und empfunden worden"." Dass die befreiende Theorie der Humanität eine blutige Diktatur hervorgebracht haben mag, ist zweitrangig, denn im Namen des Ideals ließ die revolutionäre Erfahrung die Überschreitung der Grenzen des menschlichen Wesens zu. Der Zweck heiligt die Mittel.

Gabriel Meretik, ein französischer Journalist polnisch-jüdischer Herkunft, begründete diese Rede so: „Alle polnischen Eliten wurden dezimiert, und die Sowjets stützten sich auf die jüdischen Kommunisten, die kosmopolitisch und internationalistisch sind und sich der Sache verschrieben haben. Sie waren dem Moskauer Regime, das ihnen die Flucht aus den Vernichtungslagern der Nazis ermöglicht hatte, loyal und dankbar. Sie stellten sich also in den Dienst dieser Utopie, einer der edelsten, die sich die polnischen Juden vorstellen konnten: Glück und Gleichheit für alle auf der Erde." Aber es ist klar, dass viele Polen die Ereignisse nicht auf diese Weise wahrgenommen haben, und alle sprachlichen Kunstgriffe von Gabriel „Meretik", um die „Reinheit" der Nation zu verunglimpfen, werden daran nichts ändern. In der Tat erklärte er, dass „die Polen den Kommunismus als ein Krebsgeschwür erlebten, das von den Russen mit Hilfe der Juden in den Körper einer gesunden und reinen Nation verpflanzt wurde." Serge Moatis Schlussfolgerung zu diesem Kapitel bestand darin, den Leser mit den Schrecken des Antisemitismus zu verführen, ähnlich wie die erschütternden Soundtracks, die den Schrecken von Fernsehdokumentationen über den Zweiten Weltkrieg verstärken, auch wenn die Bilder manchmal einfach trivial sind: „Kurz gesagt, es ist die Rückkehr der alten Themen, kaum aktualisiert. In Polen, der letzten bäuerlichen Gesellschaft Osteuropas, in der der Boden nicht verstaatlicht wurde, wird der Jude stets als kosmopolitisches Wesen der bösen Stadt und Zerstörer traditioneller Werte wahrgenommen." Das gab ihm die Möglichkeit, sich zu erheben und zu sagen: „Man hört immer den gleichen Refrain: Die Juden sind die Herren der internationalen Finanzen und der Presse. Sie wollen Polen kaufen, um es zu versklaven... Die Juden, perfekte Sündenböcke, waren das rituelle Ziel einer unwahrscheinlichen Nation, deren Territorium im Laufe der Jahrhunderte immer wieder von fremden Mächten bestritten, überfallen, zerstückelt und besetzt wurde[404]..." Aber wir müssen darauf bestehen und Herrn Moati fragen, ob es stimmt, dass „viele Juden" eine führende Rolle bei den entsetzlichen Verbrechen unter dem Sowjetregime gespielt haben. Ja oder nein, Herr Moati?

Aber all das ist nun weit weg von uns, und das Wichtigste ist, dass die Feinde von gestern vergeben und sich versöhnen können. In diesem Fall musste der Schwächste den ersten Schritt machen. Am 20. Mai 1991 sprach Lech Walesa, der neue Präsident der Polnischen Republik, bei einem offiziellen Besuch in Israel von der Tribüne der Knesset aus folgende Worte: „Es gibt unter den Polen Leute, die euch geschadet haben. Hier in Israel, an der Wiege eurer Kultur und eurer Wiedergeburt, bitte ich euch um Vergebung. „Serge Moati blieb jedoch misstrauisch gegenüber dieser polnischen Reue: „Lech Walesa kam, um im Land Israel um Absolution zu bitten. Wird diese feierliche und kollektive 'Vergebung', die er vor dem jüdischen Volk erbittet, ausreichen? Nur das polnische Volk hat die Antwort[405]." Was hat Serge Moati mit dieser rhetorischen Frage gemeint, außer: „Wird das ausreichen, um den Hass und den Rachedurst des auserwählten Volkes gegen Polen zu stillen?"

Die Frage ist nun, wie lange es dauern wird, bis sich ein Vertreter der jüdischen Gemeinschaft bei den Völkern Europas für die zig Millionen Opfer des Kommunismus entschuldigt, für die jüdische Doktrinäre und Funktionäre direkt verantwortlich sind.

Der Antisemitismus in Mitteleuropa wurde von einem anderen französischen Intellektuellen analysiert. Im Jahr 1990, unmittelbar nach dem Fall des Kommunismus, untersuchte der Essayist Guy Sorman in seinem Buch *Exiting Socialism die* Ursprünge des Antisemitismus in Ungarn: „Warum diese antisemitische Besessenheit der Ungarn", schrieb er. In der Tat, sie hat nie aufgehört. In den 1930er Jahren war die Budapester *Intelligenz* zwischen dem „jüdischen Lager" und seinen Feinden gespalten; jede weitere Debatte war zweitrangig. In Ungarn wurden 1938 die ersten antijüdischen Gesetze verabschiedet - früher als in Deutschland." Sorman drehte den Spieß um und machte die Kommunisten für das Wiederaufleben des Antisemitismus verantwortlich: „Nach dem Krieg wollten die Kommunisten den Menschen weismachen, dass sich die gesamte Bevölkerung dem Nationalsozialismus widersetzt habe. Es gab also keine kollektive Gewissenserforschung, keine Katharsis, keine Erklärung. Die Frage wurde nicht gestellt; wie alle unbequemen Fragen in einer

---

[404]Serge Moati, *La Haine antisemite*, Flammarion, 1991, S. 99-106.

[405]Serge Moati, *La Haine antisemite*, Flammarion, 1991, S. 121.

kommunistischen Gesellschaft war sie vierzig Jahre lang tabu. Nach dem Abzug der Kommunisten taucht die Judenfrage wieder öffentlich auf[406]." Der aufmerksame Leser erkennt hier, in welchem Maße die ungarischen Kommunisten eine perverse Rolle spielten, indem sie den ungarischen Antisemitismus während des Krieges wissentlich verschwiegen, um den Sieg über den Faschismus zu verherrlichen. Ein paar Zeilen weiter musste Guy Sorman jedoch sehr knapp die Rolle der Juden - vieler Juden - bei den Gräueltaten erwähnen, die in der kurzen kommunistischen Republik begangen wurden, die für 133 Tage unter der Präsidentschaft von Bela Kun errichtet wurde, sowie die Rolle sehr vieler Juden in der Verwaltung des neuen kommunistischen Regimes, das 1948 errichtet wurde[407]:

„Manche finden „objektive Rechtfertigungen" historisch-politischer Natur für diesen permanenten Antisemitismus. Es waren jüdische Intellektuelle, die den Kommunismus in Ungarn einführten: Bela Kun, der Chef der Kommune von 1918, war ein Bolschewik und Jude; Rakosi, der Chef der stalinistischen Regierung von 1948, war ebenfalls ein Jude." Guy Sorman reagierte auf diese abscheulichen Anschuldigungen mit großer Leichtigkeit: „Heutzutage sind es jüdische Intellektuelle - Giörgy Konrad, Janos Kis - die den kompromisslosesten Liberalismus vertreten. Sie sind es, die Privatisierungen fordern, auf die Gefahr hin, dass die am wenigsten qualifizierten Arbeitnehmer arbeitslos werden." Guy Sorman verstieg sich zu der Behauptung, die antisemitischen Anschuldigungen seien unbegründet, weil die Juden sowohl bolschewistische Führer als auch entschiedene Verfechter des Liberalismus waren. In Wirklichkeit ist daran nichts Widersprüchliches, denn die beiden Systeme arbeiten zusammen für die Auflösung der Nationen und für das Aufkommen des Weltreichs, das den Kindern Israels so teuer ist. Das demokratische Ideal würde sich letztlich als weitaus wirksamer erweisen als die Starrheit der kommunistischen Systeme, wenn es darum geht, ethnisch homogene Völker aufzulösen und die große universelle Rassenvermischung zu begünstigen. Es ist daher nicht verwunderlich, dass die meisten jüdischen Intellektuellen ihre Mutation mit solcher Leichtigkeit betrieben haben. Genau das war das Thema unseres letzten Buches, *Planetarische Hoffnungen*.

Dennoch blieb in den Herzen der Ungarn eine gewisse Verbitterung gegenüber denjenigen, die für die während des kommunistischen Regimes begangenen Schandtaten verantwortlich waren; ein Groll, den man tatsächlich als „antisemitisch" bezeichnen

---

[406]Guy Sorman, *Sortir du socialisme*, Fayard, 1990, S. 250.
[407]Über Ungarn: *Planetarische Hoffnungen* und *jüdischer Fanatismus*.

könnte und der durch die schamlosen Leugnungen der Hauptbeteiligten nur noch verstärkt werden kann.

Für Sorman, so wird der Leser verstehen, hat der Antisemitismus keine ernsthafte Berechtigung, und die Juden kehren in das Land zurück, um ihr ganzes Genie und ihre unerschöpfliche Kreativität einzubringen, ohne die Ungarn ein Nachhutland bleiben würde:

„Es sei hier angemerkt, dass die Rückkehr der jüdischen Intellektuellen ganz allgemein das kulturelle und politische Leben in ganz Mitteleuropa in Bewegung brachte", schreibt Sorman. Da die Juden an allem, was man ihnen vorwirft, unschuldig sind, kann das Problem nur von den Ungarn ausgehen, deren unklare Identität die Ursache für ihre Aggressivität wäre: „Intellektuelle, die in Antisemitismus verfallen, so Sorman, scheinen die ungarische nationale Identität gerade deshalb besonders zu verteidigen, weil sie nicht wahrnehmbar ist." Diese Tendenz, dem jüdischen Volk die Schuld an den eigenen Fehlern zu geben, ist keine Besonderheit der Ungarn. Guy Sorman erinnerte daran, dass dieser Fehler auch die Spanier betraf, die 1492 die Juden und die Mauren vertrieben: „Diese Besessenheit von der Reinheit des magyarischen Blutes geht auf den gleichen Wahn zurück wie der der Spanier im 15. Jahrhundert, als sie die Mauren vertrieben. Wie die Spanier von damals sind auch die heutigen Ungarn gemischten Blutes: Ungarn wurde jahrhundertelang von Invasoren aus Asien durchquert, von den Osmanen besetzt (so wie Spanien von den Arabern), von Deutschen, Slawen, Juden und Serben kolonisiert. In Wirklichkeit ist Ungarn nur in seiner Sprache ungarisch." Wie Sie sicher verstanden haben, ist es der Mangel an Selbstidentität, der die Ungarn und Spanier aggressiv gegen die Juden werden ließ. Die Erfindung des Sündenbocks", so Guy Sorman weiter, „dient dazu, die Einheit der sozialen Gruppe zu festigen, ohne die sie in Stücke zerspringen würde... Der Hass auf die Juden wäre also dramatisch konsubstantiell für Ungarn, denn es ist schwierig, Ungar zu sein: unsichere Identität[408]!"

Doch leider entwickelte sich der Antisemitismus nicht nur in Ungarn und Spanien. Ein anderer berühmter französischer liberaler Essayist, Alain Minc, nahm den polnischen Antisemitismus nach dem Fall des Kommunismus unter die Lupe und tat so, als würde er die überwältigende Verantwortung „sehr vieler Juden" für die Tragödie des Kommunismus nicht ernst nehmen. Seine Ironie veranlasste ihn sogar dazu, sich über den polnischen Antisemitismus zu mokieren, der bis

---

[408]Guy Sorman, *Sortir du socialisme*, Fayard, 1990, S. 251.

heute besteht, obwohl die Zahl der Juden in Polen heute lächerlich gering ist. Für Alain Minc ist der Antisemitismus der Opfer des Kommunismus offensichtlich ebenso lächerlich wie der alte christliche Antisemitismus, den er ersetzt zu haben scheint.

Der Kommunismus, so Minc, wirke hier wie eine „zweite Erbsünde", denn „der Tod Christi erfüllt nicht mehr sein göttliches Amt. Die Errichtung des Kommunismus im Jahr 1947 durch die Juden: Das ist die Gelegenheit, den Hass gegen das jüdische Volk auf lange Zeit zu schüren! Ein klarer Antisemitismus auf den Straßen, in Gesprächen, in Slogans und in dem alten Refrain, der immer noch wiederholt wird: scheinbare Weltoffenheit, Machtmissbrauch, wirtschaftliche Privilegien, Handel... Es fehlt an nichts in diesem Polen, das immer an der Spitze des Fortschritts stand. Ein Antisemitismus, der endlich kristallklar und rein ist, weil es keine Juden mehr gibt[409]."

Die krasse Dummheit der Polen ist offensichtlich. Die Analyse von Alain Minc, der das Vorhandensein von Antisemitismus ohne Juden feststellte, könnte jedoch auch anders interpretiert werden. Man könnte einfach verstehen, dass die Polen eine schlechte Erinnerung an die Anwesenheit von Juden in ihrem Land haben. Das wäre eine weitere plausible Erklärung.

Die Wahrheit ist, dass Polen lange Zeit in der europäischen Geschichte das einzige Land war, das Juden aufnahm, die seit dem Mittelalter von überall her vertrieben worden waren. Sie wurden 1290 aus England, 1306 aus Frankreich und 1394 radikal aus dem Land vertrieben. Sie wurden 1492 aus Spanien, aus Russland, aus Österreich und zeitweise auch aus allen deutschen Staaten vertrieben. Aber Kasimir der Große, König von Polen (1310-1370), hatte ihnen das Recht eingeräumt, sich in seinem Königreich niederzulassen und nach seinen Gesetzen zu leben[410]. Aus diesem Grund war die jüdische Bevölkerung in Polen vor dem Zweiten Weltkrieg so groß.

Der fortschreitende Niedergang Polens ab dem 17. Jahrhundert führte zur Zerstückelung durch die Nachbarn und schließlich zum Verschwinden des Landes. Das geschwächte Polen wurde zunächst 1772 von Preußen, Russland und Österreich und dann erneut 1792 faktisch zerstückelt und verschwand 1795 von der europäischen Landkarte. Nach einem kurzzeitigen Aufschwung unter Napoleon tauchte Polen erst 1918 nach dem Ersten Weltkrieg wieder auf. Es wäre

---

[409]Alain Minc, *Die Vergeltung der Nationen*, Grasset, 1990, S. 43.
[410]König Kasimir hatte eine jüdische Mätresse namens Esterka. „Die Einwohner von Krakau hatten sich seit 1369 über ihre Juden beschwert. (Mark Zborowski, *Olam*, 1952, Plon, 1992, S. 445)

wahrscheinlich interessant, parallel dazu die Situation in Spanien zu untersuchen, das sein Goldenes Zeitalter genau nach der Vertreibung von 1492 begann.

In einem Kapitel seines Buches mit dem symptomatischen Titel *Jüdische Identität, menschliche Identität* befasst sich Raphaël Draï mit der bolschewistischen Revolution und geht ausführlich auf die Pogrome ein, die ab 1919 an den Juden verübt wurden: „Die Juden wurden auf den Status von Insekten reduziert" (S. 388). Nach Raphaël Draï erklärten diese Pogrome „einige Anhänger der Revolution. „Auch hier müssen wir auf einen Interpretationsfehler hinweisen und präzisieren, wie Solschenizyn in seinem 2003 erschienenen Buch *Zweihundert gemeinsame Jahre (1795-1995)* gezeigt hatte, dass diese Pogrome während des Bürgerkriegs stattfanden und in gewisser Weise eine Reaktion auf die massive Präsenz von Juden im bolschewistischen Regime waren. Diese offensichtliche Schwierigkeit, die Rolle ihrer jüdischen Mitbürger im bolschewistischen Abenteuer zu erörtern, zeigt sich in der etwas karikierenden Darstellung der Ereignisse auf Seite 392: „Der Aufstand der Spartakisten", schreibt Draï, „blutig niedergeschlagen, stellt die als 'jüdischstämmig' bezeichneten Revolutionäre wie Rosa Luxemburg an den Pranger. Generell werden die Juden für die Niederlage des Reiches[411] verantwortlich gemacht." Der hier verwendete Begriff „qualifiziert" steht stellvertretend für eine ganze Mentalität. Es war also an der Zeit, dass Raphaël Draï schnell zu einem anderen Kapitel überging: „1933: Die Juden in der Falle des Gesetzes"; „1935: Die Rassengesetze". „Schließlich ist die Rolle des Opfers bequemer als die des Henkers.

Das Problem ist, dass jüdische Intellektuelle durch das Leugnen der Beweise nicht nur jede Glaubwürdigkeit verlieren, sondern auch einen berechtigten Verdacht hinsichtlich anderer, scheinbar grotesker und „wahnhafter" Anschuldigungen gegen ihre jüdischen Mitbürger vom Mittelalter bis heute erwecken. Sicherlich wäre es klüger, ihre Beteiligung an den Massakern anzuerkennen. Schließlich sind Fehler menschlich.

Abtauchen in die Tiefe

Der deutliche Unterschied zwischen dem Medienbild der jüdischen Gemeinschaft und der eher prosaischen Realität zwingt die kosmopolitischen Intellektuellen zu einem recht differenzierten

---

[411]Raphaël Draï, *Identité juive, identité humaine*, Armand Colin 1995.

Diskurs, um mit manchmal heiklen Fragen umgehen zu können. Glücklicherweise sind die Journalisten und die Politiker, die ihnen als Gesprächspartner dienen, im Fernsehen und im Radio höflich genug, die Vertreter der Gemeinschaft nicht zu heiklen Themen zu befragen, wie z. B. zur Rolle der jüdischen Händler in der Sklaverei und im Sklavenhandel, zur Verantwortung der bolschewistischen Führer für die Gräueltaten der russischen Revolution, zur Rolle bestimmter einflussreicher Männer bei der Auslösung des Krieges im Irak, in Serbien, in Afghanistan und vielleicht bald im Iran. Es gibt auch Situationen, in denen man es vorzieht, ein sensibles Thema durch andere, trivialere Erwägungen zu verwässern.

Pierre Birnbaum, Professor für politische Soziologie an der Universität Paris I, ist Autor des 1993 erschienenen Buches *Frankreich für die Franzosen, eine Geschichte des Nationalistenhasses*. Für ihn, wie auch für andere kosmopolitische Autoren, sind die patriotischen Gefühle der Franzosen[412] Ausdruck eines „Kleinmuts", wie Alain Minc sagen würde, und einer sehr verachtenswerten Kleinlichkeit. Auch hier ist das Überlegenheitsgefühl des kosmopolitischen Intellektuellen in seiner Analyse der Situation sehr deutlich spürbar:

„Frankreich für die Franzosen", schrieb Pierre Birnbaum, „ist die Parole, die von wütenden nationalistischen Demonstranten zu jeder Zeit unermüdlich wiederholt wird, in Paris ebenso wie in vielen Provinzstädten und sogar in verschlafenen kleinen Dörfern... Diese Parole zeugt von einer identitären Spannung, einer Ablehnung der universellen Staatsbürgerschaft." Es sei darauf hingewiesen, dass Herr Birnbaum sich nicht als kosmopolitischer Intellektueller, sondern als „perfekt integrierter" Franzose geäußert hat. Wenn es jedoch darum geht, den Antisemitismus in der Bevölkerung und die speziell gegen die jüdische Gemeinschaft gerichteten Vorwürfe zu erklären, bleibt einem nichts anderes übrig, als „um den heißen Brei herumzureden". Wenn wir von der Prämisse ausgehen, dass Juden von Natur aus unschuldig sind, wie sie selbst wiederholen, können „antisemitische" Vorwürfe gegen sie keine rationale Grundlage haben. Für die kosmopolitische Mentalität sind solche Anschuldigungen grobe Fehler, ein Angriff auf die gesamte Menschheit oder zumindest auf alle „Sündenböcke" der Gesellschaft. Die Juden sind also nie die einzigen Opfer, was für sie sehr beruhigend ist. Andererseits werden die Anschuldigungen stark

---

[412]*Français de souche* im Text: ein Ausdruck, der in Frankreich verwendet wird, um sich auf das einheimische „Wurzelfranzösisch" zu beziehen, im Gegensatz zum *Français de branche*, dem „Zweigfranzösisch", das aus der jüngsten Einwanderung stammt (NdT).

übertrieben, um sie lächerlich zu machen:

„Die weit zurückliegende Geschichte, schrieb Pierre Birnbaum, zeigt, dass in den entferntesten und verschiedensten Provinzen des Landes die Anwesenheit der Juden ähnlich abgelehnt wurde wie die anderer Wesen, die als ebenso böse und gefährlich galten, wie Aussätzige und Hexen: Zu bestimmten Zeiten war ihre Verfolgung häufig und führte manchmal zu direkter Ausweisung, Inhaftierung oder Pogromen...Dieser offen erklärte Hass im Namen der katholischen Identität der französischen Gesellschaft richtete sich auch gegen die ebenso unerträglichen Protestanten; und bis weit in die heutige Zeit hinein hörte man, wie sie Saint-Bartholomew ständig verteidigten und rechtfertigten[413]; etwas, das Protestanten und Juden und bald auch Muslime angesichts der Fakten, die alle Befürchtungen reichlich bestätigen, sehr berücksichtigen sollten[414]." Diese Art von intellektueller Ausflucht zeigte sich beispielsweise auch in der Reaktion des berühmten Pressedirektors Jean Daniel auf einen Schriftsteller, der im Jahr 2000 Schlagzeilen gemacht hatte, als er sich über die „Überrepräsentation" von Juden in einer öffentlichen Radiosendung empörte. Renaud Camus, ein linker Schriftsteller, der seit Jahren seine Seriosität unter Beweis stellt, hatte in seiner Zeitschrift *Campagne de France Folgendes* geschrieben: „Fünf Teilnehmer und welcher Anteil an Nicht-Juden? Sehr gering, wenn nicht gar nicht vorhanden. Nun, das scheint mir, vielleicht nicht gerade skandalös, aber übertrieben und unangebracht, nicht korrekt. Und nein, ich bin nicht antisemitisch, und ja, ich bin der Meinung, dass die jüdische Rasse einen der höchsten geistigen, intellektuellen und künstlerischen Beiträge zur Menschheit geleistet hat, den es je gab... Aber nein, ich halte es nicht für angemessen, dass eine vorbereitete und angekündigte, d.h. offizielle Talkshow über die Integration in unserem Land in einem öffentlich-rechtlichen Sender ausschließlich von jüdischen Journalisten und Intellektuellen oder solchen jüdischer Herkunft bestritten wird... Ich denke, ich habe das Recht, das zu sagen. Und wenn ich es nicht tue, sage ich es trotzdem. Ich sage das im Namen dieser französischen Kultur und Zivilisation mit ihren uralten Wurzeln, die meine sind und deren Errungenschaften im Laufe der Jahrhunderte mehr als beachtlich

---

[413]Das Massaker von St. Bartholomäus war die Ermordung von Hugenotten (französische Protestanten der calvinistischen Lehre) während der französischen Religionskriege im 16. Er begann in der Nacht vom 23. auf den 24. August 1572 in Paris und breitete sich über Monate im ganzen Land aus. (NdT).
[414]Pierre Birnbaum, *La France aux Français, Histoire des haines nationalistes*, Éd. Seuil, Paris, 1993, S. 14, 16

sind und von denen ich bedauere, dass man in diesem Land kaum mehr hört, dass sie die ihren waren." Diese Worte, die vollkommen gerechtfertigt waren, hatten zu der traditionellen „Aufregung in der Gemeinschaft" geführt. Der Medienskandal war so groß, dass der Verlag Fayard das Buch aus dem Verkauf nehmen musste, bevor er es ohne die inkriminierten Passagen neu auflegte. Zahlreiche Persönlichkeiten hatten den Schriftsteller dennoch verteidigt und einen regelrechten Lynchmord angeprangert.

Jean Daniel wollte sich in dieser Polemik äußern, indem er sich der Frage auf die gleiche Weise näherte wie sein Kollege Pierre Birnbaum, d.h. mit jener tiefen Verachtung, die der Kosmopolit gegenüber dem Einheimischen empfindet. Der erste Schritt bestand darin, die Anschuldigung maßlos zu übertreiben, um sie unglaubwürdig zu machen. Der nächste Schritt bestand darin, die Angeklagten in eine Gruppe von „Sündenböcken" (Hexen, Aussätzige, Homosexuelle, Frauen, Einwanderer, Zigeuner, Protestanten, Proletarier usw.) einzugliedern, um sie zu einer anonymen Masse zu vereinen. Jean Daniel führte diese Arbeit gewissenhaft aus, bevor er mit ungeheuerlichen Anschuldigungen gegen den Ankläger abschloss:

Diese Verärgerung über die überwiegend jüdische Zusammensetzung der „Talkshow" *von France Culture*, schrieb er, „diese misstrauische, antipathische und traditionell französische Stimmung offenbart eine ganz bestimmte Mentalität. Was bedeutet der Ausdruck „Überrepräsentation"? Zunächst einmal gibt es Über- und Unterrepräsentationen, aber von wem? Von den Gemeinschaften, aus denen sich die französische Gesellschaft zusammensetzt? Wäre es im Sinne der Parität und der politischen Korrektheit angemessen, wenn jede der Gemeinschaften, wenn schon nicht nach Provinzen, so doch zumindest nach Religionen, gleichmäßig vertreten wäre? Würden die Muslime und die Schwarzen, die sich kürzlich im Fernsehen und im Radio für falsch repräsentiert erklärt haben, auf diese Weise legitimiert? Das kann man bedauern oder auch nicht. Würde diese Ausdehnung der Parität zwischen Männern und Frauen auf alle Kategorien zu Lasten der Verdienste und Fähigkeiten gehen?...Es wird gesagt, es kann gesagt werden oder es wird gesagt werden: es gibt zu viele Schwarze in Fußballmannschaften, zu viele Westinder in Krankenschwestern, zu viele Katalanen in Rugbymannschaften, zu viele Korsen in Zollbeamten usw. Aber das hat natürlich nicht dieselbe Bedeutung wie der Hinweis darauf, dass es zu viele Albaner in der Mafia, zu viele zigeunerische Autodiebe, zu viele Nordafrikaner und Schwarze in den Gefängnissen, zu viele protestantische Manager in den Banken - und zu viele Juden in den Medien gibt. Ist das Überrepräsentation? Und wenn ja, wo liegt die Gefahr in einer so pluralistischen, multikonfessionellen und multiethnischen Gesellschaft? Wer kann noch, ohne an der Blindheit des Hasses zu leiden, Sehnsucht nach dem reinen katholischen Frankreich haben, in einem Europa, das vor den Mauren und Sarazenen sicher war?... In Wirklichkeit fürchte ich, dass Herr Renaud Camus ein echter Antisemit ist, und, wenn ich das sagen darf, ein Antisemit in guter Gesellschaft. Ich bin sicher, dass er ausgezeichnete jüdische Freunde hat und ihnen gegenüber loyal ist. Aber glauben Sie mir, er ist durch und durch antisemitisch. In Fällen wie seinem, der so friedlich ist, bezweifle ich, dass er geheilt werden kann[415]." In Wahrheit gab Jean Daniel vor zu glauben, dass sich die Anschuldigungen gegen die Juden richteten, während der Kern der Sache in der Parteilichkeit oder Unparteilichkeit der jüdischen Intellektuellen lag. Er tat so, als würde er das nicht verstehen, und wich dem Thema geschickt aus.

Eine solche natürliche Neigung zur „Verwirrung der Gewässer", zur Verwirrung der Situation und zur Verwirrung des Gegners ist bei der Mehrheit der kosmopolitischen Intellektuellen in der ganzen Welt zu beobachten, wie wir in *The Planetarische Hoffnungen* gesehen haben. Diese Homogenität des Denkens lässt sich nur durch die gemeinsame Grundlage der jüdischen Geistesbildung erklären: das gründliche Studium der Tora von klein auf und später des Talmuds sowie eine lange Praxis des *Pilpul*, d. h. jener rednerischen Kämpfe, in denen die Kontrahenten mit quälendem Einfallsreichtum um die Durchsetzung ihres Standpunkts wetteifern. In der Tat kommt die intellektuelle Überlegenheit der aschkenasischen Juden am besten in der Kunst des Argumentierens zum Ausdruck. In Ermangelung eines „Volkes des Buches", d.h. der großen Literatur, ist das jüdische Volk das Volk des talmudischen *Pilpul*, d.h. der reinen Intelligenz und der intellektuellen Verdrehung[416].

---

[415]Jean Daniel Bensaid, *Soleils d'hiver*, Grasset, Poche, 2000, S. 337, 323

[416]*Der Name „pilpul"*, Diskussion, wörtlich „Pfeffer", wird den talmudischen Studien wegen ihrer Schärfe, ihres Reichtums und der Anregung, die sie bieten, oft gegeben. Sie zeichnen sich vor allem dadurch aus, dass sie verschiedene Interpretationen miteinander vergleichen, sich alle möglichen, denkbaren und unmöglichen Aspekte eines hypothetischen Problems vorstellen und durch raffinierte intellektuelle Manöver das scheinbar Unlösbare lösen können. Scharfsinn, Wissen, Vorstellungskraft, Gedächtnis, Logik, Raffinesse, alles wird getan, um eine talmudische Frage zu lösen. Die ideale Lösung ist der *Khidesh*, eine originale Synthese, die es bisher noch nicht gab. Diese intellektuelle Leistung ist ein Vergnügen für denjenigen, der sie vorträgt, und für diejenigen, die ihr zuhören. Es macht Freude, das eigene Denken mit Kraft und

Bereits Ende des 19. Jahrhunderts hatte der antisemitische Schriftsteller Edouard Drumont diese Tendenz bestimmter kosmopolitischer Intellektueller festgestellt, unangenehmen Fragen geschickt auszuweichen. Nach einer Reihe von Finanzskandalen, in die u.a. mehrere Persönlichkeiten jüdischer Herkunft verwickelt waren, stellte Edouard Drumont diesen anschaulichen Dialog an den Anfang seines Buches *Jüdisches Frankreich im Spiegel der Meinungen*:

„Es ist unmöglich, sich diesem falschen Gehörlosen verständlich zu machen, der entschlossen ist, nichts zu hören, und der am Ende in das Bett eines anderen steigt. Israel amüsiert sich also, indem es mit Worten und unterbrochenen Dialogen mit uns spielt.

- Wie ist es möglich, dass in nur wenigen Jahren fast das gesamte Vermögen Frankreichs in wenigen jüdischen Händen konzentriert wurde?

- Würden Sie uns im Namen der Vorurteile einer anderen Zeit daran hindern, den Gott Jakobs zu verehren, Jom Kippur und Pessach zu feiern?

- Ihr seid wie eine Heuschreckenplage über dieses unglückliche Land hergefallen. Ihr habt sie ruiniert, ihr habt sie ausgeblutet, ihr habt sie ins Elend gestürzt, ihr habt die schrecklichste finanzielle Ausbeutung organisiert, die die Welt je gesehen hat.

- Ist es das Sukkot-Fest, das Sie stört? Sukkot, das poetische Fest des Laubes... Komm schon, lebe in deiner eigenen Zeit, lass jedem seine Gewissensfreiheit.

- Die deutschen Juden, die Sie in alle Ministerien, in die Präfekturen, in den Staatsrat eingeführt haben, sind rücksichtslose Verfolger; sie verunglimpfen alles, was unsere Väter geachtet haben, sie haben unsere Kruzifixe auf die Müllhalde geworfen, sie greifen unsere heldenhaften Schwestern der Nächstenliebe an!

- Die 1789 verkündeten Grundsätze der Toleranz, das ist alles, was es gibt! Es ist der Ruhm Israels, diese Lehren verteidigt zu haben. Liebes und gutes Israel! Israel, das Leuchtfeuer der Nationen! Israel ist der Vorkämpfer der Menschheit; er will das Wohl aller Völker..., deshalb nimmt er es ihnen weg.

Unter diesen Bedingungen ist, wie Sie verstehen werden, keine

---

Geschick zu trainieren und zu zeigen, dass man auf dieser Ebene der Überhöhung und Abstraktion fähig ist. Wenn zwei etablierte Gelehrte eine „rasante" Debatte beginnen, versammelt sich ein bewundernder Kreis um sie, der schweigend jede Erwiderung abwartet, selbst um den Preis, diese oder jene Spitzfindigkeit im Vorbeigehen mit einem der beiden zu erörtern und sich auf ein neues Argument einzulassen. „ (Mark Zborowski, *Olam*, 1952, Plon, 1992, S. 89).

ernsthafte Diskussion möglich. Sie fragen Herrn de Rothschild. Sie wollen aufgrund Ihrer Rechte als Bürger wissen, welche Arbeit er im Austausch für die enormen Geldsummen, die er erhalten hat, geleistet hat. Herr de Rothschild ist nach draußen gegangen. An seiner Stelle tritt Herr Frank auf, ein sehr ehrlicher Mann, ein anständiger Wissenschaftler, der mit Ihnen über Religion spricht, wenn Sie mit ihm über politische Ökonomie sprechen, und der Ihnen mit Plattitüden über den Fortschritt antwortet, wenn Sie ihn nach den Freveln seiner Glaubensgenossen fragen[417]." Wir urteilen hier nicht darüber, ob Drumonts Anschuldigungen begründet waren oder nicht, obwohl sie wahrscheinlich übertrieben und sogar offen gesagt wahnhaft waren. Vielmehr interessiert uns das Verhalten des Angeklagten in der Rolle des schlüpfrigen Aals, insofern es eine Karikatur dessen ist, was wir bei Pierre Birnbaum und Jean Daniel gesehen haben.

In seiner *Geschichte des Antisemitismus* liefert Leon Poliakov einige interessante Zeugnisse über das Bild der Juden in christlichen Theaterstücken des 14. Jahrhunderts, in denen „die unergründliche Niedertracht der Juden" mit unfreundlichen Worten beschrieben wurde.

„Die breite Palette von Beinamen, mit denen sie bezeichnet wurden, mag eine Vorstellung von dieser Tendenz vermitteln", schrieb Poliakov: „falsche Juden", „falsche Diebe", „falsche Ungläubige", „böse und verbrecherische Juden", „perverse Juden", „verräterische Juden", „falsches und perverses Volk", „falsche Schurken"[418]." „Es gab bereits ein gewisses gegenseitiges Unverständnis.

Der Spiegel des Antisemiten

In der Einleitung seines Romans *Im Fadenkreuz* (Vorwort zu 1984) verneinte der berühmte amerikanische Schriftsteller Arthur Miller ebenfalls jegliche jüdische Besonderheit, wenn es darum ging, auf die Anschuldigungen von Antisemiten zu antworten. Es gibt kein „auserwähltes Volk" mehr, keine „Mission", die zur Rettung der Menschheit erfüllt werden muss. Die Juden sind Menschen wie alle anderen auch, wie zum Beispiel die Chinesen, denen man ebenfalls vorwirft, ihre Nachbarn beherrschen zu wollen:

„Ich war amüsiert, als ich in Bangkok Beschreibungen über die einheimischen Chinesen hörte, die genau denen entsprachen, die im

---

[417]Edouard Drumond, *La France juive devant l'opinion*, Marpon & Flammarion éditeurs, Paris, 1886, S. 25, 26.
[418]Léon Poliakov, *Histoire de l'antisémitisme I*, 1981, Points Seuil, 1990, S. 305.

Westen über die Juden kursierten und zweifellos immer noch kursieren. „Die Chinesen sind nur sich selbst gegenüber loyal. Sie sind sehr intelligent, lernen fleißig in der Schule und versuchen immer, die Besten in ihren Studien zu sein. Es gibt viele chinesische Banker in Thailand, zu viele. Die Wahrheit ist, dass es ein echter Fehler war, den Chinesen die thailändische Staatsbürgerschaft zu geben, denn sie haben heimlich die Kontrolle über das Bankensystem übernommen. Außerdem sind sie Chinas Spione oder werden es in Kriegszeiten sein. Was sie wirklich wollen, ist eine Revolution in Thailand (auch wenn sie Banker und Kapitalisten sind), damit wir von China abhängig werden".

„Die gegen die Juden gerichteten Anschuldigungen waren ganz einfach Ausdruck eines gewissen natürlichen Neides des einfachen Volkes, das immer bereit war, seine Frustration und seinen Groll gegen eine Minderheit als Sündenbock auszudrücken. In der Tat gab es in Kambodscha die gleiche identitäre Reaktion gegen die Vietnamesen, wie Arthur Miller erklärt: „Viele dieser widersprüchlichen Überlegungen galten auch für die Vietnamesen, die seit Generationen in Kambodscha ansässig waren; auch sie waren fleißiger als die Einheimischen, waren von zweifelhafter Loyalität, waren im Begriff, Spione für das kommunistische Vietnam zu werden, auch wenn sie glühende Kapitalisten waren, und so weiter. Diese Beispiele zeigen zwei auffällige Gemeinsamkeiten: Die Chinesen in Thailand und die Vietnamesen in Kambodscha waren häufig Kaufleute, Laden- und Kleinhausbesitzer, Hausierer, und viele waren Lehrer, Rechtsanwälte oder Intellektuelle, was in einem ländlichen Land beneidenswert ist." Arthur Millers Schlussfolgerung war jedoch eher talmudisch, ein verdrehter Trugschluss, der letztlich darauf hinausläuft, den Ankläger zu beschuldigen:

„Das antisemitische Denken sieht den Juden als Träger der Entfremdung, der wahllosen Ausbeutung, die das Volk fürchtet und ablehnt. Ich möchte nur hinzufügen, schrieb Miller, dass sie diese Entfremdung fürchten, weil sie sie in sich selbst als einen hoffnungslos asozialen Individualismus empfinden, der eines Zugehörigkeitsgefühls beraubt ist, das dem glühenden Wunsch widerspricht, ein nützlicher Teil des mythischen Ganzen, der erhabenen nationalen Essenz, zu sein. Sie scheinen den Juden oft genauso zu fürchten wie die Realität. Und vielleicht ist das der Grund, warum antisemitische Gefühle nicht wirklich aufhören. Sich selbst zu sehen, das eigene Bild im Spiegel der Realität und der Hässlichkeit der Welt zu betrachten, bietet nicht den geringsten Trost[419]..." Wir erkennen hier die gleiche Argumentation wie bei Guy Sorman, als er erklärte, dass der spanische und ungarische Antisemitismus auf die fehlende Identität dieser beiden Völker zurückzuführen sei, oder wie bei Alain Minc über die polnische „Reinheit". Auch hier liegt das Problem eindeutig nicht bei den Juden, sondern bei ihren Anklägern.

Der Philosoph Jacob Leib Talmon stellte dieselbe Analyse an, als er in *Israel's Destiny* schrieb: „Wenn wir uns mit dieser Frage befassen, fällt uns oft auf, dass eine große Anzahl der Vorwürfe, die Antisemiten gegen Juden erheben, in Wirklichkeit auf die Antisemiten selbst zutreffen[420]. „Es ist in der Tat sehr auffällig".

Antisemiten auf der ganzen Welt sind daher in besonderem Maße geneigt, ihre eigenen Fehler auf die Juden zu übertragen. Dies wurde auch von Clara Malraux zum Ausdruck gebracht: „In den letzten Jahren wurden die Erscheinungsformen des Antisemitismus analysiert, ebenso wie seine psychologischen Ursachen: das Bedürfnis des Nicht-Juden, sich überlegen zu fühlen, um sich selbst zu beruhigen, das Bedürfnis, andere für die eigenen Fehler verantwortlich zu machen, wobei letztere die Parias oder Sündenböcke sind, oder - und ich neige mehr zu dieser Hypothese, da sie die Konzentration des Phänomens auf die „Kinder des Buches" besser erklären würde - der Hass auf den Vater[421] ?"

Jahrhunderts, Arthur Schnitzler, der seinen Lesern die Wurzeln des Antisemitismus erläuterte: „Sein 1908 erschienener Roman *Auf freiem Feld* und sein 1912 in Berlin uraufgeführtes Theaterstück *Professor Bernhardi* zeigen, dass keine Gesellschaftsschicht frei von der Geißel des Antisemitismus ist", schrieb sein Biograph Jacques Le Rider.

So hat Schnitzler durch seine Figur den Antisemitismus der damaligen österreichischen Gesellschaft wahrgenommen: „Von der Liebe zur Menschlichkeit und zur Wahrheit bewegt, hat Bernhardi nach seinem beruflichen Gewissen als Arzt und nach den ethischen Grundsätzen des Mitgefühls und der Menschlichkeit gehandelt. Aber weil er ein Jude ist, ist er zum Feind des Volkes geworden. Das ist die teuflische Werteumwandlung, die der Antisemitismus betreibt: Das jüdische Opfer wird zum Feind des Volkes, während der antisemitische Angreifer sich selbst als Opfer sieht. Selbst als er nach einer ungerechten Verurteilung aus dem Gefängnis entlassen wird, findet Bernhardi niemanden, der ihn um Vergebung bittet. Im Gegenteil, er ist

[419]Arthur Miller, *En el punto de mira*, Tusquets Editores, Barcelona, S. 15, 16
[420]J.-L. Talmon, *Destin d'Israël*, 1965, Calmann-Lévy, S. 79.
[421]Clara Malraux, *Rahel, Ma grande soeur...*, Edition Ramsay, Paris, 1980, S. 21, 22

es wieder einmal, der sich verzeihen muss, dass er die ganze „"[422] - Affäre" ausgelöst hat." Für Schnitzler sind die Juden, die von der Liebe zur Menschheit beseelt sind, in jedem Fall unschuldig an dem, was die Antisemiten ihnen vorwerfen könnten. Es sind also die Letzteren, die versuchen, die Situation zu ihrem „teuflischen" Vorteil zu nutzen. Unnötig zu erwähnen.

Antisemitische Paranoia

Analysen des Antisemitismus führen logischerweise immer zu der psychischen Störung von Nichtjuden, die von unbegreiflichem Hass überwältigt sind. Antisemitismus wäre in erster Linie eine Form der Paranoia.

Denjenigen, die die Juden beschuldigen, eine „Lobby" zu bilden, die einen enormen Einfluss auf die französischen Abgeordneten und das Europäische Parlament ausübt, kann Pierre Birnbaum also eine treffende Antwort geben:

„Im Gegensatz zu den mächtigen transnationalen Lobbys, die in Brüssel ungehindert agieren und in der Stadt ständige Armeen von Agenten unterhalten, um ihre Interessen zu verteidigen, könnten sich die Juden nicht auf diese Weise organisieren und wären zudem ihrer potenziellen Verbündeten beraubt. In einem Europa mit fast 450 Millionen Einwohnern stellen sie etwa 1,5 Millionen Individuen dar, die durch fast alles getrennt sind: Sprache, Kultur, religiöse Praktiken, Verhalten und Werte. Sie haben kaum Vertreter, die allein nicht in der Lage sind, eine Sache voranzubringen, geschweige denn einen Standpunkt durchzusetzen... Sie nähern sich dieser neuen europäischen Etappe in ihrer langen Geschichte auf diesem Kontinent mit Angst... Ihre Präsenz in Brüssel ist eine der diskretesten und bescheidensten. Sie haben nur drei oder vier ständige Vertreter, die nicht in der Lage sind, sich bei den Institutionen Gehör zu verschaffen, die bereits mit Anfragen überlastet sind[423]." Wir sehen also, dass die Vorwürfe der Antisemiten über die angebliche Finanzkraft der Juden und ihren Einfluss als konstituierte Interessengruppe völlig unbegründet sind. Der

---

[422]Jacques Le Rider, *Arthur Schnitzler*, Belin, 2003, S. 195, 211, 212

[423]Pierre Birnbaum, *Prier pour l'Etat, les Juifs, l'alliance royale et la démocratie*, Calmann-Lévy, 2005, S. 178-180. [Am 16. Februar 2012 wurde das Europäische Jüdische Parlament in Straßburg im selben Gebäude wie das Europaparlament eingeweiht. Sie setzt sich aus 120 Vertretern aus 47 Ländern zusammen, von denen einige nicht der Europäischen Union angehören und sogar von außerhalb des Kontinents kommen.]

Journalist Serge Moati hat in seinem Buch über *antisemitischen Hass das* konvergierende Zeugnis einer wichtigen Persönlichkeit vorgelegt. Es war Abraham Foxman, der historische Präsident der ADL (Anti Defamation League), der wichtigsten antirassistischen Organisation in den Vereinigten Staaten, dessen Worte die von Pierre Birnbaum wiederholten:

„Es wird oft von der „jüdischen Lobby" gesprochen, aber die Juden haben nur achtundvierzig Vertreter im Kongress... Die „jüdische Lobby" gibt es nicht. Dieses Wort gehört zur antisemitischen Terminologie. Niemand sagt, dass es eine christliche Lobby gibt, wenn bekannt ist, dass es überall christliche Lobbys gibt[424]. „Wir sind also entspannter.

Am 12. Januar 2006 veröffentlichte die Wochenzeitung *Le Point* jedoch einen Bericht über den Abramoff-Skandal, der die politische Welt der USA erschüttert hatte.

„Jack Abramoff, ein brillanter 46-jähriger Lobbyist, der republikanischen Kreisen nahesteht, war lange Zeit eine der mächtigsten Figuren der *K Street*, der Straße der Lobbys. Er hat sich gerade der Erpressung, des Steuerbetrugs und der aktiven Korruption schuldig bekannt. Seitdem wurde in der politischen Welt bekannt, dass Abramoff sich bereit erklärt hat, mit der Justiz zusammenzuarbeiten, um eine geringere Strafe auszuhandeln. Es wird befürchtet, dass er die Namen der Parlamentarier, die er im Gegenzug für die Bevorzugung seiner Kunden bestochen hat, preisgeben wird. Man spricht davon, dass zwischen 12 und 60 Kongressabgeordnete involviert sind, einer der größten Skandale in der Geschichte des Kongresses. Abramoffs Hauptkunden waren indianische Stämme, die Kasinos besaßen und die er genüsslich betrog. Er stellte ihnen hohe Gebühren in Rechnung und drängte ihnen eine PR-Firma auf, die einem Geschäftspartner von ihm gehörte... während er die Tatsache verbarg, dass er auch Geld von der Anti-Glücksspiel-Lobby kassierte. Abramoff hat sich die Taschen gefüllt (82 Millionen Dollar), obwohl er das Geld von den Indern an die Abgeordneten umverteilt hat: Abendessen, sein Luxusrestaurant, Reisen zu Golfplätzen in Schottland, Jobs für die Ehefrauen... Abramoff und seine Kunden haben seit 1999 4,4 Millionen Dollar zu den Wahlkampagnen von mehr als 250 Abgeordneten beigetragen. Vierzig von ihnen - darunter einige bekannte Persönlichkeiten der Republikaner und mehrere Demokraten wie Hillary Clinton - haben sich beeilt, die Beiträge des korrupten Lobbyisten für wohltätige Zwecke zu spenden."

---

[424]Serge Moati, *La Haine antisemite*, Flammarion, 1991, S. 158.

Aber wir wollen uns nicht länger mit solchen Kleinigkeiten aufhalten, sondern mit Leon Poljakow die Erscheinungsformen des antisemitischen Wahnsinns betrachten. In seiner monumentalen *Geschichte des Antisemitismus* legte der große Historiker den pathologischen Charakter des deutschen Antisemitismus nach der Niederlage von 1918 offen. Für ihn war die Erklärung ganz einfach: Die Deutschen fielen einer bekannten Krankheit zum Opfer, dem Verfolgungssyndrom, das die Betroffenen in den totalen Wahnsinn treiben kann:

„Am Tag nach der Oktoberrevolution grenzten die Erklärungen einiger Verantwortlicher für das Schicksal Deutschlands an ein Delirium, weil ihrer Meinung nach „eine unbestimmte Anzahl von Bolschewiken jüdischer Herkunft war... Diese delirante Tendenz wurde noch verstärkt, als klar wurde, dass Deutschland den Krieg verloren hatte. „Leon Poliakov zufolge verfiel General Ludendorff selbst, der Führer des Sieges von Tannemberg 1914, nachdem er als Stratege die Mittelmächte zwischen 1916 und 1918 geführt hatte, „in den vollkommensten antijüdischen Wahn" und in das „Delirium der Verfolgung".

Offenbar war die Krankheit ansteckend, denn auch Churchill litt unter demselben Delirium. Ende 1919 rechtfertigte er den antibolschewistischen Kreuzzug in einer Rede vor dem Unterhaus, in der er, so Poliakov, „die furchtbarste Sekte der Welt" anprangerte. In einem am 8. Februar 1920 veröffentlichten Artikel mit dem Titel Zionismus gegen Bolschewismus führte er seine Ideen sogar noch weiter aus. Churchills Beschreibung der „internationalen Juden" und anderer „jüdischer Terroristen" grenzte, wie er es ausdrückte, „an ein Delirium", schrieb Poliakov, denn „die wildesten Antisemiten könnten sich das zunutze machen[425].*" Antisemitischer Wahnsinn*

Die jüdischen Schicksalsschläge, die regelmäßig in den Nachrichten auftauchen, um dann sofort wieder zum Schweigen gebracht zu werden, halten kosmopolitische Intellektuelle nicht davon ab, gegen das zu wettern, was sie für die zwanghaften Wahnvorstellungen von Antisemiten halten. In *The Guilt of the Jews (Die Schuld der Juden)* schrieb Guy Konopnicki zum Beispiel:

„Von der Anprangerung des Kapitalismus zur Anprangerung versteckter Finanzmächte, die ein globales Komplott aushecken, geht

---

[425]Léon Poliakov, *Histoire de l'antisémitisme II*, 1981, Points Seuil, 1990, S. 409.

man nie unschuldig. All diejenigen, die diese Besessenheit wiederholen, sind nur Ausdruck eines ganz gewöhnlichen Antisemitismus. Der Ausrutscher mag unbeabsichtigt sein, unbewusst, aber er ist der Stoff, aus dem das Delirium[426] ist." Damit stimmte Konopnicki mit Abraham Foxman überein, der auf das zentrale Problem der Antisemitismusfrage hingewiesen hatte, indem er ihn schließlich als nichts anderes als „die Krankheit des nicht-jüdischen Gehirns" entlarvte. Abraham Foxman erzählte von einem Gespräch, das er auf einer seiner Reisen führte und das die perverse Natur des Antisemitismus und die Schwierigkeit, seine Logik zu verstehen, deutlich machte:

„Vor ein paar Monaten war ich in Moskau. Ich habe einige Moskowiter getroffen. Eines Abends fragte mich einer von ihnen: „Warum gibt es Antisemitismus? Ich antwortete: „Das ist eine Frage, die Sie beantworten müssen, denn Antisemitismus ist eine Krankheit des nichtjüdischen Gehirns, nicht des jüdischen Gehirns. Wir sind nur Opfer. Sagen Sie uns, warum gibt es Antisemitismus? Und es herrschte Schweigen."

In der Tat kommen viele kosmopolitische Intellektuelle zu diesem Schluss. Serge Moati zum Beispiel hat in seinem Buch *Antisemitischer Hass* ein weiteres Zeugnis für denselben Effekt abgelegt. Renée Neher, eine gebürtige Elsässerin, „extrem patriotisch", also sehr französisch, die den Zweiten Weltkrieg und die deutsche Invasion erlebt hat... und die „seit 1971 in Israel lebt" (ein weiteres „Paradoxon"), erklärte:

„Wie jede Krankheit durchläuft auch der Antisemitismus Phasen der Krise und der Remission, aber es gibt keine Heilung für diese schreckliche Krankheit[427]." Michel Winock, Historiker und Professor am Institut für Politikwissenschaft in Paris, dessen Werke maßgebend sind, analysierte die Frage auf die gleiche Weise: „Der Antisemitismus ist nicht nur eine moralische Ungeheuerlichkeit und intellektuelle Unfähigkeit; er ist das Instrument einer reaktionären Politik, er ist, jenseits der Begriffe von rechts und links, eine Zusammenfassung aller Rassismen, die Negation der pluralistischen Gesellschaft, die schwachsinnige Überhöhung des nationalen Selbst und schließlich einer der Keime der totalitären Barbarei[428]." Alle Menschen können an dieser schrecklichen Krankheit leiden, nicht nur Europäer. So erklärte Elie Wiesel am 6. Mai 2006 im französischen Fernsehen in der

---

[426]Guy Konopnicki, *La Faute des Juifs*, Balland, 2002, S. 128, 69

[427]Serge Moati, *La Haine antisémite*, Flammarion, 1991, S. 158, 165.

[428]Michel Winock, *Edouard Drumond et Cie, antisémitisme et fascisme en France*, Seuil, Paris, 1982, S. 64-66.

Talkshow *Tout le monde en parle* über den Iran und den iranischen Präsidenten Ahmadinedschad: „Der religiöse Führer des Irans ist ein Wahnsinniger, ich meine pathologisch krank; er ist total verrückt. „Und er fügte logisch hinzu: „Seine Bombe bedroht nicht Israel, sie bedroht die ganze Welt. „Sie haben verstanden: Alle, die sich den Projekten der Juden widersetzen, sind „Verrückte", die die westliche Welt bekämpfen muss.

Der Essayist Raphaël Draï analysierte den antisemitischen Wahnsinn anhand des Mythos vom jüdischen Streben nach Weltherrschaft, der durch den berühmten Text *Die Protokolle der Weisen von Zion"* verbreitet wurde, der schließlich zum Hintergrund des westlichen Bewusstseins" wurde. Die oben beschriebene „teuflische Verwandlung", die für den Antisemiten darin besteht, alle seine Fehler auf die Juden zu übertragen, um sich von ihnen zu befreien, muss in der Tat vom Standpunkt der Psychiatrie aus analysiert werden.

Der antisemitische Hass, so erklärt Raphaël Draï, „hat eine teuflische Mythologie angenommen: *Die Protokolle der Weisen von Zion*... Die Hauptziele des Plans wurden bereits aufgedeckt und angeprangert, so dass es nun angebracht ist, den psychopathologischen Aspekt des Dokuments zu betrachten... Die darin enthaltenen Behauptungen sind nicht nur plump und irreführend. Sie stellen das dar, was man in der klinischen Psychopathologie als Verleugnung bezeichnet... Mit anderen Worten, die Verleugnung durch den Verfasser des falschen Dokuments sollte unsere Aufmerksamkeit auf die psychische Umkehrung lenken, die dieses Dokument offenbart... Die Lektüre dieses Briefes offenbart ein klinisches Dokument über die Psychopathologie des entmenschlichenden Antisemitismus. Der Antisemit schreibt den Juden Absichten zu, die er selbst gegen sie hegt; Absichten, die er sich nicht direkt eingestehen kann...Dies ist der mentale Mechanismus, den wir in allen falschen Dokumenten der gleichen Art und mit der gleichen Absicht finden...Die politischen und sozialen Absichten dieser Schriften sind eindeutig...Die psychopathologische Dimension solcher Konstruktionen sollte unsere Aufmerksamkeit erregen und aufrechterhalten...Die inszenierten Juden sind projektive Juden; das „verjudete" Bild ist charakteristisch für antisemitische Wahnvorstellungen[429]." Es ist also klar: Es sind die Antisemiten, die ihre Fehler und Unzulänglichkeiten auf die Juden projizieren, die immer die Opfer und Sündenböcke sind.

Der psychopathologische Faktor des Antisemitismus wurde in

---

[429]Raphaël Draï, *Identité juive, identité humaine*, A. Colin, 1995, S. 390-392.

einem Buch des berühmten amerikanischen Schriftstellers Philip Roth
hervorgehoben, wenn auch auf eine spöttische Art und Weise. In seinem
Roman *Operation Shylock* stellt er sich eine antisemitische
Krankenschwester vor, die versucht, sich in einem Verein zu heilen:
„Ich bin ein genesender Antisemit. Ich wurde von der A.S.A. gerettet.

- Was ist A.S.A.?

- Anonyme Antisemiten. Die Rettungsgruppe, die von Philip..."
„Antisemitismus gab es in meiner Familie... Es ist eines der Themen,
die wir bei den A.S.A.-Treffen zu diskutieren pflegten. Nun, es ist egal,
warum wir sie haben, wir müssen nur zugeben, dass wir sie haben, und
uns gegenseitig helfen und sie loswerden." Hier sind die zehn Dogmen
der Anonymen Antisemiten, die sich Philip Roth ausgedacht hat:

„Wir erkennen an, dass wir vorurteilsbeladene und hasserfüllte
Menschen sind, die wir nicht kontrollieren können.

Wir erkennen an, dass es nicht die Juden sind, die uns geschadet
haben, sondern wir, die die Juden für unsere Missstände sowie für die
der Welt im Allgemeinen verantwortlich machen. Wir sind es, die den
Juden schaden, wenn wir so etwas glauben.

3. Ein Jude mag seine Fehler haben, wie jeder andere Mensch auch,
aber die, mit denen wir hier offen umgehen müssen, sind die, die wir
haben: Paranoia, Sadismus, Negativismus, Destruktivität, Neid.

4. Unsere Währungsprobleme haben ihren Ursprung nicht bei den
Juden, sondern bei uns selbst.

5. Unsere Arbeitsprobleme haben ihren Ursprung nicht bei den
Juden, sondern bei uns selbst (und dasselbe gilt für sexuelle, eheliche
und kommunikative Probleme mit anderen).

6. Antisemitismus ist eine Form der Realitätsverweigerung, eine
Form, nicht ehrlich über die eigene Person und die Gesellschaft um uns
herum nachdenken zu wollen.

7. Antisemiten sind insofern nicht wie andere Menschen, als sie
ihre Unfähigkeit, ihren Hass zu kontrollieren, offenbaren. Wir sind uns
bewusst, dass der kleinste antisemitische Makel in unserem Verhalten
unsere Chancen auf Heilung gefährdet.

8. Anderen bei der Entgiftung zu helfen, ist der Eckpfeiler unserer
Genesung. Nichts immunisiert mehr gegen die Krankheit des
Antisemitismus als die intensive Zusammenarbeit mit anderen
Antisemiten.

9. Wir sind keine Wissenschaftler, wir sind nicht daran interessiert,
warum wir uns diese schreckliche Krankheit zugezogen haben: Wir sind
uns alle einig, dass wir sie haben und dass wir einander helfen müssen,
zu erkennen, dass wir sie haben, und dass wir uns gegenseitig helfen

müssen, sie loszuwerden.

10. Innerhalb der A.S.A.-Bruderschaft tun wir unser Möglichstes, um den Judenhass in all seinen Erscheinungsformen zu unterdrücken[430]." Punkt 9 ist zweifelsohne der aufschlussreichste. Es handelt sich eindeutig nicht um die Symptome der „antisemitischen Krankheit", sondern um eine kosmopolitische Mentalität. Es ist sinnlos, nach den Ursachen des Antisemitismus zu suchen. Es gibt keine Ursachen für Antisemitismus. Es kann keine Ursachen für Antisemitismus geben, außer natürlich die Vorurteile einer anderen Zeit, die von der katholischen Religion weitergegeben werden:

„Aber mal sehen, warum habe ich angefangen, Juden zu hassen? Weil sie sich den ganzen Unsinn der Christen nicht gefallen lassen mussten... Das fing schon in meiner christlichen Zeit an, aber im Krankenhaus wurde es noch stärker. Dank der A.S.A. sehe ich jetzt klar meine anderen Gründe für den Hass. Ich hasste ihren Zusammenhalt. Ihre Überlegenheit. Das, was die Heiden ihre Gier nennen. Ihre Paranoia und ihre Abwehrhaltung, ihre ständige Vorsicht, ihre Taktik, ihre Intelligenz... Juden gingen mir auf die Nerven, nur weil sie Juden waren. Das ist es also, was ich von den Christen erfahren habe... Der Katholizismus dringt bis in die tiefsten Tiefen vor. Und auch der Wahnsinn und die Dummheit gehen tief. Gott! Jesus Christus! Wissen Sie, was Philip zu mir sagte, als ich ihm von Walter Sweeney erzählte, der betend auf den Knien lag und verhungert war? „Das Christentum", sagte er. „Nichtjüdische Freuden" [goyishe nakhès[431]]. Und er spuckte auf den Boden[432]. „Offensichtlich ist Herr Roth kein Anhänger der katholischen Religion.

Offenbar hatte die Atmosphäre in diesem von jüdischen Ärzten und Chirurgen geleiteten Krankenhaus bei den nichtjüdischen Krankenschwestern eine gewisse Abneigung hervorgerufen: „Aber in diesem Krankenhaus, mit so vielen jüdischen Ärzten und Kranken, und besuchenden Verwandten, und Geschrei und Gemurmel, und jüdischen Rufen...", könnten die Krankenschwestern gereizt werden. Zum Glück hatte der gute Arzt Aharon beschlossen, sich um sie zu kümmern: „Bringen Sie morgen Abend einen anderen Antisemiten mit, vielleicht eine andere Krankenschwester, die sich in ihrem Herzen des Schadens

[430]Philip Roth, *Operación Shylock*, Debolsillo Penguin Random House, Barcelona, 2005, S. 101, 106, 115, 116
[431]In der ursprünglichen Fassung in einem abwertenden und spöttischen Ton: „Köstlichkeiten für Nichtjuden" oder „Es ist gut für die Nichtjuden" (NdT).
[432]Philip Roth, *Operación Shylock*, Debolsillo Penguin Random House, Barcelona, 2005, S. 264, 265, 266, 267

bewusst ist, den der Antisemitismus ihr zufügt... Der einzige Schutz gegen Ihren Hass ist das Genesungsprogramm, das... wir in diesem Krankenhaus eingerichtet haben... der Antisemit kann, wie der Alkoholiker, nur von einem anderen Antisemiten geheilt werden." Der gute alte Aharon kümmert sich sorgfältig um seine Patienten: „Das ist perfekt", sagte Aharon amüsiert, ohne seinen Blick von meinen Randglossen zu den Zehn Dogmen abzuwenden, „Du wirst das, was er schreibt, umschreiben. „Obwohl der gute Doktor manchmal ein wenig frech war: „Reicht ihm nicht ein Antisemit? Muss er alle Antisemiten der Welt um sich haben, die ihn um seine jüdische Vergebung anflehen, die ihre nichtjüdische Verkommenheit bekennen, die verkünden, dass er ein überlegenes Wesen ist und sie Abschaum sind? *Erzählt mir eure unheiligen Geheimnisse der Ungläubigen[433], Mädchen! Das ist es, was den Juden wirklich Spaß macht[434]...*" Wenn man diese Worte liest, versteht man besser, warum politische Gegner in den stalinistischen Regimen der UdSSR und Osteuropas in psychiatrischen Kliniken eingesperrt wurden[435].

Psychoanalyse des Antisemiten

Norman Cohn ging in seiner Analyse sogar noch weiter. In seinem 1966 veröffentlichten Werk *The Myth of the Jewish World Conspiracy: A Case Study in Collective Psychopathology* führte Norman Cohn eine echte Psychoanalyse des Antisemiten durch und kam zu demselben Schluss wie andere kosmopolitische Forscher: Der Antisemitismus ist die Frucht einer „teuflischen Verwandlung".

Zum „Mythos der jüdischen Weltverschwörung" schrieb Norman Cohn: „Nachdem ich über diese Fragen nachgedacht hatte, stellte ich vor zehn Jahren die Hypothese auf, dass die über die Juden verbreiteten Vorstellungen unbewussten negativen Projektionen entsprechen, d. h. einem psychischen Mechanismus, durch den manche Menschen anderen ihre eigenen anarchischen Tendenzen zuschreiben, die sie nicht anerkennen wollen. Konkret argumentierte er, dass in dieser Form des Antisemitismus die Juden als Kollektiv für das Unterbewusstsein

---

[433]*Goyim* in der französischen Version.

[434]Philip Roth, *Operación Shylock*, Debolsillo Penguin Random House, Barcelona, 2005, S. 119, 120, 122

[435]Vielleicht kommt es von einer sehr alten religiösen Erklärung: „Nach den Rabbinern werden die Jünger Amaleks mit einem Verrückten verglichen, der vorgibt, sich in ein Bad mit kochendem Wasser zu werfen, um es abzukühlen" (JMB).

sowohl den „bösen" Sohn, d. h. den rebellischen Sohn[436], als auch den „bösen" Vater, d. h. den Vater, der potenziell foltern, bestrafen und töten kann, darstellen.

Später erfuhr ich, dass mehrere professionelle Psychoanalytiker lange vor mir genau die gleiche Hypothese formuliert hatten[437]. Diese Arbeit hat mich davon überzeugt, dass es sich um eine bemerkenswert fruchtbare Hypothese handelt." Norman Cohn fuhr fort: „Mehrere Psychoanalytiker haben behauptet, dass die Juden, weil sie den Gott der Christen ablehnen, für einige von ihnen die rebellischen Kinder, die 'Bösen' - also die Vatermörder - darstellen. Das bedeutet, dass es für sie zu allen Zeiten sehr einfach und verlockend war, die Juden zu Sündenböcken für die unbewussten Ressentiments zu machen, die sie sowohl gegenüber ihrem Vater als auch gegenüber ihrem Gott empfanden... Aber das Unterbewusstsein neigt dazu, den Juden eher mit dem „bösen" Vater als mit dem „bösen" Sohn in Verbindung zu bringen. Dies lässt sich am besten verstehen, wenn man bedenkt, dass die historische Beziehung des europäischen Christentums zum jüdischen Volk zwangsläufig dazu führt, dass letzteres die Rolle einer kollektiven Vaterfigur übernimmt. „Die Geschichte des jüdischen Volkes, die im Alten Testament erzählt wird, ging der Entstehung des Christentums voraus, das sowohl Erbe als auch Rivale des jüdischen Volkes ist.

Der eifersüchtige, unbarmherzige und grausame Gott des Alten Testaments untermauert diese Psychoanalyse: „Der wohl wichtigste Punkt, schrieb Norman Cohn, ist, dass der Gott der Juden im Gegensatz zum christlichen Gott, der die Attribute von Vater und Sohn in sich vereint, nur der Vater ist: ein Vater...der gleichermaßen tyrannisch und unbarmherzig erscheint. So waren die in christlichen Ländern lebenden Juden die perfekte Zielscheibe für die ödipalen Projektionen, die mit dem „bösen" Vater verbunden sind." Für Norman Cohn lässt sich der Antisemitismus daher psychoanalytisch anhand der Figur des kleinen Kindes erklären, das seinen Vater liebt und gleichzeitig hasst", ihn aber umbringen will. „Die Figur des bösen Vaters wird zu einem unerbittlichen Unterdrücker, der von dem gnadenlosen Hass und der zerstörerischen Wut erfüllt ist, die das Kind in Wirklichkeit empfindet, ohne es zu wagen, sie vollständig zu erkennen. So entwickelt das kleine

---

[436]Der „böse Sohn" ist eine weitere biblische Figur.

[437]Z.B. R.M. Loewenstein, *Psychanalyse de l'antisémitisme*, Paris, 1951; H. Loeblowitz-Lennard, *The Jew as symbol*, in *The Psychoanalytic Quarterly*, Bd. XVII (1948), und in jüngerer Zeit B. Grunberger, Der Antisemit und der Ödipuskomple, in Psyche (Stuttgart, August 1962). Grunberger, *Der Antisemit und der Ödipuskomple*, in: *Psyche* (Stuttgart), August 1962.

Kind aus seinem eigenen Zerstörungstrieb und seinen Schuldgefühlen
heraus eine rachsüchtige Elternfigur von monströser Grausamkeit. Ein
allmächtiges Wesen, das foltert, verstümmelt und verschlingt, und
neben dem der wirkliche Vater harmlos erscheint, so hart er auch sein
mag." Die Weisen von Zion", so Norman Cohn weiter, „sind
offensichtlich solche Elternfiguren. Dies geht sowohl aus ihrem Namen
als auch aus der Behandlung hervor, die sie den Völkern zufügen, eine
Behandlung, die allem Anschein nach mit derjenigen verglichen werden
kann, die der „böse" Vater seinem Sohn zufügt. Sie saugen das Blut und
die Lebenskraft der Völker aus und nutzen es für ihre finsteren Zwecke;
sie fügen den Völkern Folter und Tod zu, indem sie Kriege
provozieren." Aus der Sicht der Psychoanalyse wird das Hitler-
Phänomen auf dieselbe Weise erklärt: „Die schlimmsten Verbrechen
wurden gegen den Vater begangen, verkörpert durch den Juden, den
Hitler mit dem „bösen" Vater identifizierte... Wenn fanatische
Antisemiten psychologischen Tests unterzogen werden, kommt ein
abnorm intensiver Hass auf Elternfiguren zum Vorschein, die
manchmal bedrohlich und manchmal verstümmelt oder ermordet
erscheinen[438]." Der Psychoanalytiker Ernst Simmel hatte bereits 1946
in seinen Überlegungen zu den extremen Formen des
nationalsozialistischen Antisemitismus festgestellt: „Der Prozess der
Gruppenbildung kann, wenn er unter pathologischen Bedingungen
stattfindet, zu kollektiven Obsessionen, oder besser gesagt, zu einer
kollektiven Psychose führen. Dieses klinische Syndrom: aggressive und
grenzenlose Zerstörungswut unter dem Einfluss einer Illusion, mit
völliger Verleugnung der Realität, wird als Psychose bezeichnet; es ist
eine paranoide Form der Schizophrenie[439]." Schließlich schloss
Norman Cohn seine Analyse wie folgt ab: „Diese Gruppen weisen eine
weitere Besonderheit auf, die sie paranoiden Schizophrenen ähneln
lässt: ein größenwahnsinniges Sendungsbewusstsein... ein einseitiger
Kampf gegen eine imaginäre Verschwörung... Was sie für ihren Feind
halten, ist nichts anderes als ihre eigene externalisierte Destruktivität.
Außerdem erscheint ihnen ihr imaginärer Feind umso schrecklicher,
weil ihre unbewussten Schuldgefühle umso größer sind. Denn diese
Schuldgefühle, die noch lange nicht verschwunden sind, quälen sie
unerbittlich. Sie haben ihren Ursprung in den mörderischen Impulsen
des Kindes gegenüber seinen Eltern, die dann durch die tatsächlichen

[438]Norman Cohn, *Histoire d'un mythe, La „ Conspiration „ juive et les protocoles des sages de Sion*, 1967, Folio, S. 254, 255, 257, 261, 262, 265.
[439]Ernst Simmel, Der *Antisemitismus: eine soziale Krankheit*, Éd. Simmel, New York, 1946, S. 39, zitiert von Norman Cohn.

Verbrechen des Erwachsenen enorm verstärkt werden. Doch anstatt in Form von Schuldgefühlen wahrgenommen zu werden, werden sie geleugnet und im Unterbewusstsein verdrängt. Infolgedessen werden sie als vage Gefahr, als Bedrohung wahrgenommen, was die blinde Angst hervorruft, die Opfer, d.h. die ermordeten Eltern in der Phantasie und die ermordeten realen Ersatzeltern in der Wirklichkeit, aufstehen zu sehen, um Vergeltung zu üben... Wenn die Menschen auch nur schemenhaft wahrnehmen, dass ein großes Unrecht begangen wurde, und wenn sie spüren, dass ihnen die Großzügigkeit oder der Mut zum Protest fehlt, schieben sie die Schuld unfehlbar auf die Opfer und entlasten so ihr eigenes Gewissen. Die „Protokolle der Weisen von Zion" repräsentieren letztlich „eine abwegige Weltanschauung, die auf kindlichen Ängsten und Hass beruht." Nach dieser erfrischenden Lektüre verstehen wir nun, dass das Böse tief in den Nichtjuden verwurzelt ist. Und doch scheinen wir in diesem Diskurs einige Begriffe zu hören, die uns bekannt vorkommen: „ein größenwahnsinniges Sendungsbewusstsein", eine „imaginäre Verschwörung", Paranoia, eine „externalisierte Destruktivität": ein wenig mehr und man könnte fast den Eindruck gewinnen, dass diese Psychoanalyse des Antisemiten und die sie begleitende ödipale Sprache es den jüdischen Intellektuellen erlauben könnte, endlich frei zu beschreiben, was sie in sich selbst verbergen.

TEIL DREI

PSYCHOPATHOLOGIE DES JUDENTUMS

1. Jüdische Neurose

Rollentausch

In der Realität und nach dem, was wir gelesen haben, scheint diese Tendenz, die Rollen umzudrehen, Situationen auf den Kopf zu stellen und schließlich die eigenen „ödipalen Konflikte" auf andere zu projizieren, eher ein Symptom einer psychischen Störung zu sein, die für jüdische Intellektuelle charakteristisch ist.

Nehmen wir zum Beispiel den Schriftsteller Arthur Miller. Er wurde 1915 in New York geboren und war - natürlich - „einer der größten Dramatiker unserer Zeit". Als Präsident des Pen Club, einer internationalen Schriftstellervereinigung, erhielt er 1949 den *Pulitzer-Preis*, zweimal den *New York Drama Critics Circle* Award und einmal den renommierten *Tony Award*.

In seinem ersten Roman „*Im Fadenkreuz"* heißt es auf dem Umschlag: „1945 wagt Arthur Miller den Angriff auf ein Tabuthema: das Vorhandensein eines latenten, aber realen Antisemitismus in der amerikanischen Gesellschaft. „In seiner Einleitung von 1984 erklärt Miller, dass sich der Antisemitismus in den 1930er Jahren in New York schleichend ausbreitete: „Die Stadt war von Hass erfüllt. „Aber selbst wenn wir die Gründe oder die Ursachen dieses Phänomens wissen wollten, bestand Miller eher auf den Erscheinungsformen dieses Phänomens, das wiederum von Katholiken angeführt wurde.

Insbesondere die Radiosendungen von Coughlin: „Father Coughlin, ein Priester aus Michigan, hatte seit 1926 eine wöchentliche Radiosendung auf CBS moderiert, die im ganzen Land gehört wurde. Mit seinen hetzerischen Reden förderte er den Antisemitismus und wurde oft als „Vater des Hassradios" bezeichnet." Die sadistische Perversität der Priester war unerhört, denn die „Existenz von Aktivisten unter den katholischen Priestern, die sich der Aufgabe und dem Vergnügen widmen, den Hass gegen die Juden zu schüren", war berüchtigt. Angesichts dieser Beleidigungen für das Volk Israel, das immer ein Opfer ist und immer grundlos verfolgt wird, gestand Arthur Miller im Nachhinein: „Ich kann diesen Roman nicht noch einmal lesen, ohne das Gefühl der Dringlichkeit hervorzurufen, mit dem ich ihn geschrieben habe... der Antisemitismus in Amerika war ein verschlossenes, wenn nicht sogar verbotenes Thema für die Fiktion. Allein der Akt, Worte zu Papier zu bringen, war eine Erleichterung[440]." Der imaginäre Held des Romans *Im Fadenkreuz* heißt Newman. Er ist „ein sauberer, gepflegter New Yorker, der einer englischen Familie entstammt, deren Wurzeln bis ins 19. Newman ist ein echter amerikanischer WASP, der stolz darauf ist, einer zu sein, der sich selbst als „von höherer und reinerer Herkunft" betrachtet. „Aber entgegen seiner Gewissheit wird er eines Tages entdecken, dass seine Vorurteile gegenüber den Juden in Wirklichkeit nichts anderes waren als Ideen, die er unbewusst gegen sich selbst hegte. Bei einem Vorstellungsgespräch mit einer Frau erfuhr Newman „zum ersten Mal in seinem Leben, dass der Grund für sein Schweigen nicht Höflichkeit war. Es war Schuld, denn sowohl das böse Wesen der Juden und ihre unendliche Fähigkeit zur Täuschung als auch die sinnliche Begierde nach Frauen, die sich in ihren dunklen Augenringen und ihrem dunklen Teint zeigte, waren lediglich ein Spiegelbild seiner eigenen Wünsche, der Wünsche, die er ihnen zuschrieb. Er wusste es, wie er es vielleicht nie wieder wissen würde, weil die Augen der Frau ihn in diesem Moment zum Juden gemacht hatten und weil es sein eigenes monströses Verlangen war, das ihn daran hinderte, sich zu wehren." Plötzlich wurde sein Leben auf den Kopf gestellt. Newman stand ein echter Albtraum bevor. Er konnte nicht verstehen, warum die neue Brille, die er trug, seine Nase hervorstehen ließ und warum alle ihn jetzt für einen Juden hielten. Sein Chef wurde misstrauisch und er wurde in eine andere Abteilung versetzt, wo er nicht mit der Öffentlichkeit und den Kunden konfrontiert wurde.

Und das, obwohl er ein Amerikaner guter Abstammung war und

---

[440]Arthur Miller, *Focus*, 1945, Buchet-Chastel, 2002, S. 7, 9, 14, 10 und *En el punto de mira*, Fábula-Tusquet, Barcelona, S. 12.

häufig antisemitische Versammlungen besuchte. Aber dann hat ihm seine neue Physiognomie einen Streich gespielt. Einer der Teilnehmer, ein Experte im Erkennen von Juden, lenkte plötzlich die Aufmerksamkeit des Raumes auf den Eindringling und rief völlig hysterisch: „Er ist ein Jude! - Bei Gott dem Allmächtigen, sehen Sie nicht, dass er ein Jude ist?" Natürlich rief Newman aus: „Bin ich nicht! - Ich bin kein Jude, ihr verdammten Idioten, ich bin kein Jude!", aber seine Proteste hinderten die verbohrten, sturen Katholiken nicht daran, ihn gewaltsam aus dem Saal zu vertreiben.

Als er einem Kollegen von seinem Unglück erzählte, fragte er ihn: „Was ich nicht verstehe, ist, wie eine solche Anzahl von Menschen zu solchen Extremen gegen die Juden gehen kann... Ich verstehe nicht, wie sie sich so aufregen können, dass sie zu einem Treffen gehen, um zu studieren, wie man die Juden loswerden kann. Dass es ihnen nicht gefällt, ist eine Sache. Aber zur Arbeit zu gehen, sich so viel Mühe zu geben... das verstehe ich nicht. Was ist die Erklärung dafür? - Die meisten von ihnen sind nicht sehr klug", antwortete Newman und wölbte seine Augenbrauen[441]." Es ist klar, dass Arthur Miller hier durch seine Figuren spricht: Er hat die Erscheinungsformen des Antisemitismus nicht verstanden. Für ihn waren sie ein Rätsel[442].

Aber Newman sollte noch mehr Unglück erleben. Sie folgten einer nach dem anderen und er konnte nichts dagegen tun. In seiner Nachbarschaft schlugen ihm einige Leute das Gesicht ein, „weil er für sie ein Jude und damit schuldig war". „Bald spürte er alle bösen Blicke der grausamen Nichtjuden, die Juden ohne Grund hassen: „Die Menschen und die Stadt umgaben ihn mit ihren wachsamen Augen, er fühlte sich nicht mehr anonym auf der Straße oder auf öffentlichen Plätzen. „Der arme Newman wurde paranoid. Jetzt spürte er die Qualen der armen, verfolgten und unschuldigen Juden am eigenen Leib. Sein Nachbar, M. Finkielstein, wurde ebenfalls grundlos von ein paar bösen, mit Baseballschlägern bewaffneten Nichtjuden der „Christian Front Gang" zusammengeschlagen: „Na gut, ihr hebräischen Bastarde. Das war die Aufwärmphase. Kommt schon Jungs[443]. „Als er sich schließlich entschließt, sich bei der Polizei zu melden, muss Newman sich den Beweisen beugen und erklären, dass er verfolgt wird, weil er Jude ist!

---

[441]Arthur Miller, *Im Fadenkreuz*, Fábula-Tusquet, Barcelona, S. 54, 55, 191, 192, 196, 197

[442]„Wir verstehen es nicht", wie Shmuel Trigo, Alexandre Adler, Emmanuel Levinas, Stefan Zweig, Sigmund Freud usw. in Hervé Ryssen, *Planetarische Hoffnungen*, (2022) lesen.

[443]Arthur Miller, *Im Fadenkreuz*, Fábula-Tusquet, Barcelona, S. 217, 241

Diesem dürftigen Drehbuch und dem unausgegorenen Stil des Autors sollte keine große Bedeutung beigemessen werden. Der Autor braucht es nicht, um als „großartiges literarisches Genie" zu gelten. Stattdessen ist die dieser Geschichte zugrunde liegende Idee sehr symptomatisch für diese grundlegende Tendenz zur Umkehrung der Rollen, die wir in vielen anderen Texten beobachten können.

Aber diese Tendenz, Situationen umzukehren, manifestiert sich vor allem durch die Projektion der unbewussten Schuld, die tief in der Persönlichkeit der jüdischen Intellektuellen verwurzelt ist, auf die Nichtjuden. Wir vermuten, dass dies auf ihr Bedürfnis zurückzuführen ist, ihre eigenen „ödipalen Konflikte" loszuwerden.

So ist diese projektive Umkehrung beispielsweise in der Geschichte von Pierre Paraf, *General von Morderburg, die* wir vorhin gesehen haben, erkennbar. Streng und autoritär hat dieser preußische General seinen Sohn als „unwürdig, die Uniform zu tragen, unwürdig, ein Deutscher zu sein" beurteilt. Und als dieser beschloss, ein junges jüdisches Mädchen zu heiraten, verkündete der sture und intolerante General sein Urteil: „Unser Sohn ist tot... niemand im Schloss darf seinen Namen aussprechen. Soll er doch Tänzer oder Prostituierter werden, wenn er will! Fritz von Morderburg ist von dieser Welt verschwunden." Diese brutale und unwiderrufliche Reaktion, bei der Eltern ihre Kinder verleugnen und als tot betrachten, sobald sie sich für eine Heirat außerhalb der Gemeinschaft entscheiden, ist eine typisch jüdische, nicht preußische Tradition. Es ist bekannt, dass, wenn ein Mitglied einer orthodoxen Familie einen Nichtjuden heiratet, die jüdische Familie zusammenkommt, um einen Eid, den *Schib'ah,* abzulegen. Dieser Ritus wird in der Regel durchgeführt, wenn ein Mensch stirbt. *Shib'ah* bedeutet, dass eine Person in jeder Hinsicht für tot erklärt wird. Norman Jewisons Film *Fiddler on the Roof* zeigt sehr gut, wie diese väterliche Reaktion Teil der ältesten jüdischen Tradition ist. Pierre Paraf schrieb es seinem preußischen General zu, um ihn noch stärker zu diskreditieren.

Diese instinktive Tendenz, die eigenen „unbewussten" Schuldgefühle anderen zuzuschreiben, lässt sich auch bei dem berühmten Philosophen Bernard-Henri Lévy beobachten. In seinem Buch *Reincidences aus* dem Jahr 2004 schreibt er das Konzept des „auserwählten Volkes" bestimmten europäischen Nationen zu, die zu einem bestimmten Zeitpunkt ihrer Geschichte tatsächlich einen ganz bestimmten Anspruch auf dieses Konzept erhoben haben könnten. Doch dieses Konzept des „auserwählten Volkes" kann bei den europäischen Völkern nur in kriminellen Wahnsinn ausarten:

„Frankreich, die auserwählte Nation... Deutschland, die auserwählte Nation... Wie viele auserwählte Nationen, murmelte Levinas mit Grauen und nachdenklicher Miene... Vielleicht ist die jüdische Nation am Ende die am wenigsten auserwählte von allen...Vielleicht ist dieses Konzept des auserwählten Volkes die Matrix des Verbrechens, die Quelle des immer wiederkehrenden Hasses gegen die Juden und das, was sie repräsentieren - nämlich die Ablehnung eben dieser Idee der Auserwähltheit, die aus seiner Sicht als der Gipfel des Götzendienstes wahrgenommen wird[444]. „Diese Überlegung, die Bernard-Henri Lévy in dieser Weise zum Ausdruck gebracht hat, ist ziemlich lächerlich, umso mehr, als er sich in seinem Buch daran erfreut, die besondere „Mission" des... auserwählten Volkes zu beschreiben! Aber wir wissen, dass jüdische Intellektuelle gerne mit Paradoxien umgehen. Ihre Ideen sind scheinbar paradox, aber in Wirklichkeit spiegeln sie eine narrensichere *Chuzpe* und eine hartnäckige Tendenz zur Umkehrung wider[445].

Sogar die berühmte „Jeremiade", die so charakteristisch für den kosmopolitischen Geist ist, sowie das Bild des „Märtyrers" wurden auf die „Anderen" projiziert, als wären sie angeborene Defekte, die es zu

---

[444]Bernard-henri Lévy, *Récidives*, Grasset, 2004, S. 457.

[445]„Wir haben bereits festgestellt, dass die Sabbatianer in ihrer Lehre vom abgefallenen Messias keine Angst vor Paradoxien hatten. " (Gershom Scholem, *Le Messianisme juif*, 1971, Calmann-Lévy, 1974, S. 169).
„Dialoge, Zitate, Witze, Lachen, Entdeckungen, Anekdoten, Gespräche, Lobreden, Theorien, Geschichten, Begegnungen, Interpretationen, Abschweifungen, Demonstrationen, Fantasien, Metamorphosen, Ellipsen, Variationen, Widersprüche, Parabeln, Urteile, Sarkasmen, Paradoxien: Diese schillernde Vielzahl von Phrasen, dicht, aber logisch, von einer Logik, die sich um sich selbst dreht, bildet das, was wir im Hebräischen traditionell einen *Midrasch* nennen [siehe Anmerkung 109]. „In Stéphane Zagdanski, *De l'Antisémitisme*, Climats, 1995, 2006, S. 21. Im Talmud (*Erubin*, 13b) heißt es über Rabbi Meir: „Er erklärt rein, was unrein ist und beweist es; und er erklärt unrein, was rein ist und beweist es. „An dieser Stelle laden wir die Leser ein, selbst die *Midraschim* einiger zeitgenössischer Rabbiner zu entdecken, die auf digitalen Plattformen (Youtube, Bitchute, Odysee) veröffentlicht wurden. Zum Beispiel: Rabbiner Yosef Mizrachi, Rabbiner Alon Anava, Rabbiner Abraham Benhaim, Rabbiner Yekutiel Fish, Rabbiner Cahn, Rabbanit Kineret Sarah Cohen, Rabbiner Rav Zamir Cohen, Rabbiner Rod Reuven Bryant, Rabbiner Rav Ron Chaya, Rabbiner Rav Avidgor Miller, Rabbiner Yaron Reuven, Rabbiner Michael Laitman, Rabbiner Michael Danielov, Rebbetzin Tziporah Heller, Rabbiner Mendel Sasonkin, Rabbiner Rav Touitou, Rabbiner Rav Raphael Pinto, Rabbiner Lawrence Hajioff, Rabbiner Tovia Singer, usw., usw. Die *Chuzpe*, die Selbstgefälligkeit und die Feindseligkeit gegenüber der nichtjüdischen Welt, die sie in ihren Reden zum Ausdruck bringen, sind einfach erstaunlich. Wir empfehlen wiederum die Öffentlichkeitsarbeit des amerikanischen Publizisten Adam Green und seines Online-Informationskanals *KnowMoreNews.org*, der diese Kommentare sammelt und vor diesen Themen warnt].

beseitigen gilt. Ein zweitklassiger Schriftsteller wie Bernard Cohen prangerte in seinem Buch *„Du sollst dich nicht freuen"* die *Rückkehr der Puritaner* an: „Die Jeremiade ist als moralisierende Prophezeiung zu einem System des Denkens und der Macht geworden. Zu den schwarz gekleideten Predigern gesellen sich Politiker, Analysten, Wissenschaftler[446]..." Die Anschuldigungen der planetarischen Intellektuellen gegen ihre Gegner scheinen in der Tat auf eine pathologische Projektion der eigenen Schuld hinzuweisen. Dieses Raster der Textanalyse ermöglicht zweifellos ein besseres Verständnis von Norman Cohns Analyse der „paranoiden Schizophrenie" der Antisemiten, die auch von anderen bedeutenden jüdischen Denkern unterstützt wird. Dieses „Verfolgungssyndrom", das Antisemiten charakterisieren würde, könnte jedoch sehr wohl auf die üblichen Reaktionen einiger jüdischer Intellektueller zutreffen.

Hören wir zum Beispiel Elie Wiesel zu, der 1974 Artikel veröffentlichte, die seine Ängste vor dem Wiederaufleben des Antisemitismus widerspiegeln: „Ich habe in der *New York Times* und in *Le Figaro* einen Artikel mit dem Titel „Warum ich Angst habe" veröffentlicht"... Es gibt Anzeichen dafür, und sie sind beunruhigend. Das abstoßende Schauspiel einer internationalen Versammlung im Delirium, die einen Wortführer des Terrors feiert[447]. Die Reden, die Stimmen gegen Israel. Die dramatische Einsamkeit dieses Volkes mit einer universellen Berufung. Ein arabischer König bietet seinen Gästen Deluxe-Ausgaben der berüchtigten *Protokolle der Weisen von Zion an.* Geschändete Friedhöfe in Frankreich und Deutschland. Pressekampagnen in Sowjetrussland. Die Retrowelle, die unser Leiden verharmlost, und die antizionistischen, antijüdischen Pamphlete, die unsere Hoffnungen verzerren. Man müsste schon blind sein, um es nicht zu erkennen: Judenhass ist wieder in Mode[448]." Zweifellos gibt es unter jüdischen Intellektuellen eine Tendenz zur Überdramatisierung und Systematisierung dessen, was als „Umwelt-Antisemitismus" wahrgenommen wird. Diese Zeilen von Samuel Pisar aus dem Jahr 1983 verdeutlichen das Gefühl der Verfolgung, das die Juden unabhängig von der Zeit zu beseelen scheint: „Die jüngsten Bombenexplosionen in den Großstädten, die antisemitischen Graffiti, die Schändung von Schulen und Friedhöfen sind dieselben, die meine

---

[446]Bernard Cohen, *Tu ne jouiras point, le retour des puritains*, Albin Michel, 1992, S. 51.

[447]Jassir Arafat, der palästinensische Präsident, vor der Generalversammlung der Vereinten Nationen.

[448]Elie Wiesel, *Mémoires, Band II*, Seuil, 1996, S. 97.

Kindheit erschüttert und meine Welt zerstört haben... Wir werden wachsam sein und auf das leiseste Geräusch der Schritte des Monsters achten... Unsere Feinde beobachten uns bereits unermüdlich. Für sie werden wir immer schuldig sein. Schuldig, in Israel Juden zu sein, anderswo Juden zu sein, Juden zu sein. Je nachdem, ob sie als Kapitalisten oder als Bolschewiken schuldig sind. Schuldig in Europa, wie Schafe geschlachtet worden zu sein, und schuldig in Israel, zu den Waffen gegriffen zu haben, um nicht wieder Schafe zu sein. Schuldig, in der Tat, weiter zu existieren[449]." An Widersprüchen im Diskurs der jüdischen Intellektuellen herrscht kein Mangel. Wir haben dies bereits in den Werken von Alfred Grosser und Clara Malraux gesehen, wo sie die Ursachen des Antisemitismus hinterfragten. Sie sind aber auch bei Autoren wie Jacques Attali, Daniel Cohn-Bendit oder Shmuel Trigano[450] zu finden. Diese Intellektuellen untermauern ihre Demonstrationen, indem sie auf alle möglichen „Paradoxien" verweisen, was eine sehr bequeme Methode ist, um Erklärungen zu vermeiden. Der Philosoph Jacob Talmon gab ein interessantes Zeugnis über die Leichtigkeit, mit der einige jüdische Intellektuelle - manchmal in ein und demselben Buch - das eine und das Gegenteil behaupten konnten, je nach den Umständen.

Jahrhundert, nach der Französischen Revolution und der Emanzipation der Juden im größten Teil Europas, hatte das jüdische Volk die Bedeutung dieser Veränderungen erkannt und sich die neue Situation zunutze gemacht. Talmon schrieb: „Um 1850 verkündete der Prager Korrespondent des *Jewish Chronicle* der Londoner Zeitung mit Stolz, dass die Zahl der jüdischen Studenten an der alten Universität statistisch gesehen viel größer sei als die der Juden im Habsburgerreich. Dann zählte er einige Anzeichen dafür auf, dass der Lebensstandard der jüdischen Bevölkerung höher war als der der Heiden in ihrer Umgebung. Sie verdienten mehr Geld und konnten schneller auf der sozialen Leiter aufsteigen. Man braucht sich nur daran zu erinnern, wie Disraeli stolz damit prahlte, dass er zur „reinen Rasse der Auserwählten" gehöre, und wie er sich freute, dass sie eines Tages die Welt erobern würde. Die Presse befand sich vollständig in den Händen der Juden. Sie bildeten eine dominierende Gruppe in allen Bereichen der nationalen Wirtschaft und drangen in die Welt der Künste und Wissenschaften ein. Disraeli sagte voraus, dass ihnen die Welt bald zu

---

[449]Samuel Pisar, *La Ressource humaine*, Jean-Claude Lattès, 1983, S. 250-251.

[450]Siehe die Analyse von Jacques Attali über die „Ghettoisierung" der Juden; Daniel Cohn-Bendit über die Einwanderung in Europa; Shmuel Trigano über die Rolle der Juden in der UdSSR, in Hervé Ryssen, *Planetarische Hoffnungen*, (2022).

Füßen liegen würde." Aber die Heiden ließen sich nicht so leicht versklaven, und sie begannen, auf diese Invasion und die fortgesetzten Angriffe auf die Grundlagen ihrer Zivilisation zu reagieren. Diese Abwehrreaktion wird heute gemeinhin als „Antisemitismus" bezeichnet. Und es war genau dieser aufkeimende Antisemitismus, der die „erobernden" Juden dazu veranlasste, ihre Strategie zu ändern. Jacob Talmons Schrift zu diesem Thema war recht aufschlussreich für die Anpassungsfähigkeit der jüdischen Intellektuellen:

„Sie hatten erkannt, dass viele Nichtjuden den plötzlichen Erfolg der neu emanzipierten Juden nicht als Bestätigung des segensreichen Prinzips der für alle Talente offenen Rasse ansahen... Kurz darauf sollten sich jüdische Autoren den Kopf zerbrechen, um genau das Gegenteil zu beweisen[451]." Von diesem Tag an rühmten sich die jüdischen Intellektuellen nicht mehr damit, die Welt beherrschen zu wollen, wie der englische Premierminister Disraeli behauptete, sondern verkündeten der Welt im Gegenteil, dass die Juden arm, schwach und verfolgt seien. Man braucht jedoch nur ein wenig an der Oberfläche zu kratzen und einige Bücher zu lesen, die der Gemeinschaft vorbehalten sind, um festzustellen, dass es noch andere, weniger bekennende Neigungen gibt.

Heute wissen wir, dass der Wunsch der Juden nach Weltherrschaft, wie er in den *Protokollen der Weisen von Zion niedergelegt ist*, ein „furchterregender Schwindel in der Gestalt eines Vampirs" ist, wie es der Karikaturist Will Eisner ausdrückte. Denn wir müssen uns darüber im Klaren sein, dass es nicht die Juden sind, die die Welt beherrschen wollen, sondern supremistische Nazis, fundamentalistische Christen oder fanatische Muslime, wenn nicht gar die Scientology-Kirche oder die Moon-Sekte.

So versicherte der berühmte amerikanische Schriftsteller Norman Mailer in seinem Buch *Why Are We at War*, dass die einzigen Verantwortlichen für den Krieg der USA gegen den Irak im Jahr 2003 die neokonservativen Christen waren, die die amerikanische Politik beeinflussten. Sie hatten ihre Rache bekommen: „Ein Jahr nach dem Fall der Sowjetunion gab es viele auf der amerikanischen Rechten, die frühen fahnenschwingenden Konservativen, die dachten, dass dies eine außergewöhnliche Gelegenheit war. Amerika könnte die Weltherrschaft übernehmen... In der Folgezeit hat die Clinton-Regierung diesen Traum von der Weltherrschaft nicht aufgegriffen, und vielleicht ist das einer der Gründe für den intensiven und sogar gewalttätigen Hass, den so

---

[451]J.-L. Talmon, *Destin d'Israël*, 1965, Calmann-Lévy, 1967, S. 50.

viele rechte Gruppen während dieser acht Jahre empfanden. Wäre Clinton nicht gewesen, würden die Vereinigten Staaten jetzt vielleicht die Welt regieren... Nach dem 11. September fühlten sich die chauvinistischen Konservativen als Sieger. Sie könnten versuchen, die Welt zu erobern[452]." Betrachtet man jedoch die Anzahl der ultra-zionistischen Persönlichkeiten, die in den aufeinanderfolgenden US-Regierungen mitgewirkt haben, so wird einmal mehr deutlich, dass dieser jüdische Intellektuelle die Tücken seiner Artgenossen auf die „anderen" projiziert hat[453]. Und wir wissen sehr wohl, dass es nicht das erste Mal war, dass sehr einflussreiche zionistische Persönlichkeiten ihren kriegerischen Eifer gegen widerspenstige Völker zum Ausdruck brachten, die die Vorteile der pluralistischen Demokratie und der Konsumgesellschaft nicht genießen wollten[454].

Die Rede von Viviane Forrester, die wir in einem anderen Kapitel gesehen haben, zeigt dasselbe Projektionssyndrom. Erinnern wir uns an ihre Worte, mit denen sie den Europäern die Schuld zuschob: „Plünderungen, Massaker und Völkermorde... Die Fähigkeit der Westler, das, was ihnen unangenehm ist, zu verwalten, auszulöschen und zu verbergen... Im Namen ihrer Vorherrschaft, mit einem angeborenen Gefühl der Arroganz und der Gewissheit einer natürlichen Überlegenheit, die ihre universelle Arroganz rechtfertigt[455]." Wenn man das Alte Testament liest und parallel dazu die Politik des hebräischen Staates seit seiner Gründung betrachtet, kann man mit Recht annehmen, dass diese Vorwürfe auch für das jüdische Volk gelten. Was die Kunst des „Verbergens von Unangenehmem" betrifft, so sei noch einmal an die überwältigende Verantwortung vieler Juden für die dreißig Millionen russischen und ukrainischen Opfer erinnert, die von den jüdischen Intellektuellen in aller Welt unter den Teppich gekehrt wurde und für die wir trotz ihrer spürbaren Verlegenheit in dieser Hinsicht immer noch auf eine Entschuldigung warten.

Der russische Romancier Vasili Grossman schrieb seinerseits:

---

[452]Norman Mailer, *Warum sind wir im Krieg?*, Editorial Anagrama, 2003, Barcelona, S. 68, 69, 70

[453]„Der Schmerz, Jude zu sein, besteht darin, dass man sich für alles verantwortlich fühlt, was andere Juden tun. Denn Jude zu sein bedeutet, mit dem Echo von tausend Jahren Entfremdung zu leben. Es fällt mir genauso schwer, mein Volk zu verteidigen wie es zu kritisieren. Ich fühle mich nicht wohl in meiner Haut, wenn ich über Israel oder die Juden spreche. „Norman Mailer, *Warum sind wir im Krieg?* Editorial Anagrama, 2003, Barcelona, S. 103-104. (NdT)

[454]Über die Entourage von Präsident George Bush Jr. und kriegstreiberische Politiker: Hervé Ryssen, *Planetarische Hoffnungen*, (2022) und *Jewish Fanaticism*, (2019).

[455]Viviane Forrester, *Das abendländische Verbrechen*, Fayard, 2004, S. 57, 65.

„Der Antisemitismus ist ein Spiegel, der die Unzulänglichkeiten von Individuen, sozialen Strukturen und staatlichen Systemen widerspiegelt. Sagen Sie mir, wessen Sie einen Juden beschuldigen, und ich sage Ihnen, wessen Sie schuldig sind. Indem der Nationalsozialismus dem von ihm selbst erfundenen jüdischen Volk Rassismus, Weltherrschaftsstreben und kosmopolitische Gleichgültigkeit gegenüber der deutschen Nation vorwarf, projizierte er seine eigenen Charakterzüge auf die Juden[456]." Die pathologische Umkehrung zeigt sich auch in einer Passage aus einem 1930 erschienenen Buch von Theodor Lessing, in der der Autor die Verdienste eines seiner Kollegen lobt, dem es ebenfalls gelungen ist, den Antisemitismus zu entlarven: „Der niederländische Zionist Fritz Bernstein hat meisterhaft dargelegt, dass der Hass auf ein Volk sich nicht geschichtlichen Tatsachen verdankt, sondern eine im Wesentlichen psychologische Tatsache ist... Er zeigt mit soliden und stichhaltigen Argumenten, dass es nicht zuerst ein hasserfülltes Objekt gibt, das dem Hass vorausgeht, sondern dass es ein vorheriges Bedürfnis zu hassen gibt, das die gehassten Dinge erfindet und erzeugt." Theodor Lessing lieferte weitere wissenschaftliche Argumente, um seinen Diskurs zu untermauern: In Anlehnung an die Theorie von James und Lange „weinen wir nicht, weil wir traurig sind, sondern wir sind traurig, weil wir weinen müssen. Wir haben keine inneren Sekrete, weil wir wütend, verliebt oder begeistert sind, sondern umgekehrt: Es ist das Bedürfnis nach inneren Sekreten, das normalerweise Wut, Liebe und Begeisterung hervorruft[457]. „Ist das nicht „großartig"?

Diese systematische Umkehrung der Werte und Rollen ist nicht neu, wenn man die alten Traditionen von früher betrachtet. Der gütige Papst Leo X. zum Beispiel, der das Spektakel liebte, ließ jedes Jahr jüdische Rennen veranstalten, damit sich die Menschen in Rom vergnügen konnten. Da er sehr kurzsichtig war, stieg er auf die Balkone, um einen Blick auf das Spektakel zu erhaschen und sich an der Volksbelustigung zu erfreuen. So spotteten die Römer während des Karnevals über die Bräuche der Juden und ihre Manie, alles in sich aufzunehmen und alles rückwärts zu machen. Ein Rabbi wurde verspottet, indem er auf einem Esel durch die Straßen der Stadt ritt, allerdings kopfüber, wobei der Rabbi den Schwanz des Esels mit den Händen festhielt. Aber das war in der Antike, als die Europäer noch

---

[456]Vasili Grossman, *Leben und Schicksal*, Galaxia Gutenberg, 2007, Barcelona, S. 362.
[457]Theodor Lessing, *La Haine de soi, le refus d'être juif*, 1930," Berg international, 1990, S. 159.

nicht durch das „Zeitalter der Aufklärung" aufgeklärt worden waren.

Der Spiegel des Judentums

Jüdische Intellektuelle, die den Antisemitismus analysieren, projizieren nicht nur Eigenschaften auf ihre Gegner, die in der Tat in erster Linie auf sie selbst zuzutreffen scheinen. In einer verschlüsselten Sprache behaupten sie die Überlegenheit des jüdischen Geistes, der sich, wie Leon Poliakov so treffend formulierte, an der „akrobatischsten Argumentation des Talmuds[458] „ orientiert. Der kundige Leser kann sich so am Einfallsreichtum des Autors und an der Leichtgläubigkeit der naiven Leser, die den Text wörtlich lesen, erfreuen. In diesem Zusammenhang ist es wichtig zu wissen, dass die Geheimnisse der jüdischen Kabbala gerade auf der Entschlüsselung des „verborgenen Sinns" der Tora-Texte und ihrer Interpretationen[459] beruhen.

Jüdische Intellektuelle sind seit langem in der Lage, in ihren Schriften Botschaften zu vermitteln, die der normale Mensch nicht wahrnehmen kann. Diese Fähigkeit ist leicht zu verstehen, wenn man bedenkt, dass die Juden jahrhundertelang weder den Katholizismus noch den Islam offen bekämpfen konnten, ohne schwere Strafen zu riskieren. Sie passten sich also den Umständen an und gewöhnten sich daran, verschleiert auszudrücken, was sie wirklich dachten.

Dies war zum Beispiel beim Talmud der Fall, einem Buch, das die mittelalterlichen Christen als Hauptquelle des jüdischen Hasses auf das Christentum betrachteten. Das Buch wurde ab dem 16. Jahrhundert um die anstößigsten Passagen gegen Christus und die Christen bereinigt, um Kritik und Anschuldigungen zu vermeiden. Von da an gab es eine stillschweigende Übereinkunft, dass die leer gelassenen Passagen mündlich unterrichtet werden sollten. Exemplare des Buches waren auf jeden Fall rar genug und außerdem in hebräischer Sprache verfasst, um die Bevölkerung nicht zu beunruhigen.

Dies schrieb Leon Poliakov über Baruch (Benedikt) Spinoza, den berühmten Philosophen, der seine Leser auf heimtückische Weise zum

---

[458]Léon Poliakov, *Histoire de l'antisémitisme, Tome I*, 1981, Points Seuil, 1990, S. 314.
[459]„Die mystische Formel dieses Interpretationssystems wird PaRDeS genannt. Ein Wort, das sich aus den Anfangsbuchstaben von Pechat, Remez, Derash und Sod zusammensetzt, was soviel bedeutet wie: Auslegung im wörtlichen Sinne, Auslegung im allegorischen Sinne, Auslegung im Sinne des Kommentars und Auslegung im geheimen Sinne. „(Mark Zborowski, *Olam*, 1952, Plon, 1992, S. 421). [P für *pesat*, der wörtliche Sinn; R für *remez*, der allegorische Sinn; D für *derasah*, die talmudische und aggadische Auslegung; S für *sod*, der mystische Sinn. In Gershom Scholem, *La Cábala y su simbolismo*, Siglo XXI Editores, Madrid, 2009, S. 69].

Zweifel an der Religion verleitete. Erinnern wir uns daran, dass Spinoza ein Marrano war, d.h. ein Jude, der sich als Katholik verkleidete:

„Im Hintergrund spricht Spinoza, wie ein guter und subtiler Talmudist, neben seiner expliziten Sprache eine zweite esoterische Sprache; er gibt vor, eine Idee demonstrieren zu wollen, aber es gelingt ihm, bestimmte Argumente zu verwenden und bestimmte Texte zu zitieren, so dass der Leser eine ganz andere Idee, eine andere Konsequenz entdeckt; und es ist diese zweite Idee, die Spinoza wirklich demonstrieren wollte. Er ist, um es mit den Worten des Philosophen Wolfson zu sagen, der implizite Baruch, d.h. der ungläubige Jude, der sich hinter dem expliziten Benedikt, d.h. dem Jesus verehrenden Marranen, verbirgt. Auf einer noch tieferen Ebene ist Spinozas Sprache die einer unbefriedigten oder frustrierten Liebe; wir erkennen in ihm einen Groll gegenüber der Synagoge, die ihn abgelehnt hat[460].‟ Mit diesen Verrenkungen versuchte Spinoza, sich bei seiner eigenen Gemeinschaft einzuschmeicheln, die seine Ideen ebenso streng beurteilte wie die Christen. Letztlich konnten Spinozas abweichende Reden nicht verhindern, dass er von den Rabbinern exkommuniziert und aus der jüdischen Gemeinschaft ausgeschlossen wurde.

Dieser Aufbau der Texte ist noch bei vielen zeitgenössischen Autoren zu erkennen. Wir sehen, wie Gershom Scholem selbst in einer Passage seines Buches über den *jüdischen Messianismus* auf frischer Tat ertappt wird, in der er eine Stelle aus dem Talmud (*Sanhedrin, 91b*) zitiert: „Der einzige Unterschied zwischen der heutigen Welt und der Zeit des Messias ist die Unterwerfung Israels unter die Nationen‟, schreibt Scholem.

Die korrekte Formulierung ist aber offensichtlich „die Unterwerfung der Völker unter Israel‟, wie wir an anderer Stelle lesen. Das Verfahren ist ein wenig grob, aber für nichtjüdische Leser ist es eindeutig ausreichend. Die Umkehrung der Begriffe ist der Tatsache geschuldet, dass das Buch zwar für Fachleute bestimmt ist, sich aber dennoch an die breite Öffentlichkeit wendet, so dass eine gewisse Vorsicht geboten ist.

An anderer Stelle zitiert Gershom Scholem einen Aphorismus aus dem Zohar: „Der Messias wird erst kommen, wenn Esau alle seine Tränen vergossen hat[461]. „Scholem wies darauf hin, dass „Esaus Tränen dieselben Tränen sind, die Esau laut Genesis XXVII, 38 vergoss, als

---

[460]Léon Poliakov, *Histoire de l'antisémitisme, Tome I*, 1981, Points Seuil, 1990, S. 226, 227.
[461]Gershom Scholem, *Le Messianisme juif*, 1971, Calmann_Lévy, 1974, S. 45, 57, 65; siehe die Anmerkung des Übersetzers in Anhang V.

Jakob ihn austrickste, um Isaaks Segen zu erhalten." Aber wir wissen sehr wohl, dass der Name „Esau" in den Texten des Judentums eine verschleierte Bezeichnung für das „Christentum" ist. Es ist also die „Christenheit", die all ihre Tränen vergießen muss, damit die Erlösung endlich kommen kann. Und Scholem fügte hinzu: „Eindringliche Aphorismen dieser Art sind Legion." Dies ist ein außergewöhnlicher und erstaunlicher Text des österreichischen Schriftstellers Joseph Roth, des berühmten Autors von *Radetskys Marsch*. In einer Erzählung aus dem Jahr 1934 mit dem Titel *Der Antichrist* warnte Joseph Roth seine Leser vor den Machenschaften des Bösen und lehrte uns, ihn hinter seinen Verkleidungen zu erkennen. Im Vorwort schrieb er: „Ich habe dieses Buch als Warnung geschrieben, damit der Antichrist erkannt wird, in welcher Form er auch immer auftreten mag:

Der Antichrist „macht sich am deutlichsten dadurch bemerkbar, dass er etwas, das in seinem Wesen edel ist, ins Vulgäre verwandelt. Der Sinn seines Daseins und seiner Handlungen besteht gerade darin, das Heilige zu entweihen, das Edle zu erniedrigen, das Aufrechte zu entstellen und das Schöne zu entstellen. Sie begnügt sich nicht damit, sich die Macht über das im Grunde Vulgäre zu sichern - denn auch das ist Teil der irdischen Welt -, sondern versucht, ihre Herrschaft auf das Edle auszudehnen. Da der Adlige sich aber niemals seiner Disziplin unterwerfen würde, wenn sie nicht aufhören würde, edel zu sein, ist das erste, was er tut, sie ins Böse zu verwandeln. Der Teufel gleicht einem gewalttätigen König, dessen Land unfruchtbar ist und der, um die blühenden Nationen um ihn herum zu erobern, damit beginnt, sie in Ödland zu verwandeln, um sie seinem eigenen Land ähnlich zu machen... Der Antichrist... hat die Macht, ein blühendes Land zu verwüsten, während er uns blendet, damit wir die Wüste zu Recht für einen blühenden Garten halten. Und während er mit der Vernichtung beschäftigt ist, glauben wir, dass er aufbaut. Wenn sie uns Steine gibt, denken wir, sie gibt uns Brot. Das Gift in seinem Becher hat für uns den Geschmack einer Quelle des Lebens[462]." Der Plan des Antichristen, die Völker zu unterwandern, sieht folgendermaßen aus: „Gerissen wie er ist, begann er damit, nicht die Rebellen zu verführen, sondern in erster Linie die Bewahrer des Alten. Nicht diejenigen, die eine Erneuerung anstrebten, sondern diejenigen, die dazu berufen waren, das Alte zu erhalten. Zunächst ließ er sich in Kirchen nieder, dann in den Häusern der Fürsten. Es ist ein Irrtum, ein Irrtum der Welt, zu glauben, dass er als Aufwiegler und Anstifter der Gedemütigten und Versklavten

---

[462]Joseph Roth, *El Anticristo*, Ediciones Capitán Swing, Polifonías, Madrid, 2013, S. 49, 50.

anerkannt wird. Das wäre eine Dummheit, und der Antichrist ist gerissen. Er stachelt das unterdrückte Volk nicht zum Aufstand an, sondern verführt die Herren zur Unterdrückung. Er macht keine Rebellen, sondern Tyrannen. Und wenn er erst einmal die Tyrannei eingeführt hat, weiß er, dass die Rebellion von selbst kommen wird. Auf diese Weise gewinnt er doppelt, denn er zwingt gewissermaßen die Gerechten, die sich ihm sonst widersetzen würden, in seinen Dienst. Er überredet zum Beispiel die Diener nicht, Herren zu werden, sondern beginnt damit, sie zu versklaven. Dann - wenn sie einmal in seinen Dienst getreten sind - zwingt er sie in die Knechtschaft der Machtlosen, der Armen, der Fleißigen, der Demütigen und der Gerechten. Dann empören sich die Armen und Demütigen spontan über die Gewalt; und die Intelligenten und Gerechten sind gezwungen, sich über Torheit und Ungerechtigkeit zu empören, und sie sind es, die den Armen Waffen in die Hand geben. Und das müssen sie auch, denn sie sind rechtschaffen. Daher ist es falsch, der Welt zu sagen, dass der Antichrist die Empörten anführt. Im Gegenteil, er verführt die Wächter des Establishments. Es liegt in seiner Natur, dass es ihm nicht so leicht fällt, auf die Leidenden zuzugehen, wie es den Mächtigen fällt. „In gleicher Weise hat der Antichrist „auch die Priester zu Lügnern gemacht, bevor er die Gläubigen dazu brachte, Gott zu leugnen... Die Gottesleugner - oder, wie sie sich selbst nennen, Atheisten - leugnen nicht Gott, sondern das falsche Gottesbild, das ihnen überliefert wurde", schrieb Joseph Roth.

Aber täuschen Sie sich nicht, es sind nicht die Juden, die Joseph Roth meint, sondern die Antisemiten: „Deshalb ist jeder, der an Jesus Christus glaubt und die Juden, seinen irdischen Schoß, hasst, verachtet oder einfach herabsetzt, ein Bruder des Antichristen...Ihr seid vom Antichristen besessen...Ihr beneidet sie, weil sie irdische Güter bekommen. Das ist die Wahrheit. Ihr wollt alle irdischen Güter für euch selbst. Der Antichrist ist unter euch und in euch." Mit der für ihn typischen Souveränität, der berühmten „Chuzpe", an die wir gewöhnt sind, erklärte uns Joseph Roth dann, wie ein guter Christ sein sollte, während er uns vor den Schafen warnte, die in die Irre gehen, und uns seine Richtlinien für die richtige Leitung der Kirche gab. Damit schloss er seine Demonstration ab:

„Aber die falschen Christen verachten, hassen oder verachten den Schoß ihres Heils, das heißt die Juden. Denn die Juden sind der irdische Schoß von Jesus Christus. Wer die Juden nicht schätzt, schätzt auch Jesus Christus nicht. Der Christ schätzt die Juden. Wer sie verachtet oder herabsetzt, ist kein Christ und verhöhnt Gott selbst... Wer sich aber im Namen Gottes an den Juden rächen will, als wäre er gleichsam ihr

Vertreter, der irrt und begeht eine Todsünde... Wer die Juden hasst, ist ein Heide und kein Christ. Wer zu hassen fähig ist - wer auch immer das sein mag - ist ein Heide und kein Christ. Und wer sich für einen Christen hält, weil er kein Jude ist, der ist doppelt und dreifach ein Heide, der soll aus der Gemeinschaft der Christen ausgeschlossen werden! Und wenn die Kirche ihn nicht ausschließt, wird Gott selbst ihn ausschließen[463]." Entgegen den schlimmsten antisemitischen Vorurteilen müssen wir glauben, dass Juden arme, verletzliche und harmlose Wesen sind: „Dann kam ein schwacher Mann zu mir; er war einer von denen, die heute die schwächsten Opfer der Mächtigen sind, nämlich ein Jude." Und es wäre auch gut, ihm ein wenig mehr Respekt entgegenzubringen: „Auch wir Juden hatten einmal ein Haus. Aber in unseren Büchern stand geschrieben, dass der Fremde wie ein Verwandter in unserem Haus sein sollte. Und wir alle haben dieses Gebot eingehalten. Und wir haben sie sogar an die Fremden weitergegeben, die von uns gelernt haben, dass es viel besser ist, Gastfreundschaft zu geben als sie zu genießen[464]. „Die jüdische Tradition der Gastfreundschaft ist in der Tat allen gut bekannt.

Ein paar Seiten weiter warnt Joseph Roth erneut vor der Versuchung, sich gegen die Juden zu stellen: „Gott allein hat das Recht, die Juden zu bestrafen. Aber Gott selbst hasst Menschen, die die Juden hassen... Du, Antisemit, bist die rechte Hand und der Zauberstab des Antichristen." Wir sollten auch nicht denken, dass diese Zeilen auch nur den geringsten Anflug von Stolz oder Größenwahn des jüdischen Autors enthalten. Das wäre eine antisemitische Meinung, ein Affront gegen das gesamte jüdische Volk und zudem ein schwerer Interpretationsfehler: „Die alten Juden behaupteten, das auserwählte Volk Gottes zu sein. Aber zu welchem Zweck haben sie das gesagt? Um den Erlöser, Jesus Christus, zu zeugen, der am Kreuz für alle Menschen der Welt gestorben ist. In Wirklichkeit war der Stolz der Juden Demut[465]. „Es ist wirklich eine Erleichterung, das zu lesen. Wir sind dann viel entspannter.

Man kann mit Recht annehmen, dass Joseph Roth ein bösartiges Vergnügen daran hatte, durch die Vertauschung der Rollen Verwirrung zu stiften. Denn in Wirklichkeit scheinen es die Juden und nicht die

[463]Joseph Roth, *Der Antichrist*, Ediciones Capitán Swing, Polifonías, Madrid, 2013, S. 115, 116, 186, 183, 184
[464]„Die Ausländer sind in unserem Haus wie in ihrem eigenen", erklärte Präsident François Mitterrand, der sehr wohl „umzingelt" war.
[465]Joseph Roth, *El Anticristo*, Ediciones Capitán Swing, Polifonías, Madrid, 2013, S. 212, 213, 216, 217, 182.

Antisemiten zu sein, die seiner Meinung nach den Antichristen verkörpern würden. In der Tat hat der Autor an einer Stelle des Buches eine grobe Andeutung gemacht, als er andeutete, dass der Antichrist „einen Krieg zwischen Russland und Japan organisiert" und die Angewohnheit hat, „Menschen tot zu rauben" (S. 62-63). Nun ist öffentlich bekannt, dass der Krieg Japans gegen Russland 1905 zum großen Teil von dem sehr wohlhabenden amerikanischen Geschäftsmann Jacob Schiff aus Hass auf das Zarentum finanziert wurde. Jacques Attali bestätigte die Schlüsselrolle jüdischer Finanziers in diesem Krieg: „Max Warburg und Jacob Schiff wurden dann zu Japans Hauptfinanziers. Zur großen Wut der Russen[466] unternahm Schiff sogar eine triumphale Reise zum Archipel." Das Plündern von Leichen auf Schlachtfeldern war eine jahrhundertealte Tradition der osteuropäischen Juden[467], die von den Soldaten auf dem ganzen Kontinent, die ihre schwarzen Silhouetten nach der Schlacht über die Leichen gebeugt sahen, als „Krähen" bezeichnet wurden.

Für Joseph Roth hatte dieses Werk also nicht nur einen kämpferischen Wert, der darauf abzielte, jede Spur von Antisemitismus aus den Köpfen *der Nichtjuden zu* tilgen. Sie hatte auch eine Ventilfunktion: Joseph Roth vertauschte die Rollen, um auf verschleierte Weise die Neurose des Judentums und die Versuchung einiger Juden, sich mit dem Antichristen und dem Teufel zu identifizieren, zum Ausdruck zu bringen. Interessant ist in diesem Zusammenhang, dass für Christen das Wirken des „Satans", des Widersachers, gerade darin besteht, systematisch alle etablierten Werte umzukehren. Aber für diese jüdischen Intellektuellen ist es vielleicht nur ein einfaches, leicht krankhaftes Gedankenspiel, wahrscheinlich

---

[466] Jacques Attali, *Los judíos, el mundo y el dinero*, Fondo de cultura económica, 2005, Buenos Aires, S. 378.
[Zahlreiche andere Quellen bestätigen dies: „Herr Schiff weigerte sich bei zahlreichen Gelegenheiten, sich an Krediten an Russland zu beteiligen, und nutzte seinen großen Einfluss, um Russlands Eintritt in die Geldmärkte Amerikas zu verhindern, allein wegen der Misshandlung der Juden durch die russische Regierung. Der japanische Finanzminister Bakatani behauptete, als Japan im Frühjahr 1904 in London über ein Darlehen in Höhe von 10 Millionen Pfund verhandeln wollte und Schwierigkeiten hatte, diesen Betrag aufzubringen, habe „Herr Schiff in einem einzigen Gespräch mit Herrn Takahashi angeboten, die Hälfte des benötigten Darlehens zu übernehmen". Er schloss mit der Erklärung: „Der Betrag unseres von Herrn Schiff gezeichneten Darlehens, von der ersten bis zur fünften Emission, beläuft sich auf insgesamt 39.250.000 £". Cyrus Adler, *Jacob Henry Schiff, A Biographical Sketch*, The New York American Jewish Committee, New York, 1921, S. 16, 15, zitiert in Alberto Léon Cebrián, *The Banking Revolutions*, 2017, S. 228].
[467] Hervé Ryssen, *Planetarische Hoffnungen*, (2022), (Anmerkung 817).

das Ergebnis einer schweren Neurose.

Der Schriftsteller Isaac Bashevis Singer veranschaulichte diese „teuflische" Tendenz im Judentum, die vor allem durch die sabbatianische Häresie verbreitet wurde. In *The Destruction of Kreshev (Die Zerstörung von Kreshev)* berichtet er über das Unglück einer jungen Jüdin, die unwissentlich einen scheinbar korrekten Juden geheiratet hatte, der sich jedoch in Wirklichkeit als Anhänger der Lehre von Shabtai Tzvi entpuppte:

„Obwohl der falsche Messias schon lange tot war, wurde der geheime Kult seiner Anhänger in vielen Ländern aufrechterhalten. Sie trafen sich auf Messen und Märkten, erkannten einander an geheimen Zeichen und waren so vor dem Zorn der anderen Juden sicher, die sie exkommuniziert hätten. Viele Rabbiner, Lehrer, rituelle Schlächter und andere scheinbar angesehene Leute gehörten dieser Sekte an. Einige gaben sich als Wundertäter aus und zogen von Stadt zu Stadt und verteilten Amulette, in die sie nicht den heiligen Namen Gottes, sondern unreine Namen von Hunden und bösen Geistern, Lilith und Asmodeus sowie den Namen von Schabtai Tzvi selbst eingraviert hatten. All dies taten sie mit einer solchen Gerissenheit, dass nur die Mitglieder der Bruderschaft ihre Arbeit würdigen konnten. Sie hatten große Freude daran, die Frommen zu täuschen und Böses zu verbreiten[468]." Der ketzerische Jude wurde schließlich entdeckt: „Er erklärte, wie er schon als Kind in die Reihen der Sekte des Schabtai Tzvi eingetreten war, wie er an der Seite seiner Mitjünger studiert hatte, wie er gelehrt worden war, dass ein Übermaß an Erniedrigung eine größere Heiligkeit bedeute und dass man dem Tag der Erlösung um so näher sei, je abscheulicher die Schlechtigkeit sei[469]." In einem anderen seiner Romane, *Der Sklave*, beschreibt Isaac Bashevis Singer einige sabbatistische Praktiken in einem kleinen Dorf in Polen im 17. Jahrhundert: „Zur Zeit von Sabbetai Zeví, dem falschen Messias, der später den Fez anlegte und Mohammedaner wurde, war Pilitz geteilt. Die Gemeinde exkommunizierte seine Anhänger, die ihrerseits den Rabbiner und die Ältesten öffentlich verfluchten. Die Männer beschimpften sich nicht nur gegenseitig, sondern griffen sich an. Einige Mitglieder der Sekte rissen das Dach ihrer Häuser ab, packten ihr Hab und Gut in Fässer und Stiefel und machten sich auf den Weg, um ins Land Israel zu fliehen. Andere wandten sich der Kabbala zu, versuchten, Wein aus den

---

[468]Isaac Bashevis Singer, *The Destruction of Kreshev*, 1958, Folio, 1997, S. 53, 54. Übersetzung kostenlose PDF-Version, *The Destruction of Kreshev* S. 17.
[469]Isaac Bashevis Singer, *Die Zerstörung von Kreshev*, 1958, Folio, 1997, S. 74 Kostenlose PDF-Übersetzung, *Die Zerstörung von Kreshev* S. 24.

Wänden zu ziehen oder Tauben durch die geheimnisvollen Kräfte des Buches der Schöpfung zu erschaffen. Einige gaben die Tora auf, weil sie glaubten, dass mit dem Kommen des Messias das Gesetz außer Kraft gesetzt werden würde. Andere glaubten, in der Bibel Hinweise darauf zu finden, dass der Weg der Erlösung im Bösen liegt, und sie gaben sich allen möglichen Gräueln hin. In Pilitz gab es einen Lehrer, der eine so lebhafte Phantasie besaß, dass er beim Beten mit seinem Schal und seinen Phylakterien dachte, er würde kopulieren und sogar ejakulieren. Die verfluchte Sekte hielt dies für eine so große Leistung, dass sie ihn zum Oberhaupt wählte... Sie waren nicht nur durch die Illusion vereint, dass Sabbetai Zeví zurückkehren und Jerusalem wieder aufbauen würde, sondern auch durch ihr Interesse. Sie schlossen sich zusammen, trieben Handel, begünstigten sich gegenseitig und intrigierten gegen ihre Feinde. Wenn einer von ihnen des Betrugs beschuldigt wurde, sagten seine Freunde für ihn aus und versuchten, den anderen zu belasten. Sie wurden bald reich und mächtig. In ihren Versammlungen verspotteten sie die Gerechten und bemerkten, wie leicht es sei, sie zu betrügen[470]." Die sabbatianische Lehre förderte in der Tat die Umkehrung aller etablierten Werte, einschließlich derjenigen des talmudischen Judentums. Von Gershom Scholem wissen wir, dass die Sabbatianer, obwohl sie von den Rabbinern heftig bekämpft wurden, dennoch heimlich eine herausragende Stellung in den jüdischen Gemeinden Mitteleuropas erlangt hatten und dass viele Rabbiner sogar heimlich ihre Umkehrungsriten praktizierten, die dazu aufriefen, gegen die Grundsätze der Tora zu verstoßen.

Den Sabbatismus bedeutender Rabbiner in Jerusalem, Adrianopel, Konstantinopel, Smyrna, Prag, Hamburg oder Berlin anzuerkennen, hätte bedeutet, die Integrität einer Gruppe von Männern offen zu entlarven, die immer als gelehrte und mutige Verteidiger der jüdischen Tradition galten", schrieb Scholem. Es ist nicht verwunderlich, dass Nachforschungen, die ketzerische, um nicht zu sagen zügellose Ansichten an den unerwartetsten Stellen hätten aufdecken können, instinktiv vermieden wurden... Nicht nur, dass die meisten der Familien, die Teil der sabbatanischen Bewegung in West- und Mitteleuropa waren, später innerhalb der jüdischen Gemeinschaft blieben, sondern viele ihrer Nachkommen, besonders in Österreich, stiegen im Laufe des neunzehnten Jahrhunderts in wichtige Positionen auf: renommierte Intellektuelle, große Finanziers oder hochrangige Politiker. Es war natürlich nicht zu erwarten, dass diese Persönlichkeiten bereit sein

---

[470]Isaac Bashevis Singer, *Der Sklave*, 1962, Epublibre, digitaler Verlag German25 (2014), S. 762-765 (siehe Anmerkung des Übersetzers in Anhang VI. 2).

würden, ihr „kompromittiertes" Erbe zu „entdecken". Aufgrund ihrer Stellung in der jüdischen Gemeinde ist es nicht verwunderlich, dass ihren Wünschen Gehör geschenkt wurde...Ich kann meine Meinung kaum verhehlen, dass die Bewegung viel größer war, als bisher allgemein zugegeben wurde...Die uns vorliegenden Quellen, so spärlich sie auch sein mögen, machen deutlich, dass die Zahl der sabbatianischen Rabbiner viel größer war, als allgemein angenommen wurde, größer sogar, als von Rabbi Jacob Emden geglaubt wurde, der ein glühender Gegner der Sabbatianer war und der immer der Übertreibung beschuldigt wurde[471]."

Auch wenn wir in dieser Studie nicht herausfinden können, was im Geist der Juden gerade sabbatianisch oder talmudisch ist, wäre es doch interessant, weiter zu forschen, um die Natur dieses Geistes der Umkehrung, den wir bei vielen Intellektuellen finden, besser zu verstehen. Ist er die Folge eines „bösartigen", um nicht zu sagen offen „dämonischen" Geistes, oder die Manifestation einer Neurose? Oder beides zugleich? Im Zweifelsfall akzeptieren wir vorläufig und bis zum Beweis des Gegenteils die weniger überzeugende These.

Die Projektion ihrer Schuldgefühle auf die übrige Menschheit veranlasst einige kosmopolitische Denker sogar dazu, ihre eigene Neigung zur anklagenden Umkehrung auf „Antisemiten" zu projizieren, in dem Glauben, dass sie sich damit von dieser Last befreien. Ausgehend von ihrem pathologischen Fall werfen sie ihren Gegnern dieselben psychologischen Defekte, dieselben unglaubwürdigen intellektuellen Verrenkungen vor, zu denen sie selbst fähig sind. Wir können nun Raphaël Draïs Analyse der *Protokolle der Weisen von Zion*, wie oben dargelegt, besser verstehen:

„...es ist nun angebracht, den psychopathologischen Aspekt zu betrachten" und."..die psychische Umkehrung, die durch dieses Dokument aufgedeckt wird... Der Antisemit schreibt den Juden Absichten zu, die er selbst gegen sie hegt; Absichten, die er sich nicht direkt eingestehen kann... Die psychopathologische Dimension solcher Konstruktionen muss Aufmerksamkeit erregen und erhalten... Die inszenierten Juden sind projektive Juden; das „verjudete" Bild ist charakteristisch für antisemitische Wahnvorstellungen[472]." In *Antisemitischer Hass gibt* Serge Moati seinen Lesern ein noch beredteres Zeugnis über die spezifische Psychopathologie des jüdischen Intellektuellen. Hier ist der außergewöhnliche Schluss seines

---

[471]Gershom Scholem, *Le Messianisme juif,* 1971, Calmann-Lévy, 1974, S. 142-144.
[472]Raphaël Draï, *Identité juive, identité humaine,* Armand Colin 1995, S. 390-392.

Buches, in dem der Autor, nachdem er Antisemiten aus der ganzen Welt interviewt hat, zum Ausdruck bringt, was er wirklich denkt und einen Teil seines Unterbewusstseins offenbart. Wie die anderen jüdischen Intellektuellen behauptete er trotz seiner gründlichen Recherchen, dass er die Ursachen des Antisemitismus noch immer nicht verstanden habe. Aber an diesem Punkt unserer Studie ist das nicht mehr wichtig. Hören wir ihn sprechen:

„Ich wollte in den Bauch der Bestie eindringen und bin auf das Mysterium gestoßen. Ich habe die Fakten ausgepackt, ich habe viel zugehört, ich habe versucht, das ans Licht zu bringen, was ich nicht „Gründe" zu nennen wage, und doch bleibt das Geheimnis, wie in den dunklen Initiationsgeschichten, vor mir verborgen, versiegelt, begraben, tief in den Gewissen geduckt. Das Mysterium des Antisemitismus. Ich bin mit Hass konfrontiert worden. Aber die Frage ist immer noch da, hartnäckig. Sie weiß, wie sie allen Analysen widerstehen kann... Der Antisemitismus ist wahrlich eine unheilvolle Leidenschaft, die alle Dämme der Vernunft hinwegfegt und alle, die ihr zum Opfer fallen, untergehen lässt. Von Paris bis Warschau, von Moskau bis Chicago begegnete ich immer wieder denselben verrückten Worten, die in dunklen Träumen geboren wurden. Der Antisemit sagt überall das Gleiche. Er stottert in allen Sprachen die gleiche Sprache. Der Antisemit ist von etwas besessen, das über ihn hinausgeht, und das suggeriert er auch, wenn er sagt: „Ich kann nicht anders", was fast wie eine Entschuldigung klingt. Unersättliche Suche nach dem Juden seitens des Antisemiten. Den Juden suchen, vertreiben, zusammentreiben, wüten, zurückgehen und neu anfangen, ihn sich überall vorstellen, auch dort, wo er nicht mehr ist und wo er nie war. Den Juden zu erfinden, wenn es nötig ist, wenn es ihm passt, wenn er noch dienen kann, und in Wahrheit kann er immer dienen.

Der Antisemit ist ein Hypochonder. Er erklärt, dass er die Juden satt hat, aber er isst sie, er fickt sie, er spritzt sie intravenös in den armen Mann, sonst stirbt der arme Mann, sonst existiert der arme Mann nicht mehr. Der Jude zementiert seine Identität. Für ihn gibt es ohne einen Juden keine Rettung. Nachdem er sie also getötet hat, erfindet er sie alle neu. Zum Vergnügen. Zu leben oder zu versuchen zu leben. Die Juden sind für ihn wirklich notwendig. Ich muss gestehen, dass ich während dieser Reise nahe daran war, unter demselben Übel zu leiden. Ich sah den Antisemiten überall, in meinen nächtlichen Albträumen oder in meiner Fantasie am Tag. Hinter wohlklingenden Worten, oder jenseits harmloser Anspielungen. Ich war verstimmt, ich habe schikaniert, ich habe das Unterbewusstsein anderer überwacht. Ich musste dem Ganzen ein Ende setzen. Aber jetzt wird mir nichts mehr so trivial vorkommen wie früher, denn ich habe den Alltag des Hasses erlebt. Meine und die der anderen.

Ich habe gespürt, dass das Unterbewusstsein des Antisemiten überläuft und Ausbrüche hat, die ihn zum Taumeln bringen. Der Antisemit zögert, und das Böse, das von ihm ausgeht, übersteigt ihn ins Unendliche. Nichts stillt seinen Hunger und Durst, seine Wut und seinen Hass. Es zieht ihn mit in sein verrücktes Karussell. Er ist ihr Sklave für immer, angekettet und gefangen...

Sie haben, weil ich ihm auch begegnet bin, den nie gesättigten Hass einiger „aufgeklärter" Menschen gehört, der nicht als Folklore durchgehen würde, wenn uns die Geschichte nicht gelehrt hätte, gegenüber Verrückten und ihren Wahnvorstellungen äußerst misstrauisch zu sein... Ich wollte ihn näher sehen, von Angesicht zu Angesicht, den, der mich hasst. Und ich hatte Angst. Nicht von den schwarzen Vögeln, die vorbeifliegen, sondern von dem Spiegelbild unserer gemeinsamen Menschlichkeit in ihren Gesichtern. Als ob der Antisemit jenseits des Mordes, den er phantasiert oder schon begangen hat, den er fürchtet oder begehrt, jenseits des Spiegels, der ihn näher gebracht hat, ein Bruder war und ist, trotz allem, ja, ein gebrochener und verwundeter Bruder... der Henker weinte und es war wieder meine Schuld, immer meine Schuld. Er erzählte mir von seinem Hass und ich hörte seine Klage. Der Henker schluchzte an meiner Schulter und schien mir mit seiner grausamen und traurigen Kinderstimme zu sagen:"...Lass mich dich töten, ich muss leben. Ich habe keine Erinnerung, Sie haben eine. Ich weiß nicht, wer ich bin, während Sie die älteste Identität der Welt haben. Ich hasse dein Gedächtnis, ich hasse deine Erinnerungen, ich hasse deinen Gott und den Schein, den er dir gegeben hat... Ich hasse dich, weil du mir die Luft wegnimmst. Weil du so viel genießt und ich so wenig genieße. Hey Jude, liebe mich, ich will dich töten. Segne mich dafür, dass ich dich töten wollte. Liebe mich, und mach mich zu dir. Gib mir diese Welt, die mir verwehrt ist. Jude, Jude, gib mir die Welt." Verrückt war ich! Das war die lange Klage, die ich hörte, dieser dunkle Schrei, der aus den Ursprüngen kam, eine Angst, die so uralt und irrational, so kindisch und gleichsam so dumm, so ungeheuerlich dumm war. Ich habe heute den Antisemiten gehört. Ich habe keine Angst mehr vor ihm. Ich kenne seine Schwäche... Ich habe Mitleid mit ihm, ja, das gleiche Mitleid wie mit den schwachen Kranken, aber das ist kein Grund, ihn nicht zu bekämpfen. Mit all unserer Kraft. Zu Recht. Und das Unterbewusstsein. Mit Bildung, mit

staatsbürgerlichem und moralischem Fortschritt, sicherlich...
Ich wollte schon immer in den Bauch der Bestie eindringen. Ich habe es getan. Am Ende dieser fast initiatorischen Reise sind meine Hände voller Blut. Zwischen den Eingeweiden, versteckt und verborgen, befand sich ein sehr schmutziger Spiegel. Ich wischte den Spiegel mit meinem Speichel ab. Und ich erschauderte: Das Gesicht, das ich in der Mitte der Dunkelheit, am Ende des Bösen, erblickte, war meines. Ich sah mich selbst im Herzen des Traums der Bestie. Er ernährte sich von meinem Gesicht, würgte es hoch, verschlang es. Als ich das Monster zerstörte, zerbrach ich den Spiegel. Mein Gesicht war kaputt. Ein neues Gesicht wird geboren werden. Eines Tages. Enigma. Mysterium in Form einer vorläufigen Schlussfolgerung. Enigma. Wie eine jüdische Geschichte, so wurde mir gesagt." Die pathologische Dimension ist hier sehr deutlich spürbar, und Serge Moati machte am Ende des Textes auch ein sehr interessantes Geständnis, als er erklärte, dass er in diesem Spiegel, den er in den Eingeweiden der „Bestie" fand, sein Gesicht sah und nicht das des Antisemiten. Wir laden den Leser nun ein, diesen Text erneut zu lesen, wobei wir diesmal die Begriffe „Juden" und „Antisemiten" austauschen, um das Problem zu verstehen, mit dem wir konfrontiert sind.

Wir lassen Sie einen Moment allein, bevor wir fortfahren...
Na und, ist das nicht erstaunlich und überwältigend? Der letzte Schluss des Buches von Serge Moati entsprach einer abrupten Erholung nach dem Delirium, in das er sich unvorsichtigerweise begeben hatte. Der messianische Jude erholte sich schließlich und bekräftigte seine ewige Mission, die jedoch offensichtlich zu schwer für solch zerbrechliche Gemüter war:
„Heute empfinde ich ein starkes Gefühl des Stolzes, einem einzigartigen Volk anzugehören, das ich liebe und respektiere. In ihrer Vielfalt und ihrer Zerstreuung, in ihren Missgeschicken, in ihrer Hartnäckigkeit und in ihren Hoffnungen. Ein Volk, mein Volk, das der Menschheit in ihrem prekären Kampf miteinander und mit Gott so sehr ähnelt... Mein Volk, das wie ich in seine Mission verstrickt ist, die zu schwer für es ist, ist mutig und eigenwillig. Ich liebe meine Leute, hier und überall. Ich liebe und verteidige sie. Hier, in Israel, überall. Das stimmt, die Nähe des Antisemiten hat meine eigene Identität nur gestärkt. Sein Hass hat mir geholfen, und ich gebe ihn zurück: Er riecht nach Tod, und ich liebe Liebe Liebe Liebe. Ich danke dir, mein Vater, dass ich als Jude geboren wurde... Morgen werde ich nicht mehr zufällig Jude sein. Ich habe die Dämonen herausgefordert und bekämpft, und

ich will sie immer wieder besiegen. Ich habe einen hebräischen Namen, den mir mein Vater gegeben hat: Haïm, das bedeutet Leben. Es bedeutet auch „Sieg". Victor ist der Name meines Sohnes. Victory[473]..."

Die jüdische Besessenheit

Der jüdische Intellektuelle scheint buchstäblich von seiner jüdischen Identität besessen zu sein, und die Emanzipation der europäischen Juden im 19. Jahrhundert hat keine wirkliche Lösung gebracht, denn die Juden scheinen immer zwischen den beiden vollkommen antinomischen Optionen einer echten Integration in die europäische Gesellschaft und der Treue zum Judentum zu schwanken.

Zu diesem Phänomen ist es vielleicht interessant, die Philosophin Hannah Arendt zu zitieren, die 1951 über jene mitteleuropäischen Juden schrieb, die Ende des 19. Jahrhunderts ihre Schtetl verlassen hatten, um in Wien und Berlin zu leben, bevor sie sich in Paris oder New York niederließen: „Das Ergebnis war, dass ihr Privatleben, ihre Entscheidungen und Gefühle zum Zentrum ihres „Jüdischseins" wurden. Und je mehr die Tatsache der jüdischen Geburt ihre religiöse, nationale und sozioökonomische Bedeutung verlor, desto obsessiver wurde das Jüdischsein; Juden waren davon besessen, wie man von einem körperlichen Defekt oder Vorteil besessen sein kann, und ihr ergeben, wie man einem Laster ergeben sein kann[474]." Der Wiener

[473]Serge Moati, *La Haine antisémite*, Flammarion, 1991, S. 228-232.

[474]Hannah Arendt, *Los orígenes del totalitarismo*, Taurus-Santillana, 1998, Madrid, S. 88. [Die Säkularisierung bestimmte also schließlich jenes für die Psychologie des modernen Judentums so entscheidende Paradoxon, wonach die jüdische Assimilation in ihrer Liquidierung des nationalen Bewusstseins, in ihrer Verwandlung von einer nationalen Religion in eine konfessionelle Konfession und in ihrer Art, auf das nationale Bewusstsein zu reagieren, besteht, in ihrer Verwandlung von einer nationalen Religion in eine konfessionelle Glaubensgemeinschaft und in ihrer Art, auf die kalten und zweideutigen Forderungen von Staat und Gesellschaft mit ebenso zweideutigen Mitteln und psychologischen Tricks zu antworten - einen sehr realen jüdischen Chauvinismus hervorgebracht hat, wenn man unter Chauvinismus jenen pervertierten Nationalismus versteht, in dem „der Einzelne selbst das ist, was er verehrt"; das Individuum ist sein eigenes Ideal und sogar sein eigenes Idol". Dort, wo Juden unter den zweideutigen Bedingungen von Gesellschaft und Staat in West- und Mitteleuropa erzogen, säkularisiert und assimiliert wurden, verloren sie jenes Maß an politischer Verantwortung, das ihre Herkunft mit sich brachte und das jüdische Honoratioren immer empfunden hatten, wenn auch in Form von Privilegien und Herrschaft. Jüdische Herkunft, ohne religiöse und politische Konnotationen, wurde überall zu einer psychologischen Eigenschaft, wurde zum „Jüdischsein" und konnte von da an nur noch in den Kategorien von Tugend oder Laster betrachtet werden. „In *Die Ursprünge des Totalitarismus, Antisemitismus*, S. 81, 88].

Romancier Arthur Schnitzler hat zu Beginn des 20. Jahrhunderts den rätselhaften und zwanghaften Charakter der „Judenfrage", die ihn quälte, sehr gut beschrieben: „Ein Jude, schrieb er, konnte nicht vergessen, dass er Jude war, besonders wenn er ein öffentlicher Mann war, denn die anderen vergaßen es nicht, weder die Christen, noch, noch weniger, die Juden. Es blieb nichts anderes übrig, als als unsensibel, überheblich und arrogant oder als empfindlich, ängstlich und dem Verfolgungswahn verfallen zu gelten. „Sein Biograph Jacques Le Rider schrieb über den Schriftsteller: „Die Lektüre von Schnitzlers monumentalem intimen Tagebuch, das er von seiner Jugend bis 1931 geschrieben hat, zeigt, wie er seine jüdische Identität in seinem Kopf umkrempelte, eine Übung, die er unendlich oft wiederholte[475]." Der Fall von Franz Kafka war ganz ähnlich. So schrieb Laurent Cohen über ihn, der diese dem Judentum eigene „Krankheit" feststellte: „Kafka erscheint uns nicht mehr als „klassischer" Fall eines kranken Juden, sondern im Gegenteil als ein Mann, der von der Suche nach Identität besessen ist. „Er hasste sich nicht dafür, dass er Jude war, sondern dafür, dass er nicht jüdisch genug war", schrieb der hervorragende Biograph Ernst Pawel zu Recht... Er glaubte einfach nicht, dass die Assimilation den Juden mehr als eine dünne Fassade bieten könnte, unter der sie auf Teufel komm raus sie selbst bleiben würden. Kafka „konnte sich nicht an den Gedanken gewöhnen", „in das neurotische Spiel der Assimilation verwickelt zu werden". Kafka ist, wie viele Juden, „definitiv ein Gefangener seiner Identität", schrieb Laurent Cohen. „Wie konnte er als Befürworter des kollektivistischen zionistischen Unternehmens 1923 einen so deprimierenden Text wie *Das Werk* schreiben? Wenn wir uns ihr nähern, sind wir erschrocken über einen solchen paranoiden Kult der Einfriedung[476]. „Dies ist eine weitere Bestätigung für eine gewisse Paranoia, die für das Judentum sehr spezifisch ist.

Für die französischen Juden der *Belle Époque* hinterließ der Schriftsteller Marcel Proust ein Gesellschaftsporträt, das zwei emblematische Figuren zeigt, die von diesen beiden Identitätsalternativen gequält werden. Leon Poliakov schrieb dazu in seiner *Geschichte der jüdischen Identitätskrisen*: „Die Doppelfigur von Charles Swann und Albert Bloch ist ein Beispiel für die beiden Seiten: Swann, ein Mann mit gutem Geschmack, ein Gelehrter, ein Freund des Prinzen von Wales, der alle Spuren semitischer Zugehörigkeit in sich getilgt hatte, sympathisierte am Ende seines Lebens mit den Juden,

---

[475]Jacques Le Rider, *Arthur Schnitzler*, Belin, 2003, S. 202, 203

[476]Laurent Cohen, *Variations autour de K*, Intertextes, Paris, 1991, S. 15, 47, 50, 132.

wurde ein überzeugter *Dreyfusard477* und ähnelte „einem alten Hebräer". „Albert Bloch hingegen ist ein „pedantischer junger Jude, der mit allen Mitteln seine Eingliederung in die bessere Gesellschaft sucht", und, wie Proust ihn beschrieb, „ein schlecht erzogener, neurotischer, snobistischer[478]."

Mit dem triumphalen Globalismus des späten zweiten Jahrtausends schien sich das von vielen Juden so lange erwartete messianische Zeitalter anzubahnen: Die Grenzen verschwanden, die verhassten weißen Völker lösten sich auf, und die gesamte westliche Welt schien endlich „befriedet" zu sein. Auch wenn einige jüdische Intellektuelle oder Finanziers fest daran glaubten, dass „diese Zeit die gute sein würde", war doch zu erwarten, dass die Ankunft des *Messias* nicht alle Gemüter beruhigen würde.

Der Romanautor Philip Roth hat diese Besessenheit durch eine seiner Figuren zum Ausdruck gebracht, die nicht umblättern und „dieses Thema" vergessen konnte:

„Kurzum, George, er hielt mir einen Vortrag über das Thema, von dem ich mich nicht erinnern kann, dass es mich wie ein Schatten von der Wiege bis zur Bahre verfolgte; das Thema, von dem ich immer das Gefühl hatte, dass man es für einen anderen Tag aufheben könnte; das Thema, mit dessen hartnäckiger Einmischung in alle großen und kleinen Angelegenheiten man nicht immer umzugehen wusste; das invasive, allgegenwärtige, nagende Thema, in dem sich das schwerwiegendste Problem und die erschütterndste Erfahrung meines Lebens verbargen und das sich trotz aller ehrenwerten Versuche, sich seinem Bann zu entziehen, nun als die irrationale Kraft erwies, die mein Leben bis zu diesem Punkt getrieben hatte; das Thema, das, nach dem zu urteilen, was ich hörte, auch nicht ausschließlich als meines betrachtet werden konnte...Das Thema, das auf den Namen *Jude479* hört." Die jüdische Besessenheit kommt hier perfekt in dem zum Ausdruck, was für einen Intellektuellen neurotisch ist. Das Problem liegt darin, dass viele Juden genau solche „Intellektuellen" sind, weil dem Studium im Judentum traditionell große Bedeutung beigemessen wird, vor allem dem Studium der Thora und des Talmuds[480]. In diesem

[477]Unterstützer von Hauptmann Alfred Dreyfus (siehe Anmerkung 174). (NdT).

[478]Léon Poliakov, *Histoires des crises d'identité juives*, Austral, 1994, S. 83.

[479]Philip Roth, *Operation Shylock*, Debolsillo Penguin Random House, Barcelona, 2005, S. 149.

[480]„... neun Stunden pro Tag maschinelles Lernen von Dreijährigen in den Khéider verlangt. „ (Mark Zborowski, *Olam*, 1952, Plon, 1992, S. 15). Die Kheider sind die traditionellen Grundschulen, deren Ziel es ist, den Kindern die Grundlagen des

Sinne kann man mit Fug und Recht behaupten, dass die Juden „das Volk des Buches" sind, oder vielmehr „der Bücher": der Thora, des Talmuds und des Zohar.

Der Philosoph Jacob Talmon erwähnte ebenfalls die Besessenheit des jüdischen Intellektuellen: „Sein schmerzhaftes und zwanghaftes Selbstbewusstsein steht zwischen ihm und der Welt[481]", schrieb er.

In einem Vortrag am 14. März 2005 kam der einflussreiche Pressedirektor Alexandre Adler zu demselben Schluss: „Das Judentum ist eine sehr komplizierte Sache, und gleichzeitig ist es von Zeit zu Zeit eine Zwangsneurose[482]." Ein anderer herausragender französischer Intellektueller, Edgar Morin, zeichnete in der Tageszeitung *Libération* vom 13. Mai 2004 ein ähnlich gespaltenes Bild seiner Identität: „Französisch, mediterran, jüdisch, universalistisch, europäisch, säkular... Dies sind meine konzentrischen Identitäten", schrieb er. Der in Paris in einer jüdischen Emigrantenfamilie geborene Soziologe der sephardischen Kultur (sein Vater Vidal Nahoum war ein Marrano aus Thessaloniki) fühlt sich auch als geistiger Sohn Spinozas, „weil dieser die Idee eines auserwählten Volkes ablehnte". Deshalb stellt er sich selbst ein wenig an den Rand der Gemeinschaft und erklärt neugierig, dass er „ein nicht-jüdischer Jude, ein nicht-jüdischer Jude" ist. „Wie Sie sehen, ist es gar nicht so einfach, Jude zu sein.

Die Liste wäre sehr lang, wenn wir alle erschütternden Zeugnisse jüdischer Intellektueller veröffentlichen würden. Bernard-Henri Levy selbst, der Mann, der sich im Fernsehen präsentiert, konnte seine „jüdische Besessenheit" nicht ganz verbergen. Er leugnete auch nicht, dass einige jüdische Intellektuelle angesichts einer solchen Last der Versuchung erliegen könnten, sich zu verweigern.

Albert Cohens Roman „*Bella del Señor*" war für ihn symptomatisch für diese Ambivalenz des Diaspora-Judentums. Man kann das Buch, so Levy, „als eine Allegorie des Judentums im Westen" lesen: „Die Leser des Buches werden sich sicher an die außergewöhnliche Szene erinnern...in dem wir den Fürsten der Vornehmheit, Solal den Prächtigen, den Großherzog des SDN [Völkerbundes], sehen, wie er mit den Größten auf Augenhöhe spricht und gleichzeitig in seinem Keller eine Art „Wunderhof"[483] „aus skrupellosen, kränklichen, geächteten Juden, die in der Welt, in der er

---

Judentums und des Hebräischen zu vermitteln.

[481]J.-L. Talmon, *Destin d'Israël*, 1965, Calmann-Lévy, 1967, S. 15.

[482]http://www.beit-haverim.com/anoter/ConfAdler0305.htm

[483]*La cour des Miracles*: Französischer Ausdruck für die Slums und Elendsviertel im Paris des früheren Regimes.

einer der Könige ist, nicht vertreten sind und die er nachts heimlich besuchen muss, hegt und pflegt." Doch indem er sich von seinem Volk abwandte, kehrte Solal dem Gesetz den Rücken. Indem er seine Figur in den Selbstmord trieb, erklärte Bernard-Henri Levy, wollte Albert Cohen andeuten, dass „Israel niemals mit dem christlichen Westen versöhnt werden wird. „Albert Cohens Roman", so der Philosoph, „zeigt die Versuchung, sich zu verleugnen, die Versuchung, wie Solal an einer Stelle sagt, mit den Christen „herumzualbern" und christlicher zu sein als die Christen... Man kann diesen Roman als den großen Roman des zeitgenössischen Neomarranismus lesen, so Levy weiter, den großen Roman, der das Leiden des Neomarraners verkündet: außen *Nichtjude*, innen Jude, der tagsüber in der Welt lebt und nachts in sein inneres Ghetto zurückkehrt[484]." Und vergessen wir nicht, dass Bernard-Henri Lévy sich an anderer Stelle in seinen Werken als „Franzose" bezeichnete, französischer als er selbst, unmöglich! Erinnern wir uns an seine Antwort an Raymond Aron aus dem Jahr 1981, der sich darüber aufregte, dass Lévy sich seitenweise und auf empörende Weise über Frankreich und die französische Kultur auskotzte: „Sie haben mich sicher zu gut gelesen, um zu ignorieren, dass ich als Franzose und als Franzose, wie jeder andere französische Philosoph, diese Forschung über das schwarze Frankreich riskiert habe[485]." Kurz gesagt, es ist sehr praktisch, Jude zu sein. „Ich bin Jude, wenn ich Lust dazu habe[486]", sagte der ehemalige sozialistische Minister Bernard Kouchner. So können sie sich für alles Abweichende, Dissidente und Abtrünnige entschuldigen und dann über Diskriminierung klagen, wenn sie auf frischer Tat ertappt werden.

Symptome des Wahnsinns

Die jüdische Neurose ist zum Beispiel in dem Roman *Ein Jude auf der Flucht* von Laurent Sagalovitch sehr deutlich. Die Zeitung *Le Monde* vom 2. September 2005 hat den Roman rezensiert und dabei den pathologischen und tragischen Charakter des Lebens des Helden hervorgehoben, der dem des Autors sehr ähnlich ist: Er will „weit weggehen. Weit weg von was? Weg von hier. Aus diesem muffigen Frankreich, das ihn langweilt und das er zutiefst verabscheut. Genau

---

[484]Bernard-Henri Lévy, *Récidives*, Grasset, 2004, S. 397, 391

[485]Bernard-Henri Lévy, *Questions de principe, deux*, Grasset, 1986, S. 306. Siehe auch in Hervé Ryssen, *Les Expectations planetariennes*, (2022).

[486]Daniel Cohn-Bendit, Bernard Kouchner, *Quand tu seras président*, Robert Laffont, 2004, S. 347.

wie Simon Sagalovitch, die Figur in seinem neuesten Roman." Simon ist 31 Jahre alt. „Seine neurotische Schwester schläft mit einem Nichtjuden, der ein ziemlicher Idiot ist. „Während des *Pessachessens* verkündet Simon seinen Eltern, dass er beschlossen hat, Frankreich zu verlassen und nach Kanada zu ziehen: „Dieses Land ist zu klein, zu kleinlich, zu gemein, zu egoistisch". „Also gut, Simon, *Mazal tov,* raus aus diesem „schimmeligen" Frankreich!

Seiner Freundin, die sich ein Kind von ihm wünscht, sagt er: „Warum willst du meinen Samen, der offensichtliche Anzeichen eines traumatischen Leidens aufweist und der laut meinem Psychoanalytiker auf eine metaphysische Unvereinbarkeit mit dem Universum zurückzuführen ist, ganz zu schweigen von Gottes Schweigen während des Holocausts und der aktuellen nuklearen Bedrohung durch Nordkorea, Iran, Syrien und Pakistan? Wie soll ich ein Kind zeugen, das entweder autistisch, manisch-depressiv, hyperaktiv, vegetativ, idiotisch und ungebildet sein wird? einen Sohn, der eines Tages zu mir kommt und sagt: „Papa, ich habe dich sehr lieb, aber du gehst mir auf die Nerven! „

Simon Sagalovitch lässt sich schließlich in Kanada nieder. „Aber dann schlägt die Langeweile wieder zu. Und die ewige Frage: Wieder weggehen, aber wohin? Ohne es zu merken, hatte ich mir den Fluch des wandernden Juden zugezogen, der sich nirgendwo wohlfühlt und immer auf der Suche nach einem Paradies ist, das es nur in Kinderbüchern gibt." Die lobenden Kommentare, die wir im Internet lesen konnten, betonten eher die Lächerlichkeit der Geschichte: „Die Reise des Hypochonders Sagalovitch nach Vancouver verspricht Liebhabern von jüdischen Geschichten, Familienneurosen, Fußball, Whisky oder Lorazepam einen der leckersten Cocktails der neuen Literatursaison. „Der Held „trägt seine Nostalgie für die große Fußballmannschaft Saint-Étienne Greens, sein Misstrauen gegenüber den Gojim, sein starkes Gefühl der Unangepasstheit und eine jubelnde Bösgläubigkeit mit sich. Kaum ist er in Kanada gelandet, trifft er sich mit einer holländischen Schönheit (optimistisch, entspannt und ein starker Cannabisraucher). Mit ihr wird er den Charme der liberalen, aber hygienischen Gesellschaft der Stadt Vancouver entdecken." Es stimmt, dass Juden, obwohl sie dazu neigen, „den Gojim zu misstrauen", die „holländischen Schönheiten" zu schätzen wissen, und wie wir in Film und Literatur gesehen haben, ist das Einzige, was Juden an den europäischen Völkern wirklich zu schätzen scheinen, die Schönheit ihrer Frauen. Aber selbst in diesem Bereich scheint es Juden schwer zu fallen, sich von ihrem Jüdischsein zu lösen. So schrieb der gefeierte Schriftsteller Philip Roth in *Operation Shylock*:

„Ich selbst war mit einem Mädchen zusammen, das mit einem Juden verheiratet war. Die antisemitischsten Menschen der Welt sind diejenigen, die mit einem Juden oder einer Jüdin verheiratet waren. Sie sagen alle das Gleiche: Sie sind ein Haufen von Dummköpfen. Ich kenne ein Mädchen, das acht oder neun Jahre lang mit einem Juden zusammenlebte. In all der Zeit hatten sie nie mehr als fünfzehn oder sechzehn gute Ficks, weil der Typ sich nie genug entspannte. Er war immer so besessen von seinem Jüdischsein, dass er sich eine *Schickse* suchen musste, die er nach Herzenslust ficken konnte. Ganz zu schweigen von der Art und Weise, wie seine Eltern sie behandelten, als wäre sie ein frisch geschissenes Stück Scheiße. Die Mutter, die sie geboren hat, die vielen Probleme, die Juden haben. Sie tun nichts anderes als zu jammern[487]."

Auch die *Nouvel Observateur-Journalistin* Colette Mainguy schien nicht ganz zurechnungsfähig zu sein, wenn man bedenkt, was sie auf den Umschlag ihres Romans *Die Jüdin* (2001) schrieb: „Ich habe mein Jüdischsein nach fünf Jahren Psychoanalyse wiederentdeckt. Seit langem hatte ich wiederkehrende germanische Träume. Die Deutschen sind hinter mir her. Sie schießen mit Maschinengewehren auf mich und dann sterbe ich unter einer Plane in einem Lastwagen, der durch den Vercors fährt. Ich werde bei den Razzien gegen Juden verhaftet; ich mache meiner Mutter Vorwürfe, weil sie mich in einem Lager zurückgelassen hat; ich bin Journalist und berichte über das Leben im Ghetto, bevor sie mich dort einsperren; ich gebe den Nazis Fellatio und die Gestapo klopft an meine Tür. Ich laufe immer weg. Meine Verstecke sind immer dunkle Keller, schäbige Kleiderschränke oder furchterregende Labyrinthe; eines Nachts treffe ich auf meine Schwester Beth. Sie ist die Leiterin der Gestapo in einem Konzentrationslager. „Offenbar haben die fünf Jahre Psychoanalyse nicht ausgereicht, um das Böse auszutreiben.

In der Presse war auch der pathologische Fall von Philippe Zamour, 41, seit 10 Jahren Richter, zu lesen, der während einer Gerichtsverhandlung in Angoulême (Charente) beim Masturbieren erwischt worden war. Der Mann wurde verhaftet, von seinem Posten suspendiert und wegen „sexuellen Exhibitionismus" angeklagt. Vor diesem Vorfall war Philippe Zamour bereits in therapeutischer Behandlung, da er als Frau verkleidet einkaufen ging oder in den

---

[487]Philip Roth, *Operation Shylock*, Debolsillo Penguin Random House, Barcelona, 2005, S. 296.

Gängen des Gerichtsgebäudes Johny Hallyday imitierte[488]. Laut Reuters wurde Zamour am 28. September 2005 aus medizinischen Gründen entlassen, und der Richter wurde von Psychiatern für unverantwortlich erklärt, die bei ihm nichts anderes als „Schizophrenie" diagnostizierten. Unter diesen Umständen war der Oberste Justizrat der Ansicht, dass es nicht möglich war, den Angeklagten zu bestrafen.

Dieses Beispiel ist zwar sehr anekdotisch, aber wir können dennoch davon ausgehen, dass es ein sehr reales Phänomen widerspiegelt. Noch erstaunlicher ist, dass unseres Wissens nach keine wirklich umfassende Forschung über die spezifischen Pathologien der jüdischen Identität durchgeführt und veröffentlicht wurde, keine seriöse Studie für die breite Öffentlichkeit zugänglich ist. Das „Problem" ist jedoch die Statur, nach dem zu urteilen, was wir anderswo über andere Persönlichkeiten lesen konnten.

Auch der Schriftsteller Joseph Roth war unmittelbar von der jüdischen Neurose betroffen, da seine eigene Frau unter schweren psychischen Problemen litt. Sogar ein chassidischer Wunder-Rabbi versuchte vergeblich, sie zu heilen: „Er selbst, Joseph Roth, ein aufgeklärter, agnostischer Jude, konsultierte vor seinem (tatsächlichen oder fiktiven) Übertritt zum Katholizismus einen Wunder-"Rabbi" für seine Frau Friedl, die an Schizophrenie litt, mit tödlichem Ausgang[489]."
Elie Wiesel stand dem jiddischen Schriftsteller Isaac Bashevis Singer sehr kritisch gegenüber. Wahrscheinlich, weil dieser den Nobelpreis für Literatur erhielt und eine herausragende Stellung innehatte, um die ihn Elie Wiesel insgeheim beneidete: „Er mochte mich nicht", schrieb Wiesel in seinen *Memoiren*, „und warum sollte ich das nicht zugeben, es beruhte auf Gegenseitigkeit. „Elie Wiesel warf Bashevis auch vor, „das Bild des osteuropäischen Juden zu verzerren", und beklagte, „dass seine Helden oft hässlich, moralisch verrückt, charmant, aber gestört,

---

[488]Berühmter französischer Rocker. Idol der Generationen. Seit Beginn seiner Karriere gilt er in der französischsprachigen Welt als Ikone. Für manche ist er das französische Pendant zu Elvis Presley.
[489]Joseph Roth, *Juifs en errance*, 1927, Senil, 1986, S. 29. [„Für die Chassidim ist der wundertätige Rabbi der Vermittler zwischen Mensch und Gott. Aufgeklärte Juden brauchen keinen Vermittler. Sie halten es sogar für eine Sünde, an eine irdische Macht zu glauben, die in der Lage wäre, Gottes Entscheidungen vorwegzunehmen... Dennoch können sich viele Juden, auch wenn sie nicht chassidisch sind, der wundersamen Atmosphäre, die einen Rabbiner umgibt, nicht entziehen, und zwar so sehr, dass es ungläubige Juden gibt, die sich in schwierigen Situationen an den Rabbiner wenden, um Trost und Hilfe zu finden. „Joseph Roth, *Judíos errantes*, Acantilado 164, Barcelona, 2008, S. 46].

weise, aber pervers waren. Ist es möglich, dass polnische Juden alle sexbesessen waren? Ist es denkbar, dass ein Rabbi, der Gott und seinem Gesetz treu ergeben ist, nur in der Nacht von Jom Kippur daran denkt, Ehebruch zu begehen[490] ?"

Aber Isaac Bashevis Singer wird von seiner Gemeinde nicht als einer jener Juden abgestempelt, die unter „Selbsthass" leiden, und vielleicht hat er einfach realistisch beschrieben, was er gesehen hat.

Irène Némirovsky ist eine bekannte französische Schriftstellerin, die posthum mit dem Renaudot-Preis ausgezeichnet wurde. Sie wurde 1903 in Kiew als Tochter einer Bankiersfamilie geboren. In ihrem Roman *Die Hunde und die Wölfe*, der teilweise eine Autobiografie zu sein schien, beschrieb sie eine ukrainisch-jüdische Familie, die sich nach dem Ersten Weltkrieg in Frankreich niederließ. Harry Sinner, der Sohn des Bankiers, sollte eine Französin heiraten: Laurence Delarcher, die aus der alten Bankiersfamilie Delarcher stammt. Er war, schrieb Irene Nemirovsky, „der jüdische Typ". Zerbrechlich, intelligent und traurig. Kann er diese rosigen, blonden Mädchen mögen?" Indem er seinen Onkeln ähnelte, die die Bank leiteten und die wie er waren, „Männer von kleiner Statur, öligem Teint, scharfen Gesichtszügen und unruhigen Augen." Für Harry Sinner, „wie für alle Juden... skandalisierten die spezifischen Mängel seiner Rasse ihn in einer viel ausgeprägteren und schmerzhafteren Weise als die Christen. Und diese hartnäckige Energie, dieses fast wilde Bedürfnis, das zu bekommen, was man wollte, diese blinde Missachtung dessen, was andere denken könnten, all das wurde in seiner Vorstellung unter einem Etikett zusammengefasst: „jüdische Frechheit". „Er war gezeichnet vom Fluch einer Rasse, die nicht stillhalten konnte und endlos und vergeblich versucht, stärker zu sein als Gott selbst[491]."

Ada, eine kleine, aber weniger wohlhabende Jüdin aus seiner Sippe, war in ihn verliebt. Ihr Mann Ben bekam daraufhin einen verständlichen Anfall von Eifersucht. Das Schweigen musste gebrochen werden: „Seine Wut entlud sich in Flüchen, Beleidigungen, Schreien... Die Sätze kamen aus seinem Mund in einer Mischung aus Jiddisch und Russisch. Harry konnte sie kaum verstehen, und für ihn hatten diese Flüche, diese Ausbrüche, dieses Brüllen des Hasses etwas Abstoßendes und Groteskes an sich. In diesem Moment erinnerte er sich an den Abscheu auf Laurence' Gesicht, als er ihn hysterisch genannt hatte. Die Raserei, das Gebrüll, die rauschenden Beschwörungen eines

---

[490]Elie Wiesel, *Mémoires, Tome I*, Seuil, 1994, S. 462, 463.

[491]Irène Némirovsky, *Los perros y los lobos*, Ediciones Salamandra, 2016, Barcelona, S. 94, 114, 130, 122

rächenden Gottes waren wie aus einer anderen Welt.

- Mögest du vor mir sterben! - heulte Ben - Möge dein Leichnam in Stücke gerissen werden! Mögest du keine Ruhe finden, keinen Schlaf, keinen friedlichen Tod! Mögen deine Nachkommen verflucht sein! Verdammt seien deine Kinder!

- Seien Sie still! - Harry rief vehement: „Wir sind hier nicht in einem ukrainischen Ghetto!

- Wenn du nur wüsstest, wie sehr ich dich hasse...! Du siehst auf uns herab, du verachtest uns, du willst nichts mit dem jüdischen Pöbel zu tun haben[492]!"

Wutausbrüche sind immer wieder beeindruckend in dieser Gemeinschaft, in der psychische Störungen offensichtlich häufiger vorkommen, als man denkt. Über Irène Némirovsky selbst schrieb Pierre Birnbaum: „Ihr Umherschweifen bezeichnet ihre völlige Unordnung, ja ihre Neurose, ihre ständige Unruhe, die ihre Fremdartigkeit noch mehr betont[493]." Franz Kafka war sich dieser spezifischen Neurose des jüdischen Intellektuellen durchaus bewusst. Viele Juden, die ihr *Schtetl* verlassen hatten, um sich in Wien niederzulassen, hatten beschlossen, zum Katholizismus zu konvertieren, um sich von dieser Tyrannei zu befreien. Doch die Bekehrung beruhigte ihre gequälten Geister nicht: Sie mussten auf die nächste Generation warten. Kafka schrieb eines Tages an seine Freunde Brod und Welsch: „Aber welch grässliche jüdische Kräfte regen sich, bis sie im Inneren eines getauften Juden platzen. Sie beruhigen sich nur in den christlichen Kindern der christlichen Mutter[494] und lösen sich auf." Bereits 1886 hatte Edward Drumont in seinem berühmten Buch über die jüdische Gemeinde in Frankreich auf dieses besondere Problem der Kinder Israels hingewiesen, die aus den Ghettos Mitteleuropas nach Frankreich zu strömen begannen: „Neurose, das ist die unerbittliche Krankheit der Juden", schrieb Drumont. In diesem lange verfolgten Volk, das immer in ständiger Angst und unaufhörlichen Verschwörungen lebte, dann vom Fieber der Spekulation geschüttelt wurde und nur zerebrale Berufe ausübte, hat sich das Nervensystem schließlich völlig verändert. In Preußen ist der Anteil der entfremdeten Menschen unter den Israeliten viel größer als unter den Katholiken." Der amerikanische Schriftsteller Philip Roth

---

[492]Irène Némirovsky, *Die Hunde und die Wölfe*, Ediciones Salamandra, 2016, Barcelona S. 159, 160

[493]Pierre Birnbaum, *Un Mythe politique: la république juive*, Fayard, 1988, S. 134.

[494]Laurent Cohen, *Variations autour de K...*, Intertextes éditeur, Paris, 1991, S. 49.

drückte die jüdische Neurose sehr anschaulich aus, immer durch seine grausamen Figuren: „Denn er ist ein verwöhnter jüdischer Junge. Der verwöhnte jüdische Freund der nicht minder verwöhnten *Schickse*. Ein wildes, hysterisches Tier, das ist er. Und das ist es, was ich bin. Das ist es, was wir beide sind[495]", schrieb er.

Offenbar muss der Schriftsteller „einige Monate zuvor einen schrecklichen Nervenzusammenbruch" erlitten haben, der ihn „in einem Moment extremer Verwirrung zu der Frage führte, ob er wirklich... an einer jener halluzinatorischen Episoden leidet, deren völlige Wahrhaftigkeit ihn im Sommer zuvor an den Rand des Selbstmordes gebracht hatte. Seine Kontrolle über sich selbst scheint so gering wie sein Einfluss auf den anderen Philip Roth, den er nicht als „den anderen Philip Roth" oder „den Hochstapler" oder „den Doppelgänger" bezeichnen will... „In der Tat gibt es in diesem Roman eine gespaltene Persönlichkeit von „Philip Roth", denn der Held trägt auch den Namen des Autors. Philip Roth ist der Mittelpunkt der Welt.

„Seine große Motivation. Seine labile Persönlichkeit. Die hysterische Monomanie. Das Lügengespinst, das Leiden, die Krankheit, der erschreckende Stolz darauf, „ununterscheidbar" zu sein... Das Ergebnis ist jemand, der versucht, echt zu sein, ohne auch nur annähernd zu wissen, wie das geht, jemand, der keine Ahnung hat, wie man fiktiv sein kann - und sich überzeugend als jemand ausgibt, der er nicht ist...Sein Kunstgriff ist durch und durch falsch, es ist eine hysterische Karikatur der Kunst des Illusionismus, eine von Perversität (vielleicht sogar Wahnsinn) genährte Übertreibung, eine Übertreibung, die zum erfinderischen Prinzip wird..." In einem anderen Kapitel des Romans schildert Roth einen jüdischen Persönlichkeitstypus, der von einer der Figuren verkörpert wird, wie folgt: „Ja, Smilesburger ist mein typischer Jude, das, was 'Jude' für mich bedeutet, mein bestes Vorbild. Der aus der Erfahrung geborene Negativismus [*Weltlicher Negativismus*]. Verführerische Weitschweifigkeit. Intellektuelle Verehrung. Hass. Lügen. Misstrauen. Praktikabilität. Aufrichtigkeit [*Authentizität*]. Intelligenz. Bosheit. [*Bösartigkeit*]. Komödie. Ausdauer. Das Theater. Verletzung. Der Schaden [*die*

---

[495]Philip Roth, *Operación Shylock*, Debolsillo Penguin Random House, Barcelona, 2005, S. 268; Übersetzung von Ramón Buenaventura, 1996. [Aus der französischen Übersetzung im Text: *„Un maldito pequeño judío completamente chiflado. Der verdammte kleine, völlig verrückte Jude der verdammten, völlig verrückten Schickse, ihr verdammter Freund, ein Wahnsinniger, ein Tier, ein Hysteriker, das ist er. Das ist es, was ich bin. Das ist es, was wir sind.* „Philip Roth, *Opération Shylock*, 1993, Gallimard, 1995, S. 271].

Niedergeschlagenheit][496]." Aber zwei andere Sätze aus der Feder von Philip Roth erregen unsere Aufmerksamkeit und scheinen uns viel wichtiger für das Verständnis der Tiefen der jüdischen Persönlichkeit. Das erste ist das Eingeständnis des Autors, dass er verzweifelt ist, jemals inneren Frieden zu finden: „Ich werde nie frei sein von dieser Tendenz zur Übertreibung, von der unerträglichen Belagerung der Verwirrung... Ich werde nie frei von mir selbst sein... Ich werde für immer in der Wohnung der Ambiguität leben[497]. „Und die zweite lautet: „Jude zu sein, bedeutet, sich auf einen verstörten und cholerischen Vater zu berufen. Sich auf einen verstörten und gewalttätigen Vater berufen, und so sind wir Juden seit dreitausend Jahren genauso verstört[498]." Damit berühren wir die beiden Punkte, die unserer Meinung nach die Wurzel des Problems bilden: die „Ambiguität" oder Ambivalenz, die der Identität des jüdischen Intellektuellen zugrunde liegt, und die Frage nach dem Vater, die „seit dreitausend Jahren" andauert und der Schlüssel zur jüdischen Neurose ist, wie Sigmund Freud sie bei der Analyse seines eigenen Falles richtig diagnostiziert hatte.

Pierre Paraf hat diese Ambivalenz durch eine Art Sublimierung in einer Passage seines Romans wunderbar illustriert:

„Ein Volk von Wucherern und Hedonisten... Ein Volk von blutigen Zerstörern, die nur Hass kennen. Menschen mit dem Pfund Fleisch, mit dem talmudischen *Pilpul*, mit erschöpfter Intelligenz und ausgetrockneten Sinnen. Gekrümmte Rücken, steife Hälse und lausige Bärte.

-Nein, überhaupt nicht. Ein Volk von Liebenden, dessen sternenübersäter Himmel den duftenden Traum der Rosen von Saron und der Lilien von Galiläa birgt, beharrliche Überbringer einer Botschaft, die nichts anderes ist als ein Liebesbrief an die Menschheit. Ein gottesfürchtiges Volk, ein blasses Volk von unbefriedigter Zärtlichkeit, verbrannt von mehr Feuern, als die Welt je entzündet hat[499]." Auch im religiösen Leben können wir jene Art von geistiger Schizophrenie beobachten, die in der Seele des frommen Juden herrscht, wenn er sich an seinen Gott wendet und von verzweifelten Bitten zu den vertrautesten Vorwürfen übergeht, um sich schließlich

[496]Philip Roth, *Operation Shylock*, Debolsillo Penguin Random House, Barcelona, 2005, S. 277, 281, 283, 455, 456 [*Aus der französischen Übersetzung im Text*].
[497]Philip Roth, *Operation Shylock*, Debolsillo Penguin Random House, Barcelona, 2005, S. 354.
[498]Philip Roth, *Operation Shylock*, Debolsillo Penguin Random House, Barcelona, 2005, S. 125.
[499]Pierre Paraf, *Quand Israël aima*, 1929, Les belles lettres, 2000, S. 8.

demütig niederzuwerfen. So beschrieb es Joseph Roth in *Wandering Jews*:

„In Gottes Haus sind sie nicht fremd wie Gäste, sondern wie in ihrem eigenen Haus. Sie statten ihm keinen offiziellen Besuch ab, sondern versammeln sich dreimal am Tag um seine reichen, armen und heiligen Tische. Beim Gebet empören sie sich gegen Gott, schreien zum Himmel, beklagen sich über seine Strenge und bringen Gott im Gotteshaus vor Gericht, um dann zu bekennen, dass sie gesündigt haben, dass alle Strafen gerecht waren und dass sie sich bessern wollen. Es gibt keine Menschen, die eine solche Beziehung zu Gott haben[500]."
Dies erinnert uns an die Figur des Golum, jener unglücklichen Kreatur in *Der Herr der Ringe,* die an dieser pathologischen Ambivalenz zu leiden scheint, wenn er von heimlichem Hass und Rachegelüsten zu den übertriebensten Manifestationen von Schwäche übergeht, um seine Leidensgenossen zu bemitleiden, und den wir dann mit Augen sehen, die von einem messianischen Glauben erleuchtet sind, der ihn zum Reich der Welt führen soll[501].

Die Ambivalenz des Denkens jüdischer Intellektueller spiegelt das tiefe innere Leid und den immer wiederkehrenden Zweifel an der Legitimität der „Mission" des jüdischen Volkes wider. Die jüdische Seele, die sich immer an der Grenze zwischen zwei antagonistischen Konzepten befindet, scheint sich nur in diesem ständigen Bemühen behaupten zu können, sich aus der existenziellen Unbeständigkeit zu befreien, die für das Wesen des Judentums konstitutiv ist. Die Juden bekräftigen ihren messianischen Glauben umso mehr, als sie in der Angst vor ihrer Unklarheit und in den Zweifeln leben, die durch die allgemeine Feindseligkeit hervorgerufen werden, die ihnen im Laufe der Geschichte stets entgegengebracht wurde.

Unter diesen Umständen kann die jüdische Mystik, die durch den Chassidismus verkörpert wird, als ein Versuch der ekstatischen Befreiung angesehen werden. Diese im 18. Jahrhundert entstandene religiöse Bewegung, die schließlich eine große Mehrheit der Bewohner des *Schtetls* zusammenführte, war zunächst eine Reaktion auf die Ängste und das Leid der polnischen und ukrainischen Juden nach den Pogromen der Kosaken von Bogdan Chmelnizki. Wir haben bereits gesehen, wie die moralische Grundlage des jüdischen Lebens durch den messianischen Eifer des „falschen Messias" Schabtai Tzvi erschüttert worden war. Die rabbinische Reaktion auf diese emotionale Strömung „bestand darin, den Schutzwall um die Tora mit neuen Zusatzregeln

---

[500]Joseph Roth, *Judíos errantes*, Acantilado 164, Barcelona, 2008, S. 45.
[501]Zur Golum-Analogie siehe Hervé Ryssen, *Planetarische Hoffnungen,* (2022).

noch höher zu ziehen", schreibt Mark Zborowski. „Die talmudischen Literaten verstärkten ihren Griff, indem sie die Masse der *Proste*[502] unter das Joch unzähliger Vorschriften brachten, die sie nicht verstehen konnten: Die Menschen im *Schtetl* hatten nur die Wahl zwischen *Pilpul* und blindem Gehorsam. Wanderprediger, die *Maggidim*, versprachen die schlimmsten Qualen der Hölle für jede Übertretung einer *Mitzwa*[503]. Der *Proste* stand allein dem Bild eines rachsüchtigen Gottes gegenüber, eines eifersüchtigen Hüters seines Bundes, der dem Übertreter keine Hoffnung lässt."

Die chassidische Bewegung präsentierte sich zunächst als „Aufstand der Ungebildeten" gegen die rabbinische Autorität. Ihr erster Führer war Israel ben Eliezer, Ba'al Shem Tov, der Lehrer des göttlichen Namens, auch Besht[504] genannt. Weit entfernt von den strengen und bedrohlichen Reden der *Maggidim* predigten die chassidischen Führer Hoffnung, Barmherzigkeit und Liebe, statt Rache und Strafe. Wie die anderen sabbatistischen Bewegungen stieß auch der Chassidismus auf den heftigen Widerstand der rabbinischen Literaten und der Oberschicht des *Schtetls*: „Die *Misnagdim*[505] waren zu allem bereit, sogar zu Denunziation, Inhaftierung und Ächtung", schrieb Zborowski. Es gab eine Zeit, in der die Heirat mit einem Mitglied der anderen Gruppe als ebenso verwerflich galt wie die Heirat mit einem Nicht-Juden.

Die beiden Strömungen existierten zwar nebeneinander, verschmolzen aber nie miteinander. Der Hof des *tzaddik* oder *rebbe*, des

---

[502]*Proste* ist ein jiddisches Wort, das von Aschkenasim verwendet wird, um anzuzeigen, dass eine Person oder eine Sache arm, vulgär oder von niedriger Klasse ist.

[503]Die Gebote, das sind die 613 biblischen Vorschriften der Thora.

[504]„Bal Shem Tov legte seine Axt nieder. Er stieg in ein Auto und fuhr quer durch Polen. Er klopfte an die Türen der Synagogen und rief: -'Hey, was macht ihr da mit der Stirn auf dem Boden? Ich bringe euch das Wort des Ewigen, steht auf und tanzt, esst, trinkt, raucht, singt! Lass deinen Geist ausruhen: er ist ausgedörrt von der Ermüdung, aber dein Herz ist frisch; höre auf seine Impulse. Schließe den Talmud! Was ist das? Bestenfalls ein altmodisches Kauderwelsch von veralteten Gelehrten. Hier ist der letzte Schrei: der Zohar, das Buch der Herrlichkeit; öffnet es und lest es! Fast ganz Israel hörte Bal Shem Tov zu, der aus dem *Tol Zohar* las. Und sie begannen zu beten, zu tanzen, zu essen, zu trinken, zu rauchen und zu singen. Das war die Geburtsstunde des Chassidismus. Und aus dem Chassidismus gingen Wunder hervor. Und Bal Shem Tov, genannt El Balshem, der Holzfäller aus der Maramuresch, war der erste wundertätige Rabbi. „Erholung von Albert London in *The Wandering Jew Has Arrived*, Editorial Melusina, 2012, S. 60, 61. Ba'al Shem bedeutet wörtlich „einer, der den Namen Gottes beherrscht, der ihn anwenden kann". (NdT).

[505]Misnagdim, misnagdim (Plural) (misnagdíes auf Englisch): die Gegner des Chassidismus.

religiösen Führers der chassidischen Juden, blieb der Ort des Trostes und der Unterstützung für die Demütigen. Nach einer Periode der absoluten Ablehnung von Belehrungen öffnete der Chassidismus seine Auslegung jedoch allmählich der alten schriftlichen Überlieferung und der wissenschaftlichen Forschung, und von nun an gingen Gelehrte und Unwissende, Handwerker und Rabbiner, *Proste* und *Sheyne* alle „zum *Rebe*", um Hilfe oder ein paar aufmunternde Worte zu erhalten, während der Rabbiner, der *Rov*, derjenige blieb, der für die Auslegung des Gesetzes, das alle Einzelheiten des Lebens im *Schtetl* regelte, konsultiert werden musste. Die beiden sozio-religiösen Gruppen, die Chassiden und die Rabbiner, koexistierten schließlich in gegenseitiger Ergänzung. „Die beiden Wörter *Chassidim* und *Mischnagdi*, die früher zwei verfeindete Lager bezeichneten, wurden zu Beinamen für zwei Arten von Persönlichkeiten. Der *Chassid* ist der Eiferer, feurig und liebevoll; der *Mischnagdi* ist kalt, skeptisch und von lauwarmer Begeisterung[506]." Joseph Roth hat ein eindrucksvolles Zeugnis über die religiösen Praktiken der chassidischen Juden hinterlassen: „Diese Stärke war nicht nur die eines fanatischen Glaubens. Es war gewiss eine Gesundheit, deren Blüte von den Ordensleuten ausging. Die Chassidim hielten sich an den Händen, tanzten im Kreis, brachen den Ring, um in die Hände zu klatschen, bewegten ihre Köpfe nach links und rechts, hielten die Thorarollen und drehten sie wie Mädchen im Kreis, drückten sie an ihre Brust, küssten sie und weinten vor Freude. In diesem Tanz lag eine erotische Konkupiszenz. Es hat mich zutiefst bewegt, dass ein ganzes Volk seinem Gott seine sinnliche Wollust opfert, dass es aus dem Buch der strengsten Gesetze seine Geliebte macht und dass es körperliche Lust und geistige Freude nicht mehr zu trennen weiß, sondern beides vereint. Es war die Glut des Eifers und des hingebungsvollen Eifers. Der Tanz war ein göttliches Amt, das Gebet ein sinnlicher Exzess[507]." Auch Elie Wiesel studierte in seiner Jugend die Kabbala und schwelgte in den Freuden des vom Chassidismus geerbten „okkulten Wissens": „Für einen wissens- und illusionshungrigen Heranwachsenden bietet die Kabbala das Anregendste, Romantischste, Anziehendste. „Er beschrieb diese Praktiken so: „asketische Übungen, feurige und magische Litaneien, Sturz in die Qualen des Abgrunds in der Hoffnung, wieder in schwindelerregende Höhen aufzusteigen. „Aber es war ein gefährliches

---

[506]Mark Zborowski, *Olam*, 1952, Plon, 1992, S. 170-176. [Zu den sektiererischen Strömungen und ihrer Kanalisierung, insbesondere innerhalb des Judentums, siehe die Anmerkung des Übersetzers in Anhang IV. 4]

[507]Joseph Roth, *Judíos errantes*, Acantilado 164, Barcelona, 2008, S. 56, 57

Spiel, vor dem man sich in Acht nehmen musste: Ich wachte schweißgebadet und außer Atem auf. Ich war im Delirium, ich wusste nicht, wann ich träumte und wann ich klar war; ich wusste nicht, wer ich war und wo ich war. Mein Meister saß auf dem Boden und schlug mit dem Kopf gegen die Wand. Er schien verzweifelt zu sein; Schluchzer erschütterten seinen ganzen Körper. In diesem Moment hatte ich das Gefühl, dass wir beide vom Wahnsinn verfolgt wurden. Aber ich war entschlossen, unsere Suche fortzusetzen. Was auch immer es brauchte[508]." Der Schriftsteller Arthur Miller hat in seinen Memoiren ein interessantes übereinstimmendes Zeugnis hinterlassen. Als er noch ein kleiner Junge war, nahm ihn sein Urgroßvater eines Tages mit in die Synagoge und ließ ihn in einer abgelegenen Ecke zurück, wo er die Zeremonie nicht sehen sollte.

„Ich hörte, wie die Männer zu singen begannen. Nicht unisono, wie ein Chor, sondern eine Reihe verschiedener Melodien, die von einem Dutzend oder mehr Stimmen lieblich intoniert werden. Ich hörte ein dumpfes Klopfen, dann mehr Klopfen und tieferes Klopfen, und die Stimmen wurden lauter... und das Klopfen wurde schneller... Ich sah etwas höchst Erstaunliches: etwa fünfzehn alte Männer, zusammengekauert und vollständig von ihren jeweiligen Talaren bedeckt, alle mit ihren Füßen in weißen Socken, tanzten. Ich hielt in Panik den Atem an. Einer von ihnen musste der Urgroßvater sein, und ich sah das Verbotene. Aber was genau war denn verboten, vielleicht, sich in einer so unwürdigen Situation wiederzufinden! Vielleicht, dass sie auf eine verborgene und geheimnisvolle Weise glücklich waren, obwohl sie alt waren. Denn so eine Musik hatte ich noch nie gehört, so verrückt und impulsiv, und jeder tanzte ohne jeglichen Einklang mit den anderen, nur in Richtung der äußeren Dunkelheit[509]..." Kein Wunder, dass die Beobachter anderer Zeiten diese verrückten Sarabanden mit dem Hexensabbat gleichsetzten. Wir sind weit entfernt von den echten Volkstänzen oder dem Wiener Walzer, die zweifellos die Einfachheit, Anmut und Harmonie der europäischen Kultur seit der griechischen Antike besser widerspiegeln.

Minderwertigkeitskomplex

Dabei handelt es sich in erster Linie um einen körperlichen Komplex, der auf die durch lange Inzucht entstandenen Defizite

---

[508]Elie Wiesel, *Mémoires, Band I*, Seuil, 1994, S. 49, 50, 53, 57.
[509]Arthur Miller, *Vueltas al tiempo*, Tusquets, Barcelona, 1999, S. 46.

zurückzuführen ist. Da ihr Gesetz Eheschließungen außerhalb ihrer Gemeinschaft verbietet, ist die Inzucht sehr hoch und war bei den Juden in den Schtetls wahrscheinlich noch höher. Ende des 19. Jahrhunderts hatten die zionistischen Juden, die die Auflösung in der europäischen Gesellschaft ablehnten und die Errichtung eines jüdischen Staates in Palästina planten, den Ernst einer gewissen physischen Degeneration des jüdischen Volkes erkannt. Dies schrieb Jacques Le Rider:

„Die frühen Zionisten, allen voran Theodor Herzl, sprachen mit manchmal gnadenloser Härte über assimilierte Juden, die ihrer Ansicht nach die jüdische Tradition aufgegeben und die verwerflichsten Verhaltensweisen ihrer Gesellschaft übernommen hatten - aber auch mit manchmal verächtlicher Strenge gegenüber den kulturell „rückständigen" und körperlich „degenerierten" Juden der Ghettos in den Städten Mittel- und Osteuropas oder den Schtetls Galiziens[510]." In jüngerer Zeit sprach Philip Roth auch mit einer „gnadenlosen Härte" über diese körperlichen Defekte der jüdischen Gemeinschaft, und zwar in einem solchen Ausmaß, dass es schien, als wolle der Schriftsteller mit seiner Gemeinschaft abrechnen. Einige seiner Worte sind wirklich beleidigend. Auf Seite 291 seines Buches hielt er außerdem eine revisionistische Rede unter dem Vorwand, einer seiner antisemitischen Figuren das Wort zu erteilen. Aber obwohl Philip Roth manchmal einen verdrehten und gestörten Geist zu haben scheint, kann man nicht sagen, dass er zu jener Klasse von Juden gehört, die von „Selbsthass" befallen sind, denn in vielen anderen Passagen seiner Werke bringt er seinen messianischen Glauben an die Mission des jüdischen Volkes zum Ausdruck. Auch hier ist die Ambivalenz des Gedankens zu beachten.

„Ein befreundeter Wissenschaftler am NIH hat eine Studie mit einer ganzen Gruppe von Rabbinern durchgeführt. Vor etwa zwanzig oder fünfundzwanzig Jahren. Und er kam zu dem Schluss, dass sie Krankheiten haben, die spezifisch für Juden sind. Das liegt an der Inzucht, denn sie haben sich seit Jahrhunderten miteinander vermischt. Es gibt neun für Juden spezifische Krankheiten, die Kinder betreffen... Eine davon ist das Down-Syndrom. Aber sie verstecken immer die Leute, die sie haben. Denn natürlich wissen Sie, dass alle Juden Genies sind. Sie spielen alle Geige. Oder sie sind Kernphysiker. Oder, natürlich, natürlich, die Genies von der Wall Street (*Gelächter*). Diejenigen, über die nie ein Wort verloren wird, sind diejenigen, die sich aufgrund der Inzucht als Idioten erweisen. Sie sind alle wie Trottel. Immer Kinder zwischen ihnen zu haben... Juden haben diese Sache, die

---

[510]Jacques Le Rider, *Arthur Schnitzler*, Éd. Belin, 2003, S. 199

Paget-Krankheit. Normalerweise wissen die Leute nichts davon. Sehen Sie sich Ted Koppel an. Und andere wie er. Woody Allen, dieser streitsüchtige Arsch, der gerade vom Arschloch-Dasein herunterfällt. Oder Mike Wallace. Ihre Knochen werden dicker und ihre Beine verdrehen sich. Frauen haben den so genannten hebräischen Buckel. Ihre Nägel werden hart. Wie Steine. Ihre Kinns sind schlaff. Schauen Sie sich nur die alten Bohnen an, sie haben alle ein schlaffes Kinn, wie geistig Zurückgebliebene. Deshalb hassen sie uns so sehr, weil uns so etwas nicht passiert. Weil wir noch so zart sind. Vielleicht haben wir ein bisschen zugenommen. Aber so zart. Sie wissen, was ein Jude ist. Ein in Polen geborener Araber. Sie werden riesig... Juden sind alle sehr hässlich. Mit dieser Nase und so weiter...wie Kissinger. Riesig. Große Nase, große Gesichtszüge. Und deshalb mögen sie uns nicht. Schauen Sie sich nur Philip Roth an. Ein durch und durch hässlicher Kerl. Arschloch von Kopf bis Fuß... Was für ein Stück Scheiße. Der Kerl war so sehr mit den *Shiksas* unterwegs, dass er eine Kellnerin in die Finger bekam, eine Verrückte, geschieden, mit zwei Kindern, und er dachte, sie sei ein Stück Arbeit. Blödmann. Jetzt kehrt er zum Judentum zurück, weil er den Nobelpreis[511] erhalten möchte." Hier muss man zugeben, dass manche Juden es verstehen, mit einer amüsanten Säure über sich selbst zu lachen. Natürlich ist diese Art von Humor nicht jedermanns Sache, aber wir haben im ersten Teil dieses Buches gesehen, dass der Spott und Sarkasmus mancher Intellektueller oft gegen die Gojim gerichtet sein kann, daher halten wir es nur für fair, das Gleichgewicht ein wenig auszugleichen.

In einem Buch, das in einem ähnlichen Stil geschrieben ist, der in der heutigen Literatur sehr in Mode ist, erzählt Rich Cohen die Geschichte dieser „amerikanischen" Gangster der Zwischenkriegszeit. Jeder hat schon von Al Capone und der italienischen Mafia gehört. Weniger bekannt ist, dass die wichtigsten Auftragskiller, die in den amerikanischen Großstädten dieser Zeit ihr Unwesen trieben, jüdische Gangster waren. In seinem 1998 erschienenen Buch *Yiddish Connection* beschreibt Rich Cohen, wie einige dieser von Hollywood heimlich umschwärmten Helden aussahen[512]:

„Damals lag die Macht in Brownsville in den Händen der Brüder Shapiro, deren Familie ursprünglich aus der Ukraine stammte. Der

[511]Philip Roth, *Operación Shylock*, Debolsillo Penguin Random House, Barcelona, 2005, S. 295, 292, 293
[512]Zur „amerikanischen" Mafia der 1920er bis 1930er Jahre und zur „russischen" Mafia der 1990er Jahre: Hervé Ryssen, *Planetarische Hoffnungen* (2005), (2022) und *The Jewish Mafia* (2008), (2019).

Älteste, Meyer, war in der Nachbarschaft geboren worden, ein schlaksiger Junge, der bis ins Erwachsenenalter mit Fettleibigkeit zu kämpfen hatte. Alles an ihm war dick: dicke Augen, eine dicke Nase, dicke Ohren, ein dicker Mund... Die Brüder besaßen etwa fünfzehn Bordelle in der Unterwelt. Wie die jüdischen Bosse von Odessa im Russland des 19. Jahrhunderts terrorisierten sie Ladenbesitzer und Kaufleute." Dies war Abraham Reles, oder Abe Reles, der „Junge", eine weitere Persönlichkeit dieser Zeit, dessen Familie aus Galizien, Südpolen, stammte: „Mit der Zeit wurde Reles ein Führer. Obwohl er kaum mehr als einen Meter groß war, hatte er etwas an sich, das Respekt einflößte... Er sprach langsam, mit kehliger Stimme und lispelte. Er hatte einen seltsamen Gang: Auf der Straße sah er aus wie ein Mann, der versucht, seine Schuhe durch Schütteln der Füße nach vorne zu ziehen." Reles entthronte später die Brüder Shapiro in Brooklyn. Mit seiner Mannschaft erzielte er fünfundachtzig Abschüsse in seiner Karriere.

In seiner Anfangszeit „war die erste Person, die Kid rekrutierte, Martin Goldstein... Marty war schüchtern, aber Kid entdeckte etwas Besonderes an ihm. Wenn seine Schüchternheit auf die Probe gestellt würde, könnte er in einen psychotischen Krisenzustand versetzt werden. Deshalb nannte man ihn Bugsy - weil er ein bisschen verrückt war, und das war eine Eigenschaft, die man immer bei einigen Gangstern sah... Er hatte die gleiche kleinmündige Art zu reden, wie eine Ente zu gehen, die gleiche knallharte Einstellung wie die Filmstars." „Obwohl es bereits Jahre vor der Jahrhundertmitte zahlreiche etablierte jüdische Gangster gab, war Monk Eastman der erste, der wirklich berühmt wurde. Sein richtiger Name war Edward Osterman...Monk war monströs, von einer Monstrosität, wie man sie nur noch selten sieht - typisch für das 19. Jahrhundert...Sein pockennarbiges Gesicht trug die Spuren der Pocken...Seine Ohren glichen Kohlblättern, seine flache Nase war auf ihren minimalen Ausdruck reduziert, sein Mund war grimmig, eingekerbt...Für jeden, der ihn plötzlich auf einer Straße der Unterwelt auftauchen sah, muss er den Tod selbst verkörpert haben[513]." Diese körperlichen Merkmale treffen natürlich nicht auf alle Juden zu. Dennoch sind erbliche Defekte in der jüdischen Bevölkerung so schwerwiegend und weit verbreitet, dass sie Gegenstand wissenschaftlicher Untersuchungen sind. Der amerikanische Arzt Richard Goodman, der sich mit den Erbkrankheiten des jüdischen Volkes befasste, veröffentlichte 1979 eine Studie zu

---

[513]Rich Cohen, *Yiddish Connection*, 1998, Folio, 2000, S. 31, 41, 42, 66

diesem Thema, in der er feststellte, dass es bei Juden mehr als hundert Erbkrankheiten gibt[514]. Diese Mängel sind bei aschkenasischen Juden aus Osteuropa, die 82% aller Juden in der Welt ausmachen, um 20% häufiger anzutreffen (die restlichen 18% entfallen auf die Sephardim, die Juden aus dem Mittelmeerraum). Seine Studie ergab auch, dass es keinen genetischen Mangel gibt, der der kaukasischen Rasse eigen ist, sondern nur einen bei der schwarzen Rasse. Alle diese Krankheiten haben ihren Ursprung in neurologischen Mängeln, die das Nervensystem und das Gehirn betreffen. Diese können nur durch Inzucht und Mischehen erklärt werden, was typisch für den ethnischen Rückzug ist, in dem das jüdische Volk jahrhundertelang lebte.

Die Tay-Sachs-Krankheit ist die bekannteste. Sie betrifft Kinder. Bis zum sechsten Lebensjahr scheint das Kind normal zu sein, danach wird es träge, apathisch und amorph. Seine Bewegungen werden ruckartig, bis er seinen Kopf nicht mehr aufrecht halten kann. Die Augen werden starr. Das Kind erblindet in der Pubertät. Der Schädel hypertrophiert und die Hände schwellen an. Mehr als 90% der an dieser Krankheit Erkrankten sind Juden. Es wird bei einem von 3600 jüdischen Kindern festgestellt, aber einer von 27 Juden ist Träger dieses genetischen Merkmals. Diese Häufigkeit verpflichtet die Juden, sich vor der Heirat diagnostischen Tests zu unterziehen.

Abetalipoproteinämie oder Bassen-Kornzweig-Syndrom (ABL 1): Diese Krankheit betrifft Neugeborene vor ihrem ersten Geburtstag. Das Baby kann weder wachsen noch an Gewicht zunehmen, leidet unter Durchfall und Erbrechen. Auch ihr Sehvermögen ist beeinträchtigt, bis hin zur völligen Erblindung. Die Muskeln werden schwächer. In den meisten Fällen stirbt der Patient vor seinem dreißigsten Lebensjahr an einem Herzstillstand.

Blum-Syndrom: Menschen mit Blum-Syndrom zeichnen sich durch eine sehr kleine Statur, eine Schwäche des Immunsystems und eine Veranlagung zu Krebs aus. Sie haben eine hohe Stimme. Menschen mit dieser Krankheit sterben vor dem Alter von 16 Jahren. Diese Merkmale sind bei einem von 120 Juden zu finden, betreffen aber die meisten Juden in geringerem Maße.

Die familiäre Dysautonomie betrifft nur Personen jüdischer Herkunft. Der Betroffene kann ungewöhnlich klein sein und weist folgende Symptome auf: Erbrechen, Schluckbeschwerden, unsicherer Gang, Muskelkrämpfe in den Armen und Kopfbewegungen, Artikulationsschwierigkeiten mit einem ganz besonderen Nasenklang,

---

[514]Richard Goodman, *Genetische Störungen beim jüdischen Volk*, Hopkins University Press, 1979.

diffuses Leiden und Hyperaktivität. Die Krankheit tritt bei einem von 10 000 Juden auf, aber das Gen ist bei 18 von 1000 Juden vorhanden.

Die Gaucher-Krankheit macht sich bei Jugendlichen bemerkbar: Die Knochen brechen leicht, insbesondere die Hüfte. Es treten starke Knochenschmerzen auf, die mehrere Wochen andauern können. Es wird eine Gelbfärbung der Haut beobachtet. Von dieser Krankheit ist durchschnittlich einer von 2500 Juden betroffen. Der Tod tritt vor dem 45. Lebensjahr ein.

Die Mukolipidose Typ IV ist durch geistige und körperliche Degeneration und Blindheit gekennzeichnet. Es betrifft Kinder, die nur wenige Wörter aussprechen können und schwach auf verbale Reize reagieren. Sie sind nicht in der Lage zu gehen und sich selbst zu ernähren. Sie werden in der Regel nicht älter als zehn Jahre.

Niemann-Pick-Krankheit: Erbrechen, Hautläsionen, dicke, gelblich-braune Haut, Verlust von geistigen und körperlichen Funktionen. Der Tod tritt vor dem vierten Lebensjahr ein. Diese Krankheit betrifft einen von zwanzigtausend Juden, und das defekte Gen ist bei einem von 100 Juden vorhanden.

Primäre Torsionsdystonie: Sie tritt etwa im Alter von zehn Jahren auf und äußert sich durch unwillkürliche, bizarre Krämpfe der Füße, Beine, des Kopfes und des Rumpfes. Die Krankheit betrifft einen von 17.000 Juden, und das Gen wird bei einem von 130 Juden gefunden. Die Krankheit ist nicht tödlich, ermöglicht aber kein ganz normales Leben.

PTA-Mangel: abnormaler Blutverlust nach einer Schnittwunde oder Operation, abnormale Blutungen ohne äußere Verletzung. Die Krankheit betrifft einen von 12 000 Juden, und das Gen ist bei einem von 56 Juden vorhanden.

Die schwammartige Degeneration des Zentralnervensystems, auch Canavan-Krankheit genannt, ist eine Krankheit, die im dritten Lebensmonat beginnt. Der Patient kann seinen Kopf nicht halten, er leidet unter Krämpfen. Der Kopf vergrößert sich; der Patient erblindet schließlich. Die meisten sterben vor dem vierten Lebensjahr. Der Ursprung der Krankheit ist nie geklärt worden, aber 80% der Patienten sind aschkenasische Juden.

In den Vereinigten Staaten gibt es eine Klinik, die sich auf die Behandlung dieser Krankheiten bei Menschen jüdischer Herkunft spezialisiert hat. Leser, die weitere Informationen zu diesem Problem wünschen, können die Website der Chicago for Jewish Genetic Disorder besuchen: *www.Jewish-geneticscenter.org*

Der amerikanische Schriftsteller Arthur Miller hat in seiner

Autobiografie ein symptomatisches Zeugnis hinterlassen. Dies schrieb er über seinen Großvater mütterlicherseits, Louis Barnett:

„Wie Samuel, der Vater meines Vaters, stammte Louis aus dem polnischen Dorf Radomizl, und es ist wahrscheinlich, dass sie entfernt miteinander verwandt waren. Das dachte ich immer, weil sie sich so ähnlich sahen. Sie waren beide sehr hellhäutige, unerschütterliche Kerle, obwohl Großvater Samuel trotz einer deutlichen Verkrümmung der Wirbelsäule ein kleiner Mann war, dessen Frau und Kinder, ungewöhnlich für die damalige Zeit, über sechs Fuß groß waren. „Die Blutsverwandtschaft erklärt tatsächlich die häufigen physiognomischen Ähnlichkeiten.

Auf der väterlichen Seite war es nicht besser: „Meine Mutter... ein Fehler der Natur, sagen sie, denn sie war die einzige Brünette in dieser fabelhaften Familie. Sie waren ein ungewöhnlich eng verbundener Clan und heirateten nur Leute, die ihnen ähnlich sahen. Um die Wahrheit zu sagen, heiratete eine meiner schönsten Cousinen trotz der Warnungen des Rabbiners einen fleischlichen Onkel von ihr, und obwohl sie jahrelang in Liebe lebten, Händchen hielten und nicht müde wurden, einander zu betrachten, glaube ich, dass die Schuld irgendwann ihren Weg in sie fand, sie verkümmerte auf seltsame Weise kurz nach ihrem vierzigsten Geburtstag, von etwas, das damals niemand diagnostizieren konnte, und starb als Wrack, haarlos, halb blind von irgendeinem inneren Kataklysmus, ohne irgendeine bekannte Krankheit[515]." Was den Vater betrifft, so hat Arthur Miller ihn in diesem einfachen Satz recht gut beschrieben: „Als meine Mutter ihm 1940 sagte, dass ich ein nichtjüdisches Mädchen heiraten würde, sagte er nichts, aber als sie am anderen Ende des 1,80 Meter großen Brooklyner Wohnzimmers auf eine Antwort wartete, nahm er einen dicken Wecker, den jemand auf einem Tisch in der Nähe liegen gelassen hatte, und warf ihn nach ihr, wobei er den Kopf ihrer Tochter nur knapp verfehlte. „Offenbar wollen Juden ihre Kinder nicht unbedingt mit Nichtjuden verheiraten. Schließlich ist es ihr Recht.

Dieser Minderwertigkeitskomplex, den wir auch bei Sigmund Freud finden, ist auch künstlerischer und intellektueller Natur. Seit der Antike war die Produktion der Europäer auf diesem Gebiet brillant und unendlich reicher als die der Juden, und man braucht nur das prächtige Bild unserer Villen, Kathedralen und Paläste mit dem der schlammigen Gassen der mitteleuropäischen Schtetls zu vergleichen, um eine Vorstellung davon zu bekommen. Tatsächlich haben viele Juden seit

---

[515]Arthur Miller, *Vueltas al tiempo*, Tusquets, Barcelona, 1999, S. 14, 15, 19, 20

ihrem Auszug aus dem Ghetto im 19. Jahrhundert nicht aufgehört, die verlorene Zeit wieder aufzuholen, so dass Produkte mit dem Markenzeichen der Gemeinschaft längst die Buchhandlungen und Kinosäle erobert haben, während alle möglichen mehr oder weniger verrückten Skulpturen der zeitgenössischen Kunst die Plätze der großen Städte schmücken. In der Tat wird Genialität gepriesen, und in Presseartikeln und in der Werbung wird jedes „Produkt", das dem Gehirn eines Sohnes Israels entspringt, mit Begeisterung aufgenommen.

Diese charakteristische gemeinschaftliche Begeisterung, die sich durch das gesamte Mediensystem zieht, ist der wichtigste Ausdruck jener berühmten jüdischen Solidarität, die bei einigen verdrängten, wenn auch begabteren Künstlern oft für Unbehagen und Spannungen sorgt. Dieser Hype spiegelt, vielleicht wieder einmal, einen gewissen Minderwertigkeitskomplex wider[516]. Und da wir die Neigung einiger jüdischer Intellektueller zur Umkehrung bereits kennen, ist es nicht verwunderlich, dass einige von ihnen den „Antisemiten" vorwerfen, sie seien neidisch auf die angebliche Genialität des auserwählten Volkes.

So schrieb der russische Schriftsteller Wassili Grossman - der „Tolstoi des 20. Jahrhunderts" - in seinem Roman „*Leben und Schicksal*": „Der Antisemitismus ist Ausdruck eines Mangels an Talent, der Unfähigkeit, in einem mit gleichen Waffen ausgetragenen Wettbewerb zu gewinnen; und das gilt für alle Bereiche, für die Wissenschaft ebenso wie für den Handel, das Handwerk, die Malerei. Antisemitismus ist das Maß der menschlichen Mittelmäßigkeit... Doch dies ist nur ein Aspekt des Antisemitismus. Der Antisemitismus ist Ausdruck der Unkultur der Masse der Bevölkerung, die nicht in der Lage ist, die wahren Ursachen ihrer Armut und ihres Leidens zu analysieren. Ungebildete Menschen sehen in den Juden die Ursache für ihr Unglück und nicht in der sozialen Struktur und dem Staat. Aber auch der Antisemitismus der Massen ist nur ein Aspekt davon. Der Antisemitismus ist das Maß für die religiösen Vorurteile, die in den unteren Schichten der Gesellschaft latent vorhanden sind... Es zeugt nur davon, dass es Idioten, Neider und erfolglose Menschen auf der Welt gibt[517]." Aber es stimmt auch, dass andere jüdische Autoren die Unzulänglichkeiten ihrer Gemeinschaft erkannt haben: Der Philosoph Jacob Talmon stimmte dem zu, als er in *Israels Schicksal* schrieb: „Jüdische Schriftsteller sind hervorragende Biographen gewesen

---

[516]Hervé Ryssen, *Planetarische Hoffnungen*, (2022).

[517]Vasili Grossman, *Leben und Schicksal*, Galaxia Gutenberg, 2007, Barcelona, S. 362, 363, 364.

(André Maurois und Stefan Zweig). Sie haben auf äußerst anregende Weise die Komplexität und die Dilemmata der Situation des zeitgenössischen Menschen beschrieben (Arthur Koestler, Arthur Miller und Ilya Ehrenbourg)... Aber obwohl ihre Werke bewegend und anregend sind, kann man sie nicht als große Literatur bezeichnen[518]."
Der unverzichtbare Philip Roth hat sich zu diesem Thema in seinem Roman *Operation Shylock* geäußert, und zwar durch seine antisemitische Figur und in einem ziemlich populären, wenn nicht gar vulgären, Stil:

„Juden haben die Tendenz, sich von allen anderen gesellschaftlichen Gruppen zu isolieren. Wenn sie dann in Schwierigkeiten geraten, wenden sich alle an sie und bitten um Hilfe. Und welchen Grund gibt es, ihnen zu helfen? In Europa kamen die Juden zur Zeit Napoleons aus dem Ghetto. Sie wurden befreit, und, meine Güte, was für eine Art, sich zu verbreiten. Wenn sie einmal die Kontrolle über etwas haben, lassen sie es nicht mehr los. Mit Schönberg übernahmen sie die Kontrolle über die Musik. Aber sie haben noch nie Musik geschrieben, die einen Furz wert ist. Hollywood[519]. Noch ein guter Furz. Warum? Weil sie die Kontrolle übernommen haben. Es heißt, die Juden hätten Hollywood erschaffen. Juden sind nicht kreativ. Was haben sie geschaffen? Nichts. In der Malerei, Pissarro. Man muss Wagner lesen, wie er über die Juden herzieht. Ihre ganze Kunst ist reine Oberflächlichkeit. Sie assimilieren sich nicht an die Kultur des Landes, in dem sie leben. Sie haben eine oberflächliche Popularität, wie Herman Wouk, oder wie der mit den Schwuchteln, oder wie Mailers dumpfer Angeber, aber sie ist nie von Dauer, weil sie nicht mit den kulturellen Wurzeln der Gesellschaft verbunden ist. Wer ist ihr Fahnenträger? Saul Bellow. Und was für ein Vogel, er fällt vor Traurigkeit um, nicht wahr? (*lacht*)... Und Roth? Ein verdammter Wichser, der sich die ganze Zeit einen runterholt, eingesperrt im Bad, hale, manita, hale, manita. Arthur Miller, noch so ein Ding. Mal sehen, ob es nicht stimmt, dass er wie ein Müllmann aussieht, wie ein Typ, der eine Mülldeponie betreibt. Es ist nur so, dass sie scheiße aussehen, wirklich schlecht. Länger als ein Tag ohne Brot... Die kulturelle Produktion der Juden war immer sehr gering, sehr gering... Vielleicht haben sie ihre eigenen kulturellen Institutionen, aber sie produzieren nie etwas. Alles, was Sie tun müssen, ist, die Scheiße zu analysieren. Im Fernsehen wird alles Vulgäre von einem Juden unterzeichnet[520]." Philip Roth drückt damit auf etwas brutale

---

[518]J.-L. Talmon, *Destin d'Israël*, 1965, Calmann-Lévy, 1967, S. 33.
[519]In Hollywood: Hervé Ryssen, *Planetarische Hoffnungen*, (2022).
[520]Philip Roth, *Operación Shylock*, Debolsillo Penguin Random House, Barcelona,

Weise die gleiche Meinung aus wie Spinoza und einige andere[521], aber sein Text hat zumindest das Verdienst, klar zu sein. Offensichtlich schreibt er nicht wie Chateaubriand, Victor Hugo oder Louis Ferdinand Céline. Darin können die Juden nicht mit den Gojim konkurrieren.

Selbsthass

Die „Mission" des jüdischen Volkes mag für ein Volk, das bereits durch sein säkulares Erbe geprägt ist, ziemlich schwer erscheinen. So schwer und unwillkommen, dass es vollkommen verständlich ist, dass viele Juden im Laufe der Geschichte es vorgezogen haben, sich von diesem Zustand abzuwenden, den viele als „unmenschlich" bezeichnet haben.

Der französische Gelehrte Maurice Rheims schrieb über sein „Jüdischsein": „Die Last ist schwer, erblich, voller Unglück, Schmach, Verfolgungen. Glück oder Pech[522]?"

In seiner Studie über das Leben jüdischer Schriftsteller im Wien des frühen 20. Jahrhunderts schreibt Jacques Le Rider über den Schriftsteller Berthold Stauber und seinen Roman *Wien in der Dämmerung*, in dem er den Antisemitismus seiner Zeit beschreibt: „Er lebt sein Jüdischsein als Fluch und verfällt oft schlicht und einfach dem jüdischen Antisemitismus[523]." Otto Weininger war ein Schriftsteller von außerordentlicher Tatkraft und Integrität. Der 1880 im Wien von Arthur Schnitzler, Stefan Zweig, Kafka und Sigmund Freud geborene Autor schrieb 1902 nur ein einziges Buch, das aber für die Nachwelt eines der schrecklichsten Zeugnisse für das Leid und die Qualen ist, die das Judentum seinen Mitgliedern zufügen kann. Otto Weininger konvertierte im Alter von 22 Jahren überraschend früh zum Protestantismus. Doch im Gegensatz zu vielen Konvertiten jener Zeit, die aus Karrieregründen zum Christentum übertraten, war Weininger ein aufrichtiger Konvertit. Und das aus gutem Grund: Die „Mission" des auserwählten Volkes erschien ihm als eine Ungeheuerlichkeit, an der er nicht teilhaben wollte.

Er veröffentlichte *Sex and Character* im Alter von 23 Jahren, bevor er im Oktober 1903 Selbstmord beging. Der berühmte „Selbsthass" manifestierte sich dort mit einer gewissen Heftigkeit, wie einige der von uns ausgewählten und angeordneten Passagen zeigen:

2005, S. 294, 295.
[521]Über Spinoza, Hervé Ryssen, *Planetarische Hoffnungen,* (2022).
[522]Maurice Rheims, *Une Mémoire vagabonde,* Gallimard, 1997, S. 67.
[523]Jacques Le Rider, *Arthur Schnitzler,* Belin, 2003, S. 200

„Warum aber verwandelt sich der orthodoxe Sklave Jehovas so schnell und leicht in einen Materialisten, in einen Freidenker?" In der Tat muss man sagen: „Die Juden waren auch diejenigen, die am ehesten eine mechanisch-materialistische Weltanschauung angenommen haben. „Sie sind die Verfechter der Wirtschaftsideologien der Geschichte, des Marxismus und des Liberalismus. Für sie bestimmt die Materie alle ihre Handlungen.

Hier schien Weininger die Worte von Karl Marx in seinen Schriften von 1843 zu übernehmen: „Weil er an nichts glaubt, nimmt er seine Zuflucht zu den materiellen Dingen, und dies allein ist der Grund für seine Geldsucht. Darin sucht er nach einer Realität und gibt vor, dass das „Geschäft" ihn davon überzeugt, dass die Existenz ein Ende hat. Der einzige wirkliche Wert, den er anerkennt, ist also das „verdiente" Geld.

Der junge Schriftsteller erklärte diese Veranlagungen mit der fehlenden Transzendenz der jüdischen Religion: „Ihre Art der Gottesverehrung hat wenig mit wahrer Religion zu tun", „der Jude ist nicht der religiöse Mensch, von dem man uns so oft erzählt hat, sondern der irreligiöse Mensch", schrieb Weininger. Folglich hat das Handeln der Juden nur ein irdisches Ziel:

„Das Judentum im weitesten Sinne ist die Tendenz, die Wissenschaft auf ein Mittel zum Zweck zu reduzieren, unter Ausschluss von allem Transzendenten. Der Arier empfindet das Bedürfnis, alle Phänomene zu verstehen und abzuleiten, als Abwertung der Welt und erkennt, dass es gerade das Unergründliche ist, das der Existenz ihren Wert verleiht. Der Jude hat nicht die geringste Angst vor Geheimnissen, weil er sie nicht spürt. Alle seine Bemühungen beschränken sich darauf, die Welt auf die einfachste und alltäglichste Weise zu sehen[524]." Um den von Otto Weininger betonten Mangel an Transzendenz besser zu verstehen, können wir einige weitere Lektüren anführen. Mark Zborowskis Forschungen über die Religion und die Bräuche der mitteleuropäischen Juden sind in dieser Hinsicht ein Referenzwerk:

„Der Bund, der zwischen dem Schöpfer und seinem Geschöpf geschlossen wurde, ist ein Vertrag. Wer zu dem Volk gehört, das den Vertrag unterzeichnet hat, kann sich berechtigt fühlen, die versprochenen Belohnungen als Gegenleistung für die Einhaltung der Klauseln zu erwarten und einzufordern. Aber es ist ein zweideutiger Pakt. Einerseits besteht eine gewisse Gleichheit zwischen den Vertragspartnern, was die gegenseitigen Rechte und Pflichten angeht.

---

[524]Otto Weininger, *Geschlecht und Charakter*, 1902, Ediciones 62 s|a, 1985, Barcelona, Barcelona, S. 321, 311, 319, 310

Andererseits handelt es sich um eine Vereinbarung zwischen einer starken und einer schwachen Partei, die in hohem Maße ein Unterordnungsverhältnis impliziert. Diese Ungleichheit berechtigt das gewählte Volk, um Hilfe zu bitten, denn der Starke hat Verpflichtungen gegenüber dem Schwachen[525]." Otto Weininger ging der Frage vielleicht noch tiefer und intimer auf den Grund: „Soll ich lang und breit erklären, warum es dem Juden an Eifer im Glauben mangelt und warum die jüdische Religion die einzige ist, die nicht versucht, Proselyten zu machen, so sehr, dass es für die Juden selbst ein Rätsel ist, das sie verwundert lächeln lässt, die Sache, die das Judentum erhält? Muss man wiederholen, dass die jüdische Religion keine Lehre über das Wesen und den Zweck des Lebens ist, sondern eine historische Überlieferung, die sich im Durchzug durch das Rote Meer zusammenfassen lässt und in der Danksagung der feigen Flüchtlinge an einen mächtigen Retter gipfelt? Der Jude ist in der Tat ein irreligiöser Mensch, der von allen Überzeugungen abgeschnitten ist. Er bejaht nicht sich selbst und mit ihm die Welt, deren Wesen in der Religion liegt. Jeder Glaube ist heroisch, aber der Jude kennt weder Mut noch Angst." Nach der Lektüre dieser Zeilen können wir zugeben, dass der Autor sich endgültig von der jüdischen Religion gelöst hat. Dennoch ging Otto Weininger in seinen Angriffen weit über eine einfache Religionskritik hinaus und beschrieb die Persönlichkeit der Juden als von einer gemeinsamen Kultur geprägt. Die Parallele, die er zwischen „dem Juden" und „der Frau" zieht, mag auf den ersten Blick überraschend erscheinen:

„Ihre Ähnlichkeit beruht vor allem auf der Tatsache, dass sie wenig an sich selbst glauben. Aber die Frauen glauben an andere, an den Mann, an das Kind, an die „Liebe"; sie haben einen Schwerpunkt, auch wenn er außerhalb von ihnen liegt. Der Jude glaubt an nichts, weder an sich selbst noch an andere; er findet keinen Halt bei Fremden, ja er streckt ihnen nicht einmal seine Wurzeln entgegen, wie es die Frau tut. Die Unbeständigkeit seiner Wohnung, sein tiefes Unverständnis für Immobilien und seine Vorliebe für bewegliches Kapital scheinen symbolisch zu sein... Um eine Analogie zu den Frauen anzuführen, sei daran erinnert, dass Juden bewegliches Eigentum bevorzugen[526]." Anknüpfend an diesen Vergleich wies Weininger weiter auf diesen Unterschied zwischen „dem Arier" und „dem Juden" hin, Begriffe, die zu seiner Zeit sehr in Mode waren und verwendet wurden. Während für

---

[525]Mark Zborowski, *Olam*, 1952, Plon, 1992, S. 198 (im gleichen Sinne wie Weininger und Zborowski, siehe Anmerkung des Übersetzers in Anhang VII).
[526]Otto Weininger, *Geschlecht und Charakter*, 1902, Ediciones 62 s|a, 1985, Barcelona, S. 319, 317, 302.

den Arier das Prinzip des Guten und das Prinzip des Bösen voneinander getrennt sind, „sind im arischen Menschen das Prinzip des Guten und das Prinzip des Bösen der religiösen Philosophie vereint und gleichzeitig weit voneinander getrennt; in ihm kämpfen sein guter Dämon und sein böser Dämon. Im Juden, fast wie in der Frau, sind Gut und Böse noch nicht vollständig unterschieden[527]." Aber „die Kongruenz zwischen Judentum und Weiblichkeit scheint vollständig zu sein, sobald man an die unendliche Mutationsfähigkeit der Juden zu denken beginnt. Ihre große Begabung für den Journalismus, die „Beweglichkeit" des jüdischen Geistes, die Wurzellosigkeit ihrer Gedanken - könnte man nicht von den Juden wie von den Frauen sagen, dass sie, gerade weil sie nichts sind, alles werden können?"

Weininger wies damit auf etwas hin, das auch wir an der Ambivalenz jüdischen Fühlens und Denkens sowie an der Plastizität der jüdischen Persönlichkeit beobachten können. Indem er unverblümt feststellte, dass „der Jude nichts ist", meinte er mit dieser abrupten Formel eigentlich, dass die jüdische Persönlichkeit auf einem schwankenden Fundament von Zweideutigkeiten und Zweifeln beruht, die eine pathologische Art von literarischer Hyperaktivität erzeugen, die als Ventil dient, auch wenn sie manchmal in einen unangebrachten Exzess verfällt.

Jüdische Arroganz", schrieb Weininger, „findet ihre weitere Erklärung auch im fehlenden Selbstbewusstsein und in dem enormen Bedürfnis, den Wert der eigenen Persönlichkeit zu erhöhen, indem man den der anderen herabsetzt. Daher ihr weiblicher Ehrgeiz nach Titeln, auch wenn ihre Vorfahren lange vor den ältesten Aristokratien lebten, ein Ehrgeiz, der mit dem Wunsch einhergeht, sich mit etwas zu brüsten. Dieser Wunsch kommt durch ihr häufiges Erscheinen in den besten Logen der Theater, durch die Gemälde, die ihre Salons schmücken, durch ihre Freundschaften mit Christen und durch ihr Engagement für die Wissenschaft zum Ausdruck. Zugleich aber auch das jüdische Unverständnis für alles Aristokratische[528]." Der israelische

---

[527] „Das Individuum nimmt sich selbst auf der Grundlage der Prinzipien des Schtetls als ein Feld wahr, auf dem sich Kräfte gegenüberstehen. Es gibt immer eine gute und eine schlechte Seite, so wie „ein Stock immer zwei Enden hat". Dieses ständige Wechselspiel zwischen Gut und Böse wird nicht als innerer Konflikt erlebt, ebenso wenig wie familiäre Streitigkeiten als Zank angesehen werden. Es wird als normal angesehen, dass die beiden Aspekte einer Persönlichkeit endlos nach einem Kompromiss suchen, wobei keiner der beiden versucht, den anderen endgültig zu eliminieren, um den gesamten Raum zu besetzen. „(Mark Zborowski, *Olam*, 1952, Plon, 1992, S. 402).
[528] Otto Weininger, *Geschlecht und Charakter*, 1902, Ediciones 62 s|a, 1985, Barcelona,

Schriftsteller Avraham Yehoshua hatte eine interessante Reaktion, die diese jüdische Zweideutigkeit offenbart. In der Zeitung *Metro* vom 21. September 2005 reagierte er auf die Worte des griechischen Dirigenten Mikis Theodorakis, der erklärt hatte, dass „alles Böse in dieser Welt von den Juden kommt", und erklärte den Antisemitismus mit der „Flüchtigkeit" der jüdischen Identität, wobei er sachlich hinzufügte, dass diese „die Quelle der schlimmsten Fantasien" sein könne." Der mit der Zweideutigkeit einhergehende Zweifel wurde von Arthur Miller in seiner Autobiografie zum Ausdruck gebracht, als er über sein Stück *Die Hexen von Salem* schrieb, *das* in den amerikanischen Kolonien des 17. Jahrhunderts spielt. Über die englischen Puritaner sagte er: „Diese Neu-Engländer... waren möglicherweise *Ur-Hebräer*, mit dem gleichen wütenden Idealismus, der gleichen Hingabe an Gott, der gleichen Neigung zu legalistischer Beschränktheit, der gleichen Leidenschaft für reine und intellektuell subtile Polemik. Gott trieb sie ebenso in den Wahnsinn wie die Juden, die versuchten, ihr exklusives und unbeflecktes Gefäß des Glaubens an Ihn[529] aufrechtzuerhalten. „Zweifel und Zweideutigkeit sind in der Tat konstitutiv für die jüdische Persönlichkeit, die den Wahnsinn und die chaotische Kreativität hervorbringen.

Otto Weininger setzte seine Analyse fort und stellte eine gewisse Neigung zu Hohn und Sarkasmus fest, die sich auch aus den obigen Überlegungen ergibt: „Er schafft es nie, sich selbst ernst zu nehmen, und nimmt natürlich auch andere Menschen und alles andere nicht ernst... Der Jude glaubt nicht, dass es etwas Wahres und Unveränderliches, Heiliges und Unverwundbares gibt. Deshalb ist er ausgesprochen frivol und macht sich über alles lustig... Die Satire ist im Grunde intolerant und entspricht daher am besten dem typischen Wesen des Juden, wie auch dem der Frau. Sowohl Juden als auch Frauen fehlt es an Humor, aber sie mögen Spott...Dieser Mangel an Tiefe erklärt auch das Fehlen wirklich großer Männer unter den Juden und ist die Ursache dafür, dass dem Judentum wie den Frauen das Genie abgesprochen wird...Die spezifische Art von Intelligenz, die sowohl Juden als auch Frauen zugeschrieben wird, ist einerseits die vorsichtige Wachsamkeit eines großen Egoismus und andererseits die unendliche Anpassungsfähigkeit beider an äußere Ziele, wie auch immer sie

---

S. 306, 316, 304.

[529] Arthur Miller, *Vueltas al tiempo*, Tusquets, Barcelona, 1999, S. 50. *Ur-hebreos: ur* ist eine deutsche Vorsilbe, die auf Altertum und Vorrangigkeit hinweist. Das wäre gleichbedeutend mit „Proto-Hebräer".

aussehen mögen[530] ..." Aber „ohne einen Glauben hätten die Juden nicht bestehen und sich erhalten können, und dieser Glaube ist das verworrene, undurchsichtige und doch verzweifelt sichere Gefühl, dass etwas mit dem Judentum und im Judentum geschehen muss. Dieses Etwas ist der Messias, der Retter des Judentums ist der Retter der Juden[531] ... Die Hoffnung des Judentums ist identifizierbar mit der ständigen Möglichkeit, dass aus seiner Gattung der große Sieger, der Stifter der Religionen hervorgehen wird. Dies ist die unbewusste Bedeutung aller messianischen Hoffnungen in der jüdischen Tradition[532]." Die dem jüdischen Messianismus innewohnende Hoffnung ist in der Tat die beherrschende Idee, die die jüdische Persönlichkeit so strukturiert, dass das ganze Gebäude zusammenbrechen würde, wenn der Messias tatsächlich käme. David Banon hat dieses mentale Universum, das permanente Frustration und zerebrale Erregung hervorruft und den Einzelnen zu übersteigertem Aktivismus treibt, perfekt beschrieben:

„In seinem Wesen ist es das Streben nach dem Unmöglichen. Die messianische Spannung ist ein fieberhaftes Warten, eine rastlose Hoffnung, die weder Ruhe noch Erholung kennt... Die messianische Spannung lässt das jüdische Volk immer in der Erwartung leben, dass eine radikale Umgestaltung des Lebens auf der Erde unmittelbar bevorsteht... Die Erlösung ist immer nahe, aber wenn sie käme, würde sie sofort im Namen des absoluten Anspruchs in Frage gestellt, den sie zu erfüllen beansprucht". „Die am Ende der Zeit versprochene Erlösung hält eine Wirklichkeit aufrecht, die immer jenseits des Bestehenden liegt und daher nie erreicht werden wird. Aber der Mensch muss ständig nach ihr streben. Der Messias ist immer derjenige, der eines Tages kommen muss... aber derjenige, der schließlich erscheint, kann nur ein falscher Messias sein[533]." Weiningers Parallele zwischen „dem Juden"

---

[530]Otto Weininger, *Geschlecht und Charakter*, 1902, Ediciones 62 s|a, 1985, Barcelona, Barcelona, S. 317, 315, 312, 313

[531]Erinnern wir uns an die oben zitierten Worte von Guy Konopnicki: „Etwas taucht auf, etwas, das uns übertrifft und uns entgeht... Es wächst etwas, das weder mit den Revolutionen vergleichbar ist, die von den bärtigen Männern des letzten Jahrhunderts vorhergesehen wurden, noch mit dem triumphalen Fortschritt, der zur Zeit der Aufklärung angekündigt wurde. Etwas Ungreifbares, das durch die Konfrontationen und Krisen unserer Zeit geboren wird... Etwas wird aus dieser Krise hervorgehen. Wie bei allen vorherigen, etwas, das weder französisch, noch amerikanisch, noch russisch sein wird." „

[532]Otto Weininger, *Geschlecht und Charakter*, 1902, Ediciones 62 s|a, 1985, Barcelona, S. 326.

[533]David Banon, *Le Messianisme*, Presses Universitaires de France, 1998, S. 5-7, 11

und „der Frau" wird vielleicht noch bedeutsamer durch seine Analyse der sozialen Entwicklung der modernen Gesellschaft, die dem „Patriarchat" und der väterlichen Autorität in all ihren Formen so kritisch gegenübersteht[534]: „In unseren Tagen sehen wir das Judentum auf der höchsten Stufe, die es seit der Zeit des Herodes erreicht hat. Der moderne Geist ist jüdisch, egal wie man es betrachtet. Die Sexualität wird verherrlicht und die aktuelle Ethik der Gattung besingt den Koitus... Unsere Zeit ist nicht nur die jüdischste, sondern auch die feministischste...Die Zeit des leichtgläubigsten Anarchismus, der kein Verständnis für Staat und Recht hat; die Zeit der Ethik der Gattung und der oberflächlichsten Geschichtsauffassung (historischer Materialismus); die Zeit des Kapitalismus und des Marxismus, für die Geschichte, Leben und Wissenschaft nichts anderes bedeuten als Ökonomie und Technik; die Zeit, in der das Genie als eine Form des Wahnsinns gilt und die dennoch weder einen großen Künstler noch einen großen Philosophen besitzt."

Für den Neophyten Weininger war diese Umkehrung der Werte jedoch nicht zwangsläufig: „Gegenüber dem neuen Judentum tut sich ein neues Christentum auf; die Menschheit erwartet den neuen Religionsstifter, und der Kampf sucht nach einer Entscheidung wie im Jahr eins *[unserer Zeitrechnung]*. Die Menschheit hat erneut die Wahl zwischen Judentum und Christentum, *[zwischen Wirtschaft und Kultur, zwischen Frau und Mann]*, zwischen Art und Persönlichkeit, zwischen Nichts und Göttlichkeit..." Das geschilderte Bild war also eher düster, aber Otto Weininger sprach wohl in voller Kenntnis der Sachlage, als er schrieb: „Es gibt keinen männlichen Juden, der nicht, wie verworren auch immer, unter seinem Jüdischsein, d.h. unter seiner Glaubenslosigkeit leidet... „Der Jude ist das „am meisten zerrissene, an innerer Identität ärmste Individuum... der Jude ist niemals harmonisch und ganz. Folglich ist der Semite feige, das genaue Gegenteil des Helden[535]." Der Selbsthass mancher Juden wurde von mehreren Schriftstellern untersucht, insbesondere von Theodor Lessing, einem militanten Zionisten, Publizisten, Journalisten und Professor an der Universität Hannover, in seinem 1930 erschienenen Buch. Im Jahr 1906 besuchte Lessing Galizien in Südpolen, um die dortigen Schtetl und städtischen Zentren zu beobachten. Die ergreifenden, aber völlig unangemessenen Beschreibungen, die er nach seiner Rückkehr veröffentlichte, sollten ihm einige Probleme bereiten. Danach wurde

---

[534]Hervé Ryssen, *Planetarische Hoffnungen, Die matriarchale Gesellschaft*, (2022).
[535]Otto Weininger, *Geschlecht und Charakter*, 1902, Ediciones 62 s|a, 1985, Barcelona, S. 326, 327, 322 *[aus der französischen Übersetzung im Text kursiv hinzugefügt]*.

Lessing vorgeworfen, ein „jüdischer Antisemit" zu sein. Offenbar ähnelten seine Reaktionen „denen eines Gustav Mahler, als er aus Lemberg (Lvov) an seine Frau Alma schrieb: „Mein Gott, und ich soll mit diesen Leuten verwandt sein[536] ?"„

Auch Theodor Lessing, schrieb Maurice-Ruben Hayoun, sah „die literarische, philosophische und künstlerische Hyperproduktivität, die eine wachsende Zahl ihrer Glaubensgenossen jenseits des Rheins an den Tag legte", nicht positiv. Für ihn offenbaren diese Erscheinungen eine „Psychopathologie der Geschichte des jüdischen Volkes[537]." In seinem Werk *Selbsthass, Weigerung, Jude zu sein (oder Der Judenhass)* untersuchte er die Fälle von sechs „antisemitischen Juden": Paul Rée, Otto Weininger, Arthur Trebitsch, Max Steiner, Walter Calé und Maximilian Harden. Der interessanteste Text in seinem Buch waren jedoch wahrscheinlich die Auszüge aus dem Tagebuch einer Frau von hoher Geburt und hohem Status, das um 1920 geschrieben wurde. Diese Frau war „wohlgeboren, schön, gesund und begabt", litt aber „seit ihren frühesten Jahren an einer Krankheit der ethischen Selbstzerstörung". Ihre Worte, die sehr hart und herzzerreißend waren, spiegelten das tiefe Leid der vom Selbsthass geplagten Juden wider, die wahrscheinlich viel zahlreicher sind, als man allgemein annimmt:

„Ich bin mir über etwas Unausweichliches im Klaren: Das Judentum liegt in meinem Wesen. Ich kann sie nicht einfach mit einer Bürste abschütteln. Wie ein Hund oder ein Schwein, das sich nicht von seiner hündischen oder schweinischen Natur befreien kann, kann ich mich nicht von den ewigen Fesseln des Seins befreien, die mich auf dieser Zwischenebene zwischen Menschlichkeit und Animalität gefangen halten: der Jude... Niemals, solange ich lebe, kann ich mich von dem Fluch meines Seins trennen, noch die Sünde meines Jüdischseins verleugnen, die auf mir lastet wie ein Berg. Ich fühle mich verflucht und verdammt... Es gibt Momente, in denen ich das Gefühl habe, ich sollte mir die Adern aufschneiden und dieses Blut der Gülle fließen lassen, das sowohl meinen Körper als auch meinen Geist infiziert. Das stimmt! Ich wäre lieber ein Tier gewesen, ich hätte das Blut einer Ratte oder einer Schlange diesem Blut der wandelnden Pestilenz vorgezogen, dieser Form, diesem Symbol des Anti-Göttlichen.

Manchmal überkommt mich eine verrückte Idee: Ich will mein

---

[536]Theodor Lessing, *La Haine de soi, le refus d'être juif*, 1930, Berg international, 1990, S. 13.
[537]Theodor Lessing, *La Haine de soi, le refus d'être juif*, 1930, Berg international, 1990, S. 34.

Wesen mit einem Verbrechen erlösen. Um wenigstens einen dieser kleinen Juden zu beseitigen, die für die deutsche Niederlage verantwortlich sind. Einer dieser schamlosen jüdischen Hunde, die die Frechheit besaßen, über das deutsche Volk in Österreich herrschen zu wollen. Mein Leben zu spenden, mich mit einem Bad aus jüdischem Blut zu reinigen. Ich schwelge in dieser Idee, ich genieße sie bis zum Ende, ich lasse mich gehen, verzweifelt... Mein Blut kocht, bis es vom Boden aufsteigt, als ob es vor Freude, ohne Wissen, vor Hass brennt. Wenn ich sie alle töten könnte - alle! Löscht sie vom Angesicht der Erde, rettet das Universum! Wenn ich sie ausrotten könnte, wenn ich mein Leben geben könnte, um diese Seuche, diese Epidemie auszurotten. Ich sehe alles so rot, dass mir das Blut in den Adern gefriert... Der gottlose und verdrehte Geist der Juden war schon immer ein Geist der Zwietracht und der Ablehnung...

Der Jude muss immer vernichten, zerstören, vergiften und verunreinigen: Rassen, Ideale, die Herzen der Menschen, egal was. Er trägt den Fluch seiner ruchlosen Natur durch die Jahrtausende der Menschheitsgeschichte in sich... Vom Neid zerfressen, will er das Universum besudeln und ihm nehmen, was er ignoriert und was er nicht besitzt. Deshalb hasst er alles, was rein ist, und spuckt auf alles, was groß ist, sonst könnte er es nicht erreichen. Aus diesem Grund zerstört er auch, was andere aufbauen, und denkt nur an die Verwüstung. Gegenwärtig führt ihn sein Instinkt dazu, die blonde, blauäugige Menschheit vernichten zu wollen, jene Menschheit, die ihn schmerzlich an seine schwarze, tieräugige, kurzbeinige Rasse erinnert... Das erklärt seinen Schrei nach *Gleichheit*, das erklärt seine instinktive Neigung zur Sozialdemokratie und zum Kommunismus, die nichts anderes darstellen als den verachtenswerten Hass der Unterlegenen auf die Überlegenen... Ohnmächtig und unsichtbar, als wäre sie erloschen, während die Sonne im Zenit steht; ihre Macht wächst nur mit dem Sonnenuntergang und der Nacht, und wenn, wie heute, die Sonne der Menschheit tief am Horizont steht und wir die Strahlen der finsteren Finsternis dieses ewigen Leugners übermäßig wachsen sehen, wird sie so groß, so groß, dass die Erde von ihr umhüllt wird...

Das Judentum ist wahrscheinlich eine Stufe in der Evolution des Werdens, die wir durchlaufen müssen, um eine höhere Form und ein edleres Wesen zu erreichen. In diesem Sinne bin ich dem Judentum bereits entwachsen, denn ich verleugne den Egoismus und das Streben nach Glück, dieses uralte Überbleibsel des jüdischen Erbes, ich ignoriere das Streben nach irdischen Gütern... Ach, was wisst ihr blauäugigen blonden Menschen, die ihr von den Göttern geliebt werdet, was wisst ihr von der ewigen, sonnenlosen Nacht von *Nifelheim538* ? Aber ich hasse Sie nicht und beneide Sie nicht. Ich liebe dich, weil ich alles liebe, was hoch, edel und schön ist. Ich akzeptiere jede höhere Form, die nicht der meinen gleicht und mich hier unten hält, freiwillig abseits... Das ist der Grund, warum ich mich durch eine fremde Größe nicht erniedrigt fühle, im Gegenteil, ich erhebe mich in Übereinstimmung mit ihr...

Aber wer kann glauben oder sich vorstellen, ohne selbst das ewige Schicksal Christi erlebt und erlitten zu haben, dass niemand weiter vom Judentum entfernt ist als der, der es überwunden hat? Nur wer eine Krankheit überwunden hat, kann gegen sie geimpft werden, nur wer die Pest gesehen und überlebt hat, kann frei von Ansteckung sein. Wenn ich Germanien wirklich liebe, muss ich mir gelassen meine Vernichtung wünschen. Es gibt heute kaum ein tragischeres Schicksal als das der wenigen Menschen, die wirklich mit ihrer jüdischen Herkunft gebrochen haben... Ich wünschte, ich könnte den Deutschen zurufen: Bleibt standhaft! Bleibt standhaft! Habt kein Erbarmen! Nicht einmal mit mir!... Machen wir dieser giftigen Flut ein für alle Mal ein Ende! Verbrennen wir dieses Wespennest! Selbst wenn hundert Gerechte mit den Ungerechten vernichtet würden, was sind sie wert? Was sind wir wert? Was bin ich wert? Nein! Habt kein Mitleid, ich bitte euch[539]." Dieses bewegende Zeugnis veranschaulicht sehr gut das verborgene Leiden, das hier und da in den Texten mancher Autoren auftaucht, die es nicht zu wagen scheinen, ihre inneren Qualen vollständig zuzugeben. Die gleiche Vehemenz sahen wir bei Rahel Levine, als sie in ihrem Berliner Salon die größten deutschen Schriftsteller des späten 18. In einem Brief an ihren Bruder schrieb sie: „Mein Leben ist nichts als eine langsame Qual... Ich werde diese Schande nicht eine Sekunde lang vergessen. Ich trinke ihn mit dem Wasser, ich trinke ihn mit dem Wein, ich trinke ihn mit der Luft, mit jedem Atemzug. Der Jude muss in uns ausgerottet werden, auch auf Kosten unseres Lebens, das ist die heilige Wahrheit[540]." Auch der Philosoph Arthur Trebitsch, Autor von etwa zwanzig Büchern, erlebte diese Identitätskrise. Er wurde 1880 in Wien geboren und war bis zu seinem Tod „der wütendste Verfolger der Juden". Sein Leben ist der klassische Fall von jüdischem Selbsthass, so erschütternd und verzweifelt wie selten seit Pfefferkorn. Seit seinen

---

[538]*Nifelheim*: „Haus des Nebels" ist in der nordischen Mythologie das Reich der Dunkelheit und Finsternis, eingehüllt in ewigen Nebel.
[539]Theodor Lessing, *La Haine de soi, le refus d'être juif*, 1930, Berg international, S. 163-168.
[540]Léon Poliakov, *Histoire de l'antisémitisme, Tome II*, 1981, Points Seuil, 1990, S. 96.

frühesten Jahren keimte im Geist dieses schönen blonden Jungen eine echte Wahnvorstellung: eine geheime jüdische Vereinigung breitete ihre Tentakel von einem Ende des Universums zum anderen aus, um die Welt zu beherrschen und die arischen Völker zu vernichten... Das war seine Wahnvorstellung. Im Dienste des deutschen Volkes wurde er zu einem treuen Kämpfer und Kameraden von General Erich Ludendorff und dessen Frau Mathilde. Trebitsch litt zeitlebens an einer schweren Augenkrankheit, die allmählich zur Erblindung führte.

Arthur Trebitsch, der sich den Idealen des Nationalsozialismus verschrieben hatte, war ein radikaler Anhänger des Antisemitismus. Lessing, der die Figur beschrieb, bemerkte auch „seine monomanische Wut darüber, als Jude bezeichnet zu werden": „Wir entdecken in seiner Biographie eine sinnlose Abfolge von Streitereien, Duellen, Auseinandersetzungen, Skandalen und Problemen... Einmal reichte er eine Klage ein, die er vor jede gerichtliche Instanz bringen wollte, weil er in seiner germanischen Zugehörigkeit von einem „Niemand" beleidigt worden war, der ihn als „Jude" bezeichnet hatte. Schließlich bat er eines Tages seine Parteifreunde um ein Vertrauensvotum, schickte dann aber alle, die sich weigerten, für ihn zu stimmen, als Zeugen zum Duell. Er wurde wütend auf alle Fraktionen, verärgerte die Nationalsozialisten, die ihn zum Fraktionsvorsitzenden gewählt hatten, verärgerte die Kirche, den Klerus und das Zentrum." Arthur Trebitsch organisierte Vortragsreisen durch ganz Deutschland, um seinen Zeitgenossen die Augen zu öffnen. „Größenwahn führt zu Verfolgungswahn", schrieb Lessing. Trebitsch habe unter akuter Paranoia gelitten: „Er ist von der Existenz eines Geheimbundes - er nennt ihn *Weltcharusse* - überzeugt, der versucht, ihn zu ermorden[541]." Er war auch „davon überzeugt, dass es selbst in seiner antisemitischen und *wölkisch geprägten* Partei Juden gab, die im Verborgenen agierten. Durch die Gründung eines „Kulturvereins" stellte er diese haarsträubende Forderung auf: eine Kommission zu organisieren, die untersuchen sollte, ob eines der Mitglieder der Gruppe beschnitten war, und so einen eingeschleusten jüdischen Spion zu verhaften. Dieses „Ausschnüffeln" von Juden bereitete ihm immer mehr Probleme. Er behauptet, dass die Juden, um einen ungesunden Einfluss auf die Geister auszuüben, Frauen einsetzen, die mit Schriftstellern und Politikern in Kontakt treten, die sie für gefährlich halten. So sollen Schriftsteller wie Laurids Brunn und Arthur Sinter dem Mystizismus

---

[541]Theodor Lessing, *La Haine de soi, le refus d'être juif*, 1930, Berg international, S. 80, 90, 92. Zur *„Weltchawrusse"* (Berliner Judenmafia), siehe *L'Histoire de l'antisémitisme* von Leon Poliakov, S. 352 ff.

verfallen sein, beeinflusst von den Handlungen der Frauen im Dienste der Juden. *Chawrusse* war der Initiator zahlreicher Ehen zwischen Staatsmännern und jüdischen Frauen. Er selbst soll viermal dem Versuch entkommen sein, ihn zu infizieren, um ihn zu lähmen. Auf jeder Seite[542] erzählt er von all diesen Erleuchtungen. „Arthur Trebitsch starb 1929 in Wien an Tuberkulose, in der Überzeugung, dass es den Juden gelungen war, ihn zu vergiften.

Ansonsten ist das Buch von Theodor Lessing eher enttäuschend. Wie Leon Poliakov in seiner *Geschichte der jüdischen Identitätskrisen haben* diese Autoren nicht versucht, die Ursachen dieser Angst oder die Gründe für die Ablehnung des Jüdischseins zu verstehen, sondern sie einfach als ein Rätsel und eine Anomalie betrachtet. Trotz der Messung von Trebitschs Bemühungen, sein Deutschtum zu behaupten, äußerte Lessing nur milde Ironie über ein Verhalten, das er als übertrieben und unterwürfig empfand, und verglich es mit dem eines Disraeli, der kein Blatt vor den Mund nahm, um seine Ziele zu erreichen. Er schrieb über den Mann, der „Lord Beaconsfield" werden sollte: „Beaconsfield wäre niemals Premierminister von England geworden, wenn er sich der Welt ständig als der wahrhaftigste Engländer präsentiert hätte, anstatt sich daran zu erinnern, dass er gerade stolz darauf war, ein Jude zu sein[543]." Damit wurde Arthur Trebitschs Absicht wirklich missverstanden, denn Lessing schien nicht verstanden zu haben, dass Trebitsch und Weininger aus dem einfachen Grund keine Juden mehr waren, weil sie beschlossen hatten, keine Juden mehr zu sein, und dies durch ihre Worte und Taten vollständig bewiesen hatten.

Theodor Lessing hingegen wies zu Recht darauf hin, dass schon viele Juden vor ihnen diesen befreienden Weg eingeschlagen hatten: „Alle antijüdischen Kräfte haben stets über eine Staatsmacht verfügt, die sich aus Juden zusammensetzte, die über die Vorurteile ihrer Herren hinausgegangen sind. Arthur Schopenhauer wurde in seinen

---

[542]Theodor Lessing, *La Haine de soi, le refus d'être juif*, 1930, Berg international, S. 94. Wir kennen jedoch zahlreiche Beispiele von französischen Politikern, die mit Frauen jüdischer Herkunft verheiratet waren: François Mitterrand, Michel Rocard, Robert Hue, Jacques Toubon, Jean-Pierre Chevènement, Dominique Baudis, Alain Besancenot, etc...(lesen Sie die unschätzbare *Encyclopédie politique française* von Emmanuel Ratier); ebenso wie andere berühmte Männer: Anatole France, André Malraux, Jacques Lacan, Georges Bataille, Jacques Maritain, Georges Bizet, Andréi Sacharow, Thomas Mann, Tolstoi, Stalin usw.; andere hatten jüdische Geliebte, wie Goethe, Paul Bourget, Charles Péguy, Dumas (Vater und Sohn), Romain Rolland. Alle waren pro-israelisch.

[543]Theodor Lessing, *La Haine de soi, le refus d'être juif*, 1930, Berg international, S. 89.

antijüdischen Krisen von seinen ersten Aposteln Frauenstadt und Ascher unterstützt. Richard Wagner, der später zum Juden erklärt werden sollte, wurde von seinen jüdischen Schülern Heinrich Porges und Herman Levi nicht widersprochen, als er Meyerbeer, Mendelsohn, Halevy und Bizet als Juden verunglimpfte, die die deutsche Musik sabotierten. Paul Rée und Siegfried Lipiner, Nietzsches jüdische Schüler, waren „Antisemiten", während ihr Meister die Juden hoch schätzte. Und der seltsamste aller Antisemiten, Eugene Duhring, erlebte eines Tages eine große Überraschung, als der jüdische Schriftsteller Benedict Friedlander, der seine antijüdischen Schriften bewunderte, ihm sein gesamtes Vermögen vermachte, nachdem er Selbstmord begangen hatte. „Und Lessing fügte hinzu: „Eine Zentrifugalkraft wirkt sich schädlich auf das Judentum aus, wenn es sich selbst verliert und seine stärksten Seelen nicht halten kann (man denke an Jesus und Spinoza)." Wir sind bereit zu glauben, dass der Bruch mit dem Judentum keine leichte Aufgabe ist. In der Regel dauert es mehrere Generationen, bis das Judentum schwächer wird und ganz verschwindet. Andere, bewusstere Juden möchten vielleicht sofort das Judentum ablehnen, das sie als „Gefängnis" betrachten, wie Jean Daniel schrieb. Lessing hat den Zustand des Juden auf eine schöne Formel gebracht: „dieser Fluch, der darin besteht, ein Gefangener des Rings des Judentums zu sein"[544]. „Ein eindrucksvolles und treffendes Bild, nachdem man die *Herr der Ringe-Trilogie* gesehen hat.

Für sie ist der Prozess sicherlich schmerzhafter und kann nur durch entschlossenes Handeln und ein starkes geistiges und politisches Engagement zu einem erfolgreichen Abschluss gebracht werden. Erinnern wir uns an die Worte dieser jungen Frau in ihrem Tagebuch: „Niemand ist weiter vom Judentum entfernt als der, der es überwunden hat. *„Christus ist der größte Mensch, weil er derjenige ist, der sich mit dem größten Feind gemessen hat"*, schrieb schon Weininger:545. „Im Gegensatz zu Arthur Trebitsch blieb Weininger bei einer judäozentrischen Sichtweise. Aber das macht nichts, solange sie sich vom Judentum lösen. Schließlich gibt es keinen Grund, alle Juden dazu zu verurteilen, das Schicksal von Golum zu erleiden.

Selbstmorde

---

[544]Theodor Lessing, *La Haine de soi, le refus d'être juif,* 1930, Berg international, S. 82, 88

[545]Otto Weininger, *Geschlecht und Charakter,* 1902, Ediciones 62 s|a, 1985, Barcelona, S. 326.

Dies gibt uns ein besseres Verständnis für die Häufigkeit von Selbstmorden unter Juden, insbesondere unter den Intellektuellen dieser kleinen Gemeinschaft. Vervollständigen wir nun die Liste der Elie Wiesel bekannten Selbstmorde[546]. Wir haben in dieser Studie bereits die Fälle von Jerzy Kosinski, Bruno Bettelheim und Alfred Wolfmann behandelt. So wie andere ihm Nahestehende und Bekannte ihrem Leben ein Ende gesetzt hatten, war Wiesel auch vom Selbstmord des jüdischen Intellektuellen Walter Benjamin überrascht, für den er ebenfalls keinen Grund für seine Verzweiflungstat sah: „Spanien hat die von der Gestapo verfolgten Juden nie ausgewiesen. Der Philosoph Walter Benjamin hatte keinen Grund, Selbstmord zu begehen: Er wäre nicht an die Vichy-Polizei ausgeliefert worden. Außerdem hatte Franco seine Hintermänner in den von Deutschland besetzten Ländern angewiesen, sephardischen Juden spanische Pässe auszustellen." Als junger Journalist begann Wiesel, einen Bericht über seine Jahre in den Konzentrationslagern auf Jiddisch zu schreiben. Er gab es einer Freundin, Yaffah, zu lesen, die für ein israelisches Filmmagazin arbeitete: Sie sollte „Jahre später in den Vereinigten Staaten den Verstand verlieren. Sie ist paranoid und flieht schließlich vor ihren „Verfolgern", indem sie sich in den Tod flüchtet." Elie Wiesel schien es zu genießen, die Menschen aufzuzählen, denen er begegnete und die ihr Leben beendeten: „Der jüdische Historiker Joseph Wulf beging ein paar Jahre später in Berlin Selbstmord. „Oder: „Arnold Foster, der Rädelsführer aller Kämpfe gegen den Antisemitismus, erzählt mir von seinem Neffen Harold Fender, Autor eines desillusionierten Hemingway-ähnlichen Romans, *Paris blues*; er wird einen bewegenden Bericht über die Rettung der dänischen Juden schreiben und bis zu seinem Selbstmord nicht aufhören, über das Thema der Konzentrationslager zu schreiben[547]." In *The Force for Good* erinnerte Marek Halter an das Drama der deutschen Juden, die so gut „integriert" waren. Auch er verstand, wie alle anderen, den Antisemitismus nicht, der die deutschen Juden „schockiert" hatte und seiner Meinung nach zu der Selbstmord-Epidemie führte:

„Es gibt wenige Länder, in denen die kulturelle Integration der Juden so perfekt und vollendet war wie in Deutschland. Vor Hitler zählte die jüdische Gemeinde fünfhunderttausend Menschen, von denen ein Drittel in Berlin lebte. Ihre Präsenz in Literatur und Wissenschaft war offensichtlich. Deutsch war die Sprache, in der Freud, Einstein, Kafka, Schnitzler, Kraus, Werfel, Schonberg, Mahler usw.

---

[546]Hervé Ryssen, *Planetarische Hoffnungen*, (2022).
[547]Elie Wiesel, *Mémoires, Band I*, Seuil, 1994, S. 243, 302, 433, 485.

schrieben und dachten... Es gibt heute weniger als dreißigtausend Juden in Deutschland, fast alle aus Russland. Ihre Ausgrenzung durch die Nazi-Macht, ihre kulturelle und später auch physische Ächtung, schockierte sie. Die Aufgabe des Menschlichen im Land des Humanismus, seine gewaltsame Verleugnung; der Schock war so brutal, die Enttäuschung so groß, dass sich rasch eine beeindruckende Welle von Selbstmorden ausbreitete. Die Litanei dieser Namen spricht Bände über die Hoffnungslosigkeit einer ganzen Kultur. Kurt Tucholsky, Kritiker und Dramatiker, beging Selbstmord. Ernst Toller, Dichter, beging Selbstmord. Ludwig Fulda, Dramatiker, Selbstmord. Selbstmord begingen auch der Philosoph Walter Benjamin, der Schriftsteller Ernst Weiss, der Dramatiker Walter Haserchever, der Komponist Gustave Brecher und der Romancier Stefan Zweig[548]." Es wird jedoch davon ausgegangen, dass die Juden nicht bis 1933 gewartet haben, um Selbstmord zu begehen. Auch Françoise Giroud erwähnt in ihrem Buch über Alma Mahler, die Ehefrau des Komponisten, diese Selbstmordneigung: „Eine tragische Nachricht hat soeben die Werfels getroffen: der Tod von Hugo von Hofmannsthal. Der älteste Sohn des Dichters, Franz, beging im Alter von sechsundzwanzig Jahren Selbstmord, indem er sich mit einer Pistole erschoss. Am Tag der Beerdigung des jungen Mannes, als er den Trauerzug anführte, brach Hofmannsthal zusammen und starb im Alter von fünfundfünfzig Jahren. Das einstige Idol der Wiener *Intelligenz hatte lange Zeit* sterben wollen[549]." Marthe Roberts Buch *Von Ödipus zu Moses* erwähnt auch die häufigen Selbstmorde mitteleuropäischer jüdischer Emigranten in den europäischen Hauptstädten, die „eine ganze Generation von geistig und sozial entwurzelten Juden" bildeten. In einem Brief schrieb Marthe Robert: „Kafka beschwört die Fremdheit und pathologische Unausgeglichenheit seiner jüdischen Glaubensgenossen im deutschen Institut in Prag. Viele von ihnen, sagt er, haben während seiner Studienjahre Selbstmord begangen[550]." Marthe Robert zitierte auch einen Brief Freuds über den Selbstmord von Nathan Weiss, „ein wertvolles Dokument über die Wiener jüdische Welt jener Zeit und über ihre etwas spezifischen Krankheiten (hauptsächlich Tuberkulose und Selbstmord, wie gerade die häufigen Dramen unter Freuds Verwandten zeigen). Freud zeichnet ein eindrucksvolles Porträt der Familie Weiss...Er zeigt den Vater, einen gelehrten Rabbi, der mit unermesslichem Stolz ausgestattet ist, dazu geizig und voller Bosheit;

[548]Marek Halter, *La force du Bien*, Robert Laffont, 1995, S. 56.
[549]Françoise Giroud, *Alma Mahler*, Robert Laffont, 1988, Pocket 1989, S. 168
[550]Marthe Robert, *D'Oedipe à Moïse*, 1974, Agora, 1987, S. 18.

dann den Sohn, begabt und brillant, mit Verführungskünsten und jenem „Emporkömmling" Zynismus, der aber unerwartet zusammenbricht, gerade als er sein Ziel (eine vorteilhafte Heirat) erreicht[551]." Edward Drumont hatte bereits 1886 in seinem berühmten Buch „Jüdisches Frankreich" festgestellt: „Der plötzliche Tod ist bei Juden dennoch häufiger als der Selbstmord, obwohl letzterer in erstaunlichem Maße zunimmt, was den Fortschritt der Neurose bei ihnen zeigt." Es wäre in der Tat interessant, endlich Zugang zu Statistiken zu diesem Thema zu haben. Studenten der Sozialwissenschaften könnten sich vielleicht mit diesem Thema befassen, indem sie zum Beispiel in den Archiven der psychiatrischen Anstalten nachforschen, um das Ausmaß der wenig bekannten Tragödie zu ermitteln, von der ein Teil unserer Mitbürger betroffen ist. Auf jeden Fall sollte man noch einmal darauf hinweisen, dass Elie Wiesel und Marek Halter mit ihrem Versuch, all diese Selbstmorde durch die während des Zweiten Weltkriegs erlittenen Qualen zu erklären, lediglich den Rest der „Menschheit" für ein Problem verantwortlich machen, das speziell ihre Gemeinschaft betrifft.

---

[551]Korrespondenz, Brief an Martha vom 16. September 1883, zitiert in Marthe Robert, *D'Oedipe à Moïse*, 1974, Agora, 1987, S. 115.

2. Psychoanalyse des Judentums

Klinisches Bild der Histrioniker

Unter den verschiedenen Arten von pathologischen Persönlichkeiten unterscheiden Psychotherapeuten im Allgemeinen folgende Persönlichkeiten: ängstliche, paranoide, histrionische, zwanghafte, narzisstische, schizoide, depressive, abhängige, passiv-aggressive, schlüpfrige Persönlichkeiten. Die „histrionische" Persönlichkeit ist diejenige, die uns hier interessieren wird.

Um einen Einblick in diese Pathologie zu geben, werden wir zunächst eine kurze Analyse eines Mannes vorstellen, der in seiner beruflichen Tätigkeit mit einer offensichtlich histrionischen jungen Frau zu tun hatte:

„Katrina versucht ständig, die Aufmerksamkeit anderer auf sich zu ziehen, und zwar mit allen ihr zur Verfügung stehenden Mitteln: dezent aufreizende Kleidung, verführerisches Verhalten, theatralische Äußerungen bei Begegnungen, verstörende Verhaltensänderungen (von Verführung zu Gleichgültigkeit), dramatisierte Hilferufe (wenn sie sich als trauerndes Kind präsentiert). Sie hat eine sehr große „Bandbreite", um die Aufmerksamkeit der anderen zu erregen. John hat auch bemerkt, dass seine Gefühle schnell wechseln: In einer einzigen Nacht ist er von Verzweiflung zu der Aufregung des Verführungsspiels übergegangen, dann zu geheimnisvoller Traurigkeit, zu Kälte und schließlich zu einem feurigen Kuss. Schließlich neigt er dazu, manche Menschen zu idealisieren und mit Bewunderung von ihnen zu sprechen, andere aber auch in übertriebener Weise herabzusetzen, die vielleicht sogar die gleichen sind. [Man kann innerhalb eines Wimpernschlags vom Helden zum Schurken werden", kommentiert François Lelord.] John merkt, dass er nicht mehr weiß, ob Katrina nur eine Schauspielerin „spielt" oder ob dieses theatralische Verhalten ihr wahres Wesen ist[552]." Am Arbeitsplatz und vor allem in Sitzungen sind histrionische Persönlichkeiten manchmal sehr schwer zu ertragen. Während von ihnen ein präziser, sachlicher, problemlösender Diskurs erwartet wird,

---

[552]François Lelord, *Comment gérer les personalités difficiles*, Odile Jacob, 2000, S. 89-107.

produzieren sie einen verwirrten, dramatisierten, emotionsbetonten Diskurs. Histrionische Persönlichkeiten sind auch sehr „empfindlich gegenüber der Meinung anderer". Sie haben „eine eher eingeschränkte Fähigkeit, sich selbst zu beobachten und die Realität ihrer Gefühle zu erkennen." Das Adjektiv „histrionisch" zur Definition dieses Persönlichkeitstyps ist relativ neu im Vokabular der Psychotherapeuten. Vor der „histrionischen" Persönlichkeit sprach man von der „hysterischen" Persönlichkeit, ein Begriff, der aus dem Griechischen „husteros" stammt und aus dem das Wort „Uterus" hervorgegangen ist. Die Griechen glaubten in der Tat, dass „die lauten und exzessiven Demonstrationen der Frauen durch die innere Erregung ihrer Gebärmutter verursacht wurden. „In der Tat ist diese Pathologie bei Frauen viel häufiger als bei Männern.

Das populäre Bild der Hysterie, d. h. der von epilepsieähnlichen Krämpfen geplagten Wahnsinnigen, stammt aus dem 19. Jahrhundert und dem Werk des berühmten Arztes Jean-Martin Charcot de la Salpêtrière. Aber „der von Charcot beschriebene große pseudokonvulsive epileptische Anfall ist heute selten[553]. „Die körperlichen Erscheinungsformen der Krankheit sind vielfältiger geworden. Die Ausdrucksformen der Hysterie sind in der Tat sowohl kulturell als auch individuell. „Je nach Zeit und Kultur erleichtert oder unterdrückt die soziale Gruppe die lautesten Erscheinungsformen der Neurose. Die technische Zivilisation begünstigt sie nicht sehr, weshalb wir heute nur noch selten „die große Hysterie" antreffen, wie sie von der Ikonographie der Salpêtrière popularisiert wurde, was allerdings nicht bedeutet, dass die Hysterie verschwunden ist, sondern eher, dass sie diskreter geworden ist und anderen Mustern folgt[554]." Allerdings beobachteten die Ärzte bei ihren Patienten oft eine Reihe spektakulärer Störungen: Lähmungen, Kontrakturen, Bauchschmerzen, Amnesie und manchmal epilepsieähnliche Anfälle. Bis zum 19. Jahrhundert wurden diese Störungen als „Uteruswut" bezeichnet. Dank der Fortschritte in der Medizin konnte jedoch festgestellt werden, dass das Verhalten und die Störungen der so genannten „hysterischen" Personen nichts mit der Gebärmutter zu tun haben. Darüber hinaus wurde der Begriff

---

[553] http://www.acpsy.com/Troubles-Nevrotiques-et-Troubles.232.html

[554] http://www.acpsy.com/Hysterie.html. [Die Definition von Hysterie ist nie gegeben worden und wird auch nie gegeben werden", sagte Lasègue. Diese Aussage mag auch heute noch die Schwierigkeiten bei der Definition des Begriffs widerspiegeln. Hysterie ist nicht nur eine Krankheit, sondern auch eine Art, in der Welt zu leben. Es gibt viele Definitionen von Hysterie, die die persönlichen Vorstellungen der Autoren, aber auch ihre Fantasien widerspiegeln. „In Michel Steyaert, Einleitung zu *Hystérie, folie et psychose*, Ed. Les Empêcheurs de penser en rond, 1992].

„hysterisch" zu einem Pejorativum, das von Psychiatern häufig zur Bezeichnung von Patienten verwendet wurde, denen sie nicht helfen konnten. Im Jahr 1980 wurde beschlossen, diesen Begriff durch „histrionisch" zu ersetzen, abgeleitet vom lateinischen *histrio*, „Theaterschauspieler".

Das Buch von Vittorio Lingiardi mit dem Titel *Persönlichkeitsstörungen* beschreibt die histrionische Persönlichkeit wie folgt: „Bei der Hysterie überwiegen Manifestationen von Hyper-Emotionalität, unkontrollierbarer Phantasie, blindem Vertrauen in die Intuition, verbunden mit einer ständigen Suche nach der Aufmerksamkeit anderer. Hysteriker neigen dazu, die Welt in einer globalen, aber sehr impressionistischen Weise zu sehen; ihre Aufmerksamkeit richtet sich auf die hellsten und sichtbarsten Aspekte der Realität und vernachlässigt die Details. Sie inszenieren sich oft, auch unbewusst, auf eine allzu verführerische Art und Weise; in ihren zwischenmenschlichen Beziehungen sind sie im Allgemeinen oberflächlich und neigen dazu, ihre Entscheidungen und Meinungen auf oberflächliche Überzeugungen zu gründen. Histrioniker haben eine noch tiefere emotionale Zerbrechlichkeit, größere Impulsivität und ein ausgeprägteres verführerisches Verhalten. Da sie sehr egozentrisch sind, neigen sie dazu, ihr großes emotionales Potenzial (Wutausbrüche, Tränenanfälle usw.) zu nutzen, um andere zu kontrollieren und zu beherrschen. Sie sind theatralisch, extravertiert, erregbar, exhibitionistisch. Auch ihre Sexualität wird offener zur Schau gestellt, und sie zeigen oft tiefgreifende Störungen in diesem Bereich. Sie fürchten die Einsamkeit, und die Momente der Trennung erfüllen sie mit Angst[555]."

Andere Studien liefern weitere Elemente zu diesem Thema. In dem Buch von Evelyne Pewzner, *Einführung in die Psychopathologie des Erwachsenenalters*, wird der exemplarische Fall von Albertina vorgestellt: „Während unseres ersten Gesprächs fällt Albertina durch die Diskrepanz zwischen ihrem intelligenten verbalen Ausdruck und ihrem Auftreten als widerspenstige Schülerin in Internatsuniform auf. Sie hat diese typische Haltung des ironischen Zweifels an der Nützlichkeit und Wirksamkeit einer psychologischen Behandlung. Sie leugnet die Notwendigkeit eines solchen Verfahrens vollständig. Ihre Argumentation ist brillant und gut geordnet. Sie bezeichnet sich selbst als autonom und willensstark und „fordert den Therapeuten geradezu heraus, alles zu tun, um ihr zu helfen". Sie sagt, sie leide an nichts und

---

[555] Vittorio Lingiardi, *Les Troubles de la personalité*, Flammarion, 2002, S. 75.

interessiere sich nicht für die Sorgen ihrer Familie über ihren körperlichen und geistigen Zustand. „Sie hält sich nicht für krank, behauptet, im Vollbesitz ihrer geistigen Kräfte zu sein und sich nur darum zu kümmern, in ihrem Studium voranzukommen. Sie will brillant sein und auf eine der großen Schulen gehen, zu denen ihr Vater ihr geraten hat: „Sie will einen Beruf, in dem man von ihr hören wird[556]." Das allgemeine klinische Bild, das Evelyne Pewzner vorstellte, könnte wie folgt zusammengefasst werden: Die hysterische Persönlichkeit zeichnet sich durch eine Art des Daseins in der Welt aus, die von Unzufriedenheit und mangelnder Authentizität geprägt ist, sowie durch eine Art der Beziehung, die auf Manipulation und Verführung ausgerichtet ist. Alles in ihrer Einstellung, ihrem Verhalten, ihrer Kleidung, ihrem Make-up, ihren Worten ist darauf ausgerichtet, Aufmerksamkeit zu erregen, zu gefallen, zu verführen. Der Hysteriker vermeidet so die authentische Begegnung mit dem Anderen, so als ob die „Maske" der Figur immer die Person selbst verdeckt. Die „Plastizität" der Person ermöglicht die „Vervielfältigung der Rollen" je nach Publikum: Der Hysteriker spielt die Rolle, die von ihm erwartet wird. Diese Eigenschaft kann mit der großen „emotionalen Instabilität" des Hysterikers in Verbindung gebracht werden: Es dauert nicht lange, bis er/sie vom Lachen in Tränen ausbricht. Gedächtnisstörungen sind auch bei Hysterikern häufig, deren Biografien immer wieder Lücken und Vergesslichkeit aufweisen. Es kann sich um eine selektive Amnesie in Bezug auf einen bestimmten Zeitraum oder ein bestimmtes Ereignis handeln, aber die Illusionen des Gedächtnisses und der Fantasie gleichen diese Erinnerungslücken oft aus. Mythomania ist die Übersetzung der starken Vorstellungskraft des Subjekts. Durch seine Komödien und Fabulationen verfälscht der Hysteriker ständig seine Beziehungen zu anderen, indem er ihnen ständig ein Schauspiel bietet. Das auf sich selbst konzentrierte Subjekt ist nicht in der Lage, die Dinge aus einem anderen Blickwinkel zu sehen oder sich in die Lage des anderen zu versetzen. Die Depression steht im Vordergrund des Krankheitsbildes. Die kameradschaftlichen Bande sind rar und auf Dauer schwer zu erhalten.

Das Buch von Gisèle Harrus-Révidi über die Hysterie enthält weitere Erläuterungen, die wir im Folgenden aus dem unverdaulichen psychoanalytischen Kauderwelsch herauslösen: Der Hysteriker übertreibt den Ausdruck von Gefühlen, umarmt einfache Bekannte mit übermäßiger Begeisterung, weint unkontrolliert aus geringfügigen

---

[556]Evelyne Pewzner, *Introduction à la psychopathologie de l'adulte*, Armand Colin, 2000, S. 120-123, 155.

sentimentalen Gründen und zeigt plötzliche Wutausbrüche. Die emotionalen und leidenschaftlichen Äußerungen der Hysterikerin sind etwas theatralisch und übertrieben. Hysteriker haben auch das Verb und seine Interpretation satt. Ihre Worte haben die Besonderheit, dass sie reichlich, diffus und symbolisch sind, und ihre unbewusste Funktion besteht darin, zu verhindern, dass das Symptom gehört wird. Die hysterische Persönlichkeit hat eine zu subjektive und unpräzise Sprechweise. Wenn der Patient zum Beispiel gebeten wird, seine Mutter zu beschreiben, kann er nicht genauer sein als: „Sie war ein fantastischer Mensch". Schwierigkeiten bei der „Verbalisierung von Affekten oder Gefühlen" werden ebenfalls beobachtet. Egozentrik, Intoleranz gegenüber Frustrationen und Verzögerungen bei der Erlangung von Befriedigung führen bei Hysterikern zu einem Verhalten, das auf sofortige Befriedigung abzielt. Depressionen sind offensichtlich ein wichtiger Teil der Kernpersönlichkeit. In der Tat befinden sich Freuds Patienten oft in einem Zustand realer Trauer und/oder permanenter amouröser Enttäuschung: Dazu kommt „eine phantasmatische Trauer, die auf die Nichtüberwindung ödipaler Positionen zurückzuführen ist und durch permanente sexuelle Koexistenz aktiviert wird" [wer kann das schon verstehen!] Die Familie, die Kinder sind in ständiger Angst, in „ängstlicher Erwartung eines Ereignisses, das die tägliche Monotonie durchbricht, daher die Fassungslosigkeit der Familie, wenn sie erkennt, dass eine echte Katastrophe oft als selbstverständlich hingenommen wird[557]. „Es wird darauf hingewiesen, dass in einigen Fällen „diese Neurose durch Selbstmordversuche kompliziert wird." Die „große Intoleranz gegenüber Frustrationen" wird durch andere Analysen bestätigt: Der Hysteriker ist „launisch und reizbar". Die Gefühle werden übertrieben ausgedrückt und intensiv erlebt (Tränenanfälle und spektakuläre Wutausbrüche). Er verhält sich so, „als wolle er den anderen befriedigen und sein Verlangen stillen; er erfindet eine Figur, die er am Ende selbst glaubt, indem er vorgibt, nett zu sein, und sich dann als das Opfer ausgibt[558]." Das Buch von Ronald D. Laing liefert eine einfache Präzision, die einem anodisch vorkommen mag: „Der Hysteriker gibt vor, dass einige seiner Aktivitäten nicht das sind, was sie zu sein scheinen, oder dass sie nichts bedeuten, oder dass sie keine besondere Bedeutung haben, oder dass er dies oder das tut, weil er dazu gezwungen ist, während insgeheim seine Wünsche durch diese

[557]Gisèle Harrus-Révidi, *L'Hystérie*, Presses Universitaires de France, 1997, S. 12-17, 32, 88, 89
[558]Sante-az.aufeminin.com/w/sante/s243/maladies/hysterie.html

Aktivitäten befriedigt werden. Der Hysteriker behauptet oft, dass er bei seinen Handlungen nicht anwesend ist, während er sich in Wirklichkeit durch sie ausdrückt[559]." Der Psychiater Michel Steyaert hat in seinem Buch *Hysterie, Wahnsinn und Psychose* noch weitere Merkmale des Delirs festgestellt: „Lykanthropie, ekstatische Wahnvorstellungen, Verfolgungswahn, prophetische Wahnvorstellungen...". Erinnern wir uns an die Häufigkeit von Phantasien über Prostitution, Vergewaltigung, Verführung, unreine Paarung[560]." Schließlich gibt es diese interessante Analyse eines Psychiaters, der die „ungewöhnliche Fähigkeit der Hysteriker zur Manipulation" hervorhebt: „Der Hysteriker ist derjenige, der täuscht. Diese Anpassungsfähigkeit an den anderen ist erstaunlich; instinktiv weiß er, wie er auf der gleichen Wellenlänge, in der gleichen Funktionsweise sein kann, und ohne sich seiner „Kräfte" wirklich bewusst zu sein, benutzt und missbraucht er den anderen. Allen, die ich kennenlernen durfte, ist der Charme gemeinsam, eine unglaubliche Verführungskraft, gefolgt von einem sirenenhaften Ruf, der die Seeleute anlockt, denn das ist die Art des Hysterikers: sich in seinen Netzen zu verfangen, sich auf Kosten der anderen zu bedienen und „sterben zu lassen". Er sucht die große Liebe, den Mann oder die Frau, der/die beweisen muss, dass es diese Liebe gibt... Sie ist auf den ersten Blick schwer zu erkennen; ich kam sogar auf den Gedanken, dass sich vielleicht nur Hysteriker gegenseitig erkennen können, wie in tierischen Beziehungen, wo jeder sein eigenes Territorium abgrenzt[561]." Unabhängig von Ort und Zeit sind die Symptome immer Ausdruck des ständigen Wunsches des Hysterikers, ein Rätsel für die wissenschaftliche Logik darzustellen und seinen Körper den prüfenden und fachkundigen Blicken des Arztes auszuliefern.

Die Diagnose

Das allgemeine Bild der Symptome der Histrioniker scheint auf seltsame Weise erklären zu können, was wir in unseren vorherigen Kapiteln analysiert haben. Die kosmopolitischen Intellektuellen zeigen in der Tat eine innere Unruhe und eine überschwängliche Haltung, die an die Symptome der Histrionik erinnert. Das soll natürlich nicht heißen, dass jede dieser Persönlichkeiten an dieser Pathologie leidet,

[559]Ronald D. Laing, *Le Moi divisé*, Stock, 1970, S. 131.
[560]Michel Steyaert, *Hystérie, folie et psychose*, Éd. Les Empêcheurs de penser en rond, 1992, S. 73.
[561]http://www.psychopsy.com/hysterie.html.

aber es gibt eine gewisse Homogenität des Denkens und gemeinsame Verhaltensweisen bei diesen Intellektuellen, die den oben beschriebenen erstaunlich ähnlich sind.

Zunächst einmal „Depression", „der Zustand echter Trauer und/oder dauerhafter Enttäuschung in der Liebe". Wir können dies mit dem Medienbild in Verbindung bringen, das die jüdische Gemeinschaft dem Rest der Menschheit vermitteln möchte: das Bild eines verfolgten Volkes, das unter seiner Isolation und der Schlechtigkeit der Menschen leidet. Joseph Roth bezeugte diese einzigartige jüdische Veranlagung zum Leiden: „Wo immer ein Jude stehen bleibt, erscheint eine Klagemauer. Wo immer sich ein Jude niederlässt, wird ein Pogrom geboren... Ebenso ist die Gegenwart der Juden wahrscheinlich größer als ihre Vergangenheit, denn sie ist noch tragischer[562]. „Dies ist eine Aussage aus einem Artikel in der Zeitung *Das Tagebuch* vom 14. September 1929, also vor der Wirtschaftskrise und der Machtergreifung Hitlers, aber anscheinend wurde die Zeit schon als ausreichend „tragisch" angesehen. Auf klinischer Ebene wissen wir, dass Depressionen „der letzte verzweifelte Versuch sein können, die Aufmerksamkeit eines fachkundigen Gesprächspartners, des Arztes[563], zu gewinnen und zu behalten." Andererseits bewahren sich viele Juden, bewusst oder unbewusst, eine Angst, eine innere Unruhe, die zweifellos zu den Merkmalen des hebräischen Charakters gehört und dazu beiträgt, in ihnen das Gefühl des Jüdischseins zu nähren. Dies war das bewegende Zeugnis von George Perec, der die Hintergründe seiner Identität aufdeckte:

„Ich weiß nicht genau, was es heißt, Jude zu sein, was es für mich bedeutet, Jude zu sein... Es ist kein Zeichen der Zugehörigkeit, es ist nicht mit einem Glauben, einer Religion, einer Praxis, einer Kultur, einer Folklore, einer Geschichte, einem Schicksal, einer Sprache verbunden. Es ist vielmehr eine Abwesenheit, eine Frage, ein Infragestellen, ein Zögern, eine Unruhe: eine gewisse Unruhe, hinter der sich eine andere Gewissheit verbirgt, abstrakt, schwer, unerträglich: die, als Jude und als Jude ein Opfer bezeichnet worden zu sein und sein Leben nur dem Zufall und dem Exil zu verdanken[564]. „Wir können hier

---

[562]Joseph Roth, *A Berlin*, Éditions du Rocher, 2003, S. 33.

[563]Evelyne Pewzner, *Introduction à la psychopathologie de l'adulte*, Armand Colin, 2000.

[564]George Perec, *Nací, textos de la memoria y el olvido*. Abada Editores, Madrid, 2006, S.101-102. [Was ich auf Ellis Island gesucht habe, ist das Bild dieses Punktes, an dem es kein Zurück mehr gibt, das Bewusstsein dieses radikalen Bruchs... Für mich ist es der Ort des Exils, d.h. der Ort der Ortslosigkeit, der Ort der Zerstreuung. In diesem Sinne geht es mich an, fasziniert mich, bezieht mich ein, stellt mich in Frage, als ob die

„die ständige Angst, die auf die Familie gerichtet ist" erkennen, aber auch jene „Zweideutigkeit", die wir bereits beobachtet haben und die hier durch „Zögern" zum Ausdruck kommt. Die in den Texten so häufig vorkommende Identitätsbesessenheit kann durchaus mit dem neurotischen Symptom der „Selbstbeobachtung verglichen werden, die bei Hysterikern außerordentlich ausgeprägt sein soll[565]." Der marxistische Philosoph Jacques Derrida äußerte sich in seinem Buch „*Suspensive Points"* ähnlich, in dem er einräumte, in seinem Inneren ein „Verlangen nach Integration in die nichtjüdische Gemeinschaft zu spüren, eine Mischung aus schmerzlicher Faszination und Misstrauen, mit einer nervösen Wachsamkeit und einer erschöpfenden Fähigkeit, die Zeichen des Rassismus wahrzunehmen, sowohl in seinen diskretesten Ausprägungen als auch in seinen lautesten Verleugnungen[566]." Diese viszerale Sorge kann auch die Form von Paranoia annehmen. So hören wir regelmäßig jüdische Intellektuelle in den Medien, die sich besorgt über die Zunahme des Antisemitismus äußern. Diese unmerkliche Unruhe, die die jüdische Seele seit jeher unterirdisch quält, äußert sich in alarmistischen Reflexen angesichts dessen, was als Aufkommen der „Geißel" wahrgenommen wird. Beim geringsten Anzeichen von Opposition oder Kritik an den Handlungen eines Juden springt die gesamte Gemeinschaft ins Rampenlicht der Medien, und die herzzerreißenden Schreie der schrecklichen Bedrohung sind ebenso zu hören wie der Chor der Trauernden im Hintergrund. Die Persönlichkeiten, die wir für würdiger und vernünftiger hielten, fallen in übertriebene Interpretationen, die fast lächerlich wirken, sobald sich der Trubel gelegt hat. So veröffentlichte beispielsweise Elie Wiesel bereits 1974 Artikel, in denen er seine tiefsten Befürchtungen über das Wiederaufleben des Antisemitismus zum Ausdruck brachte: „Ich veröffentliche einen Artikel in der *New York Times* und in *Le Figaro* mit dem Titel „Warum ich Angst habe"... Es gibt Anzeichen dafür, und sie sind beunruhigend.[567]." Zweifellos neigen jüdische Intellektuelle dazu, sich als Schwarzmaler zu betätigen und das, was sie als Antisemitismus in ihrer Umgebung wahrnehmen, übertrieben zu „dramatisieren". Hören wir Samuel Pisar zu: „Heute

---

Suche nach meiner Identität durch die Aneignung dieses Ortes, der eine Müllhalde ist, hindurchgehen müsste... Was man dort findet, sind keineswegs Wurzeln oder Spuren, sondern das Gegenteil: etwas Formloses, am Rande des Unaussprechlichen, das ich Einschließung oder Spaltung oder Bruch nennen kann und das für mich sehr eng und verwirrend mit der Tatsache verbunden ist, Jude zu sein. " (p.104, 100- 101). (NdT)]

[565]Otto Weininger, *Geschlecht und Charakter*, Ediciones 62 s|a Barcelona, 1985, S. 275.

[566]Jacques Derrida, *Points de suspensions*, Entretiens, Galilée, 1992, S. 130.

[567]Elie Wiesel, *Mémoires, Tome II*, Seuil, 1996, S. 97.

nehme ich mit Schrecken die nahenden Schritte des Ungeheuers über das ganze Universum wahr[568]. „Er sagte dies 1979, und wir haben bereits gesehen, wie er 1983 schrieb: „Unsere Feinde beobachten uns bereits unermüdlich. Für sie werden wir immer schuldig sein. Schuldig, in Israel Juden zu sein, anderswo Juden zu sein, Juden zu sein. Je nachdem, ob sie schuldig sind, Kapitalisten oder Bolschewiken zu sein. Schuldig in Europa, wie Schafe geschlachtet worden zu sein, und schuldig in Israel, zu den Waffen gegriffen zu haben, um nicht wieder Schafe zu sein. Schuldig, in der Tat, weiter zu existieren[569]." Während ich diese Zeilen schreibe", sagte Elie Wiesel 1996, „steigt die antisemitische Flut. Fünfundsechzig mehr oder weniger einflussreiche rassistische Gruppen verbreiten in den Vereinigten Staaten Hass. In Japan stehen antisemitische Bücher auf den Bestsellerlisten... Einmal entfesselt, kennt der Hass keine Grenzen mehr. Hass ruft nach Hass. Der Hass tötet den Menschen in seinem Inneren, bevor er ihn tötet[570]." Heute hat sich an ihrer Sicht der Welt nichts geändert. Die Demonstrationen der Empörung gegen den Rassismus und vor allem „gegen den Antisemitismus" werden regelmäßig wiederholt und in ihrer Intensität verdoppelt, angefacht durch eine sorgfältig organisierte Agitation des Mediensystems. Wenn ein älterer Mensch in seinem Haus in der Vorstadt überfallen und gefoltert wird oder wenn ein Nichtjude auf offener Straße brutal ermordet wird, wird darüber kaum in den Zeitungen berichtet. Aber wenn es ein Jude ist, dann ist es zwangsläufig ein hasserfüllter Akt des Antisemitismus. Minister gehen auf die Straße und nehmen an Demonstrationen teil, um ihre Solidarität mit der „geschockten" Gemeinschaft zu bekunden. Es gibt eine gewisse Ungerechtigkeit, da die einheimischen Franzosen selten die gleiche Berichterstattung über ihr Unglück erhalten, geschweige denn eine so rührende Anfrage der Regierung.

Aber es ist wahr, dass die „emotionale Zerbrechlichkeit" der Juden zweifellos viel wichtiger ist. In der Tat weiß man um ihre „Hyper-Emotionalität" und eine gewisse Tendenz, „ihr großes emotionales Potenzial auszunutzen". Der kleinste „antisemitische" Vorfall, das kleinste Graffiti an einem Briefkasten setzt die gesamte Medien- und Justizmaschinerie in Gang. Vielleicht neigen einige jüdische Persönlichkeiten dazu, „den Ausdruck ihrer Gefühle zu übertreiben", was ihrer Art, die Nachrichten zu interpretieren, „etwas Theatralisches und Übertriebenes" verleiht.

---

[568]Samuel Pisar, *Le Sang de l'espoir*, Robert Laffont, 1979, S. 22.
[569]Samuel Pisar, *La Ressource humaine*, Jean-Claude Lattès, 1983, S. 250-251.
[570]Elie Wiesel, *Mémoires, Tome II*, Seuil, 1996, S. 128-129.

Diese Leidensbekundungen und dieses „Opfergejammer[571] „ sind jedoch nicht einfach nur der verstärkte Nachhall der Nachrichten. Es sei darauf hingewiesen, dass sie eine Konstante in den Mediensystemen der Demokratien sind, wo die Medien ständig all die mitfühlende Literatur verbreiten, die uns auffordert, dem unglücklichen jüdischen Volk zu helfen, das immer und überall aus unbekannten Gründen verfolgt wird. Dokumentationen, Filme und Sendungen aller Art zu diesem Thema sind zahllos und allgegenwärtig, ebenso wie Bücher, die an das Unglück des jüdischen Volkes im Laufe der Geschichte erinnern. Alle Menschen sind aufgefordert, mit dem Schmerz und dem Drama der Juden mitzufühlen, die arm, schwach und verletzlich sind und aus Gründen, die niemand erklären kann, immer verfolgt werden. Die fünfzig Millionen nichtjüdischen Toten des Zweiten Weltkriegs werden oft vergessen, in den Hintergrund gedrängt oder sogar direkt zugunsten der jüdischen Opfer verschwiegen.

Die Erklärung ist wiederum medizinischer Natur: Diese „dramatisierten Notrufe" dienen dazu, „uns lieb zu gewinnen und den Schutzinstinkt zu wecken". Diese „dramatisierte und theatralische Darstellung von Emotionen" ist Teil eines „sehr breiten Spektrums, um die Aufmerksamkeit der anderen zu erregen".

Aber es ist nicht nur die unverhältnismäßige Behandlung der schrecklichen Ereignisse im Nahen Osten und in Israel durch die Medien. Es geht auch um die Frivolität vieler Stars aus dem Showbusiness und der Unterhaltungsbranche, um die Art und Weise, wie sie vor dem Fernseher angeben, auftrumpfen, herumstolzieren: „Sie sind theatralisch, extravertiert, erregbar, exhibitionistisch". So sehen wir sie, wenn sie „eine ununterbrochene Show abziehen". Manchmal reicht es schon aus, die Hose herunterzuziehen und auf den Fernseher zu rennen, um als „großartig", „unvergleichlich", „prächtig", „erhaben"[572] bezeichnet zu werden.

Aber es wäre unangebracht, wenn ein Goi allzu harsche Kritik üben würde, denn diese „Künstler" sind sehr „empfindlich gegenüber der Meinung anderer". Es ist leicht nachvollziehbar, dass eine negative Kritik mit einem Hauch von Verachtung für die Arbeit eines ihrer Kollegen, z. B. eines Malers oder eines Schriftstellers, sofort das Unbehagen des Gesprächspartners hervorruft, auch wenn ihre Produktionen auf diesen Gebieten oft von notorischer Mittelmäßigkeit sind. Andererseits ist festzustellen, dass Medaillen und Belohnungen

---

[571]Shmuel Trigano, *L'Idéal démocratique*... Odile Jacob, 1999, S. 43.
[572]Hinweis auf den Komiker Michaël Youn. Er besaß die Dreistigkeit, während der Preisverleihung eines Filmfestivals nackt vor einem Fernsehgerät zu laufen (NdT).

aller Art hoch geschätzt werden, wie Otto Weininger feststellte, „ihr weibliches Streben nach Titeln".

Schon in der Vergangenheit hatte Edward Drumond eine gewisse Kindlichkeit in seinem Verhalten festgestellt: „Einem schlimmen Ausbruch von Freude folgt manchmal ein Ausdruck von Naivität... Ja, er hat etwas Kindliches an sich... Sein Mund öffnet sich vor Vergnügen, wenn er prahlt, wie der Mund jener Afrikaner, deren Augen und Zähne vor Freude funkeln, wenn sie ein Stück Glasperle oder ein Stück Stoff besitzen, das ein wenig auffällig ist...Wenn er Ihnen erzählt, dass er auf einer Ausstellung eine Auszeichnung, eine Schokoladenmedaille erhalten hat, starrt er Sie an, um zu sehen, ob Sie sich über ihn lustig machen, was er immer befürchtet; dann erhellt sich sein blasses, blutleeres Gesicht mit einem Strahlen der Freude, wie Kindergesichter leuchten." Die Listen mit den Empfängern der Ehrenlegion sind für die Gemeinschaft ein lang ersehntes Ereignis, und die Regierung ist sich dessen bewusst, denn sie weiß, dass sie „Frustrationen und Verzögerungen bei der Erlangung von Vergünstigungen nicht toleriert". Dies haben die aufeinanderfolgenden Regierungen der Französischen Republik stets zu vermeiden versucht, indem sie die reichhaltigen Dekorationen bevorzugten[573]." In der Tat zeigen Israels Kinder oft ein Verhalten, das auf unmittelbare Befriedigung abzielt". Erinnern wir uns zum Beispiel daran, wie Präsident François Mitterrand gebeten wurde, seine Freundschaft mit René Bousquet und deren Auswirkungen während des Vichy-Regimes zu erklären[574]. Trotz aller Sympathie, die er der jüdischen Gemeinschaft entgegenbrachte, kam ihm dieses „Detail" teuer zu stehen, da er am Ende seiner Regierungszeit wegen dieses unverzeihlichen Fehlers weithin verleumdet wurde. Erinnern wir uns auch an den Fall der „No-Erb-Fonds" der Schweizer Banken, die sechzig Jahre nach dem Krieg die vom Jüdischen Weltkongress geforderten kolossalen Summen klaglos zahlen mussten. Natürlich

---

[573]Jean Daniel und Bernard Attali wurden soeben zum Kommandeur der Ehrenlegion befördert, Gisèle Halimi zum Offizier, der israelische Modeschöpfer Albert Elbaz u.a. (Lesen Sie in *Rivarol*, Ausgabe vom 28. April 2006) Jacques Friedmann wurde am 5. Mai zum Großoffizier befördert „für seine wesentliche Rolle bei der Gründung des Musée du Quai Branly", das den Ersten Künsten (afrikanischen Künsten) gewidmet ist (*Rivarol*, 19. Mai 2006).

[574]Am Ende seiner zweiten Amtszeit ist er bereits krank und geschwächt. Es gibt ein langes Interview, das am 12. September 1994, einige Monate vor seinem Tod, ausgestrahlt wurde und in dem Jean Pierre Elkabbach François Mitterrand auf fast inquisitorische Weise befragt. Der Präsident der Republik weigerte sich bis zum Schluss, die Verantwortung Frankreichs und der Republik für die Handlungen des Vichy-Regimes während des Krieges rechtlich und offiziell anzuerkennen (NdT).

handelt es sich nicht nur um eine medizinische Analyse, sondern auch um ein finanzielles Gleichgewicht der Kräfte. Nach diesem milliardenschweren Fall zögerte ein jüdischer Autor, Norman Finkielstein, nicht, ein Buch zu veröffentlichen, in dem er das lukrative Geschäft anprangerte, das er als „Holocaust-Industrie" bezeichnete. Wie andere respektlose Autoren versuchte er, das „Holocaust-Geschäft" anzuprangern, indem er darauf hinwies, dass die Führer der jüdischen Gemeinschaft das Drama des Holocausts nutzten, um den Gojim die Schuld zu geben und Jahrzehnte nach der Tat übertriebene Entschädigungen zu fordern.

Diese „Frustrationstoleranz" äußert sich auch regelmäßig in der systematischen Einreichung von Klagen bei den Gerichten wegen jeder als gemeinschaftsfeindlich erachteten Äußerung. Im Jahr 2000 wurde der linke Schriftsteller Renaud Camus von den Medien gelyncht, weil er gegen die „Überrepräsentation" von Juden in einem öffentlich-rechtlichen Radioprogramm protestiert hatte. Jean Daniels entrüstete Reaktion war damals die gleiche wie die der meisten seiner Kollegen. Der Philosoph Jacques Derrida gehörte zu den Unterzeichnern der von Claude Lanzmann organisierten Petition, die die rassistischen und antisemitischen Passagen in Renaud Camus' Buch schlicht als „kriminell" bezeichnete. „Wir sollten uns fragen, was in unserem öffentlichen Raum passiert, wenn ein Verleger und eine gewisse Anzahl von „Intellektuellen" die Augen vor diesen entsetzlichen und grotesken Phrasen verschließen[575]", schrieb Derrida.

In diesem Sinne reagierte Elie Wiesel 1989 auf die Äußerungen von Jean-Pierre Domenach, die den Medienrummel der Gemeinschaft alarmierten: „Ich habe den Skandal, den Herr Domenach ausgelöst hat, mit Bedauern verfolgt. Ich habe seine Interviews in *L'Événement du jeudi* und *Le Figaro* gelesen, ich habe sein pedantisches Gekicher auf *Europe 1* gehört und die Ermahnungen, die er uns Juden mit auf den Weg gibt, um antisemitische Reaktionen zu vermeiden. Was ist die Methode, die er uns vorschlägt? Es ist ganz einfach, fast banal: leiser sprechen, sich nicht zeigen, die jüdische Loyalität verleugnen (z. B. Israel anprangern), das Jüdischsein der jüdischen Opfer nicht erwähnen. Ich gebe zu, dass dieser Vorschlag wegen seiner perversen

---

[575]Jacques Derrida, Élisabeth Roudinesco, *Y mañana, qué...* Fondo de Cultura Económica, Buenos Aires, 2002, S. 36 (Anm.), 136. Über Renaud Camus schrieb Derrida (S. 137): „Ich denke, die Figur ist scharfsinnig und berechnend, aber auch, wie fast immer, naiv, wenig geübt, um es kurz zu sagen, in der Selbstanalyse. Zumindest die seines sozialen Unterbewusstseins. Wir bewegen uns immer noch in den gleichen Gewässern: Strafrecht, Kriminologie und Psychoanalyse, alles muss neu erfunden werden." „

Implikationen einige Juden abschreckt - erstens, weil er die Antisemiten dazu bringt, sich nicht mehr schuldig zu fühlen. Wie? Wäre der Antisemitismus nicht mehr die Schuld der Antisemiten, sondern der Juden selbst? Wäre der Hass, den die Juden hervorrufen, nur auf ihr Verhalten zurückzuführen? Sie verachten uns, sie verfolgen uns, und wir sollen das an uns selbst auslassen[576]?"

Und wieder können wir beobachten, wie ein jüdischer Intellektueller in eine Richtung abschweift, um den anderen immer wieder seiner eigenen Fehler zu beschuldigen und ihm vorzuwerfen, dass er den Juden sehr reale Fehler vorwirft:

„Wenn das, was er sagt, wahr ist", fuhr Wiesel fort, „dann würden die Juden - entschuldigen Sie: 'einige' Juden - den Holocaust nutzen, um sich zu bereichern, und außerdem, um ihn und andere ehrenwerte Menschen zu verfolgen... Verfolgungskrankheit? Es ist unglaublich, aber wahr: „einige" Antisemiten fühlen sich von den Juden verfolgt, die sie selbst verfolgen." Das klinische Bild der Hysterie lieferte diese erhellende Präzision: „Sie neigen dazu, ihr großes emotionales Potenzial (Wutausbrüche, Tränenanfälle usw.) zu nutzen, um andere zu kontrollieren und zu beherrschen". Was der Psychiater Michel Steyaert zu diesem Thema schrieb, war aufgrund der Ähnlichkeit mit dem Gegenstand unserer ethnopsychiatrischen Studie recht auffallend und bestätigte, dass die „Art der Beziehung" „auf Manipulation und Verführung ausgerichtet ist":

„Dieser Größenwahn wird in einer Stimmung der Exaltiertheit gelebt, die an Theatralik und Tragikomik grenzt. „Die Patienten „landen in einem Krankenhaus, wo sie oft eine tumultartige Atmosphäre erzeugen, da sie Meister in der Kunst der Manipulation medizinischer Geräte sind. Außerdem ist es nicht ungewöhnlich, dass sie unter dem Vorwand, helfen zu wollen, versuchen, die anderen Patienten von der Inkompetenz der Ärzte und der Unmenschlichkeit der Psychiatrie zu überzeugen. Es fällt ihnen sehr schwer, auch nur die geringste feste Haltung ihnen gegenüber zu ertragen[577]." Wir können hier eine Parallele zu der vom Mediensystem aufrechterhaltenen ständigen Erregung sehen, jener unaufhörlichen Raserei, die die Revolte gegen die Ordnung und die traditionellen Werte verherrlicht und die ihrerseits zur ekstatischen Anbetung der pluralistischen Gesellschaft und der „Menschenrechte" einlädt. Wir werden im Folgenden diese dialektische oder binäre Denkweise sehen, die auf zwei antinomischen Gefühlen

---

[576]Elie Wiesel, *Mémoires, Tome II*, Seuil, 1996, S. 169, 171.

[577]Michel Steyaert, *Hystérie, folie et psychose*, Éd. Les Empêcheurs de penser en rond, 1992, S. 62.

beruht: Abstoßung und absolute Idealisierung.

Die Manipulation der Menschen und der Gesellschaft kann auch mehr oder weniger bewusst durch „Mythomanie" zum Ausdruck kommen, etwas, das wir in den Geschichten einiger Persönlichkeiten des öffentlichen Lebens wahrgenommen zu haben glauben. Elie Wiesel legte ein wichtiges Zeugnis über seine Bereitschaft ab, seine Geschichten zu bereichern und auszuschmücken. Ein wenig mehr und wir könnten vermuten, dass Samuel Pisar dieselbe Tendenz hatte, die in der medizinischen Analyse beschrieben wird: „Die Illusionen des Gedächtnisses und der Fantasie kommen oft, um diese Lücken im Gedächtnis zu beschönigen". Die Schilderungen dieser beiden Autoren, insbesondere die der KZ-Episoden, sind oft „spärlich im Detail". Ihre Schilderungen sind „verworren, dramatisiert und gefühlsbetont".

Gedächtnisstörungen" sind, wie wir wissen, charakteristisch für die Pathologie. Diese „selektive Amnesie" wird im Fall der jüdischen Intellektuellen durch die Art und Weise, wie sie über die Rolle ihrer jüdischen Mitbürger in der bolschewistischen Revolution nachdenken, perfekt illustriert. Der größte sowjetische Dissident, Alexander Solschenizyn, veröffentlichte 2003 ein bahnbrechendes Buch, das das ganze Ausmaß der Beteiligung des jüdischen Volkes an einem der größten Massaker der Menschheitsgeschichte aufzeigt[578]. Wie wir in *Planetarische Hoffnungen* durch das Studium von Büchern über die Sowjetunion gezeigt haben, scheinen die jüdischen Intellektuellen ihre überwältigende, unwiderlegbare, offensichtliche und kriminelle Verantwortung für die fast dreißig Millionen russischen und ukrainischen Toten, die in Vergessenheit gerieten, völlig vergessen zu haben. „Was für eine Art von Amnesie ist das?...", empörte sich Solschenizyn über die Unverschämtheit der Leugnung einiger jüdischer Autoren[579]. Auch hier scheint es uns angebracht, diese Anomalie mit einer klinischen Analyse zu erklären: „Das lückenhafte Einprägen von Fakten, ihre vage und ungenaue Evokation ermöglichen eine leichtere Eliminierung derjenigen Aspekte der Realität, die das Individuum nicht im Bewusstsein auftauchen sehen will." In diesem Buch konnten wir auch diese „Plastizität" untersuchen, die die „Vervielfältigung der Rollen" ermöglicht. Der „Jude" scheint die Fähigkeit zu haben, sich jeder Situation anzupassen und seine Identität zu wechseln, ohne seine eigene Identität zu verlieren: Wir haben gesehen, wie er ein Indianerhäuptling in einem Reservat im amerikanischen Westen sein kann, wie der von Elie Wiesel beschworene schelmische Jude, ein

---

[578]Alexandre Solschenizyn, *Deux siècles ensemble*, Fayard, 2003.

[579]Hervé Ryssen, *Planetarische Hoffnungen*, (2022).

schnauzbärtiger Kosak oder französischer als die Franzosen, wie Bernard-Henri Levy. Wir sahen auch, wie sich ein Gangster in ein gutes Gemeindemitglied verwandelte und die gesamte Bevölkerung einer kleinen Provinzstadt täuschte, um die Geschworenen des Gerichts, das ihn verurteilen sollte, zu überzeugen. Auch hier gilt: Der Zweck heiligt die Mittel.

Der schützende Charakter des Judentums kann sich auf individueller Ebene in Form von plötzlichen Stimmungsschwankungen auf pathologische Weise äußern. In dem Film *Barton Fink zum Beispiel* leckt der Filmproduzent einem jungen, aufstrebenden Drehbuchautor, der gerade in Hollywood angekommen ist, die Schuhsohlen, um ihn im nächsten Interview zu beleidigen und unhöflich abzutun. Die Emotionen wechseln schnell[580], und offenbar hat dieser aschkenasische Produzent, der „einfache Bekanntschaften mit übermäßigem Eifer umarmt", auch „die Tendenz, einige Leute zu idealisieren und mit Bewunderung von ihnen zu sprechen, aber auch andere, die vielleicht sogar dieselben sind, in übertriebener Weise herabzusetzen". Der junge Barton Fink wurde so im Handumdrehen vom „Helden zum Schurken"." In ähnlicher Weise konnte man einen Sketch des Komikers Timsit sehen, der seinen jüdischen Cousin in schmerzlichem Wehklagen karikierte (mein armer unglücklicher Bruder!) und dann zu den übertriebensten Vorwürfen und Beleidigungen überging. Wir wissen nämlich, dass der Hysteriker „aus geringfügigen gefühlsmäßigen Gründen unkontrolliert weint und plötzliche Wutausbrüche hat". Einige Analysen der histrionischen Persönlichkeit sprechen jedoch von einer „multiplen Persönlichkeit" und betonen den „Wechsel zwischen verschiedenen Persönlichkeiten (Charakter, Biographie)": „Eine Rolle zu spielen, eine Rolle zu spielen, stellt für den Hysteriker ein zwingendes Bedürfnis dar, eine authentische Begegnung mit dem anderen zu vermeiden. Hinter den Verkleidungen, die ihn verbergen, durch die Vielzahl der Charaktere, die er annimmt, lässt sich die hysterische Persönlichkeit nicht erkennen[581]." Erinnern

---

[580] „Jiddische Dramen mit ihrem raschen Wechsel von fröhlichen und traurigen Szenen spiegeln diesen Sinn für Kontraste wider... Manche Umstände zwingen einen dazu, schnell von Lachen zu Weinen überzugehen, aber das geschieht, weil die Emotionen programmiert sind. An Purim ist man fröhlich, an Jom Kippur weint man... Emotionen sind zwar vorgeschrieben, aber nicht nur formal. Auch wenn sie bestellt sind, sind sie nicht weniger aufrichtig. "(Mark Zborowski, *Olam*, 1952, Plon, 1992, S. 401). „Diese Konstante des Verhaltens, die Tränen, die ohne Übergang zum Lachen folgen, prägt sich dem Kind des Schtetl schnell ein. "(Mark Zborowski, *Olam*, 1952, Plon, 1992, S. 303).

[581] http://www.acpsy.com/Hysterie.html

wir uns an die Worte Otto Weiningers, der bei den Juden die „ärmste innere Identität" feststellte: „Das typisch Jüdische wird uns durch die Irreligiosität des Semiten besonders erleichtert...Der Jude ist der ungläubige Mensch...Und die wesentliche Ursache des Nichtseins des Juden ist darin zu suchen, dass er an nichts glaubt. Es spielt keine Rolle, ob ein Mensch an Gott glaubt oder nicht; wenn er nicht an ihn glaubt, soll er wenigstens an den Atheismus glauben. Der Jude hingegen glaubt an nichts, glaubt nicht an seine Überzeugungen und zweifelt an seinen Zweifeln[582]." Darin stimmte der Pressedirektor Jean Daniel vollkommen überein, als er schrieb: „Auf jeden Fall akzeptiere ich, ein Jude zu sein, auch in meinen Zweifeln, unter der Bedingung, dass mir dieser Zweifel gelassen wird und dass er nicht dazu dient, mich als unaufrichtig zu brandmarken[583]." Die medizinische Diagnose ist eher prosaisch: „Wenn wir den Hysteriker als Lügner betrachten, müssen wir zugeben, dass er kein Lügner wie die anderen ist. Zweifellos ist seine Unaufrichtigkeit mehr oder weniger bewusst, aber wie kann man bei einem Subjekt, für das die Realität kaum existiert, von einer Lüge sprechen? Seine mangelnde Wahrnehmungsfähigkeit, sein Mangel an psychologischer Durchdringung der anderen verrät die Kindlichkeit seiner Täuschung, seine kindliche Überraschung, wenn er entlarvt wird. Aber durch eine Art Erotik des Imaginären können das Simulakrum und das Spiel zu einer Quelle des Vergnügens mit einer gewissen Dosis Perversität[584] werden." Das Bild des berühmten Betrügers Jacques Crozemarie, der in den 1990er Jahren Präsident der Vereinigung für Krebsforschung war, drängt sich hier auf. Dieser Mann hat dem französischen Volk, das leichtgläubig genug war, um sich von seinen tränenreichen Interventionen im Fernsehen bewegen zu lassen, rund 300 Millionen Francs abgenommen. Als er 2002 nach 33 Monaten Haft entlassen wurde, erklärte er in einem in *Le Parisien* veröffentlichten Interview: „Ich bin kein Dieb. Ich habe nie verstanden, warum ich verurteilt wurde, und das werde ich auch nie. Ich möchte nicht für den Rest meines Lebens verurteilt werden. Ich bin empört, ich habe für nichts bezahlt! Ich warte immer noch auf die Beweise, die gegen mich sprechen." Wir haben bereits in *Die planetarischen Hoffnungen* diese seltsame Mentalität entlarvt, die darin besteht, trotz der stärksten Beweise alles abrupt zu leugnen. Der Mörder Pierre Goldman hatte es in den 1970er Jahren ebenfalls geschafft, alle zu täuschen. Wären die Geschworenen des Gerichts von Amiens in dieser besonderen

---

[582]Otto Weininger, *Geschlecht und Charakter*, Ediciones 62 s|a Barcelona, 1985, S. 317.

[583]Jean Daniel, *L'Ère des ruptures*, Grasset, 1979, S. 114.

[584]http://www.acpsy.com/Hysterie.html

Mentalität unterrichtet worden, hätten sie den Verbrecher wahrscheinlich nicht freigesprochen und wären von der Demütigung verschont geblieben, die in seinem Roman veröffentlichten, kaum verhüllten Geständnisse des genannten Mannes zu lesen.

Auf politischer Ebene kann diese Simulation in die Irre führen und katastrophale Folgen haben. So wurden die Juden zu allen Zeiten und an allen Orten als Fremde denunziert, die sich hartnäckig weigerten, sich der Bevölkerung anzupassen, selbst wenn sie die lokale Sprache und die lokalen Bräuche angenommen hatten. Alexandre Solschenizyn, der in den 1970er Jahren die massive Abwanderung von Juden aus Russland in die Vereinigten Staaten analysierte, wies nach, dass die jüdische Integration fiktiv war, und bestätigte die Überlegungen des Zionistenführers Jabotinsky zu Beginn des 20. Jahrhunderts: „Wenn sich der Jude in eine fremde Kultur assimiliert, sollte man sich nicht auf die Tiefe und Beständigkeit der Transformation verlassen. Ein assimilierter Jude gibt auf den ersten Drücker nach, gibt die geliehene Kultur ohne den geringsten Widerstand auf, sobald er überzeugt ist, dass seine Herrschaft vorbei ist. „Dieser Charakter entspricht wiederum der klinischen Analyse der Histrioniker: Sie sind „im Allgemeinen oberflächlich in ihren zwischenmenschlichen Beziehungen und neigen dazu, ihre Entscheidungen und Meinungen auf oberflächliche Überzeugungen zu gründen".

Es ist bekannt, dass Juden immer irgendwann aus fast allen Ländern, in denen sie lebten, vertrieben wurden. Diese „Trennungen", die oft brutal waren, prägen die Geschichte des Judentums. Wenn jüdische Intellektuelle schreiben, dass sie in diesem oder jenem Land perfekt „integriert" waren, sollten wir vor allem verstehen: „sozial integriert"; und niemand würde bestreiten, dass Juden in finanzieller Hinsicht viel besser integriert sind als andere. Doch in Wirklichkeit scheint die jüdische Identität, wie wir anhand der Schriften bedeutender Intellektueller analysieren konnten, Vorrang vor allem anderen zu haben und stellt nach wie vor, wie Edgar Morin es ausdrückte, „eine ständige Quelle der Konfrontation" dar. Für Edgar Morin ist dies nicht per se negativ, da es eine „sehr starke kreative Spannung" erzeugt[585]. „Das Problem ist, dass diese „sehr starke schöpferische Spannung" von den „Anderen" nicht immer als solche wahrgenommen wird, die es oft vorziehen, ohne sie zu leben, wie die zahllosen Vertreibungen, die die Geschichte des Judentums geprägt haben, zeigen. Die unaufhörlichen Fluchten seit der Flucht aus Ägypten lassen sich reihenweise aufzählen:

---

[585]Edgar Morin, *Un nouveau commencement*, Seuil, 1991, S. 120.

Flucht aus England 1290, Flucht aus Frankreich 1394, Flucht aus Spanien 1492, Flucht irgendwann aus allen deutschen Fürstentümern, Flucht aus dem Irak, dem Iran oder dem Jemen, Flucht aus der UdSSR... Aber wie wir wissen: „Die Bande der Kameradschaft sind selten und werden kaum auf Dauer aufrechterhalten." Versetzen wir uns in die Lage eines Juden und betrachten wir die Geschichte dieses unglücklichen Volkes: Wie kann man nicht in Angst leben, wenn man weiß, dass es bald wieder zu einem brutalen Bruch kommen wird, denn es scheint wirklich unvermeidlich: „Sie fürchten die Einsamkeit, und die Momente der Trennung erfüllen sie mit Angst". In ähnlicher Weise ist im Krankheitsbild der Hysterie Folgendes zu lesen: „Nichts ist für den Hysteriker schlimmer als der Abbruch der Beziehung zum anderen, aus der sein Existenzgefühl entspringt: Er stürzt dann in eine unerträgliche Einsamkeit, der er zu entkommen versucht, indem er eine neue Beziehung eingeht, und zwar mit der gleichen Inbrunst und Intensität wie die vorherige[586]. „So fährt man von Toledo nach Thessaloniki, von Lissabon nach Amsterdam, von Berlin nach Paris, von Kichiniev nach Moskau und von Moskau nach New York oder Tel Aviv. Jedes Mal wird das frühere Liebesobjekt, das zu Beginn idealisiert wurde, nach der Trennung verleugnet, verleumdet, beleidigt.

Auf der anderen Seite zeigen die Juden natürlich eine große Autonomie und scheinen niemanden zu brauchen. Der große jüdische Denker Franz Rosenzweig schrieb 1976 in *Der Stern der Erlösung*: „Unser Leben ist nicht mehr mit etwas Äußerem verbunden. Wir wurzeln in uns selbst und haben keine Wurzeln in der Erde; wir sind also ewige Wanderer, tief verwurzelt in uns selbst, in unserem eigenen Leib und Blut. Und diese Verwurzelung in uns selbst und nichts als in uns selbst garantiert unsere Ewigkeit[587]. „Auch diese Aussage scheint dem Krankheitsbild der histrionischen Persönlichkeit entnommen zu sein, die sich als „autonom" bezeichnet.

Diese Einsamkeit scheint das vom Psychiater erwähnte „ängstliche Warten auf ein Ereignis, das die tägliche Monotonie durchbricht", zu nähren. Der Philosoph Jacob Leib Talmon legte ein aufschlussreiches Zeugnis ab: „Bruno Bauer benutzte ein schreckliches Bild, indem er die Juden mit der Frau in dem russischen Sprichwort verglich, die sich der Liebe ihres Mannes nur sicher ist, wenn er sie schlägt. Die Juden, sagen sie, fühlen sich nur dann in Frieden mit sich selbst und mit dem

---

[586]http://www.acpsy.com/Hysterie.html
[587]Franz Rosenzweig, *La Estrella de la Redención*, Hermenia 43, Ediciones Sígueme, Salamanca, 1997, S. 363.

Schöpfer, wenn sie verfolgt werden[588]. „Und in der Tat scheint es, „dass eine echte Katastrophe oft als Selbstverständlichkeit akzeptiert wird. „Otto Weininger unterstrich die furchterregende Natur von Israels Gott, grausam und eifersüchtig: „Seine Beziehung zu Jehova, dem abstrakten Götzen, vor dem er die Qualen eines Sklaven empfindet und dessen Namen er niemals auszusprechen wagt, charakterisiert den Juden in ähnlicher Weise wie die Frau, die ebenfalls von einem fremden Willen beherrscht werden muss[589]."

„Es ist ein altes Volk, das Gott seit langem kennt! Sie haben seine große Güte und seine kalte Gerechtigkeit erfahren, sie haben Sünden begangen und bitter dafür gebüßt, und sie wissen, dass sie bestraft, aber nicht verlassen werden können[590]", sagte Joseph Roth.

Aber es wäre illusorisch, von ihnen zu verlangen, dass sie ihre Fehler klar erklären. Nach unseren zahlreichen Lektüren zu urteilen, scheinen fast alle jüdischen Intellektuellen davon überzeugt zu sein, dass sie keine Verantwortung für die feindseligen Reaktionen gegen ihre Gemeinschaft tragen. So schreibt der Philosoph Emmanuel Levinas in „*Schwierige Freiheit*": „Verfolgt zu werden, schuldig zu sein, ohne eine Schuld begangen zu haben, ist keine Erbsünde, sondern die andere Seite einer universellen Verantwortung - einer Verantwortung gegenüber dem Anderen -, die älter ist als jede Sünde[591]." Hören wir den Religionsphilosophen Jeschajahu Leibowitz, wie er sich über den Hitlerschen Antisemitismus äußert: „Adolf Hitler ist nicht der Höhepunkt des traditionellen deutschen Antisemitismus: Es handelt sich um ein Phänomen ganz anderer Art, das historisch nicht nachvollziehbar ist. Für mich ist der Antisemitismus kein Problem der Juden, sondern der Nichtjuden[592]." Ähnlich äußerte sich Elie Wiesel im ersten Band seiner *Memoiren*, wo er über judenfeindliche Nichtjuden schrieb: „Ich war nicht weit davon entfernt zu denken: Es ist ihr Problem, nicht unseres[593]." Und das sind keine Einzelschicksale. Im Gegenteil, dies scheint die Haltung der meisten jüdischen Intellektuellen zu sein. So machte auch der französische Philosoph Shmuel Trigano keinen Hehl aus seiner Überraschung über die Erscheinungsformen des Antisemitismus. Für ihn sind sie ein großes Rätsel: „Eines der größten Rätsel der Moderne ist zweifellos (lange vor

---

[588]J.-L. Talmon, *Destin d'Israel*, 1965, Calmann-Lévy, 1967, S. 72.

[589]Otto Weininger, *Geschlecht und Charakter*, Ediciones 62 s|a Barcelona, 1985, S. 309.

[590]Joseph Roth, *Judíos errantes*, Acantilado 164, Barcelona, 2008, S. 45.

[591]Emmanuel Levinas, *Difficile liberté*, Albin Michel, 1963, 1995, S. 185, 290

[592]Herlinde Loelbl, *Portraits juifs*, L'Arche, 1989, 2003 für die französische Fassung.

[593]Elie Wiesel, *Mémoires, Band I*, Seuil, 1994, S. 30, 31.

dem Rassismus) das Phänomen des Antisemitismus, das trotz einer immensen Bibliothek zu diesem Thema immer noch unerklärt ist... Das antisemitische Phänomen ist sicherlich eines der wichtigsten Phänomene, das wie der Faschismus und der Totalitarismus ein Rätsel geblieben ist[594]." Die Unfähigkeit, „die Dinge aus einem anderen Blickwinkel zu sehen oder sich in den anderen hineinzuversetzen", ist in der Tat symptomatisch: Die Probanden haben „eine eher eingeschränkte Fähigkeit, sich selbst zu beobachten und die Realität ihrer Gefühle zu erkennen". „Der Antisemitismus ist für sie also ein „Rätsel". Dies war auch, wie wir bereits gesehen haben, was der Philosoph André Glucksmann erklärte: „Der Judenhass ist das Rätsel unter allen Rätseln... Der Jude ist keineswegs die Ursache des Antisemitismus; man muss diese Leidenschaft an und für sich analysieren, als ob es diesen Juden, der verfolgt, ohne ihn zu kennen, nicht gäbe... Zwei Jahrtausende, in denen der Jude eine Quelle des Unbehagens war. Zwei Jahrtausende lang war sie eine lebendige Frage für die ganze Welt. Zwei Jahrtausende der Unschuld, die nichts mit[595] zu tun haben." Diese Meinung wird von Psychiatern bestätigt, wie die Reflexion des Spiegels: „Unabhängig von Ort und Zeit sind die Symptome immer Ausdruck des ständigen Wunsches des Hysterikers, ein Rätsel für die wissenschaftliche Logik darzustellen und seinen Körper dem prüfenden und fachkundigen Blick des Arztes auszuliefern." Dies war genau das, was Bernard-Henri Lévy in *The Testament of God* zum Ausdruck brachte, als er von „jenem unbeugsamen Volk sprach, dessen Beharrlichkeit zu sein eines der tiefsten Rätsel für das zeitgenössische Bewusstsein bleibt[596]." Wir wissen, dass Hysteriker „sich der Verantwortung entziehen und über ihr eigenes Handeln nachdenken[597]." Trotz all des Unglücks und der Enttäuschungen im Laufe ihrer schmerzhaften Geschichte, trotz aller Rückschläge und Misserfolge haben die Juden die Tatsachen nie hinterfragt. Viele Theologen haben diese erstaunliche Hartnäckigkeit, diesen Starrsinn des „sturen Volkes" festgestellt. Man kann die Überlegungen von Baltasar Gracián, dem spanischen Jesuiten des Goldenen Zeitalters, zitieren, der schrieb: „Jeder Narr ist überzeugt, und jeder überzeugte Narr ist überzeugt; und je irriger seine Meinung ist, desto größer ist seine Hartnäckigkeit... Die Hartnäckigkeit muss im

[594]Shmuel Trigano, *L'Idéal démocratique...*, Odile Jacob, 1999, S. 17, 92
[595]André Glucksmann, *Le Discours de la haine*, Plon, 2004, S. 73, 86, 88
[596]Bernard-Henri Lévy, *Le Testament de Dieu*, Grasset, 1979, S. 9.
[597]http://www.etudiantinfirmier.com/index_psy.php?page=2

Willen, nicht im Urteilsvermögen liegen[598]. „Aber im Moment scheint diese Angemessenheit weit von den Sorgen unserer Patienten entfernt zu sein.

Manchmal taucht in den Texten ein gewisser Zweifel an prophetischen Gewissheiten und tief sitzenden Überzeugungen auf. Dies kann bei Autoren beobachtet werden, die nicht im Verdacht stehen, offiziell an „Selbsthass" zu leiden. Wir sahen es kurz bei dem Pressedirektor Jean Daniel oder bei dem Schriftsteller Albert Cohen in *Bella del señor*, in einer Passage seines Romans, wo der Autor in einer Art Trance einen etwas seltsamen Stil annahm. Der Autor fuhr mehrere Seiten lang ohne jegliche Interpunktion fort[599]. Trotz der Schwierigkeiten beim Lesen ist dieser Text wertvoll, da er einige tiefsitzende Ängste in der jüdischen Persönlichkeit offenbart. Die Versuchung des Selbsthasses, die sofort „verdrängt" wurde, wie professionelle Psychiater es ausdrücken, erschien deutlich:."...Es ist auch eine Ansteckung mit ihrem Hass, wenn wir durch die Anhörung ihrer abscheulichen Anschuldigungen in die verzweifelte Versuchung geraten, den schrecklichen Gedanken zu fassen, uns für unser großes Volk zu schämen, die verzweifelte Versuchung, den Gedanken zu fassen, dass, wenn sie uns so sehr und überall hassen, es daran liegt, dass wir sie verdienen, und bei Gott, ich verdiene sie und bei Gott, ich verdiene sie. und bei Gott, ich weiß, dass wir es nicht verdienen und dass ihr Hass der törichte Stammeshass des Anderen ist und ein Hass des Neides und auch der Hass des Tieres auf die Schwachen, denn schwach an Zahl sind wir überall und die Menschen sind nicht gut und Schwäche zieht die angeborene versteckte bestialische Grausamkeit an... und du wirst sehen, wie im Lande Israel die Kinder meines zurückgekehrten Volkes sanftmütig und hochmütig und schön und schön und von edler Haltung und tapferen Kriegern sein werden, wenn es nötig ist, und endlich ihr wahres Gesicht sehen alleluja du wirst mein Volk lieben du wirst Israel lieben, das dir Gott gegeben hat, das dir das größte Buch gegeben hat, das dir den Propheten gegeben hat, der Liebe war[600]..." Nicht Céline oder Joyce wollen es. Aber zumindest hat dieser Text das Verdienst, an die Oberfläche zu bringen, was einige kosmopolitische Geister auf verborgene Weise zu beschäftigen scheint.

---

[598]Baltasar Gracián, *Oráculo manual y arte de prudencia, 183*.
[599]Die Texte der Torarollen enthalten auch keine Satzzeichen. Albert Cohen scheint die literarische Technik des Bewusstseinsstroms von Autoren wie James Joyce oder Marcel Proust nachahmen zu wollen (NdT).
[600]Albert Cohen, *Bella del Señor*, Anagrama, 1992, Barcelona, S. 561.

Neben der Versuchung zum Selbsthass sehen wir wieder den Geist der Rache, aber auch die Hoffnung auf eine Zeit, in der Israel von allen Völkern als Leuchtturm der Nationen anerkannt sein wird. Diese Art von Geständnis ist in der an die breite Öffentlichkeit gerichteten Literatur selten und spiegelt zweifellos die „Schwierigkeit, Gefühle zu verbalisieren" wider, die wir bei der medizinischen Analyse festgestellt haben. Es wäre interessant und spannend für junge Forscher, die Archive psychiatrischer Krankenhäuser oder einiger Gemeindebibliotheken zu öffnen, um weitere Dokumente dieser Art zu finden[601].

Auf jeden Fall veranschaulicht diese Passage aus der Feder von Albert Cohen perfekt diese „Ambivalenz", die für die jüdische Persönlichkeit konstitutiv ist. Otto Weininger schrieb dazu: „Der psychische Inhalt des Juden stellt immer eine gewisse Dualität oder Pluralität dar, und er kann sich nie von dieser Zweideutigkeit, dieser Duplizität oder dieser Vielheit befreien...Innere Vielheit, ich wiederhole, ist das jüdische Merkmal; Einfachheit *[und Klarheit]* kennzeichnet das nichtjüdische[602]." Diese Ambivalenz kommt in der kosmopolitischen planetarischen Literatur häufig vor. Der Philosoph Pierre Levy schrieb: „Sehen Sie sich die Juden an: ein Keil des Ostens im Westen, ein Tropfen des Westens im Osten[603]. „Erinnern wir uns auch an die Worte von Jacques Attali, der für eine „plurale" Gesellschaft plädierte und die Europäer aufforderte, „die Vielfalt ihrer Zugehörigkeiten zu beanspruchen, indem sie ihre Mehrdeutigkeiten entschlossen akzeptieren[604]." „Jeder wird das Recht haben, mehreren, bisher verfeindeten Stämmen anzugehören, zweideutig zu sein, sich zwischen zwei Welten zu bewegen. Elemente aus verschiedenen Kulturen entlehnen, um aus den Teilen der anderen die eigene zu

---

[601]In dem Film *Einer flog über das Kuckucksnest* (USA, 1975) wollte Milos Forman uns glauben machen, dass die Entfremdeten nicht so verrückt sind, wie sie zu sein scheinen, und dass sie vor allem Opfer einer unterdrückenden Gesellschaft sind. Dies war das Ziel der antipsychiatrischen Schule, die in den 1970er Jahren mit David Cooper, Aaron Esterson und Ronald D. Laing ihre große Stunde hatte: Es gibt keine Geisteskranken; es ist die Gesellschaft, die sie verrückt macht (Alain de Benoist, *Vu de droite*, 1977, Le Labyrinthe, 2001, S. 184). Elie Wiesel erinnerte in einem seiner Bücher daran, dass bereits Maimonides, der große jüdische Denker des Mittelalters, erklärte: „Die Welt wird von den Verrückten gerettet werden". „(Elie Wiesel, *Un Désir fou de danser*, Seuil, 2006, S. 14).
[602]Otto Weininger, *Geschlecht und Charakter*, Ediciones 62 s|a Barcelona, 1985, S. 320.
[603]Pierre Lévy, *Weltphilosophie*, S. 153-156
[604]Jacques Attali, *Europa(s)*, Fayard, 1994, S. 198.

improvisieren[605]." Es scheint eine abstoßende Angst vor allem zu geben, was offen, klar, mit scharfen und präzisen Konturen ist, so wie der Teufel das Weihwasser fürchtet oder Vampire vor einer Knoblauchzehe erblassen. Doch Jacques Attalis Ansichten spiegeln lediglich seine eigene Gedankenwelt wider. Auch hier ist eine Übereinstimmung mit der psychiatrischen Analyse festzustellen: „Egozentrismus" und die „Unfähigkeit, die Dinge aus einem anderen Blickwinkel zu sehen oder sich in den anderen hineinzuversetzen".

Der Histrion steht immer an der Grenze, mit einem Fuß auf jeder Seite, er ist dem „Schwanken" unterworfen, wie der Schriftsteller Georges Perec es beschrieben hat. Aus diesem Grund wurden Juden im Laufe der Geschichte oft des Verrats beschuldigt, sowohl von der einen als auch von der anderen Seite. An Beispielen mangelt es nicht.

Aber wie wir wissen, haben die Juden auch eine „Mission" zu erfüllen „für die ganze Menschheit", wie sie selbst immer wieder betonen. In seinem Buch *Antisemitischer Hass* hat Serge Moati die Aussage einer jüdischen Mitbürgerin, Renée Neher, die seit 1971 in Israel lebt, wiedergegeben: „Was bedeutet der Begriff „auserwähltes Volk"? Das bedeutet, dass die Bibel uns eine Mission der Gerechtigkeit, des Friedens, des Monotheismus und der Anti-Götzendienerei auferlegt hat. Solange die zehn Gebote, die Moses am Sinai gegeben wurden, nicht von allen beachtet werden, werden wir uns verantwortlich und schuldig fühlen... Die Menschheit könnte mit einem Orchester verglichen werden, in dem jeder, der als Teil des Ganzen notwendig ist, seine eigene Partitur spielt. Der Jude würde die „erste Geige" spielen. Derjenige, der in Abwesenheit des Orchesterleiters, Gott, lediglich den Ton angibt. Wenn der Jude endlich als Teil des Orchesters der Menschheit gesehen würde, wäre der Antisemitismus abgeschafft. Warum sollte der Jude den Ton angeben? Woher kommt dieses Privileg? Es liegt daran, dass wir an das Wort der Bibel glauben, das uns diese Funktion zuweist: „Auserwähltes Volk[606]."" Der Hysteriker hat auch das Bedürfnis, sich zu engagieren und sich einer Sache zu widmen. Der Psychiater Michel Steyaert stellte Folgendes fest: „Oft wählen Patienten einen Beruf, in dem sie ihr Engagement zeigen können, wie Lehrer, Krankenschwestern, Ärzte, Sozialarbeiter[607]. „Auch hier sehen wir, wie sich der kosmopolitische Geist mit dem Krankheitsbild deckt.

Sicherlich ist eine sehr charakteristische Form des

---

[605]Jacques Attali, *Dictionnaire du XXI siècle*, 1998.

[606]Serge Moati, *La Haine antisémite*, Flammarion, 1991, S. 165.

[607]Michel Steyaert, *Hystérie, folie et psychose*, Éd. Les Empêcheurs de penser en rond, 1992, S. 61.

„Egozentrismus" zu erkennen. Es ist offensichtlich, dass es ohne sie keine Zivilisation, keine Menschheit geben kann: „Sie sind der Schlüssel zur Entwicklung der Welt. Es gibt keine sesshafte Entwicklung ohne diese Nomaden". „Die Geschichte Israels wird sich einmal mehr in seiner Fähigkeit zeigen, eine Rolle als Vermittler von Frieden und Fortschritt zwischen Ost und West zu spielen. Wenn sie versucht, ihre Identität auf erworbene Ländereien zu beschränken, ist sie verloren. Wenn sie ihren Kurs beibehält, kann sie überleben und der Menschheit helfen, nicht zu verschwinden. „Das Unglück des jüdischen Volkes ist also ein Unglück für alle Menschen", schrieb Attali dreist.

Und da alles, was die Juden betrifft, auch die gesamte Menschheit betrifft, darf man sich nicht wundern, wenn Jacques Attali mit der gewohnten *Chuzpe* erklärt: „Das Verschwinden des Tempels ist auch eine Tragödie für die Nicht-Juden, denn die Hebräer haben für sie gebetet: „Sie wissen nicht, was sie verloren haben[608]." „Für die Intellektuellen des Planeten steht das jüdische Volk im Mittelpunkt der Welt, und es ist schlichtweg unvorstellbar, dass das Leben auf eine andere Weise konzipiert werden könnte. Ohne sie gibt es kein Leben auf der Erde.

Hier ein Dialog aus einem Roman von Jacques Attali mit dem Titel *Er wird kommen* (natürlich der Messias): „Wir sind nicht überlegen. Wir sind anders. Wir wären gerne ignoriert worden, vergessen in unseren Ländern. Aber wir wurden aus ihnen vertrieben. Wir wurden zu Nomaden, die gezwungen waren, sich an den Feind heranzupirschen und die Zeit zu erfinden. Danach fielen wir in die Sklaverei. Als wir befreit wurden, hat Gott uns den Auftrag erteilt, Menschen zu retten und in seinem Namen zu sprechen. Wir haben nicht darum gebeten. „Es genügt, den Tempel in Jerusalem wieder aufzubauen: „Wenn es dort... nicht mehr nur Steine und Unkraut gibt, sondern den einzigen Ort, der würdig ist, Gott auf diesem Planeten zu empfangen, dann kann sich die Welt auf eine perfekte Zeit vorbereiten[609]." Kurz gesagt, die Juden „hätten es vorgezogen, ignoriert zu werden", aber es stellt sich heraus, dass sie „einen Auftrag zu erfüllen haben"; sie haben keine Wahl. Und wie wir wissen, sagt der Hysteriker oft, „dass er dies oder jenes tut, weil er dazu gezwungen ist, während insgeheim seine Wünsche durch diese Aktivitäten befriedigt werden." Was diese gequälten Seelen an die irdischen Realitäten bindet, ist die göttliche Mission, mit der sie glauben, ausgestattet worden zu sein. Besonders wortgewandt sind sie

[608]Jacques Attali, *Los Judíos, el mundo y el dinero*, Fondo de cultura económica, 2005, Buenos Aires, S. 485, 486, 489, 491.
[609]Jacques Attali, *Il viendra*, Fayard, 1994, S. 82.

dann, wenn es darum geht, uns von den Vorteilen des Kosmopolitismus und der pluralistischen Gesellschaft zu überzeugen, um die Ankunft des Messias zu beschleunigen. Der peruanische Schriftsteller Mario Vargas Llosa hat diese Aufgabe in seinem Roman *El Hablador* dargestellt. Dem Mann, der nie aufhört zu reden, gelingt es, ein Volk von elenden Indianern im Amazonasdschungel mit seinen Worten zu unterjochen und sie dazu zu bringen, ihre Bräuche und Traditionen aufzugeben, um dem Wort ihres neuen lebendigen Gottes[610] zu folgen. Am Ende des Buches verstehen wir natürlich, dass Mario Vargas Llosas imaginäre Figur zum auserwählten Volk gehört.

Marek Halter bestätigte übrigens, dass „der Redner oder der Mann, der redet" nicht mehr und nicht weniger ist als der „Prophet", auf Hebräisch „der *Navi*, d.h. „der Mann, der spricht[611]." „Und wieder sind wir mit einem weiteren Merkmal der Hysterie konfrontiert: Hysteriker sind „Leidtragende des Verbs und... Ihre Worte haben die Besonderheit, dass sie überschwänglich, diffus und symbolisch sind, und ihre unbewusste Funktion besteht darin, zu verhindern, dass das Symptom gehört wird. „In diesem Fall scheint uns jedoch die pathologische Dimension weniger erklärend als die politische und eschatologische Dimension des Judentums.

Die Bedeutung des Proselytenmachens in der jüdischen Geisteswelt ist allgemein bekannt. Dieses Beispiel veranschaulicht sehr gut die Vorstellung, dass das jüdische Volk in erster Linie ein kämpferisches Volk ist - oder ein Volk von „Priestern", wie es selbst sagt, die die Schriften der Propheten aufgreifen. Doch im Gegensatz zu den anderen monotheistischen Religionen, die hoffen, andere Völker zu ihrem eigenen Glauben zu bekehren, zielt der jüdische Proselytismus nicht darauf ab, die Gojim zur hebräischen Religion zu bekehren. Der ganze Prozess besteht darin, sie dazu zu bringen, auf ihre Geschichte, ihre Traditionen und ihre Kultur zu verzichten, ohne dass sie dafür eine Gegenleistung erhalten. Ziel ist es, die Konsumgesellschaft überall zu verallgemeinern und das Entstehen der „offenen Gesellschaft" und der multirassischen Gesellschaft zu fördern, die die vereinigte Welt vorwegnehmen soll, die für die Juden mit dem Kommen der messianischen Zeit verwechselt wird. Diese unerschöpfliche Propaganda für eine pluralistische Gesellschaft ist also sowohl eine religiöse Handlung als auch Ausdruck einer Zwangsneurose. So erklärt sich der kontinuierliche Strom literarischer und kinematografischer Produktionen, der die Buchhandlungen und Fernsehbildschirme der

---

[610]Hervé Ryssen, *Planetarische Hoffnungen*, (2022).
[611]Marek Halter, *La Force du Bien*, Robert Laffont, 1995, S. 67.

demokratischen Gesellschaften ständig überschwemmt.

Das Engagement und die Leistung des jüdischen Volkes sind in jedem Fall zutiefst moralisch, wie Renée Neher erklärte: „Dieser Wille, die Moral in der Welt durchzusetzen... ist unsere raison d'être... Eines Tages werden die Menschen erkennen, dass wir niemandem schaden wollen und dass wir im Gegenteil versuchen, uns selbst zu verbessern[612]. „Jacques Attali erinnerte auch an die bekannten moralischen Regeln des Judentums: „Lege eine sehr strenge Moral fest, dulde weder Arroganz noch Unmoral, um keine Eifersucht oder Vorwände für Verfolgung zu schaffen[613]. „Otto Weiningers Worte in *Sex und Charakter* kommen mir hier in den Sinn: „Hysteriker... glauben an ihre eigene Aufrichtigkeit und Moral... Die wahren Ursachen der Krankheit zeigen, dass ihre Verlogenheit organisch ist. Je gläubiger die Hysteriker sich selbst für wahr halten, desto tiefer ist ihre Verlogenheit verankert[614]." Was die für die Hysterie charakteristischen „prophetischen Wahnvorstellungen" betrifft, so haben wir festgestellt, dass sich jüdische Intellektuelle, von Abravanel bis Jacques Attali, als die großen Experten auf diesem Gebiet präsentieren.

Die Parallele, die wir zum jüdischen Volk gezogen haben, bedeutet natürlich nicht, dass jeder einzelne Jude von dieser Krankheit betroffen ist. Wir beschränken uns hier darauf, auf die seltsamen Ähnlichkeiten zwischen dem Denken jüdischer Intellektueller und der Neurose hinzuweisen, wohl wissend, dass die verfügbaren medizinischen Unterlagen nicht ausreichen, um das Ausmaß der Krankheit beim jüdischen Volk vollständig zu beschreiben. Wie bei den Selbstmordstatistiken ist es sehr schwierig, Informationen zu diesem Thema zu erhalten, und sie werden offenbar geheim gehalten.

Ende des 19. Jahrhunderts hatte Dr. Charcot beobachtet, dass diese Krankheit vor allem die Bevölkerung betraf, die erst kürzlich aus den Ghettos Polens und Russlands gekommen war: „Die Semiten haben das Privileg, in höchstem Maße all das zu repräsentieren, was die Neurose erfinden kann. Es wäre eine interessante Arbeit, die Krankheiten einer Rasse zu untersuchen, die in der Antike und bis in die Gegenwart eine so ruchlose Rolle gespielt hat." Wie man sieht, ist die Hysterie nicht nur die krampfende Verrückte der psychiatrischen Bilderwelt, sondern die Neurose beinhaltet auch organische Symptome, die zu dem gehören,

---

[612]Serge Moati, *La Haine antisémite*, Flammarion, 1991, S. 165.

[613]Jacques Attali, *Los Judíos, el mundo y el dinero*, Fondo de cultura económica, 2005, Buenos Aires, S. 490.

[614]Otto Weininger, *Geschlecht und Charakter*, Ediciones 62 s|a Barcelona, 1985, S. 268, 269.

was man „somatische Konversion" nennt. Zu Charcots Zeiten stellten die Ärzte fest, dass sich alle diese Symptome von körperlichen Krankheiten dadurch unterscheiden, dass sie plötzlich auftreten und unvorhersehbar wieder verschwinden, dass sie nach wichtigen oder bedeutsamen Ereignissen ausgelöst werden oder verschwinden können und dass sie keiner nachweisbaren körperlichen Krankheit entsprechen.

Die somatischen Erscheinungsformen sind sehr vielfältig. Die neurologischen Umstellungen werden zuerst beobachtet. Seit Charcot sind dies die klassischsten, auch wenn die spektakuläreren heute seltener sind. Dazu gehören motorische Störungen: Astasia-abasia (Unfähigkeit zu stehen, auch wenn Beinbewegungen möglich sind); Lähmungen aller Art (eine Gliedmaße, eine Hand, beide Beine usw.); Muskelkontrakturen und abnorme Bewegungen, Krämpfe, Schiefhals, Gesichtsdyskinesie, Blepharospasmus usw. Auch sensorische und sensorische Störungen werden festgestellt: kutane Anästhesien unterschiedlichen Ausmaßes; lokale Hyperästhesien; Allergien, Asthma, generalisierte Urtikaria. Es können Sehstörungen auftreten: verschwommenes Sehen, Blindheit[615], Verengung des Gesichtsfeldes, Diplopie usw.; Hörstörungen bis hin zur Taubheit; häufige Schmerzen (Kopf-, Rücken-, Nackenschmerzen, Arthralgie, Beckenschmerzen); Sprachstörungen: vorübergehende aphonische Phasen, Dysphonie, Stottern, Nuscheln. Es gibt auch vegetative und Verdauungsstörungen: Unterleibsschmerzen sind häufig (Krämpfe, Erbrechen, Dyspnoe, Speiseröhrenschmerzen, Verstopfung usw.), ebenso wie die berühmte „psychologische Schwangerschaft" (Amenorrhoe, Schwellung des Unterleibs und der Brüste). Es gibt auch vasomotorische Störungen (Blässe, Rötung, übermäßiges Schwitzen); Essstörungen (Anorexie, Bulimie); sexuelle Störungen (Frigidität, Dyspareunie, Vaginismus) sowie die paroxysmalen Manifestationen, die berühmten „hysterischen Krisen", die oft laut und spektakulär sind (Ohnmachtsanfälle, tetaniforme Krisen, Pseudokrämpfe bei generalisierter Epilepsie, Nervosität).

In seinem Buch *Psychopathology of the Adult* hebt Quentin Debray vor allem Störungen der Verdauungsfunktion hervor: „Die Verdauungsfunktion ist die Ursache zahlreicher Beschwerden: Dysphagie und Rachenspasmen, Schmerzen, Koliken, Übelkeit, Erbrechen und Bauchschwellungen. Gynäkologische Symptome sind

---

[615]In *Hollywood Ending* (2002) zum Beispiel spielt Woody Allen die Rolle eines neurotischen und hypernervösen jüdischen Regisseurs, der während der Dreharbeiten zu seinem Film plötzlich erblindet. Sein Psychoanalytiker versichert ihm, dass es sich nur um eine vorübergehende Krankheit handelt.

häufig: Dysmenorrhoe, unregelmäßige Menstruation, Dyspareunie und Vaginismus. Der klassische Fall einer psychologischen Schwangerschaft oder Pseudoschwangerschaft mit Amenorrhoe (Ausbleiben der Menstruation), Blähungen, Übelkeit und geschwollenen Brüsten ist mit Hysterie verbunden." Eine imaginäre oder psychologische Schwangerschaft ist ein psychisches Phänomen, das bei einer Frau Symptome auslöst, die mit denen einer echten Schwangerschaft vergleichbar sind. Wenn eine Frau sich wirklich ein Kind wünscht, kann es vorkommen, dass sie ihre Natur unbewusst so weit zwingt, dass sie sich tatsächlich schwanger fühlt. Sie ist so sehr davon überzeugt, dass sie schwanger ist, dass ihr inneres Gleichgewicht gestört ist und sie die Symptome einer schwangeren Frau auslöst, ohne jedoch schwanger zu sein: Ausbleiben der Menstruation, Übelkeit, schmerzende Brüste (manchmal durch das tatsächliche Ausbleiben der Menstruation), Erbrechen, Gewichtszunahme usw. Daher kann der bloße Gedanke an eine Schwangerschaft ausreichen, um die Menstruation hinauszuzögern und eine psychische Schwangerschaft zu verursachen. Dasselbe gilt für ältere Frauen, die sich weigern anzuerkennen, dass sie nicht mehr zeugungsfähig sind.

All diese Abklärungen waren notwendig, um das Krankheitsbild der Hysterie zu vervollständigen. Nach all diesen Überlegungen können wir zugeben, dass Hysterie keine einfache Sache ist. Wie wir sehen, können sich die Symptome je nach Person auf unterschiedliche Weise zeigen. Außerdem ist es im Rahmen dieser ethnopsychiatrischen Studie wichtig, das allgemeine Verhalten zu beobachten. Es wäre daher sinnlos, bei jedem Einzelnen nach Symptomen zu suchen.

Die Idealisierung des Vaters

Jetzt geht es darum, die Ursachen dieses seltsamen Phänomens zu verstehen, das die Menschen seit der Antike fasziniert. Psychiatrische Analysen sind prägnanter als die Beschreibung von Symptomen, aber sie stellen immer die väterliche Funktion in den Vordergrund.

Der Ödipuskomplex, der von Sigmund Freud theoretisiert wurde, steht im Mittelpunkt der Diagnose und aller Erklärungen. Sie postuliert, dass sich die erste sexuelle Zuneigung des Kindes auf den Elternteil des anderen Geschlechts richtet, während das Kind für den Elternteil des gleichen Geschlechts Gefühle des Hasses und der Rebellion entwickelt. Unter normalen Bedingungen besteht zwischen Eltern und Kind eine wechselseitige Bindung, ein natürliches Gefühl der Gemeinschaft. Bei Hysterikern ist die Bindung an einen Elternteil übermäßig stark und die

Ablehnung des anderen Elternteils ist heftig. Die Idealisierung des Vaters ist also die wichtigste Erklärung für die weibliche Hysterie.

Der Psychiater Vittorio Lingiardi schrieb, dass der Ursprung der histrionischen Störung „ein schwerwiegender Mangel an mütterlicher Fürsorge in der frühen Kindheit" ist. Diese frühe affektive Deprivation würde das Kind dazu bringen, sich an den Vater zu wenden, um seine affektiven Bedürfnisse zu befriedigen. Dies kann zu einer übermäßigen väterlichen Idealisierung führen. „Die Mechanismen der Idealisierung und Verleugnung erklären das kognitive Verhalten solcher Personen: zu allgemein, unspezifisch, detailarm, impressionistisch. Das unvollständige Festhalten von Tatsachen, ihre diffuse und ungenaue Evokation ermöglichen eine einfachere Eliminierung der Aspekte der Realität, die der Einzelne nicht im Bewusstsein auftauchen sehen will." Hier und da lesen wir unvermittelt, dass das hysterische Subjekt „eine Frau ist, die befürchtet, von ihrem Vater verlassen zu werden[616]." François Lelord erwähnte, dass Freud den Ursprung des Bösen im Inzest und in sexuellen Berührungen sah, die ihm viele seiner Patienten gestanden. „Vielleicht erleben sie eine Situation aus ihrer Kindheit wieder, in der sie versuchten, die Aufmerksamkeit eines entfernten und idealisierten Vaters auf sich zu ziehen? „

In seinem Buch *Hysterie, Wahnsinn und Psychose* beharrt der Psychiater Michel Steyaert auf dieser väterlichen Idealisierung und unterstützt die These Freuds, wonach im Gegensatz zu dem, was alle seine hysterischen Patientinnen behaupteten, kein Inzest nachweisbar sei, sondern lediglich ein Wunsch nach Inzest seitens der hysterischen Frau bestehe. „Die Patienten, von denen wir sprechen, haben den Ödipuskomplex schlecht gelöst. Im Delirium der (weiblichen) Patienten überwiegt nämlich eine väterliche Problematik mit einem sehr deutlichen und manchmal geäußerten Wunsch, ein Kind vom Vater zu bekommen. Diese Fabel einer vergangenen inzestuösen Beziehung, die als real dargestellt wird und an der der Vater schuldig wäre, wird häufig in der klinischen Umgebung beobachtet... Diese Patienten wünschen sich ein Kind mit dem Vater, den sie mit einem allmächtigen Mann oder einem Magier oder einem mächtigen Arzt, manchmal sogar mit Gott identifizieren", schreibt Michel Steyaert. Die Hysterikerin sucht „Vatersubstitute unter hochrangigen Persönlichkeiten, Professoren, idealisierten Ärzten, bis zu dem Moment, wo reale oder phantasmatische sexuelle Beziehungen mit ihnen entstehen und das

---

[616]Drei Filme veranschaulichen das hysterische Phänomen gut: Elia Kazans *A Streetcar Named Desire* (1951), Otto Premingers *Angel Face* (1952) und Jean Beckers *Murderous Summer* (1983).

ganze Gebäude zum Einsturz bringen. „So reduziert die Hysterikerin, „indem sie nach ihr ruft, die scheinbaren Lehrer, Priester und Ärzte anfleht und aus den Angeln hebt", diese „einen nach dem anderen in die Ohnmacht, während sie immer stärker nach einem Mann verlangt, der ein wirklicher Meister ist[617]." Erinnern wir uns an dieser Stelle an die Worte von David Banon über den jüdischen Messianismus: „Die am Ende der Zeit versprochene Erlösung hält eine Realität aufrecht, die immer jenseits des Bestehenden liegt und die daher niemals erreicht werden wird... Der Messias ist immer derjenige, der eines Tages kommen muss... aber derjenige, der schließlich erscheint, kann nur ein falscher Messias sein." Diese Analyse stimmt mit dem überein, was wir an anderer Stelle gelesen haben: „Ob sie nun jedes Bedürfnis des Mannes leugnet oder ob sie in einer pathologischen Beziehung die Unfähigkeit ihres Partners demonstriert, ihr Freude zu bereiten, die Hysterikerin stellt sich immer als diejenige dar, die enttäuscht sein wird, die dem Mann immer seine Fähigkeit absprechen wird, sie zu erfüllen, d.h. seine Männlichkeit[618]." Die Erfahrung des Arztes ist hier unersetzlich: „Wir beobachten immer eine intensive Erotisierung der Worte und der Beziehung, sei es durch Kleidung, Make-up, Kommentare zum Körperbau und zum imaginären Privatleben des Arztes, und manchmal sind manche Patientinnen sogar davon überzeugt, dass sie von ihrem Arzt schwanger sind. „Ein paar Seiten weiter notiert der Therapeut etwas, was wir schon gesehen haben: „Ein anderes Symptom kann sich manifestieren: Es ist die psychische Schwangerschaft oder die wahnhaften Vorstellungen von der Schwangerschaft oder der Inszenierung einer Geburt, Symptome, die uns den Wunsch des Vaters nach einem Kind exemplarisch zu übersetzen scheinen." An diesem Punkt muss der Psychiater jedoch erkennen, dass die inzestuöse Beziehung möglicherweise nicht nur der Phantasie des Patienten entspringt, wie Sigmund Freud schließlich festgestellt hatte. Die Freudsche Erklärung des Inzestwunsches der histrionischen Frau, die damit jede väterliche Verantwortung ausschließen würde, ist sicherlich unzureichend: „Wir glauben in der Tat, dass es in einigen Fällen zweideutige Haltungen des Vaters während der Kindheit des Patienten gegeben haben kann... Die Familien dieser Patienten sind oft ziemlich gestört, und es gibt oft Familiengeheimnisse, Dinge, die nicht erzählt werden. Oft taucht im Delirium „etwas" in der Größenordnung eines Dramas auf, das sich in

---

[617]Michel Steyaert, *Hystérie, folie et psychose*, Éd. Les Empêcheurs de penser en rond, 1992, S. 60, 61.
[618]http://www.acpsy.com.

der vorangegangenen Generation ereignet hat: Inzest, uneheliche Geburt, eheliche Unstimmigkeiten und Ehebruch eines Elternteils (meist hat der Vater eine Geliebte im Alter seiner Tochter), zum Beispiel. Manchmal kam es auch zu sexuellen Beziehungen mit einem Bruder, einer Schwester, einem Stiefbruder, einer Stiefschwester[619]. „In der Tat ist der Inzest die Grundlage der ödipalen Problematik und der hysterischen Pathologie.

Die Geburt der Psychoanalyse

Durch die Analyse der Fälle junger „hysterischer" Frauen stellte Sigmund Freud die ersten Theorien auf, die Ende des 19. Jahrhunderts zur Erfindung der Psychoanalyse führten. Diese therapeutische Methode besteht darin, das Unterbewusstsein des Patienten zu erforschen, um das ursprüngliche Trauma, das die Neurose ausgelöst hat, ins Bewusstsein zu bringen.

Bereits 1893 schlug Freud vor, dass der Inzest der Ursprung der Pathologie sei. Viele seiner Patienten hatten ihm nämlich erzählt, dass sie in ihrer Kindheit sexuelle Berührungen und Inzest erlitten hatten. Sie alle gaben an, von ihrem eigenen Vater oder einem Erwachsenen mit elterlicher Autorität verführt worden zu sein. Später, im Jahr 1897, fragte sich Freud, ob diese Geschichten nicht imaginär waren, ob sie nichts anderes als weibliche Phantasien waren, die „verdrängten ödipalen Konflikten" entsprachen." Ernst Jones, Freuds offizieller Biograph, schrieb: „Von Mai 1893, als er dies Fliess zum ersten Mal mitteilte, bis September 1897... vertrat er die Ansicht, dass die wesentliche Ursache der Hysterie die sexuelle Verführung eines unschuldigen Kindes durch einen Erwachsenen, gewöhnlich den Vater, ist. Die Beweise des Analysematerials schienen unwiderlegbar zu sein. An dieser Überzeugung hielt er vier Jahre lang fest, obwohl er sich zunehmend über die Häufigkeit dieser angeblichen Vorfälle wunderte. Es stellte sich heraus, dass die Väter zu einem großen Teil die Protagonisten dieser inzestuösen Angriffe waren. Schlimmer noch, es handelte sich in der Regel um perverse Episoden, bei denen der Mund oder der Anus der bevorzugte Ort war. Aus dem Vorhandensein bestimmter hysterischer Symptome bei seinem Bruder und mehreren seiner Schwestern (nicht bei ihm selbst, wohlgemerkt) leitete er ab, dass sogar sein eigener Vater solcher Taten beschuldigt werden sollte[620]... „

---

[619]Michel Steyaert, *Hystérie, folie et psychose*, 1992, S. 62, 69, 61, 66
[620]Ernst Jones, *Leben und Werk von Sigmund Freud, Band I*, Anagrama, 1981,

(Brief an Fließ vom 11. Februar 1897).

Im September 1897, nach dem Tod ihres Vaters Ende Oktober 1896, gab sie die Theorie der „Verführung" zugunsten der Theorie der „Phantasie" auf: Die hysterische Frau hatte in ihrer Kindheit keinen Inzest mehr erlitten, aber sie war es, die über ihren Vater phantasierte. Der Vater wurde daraufhin von jedem Verdacht freigesprochen. Von nun an musste man glauben, dass die Kinder in ihre Eltern des anderen Geschlechts verliebt waren und inzestuöse Beziehungen wünschten. Ernst Jones schrieb hier: „Im Winter nach dem Tod seines Vaters (genauer gesagt im Februar) beschuldigte Freud seinen Vater der Verführung, und drei Monate später (am 31. Mai 1897) hatte er einen Traum von Inzest, der seine Zweifel an der Geschichte der Verführung beendete[621]." „In Briefen vom 3., 4. und 15. Oktober berichtet Freud über den Stand seiner Analyse... Er hatte bereits erkannt, dass sein Vater unschuldig war und dass er seine eigenen Vorstellungen auf ihn projiziert hatte. Kindheitserinnerungen an sexuelles Verlangen gegenüber seiner Mutter waren aufgekommen, als er sie nackt gesehen hatte[622]." Ernst Jones schreibt weiter zur Unterstützung von Freuds These: „Freud hatte die Wahrheit in der Sache entdeckt: dass es unabhängig von inzestuösen Wünschen der Eltern gegenüber ihren Kindern und sogar von gelegentlichen Handlungen dieser Art in Wirklichkeit um die Existenz inzestuöser Wünsche der Kinder gegenüber ihren Eltern im Allgemeinen und gegenüber dem Elternteil des anderen Geschlechts im Besonderen ging... Zu dieser Zeit war Freud in der Tat noch nicht zu der Idee der infantilen Sexualität gelangt, wie sie später verstanden werden sollte. Die Wünsche und Phantasien des Inzests sind spätere Produkte, die wahrscheinlich zwischen dem 8. und 12. Dies ist nicht der Ort, an dem sie ihren Ursprung haben würde. Er räumte höchstens ein, dass kleine Kinder, selbst im Alter von 6 bis 7 Monaten (!), in der Lage waren, die Bedeutung der sexuellen Handlungen der Eltern, die sie miterlebt oder gehört hatten, in einer etwas unvollkommenen Form zu registrieren und zu erfassen... Die Anerkennung und Akzeptanz des großen Reichtums der kindlichen Sexualität, die sich durch aktive Triebe manifestieren konnte, stellte einen weiteren Schritt dar, den Freud mit seiner üblichen Vorsicht erst

---

Barcelona, S. 320, 321.

[621] Ernst Jones, *Vida y obra de Sigmund Freud, Band I*, Anagrama, 1981, Barcelona, S. 323 (zensierte Seite in pdf).

[622] Ernst Jones, *Leben und Werk von Sigmund Freud, Band I*, Anagrama, 1981, Barcelona, S. 324.

später unternahm[623]." So war es! Die kindliche Sexualität und der „Ödipuskomplex" wurden geboren: Das Kind fühlt eine liebevolle Bindung an den Elternteil des anderen Geschlechts und wünscht sich insgeheim den Tod des anderen, der sein Rivale ist; und jeder Mensch muss diesen Komplex überwinden, um die wahre affektive Reife zu erreichen. Und hundert Jahre lang tappten alle in diese Falle! Ausgenommen natürlich diejenigen, die Freuds wahre Beweggründe kannten, es aber vorzogen, darüber zu schweigen, um das große Geheimnis der jüdischen Gemeinschaft nicht der Öffentlichkeit preiszugeben. Freud stand offensichtlich unter starkem Druck seines Umfelds und bedeutender Mitglieder seiner Gemeinde, die Bräuche der Juden nicht zu enthüllen. Indem er die Theorie des „Ödipuskomplexes" erfand, verschleierte er die Realität des Inzests in jüdischen Familien und entschuldigte jüdische Väter. Und dabei hat er die Spur verwischt, indem er diese jüdische Besonderheit durch einen griechischen Helden auf die universelle Ebene projizierte.

Inzest in der jüdischen Tradition

Die Frage des Inzests ist im Judentum sehr präsent. In der Tora[624] werden mehrere Episoden beschrieben. Die Töchter von Lot[625] (Abrahams Neffe) zum Beispiel hatten ihren Vater betrunken gemacht und nutzten seine Trunkenheit aus, um die Freuden des Inzests zu genießen. Nachdem er die Jüngste befriedigt hatte, schlief der Patriarch mit seiner ältesten Tochter. Wir wissen, dass die Rabbiner Ausreden für Lots Töchter gefunden haben. Indem sie mit ihrem Vater schliefen, hatten sie sich ihrer Meinung nach „zum Wohle der Menschheit" geopfert.

---

[623]Ernst Jones, *Vida y obra de Sigmund Freud, Tomo I*, Anagrama, 1981, Barcelona, S. 321, 322, (zensierte Seiten in pdf).

[624]Die Schreibweise ist je nach Autor unterschiedlich. So können wir es als „Thora", „Tora" oder „Thora" geschrieben sehen, d.h. die fünf Bücher des Alten Testaments, genannt Pentateuch: Genesis, Exodus, Levitikus, Numeri und Deuteronomium. Aber für Juden „umfasst das Wort Tora sowohl den Talmud als auch die fünf Bücher des Pentateuch. "(Mark Zborowski, *Olam*, 1952, Plon, 1992, S. 100). Die 24 „kanonischen" Bücher des Judentums werden als *Tanach (TNK)* bezeichnet. *TNK* ist die Abkürzung für *Tora* (Weisung, Gesetz: Der Pentateuch), *Nevi'im* (Die Bücher der Propheten) und *Ketuvim* (Die Schriften: Psalmen, Sprüche, Klagelieder, Daniel usw.). Diese Liste der inspirierten hebräischen biblischen Bücher wurde im zweiten Jahrhundert n. Chr. durch den Konsens einer Gruppe von Rabbinern endgültig festgelegt. Die Reihenfolge der Bücher des *Tanach* unterscheidet sich von der Reihenfolge des Alten Testaments nach dem christlichen Kanon (N.T.).

[625]*Genesis, XIX.*

In der jüdischen Tora finden wir auch das Beispiel von Tamar, der Tochter Davids, die mit ihrem eigenen Bruder Amnon schlief. Nachdem seine Leidenschaft gestillt war, wollte Amnon sie wegschicken, aber Tamar warf sich ihm zu Füßen: „Wohin sollte ich mit meiner Schande gehen? Und du würdest zu den Bösen in Israel gehören. Sieh, sprich mit dem König, denn er wird sich sicher nicht weigern, mich dir zu geben." Aber er wollte nicht auf sie hören, und da er stärker war als sie, tat er ihr Gewalt an und warf sich mit ihr zu Boden[626]." Auch der berühmte jiddische Schriftsteller Isaac Bashevis Singer hatte solche Praktiken erwähnt: „So verkehrte Jakob mit zwei Schwestern, und Juda lebte mit Tamar, seiner Schwiegertochter, und Ruben vergewaltigte das Bett von Bala, der Konkubine seines eigenen Vaters, und Hosea nahm sich eine Frau in einem Bordell, und so war es mit all den anderen[627]." In einem Buch mit dem Titel *The Talmudic Sources of Psychoanalysis (Die talmudischen Quellen der Psychoanalyse)* liefert Gerard Haddad einige Informationen zu diesem Thema. Ein weiteres interessantes Zeugnis liefert das Buch *Genesis* mit dem Bericht über die Heirat von Isaak und Rebekka: „Da brachte Isaak sie in das Zelt seiner Mutter Sara und nahm Rebekka, und sie wurde seine Frau, und er liebte sie. So tröstete sich Isaak über den Tod seiner Mutter hinweg[628]. „Hier könnte es sich durchaus um eine Ellipse handeln, denn die Juden wissen, wie man über Auslassungen hinaus liest: Isaak hätte bei seiner eigenen Mutter gelegen.

Gerard Haddad betonte jedoch, dass diese Praxis für Juden streng verboten war, wie es im babylonischen Talmud (*Mischna, Yebamot, 2a*) heißt: „Fünfzehn Kategorien von Frauen befreien ihre Nebenbuhlerinnen[629] und die Nebenbuhlerinnen ihrer Nebenbuhlerinnen und so weiter, ad infinitum, von der *Halisa*[630] und der Leviratsehe[631]; und diese sind: seine Tochter, die Tochter seiner Tochter und die Tochter seines Sohnes, die Tochter seiner Frau, die Tochter seines Sohnes und die Tochter seiner Tochter; seine

---

[626]*Historische Bücher, Zweites Buch Samuel (II Samuel, 13).*

[627]Isaac Bashevis Singer, *Die Zerstörung von Kreshev*, 1958, Folio, 1997, S. 64. Übersetzung kostenlose PDF-Version, *Die Zerstörung von Kreshev* S. 21.

[628]*Genesis, XXIV, G7*

[629]Wenn ein Mann mehr als eine Frau hat, ist jede Frau eine Rivalln im Verhältnis zu den anderen.

[630]Eine *Halizah* genannte Bestimmung, nach der eine oder beide Parteien beschließen können, das Leviratsehegesetz nicht zu befolgen, d. h. die Heirat einer Witwe ohne Nachkommenschaft mit ihrem Schwager.

[631]Jede Frau, die unter die folgenden fünfzehn Kategorien fällt, ist von *Yibum* (Leviratsehe) ausgenommen.

Schwiegermutter, die Mutter seiner Schwiegermutter und die Mutter seines Schwiegervaters, seine Schwester mütterlicherseits, die Schwester seiner Mutter, die Schwester seiner Frau und die Frau seines Bruders mütterlicherseits." Der Autor fährt fort: „Der Gedanke eines bevorzugten Bündnisses mit der Tochter des Onkels mütterlicherseits ist jedoch in der *Genesis* zu finden, wo die Patriarchen Isaak und Jakob diese Art der Verbindung praktizierten. „Doch dann schien er dem zu widersprechen, was er gerade geschrieben hatte: „Selbst das Gesetz schlechthin, die „Zehn Gebote", die die Welt in ihren Grundfesten erschütterten, enthalten weder das Verbot der Mutter noch auch nur den geringsten Hinweis auf Inzest[632]. „Hier ist ein neues Beispiel für das „Paradoxon" des jüdischen Geistes.

Laut dem Talmud, dem Buch der rabbinischen Auslegungen, mag die Offenbarung der Zehn Gebote das Volk Israel zunächst beunruhigt haben: „Während der Abwesenheit von Moses", schrieb Gerard Haddad, „wurde den Hebräern der unausgesprochene Inhalt der Zehn Gebote offenbart: Verzichte auf Inzest! Dem *Habbat-Traktat* zufolge waren die ehelichen Beziehungen der Hebräer jedoch mehr oder weniger inzestuös: Hatte nicht der Patriarch Abraham seine Halbschwester Sarah geheiratet, und war nicht Moses der Sohn einer inzestuösen Beziehung zwischen Tante und Neffe? Nun befahl Jahwe plötzlich die Auflösung aller am Sinai bestehenden Ehen. „Die Hebräer gaben sich dann dem Götzendienst hin und überließen es der nächsten Generation, ihre Bündnisse besser zu verwalten. „Dies ist die brillante Lesart, die der Talmud anbietet", schrieb Gérard Haddad, der keine weiteren Erklärungen lieferte, aber wenn „die nächste Generation" die gleiche Bedeutung hat wie „das kommende Jahr in Jerusalem", könnte man durchaus annehmen, dass diese Praktiken auch heute noch in Kraft sind, wenn man die zahlreichen Anspielungen jüdischer Intellektueller auf dieses Thema betrachtet.

David Bakan erläutert die Gründe für die Häufigkeit von Inzest in osteuropäischen jüdischen Gemeinden: „Aufgrund ihrer Endogamie war das Problem des Inzests in den jüdischen Gemeinschaften charakteristisch, so dass die Rolle der jüdischen Mystik (d.h. des Chassidismus) teilweise darin bestand, Mittel zur Bewältigung der intensiven Schuldgefühle bereitzustellen, die sich aus inzestuösen Wünschen ergaben...Inzestuöse Versuchungen sind vielleicht, wie Freud andeutet, allgemein verbreitet, aber sie waren bei den Juden besonders ausgeprägt, was die Ausarbeitung intensiver

---

[632]Gérard Haddad, *Les Sources talmudiques de la psychanalyse*, Desclée de Brouwer, 1981, Poche, 1996, S. 261, 263.

Gegenmaßnahmen und folglich ein übermäßiges Schuldgefühl zur Folge hatte[633]." David Bakan wies darauf hin, dass „die Intensität der inzestuösen Versuchung" in der Tatsache lag, dass die Juden der osteuropäischen Schtetls nur untereinander heirateten. Und da sie in der Regel in kleinen Gemeinden lebten, war die Auswahl des Ehepartners äußerst begrenzt[634]. „Erinnern wir uns daran, dass in der Ödipus-Legende der Inzest die Folge eines unvorhersehbaren Ereignisses ist, das die Protagonisten voneinander trennte, so dass sie sich nicht wiedererkannten, als sie erwachsen waren. Der Hauptgrund für die traditionelle Vermittlung von Ehen durch die Ältesten der jüdischen Gemeinde liegt vielleicht darin, dass die Ältesten die wesentlichen Informationen über die Verwandtschaftsgrade besaßen. Auch der Brauch der frühen Eheschließungen war vielleicht nicht nur durch die Realität der sexuellen Triebe der Juden gerechtfertigt, sondern auch durch die Notwendigkeit, inzestuöse Tendenzen zu mildern." Otto Weininger schrieb Anfang des 20. Jahrhunderts in *Sex and Character* und bestätigte diese Tradition: „Nur die Juden sind wahre Kuppler, und in der Tat sind solche Eingriffe bei den Semiten am weitesten verbreitet. Es ist wahr, dass solche Vermittlungen im Judentum sehr notwendig sind, denn, wie wir bereits an anderer Stelle dargelegt haben, sind in keinem anderen Volk der Erde so wenige Liebesheiraten zu finden...Der dritte Grad ist eine organische Veranlagung des Juden, und diese Annahme findet neue Unterstützung in der Tatsache, dass die jüdischen Rabbiner sich gerne auf Spekulationen über die Probleme der Vermehrung einlassen und eine mündliche Überlieferung über die Zeugung von Kindern kennen[635]." Die von David Bakan erwähnten frühen Eheschließungen finden sich manchmal in der Literatur. Isaac Bashevis Singers Roman *Die Sklavin* gibt einen Einblick in solche Heiratspraktiken: „Jakob selbst war erst zwölf Jahre alt, als er sich mit

---

[633]David Bakan, *Freud et la tradition mystique juive*, 1963, Payot, 2001.

[634]R. Landes und M. Zborowski, *Hypothesen über die osteuropäische Familie*, Psychiatrie, 1950, S. 447-464.

[635]Otto Weininger, *Sexo y Carácter*, Ediciones 62 s|a Barcelona, 1985, S. 307. Mark Zborowski ist recht diskret, was die Rolle dieses Tertiärs betrifft: „Der *Schadkhn*", schreibt er, ist eine „beachtliche Figur...Sein kleines abgenutztes Buch, in dem Informationen über die Parteien, die diesen Namen verdienen, stehen, ist das Jahrbuch der High Society des Schtetls...Ob er seine Praxis auf ein einziges Schtetl beschränkt oder seine Talente ihn von Stadt zu Stadt führen, der *Schadkhn* bewahrt und speichert die Gerüchte und Informationen, die ihn zu einem willkommenen, aber etwas gefürchteten Gast machen. Zwei Familien, die sich sehr nahe stehen, werden seine Dienste benötigen, um eine Ehe zu arrangieren. „(Mark Zborowski, *Olam*, 1952, Plon, 1992, S. 257).

Zelda Lea verlobte, die zwei Jahre jünger war als er selbst und die Tochter des Dekans der Gemeinde[636]." „Normalerweise heiratet man vor dem zwanzigsten Jahr, aber es ist nicht ungewöhnlich, dass man nach dem zehnten Jahr heiratet[637]", bestätigt Mark Zborowski.

Dies ist ein weiteres Zeugnis, das der große Historiker des Antisemitismus, Leon Poliakov, gegeben hat. Er bezog sich dabei auf die Vertreibung der Juden aus Spanien im Jahr 1492. Die Widrigkeiten wurden dann mit dem Auszug aus Ägypten verglichen: „In wenigen Monaten verkauften die Juden alles, was sie konnten... Bevor sie auszogen, verheirateten sie untereinander alle ihre Kinder, die älter als zwölf Jahre waren, so dass jedes Mädchen von einem Mann begleitet wurde[638]." In seinem Roman „Als Israel liebte" bestätigt Pierre Paraf diese Informationen. Die Geschichte spielt im November 1776 (Adar 5536): „Die Bella Sultana läuft in den Hafen von Marseille ein. Morgen schiffe ich mich nach Djebel-Al-Tarik ein. Meine kleine Sara, in einem Monat werden wir unsere Hochzeit feiern... Zu deinem vierzehnten Geburtstag werden wir nach Frankreich zurückkehren[639]." In *Satan in Goray* beschrieb der Schriftsteller Isaac Bashevis Singer die Gemeinden der polnischen Juden im 17. Jahrhundert: „An den Tagen zwischen den Feiertagen wurden in jedem Haus, in dem ein Mädchen über acht Jahre alt war, Heiratsverträge aufgesetzt und Glücksschalen gebrochen[640]." Gerard Haddad gab uns hier ein neues Beispiel für die Ambivalenz und Doppelzüngigkeit, die für das Judentum definitiv konstitutiv zu sein scheinen, als er über die „Zweideutigkeit des Wortes *hessed*" schrieb: „Etymologisch bedeutet dieser Begriff 'Inzest'. Es bezeichnet aber auch allgemein eine freundliche Handlung, eine Gnade und damit auch eine religiöse Frömmigkeit. Der *Chassid* ist ein sehr

[636]Isaac Bashevis Singer, *Der Sklave*, 1962, Epublibre, digitaler Verlag German25 (2014), S. 155.
[637]Mark Zborowski, *Olam*, 1952, Plon, 1992, S. 261.
[638]Léon Poliakov, *Histoire de l'antisémitisme, Tome I*, 1981, Points Seuil, 1990, S. 170. [Auch aus Spanien kommt das ferne Echo desselben Problems. Im Jahr 653 verkündete der Westgotenkönig Recesvinto den *Liber Iudiciorum*, mit dem er die Juden des Königreichs verpflichtete, „freiwillig und in Frieden zu versprechen, keinen Inzest nach jüdischer Art mehr zu begehen, sich nicht beschneiden zu lassen, den Sabbat und das jüdische Passahfest nicht zu feiern, Christen zu heiraten und die christlichen Riten bei Festen und Eheschließungen einzuhalten. „*Liber Iudiciorum*, Liber XII, II. VIII Konzil von Toledo. Obwohl die antijüdische Verfolgung im westgotischen Hispanien im 7. Jahrhundert, die im mittelalterlichen Europa so einzigartig, so prekär und so heftig war, gut bekannt ist].
[639]Pierre Paraf, *Quand Israël aima*, 1929, Les Belles Lettres, 2000, S. 71.
[640]Isaac Bashevis Singer, *Satan in Goray*, PDF, Digital publisher Epublibre, German25, 2017, S. 82

frommer Mann - ein Begriff, den Baal Schem Tov wählte, um seine berühmte Sekte [Chassidismus, Chassidismus] zu taufen -, aber wörtlich übersetzt würde er „inzestuös" bedeuten. „Der Ursprung dieses Missverständnisses wird vom babylonischen Talmud (*Yebamot, 15b*) erklärt: „Die Thora besteht auf der Verteidigung des Inzests, damit nicht das Gegenteil angenommen wird, da Kain und Abel ihre Schwestern geheiratet haben. Der Text enthält also das Wort *hessed*, das im Allgemeinen „Gnade" bedeutet. Es war eine Gnade, die der Schöpfer den ersten Menschen schenkte, um so die Welt zu vereinen und zu bevölkern[641]." In seinem Buch über den *jüdischen Messianismus* bestätigt Gershom Scholem, dass die jüdischen Kabbalisten mit dieser Ambivalenz spielten, um das Gesetz auf ihre Weise zu interpretieren: „In den *Tikunei haZohar*[642] heißt es zum Beispiel (*Tikkun, 69*): 'In der Höhe (d.h. im Himmel) gibt es keine Inzestgesetze mehr'." Ein weiterer Hinweis, der im Allgemeinen zur Unterstützung dieser Überzeugung angeführt wird, ist *Levitikus, XX, 17* (ein Text, der fast ausschließlich der Aufzählung inzestuöser Übertretungen gewidmet ist): „Wenn jemand seine Schwester, die Tochter seines Vaters oder die Tochter seiner Mutter, zur Frau nimmt, weil er ihre Nacktheit sieht und sie seine Nacktheit, so ist das eine Schande. „Aber Gershom Scholem fügte hinzu: „Das hebräische Wort, das hier für „Schmach" verwendet wird, *hessed*, ist dasselbe Wort, das wir normalerweise in der Bibel im Sinne von „Zärtlichkeit"[643] finden." Gershom Scholem erinnerte daran, dass die Juden, die der häretischen Sekte der Sabbatianer angehörten, es sich zur Regel gemacht hatten, systematisch gegen alle Verbote der Tora zu verstoßen. Bei der Erfüllung einer *Mitzwa*[644] zum Beispiel sollte der fromme Jude einen Segen aussprechen. Aber „gemäß der neuen messianischen Formulierung, die der Schabtai Tzvi selbst eingeführt hat, sollte er nun sagen: 'Gelobt sei der ewige Gott, der das Verbotene erlaubt'".

[641]Gérard Haddad, *Les Sources talmudiques de la psychanalyse*, Desclée de Brouwer, 1981, Poche, 1996, S. 265.
[642]Er ist auch als *Tikkunim* bekannt und ist ein wichtiger Text der Kabbala. Es handelt sich um einen separaten Anhang zum Zohar, der aus siebzig Kommentaren zum ersten Wort der Tora, *Bereishit*, im Stil des kabbalistischen Midraschs besteht. Es enthält tiefgründige Geheimlehren der Tora, bewegende Dialoge und inbrünstige Gebete. Das ausdrückliche und offensichtliche Thema und die Absicht der *Tikunei haZohar* ist es, die Schechinah oder Malchut zu reparieren und zu unterstützen - daher ihr Name „Reparaturen des Zohar" - und die Erlösung herbeizuführen und das Exil zu beenden (NdT).
[643]Gershom Scholem, *Le Messianisme juif*, 1971, Calmann-Lévy, 1974, S. 179.
[644]Eine Mitzvah (Mitzvot, Plural): eines der 613 Gebote des jüdischen Gesetzes.

Und Scholem erinnerte weiter: „Der schwerwiegendste Fall in dieser Angelegenheit war der eines gewissen Baruchia Russo, der um 1700 den radikalen Flügel der Sabbatianer von Saloniki anführte. „Von den „sechsunddreißig Verboten, die mit der Strafe „der Auslöschung der Seele[645] „ belegt sind und die wir in der Thora (*Levitikus, 18*) finden, „betrifft die Hälfte die Verbote, die sich auf den Inzest beziehen. Baruchia begnügte sich nicht damit, die Aufhebung dieser Verbote zu verkünden; er ging sogar so weit, dass er das, was sie verboten, zu den positiven Geboten der neuen messianischen Tora[646] machte." So verstehen wir jetzt besser, was David Bakan meinte, als er sehr diskret schrieb: „Die Rolle der jüdischen Mystik (d.h. des Chassidismus) bestand zum Teil darin, die Mittel zur Verfügung zu stellen, um mit den intensiven Schuldgefühlen umzugehen, die aus inzestuösen Begierden entstehen. „Was also in der Thora a priori verboten ist, führt bei talmudischen Juden zu zweideutigen Auslegungen, ist aber bei chassidischen Juden erlaubt und für Sabbatianer sogar Pflicht.

Inzest: ein lynchhaftes Thema im Judentum

Soweit wir wissen, gibt es keine Studien über die Häufigkeit von Inzest im zeitgenössischen Judentum; wenn es sie gibt, sind sie der Öffentlichkeit offensichtlich nicht zugänglich. Dennoch ist dies ein entscheidender Punkt, der es uns ermöglicht, den Ursprung der Ausarbeitung des „Ödipuskomplexes" und der Freudschen Psychoanalyse zu erkennen.

Die Frage des Inzests ist in der Tat ein brennendes Thema unter jüdischen Intellektuellen. Direkte Zeugenaussagen sind eher selten, da die Betroffenen sehr diskret damit umgehen und nur sehr wenige Inzestopfer ihre eigenen Eltern anklagen. Aber wenn wir Juden mit einem Spiegel lesen, erkennen wir, dass dieses Problem eine Besessenheit in der kulturellen Produktion des Judentums ist. Jüdische Intellektuelle und Filmemacher sprechen darüber in einer sehr geheimnisvollen, anekdotischen Art und Weise oder indem sie das Problem auf eine universelle Ebene projizieren, über Nichtjudenfamilien. Wir wissen, dass das jüdische Volk Mysterien und Geheimnisse liebt, und Inzest ist genau eines dieser Geheimnisse, wenn nicht sogar „DAS" Geheimnis des Judentums.

---

[645]Dies ist die umstrittene Strafe des Karet, die Auslöschung der Seele, die höchste Strafe, die Todesstrafe.
[646]Gershom Scholem, *Le Messianisme juif*, 1971, Calmann-Lévy, 1974, S. 135-137. (Siehe Anmerkung des Übersetzers in Anhang VI. 3).

Jacques Attali spricht in mindestens vier seiner Bücher auf zweideutige Weise über Inzest. Sein erster Roman, *Ewiges Leben* (1989), ist furchtbar langweilig. Es ist eine Science-Fiction-Geschichte über ein „kleines Dorf", das im Kosmos lebt[647]. Die Heldin heißt Golischa und hat ihren Vater nie gekannt: „Eines Tages hörte sie sogar, wie einer ihrer Bediensteten ihr in vertraulichen Kreisen versicherte, dass ihr Großvater auch ihr Vater sei, was die Niedergeschlagenheit der Mutter und die Zurückgezogenheit der Tochter erklärte. „Kurz gesagt, ihr Großvater hatte mit seiner eigenen Tochter geschlafen.

In seinem 1990 erschienenen Roman *Der erste Tag nach mir* erzählt Jacques Attali von einem kürzlich verstorbenen Mann, der sich einbildet, noch am Leben zu sein. Merkwürdigerweise schreibt er „Sie" immer groß, und wir wissen nie, ob er seine Mutter oder seine Geliebte meint.

Die Frage wird auch in einer Passage seines futuristischen und apokalyptischen Romans „*Er wird kommen"* von 1994 angedeutet (er bezog sich offensichtlich auf den jüdischen Messias), den wir bereits in *Planetarische Hoffnungen* und *jüdischer Fanatismus* erwähnt haben. Darin porträtiert Jacques Attali einen Mann namens Mortimer, der von prophetischen Wahnvorstellungen überwältigt und von der Frage gequält wird, ob sein Sohn der Prophet Elias selbst sein könnte, der gekommen ist, um den Juden die baldige Ankunft des Messias zu verkünden. In einer apokalyptischen Atmosphäre machte sich Mortimer dann mit ihm auf den Weg nach Jerusalem, um sich mit einigen Rabbinern zu beraten. Schließlich traf er sich mit ihnen in einer Krypta, „direkt unter dem Eingang zum ehemaligen Allerheiligsten des zweiten Tempels, genau dort, wo es vor mehr als zweitausend Jahren gestanden hatte[648]. „Dort diskutierten Rabbiner, die von dem Phänomen fasziniert waren, über den Fall des jungen Wunderkinds.

Hier ist das Ende eines erstaunlichen Dialogs: „Wenn es nach Ihnen geht, werden sogar sexuelle Tabus abgeschafft", lächelte Mortimer. - Auf jeden Fall", sagte Nahman. - Sogar Inzest, wagte Mortimer zu fragen. - Du lästerst, Nahman!", rief MHRL und hinderte den jungen Rabbiner daran, zu antworten[649]. „Offenbar gibt es Dinge,

---

[647] Gelesen in Hervé Ryssen, *Jüdischer Fanatismus,* (2022).

[648]Hervé Ryssen, *Planetarische Hoffnungen,* (2022) *und* Jacques Attali, *Il viendra,* S. 82.

[649]Jacques Attali, *Il viendra,* S. 264. Das hebräische Alphabet enthält nur Konsonanten. Deshalb sind z. B. Cohen, Kun, Kahn, Caen oder Cohn ein und derselbe Nachname und bezeichnen im Hebräischen „Priester".

die nicht an die Öffentlichkeit gelangen sollten[650].

Der Philosoph Alain Finkielkraut hat in seinem Buch *Der imaginäre Jude* (1980) einige Aussagen gemacht: „Heute ist man mehr denn je Jude wegen seiner Mutter". Etwas elliptischer war Finkielkraut in einer anderen Passage; unsere Leser werden wissen, wie die verschlüsselten Sätze zu entziffern sind: „Die jüdische Mutter... erlaubt sich, in ihr kleines Baby oder ihre Babys verliebt zu sein. Das „Bleib bei uns", das „Sei mein", das durch das mütterliche Bedürfnis ausgedrückt wird, wird zu einem „Bleib deiner Herkunft treu", und diese unschätzbare Nuance sprengt das Verbot und legitimiert die Besitzgier[651]. „Wir sehen genau, welche Art von „Verboten" jüdische Eltern „in die Luft jagen". Alain Finkielkraut hatte, wie viele seiner Altersgenossen, das Bedürfnis, einen Psychoanalytiker zu konsultieren: „Aus Verzweiflung oder Entmutigung habe ich manchmal sogar gezögert und mein Jüdischsein der Psychoanalyse angeboten...Fasziniert von seiner [seiner Eltern] jüdischen Identität, erlag ich seiner Neurose...Meine Ängste und meine Probleme sind wahrscheinlich aus unserer wahnsinnigen Intimität entstanden[652]. „Finkielkraut selbst schrieb am Ende seines Buches: „Hysterisch war ich Jude gewesen, um wahrgenommen zu werden".

Auch der berühmte amerikanische Romancier Philip Roth hat sich in *Portnoy's Evil* (1967)[653] „gehen lassen". In seinem Roman *Der Teufel im Kopf* (1984) lässt der Philosoph Bernard-Henri Levy eine seiner Figuren sagen: „Ich verspreche mir, dass ich, wenn ich erwachsen bin, meine süße Mutter aufwecken werde, wie ein „Prince Charming" mit seiner Schönheit; sie heiraten, wenn nötig, und ihr weitere Kinder machen. Ich zweifle nicht daran, dass ich, Benjamin, weiß, wie ich ihre geheimnisvolle Qual besänftigen kann[654]." Auch der Schriftsteller Romain Gary beschäftigte sich mit dieser Frage, die er in mehreren

---

[650]„Jeder, der Nicht-Juden die Geheimnisse Israels verrät, muss getötet werden, bevor er ihnen etwas verrät". (Talmud, *Choschen Hamm, 386, 10*).

[651]Alain Finkielkraut, *Le Juif imaginaire*, 1980, Points Seuil, 1983, S. 128-130.

[652]Alain Finkielkraut, *Le Juif imaginaire*, 1980, Points Seuil, 1983, S. 136-138.

[653]Zu *Portnoys Bösem*, siehe Hervé Ryssen, *Jüdischer Fanatismus*

[654]Bernard-Henri Lévy, *Le Diable en tête*, Grasset, 1984, S. 460 [An dieser Stelle sei auch Albert Cohens Roman Das *Buch meiner Mutter* erwähnt, der eine hyperbolische Hommage an seine Mutter ist; ein Buch, „von dem man sagt, es sei der schönste Liebesroman, der je geschrieben wurde, eine halluzinatorische *Tour de Force*, die von der Intensität eines Gefühls beherrscht wird, das auf jeder seiner Seiten überfließt. „In Albert Cohen, *El libro de mi madre*, Anagrama, Barcelona, 1992, 1999, hintere Umschlagseite des Verlags].

seiner Romane[655] aufgreift. In einem Artikel in der Wochenzeitung *Le Point* vom 2. Dezember 2010 hat ein Journalist der EU dieses angebliche „große Genie" der französischen Literatur in den Himmel gehoben. So könnte man lesen: „Erika, die Schizophrene aus *Europa* [ein Roman von Romain „Gary"] wird vom Schicksal verraten, das sie zur Tochter ihres Liebhabers macht. Am Ende begeht sie in einem weißen Kleid Selbstmord." Lesen Sie auch, was der „große" Elie Wiesel in *Talmudic Celebration* (1991) schrieb: „Eine Frau wollte Rabbi Eliezer wegen eines ernsten Problems konsultieren, aber er weigerte sich, ihr zu helfen, also ging sie zu Rabbi Yeoshua, der wohlwollender war. Dann wandte sie sich an Rabbi Yeoshua, der wohlwollender war. Was war das Problem? *B'ni hakatan mibni hagadol*, mein jüngerer Sohn hat meinen älteren Sohn zum Vater... Jüdische Mütter sind immer schuld an dem, was mit ihren geliebten Kindern geschieht. „ Und Wiesel fügte elliptisch hinzu: „Als guter Jude liebte er seine Mutter ein wenig zu sehr[656]." Die inzestuösen Beziehungen zwischen Vater und Tochter wurden von dem berühmten Serge Gainsbourg, einem in Russland geborenen Juden, besungen, der 1984 ein Lied mit dem Titel *Lemon Incest* aufnahm. In dem Videoclip posiert Gainsbourg auf einem Bett mit seiner kleinen Tochter Charlotte. Die Worte und Bilder sind völlig zweideutig, so dass wahrscheinlich nur Juden die Botschaft des Liedes wirklich verstanden haben.

Barbara war eine bekannte französische Sängerin. Nach ihrem Tod im November 1977 erfuhren wir, dass die in Ungarn geborene Jüdin ein inzestuöses Verhältnis mit ihrem Vater gehabt hatte. Das Geheimnis wurde viele Jahre lang verborgen gehalten, aber sie gestand es zwischen den Zeilen auf der Bühne denjenigen, die zuhören konnten. Er hat in mindestens vier seiner Lieder darauf angespielt. „Ich habe immer gedacht, dass die schönste Liebe eine inzestuöse Liebe ist[657]", erklärte er.

Die Journalistin Claude Sarraute, Tochter der Schriftstellerin Nathalie Sarraute (geborene Tcherniak), einer in Russland geborenen Jüdin, gestand 2009 in einem Interview: „Mein Vater hat mich überall gestreichelt. Ich wurde fast von einem seiner besten Freunde vergewaltigt, der die gleiche Vorliebe für kleine Mädchen hatte. Ich mochte meinen Vater, aber der andere war betrunken und hat mir viel

---

[655]Zu Romain „Gary" siehe Hervé Ryssen, *Jüdischer Fanatismus*.

[656]Elie Wiesel, *Célébration talmudique*, Éd. Seuil, 1991, S. 12, 182-191, und in *Jüdischer Fanatismus*.

[657]Über Barbara: Hervé Ryssen, *Le Miroir du Judaïsme (Der Spiegel des Judentums)*, Baskerville, 2009.

Angst gemacht." Es sei darauf hingewiesen, dass beim Inzest Gewalt nicht unbedingt erforderlich ist, um das Mädchen durch den Vater zu verletzen. Durch zärtliche Handlungen kann der Vater die Zustimmung seiner Tochter zu sexuellen Beziehungen mit ihm erwecken[658].

Im Januar 2011 veröffentlichte die Schriftstellerin Christine Angot ihren neuen Roman mit dem Titel *Les Petits (Die Kinder)*; und da sie Teil der Gemeinschaft ist, stürzte sich die gesamte Presse auf diesen Roman. Die Geschichte: Helena ist eine weiße Frau, die sich gerade vom Vater ihrer Tochter getrennt hat, einem weißen männlichen Bastard, der das Kind missbraucht hat. Diese weiße Frau verliebt sich in Billy, einen sehr netten Musiker von den Westindischen Inseln. Die beiden ziehen auf eine Insel und bekommen vier Kinder, schöne Mestizen, die wahrscheinlich zu Polizeikommissaren heranwachsen werden, wie in amerikanischen Filmen und Serien... Auch hier zeigt sich, dass jüdische Intellektuelle von der Rassenmischung der Weißen besessen zu sein scheinen. Wir bemerken auch die typische anklagende Umkehrung, die so typisch für das Judentum ist: Die Schriftstellerin, geborene Schwartz, die gestanden hatte, inzestuöse Beziehungen zu ihrem Vater gehabt zu haben, projiziert ihre Schuld in diesem Roman auf den Goi, den weißen Bastard, der an allen Übeln der Welt schuldig ist.

Gaspar Noés Film *Allein gegen alle* (Frankreich, 1998) ist ein gutes Beispiel für eine anklagende Umkehrung. Die Geschichte folgt dem Leben eines fünfzigjährigen arbeitslosen Metzgers, der gerade aus dem Gefängnis entlassen wurde und nach Paris kommt, nachdem er seine schwangere Frau verprügelt hat. Er hat eine Tochter, die aber in einem Sozialheim lebt. Dieses Monster, das seine Tochter aus inzestuöser Liebe liebt, ist kein Jude: Er ist ein ekelhafter, faschistischer, rassistischer und homophober Typ!

In seinem berühmten Film *Chinatown* (USA, 1974) projiziert Roman Polansky das Problem ebenfalls auf eine nichtjüdische Familie. Am Ende des Films gesteht die schöne Faye Dunaway, die von Jack Nicholson geohrfeigt wird, endlich, dass das junge Mädchen, das sie vor allen versteckt, sowohl ihre Tochter als auch ihre Schwester ist. Sie hatte ein Kind mit ihrem monströsen Vater, dem Großgrundbesitzer. Wir wissen, dass Roman Polansky in den Vereinigten Staaten wegen Pädophilie verurteilt worden ist.

Die zwanzigste Folge der dritten Staffel der Serie *Without a Trace* trägt den Titel *The Boogeyman*. Er erzählt die Geschichte eines jungen

---

[658]Jacques-Dominique de Lannoy, *L'Inceste*, Presses Universitaires de France, 1992, S. 96, 110.

Mannes, der sieben Jahre zuvor des Mordes an seiner Freundin, der Tochter eines protestantischen Pastors, verdächtigt wurde. Elle war damals dreizehn und er siebzehn Jahre alt. Die Ermittlungen, die den Fall nicht gelöst hatten, werden wieder aufgenommen, als ein anderes dreizehnjähriges Mädchen ebenfalls verschwindet. Die polizeilichen Ermittlungen ergeben schließlich, dass es der Pfarrer war, der seine eigene Tochter ermordet hatte, nachdem er sie vergewaltigt hatte. Dies ist eine typisch jüdische Schrift; die Schuld wird hier auf das verabscheute Christentum verlagert. Die Drehbuchautorin Jennifer Levine war offenbar sehr besorgt über Inzest, den sie auf eine christliche Familie projizierte.

Robert Zemeckis' berühmter Film *Zurück in die Zukunft* (USA, 1985) ist eine Geschichte, in der auch das Thema Inzest vorkommt, denn die Mutter des Protagonisten verliebt sich in ihren Sohn. Die Synopsis des Films lautet: „Marty McFly wird in die Vergangenheit projiziert. Seine Mutter verliebt sich in ihn und kümmert sich nach einem Unfall um ihn. Marty ist an die Stelle seines Vaters getreten, der seine Mutter genau bei diesem Unfall kennengelernt hatte (dies ist eine Variante des Großvater-Paradoxons oder des Ödipus-Komplexes)." In dem Film *War Zone* (Großbritannien, 1999) des berühmten Tim Roth entdeckt der Held Tom die inzestuöse Beziehung zwischen seinem Vater und seiner Schwester. Der Horror endet, als Tom und seine Schwester ihren Vater erstechen. Tim Roth gesteht, von seinem Vater sexuell missbraucht worden zu sein.

Ein weiteres gutes Beispiel ist Thomas Vinterbergs Film *Festen* (Dänemark, 1998). Darin sind Inzest (anklagende Umkehrung) und die Entschuldigung der Rassenmischung (nur für die Nichtjuden) präsent: Zur Feier seines sechzigsten Geburtstags versammelt ein Vater alle seine Verwandten und Freunde. Seine drei Töchter sind da: Miguel, der Jüngste, Alkoholiker und unglücklich, Helena, ein wildes Mädchen, das mit ihrem Partner - einem Neger - auftaucht, und Cristian, der Älteste, der noch unter dem Selbstmord seiner Zwillingsschwester leidet. Bei der Geburtstagsfeier wird Cristian vor der ganzen Familie ein schreckliches Geheimnis enthüllen: die inzestuösen Beziehungen, denen sein Vater ihn unterworfen hat.

Übrigens hoffen wir auch, eines Tages herauszufinden, was wirklich zwischen Franz Kafka und seinem Vater geschah... Aber das Beste ist: In John Carpenters Kultfilm *Invasion Los Angeles (They Live,* USA, 1988) entdeckt die Heldin Nada, die Opfer eines misshandelnden Vaters war, dank einer speziellen Sonnenbrille, dass ein Teil der Bevölkerung aus Außerirdischen besteht, die ein menschliches

Aussehen haben. Sie bilden eine Elite, die die Welt durch Lügen regiert!

In unseren Büchern *Jüdischer Fanatismus* (2007) und vor allem in *Der Spiegel des Judentums* (2009) haben wir viele weitere Beispiele vorgestellt und sie nach Kapiteln geordnet: zwischen einem Vater und seiner Tochter, zwischen einem Vater und seinem Sohn, zwischen einer Mutter und ihrem Sohn, zwischen Brüdern und Schwestern.

Aber nehmen wir das Beispiel von Jonathan Littell, der 2006 den Goncourt-Preis für seinen Roman *The Benevolent Ones* erhielt. Der Held ist ein homosexueller SS-Offizier, der in seine Zwillingsschwester Una[659] verliebt ist.

Auch die Journalistin des *Nouvel Observateur*, Colette Mainguy, projizierte ihre Neurose auf die Nazis. Im Jahr 2001 veröffentlichte sie ihren Roman *Die Jüdin*. Auf der Rückseite konnte man lesen: „Ich habe mein Jüdischsein nach fünf Jahren Psychoanalyse wiederentdeckt. Seit langem hatte ich wiederkehrende germanische Träume. Die Deutschen sind hinter mir her. Sie schießen mit Maschinengewehren auf mich... Ich mache Fellatio mit Nazis, die Gestapo klopft an meine Tür. Ich laufe immer weg... Eines Nachts konfrontiere ich meine Schwester Beth. Sie ist die Leiterin der Gestapo in einem Konzentrationslager." Siehe auch den Film *Scarface* (USA, 1932): Es handelt sich um die Geschichte eines Gangsters, der in seine Schwester verliebt ist. Der Film stammt von dem erfolgreichen Filmemacher Howard Hawks, das Drehbuch von dem nicht weniger erfolgreichen Ben Hecht[660] und Seton Miller. Im Jahr 1983 drehte Brian de Palma eine weitere Version. In *Kika* (Spanien, 1993), einer Komödie von Pedro Almodóvar, ist der Bruder ein zwanghafter Vergewaltiger, der seine Schwester seit langem missbraucht.

Der jiddische Schriftsteller Isaac Bashevis Singer, der 1978 den Nobelpreis für Literatur erhielt, sprach in seinen Romanen häufig von Inzest: Vater und Tochter, Mutter und Sohn, Bruder und Schwester[661].

Hier ein zufälliges Beispiel, das wir beim Stöbern in Büchern im Fnac Montparnasse entdeckt haben. In einem bemerkenswerten Werk

---

[659]Siehe Hervé Ryssen, *Jüdischer Fanatismus*.

[660]Man nennt ihn den „Shakespeare Hollywoods". Das *Dictionary of Literary Biography-American Screenwriters* nennt ihn „einen der erfolgreichsten Drehbuchautoren in der Geschichte des Kinos". Ben Hecht war auch ein überzeugter zionistischer Aktivist und Mitglied der Bergson Group, einer Irgun-Tarnorganisation in den Vereinigten Staaten, die sich der Beschaffung von Mitteln für die Aktivitäten des Irgun (einer zionistischen paramilitärischen Organisation) und der Verbreitung von Propaganda widmete.

[661]Gelesen in Hervé Ryssen, *Le Mirroir du Judaísme*, Baskerville, 2009, S. 319, 329, 338.

mit dem Titel *Der Nationalsozialismus und der Holocaust, ein psychoanalytischer Ansatz* (Hermann, 2010) hat der Autor Jean-Gérard Bursztein ein Geständnis im Spiegel abgelegt. So heißt es auf Seite 52: „Der nationalsozialistische Mythos stellte die Möglichkeit dar, den Bruch zwischen Natur und Kultur, d. h. das Inzestverbot, neu zu überdenken, und war deshalb erfolgreich. Aufgrund seines kodifizierten ödipalen Inhalts stellte dieser Nazi-Mythos für alle in der kollektiven Hysterie gefangenen Deutschen die Möglichkeit dar, ihre inzestuösen Fantasien durch ihre Handlungen zu verwirklichen und das Inzestverbot zu überdenken. „Dieser Jean-Gérard Bursztein wurde, wie viele seiner Altersgenossen, als Kind offensichtlich von seinem Vater missbraucht, bevor er im Bett seiner Mutter getröstet wurde. Er projizierte eindeutig etwas auf eine universelle Ebene, das eigentlich nur Juden betrifft.

Die Leser des *Spiegels des Judentums* kennen bereits Daniel Zimmermann, den Autor eines Buches mit dem schönen Titel *Das Jahr der Welt* (1997). Daniel Zimmermann erzählte die Geschichte des Lebens in den „Todeslagern" durch eine Romanfigur. Das Buch gibt einen recht umfassenden Überblick über alle von den Nazis in den Konzentrationslagern, in diesem Fall Auschwitz und Treblinka, begangenen Gräueltaten. Wir lesen zum Beispiel, wie ein Häftling „wie ein Schmetterling" gekreuzigt wird, während Dr. Mengele „Spritzen in die Brust von Babys sticht", jüdische Gehirne in Gläsern mit Formaldehyd sammelt und geschrumpfte Köpfe von Juden als Briefbeschwerer verwendet, im Stil amerikanischer Indianerdörfer. Einem anderen Häftling werden von einem deutschen Schäferhund die Genitalien abgerissen; SS-Frauen werden von „Moslems" zu Tode geprügelt... Kurzum, ein Horror! Es gibt auch eine Szene mit einem riesigen Grill. „François", der Held, schürt das Feuer des Scheiterhaufens, indem er geschmolzenes Fett über die Leichen gießt, als wäre es eine Lammkeule im Ofen!

Der staunende Leser wird Zeuge grausamer Szenen, wie sie in der Holocaust-Literatur häufig vorkommen, wenn die SS die Köpfe von Säuglingen gegen die Wände schlägt oder sie lebendig in die Glut wirft. Offensichtlich glauben wir kein einziges Wort von dem, was Daniel Zimmermann sagt. Wir halten ihn vielmehr für einen psychisch kranken Menschen mit wahnhaften Vorstellungen.

Vielleicht ist an dem Spruch von Cyrano de Bergerac[662] viel Wahres dran: „Wo das Gedächtnis stark ist, nimmt die Einbildungskraft ab; und die letztere wird größer, wenn die andere abnimmt. „Nun wissen

---

[662]Cyrano de Bergerac (1619-1655) war ein französischer Dichter, Dramatiker und Denker, Zeitgenosse von Boileau und Molière.

wir, dass die Juden eine überbordende, um nicht zu sagen fiebrige, ja
geradezu ungesunde Phantasie haben. Es ist kein Zufall, dass sie die
Begründer Hollywoods waren und auch heute noch so einflussreich in
der Filmindustrie sind. Jüdische Intellektuelle sprechen viel über
„Erinnerung". Das haben wir schon vermutet, aber dank Cyrano de
Bergerac sind wir jetzt sicher, dass es daran liegt, dass sie keine haben.
In jedem Fall besteht kein Zweifel daran, dass für viele Juden die
historische Wahrheit weitaus weniger wichtig ist als die von Propheten,
Fabulierern und Romanautoren geschaffenen Mythen.

*Der „Fall Zimmermann" bestätigt unsere Analyse. Ein Jahrzehnt
zuvor, 1987, hatte Daniel Zimmermann bereits das Bedürfnis
verspürt, die Frage des Inzests näher zu beleuchten. In seinem
Roman Der Bobo (Le Gogol) projiziert er seine eigene Schuld auf
einen Nichtjuden, dem er einen bretonischen Namen gibt. So konnte
man auf der Rückseite lesen: „Ist dieser Patrick ein armer Junge, der
den Spitznamen „Bobo" trägt, weil er ein Idiot sein soll? Er ist
hässlich, er riecht schlecht, er soll von seinem Vater gemartert
werden, und er ist der Sündenbock seiner Mitschüler und seiner
Lehrer. Nur ein spezialisierter Lehrer, der sich auf sozial
ausgegrenzte Menschen spezialisiert hat, kann ihn schützen, aber
dieser Pseudo-Behinderte ist äußerst intelligent! Er erträgt sein
Schicksal nicht passiv, er gestaltet es selbst. Er nutzt Situationen und
Institutionen zu seinem Vorteil, beherrscht seine Lehrerin, erobert
seine Mutter und spielt mit seinem Vater, indem er ihn nach Belieben
kontrolliert. Wird es Ödipus in Savigny-sur-Orge gelingen, der Strafe
zu entgehen? Mit kompromissloser Kühnheit bringt Daniel
Zimmermann, der lange Zeit Lehrer für verhaltensgestörte Kinder
war, die großen Mythen in die Vorstadt, um sie zu untergraben. Dieser
Text ist gewalttätig, grausam, aber auch die schöne und naive
Geschichte einer außergewöhnlichen Liebe." Schon auf der ersten
Seite wird der Rollentausch deutlich: „An der Fassade der Jules-
Ferry-Schule in die Enge getrieben, stellt sich Patrick Leguern der
Meute seiner Mitschüler. Atemlos und verschwitzt wehrt er sich mit
Beleidigungen, Spucke und Kartoffeln. David Kupfermann, [der
Lehrer] beobachtet den Lynchmord aus der Ferne." Der Text ist von
eklatanter literarischer Mittelmäßigkeit, was bei einem jüdischen
Intellektuellen nicht verwunderlich ist. Eines der Kapitel trug den
Titel „Der Bruder-Sohn". Der „verrückte" Patrick Leguern wurde
erwachsen und wir erfuhren, dass er seine eigene Mutter
geschwängert hatte. Der Zufall wollte es, dass sie „Maria" hieß:*

„Maria dachte nicht daran, sich zu erhängen, sie strickte einen Korb. Im siebten Monat schwanger, war ihr Bauch riesig. Patrick war stolz, ein großer Junge, ihr Bruder-Sohn. Mary lächelte nachsichtig[663]." Am Ende des Buches heißt es in einem anderen Kapitel: „Der Bruder-Vater" und im nächsten: „Die Liebhaber-Mutter". Patrick und seine Mutter zogen gerade um und hatten zwei Kinder. Der Roman endete mit den Worten: „Als sie Hand in Hand spazieren gingen, folgten ihnen die Passanten mit einem amüsierten Blick - Glück gibt es auch für hässliche Menschen - wenn auch ein wenig kritisch, denn aufgrund des Altersunterschieds hätte sie seine Mutter sein können." Ein anderer cleverer kleiner jüdischer Staubwedel lud uns ein, die Botschaft zu „entschlüsseln". In seinem Essay aus dem Jahr 2006, der ursprünglich den Titel On Anti-Semitism trug, schrieb Stéphane Zagdanski: „Um es zu entschlüsseln: Sie frönen egoistisch den dunklen Freuden des Inzests, zu denen uns der Zugang verwehrt wurde. Man muss verstehen, dass der Antisemit sehr besorgt über Inzest ist, was logisch ist, da er an einem Mangel seiner Grenzen leidet[664]. „Zwei Seiten später lässt Zagdanski eine imaginäre antisemitische Figur sagen: „Die Freude der Juden ist uns fremd. Diese private Freude ist tabu, deshalb verbietet man sie uns! Sie sind das fleischgewordene Tabu des Inzests, denn sie genießen das, was wir vergeblich begehren[665]." Inzest und Pädophilie

Die enge Verbindung zwischen Inzest und Pädophilie ist allgemein bekannt. Einigen Statistiken zufolge würden fast alle Erwachsenen, die einen solchen Missbrauch begehen, dies innerhalb ihrer eigenen Familie tun. Darüber hinaus würde etwa die Hälfte von ihnen auch Kinder außerhalb des eigenen familiären Umfelds missbrauchen, und 19% würden auch erwachsene Frauen vergewaltigen.

In diesem Zusammenhang sei daran erinnert, dass der Filmemacher Roman Polanski 1977 aus den Vereinigten Staaten fliehen musste, nachdem er ein 13-jähriges Mädchen, das er zu einem Fotoshooting in sein Haus eingeladen hatte, unter Drogen gesetzt und

---

[663]Daniel Zimmermann, *Le Gogol*, Le Cherche midi, 1987, S. 149

[664]Die Begriffe „Jude" und „Antisemit" müssen ausgetauscht werden, um die richtige Bedeutung des Begriffs zu erhalten.

[665]Stéphane Zagdanski, *De l'Antisémitisme*, Climats, 1995, 2006, S. 206, 208. In diesem Essay lesen wir auch: „Y" ist ein beschämter, fetter und übernatürlich dummer Jude, der von seiner inzestuösen Mutter von frühester Kindheit an dazu überredet wurde, ein Genie zu sein. „ (Seite 267). „Der Buchstabe Yod (Y) bezeichnet gewöhnlich einen Juden", schreibt David Bakan in *Freud et la tradition mystique juive*, 1963, Payot, 2001, S. 65.

missbraucht hatte, als er 43 Jahre alt war. Nachdem er sie betrunken gemacht und ihr ein starkes Beruhigungsmittel verabreicht hatte, vergewaltigte er sie und missbrauchte sie trotz der Proteste des Mädchens zweimal hintereinander. Ihm drohten bis zu 50 Jahre Gefängnis, aber sein Anwalt hatte einen Deal mit dem Richter ausgehandelt, und im August 1977 hatte der Regisseur von *Rosemary's Baby* zugestimmt, sich des „ungesetzlichen Geschlechtsverkehrs" schuldig zu bekennen, um der Höchststrafe zu entgehen. Die Verhandlung verlief jedoch nicht so, wie er es sich erhofft hatte, und er beschloss schließlich, nicht an der zweiten Sitzung teilzunehmen. Obwohl er gegen Kaution auf freiem Fuß war, reiste er nach London, bevor er nach Frankreich flüchtete, das Land, dessen Staatsbürgerschaft er ein Jahr zuvor angenommen hatte. Die US-Justiz hat jahrelang vergeblich versucht, ihn auf seinen Auslandsreisen festzunehmen. Am 27. September 2009, zweiunddreissig Jahre nach den Ereignissen, wurde Roman Polanski in Zürich verhaftet, als er auf dem Weg zu einem Filmfestival war, um einen Ehrenpreis für seine gesamte Karriere entgegenzunehmen. Sehr schnell erhielt er die Unterstützung von hundert Vertretern der französischen und internationalen politischen und künstlerischen Welt. Und wieder, wie es der Zufall will, standen auf der Liste hauptsächlich Mitglieder seiner Gemeinschaft. In Frankreich waren alle jüdischen Intellektuellen aufgesprungen, um den Pädophilen als einen Mann zu verteidigen: Bernard-Henri Levy, Claude Lelouch, Pedro Almodóvar, Woody Allen, Constantine Costa-Gavras, Alain Finkielkraut usw. Auch Minister Frederic Mitterrand war von dem Schicksal des Pädophilen betroffen, da er selbst 2005 in einem Buch von seinen sexuellen Abenteuern in Thailand berichtet hatte. Einen Monat später wurde Polanski gegen Kaution freigelassen. Im Juli 2010 beschloss der Schweizer Justizminister, ihn nicht an die Vereinigten Staaten auszuliefern, und Polanski wurde bald darauf freigelassen. All die Stars und Intellektuellen, die nur von „Menschenrechten" sprachen, verteidigten nun einen Kriminellen, nur weil er Mitglied ihrer kleinen Sekte war.

In Frankreich hatten andere bekannte Persönlichkeiten wie Daniel Cohn-Bendit, ehemaliger Studentenführer des Mai '68, oder der Kulturanimator Michel Polac in ihren Büchern die Pädophilie verteidigt. Als Fernseh- und Rundfunkjournalist, Filmemacher und Schriftsteller hatte Michel Polac in den 1980er Jahren seine große Stunde in der Fernsehsendung *„Droit de réponse"*. In seinem im Jahr 2000 veröffentlichten *Tagebuch* wagte er es, zu gestehen, dass er in seinen Vierzigern eine sexuelle Beziehung zu einem Jungen hatte, „der

10 oder 11 Jahre alt gewesen sein muss, vielleicht auch jünger".'' Der frühere Kulturminister Jack Lang gab regelmäßig Interviews in der Zeitung *Gai Pied Hebdo*, einer Homosexuellenzeitschrift, die mit ihrer Werbung für Pädophilie an der Grenze zur Legalität stand. In *Gai Pied Hebdo* vom 31. Januar 1991 heißt es zum Beispiel: „Die kindliche Sexualität ist immer noch ein verbotener Kontinent. Es wird an den Entdeckern des 21. Jahrhunderts liegen, seine Ufer zu erobern. „Heute sind die Liebhaber solcher Praktiken etwas diskreter.

Im September 2009 beging Jacques Asline, der ehemalige Leiter der 20-Uhr-Nachrichten von TF1, in Suresnes Selbstmord, indem er sich auf die Bahngleise stürzte. Er war unter richterliche Aufsicht gestellt worden und seit Januar wurde gegen ihn wegen Besitzes und Konsums von Kinderpornografie ermittelt. Der 60-Jährige war ein enger Freund des TF1-Star-Nachrichtensprechers Patrick Poivre d'Arvor.

Auch wenn diese pädophilen Praktiken heute stärker verurteilt zu werden scheinen, war dies in den 1970er Jahren offenbar nicht der Fall, als der Aufstieg der freudo-marxistischen Philosophie und die „sexuelle Befreiung der Sitten" in vollem Gange waren und die Ideale der Revolte der Jugend gegen die Gesellschaft verkörperten[666]. So hatte die Zeitung *Le Monde* am 26. Januar 1977 ein Manifest veröffentlicht, in dem die Freilassung von drei wegen Pädophilie verurteilten Personen gefordert wurde. So war zu lesen: „Wir sind der Auffassung, dass ein offensichtliches Missverhältnis besteht zwischen der Qualifikation „Verbrechen", die eine solche Härte der Strafe rechtfertigt, und der Art der vorgeworfenen Handlungen einerseits und andererseits zwischen dem antiquierten Gesetz und der alltäglichen Realität einer Gesellschaft, die dazu neigt, bei Kindern und Jugendlichen die Existenz eines Sexuallebens anzuerkennen (Warum hat ein dreizehnjähriges Mädchen das Recht auf die Abtreibungspille?)[667]. „Dieses Manifest wurde von einer Reihe von Persönlichkeiten unterstützt, darunter Louis Aragon, Roland Barthes, Simone de Beauvoir, Gilles und Fanny Deleuze, André Glucksmann, Felix Guattari, Bernard Kouchner, Jack Lang, Jean-Paul Sartre, Philippe Sollers usw. Obwohl nicht alle Unterzeichner jüdisch waren, stellten sie doch einen erheblichen Anteil dar, der sich nur durch das Gewicht der Tradition erklären lässt.

1978 veröffentlichten und verteilten trotzkistische Aktivisten (Kommunistische Komitees für Selbstverwaltung) in Paris eine Broschüre mit dem eindeutigen Titel: *Homosexualität und Pädophilie,*

[666]Hervé Ryssen, *Planetarische Hoffnungen*, (2022).
[667]http://www.unification.net/french/misc/hom.html

in *„éditions La Commune"*. In dieser Broschüre wurde behauptet, dass Homosexualität und Pädophilie zusammenhängen und dass es notwendig sei, diesbezügliche „Vorurteile zu beseitigen". Sie informierte uns auch darüber, dass die Situation von Pädophilen in den entwickelten Gesellschaften des Westens der „Sklaverei" ähnelt und dass „diejenigen, die in Kinder verliebt sind, Opfer von Völkermord, d. h. von Massenvernichtung, sind". „Pädophilie wurde als revolutionär angesehen, weil „die Praxis der Liebe zu Kindern eine ständige Herausforderung an die Autorität der Familie darstellt und eine Überschreitung der herrschenden sozialen Beziehungen bedeutet. „Wir wissen auch, dass die Führer der trotzkistischen Bewegung alle Juden sind, unabhängig von der Gemeinde, in der sie predigen[668].

Im Februar 1981 wurde in der Ausgabe 114 von *L'Étincelle*, dem internen Bulletin der Revolutionären Kommunistischen Liga, in einem Antrag „die Abschaffung aller Gesetze, die gegenseitige einvernehmliche Beziehungen zwischen Erwachsenen und Kindern unterdrücken, und damit die Abschaffung des Begriffs der sexuellen Volljährigkeit" gefordert. „Die Person, die im Mittelpunkt dieser politisch verwerflichen Operation stand, war ein bekennender Bisexueller namens Boris Fraenkel. 1995 erlangte er kurze Berühmtheit in den Medien, als er enthüllte, dass er ein „Verbindungsagent" für Lionel Jospin, den Kandidaten für die Präsidentschaftswahlen 2002, gewesen war, als dieser ein trotzkistischer Infiltrator im Apparat der Sozialistischen Partei war. In den 1960er Jahren war Boris Fraenkle einer der ersten Aktivisten in Frankreich, der sich für Homosexualität und sexuelle Freiheit einsetzte. Als Mitarbeiter des Redakteurs François Maspero, der später auch ein Aktivist der Revolutionären Kommunistischen Liga war, schrieb er für die Zeitschrift *Partisans* und übersetzte die Werke von Wihelm Reich ins Französische[669]. Im Jahr 1967 organisierte er an der Universität von Nanterre eine Konferenz mit dem Titel „Jugend und Sexualität", die große Auswirkungen hatte und noch heute als Vorläufer der Revolution vom Mai '68 gilt.

Der Verleger François Maspero gab die Bücher von Daniel Guérin heraus, der Ende der 1930er Jahre ein enger Mitarbeiter von Leo Trotzki gewesen war, mit dem er einen langen und berühmten Briefwechsel geführt hatte. Daniel Guérin hat einige bahnbrechende Bücher über diese politische Bewegung veröffentlicht, darunter *Fascism and Big Business*. Einer seiner Artikel, der in der Ausgabe 39 von *L'Étincelle* veröffentlicht wurde, trug den Titel „Die Arbeiterbewegung und die

---

[668]Hervé Ryssen, *Planetarische Hoffnungen, trotzkistischer Messianismus*, (2022).
[669]Über Wihelm Reich und den Freudo-Marxismus, *Planetarische Hoffnungen*, *(2022)*.

Homosexualität". „In der Ausgabe 4 einer anderen Zeitschrift, *Marge* (November 1974), trug sein Artikel den Titel: „Für das Recht, einen Minderjährigen zu lieben". Derselbe Daniel Guérin war 1971 einer der Gründer des Front homosexual de l'action révolutionnaire. Wir können hinzufügen, dass Daniel Guérin Jude war, da seine Mutter aus der berühmten Familie Eichtal stammte.

Der ebenso berühmte wie mittelmäßige Schriftsteller Bernard Werber, dessen Bücher in jedem Supermarkt der Welt verkauft werden, ist ebenfalls ein glühender Globalist. Seit einigen Jahren verkündet er offen seinen Wunsch nach einer Weltregierung. In seinem billigen Roman *Cassandra's Mirror*, der 2009 erschien, kann der Held in die Zukunft sehen, aber niemand glaubt ihm. Auf Seite 485 dieses dummen Romans finden sich einige Ingredienzien des Judentums - immer die gleichen, um die Wahrheit zu sagen: die Besessenheit von einer Weltregierung, der Krieg gegen „Tyrannen" und Bösewichte, die Vereinigung der Welt, Frieden auf Erden, die Auslöschung aller Unterschiede, sozialer, nationaler, ethnischer... und, wie immer, das lanzinierende Problem der Juden: Inzest und Pädophilie, von dem schon Sigmund Freud besessen war und das aus offensichtlichen Gründen immer noch viele Juden in aller Welt besessen macht. Hören wir uns an, was Bernard Werber seine Figuren sagen lässt: „Nun, was würden Sie sehen, wenn Sie ein Optimist wären, Baron? - Das Gegenteil eines großen Atomkriegs ist Weltfrieden und eine Entmilitarisierung des Planeten. Und dann werfen wir alle Tyrannen und fanatischen Diktatoren raus? Ja, es bräuchte eine Versammlung der Weisen mit echter Exekutivgewalt, um den Weltfrieden durchzusetzen..." Dies gibt uns eine Vorstellung vom Stil von Bernard Werber, dem „großen Genie der Literatur". „Herzogin?", fragt Kim. - Das Gegenteil von Überbevölkerung ist die planetarische Geburtenkontrolle. Ich wäre für die von Baron vorgeschlagene Versammlung der Weisen aus allen Nationen. Da wir wissen, dass die Kindersterblichkeit dank der Medizin viel geringer ist als früher, würde man die Qualität der Quantität vorziehen. Ein Kind pro Familie, aber mit dem automatischen und obligatorischen Recht, von Geburt an geliebt, ernährt und erzogen zu werden. Es gäbe keine pädophilen Netzwerke mehr, keine missbrauchenden Eltern, jedes Kind würde von seinen Eltern geliebt und dazu erzogen, das Beste zu schätzen. „Die globalistische „Frieden auf Erden"-Besessenheit von Bernard Werber und Konsorten hat ihren Ursprung in der frühen Kindheit. In der Tat scheint uns klar zu sein, dass Bernard Werber, wie Sigmund Freud, als Kind von seinem Vater

„missbraucht" wurde, während seine Mutter ihn regelmäßig im Bett tröstete, indem sie ihm sagte, er sei ein „großes Genie", vielleicht sogar der Messias selbst. So stellen sich manche Juden als Erwachsene vor, dass sie die „Auserwählten" sind, deren Aufgabe es ist, den Planeten zu retten.

Pädophilie unter Rabbinern

Wir sehen, wie die westlichen Medien bei jedem bestätigten Fall von Pädophilie in der katholischen Kirche über die Stränge schlagen und die Aufmerksamkeit auf sich ziehen. Was die breite Öffentlichkeit nicht weiß, ist, dass es sich bei diesem jüdischen Medienrummel um eine typische anklagende Umkehrung handelt. In der Tat ist das Problem in der jüdischen Gemeinde[670] weitaus drängender und besorgniserregender. Wir werden hier nur die jüngsten Fälle anführen:

Am 7. Oktober 2008 wurde in den Nachrichten berichtet, dass ein Rabbiner der chassidischen Gemeinde von Antwerpen in Brooklyn verhaftet worden war. Die Polizei hatte seine Wohnung durchsucht und ihn in Handschellen auf die Polizeiwache gebracht. Rabbi Israel Weingarten, 58, wurde beschuldigt, ein kleines Mädchen über ein Jahrzehnt hinweg vergewaltigt zu haben. Der Missbrauch begann, als das Mädchen neun Jahre alt war. Im Jahr 2008 war das Mädchen eine 28-jährige Frau, als sie den Rabbi anzeigte. Der Rabbi hatte sie nach Belgien und Israel mitgenommen (ein bisschen wie in Stanley Kubricks *Lolita*). Diese Informationen waren von einem jüdischen Journalisten namens Steve Lieberman in der *Zeitschrift The Journal News* veröffentlicht worden. Weingarten und sechs seiner Kinder hatten sich geweigert, den FBI-Agenten zu antworten. Der Rabbiner hatte sich in seinem Haus eingeschlossen, und die Polizei brach die Tür auf, um ihn zu verhaften.

Am 2. Juni 2009 erfuhren wir aus *der kanadischen Presse*, dass Andy Blatchford, ehemaliger Leiter des B'nai B'rith-Zweigs in Quebec, wegen des Besitzes von Kinderpornografie angeklagt worden

---

[670]2018 wurde der französische Dokumentarfilm *M* von Yolande Zauberman veröffentlicht, der wenig Beachtung fand. Der Dokumentarfilm *M, der auf* dem Filmfestival von Locarno vorgestellt und in Bnei Brak auf Jiddisch gedreht wurde, lüftete den Schleier über die Pädophilie in orthodoxen jüdischen Kreisen in Israel. Einer der schockierenden Sätze des Dokumentarfilms stammt von der Protagonistin in der Nähe einer Synagoge: „Dort wurde ich beschnitten, dort habe ich meine Locken machen lassen, dort wurde ich verheiratet, dort wurde ich geschieden und dort wurde ich vergewaltigt". (NdT)

PSYCHOANALYSE DES JUDENTUMS

war.

Bill Surkis, 69, ehemaliger Direktor des Montrealer Holocaust-Gedenkzentrums, war vor den Gerichtshof von Montreal geladen worden. Die Polizei hatte 86 Videos und 653 Fotos mit kinderpornografischem Inhalt auf seinem Computer beschlagnahmt. Bill Surkis war angezeigt worden, nachdem er seinen Computer in einen Computerladen gebracht hatte, um Viren zu entfernen. Verheiratet und Großvater, verbrachte er seine Nächte hinter Gittern.

In der *New York Times* vom 13. November 2008 befasste sich ein Artikel von Paul Vitello mit diesem heiklen Thema. Darin wurde berichtet, wie ein lokaler Politiker, Dov Hikind, das Thema des sexuellen Missbrauchs von Kindern in der orthodoxen jüdischen Gemeinde angesprochen hatte, indem er Radiohörer aufforderte, Zeugnis abzulegen. Anschließend sammelte er mehr als 1000 Beschwerden und die Namen von 60 Sexualstraftätern aus New York und New Jersey. Die Opfer waren in sein Büro gekommen, um ihre Geschichte zu erzählen. „Lehrer und Rabbiner begehen Missbrauch in der Schule. Pädophile auf der Straße. Inzest zu Hause. „Dov Hikind behauptete, diese Geschichten in seinem Büro in Brooklyn unter Verschluss gehalten zu haben, weil die Personen, die sich gemeldet hatten, ihn zur Verschwiegenheit verpflichtet hatten, weil sie befürchteten, aus ihrer Gemeinschaft geächtet zu werden, ihren Arbeitsplatz und ihre Wohnung zu verlieren. Im Oktober 2008 hatte jedoch ein angesehener Anwalt, Michael Dowd, der ein halbes Dutzend ehemaliger *Jeschiwa-Schüler* vertrat, die behaupteten, von Rabbi Yehuda Kolko von der Teminah-Jeschiwa in Brooklyn sexuell missbraucht worden zu sein, erreicht, dass Hikind vor Gericht vorgeladen und zur Vorlage ihrer Dokumente als Beweismittel aufgefordert wurde. Michael Dowd behauptete, die Informationen seien entscheidend, um die Behauptungen seiner Klienten zu beweisen, dass sexueller Missbrauch an der Tagesordnung war und von den *Jeschiwa-Verwaltern* routinemäßig vertuscht wurde. Dov Hikind hatte abgelehnt: „Ich werde ihr Vertrauen um nichts in der Welt missbrauchen", erklärte er. Von denjenigen, die ihm gestanden hätten, Opfer gewesen zu sein, würden „99% unter keinen Umständen zur Polizei gehen". Dieser Konflikt habe die Spannungen innerhalb der orthodoxen Gemeinschaft offenbart, wie die jüdische Presse sowie Websites wie failemessiah.com und unorthodoxjews.blogspot.com berichtet hätten.

Nach diesem Fall gründete ein 23-jähriger jüdischer Mann, Joel Engelman, der in der orthodoxen Gemeinde von Williamsburg, Brooklyn, aufgewachsen war, eine Opfervereinigung mit dem Namen

„*Survivors for Justice*". Er war der Meinung, dass Dov Hikind trotz „seiner guten Absichten" nicht bis zum Ende seiner Verantwortung gegangen war. „Die Gemeinschaft kann nicht ihre eigene Polizei haben. Das hat sie wiederholt bewiesen. „Joe Engelman hatte einen Lehrer *der United Talmudical Academy* angezeigt, der ihn vergewaltigt hatte, als er acht Jahre alt war. Der Lehrer war lediglich vorübergehend suspendiert worden und hatte seinen Dienst wieder aufgenommen. Professor Marci Hamilton, außerordentlicher Professor an der *Yeshiva University School of Law* und Spezialist für sexuellen Missbrauch in der jüdischen Gemeinschaft, bezeichnete die Weigerung von Herrn Hikind, die Namen der mutmaßlichen Täter zu nennen, als „empörend".

Die Zeitung *Le Figaro* vom 16. Juli 2009 veröffentlichte einen Artikel über die Auswüchse des Reality-Fernsehens in den Vereinigten Staaten, insbesondere über die Live-Show „*To Catch the Predator*", in der Sexualverbrecher gejagt werden. In der Sendung kamen die Starjournalisten des nationalen Fernsehens zusammen. In diesem Fall war der Verhaftete ein Pädophiler. Er war von einer 18-Jährigen angelockt worden, die sich in einem Internet-Diskussionsforum als zwölfjähriges Mädchen ausgegeben hatte. Eines Abends teilte sie dem Mann mit, dass ihre Eltern nicht da seien und er zu ihr kommen könne. Der Wahnsinnige klopfte an die Tür einer Villa und wurde im Wohnzimmer von einem Mädchen begrüßt. Das Mädchen nutzte den Vorwand, auf die Toilette zu gehen, so dass plötzlich ein Journalist mit zwei Fernsehkameras auftauchte, um den Verrückten darauf aufmerksam zu machen: „Was machen Sie hier, Sie wussten doch, dass sie zwölf Jahre alt ist"! Der Mann, der Rabbiner war, brach zusammen und klagte: „Ich habe meine Synagoge verloren, ich habe meine Familie verloren! „Die Polizisten erschienen dann mit heulenden Sirenen an der Tür und richteten ihre Dienstwaffen auf ihn. Offenbar liebt die amerikanische Öffentlichkeit diese Art von Ergebnissen!

In Frankreich hatte die Sendung „*Les Infiltrés*" (Die *Infiltratoren*) einen Pädophilen auf die gleiche Weise erwischt. Die Zeitung „*Le Parisien*" vom 8. April 2010 berichtete über den Fall auf ihren Seiten. Ein Ratsmitglied der Stadt Mesnil-Saint-Denis, das für das Internet zuständig ist, wurde hereingelegt. Er hatte über das Internet Nachrichten mit einer 15-jährigen Jessica ausgetauscht, der er versicherte, er werde ihr „beibringen, wie man Liebe macht, ohne sie zu verletzen". Aber hinter Jessicas Figur steckte ein Journalist. Nachdem der Dialog im Internet beendet war, wurde der Mann von den Journalisten bei der Polizei in Nanterre angezeigt. Einige Tage später, Mitte Februar, wurde auch Maurice Gutman, ein hochrangiges Mitglied des Konsistoriums[671], festgenommen.

Im Januar 2010 berichtete die israelische Tageszeitung *Haaretz*, dass der Oberste Gerichtshof einstimmig die Entscheidung des Jerusalemer Bezirksgerichts aufgehoben hat, das die Auslieferung von Avraham Mandrowitz an die Vereinigten Staaten genehmigt hatte. Avraham Mandrowitz, 62, Vater von sieben Kindern und Mitglied der chassidischen Bewegung, war 1984 von der US-Justiz angeklagt worden, Sodomie an Kindern im Alter von 5 bis 10 Jahren praktiziert zu haben. Mandrowitz lebte zu dieser Zeit in Brooklyn, wo er sich als Rabbiner und Psychologe vorstellte, der sich auf die Probleme von Kindern spezialisiert hatte. In der amerikanischen Anklageschrift ist von mehr als 100 Opfern die Rede. Er war mit seiner Familie nach Israel geflohen. Im Jahr 1985 hatten die Behörden der Vereinigten Staaten ein Auslieferungsersuchen gegen ihn gestellt, das die israelischen Behörden unter Berufung auf die Bestimmungen des zwischen Israel und den Vereinigten Staaten unterzeichneten Übereinkommens, das Sodomie nicht in die Liste der Straftaten aufnahm, abgelehnt hatten. Dies wird als „Proktosemitismus" bezeichnet. Im Januar 2007 wurde dieses Übereinkommen jedoch geändert und sieht nun die Auslieferung für jede Freiheitsstrafe von mehr als einem Jahr vor. Die US-Behörden hatten daraufhin umgehend ihr Auslieferungsersuchen erneuert, und Mandrowitz wurde im November 2007 von der israelischen Polizei in seiner Wohnung in Jerusalem festgenommen und dem Bezirksgericht Jerusalem vorgeführt, das seine Auslieferung genehmigte.

Im März 2010, nach dem x-ten Fall von Pädophilie in Israel, hatte Yitzhak Kadman, Vorsitzender des *Nationalen Rates für das Kind,* erklärt: „Wir sagen schon seit langem, dass Israel ein Paradies für Pädophile ist." Im April 2010 war ein Rabbiner namens Bryan Bramly, 35, von Arizona nach New York versetzt worden. Bryan Bramly wurde beschuldigt, ein siebenjähriges Mädchen vergewaltigt zu haben, als er Student an der Rabbinerschule der *konservativen Bewegung war.* Inzwischen hatte er geheiratet, zwei Kinder gezeugt und war Rabbiner des Tempels Beth Sholom of East Valley in Chandler, Arizona, geworden. Der Mann wurde gegen eine Kaution von 10.000 Dollar freigelassen.

Ebenfalls im April 2010 wurde ein 59-jähriger New Yorker

---

[671] Jüdisches Zentralkonsistorium von Frankreich, in der Rue de la Victoire in Paris. Es handelt sich um die 1808 von Napoleon I. geschaffene Institution zur Verwaltung des jüdischen Glaubens in Frankreich nach dem Vorbild der beiden anderen offiziellen Religionen (katholisch und protestantisch). Sie ernennt den Oberrabbiner von Frankreich.

Rabbiner, Baruch Mordechai Lebovits, zu 32 Jahren Gefängnis verurteilt, weil er einen Teenager sexuell missbraucht hatte, wie die Staatsanwaltschaft von Brooklyn in einer Erklärung mitteilte. „Er wurde am 8. März wegen wiederholter sexueller Übergriffe gegen einen 16-jährigen Jungen in den Jahren 2004 und 2005 verurteilt", sagte Staatsanwalt Charles Hynes. Der Rabbiner „ist auch ein prominenter Geschäftsmann in der Gemeinde Borough Park, wo der Teenager lebt". Der Beschwerdeführer, Yoav Schönberg, 22, war ein orthodoxer Jude und ein Freund von Rabbi Lebovits. Er hatte mit so leiser Stimme ausgesagt, dass Richterin Patricia DiMango ihn mehrmals aufforderte, das Gesagte zu wiederholen. Yoav Schönberg erklärte, Rabbi Lebovits habe ihm am 2. Mai 2004 kostenlose Fahrstunden angeboten. Nach ein paar Minuten im Auto hatte Lebovits ihn gebeten, zu parken. Dort knöpfte der Rabbi Yoavs Hosenstall auf und nahm Fellatio an ihm vor. Nach Angaben der ADA wurden diese sexuellen Übergriffe zwischen diesem Tag und dem 22. Februar 2005 mehrmals wiederholt. Rabbiner Baruch Lebovits wurde auch in zwei anderen Fällen von Pädophilie angeklagt, für die er auf ein Verfahren wartet. Über den Fall hatte die *New York Daily News* berichtet.

Im Jahr 2009 hatten 40 Kinder aus dieser kleinen jüdischen Gemeinde in Brooklyn behauptet, „missbraucht" worden zu sein, während es in den fünfzig US-Bundesstaaten nur 10 derartige Vorwürfe in Bezug auf die katholische Kirche gab: Das sind 10 sexuell missbrauchte Kinder für 68 Millionen amerikanische Katholiken, verglichen mit 40 Kindern für 2 Millionen jüdische New Yorker. Die Wahrscheinlichkeit, dass kleine Juden gefährdet sind, war also 130 Mal höher als bei kleinen Katholiken.

Eine auf die Anprangerung dieser pädophilen Rabbiner spezialisierte Website schätzt, dass in den Vereinigten Staaten von 5,5 Millionen Juden 1,3 Millionen sexuell missbraucht wurden[672]. Das bedeutet, dass jeder vierte Jude in seiner Kindheit vergewaltigt wurde; das ist so, als ob 75 Millionen Amerikaner vergewaltigt worden wären.

Im Dezember 2010 erfuhren wir, dass David Epstein, Professor an der Columbia University, mehrere Jahre lang mit seiner eigenen Tochter geschlafen hatte.

Hier ein schwerwiegenderer Fall: 2008 wurde der Rabbiner Elior Noam Chen beschuldigt, Kinder im Alter von drei bis vier Jahren vergewaltigt und bei Reinigungsritualen gequält zu haben. Diese

---

[672]http://www.theawarenesscenter.org

Ereignisse fanden in der Gemeinde Beitar Illit im Westjordanland statt. Der Rabbiner war nach Kanada geflohen, nachdem eine Mutter, die zu seinen Schülern gehörte, beschuldigt worden war, ihre eigenen Kinder zu missbrauchen. Sie verbrannte sie, ließ sie ihre Exkremente essen und sperrte sie tagelang in Koffer. Gegen ihn wurde ein internationaler Haftbefehl erlassen. Chen und seine Familie waren schließlich in Brasilien verhaftet worden, wo es ihnen gelungen war, zu fliehen und in der ultraorthodoxen Gemeinde von Sao Paolo Zuflucht zu finden, die sie versteckt hielt.

Zu erwähnen ist auch der emblematische Fall von Tony Alamo", dem charismatischen Anführer einer apokalyptischen christlichen Sekte in Arkansas in den Vereinigten Staaten, der im November 2009 wegen Vergewaltigung und sexueller Verbrechen an Kindern zu 175 Jahren Gefängnis verurteilt wurde. Tony Alamo nutzte seinen Status als selbsternannter Prophet, um minderjährige Mädchen (im Alter von acht Jahren) zur Heirat zu zwingen, indem er ihnen mit der ewigen Verdammnis in der Hölle drohte. Er ordnete auch körperliche Züchtigungen aller Art für die Kinder seiner Anhänger an. Sein richtiger Name war eigentlich Bernie Lazar Hoffman. Er wurde 1934 als Sohn jüdischer Eltern aus Rumänien geboren.

Im April 2009 wurde in den Vereinigten Staaten ein Buch mit dem Titel *Tempest in the Temple (Sturm im Tempel)* veröffentlicht, *in dem* die Missbräuche zahlreicher Rabbiner aufgedeckt werden. Das Buch trägt den Untertitel: „Jüdische Gemeinden und *Kindersexskandale*". Es war das erste Buch zu diesem Thema. Seine Autorin, Amy Neustein, war eine amerikanische Jüdin aus Baltimore. In der Einleitung des Buches ist Folgendes zu lesen: „2006 berichteten das *New York Magazine* und ABC über Rabbiner, die Kinder missbraucht hatten. Anfang 2007 veröffentlichte die *Jewish Telegraphic Agency* einen fünfteiligen Bericht über die Vergewaltigung von Kindern durch Rabbiner. Trotz dieser Medienberichterstattung wurde keine gründliche Untersuchung durchgeführt. *Tempest in the Temple schildert* die Fälle von etwa fünfzehn Rabbinern, Pädagogen und Psychologen in der jüdischen Gemeinschaft und die Unterstützung, die sie erhielten." Im Januar 2008 wurde ein autobiografisches Buch mit dem Titel *The Rabbi's Daughter: Sex, Drugs, and Orthodoxy* veröffentlicht, das in der jüdischen Gemeinde für Aufsehen sorgte. Die Autorin war Reva Mann. Sie war die Enkelin des zweiten aschkenasischen Rabbiners Israels, Isser Yehuda Untermann. Die 50-jährige Mutter von drei Kindern, Reva Mann, hatte nach dem Selbstmord ihrer Mutter begonnen, sich an ihr Leben zu erinnern. Sie erzählte unter anderem, wie sie in der Synagoge ihre Jungfräulichkeit verloren hatte, oder von ihrer Erfahrung mit LSD im Alter von 16 Jahren. Auf die Frage: „Was ist der Zweck dieses Buches?", antwortete Reva Mann: „A: Alles, was Sie schon immer über das Judentum wissen wollten, ohne sich zu trauen zu fragen. Und B: Ich hoffe, dass dieses Buch Menschen erreicht, die selbstzerstörerisch sind, und dass es ihnen hilft, ihr Leben wieder in den Griff zu bekommen." Jetzt verstehen wir besser, warum die Juden, die das gesamte Zentrum des Mediensystems der westlichen Welt kontrollieren, regelmäßig den katholischen Klerus anklagen. Wir verstehen auch, warum die Medien immer darauf bestehen, „leugnende und pädophile" Websites anzuprangern.

Die Vorschriften des Talmuds

Der Talmud ist in diesen Fragen sehr eindeutig. Dieses Buch, das „die Tradition der Alten" ist, besteht aus unzähligen Kommentaren von Rabbinern zum Gesetz [der Gemara]. So besteht ein großer Teil des Textes aus der Aufzählung der Meinungen dieses oder jenes Rabbiners, gefolgt von einer Konfrontation mit den Meinungen dieses oder jenes Rabbiners, um schließlich mit einer Art Synthese eines anderen Rabbiners zu enden. Im Jahr 1935 wurden die 63 Bände oder Abhandlungen zum ersten Mal übersetzt, um den neuen Generationen, die die verschiedenen Sprachen der Originalfassung nicht verstehen, den Zugang zu den Texten zu erleichtern. Diese vollständige englische Übersetzung des Talmuds, die 1935 von der *Soncino Press* veröffentlicht wurde, wird seitdem als *Soncino Edition* of the *Talmud*673 bezeichnet. Offensichtlich wurde diese Ausgabe weder in einer hohen Auflage gedruckt noch der breiten Öffentlichkeit zum Kauf angeboten.

Die Lektüre der Kommentare ist ermüdend; wir haben es daher

---

[673]In der englischen Fassung unter www.halakhah.com. Der Talmud besteht aus 63 Traktaten in sechs Hauptabschnitten. Die zentralen Ordnungen sind Zeraim (die Saaten: landwirtschaftliche Abhandlungen), *Moed* (Jahreszeiten und Feiertage, mit dem grundlegenden Traktat über den Sabbat), *Nashim* (ganz den Frauen, der Sexualität und der Fortpflanzung gewidmet und aus zahlreichen eher reißerischen Abhandlungen bestehend) und die eigentlich juristische Ordnung namens *Nezikin* (über Schadensersatz, Zivil- und Strafrecht). Ausschließlichkeitsdenken und die Vorstellung von rassischer und sexueller Reinheit sind im Talmud allgegenwärtig. Tatsächlich befasst sich ein ganzer Traktat, *Niddah* genannt, mit dem Blut der Frauen und der Menstruation. Der Talmud befasst sich im Wesentlichen mit den Themen Geld, Sex, Reinheit und Messianismus. Siehe auch die Anmerkung des Übersetzers in Anhang I. (NdT).

vorgezogen, den Text einiger Fußnoten zusammenzufassen. Es sei darauf hingewiesen, dass der Talmud das Gesetzbuch ist, auf dem das jüdische Religionsgesetz beruht, und dass er das Buch ist, das für die Ausbildung der Rabbiner verwendet wird.

Im Traktat *Sanhedrin 54a-54b* lesen wir folgendes: „Päderastie[674] mit einem Kind, das weniger als neun Jahre alt ist, wird nicht als Päderastie mit einem älteren Kind betrachtet. Samuel sagte: „Päderastie mit einem Kind, das weniger als drei Jahre alt ist, wird nicht in der gleichen Weise betrachtet wie Päderastie mit einem älteren Kind[675]." Worauf gründet sich seine Uneinigkeit? Rab argumentiert, dass nur ein passives Subjekt, das als aktives Subjekt zum Geschlechtsverkehr fähig war, die Schuld des aktiven Subjekts auf sich nehmen kann, während ein Kind, das nicht in der Lage ist, ein aktives Subjekt zu sein, nicht als passives Subjekt einer päderastischen Handlung angesehen werden kann[676]. Samuel seinerseits behauptet, dass die Heilige Schrift sagt: „ Du sollst nicht bei einem Menschen liegen wie bei einer Frau; es ist ein Gräuel." (*Levitikus, XVIII, 22*). Es wurde daher in Übereinstimmung mit Rabs Meinung gelehrt, dass der Akt der Päderastie als ein Verbrechen von neun Jahren und einem Tag angesehen wird; aber wer Bestialität begeht, sei es auf natürliche oder unnatürliche Weise, oder wenn eine Frau auf bestialische Weise missbraucht werden will, sei es auf natürliche oder unnatürliche Weise, verdient eine Strafe." *Sanhedrin, 55b* „Ein Mädchen, das drei Jahre und einen Tag alt ist und dessen Vater die Verlobung arrangiert hat, hat Geschlechtsverkehr, denn der rechtliche Status des Geschlechtsverkehrs mit ihr ist der des vollen Geschlechtsverkehrs. Wenn der kinderlose Ehemann eines drei Jahre und einen Tag alten Mädchens stirbt und ihr Bruder mit ihr Geschlechtsverkehr hat, erwirbt er sie als seine Frau. Die Strafe des

---

[674]„Wir stehen hier aus dem Blickwinkel des passiven Subjekts der Sodomie. Wie in 54a dargelegt, macht sich der aktive Täter der Sodomie schuldig, auch wenn der passive Täter minderjährig ist (unter dreizehn Jahren). Im Folgenden wird jedoch eine weitere Unterscheidung für passive Subjekte unter dreizehn Jahren getroffen." „

[675]*Talmud, Sanhedrin 54b, Anm. 24*: „Rab setzt das Mindestalter auf neun Jahre fest; aber wenn Sodomie an einem jüngeren Kind praktiziert wird, entsteht keine Schuld. Samuel hingegen setzt das Mindestalter auf drei Jahre fest". *Talmud, Sanhedrin 54b*: „Rab sagte: Päderastie mit einem Kind unter neun Jahren gilt nicht als Päderastie mit einem Kind über neun Jahren. Samuel sagte: Päderastie mit einem Kind unter drei Jahren wird nicht so behandelt wie mit einem Kind über drei Jahren. Was ist der Grund für ihren Streit? - Rab argumentiert, dass nur jemand, der zum Geschlechtsverkehr fähig ist, als passives Subjekt der Päderastie die Schuld [auf den aktiven Täter] schieben kann. „ (NdT).

[676]Mit neun Jahren hat das männliche Kind die Geschlechtsreife erreicht. *Sanhedrin 54b, Anmerkung 25.*

Ehebruchs kann durch sie erfolgen; sie verunreinigt den, der mit ihr verkehrt, so dass er seinerseits das, worauf er liegt, verunreinigt, wie ein Kleidungsstück, das auf einem Tripper liegt." In der gleichen Passage finden wir eine Anmerkung, die lautet: „Eine Variante dieser Passage lautet: „Gibt es etwas, das einem Juden erlaubt und einem Heiden verboten ist? Sexueller Verkehr auf unnatürliche Weise ist einem Juden erlaubt[677]."

Sanhedrin, 69b: „Unsere Rabbiner lehrten: Wenn eine Frau sich mit ihrem jungen Sohn [einem Minderjährigen] lasziv vereinigt und er den ersten Schritt des Geschlechtsverkehrs mit ihr vollzieht, sagt Beth Schammai, dass dies sie für das Priesteramt ungeeignet macht. Aber Beth Hillel erklärt sie für noch tauglich? Alle sind sich einig, dass der Geschlechtsverkehr eines Kindes von neun Jahren und einem Tag ein echter Geschlechtsverkehr ist, der eines Kindes unter acht Jahren hingegen nicht. Ihr Streit betrifft nur den Fall eines achtjährigen Kindes. Beth Schammai argumentiert, dass wir unsere Entscheidung auf frühere Generationen stützen sollten, aber Beth Hillel argumentiert, dass wir das nicht tun sollten[678]."

Talmud Kethuboth, 11a-11b: „Rabba sagte: „Wenn ein erwachsener Mann Geschlechtsverkehr mit einem kleinen Mädchen hat, ist es nichts, denn wenn das Mädchen unter drei Jahren ist, ist es so, als ob man seinen Finger in ihr Auge steckt; aber wenn ein kleiner Junge Geschlechtsverkehr mit einer erwachsenen Frau hat, ist dies gleichbedeutend mit dem Fall, dass „ein Mädchen von einem Stück Holz verwundet [penetriert] wird".„.

„Die Jungfräulichkeit eines Mädchens wird erst ab einem Alter von drei Jahren und einem Tag berücksichtigt. Wenn sie unter diesem Alter vergewaltigt wird, wird der Täter freigesprochen, denn der Talmud sagt: „Es ist, als ob man ihr den Finger ins Auge steckt"; die Jungfräulichkeit wird wiederhergestellt. Ab einem Alter von drei Jahren und einem Tag hat eine unverheiratete Jungfrau, die vergewaltigt wird, Anspruch auf Entschädigung, da sie erst ab einem Alter von neun

---

[677]*Talmud, Sanhedrin, 58b*: „Rava sagt: Gibt es irgendeine Handlung, für die ein Jude nicht haftbar ist, aber ein Nichtjude dafür haftbar ist? Ein Jude ist nicht haftbar für Analverkehr mit seiner Frau. „ (NdT).

[678]*Talmud, Sanhedrin, 69b, Anm. 5*: „ Wenn er also neun Jahre und einen Tag oder mehr alt war, stimmt Beth Hillel zu, dass sie für das Priestertum ungültig ist; wenn er jedoch weniger als acht Jahre alt war, stimmt Beth Schammai zu, dass sie es nicht ist. „Schammai und der Pharisäer Hillel (-110 v. Chr., -10 n. Chr.) waren die ersten beiden antiken Gelehrten, die die Auslegung der geschriebenen Tora diskutierten und systematisierten. Der Pharisäer Saulus von Tarsus (der heilige Paulus) war ein Schüler von Gamaliel, dem Enkel von Hillel (NdT).

Jahren und einem Tag heiraten darf. Wenn sie von zwei oder zehn Männern vergewaltigt wird, zahlt nur der erste die Strafe. Wenn einer der beiden sie vorschriftswidrig vergewaltigt hat, ist er derjenige, der die Strafe zahlen muss. Aber wenn zehn sie auf normale Weise vergewaltigt haben und einer auf abnormale Weise, dann müssen sie alle zahlen[679]." Deshalb verbietet der Talmud jüdischen Müttern, mit ihren Kindern zu schlafen, wenn diese älter als neun Jahre und einen Tag sind. Nach diesem heiligen Buch gilt das gleiche Verbot für den Vater, wenn das Kind älter als drei Jahre und einen Tag ist. Außerdem darf eine jüdische Witwe nach dem Talmud niemals einen Hund halten. Wenn wir also eine Frau sehen, die mit ihrem Hund auf der Straße spazieren geht, wissen wir, dass sie keine jüdische Witwe ist, obwohl sie vielleicht einen Hund hat.

Der Ödipuskomplex endlich erklärt

Jetzt verstehen wir sehr gut, warum die Psychoanalyse in den Gehirnen eines Angehörigen des „auserwählten Volkes" geboren wurde. Sigmund Freud wurde in Mähren geboren und stammte aus einem traditionellen chassidischen jüdischen Umfeld. Seine Eltern waren Juden aus Galizien, im Westen der heutigen Ukraine. Seine Mutter wurde in Brody geboren, einem der wichtigsten Zentren des chassidischen Gedankenguts in Osteuropa. In Wien, wo sich die Familie niedergelassen hatte, sprachen seine Eltern noch Deutsch, stark vermischt mit Jiddisch. Obwohl sich Freud, wie Karl Marx und viele andere Juden, von der jüdischen Religion distanziert hatte, hatte er im Gegenteil seine Zugehörigkeit zur Gemeinschaft nicht aufgegeben. Im hebräischen Vorwort zu *Moses und die monotheistische Religion* schrieb er, dass er sich zwar von der jüdischen Religion getrennt, aber das jüdische Volk nicht abgelehnt habe[680]." Freud hatte nicht den Mut,

---

[679]Roger Peyrefitte, *Les juifs, (Deuxième partie, Chapitre 5)*, Flammarion, 1965. Wir raten von der Lektüre des Buches von Roger Peyrefitte ab, das vor allem durch die Onomastik zu zeigen versucht, dass „jeder ein bisschen jüdisch" sei. Offenbar hatte Roger Peyrefitte trotz seiner großen Gelehrsamkeit wenig Verständnis für die Judenfrage.

[680]David Bakan, *Freud et la tradition mystique juive*, 1963, Payot, 2001, S. 320. [„Ich habe nie verstehen können, warum ich mich meiner Herkunft oder, wie man damals zu sagen begann, meiner Rasse schämen sollte. Ich verzichtete auch auf die Staatsangehörigkeit, die mir verweigert wurde, ohne viel Gefühl. Ich dachte nämlich, dass es für einen eifrigen Arbeiter immer einen, wenn auch kleinen, Platz in den Reihen der fleißigen Menschheit geben würde, auch wenn er keiner der nationalen Gruppen angehörte. Aber diese frühen universitären Eindrücke hatten die wichtigste Folge, mich

der Welt zu offenbaren, dass der berühmte „Ödipuskomplex" in Wirklichkeit der „Israelkomplex" war. Als guter Jude hatte er die Neurose des Judentums auf den Rest der Menschheit projiziert, indem er eine griechische Legende aufgriff, damit die Gojim seine „Entdeckung" leichter akzeptieren würden.

Die griechische Legende besagt, dass das Orakel Ödipus, dem Sohn des Königs von Korinth, voraussagte, dass er eines Tages seinen Vater töten und seine Mutter heiraten würde. Der entsetzte junge Prinz floh daraufhin aus dem Königreich und machte sich auf den Weg nach Theben. Auf dem Weg dorthin tötet Ödipus zwei Männer, die von ihm verlangen, dass er ihnen die Überfahrt ermöglicht. Als er schließlich die Tore der Stadt erreichte, musste er die Frage der am Eingang wartenden Sphinx beantworten. Dieses Ungeheuer mit dem Gesicht und der Büste einer Frau, dem Körper eines Löwen und den Flügeln eines Vogels terrorisierte die Gegend und verschlang alle, die seine Rätsel nicht erraten konnten. Aber Ödipus hat es richtig gemacht[681] und die Sphinx musste fliehen. Ödipus wurde daraufhin König von Theben und heiratete Königin Iokaste, die Witwe des thebanischen Königs Laios, den Ödipus ohne sein Wissen auf der Straße ermordet hatte. Später erfuhr er, dass Laios viele Jahre zuvor den Mord an seinem neugeborenen Sohn angeordnet hatte. Dieser Befehl war nicht ausgeführt worden, und das Kind war von Hirten aufgegriffen worden, die es dem König von Korinth übergaben, den Ödipus immer für seinen Sohn hielt. Die Vorhersage des Orakels hatte sich also erfüllt. Ödipus riss sich in seiner Verzweiflung die Augen aus und floh ins Exil, um ein Bettler zu werden.

Der Ödipuskomplex ist eigentlich eine jüdische Besonderheit. David Bakan bestätigte unsere eigenen Schlussfolgerungen in abgeschwächter Form: „Die Hauptkritik an der Lehre vom Ödipuskomplex lautet, dass sie von einer bestimmten Art von Familienkonstellation inspiriert ist, die in Freuds unmittelbarem kulturellen Umfeld zu finden ist, und dass Freud den Fehler des „Ethnozentrismus" begangen hätte, indem er von einer bestimmten Kultur aus übergeneralisierte[682]." Andererseits hatte Freud eine gewisse

---

von Anfang an daran zu gewöhnen, in den Reihen der Opposition und außerhalb der 'kompakten Mehrheit' zu stehen, was mir eine gewisse Unabhängigkeit des Urteils verschaffte", in Sigmund Freud, *An autobiographical study*, (1924), S. E. XX. p. 9. (NdT)]

[681]„Welches ist das einzige Lebewesen, das in der Morgendämmerung auf allen Vieren, mittags auf zwei Beinen und bei Sonnenuntergang auf drei Beinen geht?

[682]David Bakan, *Freud et la tradition mystique juive*, 1963, Payot, 2001, S. 298.

Veranlagung, seine Patienten zu verstehen, da er selbst von der Störung, die er untersuchte, betroffen zu sein schien. Im Alter von zweiundvierzig Jahren, als er sich noch mit der Selbstanalyse beschäftigte, beschuldigte er seinen eigenen Vater, der kurz zuvor, 1896, gestorben war, wie diese Passage aus einem Brief an seinen großen Freund Dr. Wilhelm Fliess bezeugt: „Leider war mein eigener Vater einer dieser Perversen. Er ist die Ursache für die Hysterie meines Bruders und einiger meiner jüngeren Schwestern. Die Häufigkeit solcher Beziehungen stimmt mich oft nachdenklich." In Martha Roberts Buch *Die psychoanalytische Revolution* finden wir eine interessante Passage. Martha Robert, wie viele ihrer Altersgenossen, die das Bedürfnis haben, „darüber zu sprechen", drückt sich in Ellipsen aus: „Sie entdeckt dann in sich selbst... ihre feindseligen Gefühle gegenüber ihrem Vater, ihre inzestuöse Zärtlichkeit gegenüber ihrer Mutter, ihre Todeswünsche, ihre Unnahbarkeit... Ihr Widerwille, das Geheimnis der dunklen Welt, in die sie gerade eingetreten ist, zu lüften, ist so groß, dass sie in Briefen an den einzigen Freund, dem sie die Ergebnisse ihrer Analyse gesteht, ihre Erinnerungen an ihre Mutter auf Latein schreibt[683]." Auch Freud wurde offenbar in seiner Kindheit von seinem Vater missbraucht und tröstete sich im Bett seiner Mutter, die ihm wahrscheinlich versicherte, er sei ein „Genie", vielleicht sogar der Messias selbst[684].

Freud hatte auch unter der Tatsache zu leiden, dass er einige erbliche Defekte in seiner Abstammung hatte. So schrieb er 1886 über seinen Onkel aus Breslau, den jüngeren Bruder seines Vaters: „Er ist Kaufmann, und die Geschichte seiner Familie ist sehr traurig. Von seinen vier Söhnen ist nur eine Tochter normal und in Polen verheiratet. Einer der Söhne ist hydrozephal und zurückgeblieben; ein anderer, der als Kind vielversprechend war, wurde mit 19 Jahren verrückt; die andere Tochter wurde mit Anfang zwanzig verrückt... Mein anderer Onkel aus Wien starb an Epilepsie. Ich kann dieses Erbe nicht mehr allein der Familie meiner Mutter zuschreiben. Ich muss zugeben, dass es in meiner Familie einige sehr schwere neuropathologische Defekte

---

[683]Marthe Robert, *La Révolution psychoanalytique, Tome I*, Payot, 1964, S. 41. Hervé Ryssen, *Le Miroir du Judaïsme*, S. 349, 350.

[684]In *Portnoys Böses* schrieb der amerikanische Schriftsteller Philip Roth: „Was stimmte mit diesen jüdischen Eltern nicht, was konnten sie uns jungen Juden einerseits glauben machen, dass wir Prinzen seien, einzigartig auf der Welt, wie Einhörner, Genies, klüger als alle anderen und schöner als alle anderen Kinder der Geschichte? „Philip Roth, *Portnoy's Evil*, Debols!llo, Penguin Random House, Barcelona, 2008, S. 131.

gibt[685]. „Der Bruder seines Vaters Jakob, Joseph, hatte ebenfalls einen epilepsiekranken Sohn: „Obwohl er als Delinquent eher ein Perverser als ein Verrückter zu sein schien. Nach Jacob Freuds Meinung muss er eher als Schwachsinniger betrachtet werden". Es muss also anerkannt werden, dass „der gesamte väterliche Zweig seiner Familie... fast ausschließlich zu den Degenerierten zählt." Sigmund Freud war sich dieses genetischen Schicksals sehr wohl bewusst und bemerkte mit Bedauern: „Solche Geschichten sind in jüdischen Familien so häufig. „Martha Robert fügte noch hinzu und verzerrte die Sache ein wenig: „Freud kann nicht umhin, diesen offensichtlichen Defekt der 'sehr schönen Neurasthenie' zuzuschreiben, unter der er so lange gelitten hat und die auch bei seiner Schwester Rosa und seinem Bruder Emmanuel[686] vorhanden ist." Zu Beginn des 20. Jahrhunderts strömten die Juden aus den *Schtetln* Polens und Russlands in die Hauptstadt der österreichisch-ungarischen Monarchie, da ihnen durch ein Gesetz von 1869 die gleichen Rechte zugestanden worden waren. In Kultur- und Finanzkreisen setzten sich bald viele Juden durch, so dass Wien zu Beginn des 20. Jahrhunderts, wie Berlin und Moskau in den 1920er Jahren, für sie ein goldenes Zeitalter war, so wie es heute Paris und New York sind. Zu Beginn des 20. Jahrhunderts hatten die Juden in der Hauptstadt der österreichisch-ungarischen Monarchie eine sehr dominante Stellung in der Finanz- und Kulturwelt. Die populärsten und bekanntesten Schriftsteller, Journalisten und Künstler der damaligen Zeit waren Mitglieder der jüdischen Gemeinde: Sigmund Freud, Stefan Zweig, Arthur Schnitzler, Franz Werfel, Franz Kafka, Gustav Mahler, Karl Krauss, Hugo von Hofmansthal und so weiter. Aber diese zahlreichen jüdischen Emporkömmlinge, die kaum aus dem Ghetto herauskamen, hatten nicht die Absicht, ihre Identität durch Assimilation an die österreichische Gesellschaft zu verlieren. Wie anderswo auch, zogen es die Juden vor, unter sich zu leben[687].

Obwohl er wenig Interesse an Religion hatte, blieb Sigmund Freud dennoch eng mit seiner Gemeinde verbunden. Er hatte in der Schule die Heilige Schrift und Hebräisch studiert und besaß den gleichen Eifer für Wissen und Studium wie seine talmudischen Vorfahren[688]. Er lebte und

---

[685]Korrespondenz, Brief an Martha vom 10. Februar 1886, S. 222-223.

[686]Marthe Robert war Jüdin und mit einem Juden verheiratet.

[687]Das Leben in den Ghettos wurde also von den Juden selbst gewünscht. Siehe Hervé Ryssen, *Le Miroir du Judaïsme*, Baskerville (2009), S. 48-53 und *Histoire de l'antisémitisme*, Baskerville (2010). S. 280, 400.

[688] „Meine tiefe Hingabe an die biblischen Schriften (die fast zur gleichen Zeit begann, als ich die Kunst des Lesens erlernte) hatte, wie ich viele Jahre später erkannte, eine

wuchs in einem ausschließlich jüdischen Umfeld auf, und das auch während seiner gesamten beruflichen Laufbahn. Im Lenkungsausschuss der Wiener Psychoanalytischen Gesellschaft waren alle Anwesenden Juden, mit Ausnahme von Richard Sterba, den Freud einmal lachend als Ausnahme bezeichnete. Tatsächlich wurde diese Situation in einem Satz zusammengefasst, den Freud schrieb: „Obwohl ich mich seit langem von der Religion meiner Vorfahren getrennt habe, habe ich nie das Gefühl der Verbundenheit mit meinem Volk verloren[689]." Alle Schüler Freuds, die einen originellen Beitrag zur Psychoanalyse geleistet haben, waren Juden, mit der bemerkenswerten Ausnahme von Jung. Darüber hinaus hat der Enthüllungsjournalist Emmanuel Ratier die Mitgliedschaft Sigmund Freuds in der Freimaurersekte B'nai B'rith aufgedeckt, einer Freimaurerei, die ausschließlich Juden vorbehalten ist[690]. Von 1900 bis 1902 war er als

---

nachhaltige Wirkung auf die Linie meiner Interessen. „Sigmund Freud, *Eine autobiographische Studie*, (1924), S. E. XX. S. 8. Geburtstag seinem Sohn die folgende Widmung in die Philippson-Bibel schrieb, die Sigmund als Kind benutzte: „Im Alter von sieben Jahren begann der Geist Gottes, sich dir zu nähern und sagte zu dir: Geh und lies die Bücher, die ich geschrieben habe, und die Quellen der Weisheit, des Wissens und des Verständnisses werden sich dir öffnen. Das Buch der Bücher ist der Brunnen, den weise Männer gegraben haben, und in dem die Gesetzgeber Wissen und Rechtschaffenheit gelernt haben... „Diese Bibel war eine zweisprachige (hebräisch-deutsche) Ausgabe mit Erläuterungen und Illustrationen, die erstmals 1854 von Rabbi Ludwig Philippson veröffentlicht wurde. Gelesen in Ostow, M.: *Sigmund und Jacob Freud und die Philippson-Bibel*, 1989, IRPA, S. 16, 483 und in Pfrimmer, T.: *Freud, lecteur de la Bible*, Presses Universitaire de France, 1982, Paris (NdT).

[689]Marthe Robert, *D'Oedipe à Moïse*, 1974, Agora, 1987, S. 35, 45, 51, 56. [„Tun Sie alles Notwendige, um das Interesse unserer Landsleute (*Folksbrider*) an unserem jüdischen wissenschaftlichen Institut in Vilnius wiederherzustellen. Wir Juden haben spirituelle Werte schon immer hochgehalten. Dank ihnen sind wir zusammengeblieben und haben bis zum heutigen Tag überlebt. Für mich war es immer ein Beispiel für unsere Geschichte, dass Rabbi Johanan ben Zakkai unmittelbar nach der Zerstörung des Tempels in Jerusalem den Unterdrücker um die Erlaubnis bat, die erste höhere Schule für jüdische Studien zu eröffnen. Auch jetzt ist eine schwierige Zeit für unser Volk gekommen. Diese Zeit verlangt von uns, dass wir unsere Kräfte noch einmal bündeln, um unsere Kultur und Wissenschaft in diesen Stürmen zu erhalten. Und Sie wissen sehr wohl, welche Rolle das Jüdische Wissenschaftliche Institut Wilna bei dieser Aufgabe gespielt hat", Sigmund Freud, für die Zeitschrift des Jüdischen Wissenschaftlichen Instituts Wilna *Ivo bleter*, November-Dezember 1938, T.XIII. n. 7-8, S. 32].

[690]B'nai B'rith, wörtlich Söhne des Bundes, Söhne des Bündnisses oder Söhne des Lichts. Seit 1843 ist sie offiziell als ausschließlich jüdische Freimaurerei anerkannt. In der *Encyclopaedia Judaica* von 1901 heißt es, dass die Fachsprache, die Symbolik und die Riten der Freimaurerei voll von jüdischen Ideen sind (Cyrus Adler, *The Jewish Encyclopedia, Bd. III*, Hrsg. Funk and Wagnalls, 1901, S. 503-504). In der Tat dreht sich die gesamte Symbolik der spekulativen Freimaurerei um die jüdische Ikonographie: Jehova, Salomons Tempel, die Stiftshütte, Hiram Abiff, Tubal Kain, die

„Gründungsbruder" an der Gründung der zweiten B'nai B'rith-Loge in Wien, der Harmony Lodge, beteiligt.

Freud wusste, dass er die nichtjüdische intellektuelle Welt um jeden Preis für sich gewinnen musste, um eine möglichst weite Verbreitung der neuen „Wissenschaft" zu erreichen. Aus diesem Grund inthronisierte er Jung, den einzigen Nichtjuden in der Bewegung, als Präsidenten der Psychoanalytischen Gesellschaft. In seinem Buch *Mysteries and Secrets of B'nai B'rith* transkribierte der Enthüllungsjournalist Emmanuel Ratier die Aussagen des österreichisch-ungarischen Psychoanalytikers Fritz Wittels, der während des zweiten psychoanalytischen Kongresses im Jahr 1910 ein wenig bekanntes Ereignis geschildert hatte: „Mehrere jüdische Schüler nahmen die Beförderung von Carl Gustav Jung an die Spitze der psychoanalytischen Bewegung sehr übel, was unter den Wiener Schülern, die Jung antijüdischer Vorurteile verdächtigten, großen Unmut hervorgerufen hatte. „Freud hätte damals zu sich selbst gesagt: „Die meisten von euch sind Juden, und deshalb seid ihr unfähig, Freunde für die neue Wissenschaft zu gewinnen. Die Juden müssen sich mit der bescheidenen Rolle begnügen, den Boden zu bereiten. Es ist absolut notwendig, dass Sie in der Lage sind, Verbindungen zur wissenschaftlichen Gemeinschaft herzustellen[691]. „Das Judentum hat sich, wie üblich, nicht in der Öffentlichkeit gezeigt. Ganz im Gegenteil.

Kabbala, Chassidismus und Psychoanalyse

In den Schtetls Osteuropas lebten die Juden in einer für die Befreiung der Geister ungünstigen Enge: „Die Lebensweise der Juden, schrieb David Bakan, war Punkt für Punkt kodifiziert, von einem Moment zum nächsten, von einem Tag zum nächsten, von einer Woche zur nächsten, von einer Jahreszeit zur nächsten, und so weiter, von der Geburt bis zum Tod. Alles geschah nach den Vorgaben des Vertrages. Unter diesen Umständen war das Leben „eine religiöse Vollzeitbeschäftigung"." In seinem Buch *Freud und die jüdisch-*

Jakobsleiter, Abraham, usw. Die Formen der geheimen Initiationsgesellschaften wie die Freimaurerei und die okkulten Wissenschaften gehen auf die hebräische Kabbala zurück, die in jüdischen Kreisen entstand, die mit dem esoterischen Wissen Babylons, Ägyptens und der heidnischen mystischen Schulen der hellenistischen Antike, insbesondere in den Städten Alexandria und Antiochia, in Kontakt standen. Zur Freimaurerei und ihren Ursprüngen empfehlen wir das gut dokumentierte Werk von Alberto León Cebrián, *Las Revoluciones Masonónicas*, Bubok, 2015. (NdT).

[691] Emmanuel Ratier, *Mystères et secrets du B'Nai B'Rith*, 1993, S. 145-149.

mystische Tradition versuchte David Bakan zu zeigen, dass die Psychoanalyse in der Tat weitgehend von den Methoden der jüdischen Kabbala abgeleitet ist. Diese jüdische mystische Strömung, die im 16. Jahrhundert richtig in Schwung kam und dann einige von den Rabbinern heftig bekämpfte Häresien hervorbrachte, wurde in den heutigen chassidischen Juden fortgeführt und in gewisser Weise stabilisiert. Sie sind die Erben dieser esoterischen Tradition. Bakan erinnerte an die leidenschaftliche Verbundenheit frommer Juden mit ihrer Thora und ihrem Gesetz: „Jahrhundertelang galt die Thora als ein so hochheiliges Dokument, dass jeder Buchstabe, jede Nuance im Stil und sogar die Größe der Buchstaben in den handgeschriebenen Schriftrollen für Mystiker und Exegeten eine tiefe, verborgene Bedeutung hatte. „In der Tat war der Text nicht nur wörtlich zu lesen. Um die „verborgene Bedeutung" zu entdecken, verfügen die Kabbalisten über uralte Techniken, die im Zohar, dem Nachschlagewerk der jüdischen Kabbalisten, dargelegt sind.

Wortspiele sind ein wesentlicher Bestandteil der Suche nach dem verborgenen Sinn der Tora, erklärte Bakan. Aber zusätzlich zu den einfachen Wortspielen, die von einem Ende des Zohar zum anderen zu sehen sind, gibt es auch viele Zahlenspiele, die zum großen Teil auf der Tatsache beruhen, dass jedes hebräische Zeichen einen numerischen Wert hat. Bezeichnenderweise wird das Buchstabenspiel - in der jüdischen Mystik *Zeruf* (Kombination) genannt - in drei Hauptbereiche unterteilt: Gematria, Notarikon und Temurah. In der Gematrie wird die Bedeutung auf der Grundlage des Zahlenwerts der Wörter ermittelt. Notarikon ist eine Methode, ein Wort zu wählen, indem man jeden seiner Anfangs- oder Endbuchstaben verwendet, um ein anderes Wort zu bilden: So hat „chen", was „Gnade" bedeutet, die gleichen Anfangsbuchstaben (Konsonanten, *chn*) wie *„chokmah nistarah"*, was „verborgene Weisheit" bedeutet. Temurah verändert die Wörter, indem es die Reihenfolge der Buchstaben ändert. Bakan glaubte, in den Texten die „temurische Tendenz Freuds" zu erkennen.

Ihm zufolge könnten die Methoden der Kabbalisten die psychoanalytische Methode inspiriert haben. Bakan stellte fest, dass die Freudsche Methode der Traumdeutung, die darin besteht, jedes Element aus seinem Kontext herauszulösen, genau der „Suche nach den verborgenen oder tieferen Bedeutungen der Thora" entspricht. Die Kabbalisten interpretierten die Tora „in einer Weise, die der des Psychoanalytikers bei der Interpretation der Charismen und Abschweifungen des menschlichen Ausdrucks verblüffend ähnlich ist. „Bakan zufolge wollte Freud „uns mitteilen, dass er durch die

Psychoanalyse einen Menschen so analysiert, wie die Juden jahrhundertelang die Thora analysiert haben[692]." David Bakan untermauerte hier seine These, dass Freud ein Erbe der Sabbatianer sei, deren Prinzipien in ihrer Radikalität darin bestünden, systematisch gegen die Thora zu verstoßen und alles zu tun, was verboten sei[693]. Diese kabbalistischen Juden wurden von den Rabbinern verfolgt und exkommuniziert, aber es ist bekannt, dass die Sabbatianer in Mitteleuropa, insbesondere in Polen und Mähren, eine starke Stellung innerhalb des Judentums erlangt hatten. Für David Bakan war die Freudsche Methode daher die „endgültige Krönung des Sabbatanismus". Seine psychoanalytische Methode war seine persönliche Art, die sabbatianische Apostasie zu erfüllen.

In Mähren, so erklärt Gershom Scholem, konnte sich die sabbatianische Bewegung so weit etablieren, dass sie die Unterstützung zahlreicher jüdischer Stadtbewohner und kleiner Ladenbesitzer gewann. „Nach Jacob Emden ist der Zahlenwert der hebräischen Buchstaben in Vers 3 von Psalm 14: „Es gibt keine ehrlichen Männer mehr, nicht einmal einen" der gleiche wie der Zahlenwert der Buchstaben des hebräischen Wortes für Mähren. In Prag und Mannheim entstanden im sabbatianischen Sinne orientierte Studienzentren, deren Absolventen" im 18. Jahrhundert großen Einfluss" hatten[694].

Es ist auch kein Zufall, dass Freuds erstes Buch über *Die Deutung der Träume* handelt. In den alten jüdischen Gemeinden war das begehrteste Werk der reisenden Buchhändler an Markttagen ausgerechnet *der Schlüssel zu den Träumen, der* die Bedeutung aller Träume erklärte. *Der Schlüssel zu den Träumen"* von Salomon B. Jacob und Pitorn Chalamot war eines der gefragtesten Bücher", schrieb David Bakan. „Der Traktat Berakoth, einer der am wenigsten legalen Traktate des Talmuds, enthält eine der umfangreichsten Darstellungen von Träumen und ihrer Deutung in der gesamten rabbinischen Literatur. Jahrhundertelang diente es als Leitfaden für die Traumdeutung." Freud hat sich also weitgehend von diesen Lektüren inspirieren lassen, und Bakan stellte fest: „Die grundlegende Ähnlichkeit zwischen seinen Methoden und denen der Psychoanalyse ist in der psychoanalytischen Literatur bereits anerkannt worden. „Wir finden in der Tat sehr ähnliche Merkmale in der psychoanalytischen Theorie. Der Berakoth liefert also diese Erklärungen: Wenn eine Person davon geträumt hat, Oliven mit

---

[692]David Bakan, *Freud et la tradition mystique juive*, 1963, Payot, 2001, S. 286-290, 276, 275, 272.
[693]Siehe wiederum die Anmerkung des Übersetzers in Anhang VI. 3.
[694]Gershom Scholem, *Le Messianisme juif*, 1971, Calmann-Lévy, 1974, S. 156.

Öl begossen zu haben: „Das ist jemand, der mit seiner Mutter zusammengelebt hat". Wenn jemand geträumt hat, dass „seine Augen sich geküsst haben, dann hat er mit seiner Schwester zusammengelebt". Und wenn eine Person geträumt hat, dass sie den Mond geküsst hat, dann hat sie „Ehebruch begangen[695]." Wie wir sehen können, haben Träume nach dem Berakoth eine sexuelle Bedeutung und sind der Höhepunkt eines Verlangens. Und so können wir zusammen mit David Bakan erneut sehen, wie die Frage des Inzests eine Obsession in der jüdischen Gemeinschaft zu sein scheint.

Die Frage des Vatermords

Das Thema Vatermord ist ein wichtiges Thema in Sigmund Freuds Werk. Sie ist in *Die Traumdeutung* (1900) enthalten. Sie wird in *Totem und Tabu* (1912) wieder aufgegriffen und findet ihren Höhepunkt in *Moses und die monotheistische Religion* (1934). In einer Passage des letztgenannten Buches greift Freud dreiundzwanzig Jahre später auf, was er bereits in *Totem und Tabu* über die primitiven Ursprünge der menschlichen Gesellschaft gesagt hatte, ein Erbe der Darwinschen These von der „primitiven Horde".

Ihm zufolge „lebten die primitiven Menschen in prähistorischen Zeiten in kleinen Horden, die von einem mächtigen Mann beherrscht wurden":

„Das mächtige Männchen wäre Herr und Vater der ganzen Horde gewesen, unbegrenzt in seiner Macht, die er brutal ausübte. Alle Frauen gehörten ihm: sowohl die Frauen und Töchter seiner eigenen Horde als auch vielleicht die von anderen gestohlenen. Das Schicksal der Söhne war hart: Wenn sie die Eifersucht des Vaters erregten, wurden sie getötet, kastriert oder geächtet. Sie waren dazu verurteilt, in kleinen Gemeinschaften zusammenzuleben und sich Frauen zu beschaffen, indem sie sie entführten, eine Situation, in der es dem einen oder anderen gelingen konnte, eine Position zu erlangen, die der des Vaters in der primitiven Horde entsprach. Aus natürlichen Gründen genoss der jüngere Sohn, der von der Liebe seiner Mutter beschützt wurde, eine privilegierte Stellung und konnte das hohe Alter seines Vaters ausnutzen, um ihn nach dessen Tod zu verdrängen...Der nächste entscheidende Schritt zur Veränderung dieser ersten Form „sozialer" Organisation hätte darin bestanden, dass die Brüder, verbannt und in einer Gemeinschaft vereint, sich zusammentaten, um den Vater zu

---

[695]David Bakan, *Freud et la tradition mystique juive*, 1963, Payot, 2001, S. 282.

beherrschen, indem sie seinen Leichnam roh verschlangen, wie es damals üblich war... wir glauben, dass sie den Vater nicht nur hassten und fürchteten, sondern ihn auch als Vorbild verehrten, und dass in Wirklichkeit jeder der Söhne seinen Platz einnehmen wollte. Auf diese Weise wird der kannibalistische Akt für uns als Versuch verständlich, die Identifikation mit dem Vater zu sichern, indem wir einen Teil des Vaters in uns aufnehmen." So entstand nach Freud die erste Form der gesellschaftlichen Organisation, „die auf dem Verzicht auf Triebe, auf der Anerkennung gegenseitiger Verpflichtungen, auf der Errichtung bestimmter, als unantastbar (heilig) proklamierter Institutionen, kurz, auf den Ursprüngen von Moral und Recht beruht. Jeder verzichtete auf das Ideal, die väterliche Position für sich zu erobern, seine Mutter und Schwestern zu besitzen. So wurden das Tabu des Inzests und das Gebot der Exogamie eingeführt." Daraufhin wurde ein Festtag eingeführt, um „den Sieg der verbündeten Söhne über den Vater" zu feiern. Während dieses „totemistischen Festes" wurde ein Tier als Ersatz für den Vater[696] verzehrt. Und Freud schloss: „Wir haben allen Grund, den Totemismus als die erste Form zu betrachten, in der sich die Religion in der Menschheitsgeschichte manifestiert[697]. „Die Feindseligkeit gegen den Vater, die zu seiner Ermordung führte, erlosch im Laufe der Zeit und wich der Liebe, die ein Ideal hervorbrachte, dessen Inhalt die Allmacht und Unbegrenztheit des einst bekämpften Urvaters und die Bereitschaft war, sich ihm zu unterwerfen". „Die Gesellschaft beruht dann auf der gemeinsamen Verantwortung für das kollektive Verbrechen, die Religion auf dem Bewusstsein von Schuld und Reue." Freud fügte in *Totem und Tabu* hinzu, dass „dieser verbrecherische und denkwürdige Akt, der den Ausgangspunkt der sozialen Organisationen, der moralischen Beschränkungen und der Religion bildete", das „große Ereignis ist, mit dem die Zivilisation begann und das seither nicht aufgehört hat, die Menschheit zu quälen[698]." Man kann sich jedoch zu Recht darüber wundern, dass Freud auf denselben Seiten schreibt, dass „dieser primitive soziale Zustand nirgends beobachtet worden ist", was ihn nicht daran hinderte, seine Theorie als ein universelles Gesetz zu postulieren, das für alle Völker der Erde unveränderlich gilt.

Freuds anthropologisches Studium der primitiven Gesellschaft ist

---

[696]Während des Pessachfestes schlachten und essen die Juden rituell die Lämmer, die heiligen Tiere der Ägypter.

[697]Sigmund Freud, *Moses und die monotheistische Religion: drei Aufsätze, Gesammelte Werke*, EpubLibre, Trad. Luis López Ballesteros y de Torres, 2001, S. 4408, 4409, 4410

[698]Sigmund Freud, *Totem und Tabu, Gesammelte Werke*, EpubLibre, Trans. Luis Lopez Ballesteros y de Torres, 2001, S. 2478, 2476, 2473, 2475

zweifelhaft. David Bakan behauptete seinerseits, dass Freud sich von dem inspirieren ließ, was ihm am vertrautesten war: „Wir sind der Ansicht, dass die alten semitischen Religionen, wie sie nach Freud über die Jahrhunderte im Leben der Juden aufrechterhalten wurden, die grundlegenden Bezugselemente für *Totem und Tabu* darstellen699." In der Tat ließ sich Freud beim Verfassen dieser Zeilen und bei der Ausarbeitung seiner Theorie hauptsächlich von den Bräuchen der jüdischen Gemeinschaft inspirieren. Denn nur in der jüdischen Gemeinschaft besitzt der Vater alle Frauen, einschließlich seiner eigenen Töchter, und nirgendwo sonst. „Alle Frauen gehörten zu ihm", schrieb er. Der Gedanke, dass „der jüngere Sohn, der von der Liebe seiner Mutter beschützt wird", „das hohe Alter seines Vaters ausnutzen könnte, um ihn nach seinem Tod zu verdrängen", geht offensichtlich auf eine lange jüdische Familientradition zurück.

Wie man die Spuren löscht

Freud stand offensichtlich unter starkem Druck seines Umfelds und seiner Kollegen, das große Geheimnis der jüdischen Gemeinde nicht zu lüften. Seit diesen Enthüllungen, die wie ein Spiegelbild gelesen werden mussten, haben jüdische Intellektuelle es geschafft, die Spuren zu verwischen, um die Gojim in die Irre zu führen und zu täuschen. In dem 2005 veröffentlichten *Schwarzbuch der Psychoanalyse*[700] interpretieren einige Autoren den Übergang von der „Theorie der Verführung" zur „Theorie der Phantasie", die Freud zur Entdeckung des vermeintlichen „Ödipuskomplexes" geführt hatte, so, dass der Tatort völlig verschwindet. Für Allen Esterson bestand das Problem also nicht darin, ob Freuds Patienten - die offensichtlich aus seiner eigenen Gemeinschaft stammten - Opfer von Inzest gewesen waren oder ob sie davon geträumt hatten. Tatsächlich behauptete Esterson, dass sie ihm nie erzählt hätten, dass sie als Kinder sexuell missbraucht worden seien: „Im Gegensatz zu dem, was er in seinen späteren Berichten behauptete, schrieb Freud damals, dass seine Patienten „keine Erinnerung hatten" und ihm „vehement versicherten, dass sie nicht an die sexuellen Traumata glaubten", auf denen er bestand[701]. „Demnach war es Freud selbst, der seinen Patienten die Idee

---

[699]David Bakan, *Freud et la tradition mystique juive*, 1963, Payot, 2001, S. 321.

[700]Im Jahr 2005 war Frankreich zusammen mit Argentinien immer noch das freudianischste Land der Welt, *The Black Book of Psychoanalysis*, Introduction.

[701]*The Black Book of Psychoanalysis*, Collective, herausgegeben von Catherine Meyer, S. 20.

des Inzests nahelegte.

In The *Black Book of Psychoanalysis* bestätigt Hans Israel, dass Freud nie geschrieben hat, dass seine Patienten, ob männlich oder weiblich, behaupteten, sexuell missbraucht worden zu sein: „In seinen Artikeln von 1896 wiederholt Freud, dass er seine Patienten drängte, ihm zu gestehen, dass sie in der Kindheit sexuell missbraucht worden waren, dass sie sich aber nicht daran erinnerten, und dass sie sich auch nach ihrer Heilung weiterhin weigerten, an diese „Szenen" zu glauben. Er berichtet nie von Patienten, die zu ihm kommen, um über sexuellen Missbrauch zu sprechen - im Gegenteil, denn das würde seiner eigenen Theorie widersprechen! Seine „Theorie der Verführung" von 1896 unterscheidet sich in der Tat deutlich von der Beschreibung, die er später gab." Andererseits „behauptete Freud, dass hysterische Symptome „sofort und ohne Wiederkehr verschwinden", wenn das verdrängte traumatische Ereignis, das ihren Ursprung hatte, wieder ins Bewusstsein gebracht wird. Es war eine Aussage, die er während seiner gesamten Karriere wiederholte: Die Psychoanalyse konzentriert sich dank der Analyse der Übertragung und der Widerstände auf die Ursachen der Neurose, im Gegensatz zu anderen Therapien, die nur oberflächliche und vorübergehende Heilungen erzielen... Es war ein sehr wirkungsvolles Werbeargument, das lange Zeit die Kosten und die endlose Dauer der analytischen Behandlungen rechtfertigte[702]." Hans Israel schrieb, dass Freud glaubte, seine Patienten heilen zu können, „indem er sie dazu brachte, ihre unbewussten Erinnerungen an sexuellen Missbrauch in sehr jungen Jahren offenzulegen. Er war so überzeugt, dass er nicht zögerte, öffentlich mit therapeutischen Erfolgen zu prahlen, die er noch nicht erreicht hatte. In seinen Briefen an Fliess betont er immer wieder, dass er sich sehr um therapeutische Erfolge bei seinen Patienten bemüht, diese aber noch nicht erreicht hat. Er wiederholt dies ständig und gibt schließlich im Herbst 1897 zu, dass er nicht mehr an seine Theorie glaubt. Der erste Grund, den er für diese Kehrtwende angibt, ist, dass er nicht in der Lage war, „eine einzige Analyse" zu beenden. Wir sehen also, dass die Erklärung erstaunlich einfach ist, es gibt nichts Geheimnisvolles. Freud hatte einfach eine Idee, und die hat nicht funktioniert. Er gab sich große Mühe, aber es war ein Fehlschlag. Also beschloss er, es aufzugeben. So dumm ist das. „Hans Israel schloss daraus: „Freud konnte sich nicht dazu durchringen, an den Erzählungen seiner Patienten zu zweifeln, aus dem guten Grund,

---

[702] *The Black Book of Psychoanalysis*, Collective, herausgegeben von Catherine Meyer, S. 24, 42.

dass er nie[703] hatte! „

Kurzum, es wäre Freud selbst gewesen, der seinen Patienten die Erinnerungen an sexuellen Missbrauch nahegelegt hätte, denn sie haben ihm nie spontan die Szenen von Inzest und Perversion erzählt, die er von ihnen wissen wollte. Also, liebe Leserinnen und Leser, vergesst all diese Inzestgeschichten!

Die Einleitung des *Schwarzbuchs* enthüllte zu Beginn die Entstehung der Psychoanalyse in Freuds Gehirn, bestätigte jedoch die These vom inzestuösen Trauma, wie es von den Patienten erzählt wurde. 1897, nach seiner Selbstanalyse, erkannte Freud „endlich, dass er als Kind erotische Wünsche für seine Mutter und Eifersuchtsgefühle gegenüber seinem Vater gehabt hatte. Deshalb hatte er den Vorwürfen seiner Patienten über die Verführung seiner Eltern so bereitwillig Glauben geschenkt: Er selbst wollte seinen Vater töten! Und das ist auch der Grund, warum alle seine Patienten ihm diese unglaublichen Inzestgeschichten erzählt hatten: Es waren keine Erinnerungen, sondern Phantasien, die den kindlichen Wunsch ausdrückten, von ihrem Vater verführt zu werden. Freud hatte gerade die infantile Sexualität entdeckt, die Rolle der unbewussten Phantasien im psychischen Leben der Neurosen und die Universalität dessen, was er später den „Ödipuskomplex"[704] nennen sollte." In der Tat haben wir den Eindruck, dass dieses Buch, wie viele andere zu diesem Thema, geschrieben wurde, um nichtjüdische Leser in die Irre zu führen, denn wir können uns nicht vorstellen, dass diese jüdischen Intellektuellen, noch dazu Psychoanalytiker, die Realität des Inzests in ihrer eigenen Gemeinschaft und in ihren eigenen Familien nicht kennen.

Feminismus und Matriarchat

Die Traditionen und Bräuche des jüdischen Volkes können einem europäischen Geist ziemlich verwirrend erscheinen. Es ist interessant zu sehen, wie die Juden, insbesondere die frommen Juden, die Frau, die Tochter oder die Ehefrau, nach besonderen Bräuchen behandeln. In seiner großen Studie über die Juden der osteuropäischen Schtetls schrieb Mark Zborowski: „Die Frau braucht nicht zu studieren, denn sie wird nicht jüdischer, wenn sie studiert. Wie perfekt und gehorsam gegenüber dem Gesetz sie auch sein mag, ihr Jüdischsein wird im

---

[703]*The Black Book of Psychoanalysis*, Collective, herausgegeben von Catherine Meyer, S. 25.

[704]*The Black Book of Psychoanalysis*, Collective, herausgegeben von Catherine Meyer, S. 13.

Vergleich zu dem eines gebildeten Mannes niemals vollständig sein. Sie wird nicht als eigenständiges Wesen betrachtet, sondern als Teil eines Ganzen, dessen Elemente sich gegenseitig ergänzen[705]." Eine Frau braucht das jüdische Gesetz nicht zu kennen: Es reicht, wenn ein Mädchen ein wenig lesen und beten kann. Es gibt also zwei Arten paralleler Literatur, die der *„Moicher Sforim"*, der fahrende Buchhändler, von Schtetl zu Schtetl anbietet: heilige Texte in Hebräisch für gebildete Männer und eine Fülle jiddischer Literatur, die Frauen und *Prostituierten* vorbehalten ist706 und aus religiösen und weltlichen Büchern besteht, die mit einer Einfachheit und Klarheit geschrieben sind, die eines wahren Gelehrten unwürdig ist. „Das Schtetl hat eine Kultur für Männer geschaffen, in der Frauen offiziell untergeordnet und minderwertig sind. Das Studium der Rechtswissenschaften, der erste Faktor für den sozialen Aufstieg, ist ihnen verwehrt, so dass die Frauen automatisch von den oberen Rängen der Gesellschaft ausgeschlossen werden." Talmudische Legenden und die soziale Praxis im Schtetl weisen übereinstimmend auf die radikale Sündhaftigkeit der Frauen hin. Da es eine Sünde ist, das Studium des Gesetzes mit sinnlichen Träumereien zu verunreinigen", schrieb Zborowski, „ist die Heirat der Jungen relativ früh. In ihren Wünschen befriedigt, sind sie im Geiste frei, um zu studieren... Das Ideal des Schtetl schreibt den Männern vor, Frauen unbedingt zu meiden. Die Einstellung zu diesem Ideal reicht von fanatischer Befolgung bis zu relativ gleichgültigem Respekt... Man schützt sich nicht vor Sex, sondern vor seinem unzeitigen und unwillkommenen Eindringen. „Und diese Vorsichtsmaßnahmen sind streng: „Um den bösen Zauber der verheirateten Frau abzuschwächen, wird ihr das Haar kurz geschnitten und sie muss ihr Leben lang eine Perücke und ein Kopftuch tragen. Kurze Ärmel sind verboten, und ein Mann darf nicht in einem Raum lernen, in dem eine Frau unbewaffnet ist...Wenn ein orthodoxer Jude gezwungen ist, einer Frau die Hand zu geben, bedeckt er ihre Hand geschickt mit dem Rock seines Kaftans, um jeden Kontakt zu vermeiden[707]. „Mark Zborowski erklärte weiter: „Der Mann dankt Gott jeden Tag dafür, dass er ihn nicht zur Frau gemacht hat"; und jeder kann sich davon überzeugen, dass diese Traditionen in den Gemeinden der orthodoxen Juden noch heute in Kraft sind.

Ein junges Mädchen kann vielleicht eine große Hartnäckigkeit in ihrer Entschlossenheit zu studieren und zu lernen zeigen, so dass ihr

---

[705]Mark Zborowski, *Olam*, 1952, Plon, 1992, S. 72.

[706]*Proste yidn*: das gemeine Volk. Siehe Anmerkung 501.

[707]Mark Zborowski, *Olam*, 1952, Plon, 1992, S. 115-129.

Vater schließlich nachgibt. Einige Mädchen konnten sich Zugang zu traditionellem Wissen verschaffen, wie Yentl in dem Film von Barbara Streisand (USA, 1983), in dem wir die Szene auf dem Marktplatz sehen, in der der Hausierer laut ruft: „Illustrierte Bücher für Frauen! Heilige Bücher für Männer!" Sein Begleiter Avigdor, dem er eines Tages seine Freundin vorstellt, antwortet: „Ich brauche sie nicht zum Denken. „Das fasst die traditionelle, untergeordnete Rolle der jüdischen Frau ziemlich genau zusammen.

Mark Zborowskis stark idealisierte Studie enthüllt natürlich nicht alles, denn es ist ein Buch für die breite Öffentlichkeit. Andererseits wissen wir, dass der Talmud das Studium des Gesetzes, das nur den Männern vorbehalten ist, durch Frauen ausdrücklich missbilligt: „Rabbi Eliezer sagte: Wer seine Tochter die Tora lehrt, lehrt sie Promiskuität[708]." Nach dem Traktat Kethuboth kann eine Frau in folgenden Fällen verstoßen werden, ohne dass sie ihre Witwenrente zurückerhält: wenn sie ihrem Mann verbotene Speisen gibt; wenn sie ihn über ihre Menstruation täuscht; wenn sie ihre Pflichten gegenüber der Halacha (den Geboten des Gesetzes, den Mitzvot) nicht erfüllt; wenn sie mit unbedecktem Kopf aus dem Haus geht; wenn sie auf die Straße läuft. Abba Saul fügte hinzu, wenn sie die Eltern ihres Mannes in seiner Gegenwart beleidigte. Rabbi Tarfon sagte: Wenn sie laut ist. Samuel versteht darunter, wenn sie zu Hause ihre Stimme erhebt und ihre Nachbarn sie hören. Nach Rab ist es nur die Frau, die während ihrer ehelichen Beziehungen aus einem anderen Raum gehört wird.

Denken wir auch daran, dass eine Frau, die ihre Regeln hat, als unrein gilt: Der Ehemann muss ihr gegenüber die „Gesetze der Abgeschiedenheit" respektieren: zwölf Tage im Monat (fünf Tage der Prüfung und sieben der Reinheit), an denen er seine Frau nicht berühren darf. „Sobald eine Frau im Zustand der Niddah ist, darf sie nicht einmal die Hand ihres Mannes berühren, ihm keinen Gegenstand geben, ihm keinen zuwerfen und keinen von ihm annehmen. Das Objekt ist links und er wird es nehmen. „Im Zustand der Niddah kann eine Frau nicht im selben Auto mit ihrem Mann fahren, im selben Boot, im selben Wagen. Ein jüdisches Paar muss daher zwei Betten haben, denn „es wäre ein Verbrechen, im Zustand der Niddah im selben Bett zu liegen709. „In der Synagoge sind die Frauen natürlich in einem anderen Raum untergebracht und können nicht an den religiösen Zeremonien der Männer teilnehmen oder ihnen zusehen.

Die Wirtschaftswochenzeitung L'Expansion gab uns in ihrer

---

[708]Talmud Sota, 20a (www.sefaria.org/Sotah.20a)
[709]Roger Peyrefitte, Les Juifs, Flammarion, 1965, S. 97-99.

Ausgabe vom März 2006 einige Details über das Familienleben in den jüdischen Kolonien des Westjordanlandes: „In der ultraorthodoxen Bevölkerung, in der es durchschnittlich sieben Kinder pro Haushalt gibt, arbeitet nur die Frau (im Allgemeinen im Bildungswesen), während der Mann sich ganztägig dem Torastudium widmet. „Diese Kolonien ziehen viele Unternehmen an und entwickeln sich dank ihrer „billigen, aufopferungsvollen weiblichen Arbeitskräfte"[710] sehr gut.

Deshalb sagte Daniel Cohn-Bendit zu Bernard Kouchner: „Kennen Sie das tägliche jüdische Gebet, bei dem die Männer sagen: 'Ich danke Gott, dass ich keine Frau geworden bin'?" Und Bernard Kouchner antwortete mit gespielter Naivität: „Wie schrecklich, das kannte ich nicht[711]!"

Jüdische Frauen stellten auch die größten Kontingente an Prostituierten. Ende des 19. Jahrhunderts zögerten jüdische Zuhälter in Polen nicht, junge Mädchen aus ihrer Gemeinde in den Schtetls zu entführen, um sie in die Bordelle von New York oder Buenos Aires zu schicken. Edward Drumont hatte bereits 1886 in seinem berühmten Buch *Das jüdische Frankreich* festgestellt: „Jüdische Frauen stellen das größte Kontingent an Prostituierten in den großen Hauptstädten. Die Tatsache ist unbestreitbar, und die *israelitischen Archive* haben diese Tatsache selbst anerkannt[712]... „Seit jeher sind Juden die Hauptakteure der internationalen Zuhälterei. Es ist bekannt, dass nach dem Zusammenbruch der Sowjetunion im Chaos und Elend der Umgebung Tausende von jungen russischen, moldawischen und ukrainischen Frauen auf falsche Anzeigen geantwortet haben, in denen ihnen ein Job als Zimmermädchen oder Dienstmädchen in einem Hotel in Israel angeboten wurde, und schließlich entführt und in Bordellen in Tel-Aviv[713] eingesperrt wurden.

Juden waren auch die Pioniere der pornografischen Industrie[714]. Auch Edward Drumont prangerte zu seiner Zeit die Exzesse der Pornografie an: „Es ist ein wahrer jüdischer Saustall, diese Straße des *Croissants*, dieser zentrale Markt der pornografischen Zeitschriften, wo sich die israelischen Läden gegeneinander drängen und untereinander

---

[710] „Es ist normal, dass der Gelehrte in seine Bücher vertieft ist, während seine Frau auszieht, um den Lebensunterhalt der Familie zu verdienen. „(Mark Zborowski, *Olam*, 1952, Plon, 1992, S. 74).

[711] Die beiden zwinkern sich zu. D. Cohn-Bendit, B. Kouchner, *Quand tu seras président*, Robert Laffont, 2004, S. 333.

[712] Édouard Drumond, *La France juive, tome I*, 1886, S. 88.

[713] Siehe unser langes Kapitel über den weißen Sklavenhandel in Hervé Ryssen, *The Jewish Mafia*, (2008), (2022).

[714] Siehe Hervé Ryssen, *Die jüdische Mafia* (2008), (2022).

kämpfen, um zu sehen, wer die schamlosesten Fantasien produziert[715]." Es ist daher leichter zu verstehen, was die jüdischen Frauen aus den Schtetl motivierte, sich Ende des 19. Nachdem die jüdischen Frauen jahrhundertelang Gesetzen unterworfen waren, die sie in eine eindeutig orientalische, subalterne Position verwiesen, wollten sie diese plötzliche Befreiung nutzen, um das Familienpatriarchat zu stürzen, das sie im Rahmen der größten Achtung und Einhaltung der Tradition missbrauchen konnte. Schließlich ist es nicht verwunderlich, dass sich diese belästigten Frauen mit ganzem Herzen in die feministische Bewegung stürzten. Diese Frauen glaubten, dass sie ihre Neurosen und ihre „ödipalen Konflikte" lösen könnten, indem sie das Patriarchat in all seinen Formen bekämpften. Wie Freud und die anderen kosmopolitischen Intellektuellen übertrugen sie ein Problem, das zunächst nur sehr persönlich und partikular war, auf den Rest der Menschheit. In der europäischen nichtjüdischen Gesellschaft, die sie aufgenommen hatte, versuchten die Feministinnen also, den Vater zu töten. An diesem Kampf gegen die patriarchalische Gesellschaft waren insbesondere jüdische Frauen beteiligt. In Frankreich wurde die feministische Bewegung von jüdischen Persönlichkeiten wie Gisele Halimi, Simone Veil oder Elisabeth Badinter, die sich auf das Erbe von Emma Goldman und Louise Weiss beriefen, angeführt und stark beeinflusst. Das Judentum stand tatsächlich an der Spitze dieser „befreienden" Bewegung. Interessant ist, dass die Frauenbewegung, die Ende des 19. Jahrhunderts ihren Anfang nahm, genau mit der Bewegung zur Emanzipation der Juden aus den osteuropäischen Ghettos zusammenfällt.

Elisabeth Badinter hat später mehrere Bücher zu diesem Thema veröffentlicht. Sie war die Tochter und Erbin von Marcel Bleustein-Blanchet, einem Milliardär „polnischer" Herkunft, der eine der ersten Werbeagenturen Frankreichs, *Publicis,* gegründet hatte. Elisabeth Bleustein engagiert sich für die politische Linke und heiratet Robert Badinter, den ehemaligen sozialistischen Justizminister von François Mitterrand.

In *Die Ställe des Westens* beobachtete Jean Cau Anfang der 1970er Jahre sehr treffend diesen Krieg auf Leben und Tod, der dem westlichen Mann erklärt wurde. Die intellektuelle Linke habe sich auf einen Kampf gegen den Vater eingelassen. „Er verfolgt sein Bild überall: Gott, der

---

[715]Édouard Drumont, *La France juive, tome II*, 1886, S. 466. Wir verstehen, warum jüdische „Historiker" Julius Streicher, den berühmten deutschen antisemitischen Propagandisten, immer beschuldigen, ein „Pornograph" gewesen zu sein.

Chef, der Siedler, der Eroberer, der Lehrer, der Staat, usw.[716]." Die Mode des Feminismus ging einher mit dem revolutionären Denken des Freudo-Marxismus. Diese Ideologie strebte eine sozialistische Revolution durch die Zerschlagung der patriarchalischen europäischen Familienstruktur an, um Frauen und Kinder von der schrecklichen Unterdrückung der Familien durch den dominanten weißen Mann zu befreien. Wilhelm Reich und seine Nachfolger der Frankfurter Schule, wie Theodor W. Adorno („W" für „Wiesenthal"), Max Horkheimer oder Herbert Marcuse, sowie die jungen Rebellen des Mai 1968 waren die glühendsten Propagandisten, sowohl für ihren Hass auf die europäische Zivilisation als auch, wie wir analysiert haben, für ihren glühenden Wunsch, das Kommen des Messias[717] zu beschleunigen.

Max Horkheimer und Theodor Wiesenthal Adorno gehörten zu den führenden Vertretern der berühmten Frankfurter Schule. In ihrem gemeinsam verfassten Buch *Die Dialektik der Aufklärung* (1944) erweisen sich die beiden in einem Kapitel mit dem Titel *Elemente des Antisemitismus* auch als zwei große Humoristen. Unsere Leser sind bereits mit dem jüdischen Denken vertraut und wissen, dass jüdische Intellektuelle in der Tat vor allem Zirkusstars sind: die Könige der Verrenkungen! In diesem Text bestätigten Horkheimer und Adorno in brillanter Weise die wahre Berufung des Judentums, wie sie von Barnum, Zavata, Gruss, Amar und den anderen Pinders in hervorragender Weise demonstriert wurde. Hören Sie sich das an: „Die Juden sind heute die Gruppe, die in Theorie und Praxis den Willen zur Zerstörung, den die falsche Gesellschaftsordnung spontan hervorbringt, auf sich zieht. Die Juden sind durch das absolut Böse als das absolut Böse gekennzeichnet. So sind sie in der Tat das auserwählte Volk... In dem Bild des Juden, das sie der Welt präsentieren, drücken die Rassisten ihr eigenes Wesen aus. Sie streben nach exklusivem Besitz, nach Aneignung, nach unbegrenzter Macht, um jeden Preis. Sie bürden dem Juden diese Schuld auf, verhöhnen ihn als König und Herrn und nageln ihn so ans Kreuz...Die Wut richtet sich gegen den, der hilflos erscheint[718]." In *Eros und Zivilisation* (1955) entwickelte Herbert Marcuse eine Reflexion, die sich auf Freuds berühmtes Buch *Unbehagen in der Zivilisation* stützt, aber Freuds Reflexion in einem revolutionären Sinne fortsetzt. Marcuse griff die Symbole der Autorität

---

[716]Jean Cau, *Les Écuries de l'Occident*, Table ronde, 1973

[717]Zu Wilhelm Reich und dem Freudo-Marxismus: Hervé Ryssen, *Planetarische Hoffnungen*, S. 80-88.

[718]Max Horkheimer und Theodor Adorno, *La Dialéctica de la Ilustración*, Editorial Trotta, Madrid, 1994, S. 213, 214, 216.

an: den Familienvater, den politischen Führer, den Firmenchef, den Staat. Er predigte die „Gesellschaft ohne Väter", wobei er die Argumentation der „Frankophortisten" und Freudo-Marxisten (Wilhelm Reich, Erich Fromm) aufgriff: Es gibt keine soziale Befreiung ohne sexuelle Befreiung. Auch hier scheint der jüdische Intellektuelle, der kaum aus seinem Schtetl herausgekommen ist, seine eigene Schuld auf die europäische Gesellschaft zu projizieren, weil er nicht den Mut hat, seine eigenen inneren Dämonen - seine *Dybbuks* - *loszuwerden*. Es ist in der Tat ein wenig lächerlich, moralische Belehrungen über den Archaismus unserer Kultur von Menschen zu erhalten, deren Sitten so zweifelhaft erscheinen können und die Frauen so hart behandeln[719].

Während des gesamten 20. Jahrhunderts haben die emanzipierten Juden nicht aufgehört, mit Hilfe des Marxismus, des Freudianismus, des Freudo-Marxismus, des Liberalismus und aller kosmopolitischen Theorien eine Neurose auf die europäischen Völker zu übertragen, von der sie sich nicht zu befreien wissen und in der die Messias-Idee sie zu einer ewigen Flucht nach vorn erzieht, indem sie alles niederreißen, was sich ihnen in den Weg stellt, und alle anderen Zivilisationen opfern, in der Hoffnung, eines Tages das sehr hypothetische Königreich Davids wiederhergestellt zu sehen.

Um Kinder und Frauen von der abscheulichen Unterdrückung durch den weißen Mann zu befreien, tüfteln Feminismus und freudo-marxistische Ideologen auf ihre Weise an der Geschichte herum und stellen Theorien auf, die zur Zerstörung der patriarchalischen Familienzelle führen sollen. So erfahren wir, dass die Jungsteinzeit, die mit der Erfindung des Ackerbaus und der Sesshaftwerdung der Völker zwischen 8000 und 3000 v. Chr. einhergeht, dem „goldenen Zeitalter der Menschheit" entspricht. Karl Marx selbst ordnete den Urkommunismus in diese Zeit ein. Diese idealen Gesellschaften waren offenbar vom Typus des Matriarchats: „Das Neolithikum erfand die Metallurgie: Schmuck und Kupfer für Küchengegenstände werden heute hauptsächlich von Frauen verwendet, was unsere Überzeugung

---

[719]Im Talmud können wir zum Beispiel unter anderem Folgendes lesen: „Rabbi Yoḥananan sagte: Das ist die Aussage von Yoḥanan ben Dehavai. Die Rabbiner sagten jedoch: Die Halacha stimmt nicht mit der Meinung von Yoḥanan ben Dehavai überein. Vielmehr darf ein Mann mit seiner Frau machen, was er will. Er kann mit ihr Sex haben, wie er will, und muss sich nicht um diese Einschränkungen kümmern. Als Allegorie ist es wie Fleisch, das vom Metzger kommt. Wenn er es gesalzen essen will, kann er es gesalzen essen. Wenn Sie ihn gebraten essen wollen, können Sie ihn gebraten essen. Wenn Sie es gekocht essen wollen, können Sie es gekocht essen. Wenn Sie es gekocht essen wollen, können Sie es gekocht essen. Und so ist es auch mit dem Fisch, der vom Fischer kommt. „(*Talmud, Nedarim, 20b*) (NdT).

von einer matriarchalischen Gesellschaft bestärkt", heißt es in dieser freudo-marxistischen Literatur. Offenbar lebte die Menschheit dann in Frieden, bis die bösen Indoeuropäer kamen, um alles zu verderben: „Heute ist formal nachgewiesen, dass die Kriegsführung viel später aufkam... Der Auslöser ist unbestreitbar die Erfindung der Kriegsführung mit der Domestizierung des Pferdes durch die arischen Stämme. Auf einen Schlag wurde eine Tagesetappe von 20 km auf 200 km verlängert, was überraschende Überfälle auf Städte und Reichtümer, Getreidespeicher, schöne Frauen und Schmuck etc. ermöglichte. „So entstanden zwei herrschende Klassen: die Krieger und die Priester, die ausschließlich männlich waren und die „ein autoritäres Patriarchat einführten und die Frauen im sozialen und sexuellen Bereich unterdrückten. „ Dennoch gab es im Mittelalter noch einige Anklänge an diese ideale Gesellschaft: „Als Beweis dafür haben wir zum Beispiel bis in die jüngste Zeit den Fall von Eleonore von Aquitanien und ihren Liebesgerichten, die fast immer zugunsten des Liebhabers und zum Nachteil des Ehemanns entschieden. „Doch das Böse lauerte: „Ludwig IX. der Heilige rottete diese feministische Gesellschaft während des Kreuzzuges gegen die Albigenser vorzeitig aus." Dies ist ein ziemlich karikiertes Beispiel dafür, was Fanatismus im Dienste der hebräischen Eschatologie hervorbringen kann. Die Geschichte wird so verdreht, dass sie in die ideologische Form passt, nach dem bekannten Prinzip, dass der Zweck immer die Mittel heiligt.

Der freudo-marxistische Philosoph Jürgen Habermas beschrieb in den 1970er Jahren das kommunistische Ideal einer matriarchalischen Gesellschaft auf seine Weise: „Eine familienähnliche Beziehung besteht nur zwischen Mutter und Kind oder zwischen Geschwistern. Inzest zwischen Mutter und heranwachsendem Sohn ist nicht erlaubt, obwohl es keine ähnliche Einschränkung für Inzest zwischen Vater und Tochter gibt, da es keine Vaterrolle gibt[720]. „Die Rolle des Vaters ist in matriarchalischen Gesellschaften, in denen sich nur die Mütter um die Familie kümmern, tatsächlich weniger wichtig, während die Männchen (wie in einigen Primatengesellschaften) sich selbst überlassen sind und sexuell vagabundieren.

Diese matriarchalischen Gesellschaften sind also polygam. Und wie zufällig haben wir zu Beginn dieser Studie gesehen, dass Jacques Attali sowohl in seinem 1998 erschienenen *Wörterbuch des 21. Jahrhunderts* als auch in seinem Buch *Nomadic Man* aus dem Jahr 2003 für die Polygamie wirbt. An dieser Stelle sei noch einmal darauf

---

[720]Jurgen Habermas, *La reconstrucción del materialismo histórico*, Taurus ediciones, 1981, Madrid, S. 136.

hingewiesen, dass diese Familienstruktur bei den Juden der Antike die Norm war, wie Attali in einem anderen seiner Bücher schrieb: „Polygamie ist und bleibt für lange Zeit die akzeptierte Praxis der Hebräer, wie bei allen Völkern der Region[721]." Vielleicht sollten wir hier noch einmal sehen, dass Polygamie bei den Juden der Antike die Norm war, wie Attali in einem anderen seiner Bücher schrieb: „Polygamie ist und bleibt für lange Zeit die akzeptierte Praxis der Hebräer, wie bei allen Völkern der Region. „Vielleicht sollten wir hier wieder jene pathologische Unfähigkeit sehen, „den Standpunkt anderer zu sehen", die dazu führt, dass sie nur nach ihren eigenen Maßstäben denken und diese um jeden Preis dem Rest der Menschheit aufzwingen wollen.

Und was ist mit dem sowjetischen Gesetz, das den Inzest in der UdSSR entkriminalisiert, wenn man weiß, welche herausragende Rolle viele Juden in den ersten dreißig Jahren in diesem Regime spielten?

Auch Karl Marx, der aus einer jüdischen Familie stammte, hatte diese Idee einer idealen primitiven Gesellschaft aufgegriffen. Ein amerikanischer Soziologe, Lewis Samuel Feuer, hatte festgestellt, dass Karl Marx sehr nachdrücklich darauf hinwies, dass Inzest in der primitiven Menschheit die Regel war. Und mit gutem Grund fügt Lewis Samuel Feuer hinzu: „Dass Marx sich vorstellen konnte, dass Inzest die Regel war, sagt mehr über Karl Marx selbst aus als über primitive Gesellschaften[722]."

Sexuelle Störungen

In seiner 1981 veröffentlichten Studie über das *jüdische Sexualleben* erklärt Dr. Georges Valensin, ein sephardischer Jude, dass junge Juden schon sehr früh an die Sexualität herangeführt wurden: „Der junge Jude wurde bereits im Alter von zehn Jahren durch die Lektüre des Talmuds mit der Natur der sexuellen Beziehungen vertraut gemacht, was für ihn sehr wichtig war, wenn er, wie es oft der Fall war, früh heiratete. In dieser Lektüre fand er sehr rassige sexuelle Geschichten; Geschichten mit vielen Anmerkungen und leidenschaftlichen Kommentaren, die ihm halfen, frei über Sexualität zu sprechen. Ein anderer Sexualwissenschaftler, Kinsey, erklärte, er sei „von der Redefreiheit in sexuellen Angelegenheiten unter jungen

---

[721]Jacques Attali, *Los judíos, el mundo y el dinero*, Fondo de cultura económica, 2005, Buenos Aires, S. 24.

[722]Lewis Feuer zitiert von Nathaniel Weyl, in *Karl Marx and the Promethean Complex*, *Encounter*, Dezember 1968, S. 15-30.

amerikanischen Juden beeindruckt" gewesen. „Er fügte hinzu: „Juden sprechen über sexuelle Dinge viel weniger zurückhaltend als andere Männer, und das ist wahrscheinlich der Grund, warum sich die Legende verbreitet hat, dass sie sexuell sehr aktiv waren[723]. „Dr. Valensin hat in der Tat erklärt, dass Juden im Allgemeinen unter größeren sexuellen Defiziten leiden als andere Männer. Es ist also kein Zufall, dass es so viele Juden auf dem Gebiet der Sexologie gibt[724].

Auch die intimen Bräuche in jüdischen Familien können manchmal zu „hypersexuellen" Menschen führen. Wir denken dabei an Dominique Strauss-Kahn, den ehemaligen sozialistischen Wirtschafts- und Finanzminister und Präsidenten des Internationalen Währungsfonds, der sich 2011 als zwanghafter Vergewaltiger entpuppte. Wir denken auch an den israelischen Präsidenten Moshe Katzav, der im Oktober 2006 von mehreren Frauen beschuldigt wurde. Fälle dieser Art gibt es zuhauf[725].

Die Rolle des autoritären Vaters und der misshandelnden Mutter bei diesem Verhalten sollte hier erwähnt werden. In den Vereinigten Staaten kam eine Untersuchung von 412 Fällen solcher „hypersexueller" Erwachsener (337 Männer, 75 Frauen) zu folgendem Ergebnis: „Im Allgemeinen haben diese Menschen in einer Familie gelebt, in der ein brutaler Vater ihnen das Selbstbild vermittelt hat, dass sie nicht geliebt werden können; ihre Mutter hat sie sexuell missbraucht, wodurch ihre Sexualität früh geweckt wurde und sie sahen, dass dies die einzige Möglichkeit ist, mit anderen in Beziehung zu treten und von ihnen beachtet zu werden. Bei diesen Erwachsenen hat Sexualität einen extrem hohen Stellenwert, was zu ungezügelter sexueller Aktivität und sexueller Ausbeutung führt, zunächst der eigenen Geschwister und dann aller anderen. Diese überbordende Sexualität äußert sich in einigen Verhaltensweisen, die von der Gesellschaft toleriert werden (Masturbation, Homosexualität, Prostitution) und in anderen, die weniger toleriert werden, wie Exhibitionismus und Voyeurismus[726]." Doch lassen Sie uns kurz auf zwei Fälle eingehen. Thierry Chichportich, der berühmte Sexologe, war eher ein „Schluckauf" als ein „Hyper", da er seine Patientinnen vor der Vergewaltigung in den Schlaf wiegen musste. Im Mai 2006 wurde der

[723]A. Kinsey, *Le Comportement sexuelle de l'homme*, Éd. Du Pavois, Paris, 1950, S. 617; in Georges Valensin, *La Vie sexuelle juive*, Éditions philosophiques, 1981, S. 170.
[724]Siehe Hervé Ryssen, *Jüdischer Fanatismus*.
[725]Siehe Hervé Ryssen, *Jüdischer Fanatismus*.
[726]Jacques-Dominique de Lannoy, *L'Inceste*, Presses Universitaires de France, 1992, S. 94.

„Masseur der Stars", der von der Weltelite des Kinos den Spitznamen „der Mann mit den goldenen Fingern" erhielt, vom Gericht in Nizza wegen Vergewaltigung von zwölf Frauen im Jahr 2003 während einer Massage zu 18 Jahren Haft verurteilt. Er nutzte seine Referenzen als Masseur großer Stars - Carole Bouquet, Emmanuelle Béart, Penélope Cruz, Monica Bellucci - um seine Kunden zu locken. Zuvor wurden sie ohne ihr Wissen durch ein in einem Getränk verabreichtes Betäubungsmittel in den Schlaf gewiegt. Alle Opfer sagten vor dem Richter aus, dass er ihnen vor der Massage eine Mahlzeit oder ein Getränk „mit bitterem Geschmack" servierte, das sie in einen Schlaf oder einen „komatösen Zustand" versetzte. Einige der jungen Frauen entdeckten, dass sie eine sexuelle Beziehung zu Thierry Chichportich hatten, indem sie sich die in seiner Wohnung sichergestellten Videobänder ansahen. Der Masseur zeichnete nämlich seine sexuellen Beziehungen mit den bewusstlosen Frauen auf. Die erste Anzeige war von einem der Opfer erstattet worden, das während der Vergewaltigung teilweise wieder zu Bewusstsein gekommen war. Durch die Entdeckung der Videos und der verwendeten Betäubungsmittel konnte er strafrechtlich verfolgt werden.

Im November 2009 stand Thierry Chichportich wegen zwei weiterer Vergewaltigungen aus dem Jahr 2001 vor dem Gericht von Alpes-Maritimes. Eine junge Frau, Christine, Maniküre in der Region Paris, erklärte während der Anhörung, dass sie den Masseur im Oktober 2001 kennen gelernt hatte. Er hatte sie zum Abendessen in sein Haus eingeladen, wo sie nach dem Essen einschlief: „In einem bestimmten Moment spürte ich einen schweren Körper an meinem. Ein Gefühl der Penetration. Das hat mich geweckt. „Das gleiche Drehbuch wie bei einer anderen Frau, Cecilia, einer Kommunikationsmanagerin, die Thierry Chichportich 2001 in Cannes kennengelernt hatte und die behauptete, eingeschlafen zu sein, nachdem sie einen Tee getrunken hatte, den er ihr in einer Kabine am Strand des Carlton serviert hatte.

Chichportich hatte bei der Anhörung den Sachverhalt bestritten und behauptet, Opfer einer Verschwörung zu sein. Die „Pseudo-Opfer" hätten geklagt, um Geld zu bekommen. In der Rolle des Opfers hatte er die Medien beschuldigt, die Quelle der Beschwerden der Frauen zu sein, bevor er ihre schlechten Lebensbedingungen im Gefängnis von Haute-Corsica anprangerte. Dieser Versuch, bei den Geschworenen Sympathie zu wecken, blieb erfolglos, da er zusätzlich zu den achtzehn Jahren aus dem vorherigen Prozess zu weiteren zwölf Jahren Gefängnis verurteilt wurde.

Der Fall Tordjman war emblematisch. Der weltweit bekannte

Sexualwissenschaftler Gilbert Tordjamn war der Begründer der Sexualwissenschaft in Frankreich. Die erste Beschwerde gegen ihn stammt aus dem Jahr 1999. In der Folge hatten zahlreiche Frauen den Spezialisten des sexuellen Missbrauchs beschuldigt. Gilbert Tordjamn wurde im März 2002, im Alter von 75 Jahren, angeklagt. Insgesamt waren vierundvierzig Frauen, ehemalige Patientinnen, vor dem Untersuchungsrichter erschienen, um gegen den ehemaligen Präsidenten der World Association of Sexology auszusagen.

Die Wochenzeitung *Le Point* vom 9. August 2002 berichtete über die Aussagen seiner Opfer. Die erste stammt aus dem Jahr 1983. Das Zeugnis war zuvor in Form einer langen Geschichte mit dem Titel „Das Grauen hinter der Tür" in der Zeitschrift *Psychologies* veröffentlicht worden. Anne erzählte, wie ihre Therapie mit Dr. Tordjman im Hotel endete und wie er seinen Status als Arzt ausgenutzt hatte, um mit ihr eine sexuelle Beziehung einzugehen und sie psychisch zu zerstören. Im Text wurde der Name von Dr. Tordjman nicht erwähnt. Damals war das undenkbar", sagt Anne. Es geschah 1978. Ich habe fünf Jahre gebraucht, um darüber hinwegzukommen, und vier weitere Jahre, bevor ich bereit war, darüber zu sprechen." Beatrice, 44 Jahre alt, war 1988 missbraucht worden. Gilbert Tordjman streichelte ihre Klitoris und masturbierte während der Sitzungen gegen sie. „Ich wusste nicht, wozu ein Sexologe berechtigt war. Er sagte mir immer: 'Wenn du es nicht willst, wirst du es nie bekommen. Carolina, 45, erzählte, wie die Lasersitzungen 1991 abliefen: „Ich lag nackt auf einem Tisch, mit gespreizten Beinen und einem Laser über meinem Geschlecht. Er forderte mich auf, Liebe zu machen und so zu tun, als würde ich stöhnen, während er meine Brüste, meinen Bauch und mein Geschlecht streichelte. Ich war verzweifelt und total peinlich berührt. Dann begann die tiefe Masturbationssitzung, ohne Sattel, mit einer Pornofilmprojektion, die meine Fantasien widerspiegeln sollte." Die Zeugnisse wurden im Laufe der Jahre wiederholt. Das Drehbuch war fast immer dasselbe: Projektion von pornografischen Filmen, Lasersitzungen, Hypnose, dann Masturbation der Patienten, manchmal auch von ihm selbst, und schließlich, bei einigen von ihnen, sexuelle Penetration.

Um sich zu rechtfertigen, widmete der berühmte Sexualwissenschaftler diesem Fall 2001 einen Leitartikel in seiner Zeitschrift *Les Cahiers de sexologie clinique*: „Die Grenze zwischen der Diagnose oder der therapeutischen Praxis und der sexuellen Geste, oder der Interpretation als solche, kann für einige zerbrechliche und indoktrinierte Patienten schwer zu ziehen sein... Die Untersuchungen, die wir bei Patienten durchführen, die wegen sexueller Funktionsstörungen zu uns kommen, sind rein medizinischer Natur. „Kurz gesagt, die Opfer hatten die Situation missverstanden: Sie hatten vaginale Berührungen mit Masturbation verwechselt.

Die Sexologin schien Opfer zu bevorzugen, die in ihrer Kindheit sexuell missbraucht worden waren. Dies war der Fall von Monica (der Name wurde von der Zeitung geändert), die 1993 zusammen mit ihrem Mann Dr. Tordjman konsultiert hatte. Monica war von ihrem Bruder vergewaltigt worden und war seitdem nicht mehr in der Lage, beim Geschlechtsverkehr Lust zu empfinden. Während der Hypnosesitzungen vervielfachte Dr. Tordjman die Liebkosungen und groben Worte, ging dann zu vaginalen Berührungen über und flüsterte ihr Dinge ins Ohr wie: „Ich will dich, du bist so begehrenswert". „Später unternahm Monica einen Selbstmordversuch.

Silvia, eine kleine, dynamische 45-jährige Blondine, löste den Sturm der Justiz und der Medien aus. Im März 1999 war sie mit ihrem Mann wegen mangelnder Libido zum Arzt gegangen. „Ich ging zu Dr. Tordjman, weil er ein sehr angesehener Arzt war. Wir kannten seine Bücher. Ich hatte volles Vertrauen in ihn. „Aber von Anfang an war Silvia verunsichert durch die Gesten des Sexualwissenschaftlers, die Art, wie er ihren Bauch ganz nah an ihrem Schambein berührte und die unhöflichen Worte, die er ihr ins Ohr murmelte. Dann wurde es von Sitzung zu Sitzung schlimmer: „Er leckte meine Brüste, er steckte mehrere Finger in meine Vagina. Ich war verloren, ich wusste nicht, was ich tun sollte. „Nachdem sie ihrem Mann gestanden hatte, was sie erlitten hatte, ging sie zum Provinzialrat des Ärzteordens in Paris, um den Fall anzuzeigen. In der Zwischenzeit hatte die Frau von Dr. Tordjman ihn angerufen und ihn gebeten, nichts zu verraten, da ihr Mann Herzprobleme habe. „Sie versuchte es auf jede erdenkliche Art und Weise, aber ich blieb standhaft und wir gingen vor den Regionalrat, wo wir Zeuge einer wahren Travestie der Justiz wurden." Gilbert Tordjamn erhielt lediglich einen Verweis, aber nicht wegen der an seinem Patienten begangenen Taten, sondern weil er das Berufsgeheimnis verletzt hatte, indem er seiner Frau erzählte, was geschehen war. Silvia appellierte zusammen mit dem Gesundheitsministerium. Der Nationale Rat des Ordens verhängte am 13. Juni 2001 eine einmonatige Suspendierung gegen Dr. Tordjman, allerdings wegen Verletzung des Berufsgeheimnisses und nicht wegen sexuellen Missbrauchs. Die öffentliche Aufmerksamkeit, die diese Verurteilung erregte, führte jedoch dazu, dass sich die Opfer in der Ancas (Nationale Vereinigung gegen sexuellen Missbrauch durch

Angehörige der Gesundheitsberufe) zusammenschlossen und viele von ihnen beschlossen, Strafanzeige zu erstatten. Am 13. März wurde schließlich die Vergewaltigungsanklage bekannt gegeben.

Dr. Tordjman kann sich wegen der laufenden Ermittlungen nicht frei äußern", erklärte sein Anwalt Jacques-Georges Bitoun. Aber er ist entschlossen, sich bis zum Ende zu verteidigen, denn keine der Aussagen ergibt einen Sinn. Diese Frauen sind eindeutig Fabrikanten oder Verrückte. Dr. Tordjamn hat im Laufe seiner Karriere mehr als 7000 Frauen untersucht, und selbst wenn sieben von ihnen ihn anzeigen, ist das nicht schlimm, denn sie haben eine lange psychologische Vorgeschichte. Außerdem geht niemand zu einem Sexologen, um sich die Mandeln untersuchen zu lassen! „

Im Jahr 2003 verstieß Gilbert Tordjamn während seiner Bewährung gegen das gerichtliche Verbot, seinen Beruf auszuüben. Er wurde sofort verhaftet und im Gefängnis von Fresnes inhaftiert. Am 4. Mai 2005 berichtete die Zeitung *Le Figaro*, dass der „Papst der Sexologie" erneut vor dem Strafgericht erscheinen würde. Der Prozess sollte im April 2009 stattfinden, doch Tordjman starb kurz zuvor in seiner Gefängniszelle.

In der Psychoanalyse und der Sexualwissenschaft stellen Juden einen großen Teil der medizinischen Fachkräfte[727]. Es ist zwar wahrscheinlich richtig, dass Psychoanalytiker versuchen, ihre Patienten zu heilen, aber man könnte meinen, dass sie auch versuchen, sich selbst durch ihre Patienten zu heilen. Der Psychiater Jacques-Dominique de Lannoy erklärte dazu: „Der Therapeut hat in seiner Kindheit oft selbst ein Trauma erlitten, und es kann vorkommen, dass die Patienten zu den einzigen Menschen werden, zu denen er eine Verbindung aufbauen kann...daher der Rollentausch in der therapeutischen Beziehung[728]."

Da die meisten Einzeltherapien mit einer längeren persönlichen Beziehung zum Therapeuten verbunden sind, ist es nicht verwunderlich, dass zahlreiche Fälle von sexuellem Missbrauch in Arztpraxen begangen werden, insbesondere bei Frauen, die in ihrer Kindheit Gewalt durch ihre Eltern erfahren haben[729].

---

[727]Es ist jedoch festzustellen, dass die Zahl der Psychoanalytiker in den letzten Jahren aufgrund der Diskreditierung dieser „Wissenschaft" deutlich zurückgegangen ist.

[728]Jacques-Dominique de Lannoy, *L'Inceste*, Presses Universitaires de France, 1992, S. 100-103.

[729]Wir haben zahlreiche Fälle von Vergewaltigungen von Patienten durch Ärzte in *Der jüdische Fanatismus*, Kapitel *Vergewaltigungen in der Psychiatrie*, und in *Le Miroir du judaïsme*, Baskerville (2009), S. 296-302, zusammengefasst.

Freudsche Bisexualität

Die Idee der Zweigeschlechtlichkeit von Individuen war von Anfang an Teil des doktrinären Korpus der feministischen und freudo-marxistischen Bewegungen. Dieses Konzept wurde, wie alles, was vom jüdischen Volk stammt, zu einem universellen Gesetz erhoben, das für alle Menschen aller Zivilisationen gilt, obwohl sein Anwendungsbereich in der Praxis auf die europäische Bevölkerung beschränkt ist.

Indem man den europäischen Mann glauben lässt, dass er auch ein bisschen eine Frau ist, wird er die neue matriarchalische Gesellschaft, die man ihm auferlegen will, um ihn zu „befreien", leichter akzeptieren. Es muss akzeptiert und verstanden werden, dass die europäischen Männer in der schrecklich repressiven patriarchalischen Gesellschaft ihre natürlichen weiblichen Instinkte unterdrückt haben, und dass es diese „Hemmung" war, die die weißen Männer so aggressiv gegenüber Ausländern, insbesondere Juden, machte.

So schrieb die Feministin Yolande Cohen 1987 in *Women and Counterpowers*: „In der heutigen Gesellschaft werden Männer und Frauen gezwungen sein, den 'anderen Teil' ihrer selbst zu entwickeln und nach außen zu tragen, der durch die Erziehung der Vergangenheit unterdrückt wurde. Darüber hinaus müssen Frauen die Rolle der Männer und Männer die Rolle der Frauen spielen. Die ursprüngliche Zweigeschlechtlichkeit ist zurückgekehrt und fegt alles hinweg, was sich ihr in den Weg stellt, die Ungleichheit und die strikte Komplementarität der Geschlechter... Der Beginn des dritten Jahrtausends fällt mit einer außergewöhnlichen Umkehrung des Kräfteverhältnisses zusammen. Nicht nur wird das patriarchalische System in den meisten westlichen Industrieländern tot und verschwunden sein, sondern wir werden auch Zeuge der Geburt eines neuen Ungleichgewichts in den Beziehungen zwischen den Geschlechtern sein, diesmal zum ausschließlichen Nutzen der Frauen[730]." Der Wille zur Zerstörung der europäischen Gesellschaft ist wieder einmal deutlich spürbar, denn die Entschuldigung der Bisexualität ist offensichtlich nichts anderes als eine verschleierte Förderung der Homosexualität. Aber wir erkennen in diesen Aussagen auch jene typisch hysterische Ambivalenz, die nichts anderes ist als die Projektion einer ganz bestimmten Neurose des Judentums auf den Rest der Menschheit.

---

[730]Yolande Cohen, *Femmes et contre-pouvoirs*, Boréal, 1987, S. 214-216.

Schauen wir uns an, was der Psychotherapeut Michel Steyaert sagte: „Homosexuelle Themen sind im hysterischen Wahnsinn fast konstant, ob es sich nun um eine aktive Homosexualität handelt (die eine Koexistenz mit heterosexuellen Beziehungen nicht ausschließt) oder um eine Homosexualität, die nicht aktiv ist, sich aber sehr deutlich in Fantasien und in wahnhaften Phasen manifestiert...Damit sind wir beim Problem der Bisexualität angelangt, das häufig im hysterischen Wahnsinn zu beobachten ist, denn die wirklich grundlegende Frage des Hysterikers lautet: Wer bin ich, Mann oder Frau?[731] ?",„„

Diese Zweideutigkeit der hysterischen Persönlichkeit ist die gleiche, die wir in zahlreichen Texten der kosmopolitischen Literatur wahrgenommen haben. Angesichts der Kontrolle und Präsenz von Juden in unserem Mediensystem sollten wir uns also nicht mehr über all die Programme und Fernsehserien wundern, die seit den 1990er Jahren die Homosexualität propagieren. Diese Propaganda entspricht dem Wunsch, die traditionelle europäische Gesellschaft zu zerstören, aber auch einer tiefen Neurose, die die Kranken dazu bringt, ihre eigenen „ödipalen Konflikte" auf den Rest der Menschheit zu projizieren.

Dies erinnert zum Beispiel an den Film des Regisseurs Jean-Jacques Zilbermann aus dem Jahr 1998, der sich mit der Homosexualität innerhalb der jüdischen Gemeinschaft befasst: *L'Homme est une femme comme les autres (Der Mann ist eine Frau wie jede andere Frau)*.

Homosexualität ist wahrscheinlich viel weiter verbreitet, als man innerhalb der Sekte glaubt. Der Fernsehmoderator Stéphane Bern ging sogar so weit, in einem Artikel der Tageszeitung *Libération* im Mai 2000 unerwartet zu erklären, dass „jüdische Mütter ausgezeichnete Homosexuelle sind".

Im Folgenden werden einige der neuesten und bekanntesten Filme zu diesem Thema vorgestellt:

Bruno (USA, 2009) zum Beispiel ist ein „irritierender", „unbequemer" Film von Larry Charles und Sacha Baron Cohen. Er erzählt die skurrile Geschichte eines schwulen österreichischen Journalisten, der beschließt, in Los Angeles ein Star zu werden.

In *Whatever works* (USA, 2009) verwandelt der berühmte Regisseur Woody Allen ein christliches Paar. Die Ehefrau wird zur Orgie-Liebhaberin, während ihr Mann zum überzeugten Homosexuellen wird.

---

[731]Michel Steyaert, *Hystérie, folie et psychose*, Éd. Les Empêcheurs de penser en rond, 1992, S. 67-68.

Der Film des chinesischen Regisseurs Lou Ye, *Spring Drunken Nights* (China, 2009), ist „ein leidenschaftlicher Film über Homosexualität in China", berichtet *Le Monde*. Der für die Filmfestspiele von Cannes ausgewählte Film wurde mit 70 000 Euro von der Region Ile-de-France und mit 120 000 Euro aus dem Südfonds des Außenministeriums (Quay d'Orsay), der ausländische Kulturwerke unterstützt, gefördert. Der Zeitung zufolge wurde der Film von Sylvain Bursztein produziert.

Im April 2011 erzählte *Tomboy*, der neue Film von Celine Sciamma, die Geschichte von Laura, 10 Jahre alt und *garçon manqué*[732]. In ihrer neuen Umgebung lässt sie Lisa und ihre Gang glauben, dass sie ein Junge ist. Laura wird zu „Miguel", einem Jungen wie die anderen, anders genug, um Aufmerksamkeit zu erregen und Lisa zu verführen.

Die Feminisierung der westlichen Gesellschaften und die Zunahme der Homosexualität sind kein Zufall, sondern zweifellos die Folge der Medienmacht, die zahlreiche einflussreiche jüdische Geschäftsleute, Intellektuelle und Journalisten erworben haben. Sie können das Problem in alle Richtungen drehen: Es gibt keine andere Erklärung. Es handelt sich nicht nur um einen politischen Prozess, der auf die Zerstörung der europäischen Welt abzielt und auf einem für das Judentum typischen prophetischen Wahn beruht, sondern auch um eine neurotische Projektion, die sich in „eine anale Regression, die mit der Nichtüberwindung ödipaler Konflikte zusammenhängt", übersetzen lässt. Die Freudschen Theorien funktionieren, wie wir gesehen haben, am besten, wenn sie auf die hebräische Matrix selbst angewendet werden.

Das Thema der Bisexualität, das schon früh von Sigmund Freud popularisiert wurde, ist in der Tat eine sehr alte Obsession der kabbalistischen Juden, wie David Bakan in Erinnerung brachte. Für die Anhänger des Zohar und der Kabbala nimmt die theologische Lehre der Schechinah (eine Form der heiligen Hierogamie) in der Tat einen wesentlichen Platz ein. Die Schechinah ist gewissermaßen der weibliche Teil Gottes, die „göttliche Gegenwart Gottes", die „himmlische Mutter", und ein Teil Gottes selbst. „Wiederholt spricht der Zohar von der Vereinigung Gottes mit seiner Schechinah... Die Schechinah ist die Frau Gottes, die von ihrem Herrn verstoßen wurde, aber die Zeit kommt, in der er wieder einen wohlwollenden Blick auf sie werfen wird." David Bakan erklärt, dass „die

---

[732] Böser Junge; Mädchen mit einem starken/männlichen Charakter; Tomboy.

Zweigeschlechtlichkeit des Menschen" ein „beherrschendes Thema" des Zohar ist: Da die Gottheit einen weiblichen Teil hat, ist es logisch zu denken, „dass Adam als Abbild Gottes und der Schechinah geschaffen wurde, oder von Gott, der die Schechinah in sich trägt. So ist Adam, aus dessen Rippe Eva geschaffen wurde, sowohl männlich als auch weiblich. „So können wir „den Keim dieser Lehre von der Bisexualität auf die kabbalistische Tradition[733] „ zurückführen, die von Freud popularisiert wurde.

Für viele Juden wird „die Schechinah offensichtlich auch mit der Gemeinschaft Israels als der Braut Gottes[734] identifiziert. „Und jetzt verstehen wir Otto Weiningers Vergleich zwischen „dem Juden" und „der Frau" besser, auch wenn er beim ersten Lesen vielleicht ein wenig lächerlich erschien. In Wirklichkeit war der Vergleich viel tiefgreifender, als es den Anschein hatte[735].

Wir haben jetzt auch ein besseres Verständnis des jüdischen Messianismus. Jedes Unglück, das die Gemeinschaft trifft, jede Katastrophe, wird von Rabbinern und jüdischen Intellektuellen mit den „Geburtswehen des Messias" - der „*Hevlei Mashiah*" auf Hebräisch - gleichgesetzt. Das Vokabular, das im Judentum verwendet wird, um die Sehnsucht nach dem Kommen des Messias auszudrücken, ähnelt auffallend dem der medizinischen Analyse des hysterischen Phänomens.

„Die Geburtswehen des Messias", das ist uns jetzt sehr klar, sind in Wirklichkeit die Symptome der imaginären Schwangerschaft[736].

Höhlen und Keller der Zivilisation

Während sich die Psychoanalyse in ständiger Regression befindet und fast verschwunden ist, durchdringen die Freudschen Theorien, die

---

[733] David Bakan, *Freud et la tradition mystique juive*, 1963, Payot, 2001, S. 301, 33, 306.

[734] David Bakan, *Freud et la tradition mystique juive*, 1963, Payot, 2001, S. 297. [Die Aufgabe der frommen Juden ist es, durch ihre Gebete und religiösen Handlungen die vollkommene göttliche Einheit in Form der sexuellen Vereinigung zwischen der männlichen und der weiblichen Gottheit wiederherzustellen. So wird vor den meisten rituellen Handlungen die folgende kabbalistische Formel rezitiert: „Um der [sexuellen] Vereinigung des Heiligen und seiner Schechinah willen... „In Israel Shahak, *Historia judía, Religión judía, El peso de tres mil años*, Ediciones A.Machado, 2016, Madrid, S. 75. Siehe auch die Anmerkung des Übersetzers in Anhang VIII].

[735] Lesen Sie noch einmal Weininger im Kapitel *Selbsthass*. „Der Jude ist von Natur aus ein Weibchen", erklärt der junge Jude in Henry Beans Film *The Believer* (2001).

[736]Lesen Sie noch einmal das Kapitel *Messianische Hoffnung*.

---

die „rebellischen" Bewegungen der 1960er und 1970er Jahre weitgehend inspiriert hatten, weiterhin die westliche Gesellschaft. Sie stellen weiterhin eine ideologische Matrix dar, die Ressentiments und Feindseligkeit gegenüber der traditionellen europäischen Gesellschaft hervorruft. Durch den Feminismus und die These von der Bisexualität sind sie ein ständiger Angriff auf den weißen Mann und fördern so eine Selbstbeobachtung, die dem Einzelnen schadet, sowie eine Homosexualität, die von den westlichen Medien selbstgefällig vermittelt wird. Mit der „Entdeckung" der infantilen Sexualität rechtfertigen die Freudschen Theorien auch die Pädophilie und die sexuelle „Befreiung". Die Aufwertung der freien Liebe zum Nachteil von Ehe und Bindung untergräbt die Familienzelle und die europäische Geburtenrate ebenso wie das Schleiergesetz[737] zur Abtreibung. Die Pornographie, die auf allen Bildschirmen zu sehen ist, nimmt an der großen „Befreiungs"-Bewegung teil. Wenn wir dazu noch eine unerbittliche entmannende Medienpropaganda hinzufügen, die darauf abzielt, den europäischen Mann schuldig zu machen und ihn dazu zu bringen, die multirassische Gesellschaft zu akzeptieren, dann sind wir tatsächlich bei einem echten, vollwertigen Zerstörungsunternehmen angekommen.

Die jüdische neurotische Projektion wird von einem sehr charakteristischen Rachegeist begleitet, der in vielen Texten und auf unterschiedliche Weise deutlich sichtbar wird: antichristliche Angriffe und Entschuldigung für die pluralistische Gesellschaft, Marxismus und Liberalismus, Psychoanalyse und Feminismus. Das uralte Ressentiment gegen die europäische Zivilisation und das Christentum hat bei den Juden schon immer eine rachsüchtige Literatur hervorgebracht, die sich aus ohnmächtigem Neid und unerbittlichem Hass speist, der sich hinter egalitären Phrasen verbirgt. Diese Verschmelzung von Ressentiment und Neurose ist seit der Ghettoisierung das Wesen des jüdischen Geistes im 20.

Freud hegte, wie andere Juden auch, einen tiefen Hass auf die katholische Kirche und die europäische Zivilisation. Daher seine Bewunderung für Hannibal Barca, diesen semitischen Helden der Antike, der unerbittlich gekämpft und Rom jahrelang in Schach gehalten hatte. Freud schrieb in der *Traumdeutung* ganz explizit: „Hannibal hatte einen herausragenden Platz in meinen Phantasien". Die Szene, in der Hamilcar seinen Sohn schwören lässt, sich an den Römern zu rächen, hat seine Phantasie beflügelt: Hannibal verkörpert die

---

[737]Simone Schleier. Ein französischer Politiker jüdischer Herkunft, der sich 1975 für ein solches Gesetz einsetzte.

jüdische Hartnäckigkeit im Angesicht des verabscheuten Roms.

Während Marx seine vermeintlich universellen Theorien des Klassenkampfes aufstellte, hatte Freud dasselbe mit seinem ebenso „universellen" Ödipuskomplex getan. Karl Marx behauptete, dass die Kultur und die Politik aller Gesellschaften fast vollständig vom Wirtschaftssystem und der Macht der besitzenden Klasse abhängig sind. Daher würden sich die westlichen kulturellen „Überstrukturen" und Mentalitäten unweigerlich verändern, sobald die wirtschaftlichen Ausbeutungsstrukturen der Bourgeoisie zerstört und durch die Macht des befreienden Proletariats ersetzt würden. Die Methode von Freud, seinem Zeitgenossen, war letztlich sehr ähnlich. Es handelte sich um eine Art Übertragung der sozialen Analysen des Marxismus auf eine menschliche Ebene. Freud teilte den Menschen in das „Ego", das „Ich" und das „Über-Ich", so wie Marx die Gesellschaft in hoffnungslos antagonistische soziale Klassen unterteilt hatte[738]. Das Über-Ich, das die erdrückenden Normen der Gesellschaft repräsentiert, zwingt das Individuum, seine natürlichen Instinkte zu „hemmen", und spielt damit die Rolle, die im marxistisch-leninistischen Schema der Polizei auf Befehl der Bourgeoisie zukommt.

Wie dem auch sei, Karl Marx und Sigmund Freud waren immer auf der Suche nach dem, was die natürlichen Konflikte erklären könnte, die in jedem Menschen und in allen Gesellschaften existieren. „Wir können daraus schließen, dass im Ödipuskomplex die Anfänge der Religion, der Moral, der Gesellschaft und der Kunst zusammenfallen, eine Koinzidenz, die vollkommen mit dem von der Psychoanalyse erbrachten Nachweis übereinstimmt, dass dieser Komplex den Knotenpunkt aller Neurosen darstellt[739]", schrieb Freud. Freud tauchte in das Unterbewusstsein des Menschen ein, um das Schmutzigste zu finden, es an die Oberfläche des Bewusstseins zu bringen und den Patienten von seinen Frustrationen und Neurosen zu „befreien". Wir wissen heute, dass die endlosen und ruinösen Sitzungen der Psychoanalyse vor allem dazu führten, dass die Moral der depressiven Menschen weiter untergraben wurde.

Freud war sich seiner Methode bewusst: „Ich befand mich immer im Erdgeschoss oder im Keller des Gebäudes", schrieb er, während er beobachtete, wie „in den oberen Stockwerken" „so angesehene Gäste wie die Religion, die Kunst usw." untergebracht waren[740]..." Dieses

---

[738] Gelesen in Hervé Ryssen, *Planetarische Hoffnungen*, (2022).
[739] Sigmund Freud, *Totem und Tabu, Gesammelte Werke*, EpubLibre, Trad. Luis López Ballesteros y de Torres, 200, S. 2485.
[740] Marthe Robert, *D'Oedipe à Moïse*, 1974, Agora, 1987, S. 181.

Bild findet sich auch bei dem Romancier Albert Cohen, über den Leon Poliakov sagte: „Für den Mittelmeerjuden Albert Cohen ist das Judentum ein geheimnisvolles Verlies, ein dunkler Keller, den sein Held „Solal" aufsucht und heimlich liebt. In seinem Roman „*Die Schönheit des Herrn*" schreibt Bernard-Henri Lévy: „Solal der Prächtige, der Großherzog der SDN, der mit den Größten auf Augenhöhe redet, ernährt und schützt in seinem Keller eine Art 'Wunderhof', der sich aus schäbigen, kränklichen, geächteten Juden zusammensetzt, die in der Welt, in der er einer der Könige ist, nicht vertreten sind und die er nachts heimlich besuchen muss".

Ist das nicht sehr aufschlussreich für eine Mentalität, die dazu neigt, im Untergrund zu agieren, zu stöbern, Stollen zu graben, im Verborgenen zu handeln, anstatt das Schönste und Edelste in der menschlichen Seele zu schaffen und zum Keimen zu bringen?

Unter diesen Umständen ist es nicht verwunderlich, dass die Nationalsozialisten ihre erklärten Feinde als Tiere und Insekten karikieren, die in Höhlen, Kellern, Abwasserkanälen und Lüftungsrohren hausen und darauf aus sind, die Strukturen des Gebäudes zu untergraben. Der Geist der Rache und die Entschlossenheit, das zu zerstören, was andere im Laufe der Jahrhunderte geschaffen haben, tragen zweifellos nicht dazu bei, das Schönste im Menschen hervorzubringen. Anders sind die Defizite des Judentums in den Bereichen Kultur und Kunst nicht zu erklären.

Die ideologische Systematisierung mit universellem Anspruch, wie sie bei Karl Marx und Sigmund Freud zu beobachten ist, war gewiss nicht der Keim einer großen künstlerischen Schöpfung, wenn man so will. Wenn sie sich schließlich in der Malerei oder der Bildhauerei ausdrückt, zeigt uns die jüdische Kreativität vor allem die neurotische, pathologische Unordnung: Man braucht sich nur die Gemälde in den zeitgenössischen Kunstgalerien oder die Skulpturen auf den Plätzen und Kreisverkehren unserer Städte anzusehen, von denen eine verdrehter und abscheulicher ist als die andere.

Das Judentum in der Psychiatrie

Die Universalisierung der Freudschen Neurose scheint mit der allgemeinen Tendenz der jüdischen Intellektuellen zusammenzufallen, die gesamte Menschheit mit dem Judentum zu verwechseln. So konnte Elie Wiesel ganz selbstverständlich sagen: „So ist es, und man kann nichts dagegen tun: Der Feind der Juden ist der Feind der

Menschheit[741]. „Da die Juden an allem, was man ihnen vorwerfen kann, unschuldig sind, nehmen diejenigen, die es an ihnen auslassen, es an der gesamten Menschheit aus. In seinen *Memoiren* schrieb Elie Wiesel: „Der Judenhass hat sich nie auf die Juden allein beschränkt: Er schwappt über und richtet sich gegen andere Minderheiten. Es beginnt mit dem Hass auf den Juden und endet mit dem Hass auf die, die anders sind, die von anderswo kommen, die anders denken und leben. Deshalb betrifft der Antisemitismus nicht nur Juden, sondern die gesamte Gesellschaft, in der wir leben[742]." Bernard-Henri Levy drückte sich 2002 auf dieselbe Weise aus, als die Juden Frankreichs Zielscheibe von Anschuldigungen junger Immigranten waren, die sich mit dem palästinensischen Volk solidarisierten. Bei dieser Gelegenheit waren einige Gewalttaten gegen Synagogen verübt worden, und der Philosoph versuchte, die Franzosen in seinen Kampf gegen den radikalen Islam einzubeziehen: „Die Juden stehen in der ersten Reihe, aber direkt hinter ihnen ist Frankreich... Dieser Antisemitismus ist neu... Wenn eine Synagoge mit einem Rammbock angegriffen wird, wird das Symbol als solches, die Institution, das Universelle angegriffen[743]." Es sei denn, es handelt sich einfach um eine Synagoge.

In der Tat kommt in den Reden von Elie Wiesel und Bernard-Henri Levy die schreckliche Angst zum Ausdruck, das „auserwählte Volk" angesichts seiner Widersprüche und vor allem angesichts seiner eigenen Widersprüche allein zu sehen („Sie fürchten die Einsamkeit, und die Momente der Trennung erfüllen sie mit Angst", sagte der Arzt). Der Jude trägt alle Leiden der Menschheit, sagte uns der Philosoph Alain Finkielkraut: „Von der geschlagenen Frau bis zum Gastarbeiter, von der chilenischen Junta bis zu den kambodschanischen Kindern und den Gefangenen des Gulag, jedes Opfer ließ den Juden wieder auferstehen[744]. „Andererseits: Wenn ein Jude getroffen wird, leidet die ganze Menschheit. Wir kennen den Refrain.

André Neher seinerseits griff die Worte von Wladimir Jankelewitsch auf: „Auschwitz ist das Scheitern des tausendjährigen Abenteuers des menschlichen Denkens[745]", schrieb er. In Wirklichkeit war es vor allem ein Schlag gegen das jüdische Denken.

Die Projektion der jüdischen Neurose auf die universelle Ebene manifestiert sich auch in der religiösen Dimension. Mit seiner Theorie

---

[741] Elie Wiesel, *Mémoires II*, Éditions du Seuil, 1996, S. 72.

[742] Elie Wiesel, *Mémoires II*, Éditions du Seuil, 1996, S. 128-129.

[743] Bernard-Henri Lévy, *Récidives*, Grasset, 2004, S. 845.

[744] Alain Finkielkraut, *Le Juif imaginaire*, 1980, Points Seuil, 1983, S. 211.

[745] André Neher, *Le dur Bonheur d'être juif*, Le Centurion, 1978, S. 47.

der primitiven Horde, des Vatermordes und des totemistischen Festes wollte Freud in *Totem und Tabu* den neurotischen Charakter der Religion aufzeigen, die seiner Meinung nach nichts anderes sei „als die Neurose des Menschen". Aber wir wissen jetzt, dass eine Neurose, wenn es sie gibt, einem ganz bestimmten Fall entspricht. Man sollte jüdische Intellektuelle immer mit einem Spiegel lesen.

Bekanntlich schwärmen alle jüdischen Intellektuellen für das „Geheimnis" des Judentums. Der berühmte Pressedirektor Jean Daniel (Bensaïd) drückte in seinem Buch „*Die Wunde*" von 1992 seinen Schmerz aus: „Das jüdische Mysterium ist ein bewegendes Phänomen, das mystische Fragen aufwerfen und manche dazu bringen kann, an die Wahl eines Volkes zu glauben[746]. „Dreizehn Jahre zuvor hatte er sich bereits selbst in Frage gestellt und keine Lösung für sein Problem gefunden: „Ich kann sagen, dass dieses Mysterium, wenn es mich bewohnt, meine Gedanken eher vernebelt als sie zu bereichern... Wo ist dieses Volk, wenn nicht in der Verfolgung? Bislang ist es niemandem gelungen, sie zu definieren[747]. „Und wieder hören wir das Echo der Worte von André Glucksmann: „Zwei Jahrtausende, in denen wir eine lebendige Frage für die ganze Welt waren. Zwei Jahrtausende der Unschuld, die nichts mit[748] zu tun haben." Am Ende seines Buches *Der imaginäre Jude* fragt sich auch Alain Finkielkraut nach dem schwer fassbaren Wesen des Judentums: „Volk? Religion? Nation? Alle diese Kategorien sind mehr oder weniger anwendbar: keine ist wirklich zufriedenstellend... Das jüdische Volk weiß nicht, was es ist[749]." Wie André Neher es ausdrückte: „Es gibt keine Antwort auf die Frage „Wer ist Jude? Diese Frage wird immer eine Frage sein, weil sie einen Rand enthält, der sie für immer übersteigt[750]." „Außerhalb der Familie ist die jüdische Gemeinschaft eine Fiktion, die nur in den Reden derer existiert, die sie verkünden. Natürlich gibt es Institutionen, eine Presse, Schulen, Prominente, Wohlfahrtsverbände, aber der Jude lebt wie die meisten seiner Altersgenossen außerhalb dieses Netzes. „Sie ist „eine Kollektivität, die keine kollektive Existenz hat[751]. „Diese Aussagen hinderten den Philosophen jedoch nicht daran, einige Seiten weiter gegen diejenigen zu wettern, die es wagen, zu glauben, dass die Juden einen ganz besonderen Geist haben und dass man sie gerade daran

[746] Jean Daniel, *La Blessure*, Grasset, 1992, S. 259.
[747] Jean Daniel, *L'Ère des ruptures*, Grasset. 1979, p. 113
[748] André Glucksmann, *Le Discours de la haine*, Plon, 2004, S. 88.
[749] Alain Finkielkraut, *Le Juif imaginaire*, 1980, Points Seuil, 1983, S. 199, 204.
[750] André Neher, *Le dur Bonheur d'être juif*, Le Centurion, 1978, S. 215.
[751] Alain Finkielkraut, *Le Juif imaginaire*, 1980, Points Seuil, 1983, S. 113.

erkennen kann und nicht an ihren Gewohnheiten, ihren Namen oder ihren Nasen. Schauen Sie sich seine intellektuellen Verrenkungen an: „Der Antisemitismus wurde an dem schicksalhaften Tag zum Rassismus, als es aufgrund der Emanzipation nicht mehr möglich war, einen Juden auf den ersten Blick zu erkennen. Da die Juden aufgrund der verwerflichen sozialen Promiskuität kein Erkennungszeichen mehr trugen, wurden sie mit einer anderen Mentalität bestraft. Die Wissenschaft tat, was den Augen nicht entgehen konnte: Sie garantierte die Fremdheit des Gegners, sie stigmatisierte das Volk Israel, indem sie es in seine jüdische Realität einschloss. „Man nimmt an, dass es „Angst und Ressentiments" waren, die die Antisemiten antrieben. „Der Rassenhass, diese blinde Wut, bestrafte die Juden tatsächlich, weil sie ihre Andersartigkeit nicht mehr zur Schau stellten[752]." In unserem letzten Buch haben wir dieses offensichtliche Missverständnis jüdischer Intellektueller über die Feindseligkeit, die ihre Überlegungen und Vorgehensweisen in der Welt der Nichtjuden hervorrufen können, ironisiert. Jetzt verstehen wir besser, warum ihre Reden aufrichtig sein können und wie diese charakteristische „Chuzpe" letztlich Ausdruck ihrer Zweideutigkeit und Identitätsunsicherheit sein kann.

Jean-Paul Sartre hatte 1946 in seinen *Reflexionen über die Judenfrage* geschrieben: „Der Jude ist ein Mensch, den andere Menschen als Juden betrachten: das ist die reine und einfache Wahrheit, von der man ausgehen muss... In der Tat ist es entgegen einer weit verbreiteten Vorstellung nicht der jüdische Charakter, der den Antisemitismus hervorruft, sondern im Gegenteil, es ist der Antisemit, der den Juden erschafft... Wenn es keine Juden gäbe, würde der Antisemit sie erfinden[753]." Diese auf den ersten Blick grotesk anmutende These enthält insofern einen gewissen Wahrheitsgehalt, als sie sehr gut dem Selbstverständnis der Juden entspricht, ohne dass sie in der Lage wären, die tatsächlichen Ursachen des Antisemitismus zu erklären. Die Aussage von Jean Daniel ist erhellend: „Sartres Buch? Es war eine Befreiung. Ich hatte den Eindruck, dass ein Mann mich endlich verstanden hatte. Es war schwer zu glauben, dass er selbst kein Jude war, denn er war in der Lage, unserer Erniedrigung auf den Grund zu gehen. Die Erfindung dieses impliziten Juden war in diesem Moment eine Befreiung. „Auch Alain Finkielkraut war begeistert: „Dieser kurze Essay ist ein faszinierender, grundlegender und heilsamer Text[754]. „Die

---

[752] Alain Finkielkraut, *Le Juif imaginaire*, 1980, Points Seuil, 1983, S. 106.

[753] Jean-Paul Sartre, *Überlegungen zur Judenfrage*, Seix Barral, Barcelona, 2005, S. 77-78, 159, 15.

[754] Alain Finkielkraut, *Le Juif imaginaire*, 1980, Points Seuil, 1983, S. 17.

Wochenzeitung *Marianne* vom 25. Juni 2005 berichtete über die Aussage des Filmemachers Claude Lanzmann, der bestätigte: „Dieses Buch war ein wichtiger Moment. In gewisser Weise hat Sartre uns die Lust am Leben zurückgegeben. Auf dieser Erde gab es zumindest einen Menschen, der uns nahe stand und uns verstanden hat." So überraschend dies für in der „Judenfrage" versierte Nichtjuden auch erscheinen mag, können diese Zeugnisse nicht als Ausdruck dessen betrachtet werden, was manche als jüdische „Perfidie" bezeichnen. Im Gegensatz zu dem, was wir in unserem vorigen Buch vielleicht gedacht haben, steckt in diesen Aussagen wahrscheinlich viel Aufrichtigkeit. Erinnern wir uns daran, was Otto Weininger schrieb: „Es gibt keinen männlichen Juden, der nicht, wie verworren auch immer, unter seinem Jüdischsein, d.h. unter seinem Mangel an Glauben leidet... er ist das am meisten zerrissene Individuum, das am wenigsten an innerer Identität[755]." „Ich habe eine Geschichte und ein Gesicht, das von zwanzig Jahrhunderten des Unglücks gezeichnet ist, schrieb Finkielkraut: Ich kann in einem Moment der Depression meinen Mangel an Persönlichkeit, meine Inkonsequenz und meine Zweifel verfluchen[756]. „Und dann kehrte der Philosoph zu den ewigen jüdischen Jeremiaden zurück, denn die Juden sind, wie wir wissen, schwach, sehr schwach, und ihre Schwäche lässt sie dem Wahnsinn der Menschen ausgeliefert sein. Das Hitler-Deutschland hatte also beschlossen, diese schwachen Wesen auszurotten, gerade weil sie so schwach waren (Erklärungen gibt es genug!): „Der mächtigste Staat der Welt plante das Verschwinden eines Volkes ohne Armee, ohne Land und ohne Bündnisse. Zwischen einem übermäßig ausgerüsteten Land und einer unverteidigten Nation hat es noch nie einen so ungleichen und absoluten Krieg gegeben. „Die armen Juden sind also die „Sündenböcke[757]", immer verfolgt und immer unschuldig.

Im Mai 2006 legte Elie Wiesel in seinem letzten Lebensjahr in seinem „Roman" *Ein verrücktes Verlangen zu tanzen* endlich einige Geständnisse ab. Sein Held „leidet an einem Wahn, der auf ein Übermaß an Erinnerung zurückzuführen ist". Einem Psychoanalytiker gestand er: „Bin ich paranoid, schizophren, hysterisch, neurotisch? „Elie Wiesel drückte sich durch seine Figur wie folgt aus: „Wie der *Dibbuk* finde ich in meinem Wahnsinn Zuflucht wie in einem warmen Bett in einer Winternacht. Ja, das ist richtig. Es ist ein *Dybbuk*, der mich heimsucht,

[755] Otto Weininger, *Geschlecht und Charakter*, 1902, Ediciones 62 s|a, 1985, Barcelona, S. 322.
[756] Alain Finkielkraut, *Le Juif imaginaire*, 1980, Points Seuil, 1983, S. 15.
[757] Alain Finkielkraut, *Le Juif imaginaire*, 1980, Points Seuil, 1983, S. 64, 162, 60.

der in mir lebt, der meinen Platz einnimmt. Derjenige, der meine Identität an sich reißt und mir sein Schicksal aufzwingt? Woher kommt mein großes Unbehagen, diese Veränderungen, diese plötzlichen Metamorphosen, ohne Erklärungen oder Übergangsriten, dieses Dahinsiechen nahe der Verdummung, dieses Schwanken des Seins, das mein Unwohlsein kennzeichnet[758] „ ?

Wie viele andere hatte auch Alain Finkielkraut die Nase voll und war angewidert von der ständigen Infragestellung seiner jüdischen Identität: „Ich hatte genug von meinem Jüdischsein. Die Abscheu. Die Sättigung. Die Müdigkeit. Ich war satt, erschöpft vom Hämmern, verdummt vom Refrain über unser unvergleichliches Schicksal, bombardiert vom ewigen Lied des verachteten Volkes. Ausgestopft bettelte es um Gnade. Nicht an Gott, nicht an das System, sondern an diejenigen, die den Trichter hielten, meine Eltern und ihre ewige jüdische Besessenheit. Besessenheit, ist das das richtige Wort? Haben sie mich nicht ständig an unsere Einsamkeit, unseren Fluch erinnert? „

Finkielkraut würde sich für unfähig erklären, die Ursachen für sein Identitätszögern zu finden: „Ich bin nicht in der Lage, nach tausend anderen zu erklären, durch welches Trauma ich Jude geworden bin, denn soweit ich mich erinnern kann, war ich immer einer[759]." Freud hatte verstanden, dass der Ursprung des Judentums nicht religiöser, sondern sexueller Natur war. Der „deutsche" Dichter Heinrich Heine pflegte übrigens sarkastisch zu erklären, das Judentum sei keine Religion, sondern ein *„Familienunglück"*. Nur Eingeweihte konnten die Hintergründe seines Denkens verstehen.

Wie wir wissen, ist der Ursprung des Bösen der Inzest, der Ursprung der hysterischen Pathologie, die das Judentum so gut charakterisiert: Histrionik, Egozentrik, Angst, chronische Paranoia, Intoleranz gegenüber Frustration, Fantasie, selektive Amnesie, Identitäts- und sexuelle Ambiguität, Größenwahn und so weiter. Letztlich lässt sich alles in diesem Satz zusammenfassen: *Das Judentum ist die Krankheit, die die Psychoanalyse zu heilen vorgab.*

Es geht gar nicht mehr um das „auserwählte Volk", sondern vielmehr um die Anerkennung einer medizinischen Diagnose. So scheint das Judentum seit dreitausend Jahren eine lange Abfolge inzestuöser Generationen zu sein. In den meisten Fällen wurde der Inzesttäter selbst als Kind von einem Erwachsenen, meist einem nahen Verwandten, sexuell missbraucht[760]. Durch das Trauma wird das

---

[758] Elie Wiesel, *Un Désir fou de danser*, Éd. Seuil, 2006, S. 13, 29

[759] Alain Finkielkraut, *Le Juif imaginaire*, 1980, Points Seuil, 1983, S. 127, 209.

[760] Jacques-Dominique de Lannoy, *L'Inceste*, Presses Universitaires de France, 1992,

inzestuöse Kind seinerseits zu einem inzestuösen Elternteil, und diese Veranlagungen werden so von Generation zu Generation weitergegeben. Wenn man die jüdischen Intellektuellen von heute liest, muss man davon ausgehen, dass es der Freudschen Psychoanalyse nicht gelungen ist, sie von ihrer Zwangsneurose zu befreien. Jean Daniel, der eindeutig aussteigen wollte, rebellierte gegen den übermäßigen Eifer einiger Hüter der Tradition, wie zum Beispiel des großen Emmanuel Levinas, „der vorwirft und verkündet, dass die Aufgabe des Judentums bedeutet, die Absicht des Pharaos (jetzt Hitler) zu teilen und den abgebrochenen Völkermord zu vollenden. So wird das härteste Gefängnisschloss geknackt", schrieb Jean Daniel. Offensichtlich beunruhigte ihn etwas, denn er forderte für die Juden das Recht, aus dem Orden austreten zu können, „wenn sie sich einer zu schweren Wahl für unwürdig halten[761]." Zehn Jahre später war Jean Daniel immer noch hinter Mauern eingesperrt, wie er es schließlich in seinem 2003 erschienenen Buch *Das jüdische Gefängnis* klar zum Ausdruck brachte: „Das Judentum ist ein Ruf zur Heiligkeit", schrieb er, bevor er sich fragte: „Hat Gott diese Männer mit einer unmenschlichen Mission ausgestattet? Kann dieses Gebot der Erwählung als Gegenteil eines Fluches gewertet werden? „Und er stellte fest, dass das Judentum eine geschlossene Welt ist, abgeschnitten vom Rest der Welt: „Es ist fast unmöglich, in die jüdische Gemeinschaft einzutreten, und es wird alles getan, um zu verhindern, dass man sie verlässt. Wir befinden uns eindeutig in der Gegenwart eines Gefängnisses[762]." Im Protokoll seines Vortrags vom 14. März 2005 am Institut Itshak Rabin in Paris erinnerte der Pressedirektor Alexandre Adler an die Rolle jedes Juden: „Es gibt einen allgegenwärtigen Imperativ. Dieses Gebot lautet, dass kein Jude verloren gehen darf. Leider kommt es manchmal vor, dass einige Juden verloren gehen, aber Juden dürfen daran nicht mitschuldig sein. Jeder Jude in der Welt hat die Aufgabe, seinen Bruder zu hüten, d.h. ihn nach Hause zu bringen. Um ihm zu sagen: Komm zurück, komm zurück, vergiss nicht[763]." Mark Zborowski gab uns eine Vorstellung von dem Druck, den die Gruppe auf einen Mann ausübte, der aus dem „Gefängnis" ausbrechen wollte: „Eine Person, die dem Glauben abschwört, wird für immer als tot betrachtet: Es wird ein Begräbnis für sie abgehalten, eine symbolische Zeremonie wird abgehalten, eine

S. 92, 91.

[761] Jean Daniel, *La Blessure*, Grasset, 1992, S. 258, 260.

[762] Jean Daniel, *La prisión judía. Meditaciones intempestivas de un testigo*, Tusquets, Barcelona, 2007, S. 79, 172.

[763] http://www.beit-haverim.com

Stunde lang wird getrauert, und der Name des „Verschwundenen" wird aus dem Gespräch verbannt... Es wird alles getan, um eine solche Katastrophe zu vermeiden. Der Rabbi, seine Freunde und seine Familie drängen den Abtrünnigen, zur Vernunft zu kommen, bevor es zu spät ist. Im Falle eines Scheiterns wird der *Meshumed* oder Konvertit von der Gruppe[764] für tot erklärt."

Beachten Sie, dass Jean Daniel das Wort „Jude" nie groß schreibt. Denn das jüdische Volk ist weder eine Rasse noch eine Religion - denn es gibt viele atheistische Juden -, sondern vielmehr eine Verbundenheit und Hingabe an die jüdische Geschichte, das mosaische Gesetz, die Idee der Einigung der Welt, die Idee des „Friedens" auf Erden und das Kommen des Messias. Er sollte daher eher als Sekte betrachtet werden: Man ist ein Jude, wie man ein Kommunist, ein Mitglied des Großen Ostens oder ein Zeuge Jehovas ist. Es ist zwar wahr, dass es viel einfacher ist, in eine andere Religion aufgenommen zu werden als in die jüdische Religion, in der die Abstammung durch die Mutter eine fast unantastbare Regel ist. Dennoch kann man sehen, dass viele Juden, die von den Orthodoxen nie als solche angesehen werden, weil sie nicht von einer Mutter abstammen, sich nicht weniger mit dieser Gemeinschaft verbunden fühlen. Der ehemalige Minister Bernard Kouchner zum Beispiel ist kein Vollblutjude, das war nur sein Vater. Er hat jedoch die intellektuellen Reflexe des Judentums vollständig assimiliert, die ihn zum Universalismus und zur Apologie einer Welt ohne Grenzen führen, so dass er sich in dieser Hinsicht durch nichts vom Denken der fanatischsten Rabbiner unterscheidet. Das Judentum ist in der Tat im Wesentlichen ein politisches Projekt.

Seitdem sie im 19. Jahrhundert die Schtetls und städtischen Ghettos verlassen haben, um unter den Völkern zu leben, haben es viele Juden vorgezogen, die Neurosen in sich absterben zu lassen und mit der europäischen Gesellschaft zu verschmelzen. So konnten ihre Kinder und Enkelkinder ihr Jüdischsein vergessen und sich ganz als Europäer fühlen. Wahre Assimilation findet nur durch den Verlust des Jüdischseins statt. Dieser Prozess kann zwei oder drei Generationen dauern oder das Ergebnis eines persönlichen Willens sein, aber er existiert. Und genau das ist es, was die Führer der jüdischen Gemeinschaft in aller Welt am meisten fürchten: Sie warnen die Juden ständig vor Mischehen und versuchen, in ihnen das Gefühl des eigenen Jüdischseins wachzuhalten, indem sie die Angst vor Antisemitismus schüren, um die Reihen zu schließen.

---

[764] Mark Zborowski, *Olam*, 1952, Plon, 1992, S. 217.

So haben viele Juden das Judentum endgültig aufgegeben und sich in den Ländern, in denen sie sich niedergelassen haben, vollständig assimiliert: „Natürlich haben sich viele Juden vollständig assimiliert und[765] völlig verleugnet", räumte Jacob Talmon mit Bedauern ein. Der Historiker Leon Poliakov stellte auch fest, dass viele seiner jüdischen Mitbürger versucht hatten, „dem Leiden des Judentums zu entkommen, indem sie das Judentum auf eigene Faust abschafften. „Er beobachtete dieses Phänomen im frühen 19. Jahrhundert bei wohlhabenderen Juden, die sich der schrecklichen kommunalen Überwachung leicht entziehen konnten. Ein machbares Unterfangen, schrieb Poliakov, „unter der Voraussetzung von Mut und vor allem ausreichenden finanziellen Mitteln. Konversionen, Adelsverheiratungen, Ansiedlungen in Wien, Paris oder London; wo immer es am einfachsten war, sich vergessen zu machen: Die Nachkommenschaft der wohlhabenden Juden jener Zeit hat sich (bis auf wenige Ausnahmen wie die Rothschilds) völlig in der Masse aufgelöst, vor allem in der christlichen Aristokratie[766]." Die Neurose ist manchmal so drückend und quälend, dass der Jude das Recht beansprucht, sich bewusst zu befreien, ohne weiter zu warten, indem er aufrichtig zum Christentum konvertiert und sich kämpferisch gegen seine ehemaligen „Henker" engagiert. Otto Weininger, der sich bereits vom Judentum abgewandt hatte, bevor er es bekämpfte, stellte zu seiner Zeit fest: „Die berühmtesten Männer aber waren fast immer antisemitisch (Tacitus, Pascal, Voltaire, Herder, Goethe, Kant, Jean Paul, Schopenhauer, Gillparzer, Wagner), und das muss darauf zurückgeführt werden, dass sie als Genies viele Persönlichkeiten im Kopf hatten und deshalb das Judentum besser verstehen konnten. „Dieser Mann, der die Widersprüche des jüdischen Geistes und die damit verbundenen Leiden kannte, wollte auch den Juden von seinem Jüdischsein befreien: „Es wäre vor allem notwendig, dass die Juden sich gegenseitig verstehen, kennenlernen und bekämpfen und so das Judentum, das sie in sich tragen, überwinden... Folglich kann das jüdische Problem nur individuell gelöst werden, und jeder Semite muss versuchen, es in seiner eigenen Person zu lösen[767]. „In der Tat konnte die Judenfrage für ihn nur individuell gelöst werden.

Psychotherapeuten sind der Meinung, dass man damit beginnen sollte, die Tabus und das Schweigen, die den Inzest in der Familie

---

[765] J.-L. Talmon, *Destin d'Israël*, 1965, Calman-Lévy, 1967, S. 44.

[766] Léon Poliakov, *Histoire de l'antisémitisme, tome II*, 1981, Points Seuil, 1990, S. 97.

[767] Otto Weininger, *Geschlecht und Charakter*, Ediciones 62 s|a Barcelona, 1985, S. 300, 308.

umgeben, zu überwinden und Gruppentherapie zu praktizieren, um die Isolation zu bekämpfen, in die sich die Protagonisten des Inzests oft zurückziehen. David Bakan drückte es in einer kryptischen Botschaft aus: „Juden können von ihren Tabus und Schuldgefühlen befreit werden, indem sie sich des historischen Ursprungs dieser Tabus bewusst werden, so wie ein Individuum mit Hilfe der Psychoanalyse von seinen Hemmungen und Schuldgefühlen befreit werden kann, indem es sich seiner Herkunft aus der Kindheit bewusst wird[768]."

In der Tat wäre es für Juden wahrscheinlich nützlich und gesund, sich mehr der Außenwelt zu öffnen, anstatt in sich selbst verschlossen zu bleiben. Diese „verkrampfte und kleinmütige Selbstversenkung in die ärmsten Identitäten", wie Bernard-Henri Levy es ausdrückte, ist der Befreiung des Geistes nicht förderlich. Wir sollten daher damit beginnen, diese verstaubten Traditionen und all ihre „antiken Paraphernalien[769] „ abzulehnen, die sie in den Augen der ganzen Welt „wie ein Volk von Verrückten aussehen lassen". Erinnern wir uns an die Worte von Alain Minc: „Wie soll diese psychische Krankheit behandelt werden? Welche kollektive Psychoanalyse wird uns von dieser Paranoia befreien?" Die heutige jüdische Gemeinschaft muss in der Lage sein, sich selbst in den Spiegel zu schauen: „Sie muss sich selbst heilen, und ihre Eliten müssen ihre Pflicht tun" und „gegen das fremdenfeindliche Delirium[770] kämpfen", das die Juden so lange in ihrem geistigen Ghetto eingesperrt hat.

Jeder Ausländer, der in den Westen kommt, kann in der Tat erstaunt sein, dass Synagogen und jüdische Stätten im Gegensatz zu Kirchen, Tempeln und Moscheen, die weit geöffnet sind, immer fest verschlossen und schwer bewacht sind, als ob Juden irgendeinen Grund hätten, eingesperrt zu sein. Diese Gefangenschaft hat lange genug gedauert. Juden müssen sich von dieser „kollektiven Paranoia" befreien und erkennen, dass ihre Identitätskultur eine „Sackgasse" ist, die sie „in Angst und Hass gefangen hält"[771]." Daher sollte die Gruppentherapie von einer Fachkraft von außerhalb der Gemeinschaft durchgeführt werden. Das von Philip Roth formulierte „Heilungsprotokoll" kann dann wieder aufgegriffen werden, allerdings im richtigen Sinne, d.h. durch Umkehrung der Begriffe und Ersetzen des Wortes „Juden" durch „Nichtjuden" und „Antisemitismus" durch „Judentum":

„Wir erkennen an, dass wir vorurteilsbehaftete und hasserfüllte

---

[768] David Bakan, *Freud et la tradition mystique juive*, 1963, Payot, 2001, S. 322.

[769] Bernard-Henri Lévy, *L'Idéologie française*, Grasset, 1981, S. 212-216.

[770] Alain Minc, *La Vengeance des nations*, Grasset, 1990, S. 11, 15, 179, 207

[771] Pierre Lévy, *Weltphilosophie*, Odile Jacob, 2000, S. 147.

Menschen sind, die wir nicht kontrollieren können... Wir erkennen an, dass es nicht die Nichtjuden sind, die uns geschadet haben, sondern wir, die die Nichtjuden für unsere Übel und die der ganzen Welt verantwortlich machen. Wir sind es, die den Gojim schaden, wenn wir so etwas glauben... Ein Goj mag seine Fehler haben, wie jeder andere Mensch auch, aber die, mit denen wir hier offen umgehen müssen, sind die, die wir selbst haben: Paranoia, Sadismus, Negativismus, Zerstörungswut, Neid, usw."

Da die jüdische Identität im Wesentlichen eine Idee ist, ein Zögern, können viele Juden nicht anders, als sich darüber Gedanken zu machen. Sie erwecken oft den Eindruck, dass sie nur durch die Anhäufung von materiellen Gütern und Reichtum aus sich herausgehen können, oder indem sie sich in einen messianischen Wahn stürzen. Indem sie sich an ihre „Mission" der Welteinigung klammern, gelingt es ihnen schließlich, ihrer Existenz auf der Erde einen Sinn und eine Rechtfertigung zu geben. Sobald das Zögern der Identität überwunden und der Jude durch diese „göttliche" Mission, die ihn zu einem Mitglied des „auserwählten Volkes" macht, irgendwie erhöht ist, wird er in eine Kriegsmaschine verwandelt. Man sollte genau lesen, was einige jüdische Intellektuelle, wie Abraham Livni, sagen. In seinem 1999 erschienenen Buch *Die Rückkehr Israels und die Hoffnung der Welt* versicherte er uns, dass wir „das Ende einer zweitausendjährigen historischen Epoche, die des Exils des jüdischen Volkes und seiner Zerstreuung unter den Völkern, und den Beginn eines neuen Zyklus erleben, in dessen Mittelpunkt die Auferstehung des Volkes Israel steht. „Das Böse war offenbar tief in unseren Geistern verwurzelt: „Auschwitz ist das erstaunliche, aber letztlich logische Ergebnis einer zweitausendjährigen Zivilisation. Auschwitz ist der höchste und absurdeste Beweis für die extremen Folgen der Lüge, auf der die christliche Zivilisation seit zwanzig Jahrhunderten aufgebaut ist[772]." Sie sind wie diese eisernen Maschinen, die nicht aufhören, bis sie kaputt gehen. Die Worte von Nicolas Sarkozy klingen noch in unseren Ohren. Am 16. Januar 2009 übermittelte der Präsident der Französischen Republik seine Wünsche an das ausländische diplomatische Korps. Erneut sprach er von dieser Neuen Weltordnung, diesmal aber in fast bedrohlichem Ton: „*Nous irons ensemble vers le nouvel ordre mondial, et personne, je dis bien personne, ne pourra s'y opposer*[773]." Es sollte

---

[772]Abraham Livni, *Le Retour d'Israël et l'espérance du monde*, Éditions du Rocher, 1999, S. 11, 27, 28.
[773]„Wir werden gemeinsam auf die neue Weltordnung zugehen, und niemand, ich meine niemand, wird sich ihr widersetzen können." „

nicht überraschen, dass im bolschewistischen Russland nach der jüdischen Machtergreifung im Jahr 1917 politische Gegner in psychiatrische Anstalten eingesperrt, wenn nicht sogar liquidiert wurden. Diese Tendenz, alle, die sich ihren Herrschaftsprojekten widersetzen, als „Verrückte" zu betrachten, ist im Judentum sehr ausgeprägt. Im Sommer 2008 tauchten zum Beispiel in der wohlhabenden Stadt Neuilly-sur-Seine, Sarkozys politischem Lehen, Graffiti auf: „Sarkozy, Juden, Chorizos". In einem Artikel in *Le Parisien* vom 8. August wurde der Fall erwähnt: Ein 63-jähriger Mann, der sich bereits antisemitisch gegenüber einigen Ladenbesitzern der Stadt geäußert hatte, war verhaftet worden und hatte die Tat zugegeben. Der Mann sei „in ein psychiatrisches Krankenhaus eingewiesen" worden: „Das psychiatrische Gutachten ist zu dem Schluss gekommen, dass er sich im Verfolgungswahn befindet und völlig unzurechnungsfähig ist, so dass er sofort eingewiesen wurde." So kommen die meisten Juden schließlich mit ihrer Einzigartigkeit zurecht. Sie können auch in ihren säkularen Traditionen Fuß fassen. Sicherlich ist es nicht notwendig, alle täglichen Vorschriften des Judentums peinlich genau einzuhalten, um Jude zu sein, wie ein Jude zu denken, wie ein Jude zu handeln und „die göttlichen Funken zu sammeln", wie es die Kabbala propagiert[774]. Aber die gemeinschaftlichen Riten können den Juden helfen, ihre Last zu tragen und sich selbst zu ertragen, denn sie sind sich des Gewichts ihrer Fehler und ihrer Torheit wohl bewusst. Einmal im Jahr, am Vorabend des religiösen Feiertags Jum Kippur, haben Juden die Möglichkeit, ihre Sünden mit einem kuriosen Ritual zu sühnen.

Das jüdische Lebens- und Verhaltenshandbuch, das *Shulchan Aruch* (Die gedeckte Tafel), liefert in Kapitel CXXXI die Erklärungen: „In allen jüdischen Gemeinden ist es üblich, am Vorabend von Jom Kippur *Kaparot* zu verrichten. Für jedes Mitglied der Familie wird ein Huhn genommen und geschlachtet, um unsere Sünden zu sühnen. Der Brauch sieht vor, dass ein Hahn für den Mann und eine Henne für die Frau geschlachtet wird. Es ist auch üblich, weiße Vögel auszuwählen, um die Reinigung von Sünden zu symbolisieren. Bei schwangeren Frauen werden zwei Hennen und ein Hahn geschlachtet: eine Henne für die Frau, eine weitere für das mögliche Kind, das geboren werden soll, und der Hahn für das zukünftige Baby, wenn es ein Junge ist. Man nimmt den Hahn oder die Henne, wirbelt sie um den Kopf und sagt dreimal: *„Ze halifati, ze temurati, ze kaparati, ze atarnegol / atarnegolet*

---

[774]Siehe Anmerkung des Übersetzers in Anhang IV. 3.

lishjita ielej": „Dies ist mein Ersatz, dies ist meine Veränderung, dies ist meine Sühne, dieser Hahn / diese Henne wird geköpft und ich werde für ein gutes Leben und Frieden versiegelt[775]."" Auf diese Weise übertragen die Juden ihre Schuld und bekommen ihre Sünden erlassen: indem sie einen Hahn oder eine Henne um seinen Kopf drehen, bevor sie ihm die Kehle aufschlitzen[776].

Elie Wiesel hatte solche religiösen Praktiken im Rahmen der Kabbala erlebt, war aber eher skeptisch: „Die sogenannten mystischen Erfahrungen, von denen in vergilbten Büchern die Rede ist, erregen mich. Essig mit dem Blut eines Hahns mischen, dem man rituell die Kehle aufgeschlitzt hatte, magische Formeln aussprechen, um den Satan über die Berge zu vertreiben, war das möglich? Ein paar „Namen" zu einem bestimmten Zeitpunkt wiederholen, um die Mächte des Bösen zu beherrschen, Flugzeuge abzuschießen, Panzer abzuwehren, die Ritter des Todes zu besiegen und zu demütigen? Fünfzig Jahre später kann ich Ihnen die Wahrheit sagen: Es funktioniert nicht. Ich spreche aus Erfahrung[777]." Die Panzer, die Flugzeuge und die „Ritter des Todes", die die Juden am meisten zu fürchten haben, sind in der Tat vor allem sie selbst. Was den Messias angeht, der eines Tages kommen wird, um sie zu befreien - das steht jetzt schon fest -, so wird er den weißen Kittel eines Psychiaters tragen und von zwei oder drei starken Krankenschwestern begleitet werden. Wir können uns die Dinge nicht anders vorstellen[778].

Paris, Juni 2006
Oktober 2011 für diese zweite Ausgabe.

---

[775]*Kaparot und Jom-Kippur-Vesper.* Der *Shulchan Aruch* ist das Werk von Rabbi Joseph Caro (Safed, 1563). Es wurde 1565 in Venedig veröffentlicht.

[776]Nouvelle Revue d'Ethnopsychiatrie, *Psychopathologie du Judaïsme*, N°31, septembre 1996, S. 43-45.

[777]Elie Wiesel, *Mémoires, Band I*, Seuil, 1994, S. 49.

[778]Bei Beschwerden wenden Sie sich bitte an die Nationale Stelle zur Beobachtung des Antisemitismus. Rufen Sie unter (0033) 6 63 88 30 29 an und fragen Sie nach Sammy Ghozlan.

ANHANG I

DAS TALMUD

Der Talmud ist ein grundlegendes Buch. Sie ist eine Art Verfassung oder Magna Carta für die Juden. Es ist ein Werk, das hauptsächlich rabbinische Diskussionen über jüdisches Recht, Traditionen, Bräuche, Erzählungen und Sprüche, Gleichnisse, Geschichten und Legenden sammelt. Es ist kein Buch des Denkens oder der Philosophie. Es handelt sich um ein umfangreiches ziviles und religiöses Gesetzbuch auf der Grundlage der Thora [des Alten Testaments], das zwischen dem dritten und fünften Jahrhundert [einigen Forschern zufolge vielleicht sogar erst im achten Jahrhundert] von hebräischen Gelehrten in Babylonien und Israel zusammengestellt wurde: „Der Talmud besteht aus 63 Büchern. Diese Bücher sind eine Zusammenstellung gesetzlicher, ethischer und historischer Schriften, die von den alten Rabbinern verfasst wurden. Es wurde fünf Jahrhunderte nach der Geburt von Jesus Christus geschrieben. Es ist ein Kompendium von Gesetzen und Traditionen. Es stellt den Rechtskodex dar, auf dem das jüdische Religionsgesetz beruht, und ist das Buch, das für die Ausbildung der Rabbiner verwendet wird. " (Rabbi Morris N. Kertzer, *Look Magazine*, 17. Juni 1952).

Es gibt zwei bekannte Versionen des Talmuds: den Jerusalemer Talmud (*Talmud Yerushalmi*), der in der damals neu geschaffenen römischen Provinz Philistia geschrieben wurde, und den babylonischen Talmud (*Talmud Babli*), der in der Region Babylonien verfasst wurde. Beide Fassungen wurden über viele Jahrhunderte hinweg von Generationen von Gelehrten aus zahlreichen rabbinischen Akademien verfasst, die seit der Antike bestehen. Sie besteht aus der Mischna (schriftliche Sammlung der mündlichen Gesetze, gemäß *Exodus 24,12*), der Gemara (Kommentare der Rabbiner zur Mischna) und der Aggada (Erzählungen von zweitem Wert, siehe Anmerkung 105). Die Mitzvot (Einzahl: Mitzvah) sind die Vorschriften oder Gebote des jüdischen Gesetzes.

Im Talmud *Berakhot 5a* (erster Traktat des Talmuds, *Die Segnungen*) heißt es: „Rabbi Schimon ben Lakisch sagte: Gott sagte zu

Mose: „Komm zu mir auf den Berg und stell dich dort hin, und ich werde dir die Steintafeln und die Tora und die Mizwa geben, die ich für dich geschrieben habe, damit du sie lehrst" (*Exodus 24:12*), was bedeutet, dass Gott Mose nicht nur die geschriebene Tora offenbarte, sondern die gesamte Tora, wie sie durch die Generationen weitergegeben werden würde. Die „Steintafeln" sind die zehn Gebote, die auf die Tafeln des Bundes geschrieben wurden, die „Thora" sind die fünf Bücher Mose. Die „Mitzvah" ist die Mischna, die die Erklärungen der Mitzvot [der Vorschriften und Gebote] enthält und wie sie zu erfüllen sind. „Das, was ich geschrieben habe" bezieht sich auf die Propheten und Schriften, die mit göttlicher Inspiration geschrieben wurden. „Damit du sie lehrst" bezieht sich auf den Talmud [die Gemara], der die Mischna erklärt. Diese Erklärungen sind die Grundlage der Regeln der praktischen Halacha [jüdisches Recht, siehe Anmerkung 167]. Dieser Vers lehrt, dass alle Aspekte der Tora Mose auf dem Sinai gegeben wurden. „Eine bekannte Metapher der Rabbiner über den Talmud lautet: „Die Thora ist Wasser, die Mischna ist Wein, und die Gemara ist Wein mit Honig. „Es muss daher verstanden werden, dass für die Rabbiner das Gesetz in erster Linie aus (ihrer) Gemara stammt.

Arsène Darmesteter (1846-1888), ein bekannter Philologe und Judaist des 19. Jahrhunderts, schrieb in seinem Buch über den Talmud Folgendes: „Heute findet das Judentum seinen vollkommensten Ausdruck im Talmud; dieses Buch hat das Judentum nicht im Entferntesten beeinflusst, noch ist das Judentum nur ein schwaches Echo davon, aber der Talmud hat sich im Judentum verkörpert, und das Judentum hat im Talmud Gestalt angenommen und ist so aus dem Zustand der Abstraktion in die Wirklichkeit übergegangen. Das Studium des Judentums ist das Studium des Talmuds, ebenso wie das Studium des Talmuds das Studium des Judentums ist (...) Es sind zwei untrennbare Dinge, besser noch, sie sind ein und dasselbe (...) Folglich ist der Talmud der vollständigste Ausdruck unserer religiösen Bewegung, und dieser Kodex endloser Vorschriften und peinlich genauer Zeremonien stellt in seiner größten Vollkommenheit das gesamte Werk der religiösen Idee dar... Dieses Wunder wurde in einem Buch vollbracht: im Talmud (...)

Der Talmud besteht aus zwei verschiedenen Teilen, der Mischna und der Gemara; der erste ist der eigentliche Text, der zweite ist der Kommentar zum Text (...) Mit dem Begriff Mischna ist eine Sammlung von traditionellen Entscheidungen und Gesetzen gemeint, die alle Bereiche der Gesetzgebung, sowohl der zivilen als auch der religiösen, umfasst. Dieser Kodex war das Werk mehrerer Generationen von Rabbinern (...) Eine einzige Seite des Talmuds kann Passagen enthalten, die in drei oder vier verschiedenen Sprachen geschrieben sind, oder besser gesagt, Passagen, die in einer einzigen Sprache geschrieben sind, die auf verschiedenen Ebenen ihrer Entartung fixiert sind (...) Oft folgt auf eine Mischna von fünf oder sechs Zeilen ein fünfzig- oder sechzigseitiger Kommentar [Gemara] (...) Die Halacha ist das Gesetz in seiner ganzen Autorität; sie bildet das Dogma und den Kult; sie ist das grundlegende Element des Talmuds...Das tägliche Studium des Talmuds, das bei den Juden im Alter von zehn Jahren beginnt und erst mit dem Leben selbst endet, ist notwendigerweise eine anstrengende Übung für den Verstand, dank derer er eine unvergleichliche Feinheit und Geschicklichkeit erwirbt (...) Denn der Talmud strebt nur eines an: für das Judentum eine Art „*corpus juris ecclesiastici*" zu werden. „Arsène Darmesteter, (*Der Talmud*, 1888). *Der Talmud*, The Jewish Publication Society of America, Philadelphia, 1897, S. 60, 61, 89, 7, 10, 14, 15, 17, 25, 26, S. 25.

ANHANG II

DER ZOHAR

Nach Gershom Scholem entwickelte sich die mittelalterliche Kabbala erstmals um 1150-1200 im Languedoc und in der Provence in jüdischen Gemeinschaften, die von christlichen Mönchsbewegungen und der gnostischen Katharer-Lehre beeinflusst waren. Der *Sofer Bahir,* der *Sofer Yetsirah und* die *Merkabah* waren drei wichtige esoterische Werke, die dem *Zohar* vorausgingen. Von dort aus gelangten sie nach Katalonien und dann nach Kastilien, wo die Aktivität der Kabbalisten ihren Höhepunkt erreichte, wobei Moisés de León der wichtigste und endgültige Verfasser des *Zohar* war. Die Einflüsse der Kabbala sind der Neoplatonismus, die Gnosis[779] und alte jüdische mystische Lehren, die mündlich und durch die talmudische *Aggada* überliefert wurden (siehe Anmerkung 105):

„Die Kabbala - wörtlich: Tradition, insbesondere esoterische Tradition - ist die Bewegung, in der die mystischen Tendenzen des

---

[779]Die Grundlage des Gnostizismus ist seine dualistische Interpretation des Kosmos. Der wahre Gott ist nicht der Schöpfergott, er ist „verborgen". Die Schöpfung ist das Werk eines Demiurgen oder Dämons oder *„großen Architekten".* Der wahre, gute Gott und die materielle Welt sind zwei Gegensätze. Die Gnostiker betrachten also die materielle Welt als teuflisch. Manche meinen, dass diese Lehre vom bösen Charakter der Welt für die Gesellschaft und das menschliche Leben sehr gefährlich sein kann. Andererseits ist der Neoplatonismus des Plotin ein Monismus des Seins, eine Philosophie des Einen im Gegensatz zum Dualismus des Seins der traditionellen jüdischen und christlichen Theologie (Gott als Schöpfer der Welt *exnihilo),* der bis zur Moderne einen sehr starken Einfluss auf Mystiker und Philosophen hatte. Es gibt viele Referenzen zu diesem Thema: Die wichtigste Referenz ist wahrscheinlich Mircea Eliade und seine *Geschichte der religiösen Überzeugungen und Ideen, Band II.* Die jüdische Kabbala scheint mit diesen Lehren verbunden zu sein, zusätzlich zu ihrer natürlichen Abstammung von talmudischen Lehren. Über die jüdische Kabbala kann der Leser das Werk des spanischen Gelehrten Marcelino Menendez Pelayo konsultieren: *Historia de los Heterodoxos españoles, Tomo I,* Ed. F. Maroto, Madrid, 1880, S. 82-86 und S. 385-393. Eine umfassende Darstellung dieser Fragen im Judentum finden Sie in: Gershom Scholem, *Basic Concepts of Judaism: God, Creation, Revelation, Tradition, Salvation.* Editorial Trotta, 1998-2018, Madrid (NdT).

Judentums, vor allem zwischen dem zwölften und siebzehnten Jahrhundert, ihre religiöse Verankerung in Form von vielfältigen Verästelungen und oft im Zuge einer ungleichmäßigen Entwicklung fanden. Der hier vorgestellte Komplex ist keineswegs, wie oft zu hören ist, ein unitarisches System mystischer und insbesondere theosophischer Ideen. Ein Konzept wie z. B. „die Lehre der Kabbalisten" gibt es nicht. Vielmehr haben wir es hier mit einem Prozess zu tun, der in der Vielfalt und Fülle seiner Motive oft verblüffend ist und sich in ganz unterschiedliche Systeme oder Semisysteme aufgelöst hat. Gespeist aus unterirdischen Quellen, die höchstwahrscheinlich orientalischen Ursprungs sind, erblickte die Kabbala in Südfrankreich das Licht der Welt, in denselben Regionen und zur selben Zeit, als die nichtjüdische Welt den Höhepunkt der Katharerbewegung oder des Neo-Manichäismus betrachtete. Im 13. Jahrhundert blühte sie in Spanien mit einer raschen und erstaunlich intensiven Entwicklung auf, bis sie die Fülle ihrer Konstruktionen erreichte, die in dem pseudepigraphischen Buch *Zohar* des Rabbi Moses von Leon gipfelte, einer Art Bibel für die Kabbalisten, die im Laufe der Jahrhunderte die fast unanfechtbare Position eines heiligen und maßgeblichen Textes behaupten konnte. Im Palästina des 16. Jahrhunderts wurde sie - dank einer zweiten Blütezeit - zu einer historischen und geistigen Kraft ersten Ranges innerhalb des Judentums; dies war möglich, weil sie in der Lage war, eine Antwort auf die erregten Stimmungen der spanischen Juden zu geben, die von der Katastrophe der Vertreibung von 1492 betroffen waren, und zwar in Bezug auf die immer wieder aufgeworfene Frage nach dem Sinn des Exils. Jahrhundert im Gefolge der großen Bewegung um Shabtai Tzvi explodiert, einer Bewegung, die, selbst als sie zusammenbrach, eine Welt jüdischer mystischer Häresie hervorgebracht hat, eine häretische Kabbala, die in ihren evolutionären Impulsen und Bewegungen paradoxerweise eine sehr wichtige Rolle bei der Entstehung des modernen Judentums gespielt hat, obwohl diese Bedeutung lange Zeit ignoriert wurde und erst jetzt allmählich erkannt wird." In Gershom Scholem, *La Kabbalah y su simbolismo*, Siglo XXI Editores, Madrid, 2009, S. 108.

Und mehr im Detail:

„Es ist schwierig, eine direkte Verbindung zwischen diesen ostjüdischen Gruppen des achten bis zehnten Jahrhunderts und den ältesten kabbalistischen Konventualen in Südfrankreich im zwölften Jahrhundert herzustellen. Andererseits ist es möglich, dass diese alten gnostischen Traditionen, wie auch andere der Kabbalisten, auf verschiedene Gruppen im Osten zurückgehen, für die wir kein schriftliches Zeugnis haben. In der Umgebung der manichäischen und mandäischen Gemeinschaften in Mesopotamien blieb gnostisches Material in einer großen Vielfalt von Formen lebendig, so dass wir uns die Existenz dieser gnostischen Juden leicht vorstellen können. Einige Fragmente ihrer Lehren, vermischt mit anderem Material, könnten ihren Weg nach Europa gefunden haben... Aber wir sollten die Schwierigkeiten, die eine solche Hypothese mit sich bringt, nicht unterschätzen. Während die deutschen Chassidim, wie wir in diesem Kapitel oft gezeigt haben, einige Teile dieser Fragmente gekannt haben könnten, sind andere vielleicht unveröffentlicht geblieben. Könnten diese Traditionen direkt aus dem Osten in die Provence gekommen sein und sich dort parallel zum Katharismus entwickelt haben? Die Schwierigkeit, dies herauszufinden, liegt in der nicht-theoretischen oder philosophischen Form, in der die Idee der Metempsychose im *Bahir* präsentiert wird. Denn in der dualistischen Religion der Katharer, die einen wesentlichen Unterschied zwischen der Natur und dem Ursprung der physischen und der spirituellen Welt predigte, bereitet diese Idee nicht die gleichen Schwierigkeiten wie für die philosophische Theologie und Psychologie des Monotheismus. Die Hypothese eines Übergangs der individuellen Seele in einen anderen Körper mag der aristotelischen Lehre von der Seele als Entelechie des Organismus sehr viel fragwürdiger erschienen sein als der dualistischen Psychologie platonischen Typs, wo eine solche Lehre leicht untergebracht werden konnte. Doch selbst ein jüdischer Neuplatoniker wie Abraham bar Hiyya war gegenüber der Lehre von der Seelenwanderung intolerant, doch wie konnte sie eine oder zwei Generationen nach ihm in die Provence eindringen? Die Frage nach dem historischen Ursprung der Lehre von der Metempsychose, wie sie im *Bahir* dargelegt wird, muss meines Erachtens trotz der zeitlichen und örtlichen Nähe zur Katharerbewegung vorerst offen bleiben. Im Allgemeinen neige ich dazu, die erste Hypothese zu akzeptieren, nämlich dass wir es mit Fragmenten einer älteren gnostischen Tradition zu tun haben, die aus dem Osten über Wege, die wir nicht mehr entziffern können, in die Kreise gelangten, in denen die *Bahir* entstanden sind." Gershom Scholem, *Los orígenes de la Cábala*, Ediciones Paidós Ibérica, 2001 S. 117.

ANHANG III

DIE LURIA CABALA

1) „Es ist eine allgemeine Lehre vom Universum, dass Gott sich am Anfang seines Handelns nicht erst durch die Schöpfung offenbart hat. Er hat sich selbst versteckt. Er zog sich in das tiefste Geheimnis seiner tiefsten Natur zurück. Aus diesem Grund, weil er sich versteckt und zurückgezogen hat, ist die Welt ihrerseits erschienen. Dann fand ein zweiter Akt statt, die Emanation der Welten, die Erschaffung der Welten sowie die Manifestation der Gottheit als persönlicher Gott, als Schöpfer und Herr Israels (...) Damit etwas anderes als Gott existieren kann, ist es unabdingbar, dass Gott sich in sich selbst zurückzieht. Nur dann kann Er Seine Lichtstrahlen (die *Sephiroth*, die göttlichen Lichter) in den durch Seine Kontraktion (*tsimtsum*) geschaffenen Raum werfen und Seine Werke gründen... Ohne Kontraktion würde alles wieder zur Göttlichkeit werden. Ohne Emanation würde nichts erschaffen (...) Durch Seine Kräfte, durch die Er die Schöpfung aufbauen will, bildet Er Gefäße (*Kelim*), die dann der Offenbarung Seines eigenen Wesens dienen müssen (...) Das Licht, das eine plastische Form erhalten muss, um das Werk des Schöpfers zu verwirklichen, und aus dem dann die Geschöpfe hervorgehen werden, ist nach einem großen Schock in die Gefäße hineingezogen worden (...) [Aber] aus einigen geistigen Gründen ist das Licht nach einem großen Schock in die Gefäße hineingezogen worden (...) [Aber] aus einigen geistigen Gründen ist das Licht nach einem großen Schock in die Gefäße hinein gezogen worden (...).) [Aber] aus spirituellen Gründen, die die Kabbalisten ausführlich dargelegt haben, wurden diese Gefäße zerbrochen (...) Dies ist der Akt, den die Kabbalisten das „Zerbrechen der Gefäße" (*shevirat ha-kelim*) nennen (...) Da die Gefäße zerbrochen wurden, ist das Licht zerstreut worden. Das meiste davon kehrte zu seiner Quelle zurück; aber der Rest, oder vielmehr die Funken dieses Lichts, sind nach unten gefallen, wo sie verstreut wurden, während andere wieder nach oben aufstiegen. Dies ist die Geschichte des grundlegenden inneren Exils der Schöpfung (...) Von dort kommt das Exil. Von diesem Moment an ist nichts mehr perfekt. Das göttliche Licht... ist nicht mehr am rechten Platz, denn die

Gefäße sind zerbrochen (...) Alles ist jetzt fehl am Platz... Mit anderen Worten: Alles, was existiert, ist im Exil." In Gershom Scholem, *Le Messianisme juif*, 1971, Les Belles Lettres, 2020, S. 92-94.

Die Funken des göttlichen Lichts wurden in einen Abgrund geworfen, in dem sich die Kräfte des Bösen gebildet haben, die nach dem Willen des Schöpfers die Geschöpfe auf die Probe stellen sollen. Die Kreaturen müssen also ihre Stärke und ihre Fähigkeit, sich zu entscheiden, unter Beweis stellen, indem sie gegen die Mächte des Bösen kämpfen. In diese Welt des Bösen, der Dunkelheit und der Unreinheit - die Welt der so genannten „Schalen" (*Qelipot*), [*Qelipah*, Singular] - sind nach dem kabbalistischen Mythos Kräfte der Heiligkeit gefallen, Funken des göttlichen Lichts, die sich nach dem Zerbrechen der Gefäße in den „Schalen" festgesetzt haben. Es gibt also ein Exil der Göttlichkeit (...) Wir befinden uns hier in der Gegenwart eines kosmischen Begriffs des Exils. Es handelt sich nicht mehr nur um das Exil des Volkes Israel, sondern vor allem um das Exil der göttlichen Gegenwart vom Ursprung des Universums. Was in die Welt kommt, kann nur der Ausdruck dieses primitiven und essentiellen Exils sein (...) Die ganze Unvollkommenheit der Welt erklärt sich daraus. Die unreinen Dinge haben über die Kräfte der Heiligkeit triumphiert, über die Funken des heiligen Lichts, und halten sie unter ihrem Joch (...) So ist die Situation der Schöpfung nach dem Zerbrechen der Gefäße (...) [Dies] ist ein Mangel, der eine Reparatur (*Tikun*) erfordert (...) [Dies] ist ein Mangel, der eine Reparatur (*Tikun*) erfordert (...).Es ist die Reparatur eines primitiven Lasters (...) Es ist die Unvollkommenheit, der Fehler, das ursprüngliche Laster, das in allen Dingen zu finden ist, denn es gibt nichts in der Welt, das nicht verdorben war, als die ersten Gefäße zerbrochen wurden. Es ist unsere Aufgabe, diesen Missstand zu beheben und die Dinge wieder an ihren richtigen Platz und in ihre richtige Natur zurückzuführen. Das ist der Zweck der Religion, die Rolle, die dem religiösen Menschen wie auch dem normalen Menschen zugedacht ist. Der Mensch muss die Welt reparieren (...) Das Exil Israels ist nur der notwendigste, konkreteste und grausamste Ausdruck der gegenwärtigen Situation einer Welt, die sich noch in einem Zustand vor der Reparatur und der Erlösung befindet (...) Das Exil Israels ist kein zufälliges Ereignis, sondern Teil der eigentlichen Realität der Welt, insofern als Israel die Reparatur noch nicht vollendet und die Dinge noch nicht an ihren richtigen Platz zurückgebracht hat. Wie soll diese Reparatur erfolgen? Durch das Gesetz (*Tora*) und die Gebote (*Mitzvot*). „In Gershom Scholem, *Le Messianisme juif*, 1971, Les Belles Lettres, 2020, S. 94-96.

Andere esoterische Aspekte, die im *Zohar* entwickelt werden, sind: Der Baum des Lebens (*Sephiroth*), der Höchste Mensch - androgyn, männlich-weiblich - (*Adam Kadmon),* die weibliche göttliche Gegenwart (die *Schechinah*) und die Theurgie (Magie und die Anrufung überirdischer Kräfte).

Dem Leser, der daran interessiert ist, das unglaubliche geistige Universum der Kabbala[780] zu durchdringen, empfehlen wir das Werk des renommierten britischen Okkultisten Arthur Edward Waite (1857-1942), *The Secret Doctrine in Israel - A Study of the Zohar and its Connections*, Occult Research Press Publishers, New York (als Pdf herunterladbar bei archives.org und scribd.com). Im Gegenzug empfehlen wir die Bücher des unabhängigen amerikanischen Forschers Christopher Jon Bjerknes, dessen erschöpfendes Studium der Kabbala ihn zu Schlussfolgerungen geführt hat, die, wenn sie wahr und plausibel sind, wirklich beunruhigend für die Menschheit sind (www.cjbbooks.com.)

Die extreme Verbreitung der Lehren von Rabbi Isaac Luria und seinen Schülern hatte zur Folge, dass die Theorien der Kabbala überall in die traditionelle jüdische Vorstellung von der Gestalt und Funktion des Messias eingeführt wurden. So wurden die Kabbalisten im siebzehnten Jahrhundert praktisch zu den Theologen des jüdischen Volkes. Lurias mystische Spekulationen über das Wesen der Erlösung und über die „wiederhergestellte Welt" (*olam ha-tikkun*), die sich unmittelbar danach ereignen sollte, hatten neue Ideen und Perspektiven in die volkstümliche Folklore über den Messias eingeführt, den Nationalhelden, der dazu berufen ist, als Sieger aus einem überragenden kosmischen Drama hervorzugehen. Von da an wurde die Erlösung nicht mehr nur als ein zeitliches Ereignis verstanden, das die Befreiung Israels vom Joch der Nationen herbeiführen würde, sondern auch als eine radikale Umgestaltung der gesamten Schöpfung, die sowohl die materielle als auch die geistige Welt betrifft und zur Wiedergutmachung der Urkatastrophe führt, die „das Zerbrechen der Gefäße" (*shevirat ha-kelim)* genannt wird. Während dieser Reparatur müssen die göttlichen Welten ihre ursprüngliche Einheit und Vollkommenheit wiedererlangen... Man glaubte, dass die Verbreitung von Lurias Lehren sogar das Kommen des Erlösers beschleunigen sollte." In Gershom Scholem, *Le Messianisme juif,* 1971, Les Belles Lettres, 2020, S. 149-150.

---

[780]Wir verwenden dieses Wort im wörtlichen Sinne. (NdT).

ANHANG IV

CHASSIDISMUS UND DIE LEHRER JABAB LUBAWITSCH

1. Die Kabbala von Luria war außerordentlich fruchtbar. Aus ihr gingen in den folgenden Jahrhunderten sehr populäre mystisch-messianische Bewegungen hervor, die das Judentum tief prägten. Einige von ihnen, wie der Sabbatismus und der Frankismus, mündeten in ein messianisches Sektierertum, das von „Paradoxien" und „Verirrungen" geprägt war, wie wir im zweiten Teil dieser Studie sehen werden. Im Gegensatz dazu hat der Chassidismus des 18. Jahrhunderts, der von Israel Ben Eliezer (Ba'al Shem Tov) gegründet wurde und eine gemäßigtere Fortsetzung der Kabbala darstellt, vielleicht eine dauerhaftere Rolle gespielt, und zwar bis in die Gegenwart. Der Chassidismus hat versucht, das messianische Element - mit seiner schillernden, aber allzu gefährlichen Mischung aus Mystik und apokalyptischem Geist - zu eliminieren, ohne auf die Anziehungskraft des späteren Kabbalismus zu verzichten", oder besser gesagt, er hat eine „Neutralisierung" des messianischen Elements vorgenommen, denn er hat es nie wirklich aufgegeben, schrieb Gershom Scholem.

Scholem betonte die Umstände dieses offensichtlichen Wandels: „Der Chassidismus war eine bewusste Reaktion auf die den messianischen Initiativen innewohnenden Gefahren, die zum sabbatianischen Aufruhr geführt hatten. Sie lehnte Isaac Lurias Lehre von den göttlichen Funken nicht ab, deren Einfluss zu groß war, um zurückgewiesen zu werden, aber sie interpretierte sie so um, dass der gefährliche Stachel des Messianismus entfernt wurde... Das unmittelbare Ziel des Chassidismus konnte zu dieser Zeit nicht mehr die nationale Erlösung aus dem Exil oder die universelle Erlösung sein. Denn nach dem sabbatianischen Feuer hätte dies wieder Messianismus bedeutet. Das Ziel... wurde die mystische Erlösung des Individuums *hic et nunc, d.h.* die Erlösung *im* Exil, nicht *aus dem* Exil, oder, mit anderen Worten, der Sieg über das Exil durch dessen Vergeistigung. Der Sabbatanismus, die Revolte gegen das Exil, war gescheitert. Der

Chassidismus, dem die zerstörerischen Folgen dieses tragischen Scheiterns vor Augen standen, gab die Idee einer messianischen Revolution auf. Es wurde Frieden mit dem Exil geschlossen, ein prekärer und schwieriger Frieden zwar, aber dennoch Frieden? Wir verstehen nun, warum der Chassidismus sowohl auf *devekut* [mystische Gemeinschaft mit Gott], einem Element ohne eschatologische Obertöne, wie ich gezeigt habe, als auch auf der Lehre von den Funken in ihrer neuen Form bestand. „Die *Devekut* soll jeden einzelnen zu der individuellen Erlösung führen, die seiner Seele entspricht", erklärte der Ba'al Shem. Mystische Erlösung und individuelle Erlösung werden so im Gegensatz zur messianischen Erlösung identifiziert, die ihre konkrete und unmittelbare Bedeutung in Lurias Kabbala verliert. „Erst wenn wir die individuelle Erlösung erreicht haben, kann die universelle Erlösung stattfinden und der Messias sich offenbaren", so ein weiterer Satz von Ba'al Shem[781]."

So stellt der Chassidismus im Allgemeinen einen Versuch dar, die Welt der Kabbala durch eine gewisse Umgestaltung oder Neuinterpretation den Massen zugänglich zu machen". „Viele Anhänger von Ba'al Schem, Schüler seiner Schüler, wurden zu Begründern chassidischer Dynastien, in denen die Leitung großer und kleiner chassidischer Gruppen mehr oder weniger automatisch vom Vater auf den Sohn weitergegeben wurde und wird". Diese chassidischen Führer, *Rebe*[782] genannt, folgten einander bis zum heutigen Tag, führten die Tradition fort und brachten auch neue Ideen ein, obwohl, wie Gershom Scholem erkannte, „es nicht immer möglich ist, zwischen den revolutionären und den konservativen Elementen des Chassidismus zu unterscheiden, oder vielmehr, der Chassidismus als Ganzes ist eine Reformierung der früheren Mystik, bleibt aber gleichzeitig mehr oder weniger identisch mit ihr." Die blühendste und aktivste chassidische Dynastie ist heute zweifellos die von Chabad-Lubawitsch, und zwar deshalb, weil diese Schule eine „wirklich originelle kabbalistische Theorie" hervorgebracht hat. Scholem vertrat die Ansicht, dass das charakteristische Merkmal dieser neuen Schule darin bestehe, dass „die Geheimnisse des Göttlichen in der Art einer

---

[781]Eine ausführliche Erklärung dieser Neutralisierung findet sich in Gershom Scholem, *Le Messianisme juif*, 1971, Les Belles Lettres, 2020, *La neutralisation du messianisme dans le hassidisme primitif (III - IV)*, S. 278-301 und zum Chassidismus im Allgemeinen, *Las grandes tendencias de la mística judía, Novena Conferencia: El Hasidismo, la última etapa*, Fondo de cultura económica, 1997, Buenos Aires, S. 264-283. (NdT).

[782]Lesen Sie über die *Rabbiner* in Hervé Ryssen, *Jüdischer Fanatismus* (NdT).

mystischen Psychologie ausgedrückt werden", wodurch „der psychologische und nicht der theosophische Aspekt neu betont wird". Der Kabbalismus wird zu einem Instrument der psychologischen Analyse und der Selbsterkenntnis", was „den Chabad-Schriften ihren spezifischen Charakter einer Mischung aus Gottesverehrung und pantheistischer Interpretation... und einer intensiven Beschäftigung mit dem menschlichen Geist und seinen Impulsen" verleiht. „Durch ein besseres psychologisches und emotionales Verständnis „erscheint der Kabbalismus nicht mehr unter einem theosophischen Deckmantel... Die Theosophie mit all ihren komplizierten Theorien steht nicht mehr im Zentrum des religiösen Bewusstseins". Die chassidische Bewegung wurde dadurch erfolgreicher und wirksamer, denn „was wirklich wichtig wurde, war die Bedeutung des persönlichen Lebens in der Mystik. Der Chassidismus ist praktischer Mystizismus auf höchstem Niveau", schrieb Scholem. Wir verstehen nun, warum die Ansichten und Aussagen dieser chassidischen Führer für ihre jüdischen Anhänger in der ganzen Welt so wichtig sind, denn was Chabad-Lubawitsch erreicht hat, ist, wie Martin Buber feststellte, ein „Kabbalismus, der zum *Ethos* geworden ist", denn „fast alle kabbalistischen Ideen beziehen sich nun auf die Werte, die dem individuellen Leben eigen sind, und es wird besonderer Nachdruck auf Ideen und Konzepte gelegt, die die Beziehung zwischen Individuum und Gott betreffen". „Hierin liegt die wahre Originalität des chassidischen Denkens. Als mystische Moralisten fanden die Chassidim einen Weg zur sozialen Organisation." In Gershom Scholem, *Las grandes tendencias de la mística judía, Novena Conferencia: El Hasidismo, la última etapa*, Fondo de cultura económica, 1997, Buenos Aires, S. 266, 267, 269, 274, 276, 278 und in *Le Messianisme juif*, 1971, Les Belles Lettres, 2020, S. 292, 293.

Yosef Yitzchak Schneerson (1880-1950) war der sechste *Rabbiner der* Chabad-Dynastie. Seine erste Rede als Führer der Dynastie im Jahr 1920 wurde übersetzt und 1987 in einem Buch mit dem Titel *An End to Evil Reishis Goyim Amalek* veröffentlicht. Darin kann man einige seiner mystischen Lehren lesen: „Es steht geschrieben: *Reishis Goyim Amalek, veachriso adei oveid* - „Amalek ist der Erste unter den Völkern, und am Ende wird er vernichtet werden". Der einleitende Satz bedeutet, dass Amalek der Ursprung und die Wurzel der sieben bösen Völker ist - und doch ist er von ihnen getrennt. Dasselbe gilt (wenn auch unter Berücksichtigung der Unterscheidung zwischen Heiligkeit und ihrem Gegenteil) für die Kräfte der Gottlosigkeit, die kollektiv als *Qelipot* [die Schalen der Welt des Bösen] bezeichnet werden. Amalek, der die härteste *Qelippa* verkörpert, ist der Ursprung und die geistige Wurzel all dieser Völker, auch wenn er sich von ihnen unterscheidet. Die Schlussfolgerung des obigen Verses („und am Ende wird es zerstört werden") scheint anzudeuten, dass Amaleks *Qelippa* kein Element enthält, das durch den göttlichen Dienst, der *Beirurim* genannt wird (das Sieben und Läutern der Materie durch das Anheben der in ihr enthaltenen göttlichen Funken), gerettet werden kann. Der Amalek *Qelippah*, so scheint es, kann nicht zu etwas Positivem rehabilitiert und damit in einen Zustand der Reparatur (*Tikkun*) gebracht werden. Die einzige „Wiedergutmachung" an Amalek ist vielmehr seine vollständige Ausrottung und Vernichtung. Dies wird in dem Vers „und am Ende wird er vernichtet werden" angedeutet: Die Vollendung von Amalek ist seine Vernichtung." Sein Nachfolger und Schwiegersohn, der siebte *Rabbiner* der Chabad-Dynastie, war Menachem Mendel Schneerson (1902-1994), der im Laufe seiner Lehrtätigkeit internationale Bekanntheit erlangte. Die folgenden Aussagen stammen aus einem Buch mit aufgezeichneten Botschaften an seine Anhänger in Israel: „Der Unterschied zwischen einem jüdischen Menschen und einem Nicht-Juden ergibt sich aus dem gemeinsamen Ausdruck: 'Lasst uns unterscheiden' (...) Der Körper eines jüdischen Menschen ist von einer völlig anderen Qualität als der Körper aller Nationen der Welt... Der Unterschied in der inneren Qualität ist jedoch so groß, dass die Körper als eine völlig andere Spezies betrachtet werden müssen... ihre Körper sind vergeblich. Ein noch größerer Unterschied besteht in Bezug auf die Seele. Es gibt zwei gegensätzliche Arten von Seelen; die nicht-jüdische Seele kommt aus drei satanischen Sphären, während die jüdische Seele aus der Heiligkeit kommt. „In *Gatherings of Conversations* (1965), übersetzt von Israel Shahak und Norton Mezvinsky, *Jewish Fundamentalism in Israel*, Pluto Press, London, 1999, S. 59-61.

Im gleichen Sinne schrieb Rabbi Yitzchak Ginsburg, eine weitere bedeutende Chabad-Lubawitsch-Autorität: „Alle Menschen besitzen einen göttlichen Funken. Der Unterschied zwischen einem Menschen und einem anderen liegt in dem Ausmaß, in dem der Funke in seine Psyche eingedrungen ist und dort eine aktive Rolle spielt... Wenn der Funke vollständig in die Psyche eindringt, wird er als göttliche Seele bezeichnet. Deshalb sprechen wir davon, dass die Juden eine göttliche Seele besitzen. Bei einem Nicht-Juden schwebt der göttliche Funke über der Psyche (er tritt nicht einmal auf der unbewussten Ebene in sie ein)." Und diese andere Überlegung: „Um die Beziehung zwischen dem Juden und dem Nicht-Juden besser zu verstehen, (...) sollten wir zunächst feststellen, dass der Ursprung der nicht-jüdischen Seelen die ursprüngliche Welt des Chaos (*Tohu*) ist, die der Welt der Wiederherstellung (*Tikun*), dem Ursprung der jüdischen Seelen, vorausging". In Rabbi Yitzchak Ginsburg, *Kabbalah and Meditation for the Nations*, Ed. Gal Einai Institute, 2007, S. 55, 125.

Diese Lehren stehen in direktem Zusammenhang mit denen der *Tanja*, dem grundlegenden Werk der Jabab-Lubawitsch, das von ihrem Gründer Schneur Zalman von Liadi zwanzig Jahre lang geschrieben und 1797 veröffentlicht wurde. Einige übersetzte Passagen können wir unter www.Sefaria.org, *Tanya, Part One, The Book of the Average Men* (*Introduction*, 17) lesen: „Die Seelen der Menschen in der Welt entstammen jedoch den anderen unreinen *Qelipot*, die nichts Gutes enthalten. Wie in *Etz Chayim* (Portal 49, Kapitel 3) geschrieben steht: Alles Gute, das die Menschen tun, tun sie aus selbstsüchtigen Motiven heraus. So kommentiert die Gemara (*Bava Batra 10b*) den Vers (*Mischlei 14:34*): „Die Güte der Menschen ist Sünde" - denn all die Wohltätigkeit und Güte der Menschen in der Welt dient nur ihrer Selbstverherrlichung usw." 1978 bat der US-Kongress Präsident Jimmy Carter, den Geburtstag von Menachem Mendel Schneerson in den USA zum National Education Day zu erklären. Im Jahr 1994 wurde er posthum mit der Goldmedaille des Kongresses für seine „herausragenden und dauerhaften Beiträge zur Verbesserung der weltweiten Bildung, Moral und Wohltätigkeit" ausgezeichnet.

3. kraft des großen Mythos von Exil und Erlösung, der die lurianische Kabbala ausmacht, sind die „Funken" des göttlichen Lebens und Lichts in der ganzen Welt ins Exil geworfen worden und warten sehnsüchtig darauf, durch die Handlungen der Menschen „auferweckt" und an ihren ursprünglichen Platz in der göttlichen Harmonie aller Wesen wieder eingesetzt zu werden... Für den Chassidismus sind die „heiligen Funken" ausnahmslos überall vorhanden...Der Mensch hat überall die Möglichkeit, ja sogar die Pflicht, die „heiligen Funken" zu erwecken...Jedes Bewusstsein, das für die Kontemplation offen ist, kann die „Funken" in jedem Aspekt des Lebens entdecken und so der profanen Welt eine unmittelbare religiöse Bedeutung verleihen...Die Chassidim scheuten sich nicht vor paradoxen Formeln, um ihre Gedanken auszudrücken. „Ein Gespräch mit deinem Nachbarn kann ein Ort tiefer Meditation sein", sagte Ba'al Shem. „Das Wichtigste auf dem Weg, Gott zu dienen", sagte ein anderer chassidischer Meister, „ist es, dies mit Hilfe von profanen Dingen zu tun, mit Hilfe von nicht spirituellen Dingen. Ein anderer: „Sogar in politischen Gesprächen am Kaffeetisch und in Gesprächen über den Krieg zwischen den Völkern

kann der Mensch zu einer innigen Verbindung mit Gott gelangen". Diese erstaunliche Phrase war kein bloßer Witz: Der Autor gab detaillierte Anweisungen, wie man dieses Kunststück erreichen kann. Der Rabbi von Polnoa [Yaakov Yossef Hakohen], ein Schüler des Ba'al Shem, fasste es folgendermaßen zusammen: „Nichts, ob groß oder klein, in dieser Welt ist von Gott getrennt, denn in allen Dingen ist Er gegenwärtig. Der gottgeweihte Mensch kann selbst bei seinen irdischsten Handlungen, beim Essen, Trinken, bei sexuellen Beziehungen und sogar bei Geschäften, in tiefe Meditationen und kontemplative Akte der 'Vereinigung' eintauchen". Diese mystischen Handlungen, die die Kabbalisten als „Vereinigungen" (hebräisch *yihudim*) bezeichnen, sollten nicht in der Einsamkeit oder in der Zurückgezogenheit vollzogen werden, sondern auch auf dem Marktplatz, und zwar genau an den Orten, die am weitesten vom Geistigen entfernt scheinen. Genau dort entdeckt der wahre Chassid das Theater der Träume, wo das Paradoxon seinen Höhepunkt erreicht." In Gershom Scholem, *Le Messianisme juif,* 1971, Les Belles Lettres, 2020, S. 344, 345, 346.

4. „Das Risiko einer Abweichung von der traditionellen Autorität ins Unkontrollierte und Unkontrollierbare ist tief in der Natur der mystischen Erfahrung verwurzelt. Die religiöse Erziehung der Gruppe lässt immer noch die Tür offen für zahlreiche Abenteuer des Geistes, die anerkannten Schemata und Doktrinen entgegenstehen und die zu einem Zusammenstoß zwischen dem Mystiker und der religiösen Autorität führen können... Dies muss als einer von mehreren entscheidenden Faktoren betrachtet werden, die zur Bildung der Meinung beigetragen haben, dass in der Mystik ein spiritueller Führer, ein Guru, wie die Hindus sagen, absolut notwendig ist. Natürlich erfüllt der Guru *prima facie vor allem* eine psychologische Funktion. Er bewahrt den Schüler davor, Fehler zu machen und sich selbst in Gefahr zu bringen. Wer seinen Weg allein sucht, kann sich natürlich leicht verirren und sogar dem Wahnsinn verfallen... Yogis, Sufis und Kabbalisten beanspruchen eine solche geistige Führung nicht weniger als die Handbücher der katholischen Mystik. Ohne Führung riskiert man, sich in der Wildnis des mystischen Abenteuers zu verirren... Der Führer... lenkt und bestimmt die Interpretation der mystischen Erfahrung, noch bevor sie stattfindet. Er kanalisiert sie auf Wegen, die für die etablierte Autorität akzeptabel sind... Wie schafft er das?...Er liefert die traditionellen kabbalistischen Symbole, mit denen diese Pilgerreise eines jüdischen Mystikers zum Erfassen des Göttlichen beschrieben oder interpretiert werden kann, und stellt damit so weit wie möglich die Übereinstimmung mit der Autorität gerade an den gefährlichsten Abzweigungen des Weges sicher. Die Kompromisse, die zwischen dem Mystiker und der überlieferten religiösen Autorität geschlossen wurden, um dem Mystiker zu ermöglichen, innerhalb des Rahmens der letzteren zu bleiben, offenbaren... eine sehr breite Palette von Varianten.

...Hier waren Kompromisse unvermeidlich, zumindest in Bezug auf die Anerkennung von Unterschieden im Grad...So wurden im rabbinischen Judentum, in dem sich die kabbalistische Mystik entwickelte, verschiedene mögliche Offenbarungserfahrungen als authentisch und maßgebend anerkannt, z. B. die von Moses, den Propheten, dem Heiligen Geist (der durch die Hagiographen der Bibel sprach), den Empfängern der „himmlischen Stimme" (*bat-col*, die in talmudischer Zeit wahrnehmbar war) und schließlich die „Manifestation des Propheten Elias"...Deshalb beanspruchten die Kabbalisten für sich nur den scheinbar bescheidenen Rang von „Empfängern einer Manifestation des Propheten Elija"... Der Prophet Elija stellt in der jüdischen Tradition seit den Ursprüngen des rabbinischen Judentums eine besondere Figur dar, die eng mit den Wünschen dieses Judentums verbunden ist: Er ist der Überbringer göttlicher Botschaften über alle Generationen hinweg.So stellt eine kabbalistische Offenbarung des Propheten Elija eine Interpretation der mystischen Erfahrung dar, die ihrer Natur nach eher dazu neigt, die Autorität zu bestätigen als sie zu brechen. Wenn wir die ersten Persönlichkeiten in der Geschichte der Kabbala betrachten, für die der Zugang zu einem solchen Rang beansprucht wurde, ist es sehr bezeichnend, dass es sich um Rabbi Abraham von Posquières und seinen Sohn Isaak den Blinden handelt, [und] Abraham ben David (gestorben 1198)..." „Je weniger Gelehrsamkeit und theologische Ausbildung ein Anwärter auf mystische Erleuchtung besaß, desto größer war die Gefahr eines Konflikts mit der Autorität. Alle Handbücher der Mystik, die vom Standpunkt der traditionellen Autorität aus geschrieben wurden, liefern uns so viele Beispiele dafür, wie wir wollen, natürlich unabhängig von der spezifischen Lehre eines jeden... Das ist nicht mehr und nicht weniger der Fall bei einigen chassidischen Theorien. Als Israel Ba'al-Sem, der Begründer des polnischen Chassidismus im 18. Jahrhundert, die mystische These vertrat, dass die Gemeinschaft mit Gott (*debecut*) wichtiger sei als das Studium der Heiligen Schrift, erregte dies erheblichen Widerstand und wurde in allen polemischen Schriften, die sich gegen die Bewegung wandten, als Beweis für ihre antirabbinische und subversive Tendenz angeführt.Im Judentum zum Beispiel wurde versucht, jeden möglichen Konflikt zu vermeiden, indem man vorschrieb, dass der Zugang zum Bereich der mystischen Praxis und Spekulation ausschließlich Weisen mit einer gründlichen talmudischen Bildung vorbehalten sein sollte. In diesem Sinne wird die Warnung von Maimonides in allen Büchern zitiert: „Niemand ist würdig, das Paradies (d.h. das Reich der Mystik) zu betreten, wenn er sich nicht zuvor an Brot und Fleisch satt gegessen hat" (*Mischne Tora*, hilchot *Yesodeh haTorah*, IV, 13), d.h. an der Nahrung der reinen rabbinischen Weisheit...Obwohl viele große Kabbalisten der obigen Forderung von Maimonides, die aus einem konservativen Geist geboren wurde, voll entsprachen, gab es dennoch andere, die nur ein schwaches rabbinisches Wissen besaßen oder die jedenfalls keine geeignete talmudische Schule mit Eifer besucht hatten. Der berühmteste aller jüdischen Mystiker der neueren Zeit, der bereits erwähnte Israel Ba'al-Sem, dient als typisches Beispiel. Sein „Wissen" im traditionellen Sinne des Wortes war sehr begrenzt; es fehlte ihm der Lehrer aus Fleisch und Blut, der ihm den Weg zeigen konnte, und der einzige, den er als spirituellen „Guru" anerkannte, war der Prophet Ahija von Silo, mit dem er in ständigem visionären und spirituellen Kontakt stand. Kurzum, er war ein vollkommener Laienmystiker, und dennoch gelang es der von ihm gegründeten Bewegung, in der dieses Laienelement einen herausragenden Platz einnahm und zumindest einen der entscheidenden Faktoren in ihrer Entwicklung darstellte, in seinem Kampf um die Gleichberechtigung im Rahmen der überlieferten Autorität (natürlich nicht, ohne sich - um den Preis - kompromissbereit gezeigt zu haben). Andere mystische Bewegungen, in denen das säkulare Element ebenfalls einen wichtigen Platz innerhalb des Judentums einnahm, wie z. B. die sabbatianische Bewegung, konnten dieses Ziel nicht erreichen und gerieten in Konflikt mit der rabbinischen Autorität...

„In absolutem und unversöhnlichem Gegensatz zu allen Versuchen von Kompromissen oder ähnlichen Lösungen, die Spannung zwischen dem Mystiker und der religiösen Autorität zu beseitigen, steht jedoch das extreme Phänomen des nihilistischen Mystizismus, der Verleugnung aller Autorität im Namen der mystischen Erfahrung oder der Erleuchtung selbst..." In Gershom Scholem, *La Kabbalah y su simbolismo, La autoridad religiosa y la mística*, Siglo XXI Editores, 2009, Madrid, S. 21-25, 30-33.

ANHANG V

JAKOB UND ESAU IN DER
KABBALISTISCHEN EXEGESE

Das Volk von Jahwe ist Jakob:
„Als der Allerhöchste den Völkern ihre Heimat gab und die Einteilung der Menschen vornahm, legte er die Grenzen der Völker im Verhältnis zur Zahl Jisraels fest. Denn Jahwes Anteil ist sein Volk, Jaakow [Jakob] das ihm zustehende Erbe, das er in einer Wüstengegend fand, in einer heulenden, leeren Einöde. Er umgab sie, er wachte über sie, er hütete sie wie seinen Augapfel. Wie ein Adler, der sein Nest umkreist, über seinen Jungen schwebt, so breitete er seine Flügel aus, ergriff ihn, trug ihn auf seinen Federn; Jahwe allein führte sie, keine fremde Gottheit stand ihm zur Seite. „(*Deuteronomium: 32, 8-12, Israelitische Nazarener-Bibel 2011*). Lesen Sie auch *Maleachi* 1: 1-5.

Esau, Edom und Amalek sind die Begriffe, mit denen die kabbalistischen Exegeten die Christen und das Christentum, genauer gesagt die Europäer und ihre Nachkommen, bezeichnen:

„Das ist noch nicht geschehen, denn Esau ist noch nicht Jakobs Knecht. Das liegt daran, dass Jakob ihn noch nicht braucht. „ (*Zohar, 1: 145a*);

„Jakob hat sich vor Esau gedemütigt, damit Esau später sein Diener wird. Indem er ihn beherrschte, erfüllte er die Bedeutung des Verses: „Dir sollen die Völker dienen, und die Nationen sollen sich vor dir niederwerfen" (*1. Mose 27,29*). Es war noch nicht an der Zeit, dass Jakob über Esau herrschen sollte. Jakob ließ dies später geschehen, weil er damals bescheiden war" (*Zohar, 1:166b*).

„Nachdem der Messias auferstanden ist, wird Jakob das Oben und das Unten erhalten, und Esau wird alles verlieren. Er wird keinen Anteil, kein Erbe und kein Andenken in der Welt haben. Das ist die Bedeutung des Verses: „Und das Haus Jakobs wird ein Feuer sein und das Haus Josephs eine Flamme und das Haus Esaus Stoppeln" (*Obadja 1,18*), denn Esau wird alles verlieren, und Jakob wird die beiden Welten erben, diese und die zukünftige, d. h. den oberen Teil des Himmels und der Erde. „ (*Zohar. 1:143b*)

„Esau wird sich rühmen, Fürsten zu haben, während Jakob Propheten hervorbringen wird, und wenn Esau Fürsten hat, wird Jakob Könige haben. Sie, Israel und Rom, sind die beiden Nationen, die dazu bestimmt sind, von der ganzen Welt gehasst zu werden. Eine wird die andere an Stärke übertreffen. Zuerst wird Esau die ganze Welt unterjochen, aber am Ende wird Jakob über alles herrschen. Der ältere von beiden [Esau] wird dem jüngeren [Jakob] dienen. „ (*Legenden der Juden, 1:6*).

Quelle: https://www.sefaria.org.

„(...) In der Zukunft wird das Christentum einen Prozess der Judaisierung durchlaufen, um sich zur Rechten Israels zu stellen, zur Rechten Israels im Moment der Erlösung. Dieser Prozess beginnt jedoch mit der Zerschlagung der Macht des Christentums. Im *Sefer HaMeshiv* wird der Ablauf der Ereignisse so dargestellt: „Kraft der Macht des *Großen Zweiundvierzig-Buchstaben-Namens* [des göttlichen Namens] beschwöre ich dich, auch gegen deinen Willen, nicht die Macht zu haben, zu fliegen oder irgendetwas zu tun oder irgendeine andere Anschuldigung gegen die israelitische Nation zu erheben, wie du es bis jetzt getan hast. Ich werde dich binden und beschwören, damit du nicht mehr die Macht hast, Israel zu jeder Zeit anzuklagen. Im Gegenteil, von diesem Tag an sollst du die israelitische Nation verteidigen... so sollst du und Rabbi Joseph, ihr beide zusammen... und dadurch sollst du die Macht Samaels [dämonischer gefallener Engel] brechen und die Erlösung zu deiner Zeit beschleunigen." Der Übergang von der Anklage zur Verteidigung ist nur die Widerspiegelung eines Prozesses, der sich im Göttlichen abspielt, ein Thema, das im *Sefer HaMeshiv* angesprochen wird: „Wisse, dass Esau die Schöpfung des himmlischen Isaak (der *Sefirah Gevurah*) ist, um die Welt zu regieren und zu leiten, und sein Name ist Lot, und sein Name ist Esau... wenn das Königreich ihm gehört, wird er durch das Fenster des himmlischen Isaak aufsteigen (Emanation direkt von der *Sefirah Gevurah* empfangen). Er wird Fürst über euch sein, und er wird euch anklagen, dass ihr kein Recht habt, in der Welt zu existieren... denn Esau ist Lot, obwohl er unter dem Namen Esau bekannt sein wird, wenn die Zeit für das Kommen des Königs Messias gekommen ist. Dann wird das Geheimnis bekannt werden, dass Esau nichts anderes ist als der böse Samael, und zur Zeit der Geburt des Messias wird er Esau genannt werden (die hebräischen Buchstaben *Ayin-Sin-Waw*), was *Asu* (wörtlich: sie machten) bedeutet. Das heißt, sie zwangen ihn in das Geheimnis des himmlischen Bundes der Beschneidung, denn bis heute ist er noch nicht über das Geheimnis der „Grobheit", d.h. das Geheimnis der *Sefirah Tiferet* (ein Symbol des Messias), hinausgekommen. Doch schon bald wird er in das Geheimnis des Bundes der Beschneidung (der *Sefirah Yesod*) eingeweiht. Dies ist das himmlische Geheimnis des Namens *Ayin-Sin-Waw* (Esau-Ásu)...Zunächst stellt sich Esau in die *Sefirah Gevurah* (symbolisiert durch Isaak). Dann steigt er zu *Sefirah Tiferet* (Jakob) hinab; dann wird er gezwungen, zusammen mit Jakob in *Sefirah Yesod* (den Bund der Beschneidung) einzutreten. Dieser Eintrag steht für den Übergang von „Edom" zum „Bund", d. h. für den Übertritt vom Christentum zum Judentum..." In Moshe Idel, *The Attitude to Christianity in Sefer Ha-Meshiv*, S. 86, 88. Dr. Moshe Idel ist Professor in der Abteilung für jüdisches Denken an der Universität Jerusalem.

ANHANG VI

SCHABTAI TZVI UND DER SABBATISMUS

(1) „Die Erklärung, die ausgearbeitet wurde, lautet wie folgt. Solange die letzten göttlichen Funken *(nitzotzot)* der Heiligkeit und des Guten, die während Adams Ursünde in den unreinen Bereich der *Qelipot* (d.h. der materiellen Kräfte des Bösen, deren Präsenz unter den Heiden besonders stark ist) gefallen sind, nicht gesammelt und zur Quelle zurückgebracht wurden, ist die Erlösung noch nicht zu Ende. Dies ist das Werk, das dem Erlöser, dem heiligsten aller Menschen, obliegt: Er muss das vollbringen, wozu die rechtschaffensten Seelen der Vergangenheit nicht in der Lage waren; er muss durch die Pforten der Unreinheit *(sha'are tum' ah)* in den Bereich des *Qelipot* hinabsteigen und die dort zurückgehaltenen göttlichen Funken retten. Sobald diese Aufgabe erfüllt ist, wird das Reich des Bösen in sich zusammenfallen, denn es kann nur durch die göttlichen Funken im Inneren aufrechterhalten werden. Der Messias ist gezwungen, „seltsame Handlungen" *(ma'asim zarim*: ein zentraler Begriff der sabbatianischen Theologie) vorzunehmen. Und unter diesen Taten ist sein Glaubensabfall die schockierendste. Diese Handlungen sind notwendig, um ihren Auftrag zu erfüllen. In Cardosos Formulierung[783] heißt es: „Es wurde beschlossen, dass der Messias-König die Gestalt eines Schweins annehmen und so inkognito unter seine jüdischen Mitbürger gehen würde. Kurz gesagt, es ist beschlossen worden, dass er ein Schwein wird wie ich*"... Die neue Lehre vom notwendigen Abfall des Messias wurde von allen „Gläubigen" akzeptiert. Es erwies sich als symbolträchtiger, als man zunächst dachte, da es den Widerspruch zwischen der äußeren Realität der Geschichte und der inneren Realität des Lebens der „Gläubigen" geschickt darstellte. Sobald diese Lehre etabliert war, war die Verzögerung der äußeren Befreiung nicht mehr überraschend, denn sie konnte durch die Berufung auf das mystische Prinzip des Wesens erklärt werden, das „in sich selbst gut, aber mit

---

[783]Abraham Miguel Cardoso (1626, Río Seco, Aragón -1706). Freund von Tzvi und prominenter Ideologe und Proselyt der Sekte.

befleckten Kleidern bekleidet ist".‟ In Gershom Scholem, *Le Messianisme juif*, 1971, Les Belles Lettres, 2020, S. 158, 164. (*Inyanei *Shabtai Zevi*, édition A. Freimann, 1913, S. 88).

2) „Um dieses Evangelium der Perversion in Erinnerung zu rufen, kann ich nur das ausgezeichnete Werk des Philosophen Hans Jonas* über den Gnostizismus zitieren. Er zeigt, wie eine Ethik der Perversion in der „Pneumatik784 „ der nihilistischen Tendenz des zweiten Jahrhunderts geboren werden konnte:

„Die spirituelle Ethik dieser *Pneumatiker* trug ein revolutionäres Element in sich, das ihre Überzeugungen beflügelte. Ihre unmoralischen Lehren waren gleichzeitig gekennzeichnet durch eine erklärte und absolute Ablehnung aller traditionellen Regeln und Sitten und durch eine bis zum Äußersten getriebene Sehnsucht nach Freiheit, die sie dazu brachte, die Freiheit, zu tun, was ihnen gefiel, als Beweis der Echtheit und als Gunst des Himmels zu betrachten... Diese Doktrin beruht auf der Vorstellung, dass sie eine „zusätzliche Seele‟ erhalten hatten und dass der neue Menschentyp, der diesem Privileg beigetreten war, sich nicht mehr an die Sitten und Verpflichtungen halten musste, die bis dahin die Regel waren. Im Gegensatz zum gewöhnlichen Menschen, d.h. dem rein „psychischen‟ Menschen, ist der *Pneumatiker* ein freier Mensch. Er ist von den Anforderungen des Gesetzes befreit... Da dies aber freie Handlungen voraussetzt, ist seine emanzipierte Haltung keineswegs als negatives Verhalten zu werten. Dieser moralische Nihilismus offenbart die Krise einer Welt im Wandel. Wenn der Mensch sich als völlig frei sehen will und sich seiner Hingabe an die heilige Sünde rühmt, dann deshalb, weil er die Leere zu füllen sucht, die sich im „Interregnum‟ zweier unterschiedlicher und gegensätzlicher Perioden des Gesetzes auftut. Diese anarchische Tendenz ist gekennzeichnet durch eine erklärte Feindseligkeit gegenüber allen etablierten Regimen, durch das Bedürfnis, sich klar abzugrenzen und sich von der Mehrheit der Menschen zu trennen, durch den Wunsch, die „göttliche‟ Autorität zu stürzen, d.h. die Mächte, die diese Welt beherrschen und die Verteidiger der bisherigen ethischen Kriterien sind. In dieser Haltung steckt viel mehr als eine einfache Ablehnung der Vergangenheit; es besteht der Wunsch, diese Mächte zu beleidigen und gegen sie zu rebellieren. Dies ist ganz offiziell das, was man eine Revolution nennt, und das Herzstück dieser gnostischen Revolution des religiösen Denkens besteht aus diesem Evangelium der Subversion.

---

[784]Aus dem Griechischen *pneuma*, der Geist. Die Geistlichen sind diejenigen, die zur Erlösung vorherbestimmt sind.

Schließlich müssen die Gnostiker eine gehörige Portion „Angeberei"
gehabt haben, die es ihnen ermöglichte, ihre „geistige" Natur
vorzutäuschen. Es ist bekannt, dass sich die Männer in allen
revolutionären Perioden gerne mit großen Worten betrinken".

Diese Beschreibung trifft voll und ganz auf den radikalen
Sabbatanismus und insbesondere auf den Frankismus zu." In Gershom
Scholem, *Le Messianisme juif*, 1971, Les Belles Lettres, 2020, S. 206,
207. (*Hans Jonas, *Gnosis und Spaätaniker Geist*, 1934, Band I, S.
234).

3) „Die Lehren der Antinomisten... wurden ihrerseits als die neue
geistige Tora interpretiert, die Schabtai Tzvi in die irdische Welt
gebracht hatte, und als die Lehre, die dazu bestimmt war, die alte *de-
berische Tora, die* sie mit der Tora der vormessianischen Zeit
identifizierten, für ungültig zu erklären. Der mystische Inhalt der Tora
wurde von seiner Bindung an die traditionelle Bedeutung des Textes
befreit; er verselbständigte sich, da er in dieser Situation nicht mehr in
der Lage war, seinen angemessenen Ausdruck in den Symbolen der
traditionellen jüdischen Lebensweise zu finden. Im Gegenteil, sie geriet
in eine antagonistische Situation zu ihnen: Die Vervollkommnung und
Verwirklichung der neuen geistigen Tora [*Tora de-aŝilut*] brachte die
Ungültigmachung der *Tora de-beriyah mit sich*, die eine niedrigere
Ebene repräsentierte und mit der das rabbinische Judentum fortan
identifiziert wurde. Der Antinomismus führt zum mystischen
Nihilismus, der die Umkehrung aller früheren Werte predigt und auf
seinem Banner folgende Parole trägt: *bitulah ŝel Torah zehu quiyumah,*
„die Aufhebung der Tora ist ihre Erfüllung"." In Gershom Scholem, *La
Kabbalah y su simbolismo*, Siglo XXI Editores, Madrid, 2009, S. 100.

4) „Der Nihilismus der sabbatianischen und fränkischen
Bewegungen, jener Nihilismus, der aus der für die jüdische Auffassung
so erschütternden Lehre resultiert, dass 'die Tora nur durch die
Verletzung der Tora erfüllt wird' *(bitulah ŝel Tora zehu quiyumah)*, war
der dialektische Höhepunkt des Glaubens an die Messiasschaft von
Shabtai Tzvi. Später, als die religiöse Inspiration erschöpft war, öffnete
dieser Nihilismus den Weg für die Haskalah[785] und die
Reformbewegung des 19. Jahrhunderts. In der spirituellen Welt der
sabbatianischen Sekten, im Santosanctorum der kabbalistischen
Mystik, manifestierte sich schließlich (...) zum ersten Mal diese

---

[785]Die „jüdische Aufklärung". Die Haskalah markiert den Beginn des Versuchs, die
europäischen Juden in die säkulare Welt zu integrieren, und gibt den Anstoß zur ersten
jüdischen politischen Bewegung und zum Kampf um Emanzipation. Siehe Anmerkung
328.

Glaubenskrise, die das gesamte jüdische Volk erfasste, als es aus seiner mittelalterlichen Isolation hervortrat. Viele Juden, die im Ghetto lebten, hatten bereits begonnen, sich auf die Wege einer radikal neuen, ursprünglichen Innerlichkeit zu begeben, während sie äußerlich noch an den Praktiken ihrer Vorfahren festhielten. Vor der Französischen Revolution waren die Voraussetzungen noch nicht gegeben, dass eine solche Veränderung zu einem sozialen Kampf führen konnte; das Ergebnis war, dass sich diese Veränderung nach innen wandte; sie rumorte im geheimen Heiligtum der jüdischen Seele. Der Wunsch nach völliger Befreiung, der die Sabbatianer auf so tragische Weise dazu brachte, diesen Weg einzuschlagen, war nicht nur ein Wunsch nach Selbstzerstörung. Im Gegenteil, unter der Oberfläche der Ablehnung der Tora, des Antinomismus und des katastrophalen Nihilismus gab es eine höchst konstruktive Inspiration... Insbesondere nährte sie den Traum von einer universellen Revolution, die die Vergangenheit mit einem Schlag auslöschen und den Wiederaufbau der Welt ermöglichen würde. Die Hoffnung auf eine radikale Änderung aller Gesetze und Sitten, die Frank geweckt hatte, wurde gegen Ende seines Lebens plötzlich auf der Ebene der Geschichte Wirklichkeit. Die Französische Revolution ermöglichte es den sabbatianischen und fränkischen Projekten, die alte Moral und Religion zu stürzen, ein Anwendungsfeld zu finden: Wir wissen, dass die Neffen von Frank, ob aufgrund ihres Glaubens oder aus anderen Gründen, eine aktive Rolle in verschiedenen revolutionären Kreisen in Paris und Straßburg spielten. Sie sahen in der Revolution sicherlich die Bestätigung ihrer nihilistischen Ansichten..."
In Gershom Scholem, *Le Messianisme juif,* 1971, Les Belles Lettres, 2020, S. 146, 210, 211.

ANHANG VII

DAS JUDENTUM NACH WERNER SOMBART
UND KARL MARX

Diese vertragliche und sogar merkantilistische Natur des Judentums wurde von dem deutschen Soziologen und Wirtschaftswissenschaftler Werner Sombart in seinem bahnbrechenden Werk *Die Juden und das Wirtschaftsleben (1911) eingehend* untersucht, in dem er die bahnbrechende und grundlegende Rolle des Judentums im modernen Kapitalismus darlegte. Werner Sombart erläuterte damit die „Grundgedanken der jüdischen Religion":

„Ich erkläre es ohne Vorrede: Ich habe in der jüdischen Religion dieselben Leitgedanken gefunden, die den Kapitalismus kennzeichnen... Er ist in seinen Grundzügen von Anfang bis Ende ein Werk der Vernunft, eine intellektuelle und finalistische Formation, die als mechanischer und künstlicher Organismus in die äußere Welt projiziert wird, um die natürliche Welt zu zerstören und zu unterwerfen und sich die Herrschaft über alle Lebensbereiche zu sichern. Die jüdische Religion verhält sich genauso wie der Kapitalismus, der selbst eine fremde Formation ist, die von wer weiß woher und wie kommt, inmitten einer natürlichen Welt, die von einer schöpferischen Kraft beherrscht wird, ein rationales und künstliches Produkt inmitten eines von Instinkt und Spontaneität geführten Lebens. Der Rationalismus ist das grundlegende Merkmal sowohl des Judentums als auch des Kapitalismus. Rationalismus oder eher Intellektualismus: beides gleichermaßen gegen das Irrationale und Geheimnisvolle im Leben und in der Welt, beides gleichermaßen Feinde all dessen, was Kunst, Schöpfung, Werk der Phantasie, sensible Freude ist. Die jüdische Religion kennt keine Geheimnisse. Sie ist sogar die einzige Religion der Welt, die das Mysterium ignoriert. Sie kennt nicht den Zustand der Ekstase, in dem der Gläubige die Vereinigung mit dem Göttlichen erreicht, also den Zustand, den andere Religionen als den höchsten, den heiligsten Zustand preisen. „Was also die jüdische Religion dem

Kapitalismus noch ähnlicher macht, ist die vertragliche Regelung, ich würde sogar sagen, die kommerzielle Regelung, wenn dieses Wort nicht eine so profane Bedeutung hätte, der Beziehungen zwischen Jahwe und Israel. Das gesamte jüdische Religionssystem ist nichts anderes als ein Vertrag zwischen Jahwe und seinem auserwählten Volk: ein Vertrag mit all den verpflichtenden Konsequenzen, die ein Vertrag im Allgemeinen mit sich bringt... Zwischen Gott und dem Menschen ist nur eine Form der Gemeinschaft möglich: Der Mensch erfüllt bestimmte, von der Tora vorgeschriebene Pflichten, für die er von Gott eine entsprechende Belohnung erhält. So sollte der Mensch sich Gott nicht im Gebet nähern, ohne ein Gegenstück in der Hand zu halten, das er als Gegenleistung für die erbetene Gunst anbieten kann (*Sifre*, 12b; *Wachchikra Rabba*, c31)...Der Unterschied zwischen der Summe und dem Gewicht der „*Mitzwoth*" und der Summe und dem Gewicht der Übertretungen bestimmt, ob der Einzelne rechtschaffen oder verdammt ist. Das Ergebnis der Berechnung wird in einem Bericht festgehalten, der den „*Mizwoth*" und den „*Aberoth*" enthält, und muss von der betreffenden Person genehmigt werden. Es ist müßig zu sagen, daß eine solche Buchhaltung nicht leicht zu führen ist... Nach *Rut rabba* (86a) ist Elija derjenige, der diese Buchhaltung führt, und nach *Esther rabba* (86a) sind die Engel mit dieser Aufgabe betraut, und so weiter. So hat der Mensch laut *Sifra* (224b)... ein offenes Konto im Himmel." In Werner Sombart, *Les Juifs et la vie économique*, Kontre Kulture, 2012, Saint-Denis, S. 367, 368, 371, 373. 2008 auch auf Spanisch von der Universidad Completense de Madrid veröffentlicht, *Los Judíos y la vida económica*. (Sombart bezog sich auf das rabbinische Judentum, das eher rational und praktisch ist, und nicht auf das mystisch-kabbalistische Judentum, das er wahrscheinlich nicht kannte.]

Karl Marx war noch direkter und lapidarer, als er in *Die Judenfrage* schrieb:
„Geld ist der eifersüchtige Gott Israels, vor dem kein anderer Gott rechtmäßig bestehen kann. Geld entwertet alle Götter des Menschen und macht sie zu einer Ware. Geld ist der allgemeine Wert aller Dinge, der sich in sich selbst konstituiert. Sie hat damit die ganze Welt ihres besonderen Wertes beraubt, sowohl die Welt des Menschen als auch die der Natur. Geld ist die entfremdete Essenz der Arbeit und der Existenz des Menschen, und diese entfremdete Essenz beherrscht ihn und wird von ihm verehrt. Der Gott der Juden ist säkularisiert worden, der Gott der Welt. Die Veränderung ist der wahre Gott der Juden. Sein Gott ist nur eine illusorische Veränderung." In Karl Marx, *La cuestión judía*, Anthropos Editorial, 2009, Barcelona, S. 160.

ANHANG VIII

DIE SCHECHINAH UND DIE GEMEINSCHAFT ISRAELS

„In der talmudischen Literatur und im nicht-kabbalistischen rabbinischen Judentum ist mit dem Begriff *Schechinah* - wörtlich „Wohnsitz", aber Gottes Wohnsitz in der Welt - nichts anderes gemeint als Gott selbst in seiner Allgegenwart und Tätigkeit in der Welt und insbesondere in Israel. Die *Gegenwart* Gottes, das, was in der Bibel als sein „Gesicht" bezeichnet wird, ist im rabbinischen Sprachgebrauch gleichbedeutend mit seiner *Schechinah*. Nirgendwo in der antiken Literatur finden wir eine Trennung zwischen Gott selbst und seiner *Schechinah im Sinne einer* besonderen Hypostase, die wirklich von Gott unterscheidbar ist. Ganz anders verhält es sich mit dem expressiven Erbe der Kabbala ab dem *Bahir*, das bereits fast alle wesentlichen Aussagen der *Sekhinah* enthält. Darin wird Sekhinah als ein göttlicher Aspekt betrachtet, der mit einem weiblichen Charakter ausgestattet ist und, wie wir sagen können, unabhängig gemacht wurde.

(...) Die Feststellung eines weiblichen Elements in Gott ist natürlich einer der konsequentesten Schritte, die die Kabbala unternommen und versucht hat, auf der gnostischen Exegese aufzubauen. Die enorme Popularität, die die mythischen Aspekte dieses Konzepts in sehr weiten Kreisen des jüdischen Volkes erlangt haben, obwohl es vom streng rabbinischen, nicht kabbalistischen jüdischen Sektor oft mit größter Skepsis betrachtet wurde, und trotz des ebenso häufigen wie voreiligen Versuchs der kabbalistischen Apologetik, sie in harmlose Bahnen zu lenken - das Weibliche der *Schechinah*, verstanden im Sinne einer providentiellen Führung der Schöpfung - ist zweifellos ein Beweis dafür, dass die Kabbalisten hier an einen der grundlegenden Impulse bestimmter früher religiöser Vorstellungen und mehrjähriger Auswirkungen des Judentums appelliert haben.

(...) Im Talmud und im Midrasch[786] finden wir das Konzept der

---

[786]Siehe auch die Fußnoten 109 und 445.

„Gemeinschaft Israels" (von dem sich das christliche Konzept der *ecclesia* ableitet) nur als Personifikation des historischen, realen Israels, und als solche eindeutig im Gegensatz zu Gott. Die allegorische Interpretation des Hoheliedes im Sinne der Beziehung Gottes zur jüdischen Ekklesia, wie sie im Judentum immer rezipiert wurde, ignoriert die mythische Überhöhung der Rolle der Ekklesia zur göttlichen Macht oder gar Hypostase. Auch in der talmudischen Literatur wird die *Schechinah* nie mit der Ekklesia identifiziert. Ganz anders verhält es sich in der Kabbala, wo diese Identifikation den vollen Einbruch der Symbolik des Weiblichen in die Sphäre des Göttlichen mit sich bringt. Alles, was in den talmudischen Auslegungen des Hoheliedes über die Gemeinschaft Israels als Tochter und Ehefrau gesagt worden war, wurde nun auf den Flügeln dieser Identifikation auf die *Schechinah* übertragen. Ich bezweifle, dass wir vernünftige Aussagen darüber machen können, welchem Punkt in diesem Prozess die Priorität zukommt: der Wiedereinführung der Idee eines weiblichen Elements Gottes durch die alten Kabbalisten oder der exegetischen Identifizierung der beiden ehemals getrennten Konzepte der Ekklesia Israels und der *Schechinah*, durch die ein so großer Teil des gnostischen Erbes unter einer rein jüdischen Metamorphose übertragen werden konnte. Es ist mir nicht möglich, hier den psychologischen und den historischen Prozess zu trennen, die in ihrer Einheit den entscheidenden Schritt der kabbalistischen Theosophie darstellen... Der Ursprung der Seele in der Sphäre des Weiblichen in Gott selbst ist für die Psychologie der Kabbala ein Faktor von entscheidender Bedeutung geworden. Aber die Idee der *Sekhinnah*, die wir soeben in ihren elementarsten Zügen beschrieben haben, erhält ihren gänzlich mythischen Charakter erst durch zwei von ihr absolut untrennbare Ideenkomplexe, nämlich den der Ambivalenz der *Sekhinnah* und den ihres Exils." In Gershom Scholem, *La Cábala y su simbolismo*, Siglo XXI Editores, 2009, Madrid, S. 126-128.

„Aber diese Vorstellung von der Ambivalenz der *Schechinah*, von ihren wechselnden „Phasen", ist bereits mit der Vorstellung von ihrem Exil (*galut*) verbunden. Das Konzept des Exils der *Schechinah* ist talmudisch: „In jedem Exil, in das Israel gehen musste, begleitete die *Schechinah* es". Dies hatte jedoch keine andere Bedeutung als die, dass Gottes *Gegenwart* mit Israel in allen seinen Exilen war. Dieser Gedanke bedeutet in der Kabbala im Gegenteil Folgendes: *Etwas, das zu Gott selbst gehört, wurde von Gott verbannt.* Beide Motive, das des Exils der Ekklesia Israels im Midrasch und das des Exils der Seele von ihrem Ursprungsort, die wir nicht nur in gnostischen Kreisen, sondern auch in vielen anderen ideologischen Sphären finden, sind nun im neuen kabbalistischen Mythos des Exils der *Sekhinah* vereint. Diese Verbannung wird oft als Vertreibung der Königin oder der Königstochter durch ihren Ehemann oder Vater dargestellt, ein anderes Mal als Unterwerfung durch die Kräfte des Dämonischen, durch die „andere Seite", die zerstörerisch in ihr Gehege eindringen, sie beherrschen und ihrem richtenden Handeln unterwerfen.

Dieses Exil ist in der frühen Kabbala in der Regel noch nicht etwas, das mit dem Beginn der Schöpfung beginnt. Eine solche Idee wurde später in der Safedischen Kabbala des 16. Jahrhunderts aufgegriffen. Die Verbannung der *Sekhinah*, d. h. die Trennung des männlichen und weiblichen Prinzips in Gott, wird meist als zerstörerische Wirkung der menschlichen Sünde und ihrer magischen Bedeutung verstanden. Die Sünde Adams wiederholt sich unaufhörlich in jeder Sünde. Anstatt in die Betrachtung der Gesamtheit der Sephiroth in ihrer ehrfurchtgebietenden Einheit einzudringen, ließ sich Adam, als er die Wahl hatte, zu der einfacheren Lösung hinreißen, nur die letzte Sephirah zu betrachten - in der sich alles andere zu spiegeln schien, als sei sie göttlich, wobei er die anderen Sephiroth außer Acht ließ. Anstatt dazu beizutragen, die Einheit des göttlichen Wirkens im gesamten Universum - das immer noch vom geheimen Leben der Gottheit durchdrungen war - zu bewahren und es in seiner eigenen Vollendung zu unterstützen, zerstörte es diese Einheit. Seitdem gibt es irgendwo im Inneren eine tiefe Trennung zwischen dem Niederen und dem Höheren, dem Männlichen und dem Weiblichen. Diese Trennung wird durch eine Vielzahl von Symbolen beschrieben... Und so wie für das religiöse Empfinden der alten Kabbalisten die Verbannung der *Schechinah* ein Symbol für unsere tiefe Enkulturation ist, muss das religiöse Handeln folglich auf die Aufhebung dieser Verbannung abzielen oder zumindest auf das Bemühen, diese Aufhebung zu verhindern. Der Sinn der Erlösung besteht in der Wiedervereinigung von Gott und seiner *Sekhinah*. Durch sie werden das männliche und das weibliche Prinzip ihre ursprüngliche Einheit wiedererlangen - wiederum aus mythischer Sicht - und durch die ununterbrochene Vereinigung der beiden werden die generativen Kräfte wieder ungehindert durch das Universum fließen. Unter der Herrschaft der Kabalah mußte jede religiöse Handlung von der Formel begleitet sein, daß sie ausdrücklich „wegen der Vereinigung von Gott und seiner *Sekhinah*" geschah... Als Kolophon möchte ich allein zu diesem Punkt anmerken, daß von diesem großen Mythos, der selbst so reich an Folgen für die Geschichte der Kabalah ist, von der *Sekhinah* und ihrem Exil, Darstellungen in einer unendlich großen Zahl von alten Riten, aber gleichzeitig auch in anderen, die später entstanden sind, gefunden wurden. Das Ritual der Kabbalisten ist von Anfang bis Ende von dieser zutiefst mythischen Idee bestimmt. „In Gershom Scholem, *La Kabbala y su simbolismo*, Siglo XXI Editores, 2009, Madrid, S. 129 -131.

„(...)Wie sieht dieses kabbalistische Ritual der Mystiker aus? Vor Beginn des Sabbats, zur Stunde der Vesper am Freitag, verließen die Kabbalisten von Safed und Jerusalem die Stadt in weißen Kleidern... und begaben sich auf das freie Feld wegen der Ankunft der *Sekhinah*. Dieser Aufbruch stellt eine Prozession auf der Suche nach der Braut dar, um sie zu treffen. Gleichzeitig wurden bestimmte Hymnen für die Braut und Psalmen der freudigen Ergriffenheit gesungen (z. B. Psalm 29 und u. a. die Psalmen 95-99). Die berühmteste dieser Hymnen, das im Kreise von Moses Cordovero von Selomo Alcabes in Safed komponierte Lied: *Komm, mein Geliebter, der Braut entgegen/ das Antlitz des Sabbats lass uns empfangen,* bringt die messianischen Hoffnungen auf die Rettung der *Sekhinah* aus dem Exil in engen Kontakt mit der symbolischen Mystik und wird noch heute in allen Synagogen gesungen. Als das eigentliche Ausziehen auf das Feld aufhörte, blieb der Brauch bestehen, die Rettung der Braut im Hof der Synagoge zu feiern, und als auch dies nicht mehr praktiziert wurde, blieb der Brauch bestehen, sich bei der letzten Strophe des großen Hymnus nach Westen zu wenden und sich vor der erwarteten Braut zu verneigen, bis heute.Bemerkenswert ist auch der immer wieder bezeugte Brauch, die Schabbatpsalmen mit geschlossenen Augen zu rezitieren, was nach Ansicht der Kabbalisten darauf zurückzuführen ist, dass die *Schechinah* im *Zohar* als „die schöne Jungfrau ohne Augen" bezeichnet wird, die im Exil in Tränen aufgelöst wurde. Am Freitagabend wurde das Hohelied auch als Hochzeitslied der *Schechinah* vorgetragen, das nach traditioneller Auslegung auf die innige Vereinigung des „Heiligen, gepriesen sei Er, mit der Ekklesia Israels" hinweist. Erst am Ende des Rituals, mit dem die Braut abgeholt wurde, wurden die traditionellen Sabbatgebete gesprochen." In Gershom Scholem, *La Cábala y su simbolismo*, Siglo XXI Editores, 2009, Madrid, S. 170-171.

Andere Titel

OMNIA VERITAS
Omnia Veritas Ltd präsentiert:
KEVIN MACDONALD
DIE KULTUR DER KRITIK
DIE JUDEN UND DIE RADIKALE KRITIK
AN DER KULTUR DER NICHTJUDEN
Ihre Analysen zeigen den vorherrschenden kulturellen Einfluss der Juden und ihr Bestreben, die Nationen, in denen sie leben, zu unterminieren, um die vielfältige Gesellschaft, für die sie eintreten, besser beherrschen zu können, während sie selbst eine ethnozentrische und homogene Gruppe bleiben, die den Interessen der weißen Völker feindlich gegenübersteht.
KEVIN MACDONALD
DIE KULTUR DER KRITIK
DIE JUDEN UND DIE RADIKALE KRITIK AN DER KULTUR DER NICHTJUDEN
Eine evolutionäre Analyse der jüdischen Beteiligung an politischen und intellektuellen Bewegungen im 20.

OMNIA VERITAS
Omnia Veritas Ltd präsentiert:
Geschichte
der Zentralbanken
und der Versklavung der Menschheit
Im Laufe der Geschichte
wurde die Rolle der Geldverleiher
oft als "verborgene Hand"...
von
STEPHEN MITFORD GOODSON
Geschichte
der Zentralbanken
Der Leiter einer Zentralbank enthüllt
die Geheimnisse der Macht des Geldes
Ein Schlüsselwerk die Vergangenheit, die Gegenwart und die Zukunft zu verstehen

OMNIA VERITAS
EUSTACE MULLINS
DER FLUCH VON KANAAN
Eine Dämonologie der Geschichte
EUSTACE
MULLINS
DER FLUCH VON
KANAAN
Eine Dämonologie der Geschichte
Die große Bewegung der modernen Geschichte bestand darin, die Anwesenheit des Bösen auf der Erde zu verbergen

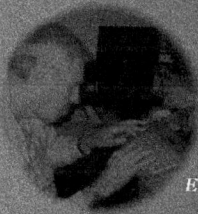

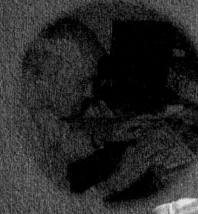

www.ingramcontent.com/pod-product-compliance
Lightning Source LLC
Chambersburg PA
CBHW071949270326
41928CB00009B/1392